U0894540

中国国际战略研究基金会战略研究丛书

Contemporary International System and Strategic Relationship Amony Major Powers

当代国际体系与大国战略关系

夏立平　著

时事出版社

图书在版编目（CIP）数据

当代国际体系与大国战略关系/夏立平著．—北京：时事出版社，2008.4

ISBN 978—7—80232—154—0

Ⅰ．当…　Ⅱ．夏…　Ⅲ．国际政治关系—研究　Ⅳ．D81

中国版本图书馆 CIP 数据核字（2008）第 049958 号

出 版 发 行：时事出版社
地　　　址：北京市海淀区万寿寺甲 2 号
邮　　　编：100081
发 行 热 线：（010）88547590　88547591
读者服务部：（010）88547595
传　　　真：（010）68418647
电 子 邮 箱：shishishe@sina. com
网　　　址：www. shishishe. com
印　　　刷：北京百善印刷厂

开本：787×1092　1/16　印张：34.75　字数：550 千字
2008 年 6 月第 1 版　2008 年 6 月第 1 次印刷
定价：70.00 元

编者的话

人类已经跨越了新世纪的门槛。

回首 20 世纪，人类经历了两次世界大战和一次冷战，仍旧前途未卜；放眼未来，21 世纪正带着空前的机遇和挑战迎面而来，没有谁可以置国际与战略问题于不顾而静享太平盛世。

对剧变的世界、发展的中国不断做出全面、系统和科学的判断，是国际战略研究的重任。为此，中国国际战略研究基金会愿对中国的战略研究事业做出自己的一份贡献，这也是我们编辑这套“战略研究丛书”的宗旨。

我们这套丛书将从广义的角度来讨论战略问题，范围涉及政治、经济、文化、军事、外交、民族、环境与资源、社会和人文等众多领域，凡对国家安全和发展具有重大意义的课题均可列入。

我们没有既定的作者，凡符合上述选题标准，且学术价值高，有独到见解，思想性强，文风好，并有政策水平的著作皆可入选。

我们更偏爱雅俗共赏的作品，在涌现了孙子、毛泽东等世界闻名的战略家的国度，应使更多的人民增强战略意识。

我们对选入丛书的课题，将在研究与出版上给予必要的财力支援。

已出版的战略研究丛书著作有：

《环球同此凉热——一代领袖的国际战略思想》（1993 年）

《台湾能独立吗》（1995 年）

《抗日战争时期中国对外关系》（1995 年）

《原本大学微言》（1998 年）

《最惠国待遇的回合——1989—1997 年美国对华贸易政策》（1998 年）

《高处不胜寒——冷战后美国的全球战略和世界地位》（1999 年）

《全球政治和中国外交》（2003 年）

《联合国维持和平行动法律问题研究》（2006 年）

《对抗、博弈、合作：中美安全危机管理案例分析》（2007 年）

《中日关系报告》（2007 年）

《伊朗国际战略地位论——一种全球多视角的解析》（2007 年）

《科技外交的理论与实践》（2007 年）

中国国际战略研究基金会

2008 年 4 月

前　言

当今时代，世界正处于大变革、大调整之中，国际体系正在经历前所未有的转型。

推动国际体系演变的最大动力来自于全球化和多极化两大潮流的发展。全球化从经济全球化开始，扩展到其他领域；从西方开始，扩展到全世界。特别是苏联解体和中国改革开放后形成了一个全球大市场，促进全球化以前所未有的广度和深度迅速展开。冷战结束后，美苏两极体制消亡，世界格局从两极开始向多极发展。进入新世纪，多极化进程加快，内涵也发生了深刻的变化。

在这样一个大背景下，国家与国家之间的关系发生了前所未有的深刻的变化。世界各国、各地区之间在经济、贸易、投资、金融和文化等领域的相互渗透和相互依存大大加深，达到了空前的程度。中国改革开放 30 年，全面参与了全球化进程，又使中国与世界的关系发生了前所未有的深刻变化，中国发展离不开世界，世界繁荣稳定也离不开中国。

同时，中国与当代国际体系的关系也在发生根本性的变化。中国从 20 世纪 50—70 年代国际体系的造反者和旁观者转变为现在的参与者和改革者。当代国际体系既有维护全球安全、促进共同发展的一面，也有美国等西方发达国家主导的一面。中国高举和平发展、合作共赢的旗帜，将对推动国际体系的转型产生重大和积极的影响。在这样一个新时代，审视国际体系需要有一个全新的视角。

本书是夏立平教授历时5年完成的一部力作，也是他主持的国家社科基金项目“当代国际关系体系转变与构建大国战略稳定框架”的最终研究成果。作者独辟蹊径，以国际关系研究、世界历史研究、国际战略研究、世界经济研究等多学科相结合实现一体化的方法，研究国际体系的演变与大国战略关系的发展，为中国认识世界提供了崭新的视角，为构建中国特色国际体系理论做出了努力。

本书系统地研究了经济全球化趋势对当代国际体系中四个主要组成部分的影响及这四方面发生重大变化的特点，有助于从整体和发展趋势上把握当代国际体系的转型。作者将近代欧洲国际体系与古代东亚国际体系进行系统地比较研究，得出一些规律性的特点和启示，为当今全球化时代国际体系的转型提供了有益的借鉴。本书运用国际关系理论对当前世界上最重要的一些大国三边关系，以及它们对国际体系的影响进行了系统研究。作者提出并论证了世界经济体系正在开始从18世纪以来的“中心—边缘”结构向板块与网络并存结构转变的理论模式，比较系统地研究了新科技革命和新军事变革对国际体系产生的重大影响，研究了世界各种文明对国际体系转型的作用，比较系统地研究了国际机制演变及其对国际体系的影响。

特别值得一提的是，作者还为“和谐世界”理念与中国特色国际战略的关系进行了有益的探索。“和谐世界”是中国领导人在新世纪提出的新理念。如何将这一理念转变成一套完整的国际关系准则，如何以此为指导构建一整套中国特色的国际战略是国际关系学界面临的一个新课题。希望以本书的发表为契机推动国内学术界的研究和探索，站在中国人民利益和世界人民共同利益相结合的高度，开拓创新，为建立和谐世界献计献策，贡献力量。

联合国前副秘书长、中国联合国协会会长　陈健

2008年元月

目 录

Contents

绪 论

冷战结束以来，特别是“9·11”事件以来，国际形势更加复杂，世界处于深刻变化之中。与此同时，中国正在和平兴起，并在国际体系之中发挥负责任国家的更大作用。在这种形势下，加深对国际体系过去、现在和未来发展趋势的认识，研究构建大国战略稳定框架，及其与国际体系之间的关系，具有极为重大的现实意义和理论意义。

第一节 关于国际体系的定义

国际体系（international system）是国际关系体系（system of international relations）的不同说法。

关于国际体系的概念有不同的理解和定义。马克思、恩格斯提出了“国家体系”（system of states）的概念。他们指出，随着“历史向世界历史的转变”，现代民族国家普遍建立起来，在经济上处在“世界市场的范围内”，在政治上“处在国家体系的范围内”。[①] 这一“国家体系”的概念与“国际体系”概念非常相近。马克思、恩格斯通过“世界历史”观点和“国家体

① 《马克思恩格斯选集》第 1 卷，人民出版社，1972 年版，第 308 页。

系”概念，实际上阐述了一个在他们以前的政治经济学家从未论及的问题，即欧洲列强通过推行殖民主义的军事、政治和经济政策，在大工业生产的基础上建立了包括世界市场在内的统一的国际体系。

当代西方学术界关于国际体系概念的理解和定义主要可分为四个学派：

第一个学派主要关注于对国际体系中的国家或非国家行为体的行为、动因、影响以及相互之间关系的分析。斯坦利·霍夫曼（Stanley Hoffmann)、莫顿·卡普兰（Morton Kaplan）和约翰·斯帕尼尔（John Spanier）是这一派的主要代表人物。斯坦利·霍夫曼认为，国际体系是由世界政治基本单位组成的重要体系模式，该模式由不同的结构决定。大致上可分为变革型体系和温和型体系两大类：两极导致变革型体系；多极导致温和型体系。最理想的是均势所造成的稳定体系——温和型体系的最高体现，而最重要的途径是发展国际组织。[①]

莫顿·卡普兰认为，国际体系是一种“行动体系”，即“相互联系而又区别于其环境的一系列变量的集合，其联系的紧密程度可使用描述性行为规律界定这些变量与外部变量组合之间的内在关系”。[②] 他指出：“国际体系在其系统中有一系列行为体。这些行为体被称为国际行为体……国际行为体被划分为‘国家行为体’和‘超国家行为体’两种下属角色”，它们的内部系统成为国际体系的参数；它们的输出成为国际体系的可变因素。[③]

第二个学派是从结构主义出发，对国家互动的外在社会框架或结构进行分析，强调国际体系结构与国家行为体之间在许多情况下具有因果关系。肯尼斯·沃尔兹（Kenneth Waltz）和查尔斯·麦克莱兰（Charles McClelland）等是这一派的主要代表人物。例如，查尔斯·麦克莱兰认为，国际体系“包含国际社会中各组成部分或单位之间所有的互动关系”，而国际分体

---

① Hoffmann, Stanley, Janus and Minerva: *Essays in the Theory and Practice of International Politics*, Westview Press, 1987, pp. 308－314.

② Kaplan, Morton, *System and Process in International Politics*, New York: R. E. Krieger Publishers, 1975, p. 4.

③ Kaplan Morton, *System and Process in International Politics*, New York: R. E. Krieger Publishers, 1975, Chapter 3.

系（international subsystem）则是总的国际体系的各个组成部分，并构成了国际复合体系的研究对象和内容。①

第三个学派即国际关系理论中的建构主义学派，它在发展国际体系结构观的基础上，提出国际结构主要是文化结构，是由社会构成的，是国家间互动的某种产物。国际政治结构主要不是取决于物质力量，而是取决于共有观念。国际体系能够建构国家行为体的属性。亚历山大·温特（Alexander Wendt）和海沃德·艾尔卡（Hayward R. Alker）等是这一派的主要代表人物。

第四个学派提出了"世界体系"的概念。例如，其主要代表人物伊曼纽尔·沃勒斯坦（Immanuel Wallerstein）认为："世界体系是一个社会体系，它具有范围、结构、成员集团、合理规则和凝聚力。"②

笔者认为，马克思、恩格斯关于"世界历史"中的"国家体系"的概念，是从社会生产方式的不同来研究世界上国家之间的整个体系问题，抓住了产生这种体系的长期性的根本规律。生产方式包括生产力和生产关系两个方面，不同的生产方式决定着社会的不同性质，也决定了与这一社会相适应的"国家体系"的性质。例如，19 世纪至 20 世纪上半期，资本主义大工业生产方式决定了当时的国际体系建立在西方强权对广大亚、非、拉国家的侵略和殖民统治，以及它们之间相互争夺的基础上。而新科技革命和经济全球化的发展正在改变生产方式，从而也对国际体系的性质产生重大影响。

当代西方学术界这四个学派的学术观点从不同角度和不同侧面把握了国际体系的部分内在规律，但也都有不足之处。其中，前三个学派分别主要从力量的组成、力量之间的结构以及观念的角度来研究国际体系，沃勒斯坦的"世界体系"理论则在研究社会生产方式对世界经济体系的影响方面作出了一些有益的探索。

笔者主张国际体系概念的定义应是：国际体系是指在国际上各种主要力

---

① McClelland, Charles, *Theory and the International System*, the MacMillan Company, 1996, p. 21、27.

② ［美］伊曼纽尔·沃勒斯坦：《现代世界体系》（第 1 卷），尤来寅等译，高等教育出版社，1998 年第 1 版，第 347 页。

量之间相对稳定结构基础上形成的各种国际机制及相应的规则、潜规则、理念等构成的体系，具有整体性、层次性、联系性、稳定性、功能性等特征。它由国际行为主体、国际力量结构、国际互动规则和国际机制等四方面组成。这四个方面是决定国际体系能否稳定和健康发展的主要因素。其中，大国战略关系是起决定作用的因素。

与此相联系，国际秩序的定义是：在国际上主要力量之间相对稳定关系基础上建立的有秩序排列的各种机制、安排和规范，是国际体系在某一时期的集中体现。

第二节　研究国际体系演变与转型的意义

研究国际体系的演变与转型具有多方面的重要意义：

一、有助于正确认识当前国际体系的转型

1648 年的《威斯特伐利亚和约》确立了主权平等原则和独立的民族国家所组成的国际社会，从而奠定了当时欧洲国际关系的新的基础。这与欧洲中世纪以来以罗马教皇为中心的神权政治体系相比是一个历史进步。它实际上标志着近代欧洲国际体系的形成，其主要特征是无政府状态下的国际均势体系，主权国家是国际关系中的主要行为者。其后，国际体系经过了一个长期演变的过程。威斯特伐利亚体系首先为维也纳体系所取代。第一次世界大战结束后，凡尔赛—华盛顿体系又取代了维也纳体系。这是第一个世界范围的国际体系。二战后形成的国际体系中的一部分，即以美苏两极力量格局为主要特征的“雅尔塔格局”在冷战结束时崩溃，但许多国际机制及相应的规则仍存在并发挥作用。

国际体系具有相当的稳定性，但又是处于发展变化中的动态体系。它在平时是由量变不断积累导致部分质的变化，只有当这种量变和部分质变积累

达到相当大的程度时，才会发生飞跃，形成比较全面的质变。这种量变和部分质变的积累往往需要几十年甚至上百年。

当前的国际体系又是复合型的，包括三个方面：从分层来看，既有全球性的国际体系，又有区域性的国际次体系，从而形成不同的层次；从横断面来看，既有国际政治体系和国际安全体系，又有国际经济体系，从而形成并列复合型；从国际体系的行为体来看，既有国家行为体，又有各种非国家行为体。

随着当前经济全球化趋势的迅猛发展，世界正逐渐进入全球化时代，这一时代的主题是和平与发展。全球化趋势发展对国际体系产生重大影响，促使国际体系处于深刻转型之中。与以往国际体系转变都是一场大的战争的结果不同，这一次国际体系转型是在新一轮经济全球化趋势背景下和平进行的。

经济全球化趋势对当前国际体系转型产生重大影响。首先，经济全球化趋势与区域经济一体化趋势迅速发展和非传统安全威胁对国际关系影响上升，使各国之间相互依存性和共同利益大大增加，全人类共同利益日益明显。第二，主权国家虽然仍是国际关系中的主要行为者，但已不是唯一的一类行为者，跨国公司、非政府组织等非国家行为体在国际关系中的作用越来越大。特别是“9·11”事件后，恐怖主义成为对国际安全的重大威胁。第三，世界多极化和国际关系民主化趋势的发展，要求建立一个各国之间更加平等和民主的国际体系。第四，随着全球和区域经济合作机制的发展，越来越多的国家在越来越深入参与这些机制的同时，也将自身一部分经济方面的主权让渡给这些全球和区域经济合作组织，原有的主权观念正在出现变化。第五，均势理念、地缘政治和“零和”游戏规则等已经越来越不适应国际关系的新变化。各国在安全方面需要有新观念，这种新观念的基础应该是合作安全和共同安全。

在这种情况下，以无政府状态和国际均势为主要特征的旧的国际体系正在向以相互依存状态为主要特征的新的国际体系演变。这种转变将经历一个相当长的过渡时期，现正处于这一过渡时期的相持阶段。在这一过渡时期中，将充满复杂的斗争，甚至出现曲折和反复。而且，当代国际体系转变对大国关系的影响是复杂的。大国之间相互依存性的增强，不仅有积极面，也有消极面。例如，各国的经济安全和金融安全将更容易受到国际经济危机和金融危机的冲击和影响。

特别是在美国作为唯一超级大国的情况下，世界战略力量失衡。美国霸权下的国际体系将不可能有真正的和平，因为作为霸权国家的美国在缺少制衡其霸权的力量的情况下，将可以经常使用武力打击违反其意志或认为有损于其利益的中小国家。美国国内新保守派的冷战思维又往往助长了这一倾向。例如，美国某些右翼保守势力提出“新帝国论”、“美国统治下的和平”等论调，为确立美国霸权主导的国际体系寻找理论根据。美国寻求“一超独霸”的国际格局，不利于建立新型的大国战略稳定框架，是向新型国际体系转型中的一股逆流。同时，某些地区，如“台独”分裂主义势力逆历史潮流而动，企图永久分裂国家，成为国际和区域的不稳定因素。

在今后一段时期，随着经济全球化和世界多极化趋势在曲折中向前发展，国际体系由无政府状态下的国际均势体系向以相互依存状态为主要特征的新的国际体系的演变将继续进行。各国之间在应对非传统安全威胁方面的共同利益和合作将进一步增加，并更多地寻求通过对话和谈判解决传统的热点问题。发展经济和科技将是绝大多数国家的主要目标，综合国力竞争将更加激烈。各大国之间相互依存和合作的一面将进一步上升，它们将尽力防止相互之间爆发武装冲突，但斗争和竞争不可避免。建立和发展各种国际和区域安全合作与对话机制的进程将继续，许多区域和次区域将形成多层次、多渠道、多类型共存的安全合作机制。这些国际、区域和次区域安全合作机制将成为未来以相互依存状态为主要特征的新的国际体系的重要组成部分。

从长远来说，相互依存状态的国际体系还将再发展到一体化条件下的国际体系。随着世界多极化和经济全球化的发展，国际力量之间的关系将由平衡（balance）发展到均衡（equilibrium），再发展到和谐（harmony）。因为国家利益将仍是各国最优先考虑的因素，所以和谐实际上将必然是在各国经济一体化和政治一体化基础上的利益和谐（harmony of interests）。从理论上来说，建立在均势基础上的多极化难以实现持久和平，这是因为经济和政治不平衡发展的规律会一直在起作用。而建立在利益和谐基础上的多极化才能实现持久和平。

通过研究国际体系的演变与转型，将使我们能更全面深刻地认识影响当前国际体系转型的基本因素、国际体系转型的主要特征、国际体系转型的影响等一系列重大问题。

二、对推动国际体系向公正合理方向发展的意义

在和平与发展为主题的时代，不能采取先摧毁旧的再建立新的国际体系的方法，而只能在参与现有的国际体系中，根据中国和世界人民的根本利益逐步改变其中不公正、不合理的规则。

现有的国际体系是以美国和其他西方国家为主导的，有很多不公正、不合理的成分。加入其中，就会受到国际体系的一定束缚和制约。但是，如果不参加国际体系，就会在国际社会中边缘化。中国改革开放的深入发展，要求中国进一步融入国际社会。积极参与国际体系，有利于在其中与国际社会一起对其进行改造，并在此基础上推动国际政治经济秩序向公正合理的方向发展，从而有利于中国维护长期的和平国际环境。

中国不是要挑战或用革命性的手段推翻现行国际体系，不是要“另起炉灶”，而是要在参与现有国际体系并在其中发挥积极和建设性作用的基础上，以中国国家利益和全人类共同利益的结合为标准，特别是考虑到发展中国家的利益，坚持现有国际体系中的合理成分，对其中的不合理成分加以改造，积极参与国际规则的改进和制定，并加以发展，使其趋于完善、合理、公平、公正。在此基础上逐步使现有国际秩序过渡到目标中的国际政治经济新秩序，以适应日益发展的国际形势的需要。

在国际体系转型过程中，中国应该在国际体系中发挥积极和建设性的作用。我国还应在恰当的时机和适宜的环境中，根据与时俱进的精神，采取积极主动的行动，创建多种新的国际机制。

通过研究国际体系的演变与转型，有助于深刻理解如何推动国际体系向公正合理的方向发展。

本书在对当代国际体系转型与大国战略稳定框架进行全面系统研究的基础上，总结其规律性，力图将这些带规律性的东西上升到理论高度，并从理

论与实践的结合上探讨在21世纪应该构建什么样的大国战略稳定框架。

三、对中国进一步发挥国际体系中负责任大国作用的意义

中国已经在国际体系中发挥负责任大国的作用。随着中国改革开放的不断深入，中国将越来越深地参与国际经济、安全和政治机制。中国的国家发展战略、对外政策目标、国防政策与对外战略、传统文化与历史、安全概念的变化、民主与法治的发展、在融入国际机制方面的发展等因素，决定了中国将继续作为国际体系中负责任大国。

中国在国际体系中作为一个负责任大国，有助于为国内改革开放的进一步深化创造良好的外部环境，消除一些国家对中国统一的疑虑，减少美国利用台湾问题牵制中国的战略迫切感，保持国际社会承认"一个中国"的框架，进一步提高中国的国际威望和影响力。

中国在国际体系中作为一个负责任大国，有利于保持一个长期的和平国际环境，维护地区和世界和平。因此是符合中国国家发展战略和对外政策目标的。

通过研究国际体系的演变与转型，将使我们更深刻地认识为什么中国应该成为国际体系中负责任大国，怎样进一步发挥国际体系中负责任大国作用等。

四、有助于构建中国特色国际体系论和国际秩序观

世界上关于国际体系和国际秩序理论的研究已取得一定进展。西方关于国际体系和国际秩序的理论研究流派纷呈，在多次论争中取得较大发展。

马克思主义经过长期的发展，已经基本形成了比较完整的关于国际关系的理论，而国际体系和国际秩序理论是其中的一个重要组成部分。

以邓小平为核心的党的第二代领导集体、以江泽民为核心的第三代领

导集体和以胡锦涛为总书记的党中央领导集体，结合当代中国和世界的实际，继承和发展了马克思主义和毛泽东思想，在构建中国特色的国际体系和国际秩序理论方面取得进展。胡锦涛提出“共同建立一个持久和平、普遍繁荣的和谐世界”的目标，这是构建中国特色的国际体系理论的重要命题。

但迄今为止，我国还未形成完整的中国特色国际体系论和国际秩序观。本书通过研究国际体系的演变与转型，将促使我们为构建中国特色国际体系论和国际秩序观进行更深入系统的理论思考。

第三节　国内外研究现状

一、国外研究现状综述

西方国际关系学者从 20 世纪 40 年代末开始对国际体系进行研究，60 年代达到盛行的程度。体系论成为国际关系理论的一个研究重点和核心概念，帮助国际关系理论从强调世界政治的无政府状态转向趋于相互依存的国际体系模式。

西方研究世界历史的学者从 20 世纪 50 年代开始逐渐有一些从国际体系角度进行研究的成果，到 80 年代达到很高的水平。其最重要的代表著作之一是美国耶鲁大学历史学教授保罗·肯尼迪（Paul Kennedy）1987 年发表的专著《大国的兴衰：1500—2000 年的经济变迁与军事冲突》（The Rise and Fall of the Great Powers）。在该书中，保罗·肯尼迪详尽地研究了 500 年间影响大国在国际体系中兴衰的各种因素。他认为：“国际体系是不断变化的。这不仅由于政治家们的日常活动和政治、军事事件的不断发生所致，还由于世界力量的形成会发生深刻的变化，这些力量在一定时候就会脱颖而出。”①

① ［美］保罗·肯尼迪：《大国的兴衰：1500—2000 年的经济变迁与军事冲突》，陈景彪等译，北京·国际文化出版公司，2006 年版，第 523 页。

他指出："在国际体系中财富与力量或经济力量与军事力量总是相互依存的——既然这两者关系密切，既然各国的发展变化是不可抗拒的规律，那么，国际力量对比就不会一成不变。"①

在西方国家，特别是美国，对冷战时期美苏之间战略稳定关系进行过比较系统的研究，但对冷战结束后大国之间战略稳定性问题还没有系统研究。

二、国内研究现状综述

对于当代国际体系的转变，国内有少数学者已有一些初步论述。例如，上海国际研究所的杨洁勉教授在《国际恐怖主义与当代国际关系》中认为："在人类已进入21世纪时，国际关系正在经历着从1648年威斯特伐利亚民族国家体系以来的革命性的变化。"② 潘忠岐博士的《世界秩序：结构、机制与模式》一书从世界秩序角度研究当代国际体系，认为："伴随着冷战结束而来的国际体系结构的大变革，促使世人开始重新反思世界秩序这个既古老又常新、既理想又现实的问题。"③ 上海社科院的刘鸣研究员在《国际体系：历史演进与理论的解读》中认为："国际体系，实际上就是国际政治体系，也就是国际关系体系，具体的讲，它是由民族主权国家组成的，由国际法和国际制度规范的抽象实体，是国际领域内各种行为体（主要是国家）相互作用形成的固定关系组合。"④

国内的世界历史研究学者在20世纪50—60年代就对世界近现代史中的

① ［美］保罗·肯尼迪：《大国的兴衰：1500—2000年的经济变迁与军事冲突》，陈景彪等译，北京·国际文化出版公司，2006年版，第523页。

② 杨洁勉：《国际恐怖主义与当代国际关系》，贵州人民出版社，2002年版，第23页。

③ 潘忠岐：《世界秩序：结构、机制与模式》，上海人民出版社，2004年版，第1页。

④ 刘鸣：《国际体系：历史演进与理论的解读》，中共中央党校出版社，2006年版，第7页。

国际体系进行了一些研究。其最重要的代表著作之一是周一良、吴于廑主编的《世界通史》。该书认为："战争和革命改变世界的政治面貌。伟大的十月社会主义革命突破了资本主义体系最薄弱的一环。"①

王绳祖主编的《国际关系史》（十卷本，1995 年出版）和中国国际关系学会主编的《国际关系史》（第十一卷，2004 年出版）在对 1648 年至 1989 年的国际关系史进行系统研究中有一些涉及国际体系的研究。王绳祖主编的《国际关系史》认为："从 17 世纪起，随着资本主义生产方式的产生与发展，商品货币关系逐步加强，世界贸易范围不断扩大，交通和通讯工具日渐改进，促使各国和各洲之间政治经济联系越来越广泛，社会文化交流也更加频繁。在二三百年的历史进程中，世界逐步成为一个统一的、不可分割的整体，由此形成全球性的国际关系体系，任何地区的重要事态都会影响或牵动国际关系的全局。"② 该书对东亚封贡体系的存在和消亡、近代欧洲国际体系的形成和发展，以及第一次世界大战以来国际体系的演变都有所论述。

王正毅著的《世界体系论与中国》和《边缘地带发展论——世界体系与东南亚的发展》两本书，不仅较为系统地介绍了以沃勒斯坦等为主要代表提出的世界体系理论及其影响，而且根据作者对世界体系论的学习和研究，对如何看待中国与世界关系提出自己的看法，并运用世界体系论对东南亚的发展进行了详尽分析。

总的来说，国内对近现代国际体系演变和当代国际体系转型还缺乏系统深入的研究。

在国内，少数学者对冷战结束后，大国之间战略稳定性问题进行了一些初步研究。例如，潘振强在《国际问题研究》2002 年第 4 期发表的论文《关于重建全球战略稳定的理论思考》，初步探讨了战略稳定的若干理论问题和在冷战后时期重建全球战略稳定问题。杨毅主编的《全球战略稳定论》一书，讨论了国际体系与全球战略稳定的关系等问题。

---

① 周一良、吴于廑主编：《世界通史》（近代部分，下册，本册主编张芝联等），人民出版社，1962 年第 1 版、1972 年第 2 版，第 411 页。

② 王绳祖主编：《国际关系史》（十卷本），北京·世界知识出版社，1995 年第 1 版，第一卷总序第 5 页。

第四节　研究方法与特色

一、研究方法

本书将国际关系研究与世界历史研究、国际战略研究、世界经济研究等学科相结合，从这些学科一体化的新的视角研究近现代国际体系演变和当代国际体系转型，以及建立大国战略稳定框架等。研究方法包括比较研究、理论分析、提出新的理论模式等。

本书从横向的四个方面（国际行为主体、国际力量结构、国际互动规则、国际机制）与纵向，以及横断面的三个层面，即全球层面、区域层面和国家层面（美国战略和中国的战略选择），对当代国际体系转型与构建大国战略稳定框架及其相互关系进行系统研究。

本书分为十二章：

第一章和第三章分别从横向剖析全球化时代国际体系转型和从纵向研究国际体系演变；第二章探讨国际体系和国际秩序理论；第四章至第十章分别研究国际体系各主要组成部分和主要相关因素，包括国际力量结构（特别是大国战略关系及构建大国战略稳定框架）、世界经济体系、新科技革命与新军事变革、各种文明之间关系、国际机制、亚洲兴起、亚欧大陆跨区域合作等变化和发展的特点，及其对国际体系演变的影响。

由于美国是当今世界唯一的超级大国和在国际体系中占主导地位的大国，对国际力量结构、整个国际体系以及构建 21 世纪大国战略稳定框架有举足轻重的作用，因此第十一章对美国对外战略进行了系统研究。

第十二章研究中国在国际体系中的地位与作用、国际体系转型与构建和谐世界的关系，以及探讨在邓小平理论和“建设和谐世界”重要思想指引下，根据实事求是、与时俱进、开拓创新的精神，逐渐形成一整套中国特色的对外战略新理念。

二、研究特色

本书的研究特色主要包括：

（一）研究方法创新。将国际关系研究与世界历史研究、国际战略研究、世界经济研究等学科相结合，对1648年至2005年国际体系的演变与转型进行多学科的综合和系统研究。

（二）将近代欧洲国际体系与古代东亚国际体系进行系统地比较研究，得出一些规律性的特点和启示，为当今全球化时代国际体系的转型提供借鉴。

（三）系统研究了经济全球化趋势对当代国际体系中的四个主要组成部分（国际行为主体、国际力量结构、国际互动规则、国际机制）的影响及这四方面发生重大变化的特点，有助于从整体和发展趋势上把握当代国际体系的转型。

（四）运用国际关系理论对构成当前国际力量结构和大国战略态势的世界上最重要的一些大国三边关系，如中美欧关系、美欧俄关系、中美日关系、中美俄关系、中美印关系等，以及它们对国际体系转型的影响进行了系统研究。提出在当前大国关系互动中，虽然还存在地缘政治模式，但已出现地缘经济、国际机制、“共赢”等新的模式。

（五）提出并论证了世界经济体系正在开始从18世纪以来的“中心—边缘”结构向板块与网络并存结构转变的理论模式。

（六）比较系统地研究了新科技革命和新军事变革对国际体系转型产生的重大影响。

（七）研究了世界各种文明之间的关系及其对国际体系转型的影响。

（八）比较系统地研究了国际机制演变及其对国际体系转型的影响。

（九）比较系统地研究了构建21世纪大国战略稳定框架问题，认为如果在当今时代能够保持大国协调，并建立全球战略稳定框架，将有利于国际体系的稳定与世界安全。

（十）运用相互依存理论研究21世纪中美关系，认为虽然中美之间权力政治的因素还存在，但两国关系已更多地建立在相互依存的基础上，但中美之间这种相互依存关系又是非对称性的。

（十一）试图通过研究为构建中国特色国际体系论和国际秩序观作出微薄贡献。

（十二）提出为实现中国和平发展必须构建中国特色国际战略新理念。

第一章

全球化时代国际体系的转型

随着经济全球化趋势迅猛发展，世界正逐渐进入全球化时代，这一时代的主题是和平与发展。当前国际体系转型是在新一轮经济全球化趋势背景下进行的。正如马克思指出的："物质生活的生产方式制约着社会生活、政治生活和精神生活的过程。不是人们的意识决定人们的存在，相反，是人们的社会存在决定人们的意识。"① 全球化趋势发展对国际体系产生重大影响，促使当前国际体系处于深刻变革之中。而且，在国际体系转型的同时，国际秩序也在和平转型。当前国际体系和国际秩序转型有一个很长的过渡时期，现正处于这一过渡时期的相持阶段。

第一节　当代全球化趋势对国际体系的影响

世界正在经历第三轮经济全球化趋势。第一轮经济全球化趋势从17、

① 马克思：《政治经济学批判序言》，《马克思恩格斯选集》第2卷，第82页。

18 世纪开始，其主要特点是近代大工业出现及其导致的世界市场形成和市场全球化。马克思在《共产党宣言》中指出："大工业建立了由美洲的发现所准备好的世界市场。世界市场使商业、航海业和陆路交通得到了巨大发展。这种发展又反过来促进了工业的扩展。"① 这一次全球化趋势的负面影响主要表现在，资本主义国家在资本积累初期阶段对本国工人阶级进行残酷剥削和对广大亚非拉地区进行殖民占领与掠夺。由于帝国主义国家为了扩大各自的商品市场和投资场所，在全球范围内争夺殖民地和势力范围，导致了第一次世界大战。这场战争暂时打断了全球化进程。

第二轮经济全球化趋势从第一次世界大战结束开始，其主要特点之一是金融市场全球化。由于当时这种初期的全球化金融市场很不成熟，导致 1929 年资本主义经济大萧条迅速席卷所有资本主义国家。在这一阶段，帝国主义国家在全球范围内争夺殖民地和势力范围的斗争更加尖锐，殖民地半殖民地国家人民对所遭受的压迫和剥削进行了激烈反抗。这成为战争与革命时代的主要背景。第二次世界大战及其后的东西方冷战再次暂时中断了全球化进程。

第三轮经济全球化趋势开始于冷战结束。其主要特点是世界经济中存在着三股主要潮流，即新科技革命潮流、经济全球化潮流和知识经济潮流。这三股潮流相互激荡、相互促进，推动着世界经济发展和人类社会进步，使世界各国在经济上相互依存，逐渐发展到或接近一荣俱荣，一损俱损的程度。

前两轮经济全球化趋势都对国际秩序产生重大影响。第一轮经济全球化趋势开始于自由资本主义，促进了资本主义国家工业扩展和垄断资本主义形成。在资本主义发展到帝国主义阶段时，原有的"维也纳秩序"遭受强烈冲击。后起帝国主义国家使用武力与其他帝国主义国家在世界范围内争夺殖民地和势力范围，最终导致世界大战。

第二轮经济全球化趋势是在第一次世界大战后建立的"凡尔赛—华盛顿秩序"基础上开始的。但 20 世纪 20 年代末 30 年代初的资本主义经济大萧条重挫了这一趋势。在此背景下，德、意法西斯和日本军国主义形成了欧洲和亚洲两个战争策源地。它们为了在世界上获得更多殖民地和更大势力范

---

① 马克思和恩格斯：《共产党宣言》，《马克思恩格斯选集》（第一卷），人民出版社，1972 年第 1 版，第 252 页。

围，打破“凡尔赛—华盛顿秩序”，发动了第二次世界大战。

第三轮经济全球化趋势与前两轮不同，不仅对国际秩序产生重大影响，而且促使国际体系重大转型。但它不会导致新的世界大战，而可能促使在逐渐变革的基础上形成国际政治经济新秩序。

首先，各国之间共同利益上升。由于新科技革命迅猛发展，这一次经济全球化趋势的深度和广度要大大超过前两次。世界各国在经济上相互依存大大增加，又都面临日益增多的各种非传统安全威胁，促使它们更多地合作来解决共同面对的问题。各国人民追求共同发展和共同繁荣的愿望越来越强烈。这也促使各国政府更多采取有利于共同发展的政策。

第二，各国可以通过经贸关系、科技创新和相互合作来获得资源和市场。在和平与发展为主题的时代，兴起的国家不需要通过战争来获得所需资源和市场，也不需要与占主导地位的大国通过战争来争夺资源。

第三，发展中国家成为制约战争的重要因素。过去的殖民地半殖民地绝大多数都已获得独立，成为发展中国家。它们坚定捍卫民族独立和国家主权，团结自强，致力于经济社会发展，反对超级大国的战争政策。

第四，发动战争的成本和风险越来越大。大国之间发生武装冲突很可能导致核战争，而核战争中是没有胜利者的。即使超级大国发动战争，占领了某个中小国家，也难以在该国恢复秩序和实现重建。而且，由于恐怖活动猖獗，超级大国将不得不用更多力量对付恐怖主义。

在当前全球化潮流迅猛发展的冲击下，组成国际体系的国际行为主体、国际力量结构、国际互动规则和国际机制等四方面都在发生重大变化。在以往的历史上，一个新的国际秩序都是在一场大的战争之后建立的。但冷战是由于苏联自行解体和“华约”组织自我解散而结束的，因此新的国际秩序将在现有国际秩序逐渐和平变革的基础上实现。

第二节　当前国际体系转型的特点

冷战的结束打破了原有的两极力量结构，其后开始的第三轮全球化趋势对国际行为体、国际力量结构、国际互动规则和国际机制都正在产生前所未有的全面和深刻的影响，从而促使国际体系处于重大转型之中。

一、国际行为体多元化

国际行为体是国际体系的基本组成单元。1648 年欧洲国家签订的《威斯特伐利亚和约》确立了独立民族国家所组成的国际社会和国家主权平等原则，奠定当时欧洲国际关系的新基础。[①] 它实际上标志着近代国际体系形成，其主要特征是主权国家是国际关系中的基本行为主体，也是国际法的主体。这使得国际关系虽然是无政府状态，但开始遵循一些公认的原则和行为规范，在相对有序的道路上发展。但是，在很长时期里，西方国家仅仅在它们之间确认和相对遵守主权原则，而对广大亚非拉国家进行残酷的殖民占领和掠夺。第二次世界大战结束后，广大亚非拉国家纷纷取得独立，主权国家数量大为增加，以主权国家为基本行为主体的国际体系扩大到世界范围。

近年来，随着经济全球化和世界多极化趋势迅速发展，虽然主权国家仍是国际关系中的基本行为主体，但国际关系中新的非国家行为主体，包括政府间国际组织、跨国公司、非政府组织、国际恐怖主义组织等大量增加，导致国际行为体多元化。

近年来，随着区域经济一体化趋势迅速发展，各种区域经济合作组织大大增加，合作紧密度不断加强。许多政府间国际组织已具有独立的国际法人格，已发展为国际关系中一种新的基本行为主体。绝大多数政府间国际组织，特别是各种区域合作组织，成为促进国际和区域经济、政治、安全和文化合作的积极因素。

但现在世界上还存在少数军事联盟，这些军事联盟是冷战的遗留物，它们中的某些对区域和平发展产生一定负面影响。例如，美日联盟把台湾海峡纳入其防区之中，向“台独”分子发出错误信号。

---

① 王绳祖主编：《国际关系史》（第一册），北京·世界知识出版社，1995 年第 1 版，第 63 页。

跨国公司得到迅速长足的发展，既成为推动经济全球化的最重要因素之一，又借助经济全球化之势加速扩展，其国际生产和经营正在实现全球范围内最佳的资源配置和生产要素组合。到20世纪90年代末，全球4万多家跨国公司已控制世界生产的40%、世界贸易的60%、国际直接投资的90%、世界技术研究与开发成果和技术转让的90%。全世界100支最大的经济力量中，跨国公司占一半以上，超过许多中小国家。

跨国公司的母国大多集中在发达国家，这决定跨国公司的经济活动更有利于发达国家，而对发展中国家既有有利影响，也有不利影响。

跨国公司与主权国家都希望通过经济全球化进程获取尽可能大的经济利益，但经济全球化进程使跨国公司与主权国家的关系既可能是盟友，又可能是对手。一方面，跨国公司与主权国家有可能在经济活动中互补共赢；另一方面，跨国公司在经济活动中也可能对所在国主权造成损害。

非政府组织数量迅速增加，已达60多万个。其范围更加广泛，活动更加活跃，在国际关系中的作用上升。其中，许多非政府组织在人道主义援助、军备控制、争取世界和区域和平与发展等领域发挥积极作用。但也有一些非政府组织在美国政府支持下，在全球推销“民主”，支持“颜色革命”，干涉许多国家内政。例如，美国总统布什2005年5月在美国“国际共和政体研究所”举办的午餐会上就宣称：“在（该所）的协助下，许多人正在与白俄罗斯的公民社团领导人一道工作，目的是要将民主带入欧洲最后一个专制国家。”[①] 这些非政府组织干涉其他国家内政的行为，对这些国家主权构成一定侵蚀。

但另一方面，如果政府掌握非政府组织的规律，并运用得当，是可以利用许多非政府组织的积极因素，做一些推动社会进步和维护社会稳定的事情，缓和某些社会矛盾，解决一些社会问题。

国际恐怖主义组织也是一种非政府组织，但它是一种特殊的非政府组织。国际恐怖主义组织为了达到某种政治和社会目的，在国际上针对特定国家、机构或个人进行暴力袭击或威胁，或为制造恐怖主义气氛而滥杀无辜。它们在本质上反人类社会，也是挑战主权国家的。现在世界上有近500个恐

---

① http：//www. whitehouse. gov.

怖组织，它们不仅能够实施个别行动，而且有实施大规模恐怖袭击、对整个国际社会构成威胁的潜力。

“9·11”事件标志着国际恐怖主义组织已成为一种重要国际行为体。美国将反恐作为其国家安全战略最优先事项，发动了反恐战争。世界各国面对恐怖主义这一人类公害，大力加强合作，共同打击各种恐怖组织和恐怖活动。

二、国际力量结构多样化

国际力量结构是国际体系的基础。在冷战时期及其之前，国际力量结构主要看大国关系特别是大国之间结盟关系。但冷战结束后，随着经济全球化趋势迅猛进展和高新技术的发展与应用，国际力量结构本身正在发生重大和深刻变化。现在必须从多角度来看全球化时代的国际力量结构。

首先，从整体来看，国际力量结构正在向多极转变。

苏联解体和冷战结束，标志着美苏对抗两极结构崩解。此后，出现了美国和多个强国并存的“一超多强”结构，但这只是一种过渡性国际力量结构。随着欧盟的扩大、中国和其他力量中心兴起，世界多极化趋势在曲折中向前发展。世界多极化趋势与美国单极企图之间的碰撞是当代世界的主要矛盾之一。伊拉克战争标志着美国从其力量顶峰开始下降。这种下降首先是从美国道义号召力削弱开始。“9·11”事件后，美国借助反恐获得了在道义上的空前号召力。但美国实行单边主义并绕过联合国发动伊拉克战争，使美国的道义优势受到很大削弱。调查证明伊拉克战前没有大规模杀伤性武器和美军虐俘事件，进一步损害美国的道义优势。美军在伊拉克陷入困境，伤亡不断上升。这些都在削弱美国的软国力。虽然美国力量衰落过程将是长期的，但这一过程将不可避免。因此世界可能将在本世纪中叶形成某种多极结构。

以大国关系为主的世界主要力量中心之间关系的性质，是决定21世纪国际体系性质的最重要因素。冷战结束后，大国关系发生了重大变化。当前，大国之间不存在军事对抗，它们相互关系的特征是既合作又竞争、既依存又斗争，斗而不破，合而不从。大国相互之间共同利益在增加，主要表现在：经贸关系迅速发展，促使它们经济相互依存性上升；面对恐怖主义、环境污染、温室效应、跨国犯罪、毒品走私、大规模杀伤性武器扩散等各种非传统安全威胁，必须合作以共同应对；传统安全问题威胁区域和平，损害大国从区域稳定与繁荣中可以获得的利益，大国合作是防止这些问题导致冲突或解决这些问题的有效途径；大国之间如发生冲突，可能导致核战争，这不符合大国利益。这些共同利益都促使大国之间进行合作。但另一方面，有的大国的某些势力仍用冷战思维和“零和”模式看待大国关系，这成为阻碍大国关系发展的危险因素。

其次，从质量分布来看，国际力量“金字塔”结构正在向立体多维结构转变。

长期以来，国际力量质量结构呈现“金字塔”型。霸权国家居于“金字塔”顶部，强国和大国位于“金字塔”中部，小国和弱国在“金字塔”底部。冷战时期，美国和苏联都位于这种“金字塔”结构的顶部。冷战结束后，只剩下美国在这个“金字塔”的顶部。经济全球化和高新技术迅速发展，对这种“金字塔”结构产生巨大冲击，促使其向立体多维结构转变，包括军事、经济、政治等多维。

在军事维面，美国虽仍是唯一的超级大国，但它面临着恐怖主义这一“非对称威胁”。美国虽有能力战胜并占领一个中等国家，但它单靠自己难以恢复这个国家的秩序和实现重建。伊拉克战争就是一个例子。在美军占领伊拉克3年后，驻扎在伊拉克的美军现在还经常遭到恐怖分子和反美武装袭击。

在经济维面，随着经济全球化和区域经济一体化迅速发展，各国之间在经济上相互依存有很大发展，共同利益增加。美国虽仍有强大的经济实力和对其有利的国际经济制度，但它只是世界经济中多个力量中心之一，并不具有对世界经济一言九鼎的能力。

在政治维面，国际行为者不仅有主权国家，也包括政府间国际组织、区域合作组织、非政府组织、恐怖组织等。美国的单极企图不仅受到其他力量中心制约，也受到其他许多国际行为者牵制。

第三，从世界经济来看，“中心—边缘”结构正在向板块与网络并存结构转变。

第四，从力量重心来看，世界权力中心开始由大西洋地区向亚太地区转移。这标志着世界权力中心将第一次转到一个发展中国家占多数的地区。

三、国际互动模式多种共存

国际关系理念和互动规则是国际秩序的重要组成部分之一，是该时代国际现实与国际潮流的产物，又反过来对国际现实产生很大影响。国际关系理念和互动规则是国际力量结构、国际行为主体和国际机制的观念产物，在此基础上形成国际互动模式，它们对国际体系和国际秩序的建构和演变产生重大影响。

冷战时期，美苏相互争夺霸权，其国际关系理论基础主要是现实主义理论、地缘政治理论和“零和”游戏模式。在冷战结束十几年后的今天，“零和”游戏模式虽已遭批判，但冷战思维仍在美国一些鹰派分子头脑里徘徊。他们甚至发展出新保守主义和进攻性现实主义理论来为美国企图主导世界的战略辩护。

而且，冷战结束后，各国的民族主义上升。民族主义可以分为理性民族主义和非理性民族主义。理性民族主义表现为正常的爱国主义。而非理性民族主义则表现为极端民族主义或狂热民族主义。美国一些人主张美国成为“新帝国”，依靠武力称霸世界，这是一种非理性民族主义。时任日本首相小泉参拜供奉有甲级战犯的靖国神社，一些日本政府高官不承认日本军国主义犯下的侵略罪行，这也是一种非理性民族主义。

另一方面，冷战结束后国际力量结构、国际行为体和国际制度的重大变化，也导致适应这种变化的新的国际关系理念和互动规则出现和发展。例如，军事等硬实力虽仍发挥着重要作用，但影响力受到更多制约，而文化等软实力在国际关系中的作用上升。现在一些大国之间在一些具体的国际及地区事务上，更多地运用国际机制等方式与美国形成软均势并对美国实施软制衡。

又如，中国和其他一些国家以与时俱进精神，摒弃冷战思维，提出了一些新的国际关系理念和互动规则，其中包括：提倡树立以互信、互利、平等、协作为核心的新安全观，通过对话增进相互信任、通过合作促进共同安全；主张顺应历史潮流，将本国利益与全人类共同利益相结合；强调尊重和维护世界文明多样性和发展模式多样化等。

这些顺应历史大趋势的新的国际关系理念和互动规则与各种违背历史潮流的旧理念和冷战思维正在相互碰撞和较量之中。其结果将对国际体系转型产生重大影响。

由于这些原因，当前国际关系中虽然还存在地缘政治模式，但已出现地缘经济、合作共赢等新的模式，各种互动模式共存。

从总的趋势来说，地缘政治作用将逐渐下降，但在可预见的未来难以完全被超越。地缘经济、国际机制和合作共赢模式将更多地发挥作用。但在美国保持“一超”地位的情况下，这一进程的发展在很大程度上将取决于美国的战略走势。

四、国际机制在各方博弈中变革发展

当前国际体系和国际秩序转型的主要特点之一是国际机制的变革和发展。国际机制是国际体系和国际秩序的核心特征。

在冷战时期，美苏争霸这种国际力量结构及所产生的冷战思维和“零和”游戏规则，决定了国际机制是以相互对抗的军事联盟为主。虽然第二次世界大战结束时成立的世界性组织联合国在其宪章中，为战后的世界勾勒了一种理想的国际秩序，即用集体安全制度取代传统军事结盟政策，用大国一致以维护和平与防止战争，用国际组织保证小国安全以及实行大小国家主权平等的民主原则。但在实践中，联合国由于超级大国争夺世界霸权而无法发挥正常作用，甚至被大国用来充当相互争夺的工具。

冷战结束标志着雅尔塔体系解体。经济全球化、世界多极化和区域经济一体化等趋势迅速发展，所产生的新的国际力量结构、国际行为体组成和国际关系理念，决定了必须要有适应全球化时代的新的国际机制。这种新的国际机制正在逐渐建构之中。

从长远来说，应该建立以联合国为核心，以各种国际经贸合作、对付非传统安全威胁、裁军与防扩散机制为骨干，以各种区域与跨区域经济与安全合作组织为基础的多层次（包括世界性国际组织、区域多边合作组织和次区域多边合作组织）、多渠道（各种多边经济与安全合作组织相互补充）、多类型（包括官方与非官方）共存的全球经济与安全合作机制。这种机制应建立在共同安全和合作安全理念基础之上。

第三节　国际体系的发展趋势

现存国际体系一个主要特点，是建立在国家主权原则基础上的无政府状态下的均势体系。近年来，特别是冷战结束后，随着经济全球化趋势、世界多极化趋势不断发展和各国之间共同利益增加，无政府状态下的国际均势体系正在逐渐向以相互依存状态为主要特征的新的国际体系演变。

公正合理的国际政治和经济秩序应该建立在这种以相互依存状态为主要特征的新的国际体系基础上，并以和平共处五项原则为准则。从理论上来说，建立在均势基础上的多极化难以实现持久和平，这是因为经济和政治不平衡发展的规律会一直在起作用。而建立在相互依存基础上的多极化才能真正实现大国之间的和平。

由于国际力量结构多样化和非国家行为主体影响的上升，未来将不会是简单的单极或多极，而是一种立体多维的国际力量结构。美国在这一结构中将长期是实力第一的国家，并企图维护其在国际体系中的主导地位。一批上升中的新的力量中心，包括欧盟、中国、印度、巴西、俄罗斯等，希望在国际体系中发挥更大和负责任的作用，这也符合美国利益。同时，非国家行为主体将对国际体系产生更大影响，其中有的影响是积极的，但有的也会对主权国家构成更大挑战。国际恐怖组织则对人类社会形成重大威胁。如果美国与其他力量中心良性互动，扩大利益汇合点，合作对付非传统安全威胁，有可能形成全球良治的国际体系。但如果美国和其他某些力量中心企图联合制约其中一个力量中心，则将会对国际体系造成严重负面影响。

军事等硬实力仍是综合国力的最重要组成部分之一，但文化等软实力在国际关系中将发挥越来越大的作用，经济作为粘实力则将成为以相互依存状态为主要特征的新的国际体系的基础。大国之间对抗的可能性下降，一些大国通过“两面下注”的方法来处理相互关系，也就是既发展合作，又为关系可能恶化做准备。由于美国作为占主导地位的大国与上升的大国之间存在结构性矛盾，因此它们之间的磨合需要经历长期曲折复杂的过程。虽然超级大国仍未放弃通过军事联盟等方式实现均势的硬均势原则，但有些大国将更多运用软均势原则，即通过包括联合国在内的国际机制和相互协调来对超级大国的单边主义实施软制衡。从总体来说，均势原则的作用将逐渐下降，合作共赢原则将更多发挥作用。

国际机制通常反映了国际力量结构，往往是由国际上占主导地位的国家决定和施加重大影响的。它的变化一般要慢于国际力量对比的转变，但它一旦形成又有自身运动规律。新兴大国往往通过建立新的国际机制或改革已有的国际机制，来加强和巩固在国际上的地位和影响。二战后国际秩序是在反法西斯战争胜利成果基础上建立的。其中，既有不合理因素，如通过强权政治形成的美苏两极格局，冷战结束后这一格局已解体；也有至今仍是合理的因素，如联合国及有助于市场经济发展的国际金融和贸易机制，可以通过改革成为新的国际秩序的重要组成部分。

当前国际体系向国家之间相互依存为主要特征转型，为中国的发展提供了和平的国际环境。现存的国际秩序基本上仍是第二次世界大战暨反法西斯战争胜利的产物，并受到美苏冷战结束的重大影响。作为反法西斯战争战胜国之一的中国，在冷战期间又与其他国家共同抗衡霸权主义扩张并较早实行改革开放政策，因此在当前国际秩序和平转型中有逐渐更多发挥负责任国家作用的一些有利条件。但是，由于目前是在相互依存国际体系的形成和初期阶段，兴起中的中国与在国际体系中居主导地位的美国之间的相互依存是非对称性的，脆弱性与韧性并存，与其他力量中心之间也存在既合作又竞争的关系，加之非传统安全威胁上升，因此中国面临的挑战是多方面、多层次的。世界力量中心向亚太地区转移，为亚洲国家和包括美国在内的其他环太平洋国家提供了前所未有的机遇。包括中国、印度、东盟、日本在内的亚洲正在兴起。当前国际体系和国际秩序是否能顺利实现和平转型，将在很大程度上取决于它们能否处理好相互之间的关系，以及与美国的关系。

从长远来说，相互依存状态的国际体系还将再发展到一体化条件下的国际体系，这将为进一步建立和谐世界奠定基础。只有建立在利益和谐基础上的国际政治和经济新秩序，才能实现世界持久和平。世界各国人民应该一道努力，共同建立一个持久和平、普遍繁荣的和谐世界。

第二章

国际体系和国际秩序理论研究

国际体系和国际秩序理论已经历了一个长期的发展过程。马克思主义经典作家在这方面已逐渐发展出较为完整的理论，特别是邓小平理论中关于建立国际政治经济新秩序的思想对此做出了重要贡献。与此同时，西方关于国际体系和国际秩序的理论研究流派纷呈，在多次论争中取得较大发展。应该构建中国特色的国际体系和国际秩序理论，为实现公正和谐的国际秩序而努力。

第一节　西方关于国际体系和国际秩序的理论

西方关于国际体系和国际秩序的思想最早可以溯源到中古时期的欧洲。当时，罗马教皇和各国国王、封建贵族之间为了各自的利益相互争夺，导致欧洲战乱不断，人民苦不堪言。1306 年，法国人皮埃尔·杜布瓦（Pierre

Dubois）在《论收复失地》一书中提出，各基督教国家应该建立一个类似国际联盟、由法国国王领导的组织，成立"共同理事会"（Common Council），以仲裁代替战争来解决国际争端并共同制裁不遵守共同协议的国家，这样欧洲才能有和平。这是欧洲学者对国际体系和国际秩序的最初理论探讨。

被恩格斯赞誉为标志着"封建的中世纪的终结和现代资本主义纪元的开端"的意大利诗人和政治思想家但丁·阿利格里（Dante Alighieri），1312年在《帝制论》一书中，提出世界必须和平，为此必须建立一个实现世界和平目标的世界帝国——统一的世界君主国家。只有这样，才能实现全面地、不断地发展人的智力，使人类达到在一切学科和艺术方面有所作为、有所创造的道德目标。

至17、18世纪，欧洲绝大多数国家资本原始积累过程已经开始，资产阶级启蒙思想在反对封建专制中有很大发展，西方关于国际体系和国际秩序的理念也开始挣脱"帝制"或"君主国"思想的束缚。法国启蒙思想家让·雅克·卢梭（Jean-Jacques Rousseau）在提出"主权在民"学说的同时，也发表了《论永久和平》一书，主张建立"联邦欧洲联盟"（Federal European League），该联盟有权介入各成员国内部事务。[①] 德国著名哲学家伊曼努尔·康德（Immanuel Kant）发表了《永久和平论——一个哲学方案》，主张建立"普遍政治安全的世界大同体系"，为此应该：通过和平条约来处理当前国家之间的争端与冲突；各国实行共和政体，人民享有主权；欧洲各国在共和体制的基础上组成一个大邦联，再进一步扩大成世界联邦，建立国际政府。[②]

到20世纪初，自由竞争的资本主义为垄断资本主义所代替。各国垄断集团间为争夺市场、原料产地和投资场所的斗争，直接表现为列强瓜分世界和掠夺势力范围的争夺。这种激烈争夺导致了第一次世界大战。大战后期，各国人民都强烈反对战争，渴望和平，要求建立能保障和平的国际组织，以

---

① 转引自潘忠岐：《世界秩序：结构、机制与模式》，上海人民出版社，2004年版，第20页。

② Immanuel Kant，*Perpetual Peace：A Philosophical Sketch*，Indianapolis，IN.：Bobbs-Merrill Educational Publishing，1957.

便制止新的战争。各国学者作了许多理论探讨，各界人士提出了各种方案。1918年1月8日，时任美国总统伍德罗·威尔逊提出关于建立战后和平体系的“14点计划”。他主张，欧洲内部的民族自决和民族平等是实现和平与进步的关键；公开的协议是避免战争的重要途径；实现普遍裁军，成立一支国际警察部队来维护国际秩序与安全，以集体安全（collective security）体系代替传统的均势体系，集体抵制侵略行动；建立普遍的安全机构——国际联盟（League of Nations），并通过其建立一整套对主权国家有约束力的国际法律来管理国际社会，这是达成永久和平的全部外交结构的基础。威尔逊的“14点计划”带有浓厚的理想主义色彩，他倡导的国际联盟也未能阻止德、意和日本法西斯成为欧、亚两个战争策源地以及第二次世界大战的爆发。但他提出的一些设想是有进步意义的。

第二次世界大战结束后，鉴于世界大战对人类造成的巨大浩劫和美苏核军备竞赛对世界的严峻威胁，西方国家一些科学家、社会活动家、政治学家和法学家通过各种组织形式对如何实现人类和平、建立世界秩序进行了理论探索。比较突出的包括“普格瓦什科学与世界事务会议”、罗马俱乐部、世界秩序模式项目等。

一些研究国际关系理论的学者也在这方面做了有意义的研究。例如，斯坦利·霍夫曼（Stanley Hoffmann）提出了世界秩序的三个不可分割的定义要素：(1) 世界秩序是国家间关系处于和睦状态的一种理想化的模式；(2) 世界秩序是国家间友好共处的重要条件和有规章的程序，它能提供制止暴力、防止动乱的有效手段；(3) 世界秩序是指合理解决争端和冲突、开展国际合作以求共同发展的一种有序的状态。霍夫曼强调，世界秩序不同于联合国体制，它还不是现实，它有一个逐步形成的过程，它需要众多国际关系角色的长期努力；世界秩序也不同于世界政府，它应是通向世界政府的过渡状态。① 他认为，最理想的是均势所造成的稳定体系——温和型体系的最高体现，而最重要的途径是发展国际组织。他还认为，世界秩序是“世界政治深

---

① Stanley Hoffmann, *Primacy or World Order-American Foreign Policy Since the Cold War*, McGraw-Hall Book Company, 1980, p. 189.

刻的、渐进的，但是有限度的变革过程”。[1]

莫顿·卡普兰（Morton Kaplan）认为，国际体系模式是国际政治的“宏观模式”。他运用大系统的基本原理提出国际体系的六个模式：

模式一：均势体系，指20世纪的均势格局。其特点包括：反对任何企图在体系内取得优势地位的结盟国家或霸权国家；对形成威胁的国家进行限制等。

模式二：松散的两极体系，指第二次世界大战后初期的两极格局。其基本特点是：运作机制是调解性质的，而不是对抗型的；跨国家行为体参与国际体系的运作。

模式三：紧张的两极体系，指50至60年代的冷战格局，其基本特点是松散的两极体系得到强化，出现高度紧张的态势。

模式四：环球体系，指60年代末以后世界格局的多极趋势，其基本特点是相对稳定。

模式五：等级体系，指一种霸权型的体系，其基本特点是稳定性强。

模式六：单元否决系统，其基本特点是：联合国的作用得到加强；战争可能发生，但不会使用核武器，战争的地域和手段将受到限制；大国外交出现孤立主义倾向，结盟的作用弱化。[2]

20世纪60年代中期，卡普兰又在“卡普兰六模式”的基础上，引出若干分体系，包括非常松散的两极体系、缓和体系、不稳定的集团体系、不完全的核扩散体系等。

特别是20世纪七八十年代以来，西方国际关系理论界关于国际体系和国际秩序的研究逐渐深入，经过几次论战，其中三个主流学派，即现实主义、自由主义、建构主义形成了各自关于国际体系和国际秩序理论的基本范式。

---

① Stanley Hoffmann, *Primacy or World Order-American Foreign Policy Since the Cold War*, McGraw-Hall Book Company, 1980, p. 189.

② Morton Kaplan, *System and Process of International Politics*, John Wiley and Sons, Inc. Publishers, 1957, pp. 21—86.

一、国际体系和国际秩序理论的现实主义范式

被称为“当代国际关系理论之父”的汉斯·摩根索（Hans Morgenthau，1904—1980）是西方国际关系理论界现实主义理论体系的奠基人和主要代表人物之一。摩根索认为，国际政治的实质和政治的实质一样，包括两方面的内容：权力和利益。国家都是要根据自己的实力追求权力的。追求权力的结果，必然引起矛盾和冲突，甚至战争。为了避免战争，人类社会已经试验了多种方法，包括权力制衡、国际道德和世界舆论、国际法、集体安全等，但都未能成功。

关于权力制衡，摩根索一方面认为，均势是帮助世界稳定、限制国家权力的因素；但另一方面，他对靠均势来维护世界和平并不抱信心。[①] 因为均势所形成的稳定是一种脆弱的稳定，而且均势本身存在不确定性、不现实性和功能不足。

关于国际道德和世界舆论，摩根索认为，道德的作用主要是在战争时期对于人类生命的保护和对于战争进行道义上的谴责。由于道德在国际政治中的作用日益衰落，它对权力的影响很小。一旦战争对和平存在着具体的威胁，涉及到国家利益，世界舆论不可能形成一种统一的力量去发挥作用。

关于国际法，摩根索一方面认为，在人类发展的历史中，大部分的国际法法规都得到了严格遵守；但另一方面，他认为，国际法恰恰还没能对国家行为形成有效限制。

关于集体安全，摩根索认为，集体安全实际上是权力均势的一种形式。它和联盟均势的关系是：联盟均势是由某些单个的国家，基于它们认定的单个的国家利益构成联盟去对抗某个国家或某一个联盟；而集体安全是一个全球性质的联盟，它若能够作为一种防止战争的方法而奏效的话，必须满足三个条件：与侵略者相比具有压倒性的优势力量；成员国对于它们要保卫的安全具有相同的认识；这些成员国必须使它们相互冲突的政治利益服从于共同利益。而这三个条件在目前的国际环境里又不可能得到满足，因此，集体安

---

① 许嘉：《权力与国际政治》，长征出版社，2001年版，第75页。

全作为一种防止战争、维护和平的方法不可能行之有效。

摩根索提出，一国外交政策的制定是由这个国家的国家利益决定的。他说："利益的观念确实是政治的实质，不受时间和空间条件的影响。修昔底德（Thucydides）基于古希腊的经验说：'无论国家之间或个人之间，利益的一致是最可靠的结合。' 19世纪的索尔兹伯里（Salisbury）伯爵接受了这种观点，他认为国家之间'唯一能够持久的联合方式，就是国家之间没有任何的利益冲突'。乔治·华盛顿更把它确立为普遍的原则……"① 摩根索认为，人类惟一的出路是，用外交手段协调国家利益，营造世界和平环境，最终建立世界政府，实现世界和平目标。

亨利·基辛格（Henry Kissinger）则认为，在一个多变的多极世界上，美国应该以实力和均势作为外交决策的依据，在均势的基础上建立和平结构，以均势来维持国际体系的稳定。

新现实主义代表人物之一肯尼思·华尔兹（Kenneth Waltz）提出，国际体系指诸多功能相同或相似的单位（民族国家）按照一定的秩序和内部联系而组合起的一个整体，作为自助单位的民族国家的互动构成了国际秩序。他认为："一个体系包括两个变量，其一是结构，其二是单位。各部分的排列组合产生了结构，排列的变化导致结构的变化。"② 他说，国际体系结构有三个要素：（1）国际体系是无政府的而非等级的；（2）国际体系是由功能相同的国家行为体互动构成的；（3）国际体系的变化是由体系内力量分布不同引起的。前两个要素是一直不变的，一直处在变化中的是第三个要素，因为体系内力量的大小总是处于变更状态。

约翰·米尔斯海默（John J. Mearsheimer）是进攻性现实主义的代表人物。他认为："国际体系是一个险恶而残忍的角斗场，要想在其中生存，

① ［美］汉斯·摩根索：《国家间政治——寻求权力与和平的斗争》，徐昕等译，北京·中国人民公安大学出版社，1990年版，第13页。

② Kenneth Waltz, *Theory of International Politics*, McGraw Hill Publishing Company, 1979, p. 79.

国家别无选择，只得为权力而相互竞争。”① 他提出：“无论何时，某种国际秩序的出现，大体上都是体系中大国自私行为的副产品。换句话说，体系的构造是大国安全竞争的无意识结果，而不是国家采取集体行动构建和平的结局。”② 他主张：“美国外交政策的中心目标是做西半球的霸主，防止欧洲和东北亚出现与之匹敌的霸权国。”③

现实主义学派强调国际体系的结构是无政府状态。尽管现实主义学说体系的奠基人摩根索在均势对和平与稳定的作用方面有保留，但现实主义学说代表人物大都主张在权力均势或霸权的基础上建立国际秩序。

二、国际体系和国际秩序理论的自由主义范式

自由主义的国际体系和国际秩序观实际上就是理想主义的国际体系和国际秩序观。自由主义虽然在某种程度上也承认国际社会处于无政府状态，但更强调各国之间的相互依存，主张以国际制度、国际机制为中心安排国际秩序的基本结构。

新自由主义学派的代表人物罗伯特·基欧汉（Robert O. Keohane）和约瑟夫·奈（Joseph S. Nye）在他们的代表作《权力与相互依赖》中指出：“我们生活在一个相互依赖的时代。”④ “相互依赖影响着世界政治和国家行为；而政府行为也影响着相互依赖模式。政府通过创制或接受某些活动的程序、原则或制度（institutions）来调节和控制跨国关系、国家间关系。我们

① ［美］约翰·米尔斯海默：《大国政治的悲剧》，王义桅、唐小松译，上海世纪出版集团，2003年版，第38页。

② ［美］约翰·米尔斯海默：《大国政治的悲剧》，王义桅、唐小松译，上海世纪出版集团，2003年版，第61页。

③ ［美］约翰·米尔斯海默：《大国政治的悲剧》，王义桅、唐小松译，上海世纪出版集团，2003年版，第530页。

④ ［美］罗伯特·基欧汉和约瑟夫·奈：《权力与相互依赖（第3版）》，北京大学出版社，2002年版，第3页。

称这些安排为国际机制（international regimes）。”①

新自由主义学派认为，国家尽管不完美，但是有理性的，如果国家是非理性的，就无法在国际体系中建立起任何机制以制约违反公益的行为。国际机制是建立在国家理性基础上的，然而，理性的国家之间并不是没有冲突，因为不完善的国家间不可避免会产生利益冲突。有利益冲突，国与国才有合作，因为合作发生在行为者认为他们的政策处在真正或潜在的冲突之中，而不是和谐之中。合作是对冲突的反映又是对冲突的限制，总的来讲，国家的理性本质就是国际机制和合作的基础。②

新自由主义学派强调，全球体系结构对国际关系有着举足轻重的影响。认为国际组织、正式和非正式的国际规则可以避免冲突，加强合作；和平与全球合作在国际组织和国际机制的维持下是可能的；由于非国家行为体对国际体系影响力的增加，强力作用的下降，功能合作的加强以及现代科学技术的发展使国际相互依存加深，未来的国际社会不是分裂的、相隔的，可以通过全球结构促进世界和平与国际合作。

三、国际体系和国际秩序理论的建构主义范式

建构主义学派主要代表人物之一亚历山大·温特（Alexander Wendt）考察了霍布斯文化（Hobbesian culture）、洛克文化（Lockean culture）和康德文化（Kantian culture）等三种文化结构，并对应区分了三种模式的国际体系，即霍布斯式国际体系、洛克式国际体系和康德式国际体系。

在霍布斯式国际体系里，各国处于相互为敌的自然状态，为了本国的生存、安全和权力，一国进攻、吞并和消灭他国被认为是天经地义、合理合法，国家之间在安全方面的竞争是纯粹的“零和”博弈。这使各国在互动过程中难以形成积极的集体认同关系，国际体系因此是真正意义上的无政府自

① ［美］罗伯特·基欧汉和约瑟夫·奈：《权力与相互依赖（第3版）》，北京大学出版社，2002年版，第6页。

② 倪世雄等著：《当代西方国际关系理论》，复旦大学出版社，2001年版，第165页。

助体系。

在洛克式国际体系里，各国之间是一种竞争对手关系，国家主权的确立和相互承认使国家间在安全领域的竞争不再是“零和”博弈，而是“生存和允许生存”。各国间大致形成了最低限度的互信度和共识，对另一方战略意图的判断不再持从“最坏情况考虑”的态度。各国在互动中虽难以形成积极的集体认同关系，但却可以避免消极的集体认同关系。国际体系虽然仍是无政府自助体系，但已经不同于霍布斯式无政府自助体系。

在康德式国际体系里，各国之间是一种相互协助的朋友关系，在安全问题上的关系表现为合作和为他国着想。这实际上是一种建立在朋友型角色认同基础上的国际体系。康德文化的非暴力性和互助性使各国在互动过程中容易形成积极的集体认同关系。国际体系不再是无政府自助体系，而是他助体系。

建构主义追求构建一种“多元安全共同体”。这一概念最初是由卡尔·多伊奇（Karl W. Deutsch）创造的。他将多元安全共同体界定为一组政治单位的集合，而在这集合体内各国间关系显示出“对和平变革的可靠预期”，从而“真正确保共同体内成员不会彼此开战，而是以其他方式解决彼此的分歧”。他认为：“如果整个世界统合为一个安全共同体，那么战争将自动被消灭。”[①] 多伊奇的学生、主流建构主义的代表人物之一伊曼努尔·奥德勒在迈克尔·巴纳特的合作下，发展了“多元安全共同体”概念，提出了安全共同体形成的一系列阶梯假定，使通过安全共同体实现和平的思想趋于成熟。

建构主义学派主张，为了实现真正有序、稳定与和平的世界，各国应培养共同的文化观念，建构国际集体认同，在此基础上形成“多元安全共同体”，从而建立国际秩序。

---

① Karl W. Deutsch, ed. Political Community and the North Atlantic Area, Princeton University Press, 1957, p. 296.

第二节　马克思主义经典作家关于国际体系的理论

马克思主义自问世以来一直处于发展之中。经过长期的发展，已经基本形成了比较完整的马克思主义关于国际关系的理论，而国际体系和国际秩序理论是其中的一个重要组成部分。

一、马克思、恩格斯关于国际体系的理论

马克思、恩格斯考察和揭示出人类历史上五种生产方式依次出现的发展规律，又详细研究了近代以来，特别是进入资本主义社会以来，不同国家和不同民族的相互关系。在此基础上，他们提出了“世界历史”的观点。马克思恩格斯认为，各国之间生产力、交往和分工越发展，“民族的历史就在愈来愈大的程度上成为世界的历史”，①“资产阶级，由于开拓了世界市场，使一切国家的生产和消费都成为世界性的了”，大工业“首次开创了世界历史，因为它使每个文明国家以及这些国家中的每一个人的需要的满足都依赖于整个世界，因为它消灭了以往自然形成的各国的孤立状态”。②

马克思、恩格斯接着又提出了“国家体系”（system of states）的概念。这一“国家体系”的概念与“国际体系”（international system）概念非常相近。马克思、恩格斯通过“世界历史”观点和“国家体系”概念实际上阐述了一个重大问题，即欧洲列强通过推行殖民主义的军事、政治、经济政策，在大工业生产的基础上建立了包括世界市场在内的统一的世界体系。

---

① 《马克思恩格斯选集》第1卷，人民出版社，1972年版，第88页。

② 《马克思恩格斯选集》第1卷，人民出版社，1972年版，第67页。

而且，马克思、恩格斯还揭示出这一世界体系另一个特性——不平等性。[①]“处在有利条件的国家，在交换中以较少的劳动换回较多的劳动。”[②]“在这种情况下，比较富有的国家剥削比较贫穷的国家。”[③] 这种国际分工是这一世界体系的重要组成部分，是极其不平等的。马克思、恩格斯将其概括为“三个从属于”：“资产阶级，由于一切生产工具的迅速改进，由于交通的极其便利，把一切民族甚至最野蛮的民族都卷入到文明中来了……正像它使农村从属于城市一样，它使未开化半开化的国家从属于文明的国家，使农民的民族从属于资产阶级的民族，使东方从属于西方。”[④] 他们还用“太阳——卫星”式体系来形容这一世界体系。这种不平等性加剧了各民族和各国之间的利益冲突和对立。

二、列宁关于国际体系的理论

列宁关于国际体系的理论是对马克思、恩格斯世界体系理论的继承和发展。列宁提出了“帝国主义是资本主义的垄断阶段”的论断。[⑤] 他认为：“资本主义已经成为极少数‘先进’国对世界上大多数居民施行殖民压迫和金融扼制的世界体系。瓜分这种‘赃物’的是两三个世界上最强大的全身武装的强盗（美、英、日），他们把全世界卷入他们为瓜分自己的赃物而进行的战争。”[⑥] 他指出了帝国主义时代的几个基本特征，这些也可以看作他认为的当时世界体系的基本特征，其中包括：生产和资本的集中发展到出现在经济生活中起决定作用的垄断组织；银行资本和工业资本已经融合起来，在这个“金融资本”的基础上形成金融寡头；与商品输出不同的资本输出有了

① 郭树勇、郑桂芬主编：《马克思主义国际关系思想》，军事谊文出版社，2004 年版，第 70 页。

② 《马克思恩格斯全集》第 25 卷，人民出版社，1972 年版，第 265 页。

③ 《马克思恩格斯全集》第 26 卷，人民出版社，1972 年版，第 112 页。

④ 《马克思恩格斯选集》第 1 卷，人民出版社，1972 年版，第 277 页。

⑤ 《列宁选集》第 2 卷，人民出版社，1972 年第 2 版，第 808 页。

⑥ 《列宁选集》第 2 卷，人民出版社，1972 年第 2 版，第 733—734 页。

特别重要的意义；瓜分世界的资本家国际垄断同盟已经形成；最大资本主义列强已把世界的领土分割完毕；重新分割世界的斗争特别尖锐；帝国主义是无产阶级社会革命的前夜等。

在对帝国主义时代的基本特征进行深入分析后，列宁认为，世界体系的变化使“压迫民族”和“被压迫民族”成为国际政治最主要的行为体，它们之间的互动导致帝国主义时代的两大主要现象和问题：帝国主义国家之间的争霸斗争和殖民地、半殖民地国家的民族解放运动。

三、毛泽东有关国际体系的理念

毛泽东从来都是从整体、全局和战略高度上把握世界大势变化的，因此他的国际战略思想和外交思想中也包括一些有关国际体系的理念。这些理念经历了一个发展的过程，是建立在对当时国际形势进行深刻分析基础上的。

解放战争时期，毛泽东有关国际体系的理念初步形成。1946 年 8 月，毛泽东在和美国记者安娜·路易斯·斯特朗谈话时第一次提出了“中间地带”理论。他说：“美国和苏联之间隔着极其辽阔的地带，这里有欧、亚、非三洲的许多资本主义国家和殖民地、半殖民地国家。美国反动派在没有压服这些国家之前，是谈不到进攻苏联的。”[①] 在这里，毛泽东实际上将世界划分为美国、苏联和广大的中间地带，并将中国作为这一中间地带的一部分，从理论上论证了中国共产党在国际战略环境中所处的独立地位和应当具有的主体意识。

由于当时美国坚决奉行敌视中共的政策和全力支持蒋介石集团打内战，加之 1947 年 9 月以苏联为首的欧洲九国共产党和工人党情报局成立后提出“两大阵营”理论，即世界已分为帝国主义和反民主阵营与反帝国主义民主阵营，毛泽东在同年 12 月表示接受“两大阵营”提法，并在后来近 10 年里未提“中间地带”理论。

中华人民共和国成立后，由于“与美国改善关系实际上已不可能”，[②]

---

① 《毛泽东外交文选》，世界知识出版社与中央文献出版社，1994 年版，第 58 页。

② 邓小平语，转引自《环球同此凉热》，中央文献出版社，1993 年版，第 81 页。

中国采取了向以苏联为首的社会主义阵营“一边倒”的政策，成为社会主义阵营的一员。与“两大阵营”说法相适应，毛泽东还曾用过“社会主义体系”、“资本主义体系”等。

在中苏矛盾上升的情况下，1957 年 11 月，毛泽东恢复使用“中间地带”的提法。[①] 后来，他又提出“两个中间地带”理论，即在美苏之间，有两个中间地带。按经济发达与不发达分为两部分：亚洲、非洲、拉丁美洲的经济落后国家，是第一个中间地带；欧洲、大洋洲、加拿大、日本等发达国家，是第二个中间地带。[②] 这为后来“三个世界”理论的提出打下基础。

1974 年 2 月，毛泽东在会见赞比亚总统卡翁达时，正式提出了“三个世界”理论：“我看美国、苏联是第一世界。中间派，日本、欧洲、澳大利亚、加拿大，是第二世界。咱们是第三世界”。[③] 他还说过：“第三世界人口很多”，“亚洲除了日本，都是第三世界。整个非洲都是第三世界，拉丁美洲也是第三世界。”[④] 该理论从一个新的角度看待当代国际体系，为构建中国特色的国际体系和国际秩序理论开辟了道路。

第三节　构建中国特色国际体系论和国际秩序观

以邓小平为核心的党的第二代领导集体、第三代领导集体和以胡锦涛为总书记的中共中央，结合当代中国和世界的实际，继承和发展了马克思主义

① 毛泽东 1957 年 11 月 6 日在庆祝十月革命 40 周年大会上的讲话，见《建国以来毛泽东文稿》第 6 册，中央文献出版社，1992 年版，第 620 页。

② 转引自郭树勇、郑桂芬主编：《马克思主义国际关系思想》，军事谊文出版社，2004 年版，第 238 页。

③ 《毛泽东外交文选》，世界知识出版社与中央文献出版社，1994 年版，第 600 页。

④ 《邓小平外交思想学习纲要》，世界知识出版社，2000 年版，第 41 页。

和毛泽东思想，在构建中国特色的国际体系和国际秩序理论方面取得进展。今后在这方面还需要进行大量的理论探索和创新。

一、邓小平关于国际秩序的理论

邓小平是建设中国特色社会主义理论的创立者，也是杰出的国际战略家和外交家。他运用辩证思维方法洞察国际风云变幻，把握当今时代特征，继承和发展了马克思主义和毛泽东思想，丰富了中国特色的社会主义外交思想。邓小平关于国际秩序的理论是邓小平外交思想的重要组成部分。

早在1974年4月，邓小平就在联大第六次特别会议上发言时明确指出："建立在殖民主义、帝国主义、霸权主义基础上的旧秩序"，"使得贫国愈贫，富国愈富，贫国和富国的差距越来越大"，并指出，这种旧的经济秩序是"发展中国家解放和进步的最大障碍"，积极主张建立公正、平等、合理的国际经济新秩序。[①] 1982年10月，邓小平在会见印度客人时说："改变国际经济秩序，首先是解决南北关系问题，同时要采取新途径加强南南之间的合作。"[②]

20世纪80年代初，邓小平开始思考当代世界的和平与发展问题以及这两大问题的相互关系。1984年10月，邓小平提出："国际上有两大问题非常突出，一个是和平问题，一个是南北问题。还有其他许多问题，但都不像这两个问题关系全局，带有全球性、战略性的意义。"[③] 这一观点后来又逐渐发展为和平与发展是当今世界两大主题的思想。

邓小平并将这一思想与国际秩序问题相联系。1987年5月，他告诉时任联合国秘书长德奎利亚尔："我们关心的问题，一个是和平问题，一个是发展问题。"中国的政策也和联合国一样，"是把战争与和平问题、南北的经济发展问题，以及建立国际经济新秩序的问题，作为主要任务"。他强调说，

① 《邓小平外交思想学习纲要》，世界知识出版社，2000年版，第10页。

② 《邓小平文选》(第三卷)，人民出版社，1993年版，第20页。

③ 《邓小平文选》(第三卷)，人民出版社，1993年版，第96页。

这样的政策“抓住了要害”。①

20世纪80年代后期，国际形势发生重大变化，美苏冷战逐渐趋于结束。但霸权主义、强权政治依然存在，干涉他国内政的情况时有发生。在对国际形势发展趋势作出客观判断的基础上，邓小平明确提出应该建立国际政治经济新秩序的主张。1988年9月，他指出：“现在需要建立国际经济新秩序，也需要建立国际政治新秩序。”② 同年12月，邓小平更加明确地指出：“目前是建立国际政治新秩序的时期，国际政治领域由对抗转为对话，由紧张转向缓和，出现了许多新的情况。因此应当提出一个建立国际政治新秩序的理论。”“应该建立国际经济新秩序，解决南北问题，还应该建立国际政治新秩序，使它同建立国际经济新秩序相适应。”③

邓小平主张，建立国际经济新秩序首先要改革不公正不合理的国际经济关系。他认为，过去建立在原殖民宗主国对原殖民地半殖民地国家进行剥削和掠夺基础上、完全由少数西方发达国家主导和控制的旧国际经济关系，是造成南北差距不断加大的根本原因之一。因此，建立国际经济新秩序，首先要解决南北关系问题。发达国家应该为发展中国家的发展创造有利的外部环境。发达国家不能以损害发展中国家经济利益为代价谋求自己的利益。世界各国应该在平等的基础上参与国际经济事务，在平等互利的基础上加强和扩大经济、科技、文化的交流与合作，促进共同发展与繁荣。他指出，应通过对话逐步建立起平等合作的南北关系，反对经济贸易中的不平等现象和各种歧视性政策与作法，更不允许动辄对别国进行经济制裁。④

邓小平强调，应该以和平共处五项原则为准则建立国际新秩序。他说：“世界总的局势在变，各国都在考虑相应的新政策，建立国际新秩序。霸权主义、集团政治或条约组织是行不通了”，而“和平共处五项原则是最经得住考验的……我们应当用和平共处五项原则作为指导国际关系的准则”。⑤

---

① 《邓小平外交思想学习纲要》，世界知识出版社，2000年版，第33页。

② 《邓小平外交思想学习纲要》，世界知识出版社，2000年版，第91页。

③ 《邓小平外交思想学习纲要》，世界知识出版社，2000年版，第91—92页。

④ 《邓小平外交思想学习纲要》，世界知识出版社，2000年版，第93页。

⑤ 《邓小平文选》（第三卷），人民出版社，1993年版，第282—283页。

二、党的第三代领导集体和新一代领导集体关于国际体系和国际秩序理论

中国共产党第三代领导集体和新一代领导集体继承和发展了邓小平理论中关于国际秩序的理论。

1997 年 9 月，江泽民在中国共产党第十五次全国代表大会上的报告中第一次提出："和平与发展是当今时代的主题。"[①] 这是对邓小平关于和平与发展是当今世界主题的论断的重大发展，明确点出了时代主题，为建立国际政治经济新秩序指明了时代背景。

江泽民指出："根据历史经验和现实状况，我们主张在互相尊重主权和领土完整、互不侵犯、互不干涉内政、平等互利、和平共处等原则基础上，建立和平、稳定、公正、合理的国际新秩序。这一新秩序包括建立平等互利的国际经济新秩序。"[②] 他并详细阐述了以和平共处五项原则和其他公认的国际关系准则，作为国际政治经济新秩序的基础所应遵循的若干原则：坚持用和平方式处理国际争端的原则；坚持世界各国主权平等的原则；应坚持尊重各国国情、求同存异的原则；坚持互利合作、共同发展的原则等。[③]

从加强区域合作着手，推动国际政治经济秩序朝着公正合理的方向前进，也是中国共产党第三代领导集体和新一代领导集体对邓小平理论的发展。江泽民提出了加强亚洲区域合作的几点建议：第一，从亚洲发展的大局出发，共同培育相互理解、和睦相处的政治环境。第二，贯彻平等协商、互惠互利的原则，充分体现参与各方的平等权利和共同利益。第三，坚持形式

---

① 陈佩尧主编：《国际形势年鉴 1998》，上海教育出版社，1998 年版，第 384 页。

② 江泽民在中国共产党第十四次全国代表大会上的报告：《加快改革开放和现代化建设步伐，夺取有中国特色社会主义事业的更大胜利》，转引自《江泽民论有中国特色社会主义》（专题摘编），中央文献出版社，2002 年版，第 536 页。

③ 江泽民：《发展中欧友好合作，推动建立国际新秩序》，《人民日报》1999 年 3 月 28 日。

多样、循序渐进的原则，立足现有合作机制，不断探索新的合作形式，首先加强次区域合作，并在此基础上积极探索亚洲合作的有效途径。第四，坚持开放的地区主义，使亚洲合作在开拓本地区发展潜力的同时，也为世界其他地区提供新的发展机会。①

江泽民强调："总结历史和现实的经验，最根本的是必须抛弃'冷战思维'，树立新型安全观，努力建立公正合理的国际新秩序。"② 中国共产党第三代领导集体和新一代领导集体一直在提倡树立以"互信、互利、平等、协作"为核心的新安全观，主张通过对话增进相互信任、通过合作促进共同安全。这种新安全观是对和平共处五项原则的发展，它应该成为构建国际新秩序的理论基础。

胡锦涛指出："中国将坚定不移地高举和平、发展、合作的旗帜，坚定不移地走和平发展的道路，坚定不移地为维护世界和平、促进共同发展而奋斗。"③ 他提出了"共同建立一个持久和平、普遍繁荣的和谐世界"④ 的目标，这是推动国际政治经济秩序朝着公正合理方向发展的重要命题。

三、构建中国特色国际体系论和国际秩序观的几点思考

1. 必须运用辩证唯物主义和历史唯物主义基本原理，从整体、全局、战略上把握国际体系和国际秩序发展的大趋势，辩证地把握国际体系与国际秩序、国际战略格局等之间的关系，发现国际体系和国际秩序发展中带规律

① 江泽民：《加强亚洲团结合作，促进世界和平发展》，《人民日报》2002 年 5 月 11 日。

② 江泽民：《弘扬"上海精神"，促进世界和平》，《人民日报》2002 年 6 月 8 日。

③ 胡锦涛：《在会见参加中国抗日战争的俄罗斯老战士代表时的讲话》，《人民日报》2005 年 5 月 9 日。

④ 胡锦涛：《在会见参加中国抗日战争的俄罗斯老战士代表时的讲话》，《人民日报》2005 年 5 月 9 日。

性的东西。

2. 必须强调理论创新和中国特色。将马克思主义、毛泽东思想、邓小平理论关于国际体系和国际秩序的理论作为研究的指导思想，兼收并蓄西方各学派和中国古代关于国际体系和国际秩序的理论精华，在此基础上，努力进行理论探索和理论创新。新的理论必须顺应世界发展潮流、符合全人类共同利益和中国国家利益，以及具有中国特色。

3. 必须围绕“建立和谐世界”这一总目标。从长远来说，世界将朝着建立持久和平、普遍繁荣的和谐世界方向前进。为此，必须推动国际政治经济秩序朝着公正合理方向发展。这一目标有利于世界和平、稳定与繁荣，是符合全人类共同利益的。但是，实现这一目标仍需要经过漫长曲折的道路。中国特色国际体系和国际秩序理论应该为实现这一目标奠定理论基础，制订分阶段目标和路线图，谋划实施方略。

第三章

国际体系演变与比较研究

从中国西汉时期至清朝后期，东亚的古代“封贡”国际体系，是当时世界上覆盖面积最大、人口最多和结构相对稳定的区域性国际体系。17 世纪后半期，欧洲建立了近代国际体系，至 19 世纪初，这种国际体系和国际秩序仍主要局限在欧洲。到 19 世纪 40 年代以后，欧洲区域性国际体系发展为世界性国际体系。

第一节 古代区域性国际体系的特点——以东亚为例

古代区域性国际体系都各有其自身的特点。由于东亚地区与世界其他地区有高山、沙漠和大洋相阻隔，在古代交通不便的情况下，东亚地区有着相对独立的国际体系。由于中国是东亚地区最大的国家，它政治、经济和悠久灿烂的文化的巨大影响，使古代东亚地区这一相对独立的国际体系和国际秩序是以中国为中心的“封贡”体系和秩序。在中国强大时，邻近一些国家来中国朝贡称臣，带来各种特产作为礼品。中国皇帝和朝廷则回送许多中国特产作为回礼，并对它们进行册封。

古代东亚“封贡”国际体系形成于中国西汉时期，在唐朝中期达到鼎盛时期，在明朝前期出现又一次高峰期。这一国际体系的地理范围，不仅包括现今东北亚和东南亚的一些国家，也包括现今某些中亚国家。在当时交通不便利的条件下，“封贡体系”成为保持中国与邻国友好稳定关系的框架，促进了相互之间的文化交流，并且是相互之间贸易的一种形式。

古代东亚“封贡”国际体系具有如下特点：

一、中国主导下的和平

在处理与其他民族关系方面，《周礼》就提出“柔远人、怀诸侯”。所谓远人，当指外国人和边疆少数民族；而诸侯，就是周天子分封的诸侯国。孔子主张民族平等，亲睦相处，向往天下统一。他倡行“和合”精神。孔子说：“远人不服，则修文德以来之（以仁德同他们修好，让他们同我们建立友好关系）；既来之，则安之（他们既然同我们来往了，就应当与他们相安共处）。”[①] 孟子说：“以德服人，近者悦，远者来。”中华民族传统文化一直主张以这种“厚德载物”的兼容精神，来实现天下普遍和合，也就是达到人类彼此之间以及人类与自然环境之间的统一与和谐。

在中国历史发展的长河中，“和而不同”的哲学概念在中国古代国家关系或对外关系中得到运用和发展。从汉武帝之后的汉王朝，乃至后来的各朝各代，对周边民族或部族大多采取的是安抚政策，又称怀柔政策。它既体现了汉民族仁爱宽厚的和平主义与“和而不同”的世界观，也有助于各地文化的交流和中华民族大家庭的形成。虽然中国古代一些朝代的统治者曾多次对一些邻国发动过战争，但在明朝建立以后，这种战争大为减少。[②]

古代东亚“封贡”体系是等级制的。中国是该体系中占有主导地位的国

① 转引自易杰雄主编：《世界十大思想家》，安徽人民出版社，1990 年第 1 版，第 28 页。

② 王绳祖主编：《国际关系史》（第一卷），世界知识出版社，1996 年第 1 版，第 3 页。

家，其他国家是体系中的二流国家或附属国家。在19世纪中叶以前，中国一直是东亚地区最富裕和最强大的国家，也是在文化和技术上最先进的国家。由于中国的实力远大于该体系中的其他国家，尤其是在中国统一强盛时，中国在该体系中起主导作用。中国实行儒家治国模式，强调国家之间正式的等级制度，邻近国家只要向中国皇帝“称臣纳贡”，双方就可相安无事。而且，中国皇帝和朝廷的回礼往往要超过邻近国家的贡礼。中国还可应邀向当时的藩属国提供保护。例如，中国明朝和清朝都曾应朝鲜的邀请，派出军队入朝，与朝鲜军队共同抗击日本入侵。1592年和1597年日本丰臣秀吉以朝鲜拒绝进攻明朝为由，两次派兵入侵朝鲜，明朝深知丰臣秀吉侵朝的目的“实所以图中国”，两次派遣军队入朝作战，朝中两国军队互相支援，终于把日本侵略军驱逐出去。粉碎了丰臣秀吉征服朝中两国的狂妄计划。[①]

在历史上，在中国强大与稳定的时候，东亚地区一般比较稳定。但是，当中国软弱无力或内乱和分裂时，东亚地区则往往陷入动乱之中。

二、以中国为中心的“天下主义”

中国古代世界观中有一种“天下主义”。[②] 这一观念在周代已有。在周代，“天下”这一概念有两重性的。一是指周天子的天下，二是指普天下意义之天下。当时，“国”的概念不是国家的“国”，而是“诸侯国”的“国”。也就是说，既有“国”的意识，但此一意识又统一在“天下”这一总的概念之下。在那个时代，特别在“士”这一阶层，大多数抱持的是“天下主义”观念。他们既把自己看作是某一国的人，但同时又看作是天下的人，所以他们的“国”的观念是淡薄的。其理想是“天下大同”（《礼记·大同》）。孔子、孟子等人周游列国，就在于他们将自己看作是全天下的人，应该争取在普天下实现自己的理想。战国时期，虽然周天子不复存在，但士人的“天下主义”观念同样存在。秦汉以后，虽有统一的王朝，但士人仍有“天下主

---

① 周一良主编：《世界通史》（中古部分），人民出版社，1962年第1版，第508—509页。

② 启良著：《中国文明史》（上册），花城出版社，2001年第1版，第355页。

义”观念，而且将之再扩大开去，推及所有的周边民族。

这种“天下主义”有和平主义倾向。中国人不把版图以外的民族当敌人，没有敌对的情绪，相应的也就没有侵略的动机。即使发生武装冲突，也不是残酷的镇压。中国古代人提出“文野之辨”，看重的是对周边民族的文明教化，而不是用武力迫其臣服。一旦归化，便将对方视为大家庭的一员，并未有歧视的情绪。正如钱穆先生所说：“在中国人的观念里，本没有很深的民族界线，他们看重文化，远过于看重血统。只有文化高低，没有血统异同……因此，中国人对当时他们所谓的异民族，也并不想欺侮他们，把他们吞没或消灭……这是中国人的对外政策，自名为怀柔政策的。”[①] 中华民族的“天下主义”与和平主义，以及中国以道德立国的传统，体现了中华民族文化“有容乃大”的气派与仁心，是中华文明得以长久延续和远播的重要原因之一。

但自汉朝以后中国的“天下主义”是以中国为中心的。中国古代士大夫阶层往往认为中国是“泱泱大国”，其中央政权是“天朝”。这也成为中国古代统治阶级容易固步自封、对外界变化麻木不仁的重要原因之一。

三、以“礼”为核心调节和约束国家之间关系

中华民族传统文化强调“礼为用，和为贵”的思想，要求各种角色举措得当，相互协调，相互结合，重在和谐统一。

中国古代许多朝代的统治者主张“克己复礼”，其主要目的之一是为了维护其统治下的国内秩序。同时，他们也建立了一整套以“礼”为核心的外交机制，以此来调节和约束中国与其他国家之间的关系，尽管历朝的外交“礼”制有所不同。这种以“礼”为核心的外交机制包括“封贡”和接待外国使者的规则、礼节以及负责处理“封贡”和对外事务的机构等。参加东亚“封贡”体系的其他国家在与中国交往时也须遵守这些规则和礼节。这实际上是中国“和而不同”世界观的一种国际机制化安排。

与古代罗马帝国和近代欧洲殖民主义者不同，中国人对在其他国家实施

---

① 钱穆著：《中国文化导论》，上海·三联书店，1988 年第 1 版，第 107—108 页。

军事占领或殖民统治不感兴趣。郑和下西洋是中国实践“和而不同”世界观的一个范例。明朝永乐三年至宣德八年（公元1405年至1433年），郑和先后7次奉旨远航西洋。共航行数万里，经过太平洋，横渡印度洋，前后到达今天的越南、泰国、印尼、马来西亚、马六甲、孟加拉、印度、斯里兰卡、马尔代夫、波斯湾口、阿拉伯半岛、索马里、肯尼亚等亚洲和非洲几十个国家和地区。郑和船队的规模和船舶的性能在当时世界上名列前茅。通常拥有60余艘大型宝船，人员2.7万余人。大型宝船长44尺、宽18丈，载重量在千吨以上，是当时世界上最大的航海巨舶。尽管郑和船队实力强大，但它并没有侵略所到达的国家和地区，也没有把这些国家和地区变为殖民地的想法，而是把中国的文化和产品带到这些国家和地区，对中国与它们的文明沟通起了巨大推动作用。郑和下西洋之后，亚非各国纷纷派使节来华朝贡和贸易，有时一次达1000多人，增进了彼此的友谊，在历史上留下佳话。比较突出的例子有：1417年苏禄国（菲律宾）东王、西王及峒王率340余人访华，受到国宾礼遇。东王巴都葛叭答剌归国时死于山东德州，明朝以厚礼葬之。1423年，古里（印度西海岸）等16国使臣和商人1200余人到达南京。渤泥（印度尼西亚的加里曼丹）和满剌加（马六甲）两国的国王和王后也来到南京，明成祖设宴款待。东非的麻林（肯尼亚）王哇来顿本亲自率众来华访问，不幸到福州就病死了。木骨都束和卜剌哇（索马里）也多次派遣使节来华访问。[①]

四、以“朝贡”为主要形式的国际贸易

“封贡体系”也是中国与邻国相互之间贸易的一种形式。一些国家来中国朝贡，带来各种特产作为礼品。中国皇帝和朝廷则回送许多中国特产作为回礼。这促进了中国与许多国家的经济和文化交流。

特别是明朝在初期就与东南亚各国恢复或建立的封贡关系，保证了海上商业的正常发展。同时，明朝开始将外商当作朝贡使团来接待，将外商来中

① 资料引自俞正梁等著：《全球化时代的国际关系》，复旦大学出版社，2000年第1版，第7页。

国进行贸易同朝贡联系起来，又将朝贡关系同“册封”朝贡国君主联系起来。①

但是，中国古代文化中也存在一些缺陷，这些缺陷使持有“和而不同”世界观的中国没有能够避免近代和现代史上落后挨打的遭遇。由于中国是古代东亚“封贡”体系中占主导地位的国家，因此中国古代文化中的这些缺陷也是导致该体系最终解体的病根。

其一，虽然中华民族文化具有“有容乃大”的气派与仁心，但儒家治国模式的保守性和对中华文化的盲目优越感常常导致两种倾向：一种倾向认为中国是“中央之国”，其他国家和民族都是蛮夷，盲目自大，目空一切，认为中国文化足够优越，不需要学习外来文化；另一种倾向认为外来文化是一种威胁。这两种倾向往往导致一个结果：采取闭关锁国的政策，拒绝外来文化于国门之外。而闭关锁国是必定要落后的，落后则一定会挨打。

其二，中国有自己的科学和哲学，但“天人合一”的思想模式，认为主客不二，导致科学要么只体现于技术的层面，要么成为政治神学的婢女，很少像西方科学那样，直探自然世界的秘密和运动规律。中国的哲学要么做政治神学的附庸，要么专注于心性修养，很少有人去探讨自然哲学的问题。这些缺乏科学理性的情况导致近代和现代中国科学技术的落后。

其三，中国古代的四大发明（造纸术、活字印刷、指南针和火药）没有被中国人用于对外扩张，这体现了中华民族高尚的和平主义精神。但它们也未被用做发展生产力，富国强兵。表明中国古代文化缺乏对创新精神的推崇，这种文化产生的制度也缺乏将创新科学转化为新式生产力的机制。

其四，中国的科举制度虽然曾发挥过选拔人才、让平民知识分子也有机会进入官吏体系和上层社会的某些积极作用，但它考试的科目过于狭窄，考试的体例集中于做八股文，考试的导向趋于“官本位”。因此在这种制度下培养出来的知识阶层和官员缺乏先进科技知识，对外界事物特别是外交事务了解较少。

其五，中国古代文化中有民本主义的价值观，但缺乏民主主义的价值观

---

① 王绳祖主编：《国际关系史》（第一卷），世界知识出版社，1996年第1版，第3页。

和传统。这使中国古代历史无法走出“动乱——稳定——再动乱”的怪圈。

第二节　近代欧洲国际体系的形成与特点

一、威斯特伐利亚体系

威斯特伐利亚体系（the Westphalia System）既是国际体系，也是指17世纪后半期至18世纪末欧洲的国际秩序。它是欧洲三十年战争和威斯特伐利亚和会的产物。三十年战争发生于1618—1648年间，是中世纪以来欧洲第一次大规模的国际战争，西欧、中欧、北欧的主要国家几乎全部先后卷入。战争的背景复杂，既有各国政治经济的冲突，又有封建王朝和诸侯的领土纷争，还有不同宗教意识之间的矛盾。这场战争具有德国内战和国际混战的双重特点，其主要战场在德国。

1618年波西米亚的新教集团反对新的天主教统治者斐迪南二世（1619—1637年在位）的起义，成为三十年战争的导火索。在战争初期，德国内部天主教和新教之争占有明显的地位，但不久就演变为各国争权夺利的混战，而宗教意识上的分歧已不能作为交战双方的主要分野。参战的国家可分为两方：一方以法国为首，包括瑞典、丹麦以及在宗教改革中扩大了疆土、增强了实力的德意志诸侯。另一方则以神圣罗马皇帝为首，包括奥地利、西班牙以及在宗教改革中失去疆土和削弱了实力的德意志诸侯。战争经历了4个阶段，双方互有胜负。

至17世纪20年代末期，神圣罗马帝国和哈布斯堡家族曾将中央集权的统治强加到德意志身上，其范围甚至远及波罗的海北部沿岸。但神圣罗马帝国政权的迅速强化，激起“哈布斯堡家族众多仇敌更加奋力地与之拼搏”。①

① ［美］保罗·肯尼迪：《大国的兴衰：1500—2000年的经济变迁与军事冲突》（陈景彪等译），北京·国际文化出版公司，2006年版，第37页。

1630年，瑞典国王古斯塔夫·阿道弗斯二世率领其训练有素的军队挺进德意志北部，然后向南冲入莱茵兰和巴伐利亚。另一方面，西班牙菲利普四世决定派兵进入莱茵兰，以给他们在奥地利的表兄弟以更全面的支援。这反而促使长期以来作为反哈布斯堡联盟幕后领袖的法国决定直接卷入，派法军在多处跨过边界进入德意志。最后，法国、瑞典在一定程度上占有军事优势。

由于战争旷日持久，交战双方疲惫不堪，国内都困难重重，因此从1643年起，双方开始和谈。谈判分别在威斯特伐利亚的两个城市举行。但在谈判期间，交战双方的军事行动并没有停止，战事的变化经常影响双方的力量对比，因此各方的要求和会议的决定发生过多次变化。直到1648年10月才达成协议，缔结了两个和约，结束了三十年战争。因为上述两个谈判的地点都在威斯特伐利亚，这两个和约被合称为《威斯特伐利亚和约》。

《威斯特伐利亚和约》奠定了近代欧洲第一个国际体系和国际秩序——威斯特伐利亚体系的基础。该体系的特点包括：

1. 民族国家主权平等。和约打破了罗马教皇神权下的世界主权论，使国际法脱离神权束缚，承认了德意志各诸侯国享有独立的主权，承认荷兰、瑞士为独立国，在实践上肯定了著名法学家格老秀斯提出的国家主权、国家领土与国家独立等原则是国际关系中应该遵守的准则。

2. 法国主导下的均势秩序。和约沉重打击了哈布斯堡王朝。由于神圣罗马帝国事实上已不复存在，西班牙也大大削弱，法国在欧洲国际事务中占据主导地位。但作为神圣罗马帝国最后驻地的奥地利，在战败国的情况下，凭借老练的外交家特劳特曼斯道夫在和会中施展纵横捭阖的手段，保持了奥在中欧国家中的重要地位。再加上后来英国、荷兰、西班牙、奥地利等面对法王路易十四对“天然疆界”的扩张主义领土追求，形成反法“大同盟”。因此，和约签订标志着欧洲建立了均势秩序。

3. 大国协调。威斯特伐利亚和会本身在欧洲创立了以国际会议解决国际问题的先例。而且，和约表明，神圣罗马帝国皇帝建立统一帝国的企图完全破灭。和约实际上是法国、瑞典、西班牙、奥地利等大国协调的产物。

4. 宗教平等。和约也表明，神圣罗马帝国皇帝在欧洲恢复天主教统治地位的企图完全破灭。和约承认，天主教和新教享有同等权利。

威斯特伐利亚体系建立后，就一直面临着欧洲各种力量此消彼长和各种新的结盟与战争的冲击。法国大革命及其后的拿破仑战争则彻底打破了该体系的基本力量格局，威斯特伐利亚秩序解体。但威斯特伐利亚体系最大的意义是确立国家的主权身份和在国际关系中独立进行对外交往的平等权利，从而开启了主权国家作为基本行为主体的近现代国际体系。该体系后来扩大到世界范围，其影响一直延续到现在。

二、维也纳体系

维也纳体系（the Vienna System）是法国在拿破仑战争中失败和维也纳会议的产物。1789 年法国爆发大革命，这是继尼德兰革命、英国革命、北美独立战争之后的更为深刻、更为彻底的资产阶级革命。它不仅从巴黎向法国各地蔓延，也引起欧洲各国封建统治者的恐慌。

拿破仑·波拿巴在法国大革命后期执政，建立拿破仑帝国。他背弃了法国资产阶级民主派在革命初期提出的“普遍和平与正义”和“不干涉别国内政”的原则，发动了一系列对外战争。[①] 这些战争虽然在客观上打击了欧洲许多国家的封建势力，但也具有侵略和争霸性质，使欧洲陷入连年征战之中。

1796 年，拿破仑率军远征意大利，完全占领意北部，直接威胁奥地利首都维也纳，迫使奥向法国割让莱茵河两岸和意大利北部，瓦解了第一次反法联盟。1799 年秋，法国在毗邻的荷兰和瑞士打败了英军和俄军。1800 年 5 月，拿破仑率领法军再次越过阿尔卑斯山，再次打败奥军，再次控制意大利北部，并拆散第二次反法联盟。1805 年 12 月，在维也纳以北 120 公里的奥斯特利茨附近，拿破仑率领的法军在决战中击败俄奥联军，奥地利被迫求和，第三次反法联盟瓦解。根据法奥签署的《普莱斯堡和约》，奥丧失了在德意志的优势。整个意大利半岛处于法国的直接控制之下。1807 年 6 月，拿破仑率领法军在普鲁士的弗里德兰打败俄军，与俄国签订《提尔西特和约》，宣告第四次反法联盟的瓦解。拿破仑帝国达

① 王绳祖主编：《国际关系史》（第一卷），世界知识出版社，1996 年第 1 版，第 309 页。

到鼎盛时期。

1807 年 10 月，法国占领葡萄牙。1808 年 3 月，法军占领马德里，以西班牙王室内乱为借口，把西班牙并入法国势力范围。但拿破仑军队占领伊比利亚半岛及其推行的直接损害西葡两国资产阶级和牧民利益的经济政策，引发了两国人民的激烈反抗。1809 年 7 月，法国和奥地利在维也纳附近的瓦格拉姆决战，奥地利战败，被迫签署《维也纳和约》。该和约使奥地利失去了 1/3 的领土和 450 万人口，标志着第五次反法联盟的失败。

1812 年 6 月，尽管国际形势对法国不利，拿破仑仍率 42 万大军渡过涅曼河进攻俄国。俄军避免正面决战，采取战略退却、诱敌深入的策略。拿破仑率军进入莫斯科，但只得到一座空城。俄罗斯的严寒迫使粮草将尽的拿破仑同年 10 月下令撤出莫斯科。法军在撤退途中遭到俄军和游击队的袭击，加之饥饿与严寒，在撤到涅曼河时只剩下 2 万余人。拿破仑进攻俄国的失败，加速了拿破仑帝国的崩溃。

已经进入资本主义阶段的英国和欧洲封建君主国联手组成第六次反法联盟，1814 年最终打败了拿破仑帝国。法国丧失了欧洲大陆第一号强国的地位，英国进一步扩大了它作为海权强国的优势，俄国、奥地利、普鲁士则上升为支配国际政治的重要国家。

在这一背景下，欧洲各国 1814 年 9 月至 1815 年 6 月在维也纳举行会议，根据新的实力对比，安排欧洲的新秩序。除奥斯曼帝国外，所有欧洲国家都参加了维也纳会议。会议的主角是俄、英、奥、普四国，一切重要事宜都是由这四强在幕后秘密商定的。尤其是奥地利首相梅特涅在其中起了最重要作用。会议期间，各方讨价还价非常激烈。在被放逐在厄尔巴岛上的拿破仑重回巴黎后，在维也纳的各国君主和大臣们一面组织第七次反法联盟，在军事上对付拿破仑，一面匆忙地通过《最后议定书》，结束了维也纳会议。该《最后议定书》和彻底击败拿破仑后有关国家签署的第二次《巴黎和约》，不仅再次调整了欧洲一些国家的领土，而且重新分割了一些海外殖民地。其中，英国得到的战利品最多，俄国也扩张了领土，沙皇兼任波兰王国国王。

维也纳体系的主要特点包括：

1. 多极均势的力量格局。英国对欧洲的外交政策是维持欧洲的均势，以便自己居于仲裁者的地位。由于维也纳秩序，法国受到了削弱，其领土被限制在1790年的疆界内，但法国代表塔列兰利用四强的矛盾，不仅分化了反法联盟，而且使战败的法国挤入五强之列。梅特涅也力图恢复欧洲均势，以牵制可能威胁奥地利的俄、普两国。沙皇亚历山大一世想使奥地利和普鲁士互相敌对，以便能操控局势。因此，这种相互牵制的结果是欧洲恢复了均势格局，西欧的英法与中东欧的俄、奥、普共同支配着欧洲。

2. 建立欧洲大国协调机制。1815年11月，在签订第二次《巴黎和约》后，根据英国的建议，英、俄、奥、普签署《四国同盟条约》，成立四国同盟。该条约规定，缔约国定期举行会议，以维持欧洲的和平。这为以后的一系列国际会议和“欧洲协调”（Concert of Europe）奠定了基础。

3. 组成神圣同盟。为维护欧洲的封建专制制度和基督教教义，反对革命运动和民族独立运动，沙皇亚历山大一世要求奥地利皇帝和普鲁士国王于1815年9月26日共同发表宣言，并邀请各国参加。宣言表示“三国君主无论何时何地都要互相援助，以维护宗教、和平与正义”。到1815年底，除英国、教皇和土耳其苏丹外，所有欧洲国家都加入了神圣同盟。在神圣同盟中居于领导地位的是俄国和奥地利。当时俄国是欧洲反动势力的主要堡垒，有“救火队队长”之称。而奥地利在梅特涅控制下则力图维护维也纳体系。

维也纳体系建立之后，欧洲100年没有发生全面战争，维持了相对稳定。但是，自19世纪60年代起，国际上发生了一系列的重大变革。资本主义由自由资本主义阶段发展到垄断资本主义阶段，即帝国主义阶段。普鲁士宰相俾斯麦连续发动三次战争（1864年对丹麦、1866年对奥地利、1870—1871年对法国），实现了德国的统一。意大利人民经过长期艰苦斗争，于1871年实现意大利统一。19世纪晚期和20世纪初年，世界资本主义发展的不平衡加剧。后起的帝国主义国家企图通过战争夺取商品市场、原料产地和投资场所。老牌殖民国家企图借助战争打败自己的竞争者。1904年后，欧洲形成两大对立的军事集团。1905年至1913年间发生了3次战争危机和3次局部战争，每次都几乎酿成欧洲大战。这些重大变化和事件对维也纳体系产生强烈冲击。1914年第一次世界大战的爆发标志着这一秩序彻底结束。

第三节 近代欧洲国际体系与古代东亚国际体系比较

一、近代欧洲国际体系是以资本主义初期发展为背景的，而古代东亚国际体系是以封建制度为背景的

从15世纪后半期开始，欧洲开始产生近代自然科学。进入16世纪以后，许多工业部门出现新的技术发明和改进，有力促进了生产力的发展和资本主义的原始积累。“地理大发现”开辟了世界交通，扩大了人们的视野。文艺复兴运动达到顶峰，为反对封建经院哲学提供了强大思想武器。欧洲的封建制度开始解体，资本主义生产关系日益发展，民族国家逐步形成。1618—1648年进行的三十年战争极大削弱了作为欧洲“封建制度的巨大的国际中心”的，以教皇为首的罗马天主教会及神权统治体制。正是该教会“把整个封建的西欧（尽管有各种内部战争）联合为一个大的政治体系”，“给封建制度绕上一圈神圣的灵光”，而各国要“成功的进攻世俗的封建制度，就必须摧毁它的这个神圣的中心组织”。[①] 这场战争的结果《威斯特伐利亚和约》所导致的近代欧洲第一个国际体系和国际秩序，为欧洲新兴资本主义国家的发展及处理相互之间的关系奠定了基础。

中国从战国时期开始的封建社会一直延续到清朝政府垮台，由于中国在这一时期的绝大多数时间里都是东亚区域实力最强大和文化最先进的国家，也是区域的主导性国家，因此围绕中国建立和运作的东亚“封贡”体系是以封建制度为背景的国家间关系。

① 《马克思恩格斯选集》（第三卷），人民出版社，1972年版，第390页。

二、近代欧洲国际体系是均势和大国协调体系，而古代东亚国际体系是非对称的家庭式体系

在《威斯特伐利亚和约》基础上建立的近代欧洲国际体系和国际秩序是无政府状态的，各国相互之间激烈竞争。在这种竞争基础上，各国特别是大国之间通过相互联合或结盟形成多极或两极的均势力量体系。为了使这些体系能保持相对稳定、划分势力范围和避免相互之间的大规模战争，大国之间在许多时间里存在协调机制。

东亚区域的力量构成则基本上是非对称性的，在很多时候某种程度上是以中国为主导的单极体系。虽然在大部分时间里，中国没有面临挑战性的竞争者，但中国的相对实力优势并不等于绝对实力优势。在某些时候，中国虽然能打败并占领某个较小国家，但并不能维持长期控制，因为“后者的抵抗也许最终会胜过大国试图强制支配所能得到的有限利益”。[①] 在东亚家庭式的“封贡”体系中，中国与其他国家往往是互有需求的。中国认识到自己实力的局限性，因此只需其他国家承认自己的家长地位。而其他国家“需要中国保证尊重其自治”。[②] 在这种家庭式国际体系背景下，“长者的美德是不去攻击，而晚辈的美德是不图谋报复”。[③]“朝贡体系使对和平的期盼常规化，制度化”。[④] 但“由于其他国家在中国的秩序中被当作晚辈、下级来对待，

---

① ［美］布兰德利·沃麦克：《可持续的领导权：来自968—1885年中越关系的经验教训》（宋鸥译），载《史学集刊》2004年第1期，第13页。

② ［美］布兰德利·沃麦克：《可持续的领导权：来自968—1885年中越关系的经验教训》（宋鸥译），载《史学集刊》2004年第1期，第11页。

③ ［美］布兰德利·沃麦克：《可持续的领导权：来自968—1885年中越关系的经验教训》（宋鸥译），载《史学集刊》2004年第1期，第12页。

④ ［美］布兰德利·沃麦克：《可持续的领导权：来自968—1885年中越关系的经验教训》（宋鸥译），载《史学集刊》2004年第1期，第12页。

因此它们没有任何保卫这个秩序的责任感”。①

三、近代欧洲国际体系是以体系内民族国家主权平等为基础的，古代东亚国际体系是以主导性国家在绝大多数时期不主动干涉他国内政为基础的

在近代欧洲国际体系中，民族国家享有主权。国家主权指国家权力在国内是最高的，对国外是独立的。当时，欧洲国家之间主权是平等的，但它们不承认欧洲国际体系以外广大亚非国家的主权，并对许多亚非国家进行殖民统治。

在古代东亚国际体系中，还没有主权的概念，其他国家对中国顺从并朝贡，接受中国的册封，但享有事实上的独立或自治；中国一般不主动干预其他国家内政。“这种秩序也许可以满足双方的利益，但它不是建立在主权国家‘社会契约’基础之上。”②

四、近代欧洲国际体系是以国际法来调整国家之间关系，古代东亚国际体系是以“礼制”来约束和调整国家之间关系

国际法基本原则是在近代以来的国际关系中形成的，并随着国际关系的发展而日趋完善。被西方国际法学者称为“国际法之父”的格老秀斯(Grotius 1583—1645) 1625 年发表《战争与和平法》一书，将自然法世俗

---

① ［美］布兰德利·沃麦克：《可持续的领导权：来自 968—1885 年中越关系的经验教训》(宋鸥译)，载《史学集刊》2004 年第 1 期，第 12 页。

② ［美］布兰德利·沃麦克：《可持续的领导权：来自 968—1885 年中越关系的经验教训》(宋鸥译)，载《史学集刊》2004 年第 1 期，第 12 页。

化并使其从神学中解放出来，奠定了近代国际法的基础。这使稍后建立的近代欧洲国际体系能够用国际法来调整国家之间的关系。特别是 18 世纪末以后，随着欧洲国际关系的演变，国际法有很大发展。

古代东亚国际体系在某种程度上是中国国内统治体系的延伸。当时中国国内统治体系是以“礼制”来约束和调整上下尊卑之间的关系。古代东亚国际体系则是以“礼制”来约束和调整中国与其他国家之间的关系。它“建立在中国的中央地位基础上，除了连续的礼仪和贡品之外，很少有规则存在”，“以各国统治者与（中国）皇帝之间合乎礼仪的互动而具个性化”，也是“建立在礼仪中有机连贯的自我克制基础上”，“包含在朝贡体系中的顺从礼仪创造了一种模式以及对和平关系的企盼”，“国际对话的方式是正式的请求和体恤的回答，而不是协商谈判”。[①] 其他一些国家自愿、自主地模仿中国文化是以并不感到中国威胁、并“独立于中国为前提的”。[②]

五、近代欧洲国际体系中的国家对体系外国家进行侵略和殖民统治，古代东亚国际体系的中国对体系外国家基本采取争取友善或防御政策

近代欧洲国际体系中的许多国家只将国家主权平等原则运用于体系之内，而对体系外的广大亚非拉国家进行殖民入侵、统治和掠夺。

而作为古代东亚国际体系核心国家的中国则一般对该体系外的国家实施争取友善的政策。郑和七下下西洋是一个典型例子，甚至争取到一些体系外国家成为体系内国家。在感觉受到体系外国家威胁时，中国往往采取防御性政策。清朝后期采取闭关锁国政策是其极端的例子。

---

① ［美］布兰德利·沃麦克：《可持续的领导权：来自 968—1885 年中越关系的经验教训》（宋鸥译），载《史学集刊》2004 年第 1 期，第 11—12 页。

② ［美］布兰德利·沃麦克：《可持续的领导权：来自 968—1885 年中越关系的经验教训》（宋鸥译），载《史学集刊》2004 年第 1 期，第 8 页。

中日关系也是一个值得分析的例子。公元1世纪时，日本岛上存在100多个小国。这些小国实际上只是一些独立的部落。其中有的小国遣使来中国，汉朝光武帝以印为赠。日本九州北部曾出土“汉委奴国王”金印。[1] 到公元3世纪，九州北部出现一个较强大的邪马台国，其卑弥呼女王几次派使臣向中国曹魏赠奴隶以及倭锦、弓矢，也取得曹魏回赠。[2] 自公元5世纪大和统一日本后，日本在绝大部分时间里是东亚“封贡”体系以外的国家，只有较短时间里例外。例如，足利义满掌控幕府时（1368—1394年），与中国明朝通好，严禁倭寇，接受“赐封”。[3] 而在绝大部分时间里，面对东亚“封贡”体系，一方面，日本天皇想取得与中国皇帝平起平坐的地位。例如，公元7世纪初，日本圣德太子致隋炀帝的国书中称“日出处太子致书日没处天子”，“东天皇敬白西皇帝”，表示和中国的对等地位。[4] 另一方面，日本人将中国视为文化的楷模，积极从中国学习艺术、文学和哲学，在日本政府不参加朝贡机制的情况下，日本商人甚至自己打着朝贡的旗号，或通过朝鲜半岛和琉球与中国通商。因此虽然日本在政治上独立于东亚“封贡”体系以外，但在经济和文化上已与东亚“封贡”体系连为一体。[5] 在汉族主政中国中央政权时，中国从未对日本采取过军事进攻行动。在明朝时，倭寇猖狂袭扰中国沿海地区，明朝政府也只是采取防御政策。

---

① 齐思和主编：《世界通史》（上古部分），人民出版社，1962年第1版，第416页。

② 齐思和主编：《世界通史》（上古部分），人民出版社，1962年第1版，第408页。

③ 周一良主编：《世界通史》（中古部分），人民出版社，1962年第1版，第117页。

④ 周一良主编：《世界通史》（中古部分），人民出版社，1962年第1版，第309页。

⑤ Jansen，Marius B.，*China in the Tokugawa World*，Harvard University Press，Cambridge，1992，pp. 1—9.

第四节　区域性国际体系发展为现代世界性国际体系

一、凡尔赛—华盛顿体系

第一次世界大战虽然战场主要在欧洲，但由于美国、巴西、英国的海外自治领、中国等的参战，其影响扩大到世界范围，也使战后建立的凡尔赛—华盛顿秩序成为现代第一个世界性国际秩序。

一次大战极大改变了世界主要大国之间的力量对比。沙皇俄国、奥匈帝国、德意志帝国、奥斯曼帝国都被推翻，英、法、意虽是战胜国，但其实力在战争中被大大削弱。其中，最突出的是大英帝国的衰弱和美国的兴起。

一次大战后，按照新的力量对比建立新的国际秩序不可避免。战胜国都希望自己在新的国际秩序中处于有利地位。美国总统威尔逊发表“寻求世界和平计划”的十四点演说，企图按照美国的构想建立战后国际秩序。法国主张肢解德国，力图最大限度地削弱这个竞争对手。英国计划继续维持对欧洲的均势政策，利用德法矛盾，制止法国在欧洲建立霸权。日本力图保持它在大战期间在亚太地区掠夺到的既得利益，并企图独霸中国。

1918 年 1 月 18 日在巴黎召开解决战后和约问题的巴黎和会。出席和会的有 27 个国家。它们被分为四类：第一类是“享有整体利益的”战胜国，即美、英、法、意、日五大强国，它们有权出席所有会议。第二类是“享有局部利益的”战胜国，包括中国等大多数国家，它们只能出席讨论与它们有关问题的会议。第三类是与战败国断绝外交关系的国家，它们只有在讨论的问题涉及自身时才能出席。第四类是中立国和即将成立的国家，它们必须得到五强之一邀请才能出席有关问题的会议。实际上是由“五大强国先行决定了一切重要问题，然后举行会议”。[1] 真正操纵会议的是美、英、法三国代表。

经过3个多月的争吵，各主要国家终于在和约上达成协议。1919年6月28日，德国代表在凡尔赛签署了对德和约。根据该和约，重新确定德国疆界，德国领土减少1/8，人口减少1/10；瓜分了德国的殖民地；限制德国军备；规定德国及其同盟国赔偿协约国因战争所受的一切损失；组织特别法庭审判犯有“侵害国际道德及条约尊严”罪行的前德皇威廉二世等。但列强不顾中国人民的强烈反对，将德国在中国山东的所有权益让予日本。之后，战胜国又相继与德国的同盟国签订了一系列和约。以《凡尔赛和约》为主的一系列和约是战胜国根据战后新的力量对比，经过斗争和妥协，暂时达成的协议。它构成了战后欧洲国际关系的新秩序。

一次世界大战结束后，各大国之间展开了激烈的海军军备竞赛。至20世纪20年代初，美国国会和舆论要求削减海军舰船建造计划的压力日益增大，而英国、日本则陷入了经济衰退之中。

加之，《凡尔赛和约》只解决了战后欧洲列强之间的关系，而在远东和太平洋地区尚未根据各大国实力对比的变化来进行调整。在这一地区，美、日、英等大国争夺地区霸权的斗争日益尖锐。美国看到英日同盟在战后已转变为主要对付美国并有利于日本在远东的扩张，因此，力图阻止英日同盟的续订。在这种情况下，1921年7月美国总统哈定指定美国国务卿休斯发出召开华盛顿会议的邀请。

华盛顿会议于1921年11月21日开幕。出席会议的有美、英、法、日、中、意、比、荷、葡等9国的代表，英国4个自治领（澳大利亚、新西兰、南非联邦和印度）也有单独的代表。该会议的主要日程是：限制军备问题和太平洋及远东问题。

经过3个月的激烈讨价还价，美、英、日、法、意5国于1922年2月6日签署了《关于限制海军军备条约》（又称《五国海军条约》）。该条约规定了美、英、日、法、意五国主力舰总吨位的比例等。它对于该时期各大国的

---

① 当时的法国总理克里蒙梭语，见王绳祖主编：《国际关系史（一七世纪中叶——一九四五年）》，法律出版社，1986年第1版，第324页。

海上竞争与军备竞赛起了一定的限制作用。不过，由于它没有对大多数种类的舰艇和陆军、空军的军备发展进行限制，因而它的作用又是很有限的。

华盛顿会议还签订了废除英日同盟的《四国条约》和关于中国问题的《九国公约》。该公约表示尊重中国领土与主权完整，暂时挫败了日本独霸中国的企图，“又使中国回复到几个帝国主义国家共同支配的局面”。[①]

华盛顿会议的结果是对凡尔赛和约的补充，会上达成的协议成为一战结束后各大国按照新的力量对比重新构筑远东及太平洋地区新均势的基础。会上签署的《五国海军条约》和《四国条约》是美国外交的一个胜利。通过这两个条约，美国取得了与英国海军相等的比例，拆散了英日同盟。条约虽使日本受到一定的限制，但由于它迫使美英在海军基地上作出让步，因而日本海军在太平洋仍拥有重大优势。

《凡尔赛和约》和华盛顿会议的结果共同构成了战后凡尔赛—华盛顿体系。该国际体系具有下述特点：

1. 多极的均势体系。凡尔赛—华盛顿体系是建立在多极均势力量格局基础上的。在一次大战结束后，英、美、法、日、意成为世界主要强国。英国为了阻止法国争夺欧洲霸权，采取扶德抑法的政策，使欧洲大陆主要大国之间保持力量均衡，以确保英国仲裁者的地位。美国鼓励复活德国的经济军事力量，削弱英国海军和法国陆军的实力，力图加强它对整个世界的影响。意大利为了削弱法国在欧洲的争霸地位，采取与德、英接近的做法。不久，德国从战败中复苏，再次恢复它在国际关系中的大国地位。苏维埃俄国（后来的苏联）也具有一定的大国实力。

2. 首次建立的维护国际安全的世界性组织失败。1919年4月28日，巴黎和会通过了国际联盟盟约，它被列为《凡尔赛和约》的一部分。1920年1月10日，该盟约正式生效，国际联盟（简称“国联”）正式宣告成立。第一批参加国际联盟的国家为参加对德作战以及在盟约附件上签字的国家，包括中、英、法、意、日等44国。国际联盟的宗旨是“促进国际合作，保证国际和平与安全”。国际联盟盟约还规定，对“发动战争者”，其他会员国“应立即与它断绝各种商业上或财政上的关系”，但需要全体一致通过决议才能

---

① 《毛泽东选集》第一卷，人民出版社，1952年第1版，第129页。

采取制裁的行动，同时，国际联盟又提出冷处理原则，对侵略国家不使用强制力量迫其执行国联决议，结果是制裁侵略成为一句空话。而且，国际联盟成立后成为英、法操纵的外交工具。美国本来是倡议成立“国联”的国家，因美国国会未批准国际联盟盟约而未参加。国联未能制止德日意法西斯发动侵略战争，最后失败了。一个典型的例子是，1932 年 12 月国联发表的李顿调查团报告书中歪曲事实，将中国人民抵制日货的运动说成“是中日冲突的重要原因”，偏袒侵略中国东北的日本军国主义者。

3. 帝国主义时代的规律起主要作用。凡尔赛—华盛顿体系标志着列强重新瓜分世界。但很快资本主义发展不平衡规律和帝国主义国家争夺霸权必然导致战争规律的作用就再次显现出来。到 20 世纪 20 年代末，德国的年工业生产总值再次超过英、法，仅次于美国，居世界第二位。1929 年至 1933 年的世界经济危机严重打击了德国，德国国内阶级矛盾急剧尖锐化。以希特勒为头子的德国民族社会主义工人党煽动民族沙文主义情绪，在德国军国主义势力和垄断资本家的支持下上台，建立法西斯专政。德国退出裁军会议和国际联盟，公开进行扩军，企图用武力改变欧洲现状，形成欧洲新的战争策源地。日本 1931 年发动“9·18 事变”，占领中国东北，1932 年 1 月 28 日又在上海发动新的进攻。日本以武力独霸中国的野心昭然若揭，成为亚洲新的战争策源地。1933 年 3 月，日本宣布退出国联。日本与德国 1936 年 11 月 25 日签订《反共产国际协定》，加强法西斯国家之间的联合，为进一步扩大侵略作准备。

1937 年 7 月 7 日，日本制造“芦沟桥事件”发动全面侵华战争，标志着第二次世界大战开始。1939 年 9 月 1 日，德国对波兰发动进攻，第二次世界大战全面爆发。至此，凡尔赛—华盛顿体系彻底终结。

二、雅尔塔体系

第二次世界大战是人类历史上迄今为止规模最大的战争。德意日法西斯发动了这场战争，但最后以失败告终。因此就全局来说，这场战争具有反法西斯的正义性质。反法西斯战争的胜利是国际关系史上的一个重要转折点。欧洲中心时代宣告结束，美国和苏联两个超级大国崛起。

从1943年德国法西斯败局日益肯定时起，美、苏、英三国就开始考虑战后的安排和胜利果实分配。1943年11月28日至12月1日，在德黑兰举行了战时第一次美、苏、英三国首脑会议。三国首脑就在战后建立“维护世界和平与安全”的世界性组织问题、如何处置德国问题等交换了意见。

1945年2月4日至11日在雅尔塔举行了战时第二次美、苏、英三国首脑会议。会议的实质内容是就东西欧的划分达成谅解和达成关于远东的秘密协定。这两者都体现了美苏势力范围的划分。其中，在远东方面，最突出的问题是美国以答应苏联恢复日俄战争前沙俄帝国在中国东北的特权，来换取苏联允诺在德国投降后3个月出兵参加对日作战。雅尔塔会议对加速反法西斯战争的胜利进程起了重要作用，但也存在严重的强权政治倾向。它划分的美苏战后势力范围，基本上成为冷战时期东西方对抗的分界线，对战后世界格局影响深远，被称为“雅尔塔格局”。会议还决定，1945年4月25日在美国旧金山召开联合国会议，制订宪章。

1945年7月17日至8月2日在波茨坦举行了战时第三次美、苏、英三国首脑会议。会议确定了对德国管制的政治和经济原则，讨论了波兰、意大利等问题，决定迅速审判主要战犯。波茨坦会议后，美英同苏联的关系日益对立。

二战胜利后不久，美国和苏联就由战时的盟友转变为冷战的对手。这既有尖锐的战略利益矛盾，也有深刻的意识形态对立。1946年2月中旬，美国驻苏联大使馆代办乔治·凯南起草了著名的“凯南的长电报”。该文件认为，苏联对资本主义的美国的态度是不承认可以长期和平共处，而看作是你死我活的斗争，“同它与生俱来的是根深蒂固的俄罗斯民族主义的强劲思潮”。[①] 凯南主张，美国应该对苏联采取强硬政策，同时要有更大的耐心。同年3月，丘吉尔在美国总统杜鲁门的故乡密苏里州的富尔顿发表了有名的“富尔顿演说”，认为在东西方之间开始有一道“铁幕”。[②] 1947年3月12日，美国总统杜鲁门发表后来被称作“杜鲁门主义”的演说，明确提出“自

---

① George Kennan, Memoires, 1925—1950, pp. 557.

② Thomas Patterson (ed.): Major Problems in American foreign Policy, Vol. II, pp. 299—302.

由体制与极权主义政权”的两种制度之争，把已经开始的冷战理论化。[①] 同年 6 月，美国提出援助欧洲以避免其落入苏联之手的“马歇尔计划”。[②] 1948 年 11 月，美国总统批准国家安全委员会 NSC68 号文件，提出：“在可预见的未来，对美国安全最严重的威胁来自苏联的敌意图谋和可怕的威力以及苏维埃制度的本质。”[③]

1949 年 4 月 4 日，美、英、法、比、荷、卢、加、挪、冰、葡、意、丹等 12 国在华盛顿签署《北大西洋公约》，正式成立“北约”组织。[④] 苏联与东欧国家则于 1955 年 5 月成立“华沙条约组织”与之相对抗。从此形成相互对立的东西方两大阵营。在冷战时期，东西方两大阵营之间发生多次危机，如 1958 年的柏林危机、1962 年的古巴导弹危机等。与此同时，热点地区冲突不断。1950 年 6 月 25 日，朝鲜战争爆发。美国从其称霸世界的全球战略出发，派兵进行武装干涉，并纠集其他 15 个国家的军队，窃用了“联合国军”的旗号。同时，美国总统杜鲁门还命令美海、空军侵入台湾海峡和在台湾建立军事基地。同年 10 月，中国人民志愿军为了保家卫国，开赴朝鲜，与朝鲜人民军并肩作战。在朝鲜战争中，美国在朝鲜战场最多时投入了其全部陆军的 1/3、空军的 1/5 和海军的 1/2，其中包括 6 个陆军师、2400 余架飞机和 300 余艘舰艇。经过双方的反复激烈较量，1953 年朝中方面与美国签订了停战协定，朝鲜战争结束。

从 20 世纪 50 年代初至 60 年代，美国为了包围和镇压亚太地区的民族解放运动，积极策划建立一个新月形的军事同盟体系。为此，美国先后建立了“东南亚条约组织”、“中央条约组织”和“美澳新条约组织”等多边军事集团，并分别与日本、韩国、台湾、菲律宾签订了双边防御协定。1958 年 8 月，中国人民解放军炮轰金门、马祖后，美国对中国执行战争边缘政策，在台湾海峡集结了大量兵力，派遣美国军舰为蒋介石集团开往金门的船队护航。

---

① Joseph Jones (ed.), Public Papers: Harry Truman, 1947, pp. 20—23.

② Joseph Jones (ed.), Fifteen Weeks, pp. 281—284.

③ FRUS, 1950, Vol. I, p. 288.

④ 资中筠主编：《战后美国外交史—从杜鲁门到里根（上册）》，世界知识出版社，1984 年第 1 版，第 102 页。

20 世纪 50 年代初，法国在印度支那的殖民统治遭到沉重打击。经过各方的斗争与妥协，1954 年日内瓦会议达成关于恢复印度支那和平的协议，法国军队开始撤出越南。在这种情况下，美国以提供军事援助为手段，加强对南越的控制。为了镇压越南人民的抗美斗争，美国从出钱、出枪、出顾问，让越南人打越南人，一直到自己派出几十万军队，对越南进行了一场大规模的侵略战争。到 1969 年，侵越美军达到 54 万多人，南越伪军扩充到 100 万人。20 世纪 50 年代中期，美国在侵略印度支那战争失败后，大大削减了在亚太地区的军事存在。驻亚太地区美军由 1969 年的 90 万人降到 70 年代末的不到 20 万人。

苏联在 20 世纪 70 年代初取得了与美国的战略均势后，加紧与美国争霸世界，在亚太地区大幅度增加军事存在。苏联太平洋舰队舰只由 1973 年的 600 余艘增加到 1983 年的 820 艘，总吨位由 70 万吨增加到 162 万吨，并拥有航空母舰、导弹巡洋舰、核潜艇等大型舰只，其远洋作战能力大为增强。从 1968 年至 1977 年，苏海军在太平洋的游弋日数增加了 7 倍。苏联还取得了越南金兰湾等基地的使用权，将其太平洋舰队的活动范围扩大到东南亚。苏联还在亚洲部署了 SS-20 型中程导弹和逆火式轰炸机。同时，苏联与越南、印度建立了程度不同的军事合作关系。1979 年，苏联武装入侵阿富汗。它还支持越南侵略柬埔寨。

20 世纪 70 年代初至 80 年代后期，亚太地区形成中美苏大三角关系战略格局，具备了这一格局所需要的两个基本条件。第一个基本条件是中国执行独立自主的外交政策、中苏两国根据意识形态和社会制度结成的同盟破裂和双方在国家利益上发生冲突。第二个基本条件是美苏互为对手、争夺霸权，而且哪一方都没有压倒对方的绝对优势，中国无论站在哪一方对于美苏力量对比都有举足轻重的作用，即“四两拨千斤”的作用。

20 世纪 60 年代初起，随着中苏两国根据意识形态和社会制度结成的同盟破裂，双方在国家利益上发生严重冲突。1969 年苏联武装入侵中国珍宝岛和在新疆铁列克提地区制造流血事件。此后，苏联大量向中苏、中蒙边境增兵，在此陈兵百万，占苏军总兵力的 1/3。其中，苏联在中苏边境部署的部队由 1969 年的 25 个师增加到 1978 年的 52 个师。与此同时，苏联还不断加强其亚洲驻军的武器装备。中国和苏联两国在军事上相互对峙。80 年代下半期后，中苏关系逐步缓和，并开始改善。

20 世纪 70 年代初，以尼克松为代表的一批美国政治家认识到，世界在向多极化方向发展，与中国改善关系，不仅有助于美国从越战脱身和迫使苏联在外交上让步，而且有助于维持世界的均势。因此，尼克松执政后，设法打开了与中国交往的大门。70 年代末，在苏联咄咄逼人的全球攻势下，美国为了借助中国的力量遏制苏联的扩张，加快了与中国发展关系的步伐，1979 年与中国建立了大使级外交关系，并于 1980 年开始同中国发展军事领域的关系。中国和美国在抗衡苏联的共同利益基础上发展战略合作关系。

1985 年后，苏联大幅度调整其对外政策，降低与美国的军事对抗程度，国际形势趋于缓和。1989 年后华约的解散和苏联的解体，标志着美苏冷战的结束。

二战后国际体系具有下列主要特点：

1. 美苏两极力量格局。也可称为“雅尔塔格局”。美国依靠北大西洋公约组织和与日本等国的双边联盟，形成西方阵营，对苏联进行遏制。苏联则与华沙条约组织成员国、经互会成员国等形成东方阵营，与美国相抗衡。同时，美苏两国的核武器形成了“恐怖平衡”。

2. 普遍性的国际组织联合国。二战后期，当时的美国总统罗斯福就设想战后在大国合作的基础上建立“维护世界和平与安全”的国际组织，并得到苏联领导人的同意。1945 年 4 月 25 日，联合国制宪会议在美国旧金山召开。50 个国家的代表出席了会议。6 月 25 日，50 个国家的代表一致通过了联合国宪章。宪章规定：联合国的主要宗旨是“维护世界和平及安全”，“促成全球人民经济及社会之进展”。其基本原则包括：主权平等、真诚地履行国际义务、和平解决国际争端、不干涉他国内政。行使武力只有在自卫或得到联合国安理会授权的情况下，才能被认为是合理合法的。但在美苏冷战期间，联合国成为超级大国争论的论坛。

3. 有助于市场经济发展的国际金融和贸易机制。1944 年 7 月 1 日至 22 日，44 个国家在美国新罕布什尔州的布雷顿森林举行国际货币金融会议。会议通过了《联合国货币金融会议最后决议书》以及《国际货币基金协定》和《国际复兴开发银行协定》两个附件（总称“布雷顿森林协定”）。布雷顿森林会议和它所通过的布雷顿森林协定，奠定了战后以美元为中心的西方世界货币体系的基础。该体系的主要内容包括：把美元和黄金直接挂钩，美国允许各国中央银行按官价用美元纸币从美国兑换黄金；把各国货币与美元以固定比价联系起来。1971—1973 年初由于美国经济相对衰落，美国被迫停止美元兑换黄金，导致美元与黄金脱钩。但美元仍是西方世界货币体系的支柱。根据布雷顿森林协定成立的国际货币基金组织和世界银行是联合国的专门机构，也是世界性的政府间国际金融机构。1947 年 10 月 30 日，在美国的倡议下，23 个国家代表在瑞士日内瓦签订《关税及贸易总协定》（简称“关贸总协定”），1948 年 1 月 1 日正式生效。根据该协定成立的关贸总协定组织的宗旨是：充分利用世界资源，扩大商品生产和交换，促进各成员国经济发展，彼此削减关税，取消其他贸易壁垒，并消除国际贸易中的差别待遇。这三个机构在促进西方世界经济恢复和发展中发挥了积极作用。在冷战时期，苏联拒绝参加这三个机构，与东欧国家及其他盟国成立“经互会”与之相抗衡。

1989 年后，随着东欧的剧变、德国的统一、华约的解散和苏联的解体，二战后国际秩序中的美苏两极力量格局，即“雅尔塔格局”解体，但其他部分仍在发挥重要作用，并将在未来国际秩序中担当重任。例如，联合国在摆脱作为超级大国争论论坛角色后，在维护世界和平和促进世界经济发展方面发挥了积极作用。国际货币基金组织、世界银行世界和关贸总协定组织（后改为“世界贸易组织”）发挥作用的范围则超出了西方世界，真正成为全球性的国际金融机构和贸易组织。

第五节　历史演变对当代国际体系转型的若干启示

一、在以往的历史上，一个新的国际秩序都是在一场大的战争之后建立的

但冷战是由于苏联自行解体和华约自我解散而结束的，因此新的国际秩序将在现有国际秩序逐渐和平变革的基础上实现。二战后国际秩序是在反法

西斯战争胜利成果基础上建立的。其中，既有不合理因素，如通过强权政治形成的美苏两极格局；也有至今仍是合理的因素，如联合国及有助于市场经济发展的国际金融和贸易机制，可以通过改革成为新的国际秩序的组成部分。

二、国际力量对比是国际体系的基础，其变化是国际秩序中最活跃的因素

国际力量格局发生变化是导致国际秩序发生转变的根本原因。引起国际力量格局发生变化的动因是多方面的：（1）新的科学技术推动生产力大发展，再加上国内制度的创新，极大增强了新兴国家的综合国力；（2）霸权国家过分迷信军事力量作用，手伸得太长，军事、经济实力无法负担其扩张野心或已陷入的战争；（3）国际上的主导国家缺乏创新机制，走向衰落；（4）其他国家结成各种联盟对霸权国家进行制衡。冷战结束后，随着经济全球化和区域经济一体化的迅猛发展，大国之间经济相互依存上升，共同安全利益增加，第一次出现所有大国合作的现实可能性，从而避免新兴大国与主导大国之间的矛盾发展为对抗性矛盾。

三、国际机制是国际体系的重要组成部分之一，通常反映了国际力量对比，往往是由国际上占主导地位国家决定和给以重大影响的

新兴大国往往通过建立新的国际机制或改革已有的国际机制，来加强和巩固在国际上的地位和影响。

四、国际关系理念和互动规则是国际体系的另一个重要组成部分

它是该时代国际现实与国际潮流的产物，又反过来对国际现实产生很大

影响。例如，冷战时期，由于美苏激烈对抗，“零和”游戏观念在大国关系中占主流，成为两个超级大国关系的主要互动模式。又如，在冷战结束后，中国提出建立以互信、互利、平等、协作为核心的新安全观，正得到越来越多国家的理解和赞同。

五、第二次世界大战得到的最重要历史教训，是必须从国家层面拒绝极端民族主义

因为正是法西斯主义这种极端民族主义和民族沙文主义发动了这场战争。而西方大国对德、日法西斯采取绥靖政策这种极端民族利己主义鼓励了德、日法西斯的侵略战争。在当代，还必须防止极端民族主义利用文明冲突，防止非国家行为体的极端主义和暴力主义。各国应超越民族利己主义，将本国利益与人类共同利益相结合。

第四章

大国战略关系及其对国际体系的影响

国际体系的基础是国际力量结构（International Power Structure），而国际力量结构中最重要的因素之一是大国战略关系。当前大国战略关系正在发生前所未有的重大变化。大国之间既相互合作又相互竞争，既相互协调又相互防范，多种互动模式共存。为了推进建立互信、互利、平等、相互尊重的新型全球安全架构，有必要构建21世纪大国战略稳定框架。

本章重点研究构成当前国际力量结构和大国战略关系的世界上最重要的一些三边关系，如中、美、俄关系，中、美、欧关系，美、欧、俄关系，中、美、日关系，中、美、印关系等和最重要的双边关系之一——中美关系，以及它们对国际体系转型的影响，并探讨构建21世纪大国战略稳定框架的必要性与可能性。

第一节　大国关系的理论研究

恩格斯说："每一时代的理论思维，从而我们时代的理论思维，都是一个历史的产物，在不同的时代具有非常不同的形式。因此，关于思维的科学，和其他任何科学一样，是历史的科学，关于人的思维的历史发展的科学。而这对于思维的实际应用于经验领域也是非常重要的。"① 有关大国关系的理论，也是时代的产物，在不同时代、不同国家有不同形式。系统地研究这些理论，并加以批判地吸收，有助于构建中国特色大国关系理论体系，并服务于中国的和平崛起。

一、中国古代关于大国关系理论概要

在中国古代就有关于大国关系的理论。特别是出现在春秋战国和三国时期。而在汉、唐、宋、元、明、清等有统一中央政权的时期，则有关于大国处理对外关系的理论和实践。

首先，在春秋时期，"霸道"的理论占据主导地位。《淮南子》认为"五霸任力"。这里的"力"指的是国力，即一国的经济实力和军事实力。《吕氏春秋》强调"先事而后兵"。这里的"事"指为强兵之目的而采取的一系列富国的措施或事功。各国争霸，首先是国力的较量。"五霸"中的齐桓公和晋文公都十分重视生产和商业。越王勾践实行"十年生聚而十年教训"的方针，恢复和发展国力和军力，从而一举打败曾征服过越国的吴王夫差。为争夺霸权，一些国家在不同程度上进行过以"富国强兵"为目的的改革，改革成功的往往成为强国。而且，争霸是在周天子一统天下（虽然周天子的名分已名存实亡）里进行的。齐桓公和晋文公为了争取各国对他们争霸行动最大程度的支持，打着"尊王攘夷"的旗号，从表面上并不根本改变当时天下的格局。

第二，在战国时期，"合纵连横"的理论起主导作用。当时，七雄并起，争夺天下。赵、韩、燕、楚、齐、魏等国为对付秦国，实行联合阵线形式的"合纵"战略。而秦国则采用"连横"战略，分化瓦解"合纵"阵线，各个击破，实现了统一中国。

第三，在三国时期，一方在三角关系中如何寻求最大利益的理论是当时

---

① 恩格斯：《自然辩证法》，《马克思恩格斯全集》，第20卷，第382页。

影响最大的理论。其中最有代表性的是诸葛亮出山前向刘备呈上的分析天下形势的《隆中对》。诸葛亮认为，当时实力最强的曹操一方地广人多，兵强马壮，且挟天子以令诸侯，因此“应避其锋芒”；实力次之的孙权一方“占据江东，国险而民附，贤能为之用”，因此只能结为友盟，同样不可与其正面争夺。诸葛亮提出的战略是先夺取并“以荆、益为根据地”，然后“西和诸戎，南抚夷越，外结好孙权，内修政理”；待时机成熟时，可分两路北伐，夹击曹操，则统一大业可成。①

第四，明朝和清朝将以中国为核心的东亚“封贡”体系发展到鼎盛状态，体现了中国“和而不同”的文化价值观，实际上是中国古代的和平共处外交政策，有助于中国与邻国和睦相处。但这种体系自身也存在致命的弱点，它使中国封建王朝的统治者自以为是优于其他所有国家的“中央大国”，盲目乐观，甚至采取闭关锁国的政策，导致了中国在近代史上的落后挨打，遭受西方列强的侵略和欺凌。

二、西方关于大国关系理论评述

现代西方国际关系理论、政治学和世界历史研究中都涉及大国关系理论。随着这些领域研究的深入，关于大国关系理论的研究也取得一些进展。

（一）西方国际关系理论中的大国关系理论

1. 现实主义学派与大国关系理论。西方国际关系理论的“奠基之父”汉斯·摩根索（Hans Morgenthau）认为，在国际社会中，国家的行为是受对权利的追求驱使的。从这个意义上说，国际政治的动因就是对权利的追求②。新现实主义进一步认为，权力本身不是目的，而是实现国家目标的有用手段，国家追求的最终目标是安全，而不是权利。肯尼思·华尔兹提出，对一国来说，权力有一个适当的量，太大或太小都有危险。权力太小，就会

① 《三国志·诸葛亮传》。

② Hans Morgenthau, Politics Among Nations, p. 8.

遭受别国的攻击；权力太大，则会刺激一国冒险扩张，也会刺激别国增加军备并与其他国家结盟抵制强国，造成国际局势不稳定。

亨利·基辛格（Henry Kissinger）认为，传统的均势判断标准是领土，一国只有通过征服别国才能获得支配地位。因此，只要领土扩张被制止，均势局面就可维系。如今情况不一样了。实力的增长、支配地位的获得完全可以通过一国内部发展来实现。一国通过掌握核武器拥有的军事实力比通过征服别国领土所获得的还要大。在这样一个多变的多极世界上，美国应该以实力和均势作为外交决策的依据，在均势的基础上建立和平结构，以均势来维持国际体系的稳定。[①] 肯尼思·华尔兹（Kenneth Waltz）提出，国家不应谋求权力的最大化，而应寻求权力的平衡。均势理论的实质是主要大国间实力平衡的分配。[②]

从这些基本观点出发，现实主义学派中一些人提出，一个新兴大国的崛起，必然会影响甚至打破现有的国际力量均势，从而可能导致国际局势不稳定甚至冲突。也有人根据现实主义理论提出“霸权稳定”论，认为可以在美国霸权下实现均势，从而保持国际局势稳定；而新兴大国的崛起会挑战美国的霸权，引起不稳定。

自称为进攻性现实主义的约翰·米尔斯海默（John J. Mearsheimer）认为：“每个国家压倒一切的目标是最大化地占有世界权力，这意味着一国获取权力是以牺牲他国为代价的。然而，大国不只是为了争当大国中的强中之强，尽管这是受欢迎的结果；它们的最终目标是成为霸主（hegemony），即体系中唯一的大国。……这种对权力的无情追逐意味着大国可能伺机改变权力分配。一旦具备必要的实力，它们就会抓住这些机会。简言之，大国存有进犯的预谋。”[③] 从这一理论出发，米尔斯海默得出对中国的“接触政策

① Henry Kissinger: American Foreign Policy, W. W. Nortow Company, 1974, pp. 57—58.

② Kenneth Waltz, Theory of International Politics, McGraw Hill Publishing Company, 1979, p. 118.

③ ［美］约翰·米尔斯海默：《大国政治的悲剧》，王义桅、唐小松译，上海人民出版社，2003年第1版，第2页。

注定要失败”的论点，他认为：“如果中国成为一个经济增长中心，它必然会把经济实力转化为军事能力并主宰东北亚。……当中国不断增加权力时，中国的邻国和美国谁也不会袖手旁观，而会采取行动遏制它，很可能通过组建一个均势联盟的方式达到此目的。结果是中国与其对手进行激烈的安全竞争，大国战争的危险常常环绕在它们头上。简单地说，当中国的权力增长后，美国与中国势必成为对手。”①

2. 自由主义学派与大国关系理论。以 20 世纪 80 年代中期起，新自由主义学派与新现实主义学派进行了一场大辩论。新自由主义学派在承认国家角色的重要性的同时，更重视其他角色（跨国公司、国际组织等）在国际关系中的作用。认为由于国际关系趋于缓和，军事威胁可能降至次要地位，军事实力的作用相对减弱，国际合作领域明显扩大。新自由主义学派支持国际合作，认为在无政府的国际体系中，合作是正常的，也是经常发生和存在的现象。同传统自由主义一样，新自由主义坚信制度能使人与人在一起工作，也能使国与国成功地合作。新自由主义批评现实主义低估了国际合作的可能性以及国际制度的能力。“相互依赖、国际机制（国际制度）、全球化（全球主义）、国际治理构成新自由制度主义的核心概念，相互依赖、国际机制为其他概念的基础。”② 新自由主义认为，因为国家是理性的，国际机制是解决国际无政府状态这一问题的有效手段，在无政府的混乱秩序中，国际规则与制度等能实现国家间合作这一目标。新自由主义学派的重要代表人物罗伯特·基欧汉（Robert O. Keohane）和约瑟夫·奈（Joseph S. Nye）指出：“由于多渠道联系的存在，国际组织可能在世界政治中发挥迥然不同的重要作用。……如果各种问题之间的联系并不完善，跨国、跨政府之间形成了各种联盟，在这样的世界里，国际制度在政治谈判中的潜在作用将大为增强。特别是，它们协助制定国际议程，并是促成联盟建立的触媒和弱国提出政治

① ［美］约翰·米尔斯海默：《大国政治的悲剧》，王义桅、唐小松译，上海人民出版社，2003 年第 1 版，第 4 页。

② ［美］罗伯特·基欧汉和约瑟夫·奈：《权力与相互依赖（第 3 版）》，门洪华译，北京大学出版社，2002 年第 1 版，第 11 页。

倡议、推行联系战略的场所。”①

罗伯特·基欧汉和约瑟夫·奈提出了“复合相互依存”的分析模式。他们认为：“我们生活在一个相互依赖（interdependence）的时代”，“相互依赖影响着世界政治和国家行为；而政府行为也影响着相互依赖的模式。政府通过创制或接受某些活动的程序、原则或制度（institutions）来调节和控制跨国关系、国家间关系。”② 他们把相互依存定义为“彼此之间的依赖”，并认为相互依赖并不局限于互利（mutual benefit）的情境。他们认为：要理解权力在相互依存中的作用，必须区分敏感性（sensitivity）和脆弱性（vulnerability）之间的关系。敏感性相互依存是指一国的变化导致另一国的敏感程度。脆弱性相互依存是指相互依存双方为应对变化而采取的替代性选择所需付出的相对成本。

关于国家的崛起，罗伯特·基欧汉和约瑟夫·奈指出：“随着霸权国制定规则和执行规则权力的衰落，二流国家的政策将会发生改变。……二流国家重新强调其政治地位和自主权，进一步增加了复杂性。……二流国家地位的提高意味着主导国家地位的下降，弱国自主权的上升必然导致体系领导者积极影响力的相应下降。”③

关于中国的发展及其对中美关系的影响，他们指出：“1971 年的中美关系非常符合现实主义理论：安全问题至关重要，两国关系之间极少经济相互依赖，国际组织和国际机制在两国关系中的作用可以忽略不计。但在 2002 年，现实主义理论不适用于中美关系的现实。现实主义理论仍然重要，因为中美都是大国，它们继续为可能发生在彼此之间的战争未雨绸缪；它们之间存在利益的战略冲突……然而其他因素发生了巨大的变化。从经济方面讲，中美之间存在相当程度的相互依赖性……国际组织和国际机制在中美关系上

---

① ［美］罗伯特·基欧汉和约瑟夫·奈：《权力与相互依赖（第 3 版）》，门洪华译，北京大学出版社，2002 年第 1 版，第 36 页。

② ［美］罗伯特·基欧汉和约瑟夫·奈：《权力与相互依赖（第 3 版）》，门洪华译，北京大学出版社，2002 年第 1 版，第 3—6 页。

③ ［美］罗伯特·基欧汉和约瑟夫·奈：《权力与相互依赖（第 3 版）》，门洪华译，北京大学出版社，2002 年第 1 版，第 47 页。

发挥重要作用：中国是联合国安理会常任理事国，并加入了世界贸易组织。非国家行为体在中美之间也发挥着重要作用。”① 应该将和平崛起的中国纳入以美国为主导的国际体系，是新自由主义学派必然得出的结论。

3. 建构主义学派与大国关系理论。建构主义学派产生于20世纪80年代中期以后。建构主义主张应用社会学视角看待国际政治，注重国际关系中所存在的社会规范结构而不是经济物质结构，强调机构、规则和认同在国家行为及利益形成过程中所具有的重要作用，指出行为体与体系结构之间存在着互动依赖关系。

建构主义学派从几个方面看待大国崛起。首先，在国际结构方面。建构主义学派认为：“国际体系是诸机构的集合体，而且诸机构是由诸规范所组成的实践活动，当其构成的规范的一部分（或全部）发生改变时，国际体系的基本变化随之出现。”② 新崛起的大国对现有国际结构将产生重大影响，往往打破现存国际结构。例如，第二次世界大战结束后，苏联不愿接受先前传统的欧洲诸国家体系所确立的组织规则并打破了它们。当时的美国严重违反传统的民族主权观念，也打破和改变约定的规范，造成以后长期进行的冷战。

而最足以显示一个大国实力和能力的，是这个国家塑造和改造国际结构和地区结构的能力。美国就是这方面的一个突出例子。在冷战期间，美国和其他西方国家一起建立了北约、世界银行、国际货币基金组织、关税与贸易总协定等重要国际组织，构成以美国为首的西方国际体系，并在冷战结束后将这种国际体系扩大到世界范围。建构主义学派认为，国家的需要是通过社会规范、法则、理解和与其他者的关系而形成的。“在决定行为体的行为方

① ［美］罗伯特·基欧汉和约瑟夫·奈：《权力与相互依赖（第3版）》，门洪华译，北京大学出版社，2002年第1版，第39—40页。

② Rey Koslowski and Friedrich Kratochwil, “Understanding Change in International Politics: The Soviet Empire Demise and the International System”, International Organization, No. 2, 1994, p. 48.

面，社会规范、法则、认同等与物质现实同样重要、同样有影响。”[①]

其次，在国际行为规范和价值观方面。建构主义学派认为：通过建构而产生出来的行为规范、原则以及共同分享的信仰，不仅影响和规定着国际政治中国家行为体的具体行为、利益、优先选择以及实现对外政策目标的工具，而且可以帮助行为体理解什么是重要的或有价值的，以及如何运用合法手段去获取它们。因此，“社会规范的一个特征是它们创造出行为模式”。[②] 大国在崛起中会产生新的行为规范，它的价值观也会产生更大的影响。

第三，在认同方面。建构主义学派对认同和利益的建构感兴趣，认为“利益依赖于认同”。建构主义承认国家以自身需要去确定自己的国家利益，但同时认为，国家的利益是处于变化过程中的，“利益是通过社会相互作用而建构成的”。[③] 换言之，自身的利益是在与他人的关系中确定的，在考虑自身利益时，必须也要考虑其他人的利益。建构主义提出的两种认同类型与大国崛起有关：社会认同和集体认同。社会认同指行为体在看待其他行为体时赋予自身的一组含义，社会本体具有个体的和社会的结构特征，行为体在一定的环境或是在共享理解和期待的社会角色结构中，确定自己的身份或者说自我定位。一定的外界环境不仅决定行为体采取一定的行动，而且决定行为体以一定的方式确定自己的利益。根据这一观点，一个崛起的大国在一定的环境或是在共享理解和期待的社会角色结构中，确定自我定位。

集体认同即自我和其他者建立积极的认同关系，在认知上把其他者看作是自我的延伸。一个崛起的大国也需要与其他国家建立积极的认同关系并被国际社会所接受。

4. 霸权周期理论与大国关系理论。20 世纪中叶以来，西方学者相继研

---

① Martha Finnemore, National Interests in International Society, Cornell University Press, 1996, p. 128.

② Martha Finnemore, National Interests in International Society, Cornell University Press, 1996, p. 12.

③ Peter Katzenstein, “Introduction: Alternative Perspectives on National Security,” Peter Katzenstein (ed.), The Culture of National Security: Norms and Identity in World Politics, Columbia University Press, 1996, p. 2.

究了国际政治周期性规律问题。其中一些学者，如罗伯特·吉尔平（Robert Gilpin）和乔治·莫德尔斯基（George Modelski）提出了霸权周期理论。其主要观点之一是：霸权国家和挑战国家的交替出现和相互间的冲突是国际政治体系变动的必然结果，也是国际政治体系变动的内在动力。国际政治周期性演变是不依人们意志为转移的客观规律。当一国霸权建立之后，其实力远远大于其他国家，国际体系由此处于稳定时期。在经过相当长时间后，随着各国实力的消长，挑战国家开始出现，领导者的地位相对下降。在某一周期结束时，这些新兴国家对现存国际秩序的不满和叫阵越来越强，双方争夺霸权的战争不可避免，国际政治体系重新回到无序和混乱的局面，在经过长期和反复的拉锯战后，挑战国家代替旧的霸权国家开始主导国际政治体系，世界又一次回到稳定时期，国际政治进程完成一次大的循环。①

乔治·莫德尔斯基的“长周期理论”认为，战争是世界霸权兴衰不断循环所依赖的必要条件，同时也是这种周期性转变的结果。霸权国（又称为世界领导国）位置更替的周期基本呈现规律性发展，这个“长周期”大约为一个世纪。② 要成为世界领导国，必须具备四个条件：岛国或半岛的地理位置；开放、有凝聚力、有联盟能力的社会；领先的经济；具有全球投放能力的政治—战略组织。③ 莫德尔斯基长周期包含四个阶段：（1）争霸性的全球战争；（2）世界领导国的出现和被承认；（3）霸主原有权力的合法性被拒绝；（4）权利逐渐分散化。他将500年（1495—2030年）来的国际政治划分为5个世纪性周期，每个周期中都有一个霸权国家。它们依次是16世纪的葡萄牙、17世纪的荷兰、18和19世纪的英国、20世纪的美国。

霸权周期理论认为，在每一轮周期中都会出现许多新兴国家，一般情况下，新兴国家可以和挑战国划等号，它们都希望改变现存的国际政治经济体系，使之有利于自己的发展。挑战国家通常不只一个，有时有许多个。争夺

---

① 倪世雄等著：《当代西方国际关系理论》，复旦大学出版社，2001年第1版，第302页。

② 倪世雄等著：《当代西方国际关系理论》，复旦大学出版社，2001年版，第298页。

③ Modelski, George, *Long Cycles in World Politics*, *Seattle*, p. 220.

霸权的斗争并不仅仅是在正在衰弱的霸权国家和挑战国家之间进行，更多的是在挑战国家之间进行，霸权国家的某些合作者其实也是争夺霸权的国家之一。未来的国际冲突更可能在挑战国家之间发生。因此，更应该关注新兴国家或称挑战国家之间的冲突，它们之间关系的好坏才真正决定国际政治经济体系的未来。一国兴起使其不能不成为挑战国家，但挑战国家可以不做“霸权国家”。前者决定于客观事实，后者决定于主观意图。①

5. 地缘经济学与大国关系理论。地缘经济学（geo-economics）是冷战结束后出现的新的国际关系理论。它的核心观点之一是认为，世界上正在逐步发展成为三个相互竞争的经济集团：美国领导的西半球经济区；日本率领的环太平洋经济区；以德国为中心的欧洲经济区。它强调：“在未来的竞赛中，三个经济霸权中的每一个都倾向于超过其他两个。无论哪一个实现了这种超越，都会居领先地位，都会像英国主导19世纪，美国主导20世纪那样，主导21世纪。”②

地缘经济学认为，冷战结束后，世界进入了地缘经济时代。按地缘政治标准划定的对手或敌手，在地缘经济时代可能同时是贸易伙伴。对全球的最大威胁已从核战争危险转向经济危机和生态破坏，国际关系中“低级政治”（经济、社会、生态等问题）的紧迫性和重要性第一次明显超过“高级政治”（军事对抗和核威慑）。这一转向“开拓了超越国界的、竞争与合作并存的新时代”。从某种程度上来说，谁掌握国际经济和生态的优势，谁就在国际事务中拥有最大的发言权。③

日益加深的全球经济一体化趋势使国家的经济政策更具竞争性，特别是在发达的资本主义经济之间。这种竞争特别表现在高科技领域。如果一个国家在生物工程、电子计算机、电子通讯和新材料领域中领先，它就会首先控制其产品的专利权。这种专利权将使它在一定程度上能够控制其他国家的经

---

① 倪世雄等著：《当代西方国际关系理论》，复旦大学出版社，2001年版，第304页。

② Lester Thurow，Head to Head：The Coming Economic Battle Among Japan，Europe and America，Morrow Publishers，1992，p. 246.

③ 倪世雄等著：《当代西方国际关系理论》，复旦大学出版社，2001年第1版，第399—401页。

济，而又不会受限于对付传统工业品的关税壁垒。美国、欧洲和日本之间争夺高技术产业领先地位的地缘经济斗争正在影响它们之间的关系，以及它们与其他重要贸易国家之间的关系。

根据以上理论，在新时期，大国要实现和平崛起，就必须首先发展经济和保护生态环境，特别是发展高新技术产业，依托区域经济一体化，通过竞争来取得世界经济中的主导地位。

（六）文明冲突论与大国关系理论

美国哈佛大学教授塞缪尔·亨廷顿（Samuel Huntington）1993 年在《外交事务》杂志上发表《文明的冲突?》一文，首次阐发了他的文明冲突理论。3 年后，他在出版的《文明的冲突与世界秩序的重建》专著中，对文明冲突理论作了更详尽和更系统的论证和阐述。

亨廷顿提出，世界上有 6 种现代文明（印度教文明、伊斯兰教文明、日本文明、东正教文明、儒家文明和西方文明）和两种可能的候选文明（非洲文明和拉丁美洲文明）。他认为冷战后的世界是由这 8 种主要文明构成的，未来的世界新秩序将是这 8 种主要文明相互作用、合力影响的结果。亨廷顿说："在冷战后时代的新世界中，冲突的基本源泉将不再首先是意识形态或经济，而是文化……全球政治的主要冲突将发生于不同文化的国家和集团之间。文明的冲突将主宰全球政治。""下一次世界大战，如果有的话，必将是所有文明之间的战争。"[①] 很明显，亨廷顿将文化和文明看作冷战后时代国际关系中的关键变量，将文明的冲突看作冷战后时代国际上发生冲突的主要原因。

在谈到大国关系时，亨廷顿认为："在当代全球政治中，主要文明的核心国家正在取代两个冷战超级大国，成为吸引或排斥其他国家的首要支柱……文明核心国既是文明内部又是文明之间秩序的源泉……是以文明为基础的国际新秩序的核心要素。"[②] 亨廷顿提出，在 8 种主要文明中，有 5 个

① Samuel Huntington, The Clash of Civilizations, Foreign Affairs, Summer 1993.

② Samuel Huntington, The Clash of Civilizations, Foreign Affairs, Summer 1993, pp. 155－157.

具有文明性质的重要的核心国家，分别是：印度教文明的印度、日本文明的日本、东正教文明的俄罗斯、儒家文明的中国和西方文明的美国。而另外3种现代文明，即伊斯兰教文明、非洲文明和拉丁美洲文明却没有这样的核心国家。亨廷顿认为："由世界主要文明核心国卷入的全球战争虽然爆发的可能性极小，但并不是不可能的……这种危险的根源在于文明及其核心国之间权力均势的变换。"可以看出，亨廷顿文明冲突理论中的大国观仍没有完全摆脱现实主义理论的影响。

亨廷顿说："在冷战后世界，人类历史上第一次全球政治成了多极和多文明的政治。"[①] 他认为，未来的世界秩序将由几种强大的趋势形成：第一，西方主导的世界正在终结，几个非西方国家正在作为大国凭借自己的权力崛起；第二，这些新兴大国愈来愈反对西方的价值观，偏爱它们自己的文化规范，西方物质优越性的持续衰弱将极大瓦解其文化吸引力；第三，每种文明内部蕴含的主要文化价值观念作为个人和政治认同的源泉将变得愈来愈重要。[②]

亨廷顿认为："文明冲突是对世界和平的最大威胁，以文明为基础的国际秩序是防止世界战争最可靠的保障。"[③] 他主张，在未来时代，为了防止主要文明之间的战争，各国应该遵守3项规则：第一，弃权规则，即核心国应避免干涉其他文明的冲突，这是保持多极和多文明世界的和平的首要前提条件；第二，合作调节规则，即核心国应相互协商和停止发生在彼此之间的断裂带的战争；第三，求同规则，即所有文明的人民都应探寻并努力扩展与其他文明在价值观、惯例和习俗方面的共性。总之，人类必须学会如何在复杂、多极和多文明的世界内共存。[④]

---

① Samuel Huntington, The Clash of Civilizations and the Remaking of World Order, Simon and Schuster, 1996, p. 21.

② 参见倪世雄等著：《当代西方国际关系理论》，复旦大学出版社，2001年版，第428页。

③ Samuel Huntington, The Clash of Civilizations and the Remaking of World Order, Simon and Schuster, 1996, p. 321.

④ 参见倪世雄等著：《当代西方国际关系理论》，复旦大学出版社，2001年版，第425—426页。

（二）西方历史研究中的大国关系理论

西方历史研究中的关于大国崛起的研究可追溯到公元前5世纪古希腊历史学家修昔底德著的《雅典斯巴达战争史》。该书记述了伯罗奔尼撒战争的起因和经过。伯罗奔尼撒战争是古希腊斯巴达为首的伯罗奔尼撒同盟与海上强国雅典之间的战争。斯巴达在崛起过程中，与伯罗奔尼撒半岛大部分城邦结成伯罗奔尼撒同盟。这个以斯巴达为首的军事和政治同盟，与以雅典为首的提洛同盟争夺希腊霸权，终于导致战争。

在当代，西方最享有盛名的研究大国崛起理论的历史著作是保罗·肯尼迪1987年发表的《大国的兴衰》。该书系统论述了1500年至2000年这5个世纪中各大国的相互关系与兴亡盛衰。在这期间，一个接一个大国相继崛起，如西班牙、荷兰、法国、英国、美国等，而一些以前的一流强国又相继沦为二流国家。保罗·肯尼迪在这本书中总结出的大国崛起中带有规律性的经验教训包括：

第一，一流国家在世界事务中的相对地位总是不断变化的。主要原因有二：一是各国国力的增长速度不同；二是技术突破和组织形式的变革，可使一国比另一国得到更大的优势。

第二，在国家的生产力和取得收入的能力与军事力量之间，从长期看有一种非常重要的相互依存关系。“财富通常是军事力量的基础，而要获取和保卫财富又总是需要军事力量。然而，如果一个国家把它的很大一部分资源不是用于创造财富，而是用于军事目的，那么，从长远来看，这很可能将导致该国国力的衰弱。同样，如果一个国家在战略上过分扩张（如侵占大片领土和进行代价高昂的战争），它就要冒一种风险：对外扩张得到的潜在好处，很可能被它付出的巨大代价抵销了”。①

第三，16世纪初期，“东方帝国中的一些国家与欧洲相比，尽管显得不

---

① ［美］保罗·肯尼迪：《大国的兴衰》，王保存等译，求实出版社，1988年版，第2页。

可一世、组织得法，但它们都深受实行中央集权制的后果之害”。[①] 欧洲由于没有东方式的最高权力机构，各王国和城邦之间征战不已，这就推动人们经常寻求军事改革。军事改革又有力推动了在竞争、积极进取的环境中出现的科学技术与商业贸易的发展。欧洲社会碰到的变革的障碍很少，进入了持续向上的螺旋式的经济发展，增强了军事效能。随着时间的推移，这些因素使欧洲社会在以后的几个世纪中走在世界其他地区的前头。

第四，科技的进步和军事的竞争推动着欧洲各国以其通常的互不相让、各显其能的方式向前发展。尽管如此，仍有可能在各个敌对国家中有一个国家因拥有充足的资源脱颖而出，超出其他国家，控制整个欧洲大陆。在1500年以后大约150年中，西班牙和奥地利哈布斯堡家族统治下的王朝——宗教联盟就企图这么做，而欧洲其他强国则竭力阻止“哈布斯堡王朝争当霸主”的活动。

第五，综合经济力量和生产能力对比的变化与国际系统中各大国的地位之间有一种因果关系。两个最好的例证是：16世纪以后世界贸易集中地由地中海逐渐移向大西洋和西北欧；1890年后的几十年中世界工业品集中产地又由西欧慢慢移向其他地区。这两个例子都说明，经济力量的转移预示着新大国的崛起。这些新大国总有一天会对世界军事形势和各国领土状况施加决定性影响。过去几十年发生的全球生产的重要力量向“环太平洋地区”转移，是一个值得注意的趋势。

第六，在一个国家的经济力量升降曲线与军事影响升降曲线之间，有一个引人注目的“时间滞差”。一个经济正在迅速发展的国家（如19世纪60年代的英国、19世纪90年代的美国和20世纪80年代的日本）总希望自己越来越富，而不希望将巨资用于军备。半个世纪之后，国家的投资重点可能发生变化。世界上的竞争越来越激烈，悲观主义的政治家谈论衰退，爱国的政治家号召“复兴”……在这种令人担忧的环境中，大国往往会自觉不自觉地以比两代人之前多得多的费用用于国防，但仍感到国际环境不够安全，这仅仅是因为其他国家发展得更快，正变得更加强大。大国走下坡路时的本能

① ［美］保罗·肯尼迪：《大国的兴衰》，王保存等译，求实出版社，1988年版，第2页。

反应是，将更多的钱用于“安全”，因而必然减少对经济的“投资”，从长远看，这将使自己的处境更为困难。

第七，为争夺欧洲或世界霸权而进行的大规模联盟战争的最终结局，与双方动员的生产资源之间有着非常密切的联系。在一场大国间（通常是联盟间）的长期战争中，胜利往往属于有坚实经济基础的一方，或属于最后仍有财源的一方。

第二节　21世纪中美战略关系

冷战后期的中美战略关系非常符合现实主义理论，即双方关系建立在权力政治——共同对付苏联扩张的基础上。冷战结束后，特别是“9·11”事件以来，随着经济全球化的迅猛发展，现实主义理论已不适用于中美关系的现实。中美之间权力政治的因素虽然还存在，但两国关系已更多地建立在相互依存的基础上。用新自由制度主义的相互依存理论可以较好解释中美关系。同时，中美之间这种相互依存关系又是非对称性的。这些决定了中美关系当前的主要特点及其发展趋势。

一、当前中美关系的相互依存性

美国著名学者罗伯特·基欧汉和约瑟夫·奈指出：“世界政治中的相互依存（interdependence），指的是以国家之间或不同国家行为体之间相互影响为特征的情形。”① 他们认为：“当交往产生需要有关各方付出代价的相互影响时（这些影响并不必然是对等的），相互依存便出现了。如果交往并没有带来显著的需要各方都付出代价的结果，则它不过是相互联系而已。这种

① ［美］罗伯特·基欧汉和约瑟夫·奈：《权力与相互依赖》，门洪华译，北京大学出版社，2002年版，第9页。笔者认为，interdependence译成相互依存比相互依赖更为贴切。据此在引用中修改译著中这一词的翻译。

区别对我们理解相互依存的政治至关重要。”① 根据这一定义，我们分析中美关系中相互依存的各主要方面。

（一）中美在经济领域的相互依存

冷战结束以来，中美政治关系虽然经历了风风雨雨、跌宕起伏，但中美经贸关系却一直向前发展。正如美国前国务卿鲍威尔所说，两国“经济在很多方面是互补的”。② 现在中美两国已形成互补共赢和密不可分的经济关系。美国是中国第二大贸易伙伴和最大出口市场，中国是美国第二大贸易伙伴、第四大和增长最快的出口市场。2001 年至 2005 年的 4 年间，美国对华出口增长了 118%，年均增长 21.5%，是美国对全球出口增幅的 4.9 倍。2000 年至 2006 年间，美国对华出口增长了 240%。其中 2006 年美对华出口达 552 亿美元。③ 在中美建交的 1979 年，双边贸易额只有 24 亿多美元；而 2005 年则达到 2116 亿美元，增长 80 多倍。中方统计，2006 年中美贸易额为 2626.8 亿美元。美方统计，2006 年中美贸易额达到 3430 亿美元。其中，美从中国进口达近 2320 亿美元。④ 美国财政部长保尔森认为：“现在美国和中国的经济增量之和已接近全球经济增长的一半，发展美中经济关系对美国未来繁荣至关重要。”⑤

中国对美贸易顺差的产生有多方面的原因，但从根本上讲，是两国产业结构调整和在经济全球化推动下国际产业分工的结果。美国从中国进口的商品中，90%以上美国已不再生产，如不从中国进口，也要从其他国家进口。同时，中国一直在扩大进口美国商品，积极减少对美贸易顺差。至 2005 年，

---

① ［美］罗伯特·基欧汉和约瑟夫·奈：《权力与相互依赖》，门洪华译，北京大学出版社，2002 年版，第 10 页。

② 美国前国务卿鲍威尔 2003 年 11 月 5 日在美国德州农工大学举办的美中关系研讨会上的讲话，http：//www.whitehouse.gov。

③ ［美］《纽约时报》，2007 年 4 月 29 日。

④ 《理顺美中关系》，［美］《纽约时报》，2007 年 5 月 28 日。

⑤ 美国财政部长保尔森：《一次与中国的广泛对话》，《华盛顿邮报》，2006 年 12 月 11 日。

美国在华投资项目超过49万家，实际投资累计510多亿美元。据摩根斯坦利公司的材料，仅2004年，中国向美国出口质优价廉的商品就为美国消费者节省了1000亿美元，美国对华贸易为美国创造了400多万个工作岗位。美国公司从中美经贸合作中获利丰厚，增强了全球竞争力和在美国本土的持续发展能力。2005年，美资企业在华销售额达到1076亿美元。中国和美国商会的调查显示，86%的在华美国公司收益提高，42%的公司在华利润率高于全球利润率。中国也有800多家企业到美国投资，为当地发展和增加就业作出了贡献。

至2007年3月底，中国外汇储备超过1.2万亿美元，居世界第一位。美国是中国对外金融投资的最主要目的地，中国对美国的金融投资以国债为主。至2007年1月，中国持有的美国国债总额达到4005亿美元，仅次于日本，居世界第二位，占外国持有美国国债总额的18.89%。其中，2006年1月至2007年1月，中国增持美国国债866亿元，年增幅高达27.59%。[①] 中国还向美国出口大量价廉物美的商品。这些都为美国经济的稳定和繁荣、为美国消费者的生活质量作出了贡献。但另一方面，美国前财长萨默斯曾将中美金融关系形容为“金融恐怖平衡”，就如同冷战时期的“核威慑力”概念。[②] 这种平衡一旦被打破，后果将是灾难性的。

随着中美经贸关系的迅速发展和经济相互依存趋势的不断增长，两国社会之间的交往面大幅扩大，同时摩擦面也在增多。一个重要表现是，中美经贸关系中存在的问题明显增加。美国经常利用这些问题向中国施加压力，其中包括中美贸易不平衡、市场准入、人民币汇率、知识产权保护、纺织品贸易、农产品贸易、倾销与反倾销、反补贴等。美国要求中国履行对世界贸易组织承担的义务。而且，布什政府为了国内政治需要和从中国获得更多经济利益，对中国滥用“反倾销”手段。同时，美国对华长期实行技术转让限制和保留对华制裁措施，成为影响中美经贸关系健康发展的严重障碍。美国国会一些议员和其他一些政界学术界人士还以“国家安全”为理由，以政治干预经济事务，反对中国海洋石油有限公司收购美国“尤尼科”石油公司。

---

① 中国《国际先驱导报》，2007年4月5日。

② 《中美金融“恐怖平衡”?》，《香港商报》，2007年1月23日。

如果中美经贸关系因美国政治的原因遭受重大挫折，对两国经济都会有极大的负面影响。

（二）中美在军事安全领域的相互依存

军事安全领域相互依存的涵义包括两个方面：一方面是指双方在军事安全领域的合作；另一方面是指双方在防止因台湾问题而导致中美武装冲突上形成的某种相互威慑和合作。

从第一个方面来说，中美两国在解决朝鲜半岛核问题方面的合作是一个良好的例子。中美在朝鲜半岛稳定和实现无核化目标上有一定的共同利益。2003 年底朝核问题发生后，中国先是在北京主办了三方会谈，后又主持了 6 轮六方会谈。中美两国合作努力在六方会谈框架下解决朝核问题。美国国务卿赖斯说："中国在朝核问题六方会谈中发挥着重要作用。"① 2005 年 9 月 19 日，第四轮朝核问题六方会谈一致通过共同声明。在声明中，朝鲜承诺放弃核武器和所有核设施，其他各方也做了相应的承诺。这是六方会谈取得的重要阶段性成果。美国国务院副发言人埃雷利称赞中国政府为举行六方会谈并使之取得成果做了大量工作。② 2007 年 2 月 13 日，第五轮朝核问题六方会谈第三阶段会议通过共同文件。根据该文件，朝鲜承诺以最终弃核为目标，关闭并封存宁边核设施，并将"对其所有核计划进行全面申报"，其他五方将向朝鲜提供经济、能源及人道主义援助。这是六方会谈在朝着实现朝鲜半岛无核化方向取得的一个突破。美国总统布什认为，此次的协议迈出了"良好的第一步"。③

另一个例子是中美在维持南亚次大陆稳定和防止印巴发生战争方面的合作。2002 年印巴在克什米尔地区爆发较大规模武装冲突后，中美两国与国际社会一起做了许多调解工作，促使印巴两国关系缓和。

---

① 美国国务卿赖斯 2005 年 3 月 19 日在日本东京上智大学发表的关于美国亚洲政策的讲话，http：//www. whitehouse. gov。

② 《人民日报》，2005 年 8 月 10 日。

③ 《解放日报》，2007 年 2 月 16 日，第 7 版。

从第二个方面来说，台湾问题事关中国的核心国家利益，是中美关系中唯一有可能导致两国发生武装冲突的问题。中美两国在防止“台独”分裂势力改变台海现状方面有共同利益，也进行了某种合作。因为如果中美因台湾问题爆发武装冲突，那将是两个核国家之间的战争，是不符合两国利益的。中国现在和今后都将致力于和平发展，不会与美国进行军备竞赛。中国大陆正在努力维护台海和平、发展两岸关系、促进和平统一。但陈水扁和少数“台独”分裂分子千方百计地企图实现法理台独，严重危害台海和亚太和平，是中美关系的麻烦制造者。如果“台独”分裂势力触犯《反分裂国家法》，制造法理台独，中国将“采取非和平方式及其他必要措施，捍卫国家主权和领土完整”。①

如果美国在军事上卷入台海冲突，那将是干涉中国内政。因此中国有必要发展慑止美国军事干预台海冲突的威慑能力。中国不是超级大国，只拥有很少的核武器，美苏两个超级大国冷战时期“相互确保摧毁”的模式并不适用于中美关系。中国具有一定的核反击能力，只要美国不能确定它对中国进行第一次打击时能全部摧毁中国的战略核力量，或者中国在遭受美国第一次打击后还有能力将一枚核弹头打到美国，美国就不会对中国首先进行核打击。如果中国拥有对付美国干预台海冲突的常规威慑能力，美国就会尽力抑制“台独”分裂势力制造法理台独的企图。虽然这不是一种互利（mutual benefit）的相互依存模式，但从长远来看，对中美关系和台海两岸关系，都有相当的正面影响。

（三）中美在非传统安全领域的相互依存

冷战结束后，非传统安全威胁对国际关系的影响迅速上升。非传统安全威胁又可以称为全球问题、跨国问题或低政治问题，包括环境污染、全球变暖、恐怖主义、大规模杀伤性武器扩散、能源短缺、人口爆炸、毒品走私、国际犯罪、恶性传染病等。非传统安全威胁有两个重要特点：一是具有全球

① 《反分裂国家法》（2005 年 3 月 14 日第十届全国人民代表大会第三次会议通过），《人民日报》，2005 年 3 月 15 日。

性和全人类性。这些问题不是某些国家和局部地区存在的个别问题，而是在世界范围内普遍存在并且关系到整个人类的问题；二是就其后果来说非常严重，它不是人类社会发展中遇到的一般困难和障碍，而是威胁人类的生存和发展、决定人类命运的重大问题。[①] 近年来非传统安全威胁日益突出，造成安全问题的多元化和全球化，对国际关系的影响越来越大，导致各国安全需求的多样化。这大大增加了世界各国、包括中美之间相互依存的共同利益，促使它们更多地进行合作来应对和解决这些问题。

现在中美在应对非传统安全威胁方面正在逐渐形成新的安全合作关系，这种合作是由两国在这方面的相互依存关系所决定的。

例如，在反恐领域。“9·11”事件发生后，反恐成为美国全球战略和国家安全战略的最优先事项。为此，美国需要中国的合作。中国也反对一切形式的恐怖主义。基于双向互利的原则，中美建立了中长期反恐怖主义交流与合作机制，设立了两国反恐工作组，定期交流看法，共享反恐情报；双方在阻止恐怖组织洗钱和转移资金方面进行协调；两国达成协议，同意双方海关人员在中国港口对运往美国的集装箱进行预检；中方同意美方暂时在美驻华大使馆设立联邦调查局法律办公室，处理反恐合作事务；在中方的要求下，美将“东突厥斯坦伊斯兰运动”列入美国国务院恐怖组织名单；中国投票支持了联合国安理会反恐怖主义的所有关键性决议等。美国国务院反恐事务协调员泰勒大使认为：“美国和中国两国高层领导人的大力支持已经促成牢固的、多层面的和不断发展的伙伴关系。”[②]

又如，在防治恶性传染病领域，艾滋病、非典型肺炎、禽流感等恶性传染病是中美两国共同面临的非传统安全威胁之一。近年来，美国逐步重视中美在防治传染病领域的合作；2003 年 10 月，美国卫生与公共服务部部长汤米·汤普森访问中国时说，布什总统希望在防治艾滋病和其他健康议题上扩大中美的实际合作；美国疾病控制和预防中心的专家来华与当地中国卫生工作人员共同努力。美国国家卫生研究院向中国提供 1480 万美元，帮助中国

① 尹希成等著：《全球问题与中国》，湖北教育出版社，1996 年第 1 版，第 2—3 页。

② http：//www.usembassy-china.gov.cn.

更新卫生保健基础设施。中美在防治恶性传染病领域的合作可以成为两国关系的一个新增长点。

二、当前中美关系中的非对称性

(一) 国际体系中占主导地位的大国与上升中的大国

冷战结束后，美国是世界上惟一超级大国和国际体系中占主导地位的大国。近年来，随着中国经济的迅速发展和综合国力的提高，中国成为上升中的大国。国际体系中占主导地位的大国与上升中的大国这种非对称性，使中美关系成为世界上最重要的双边关系之一。

上升中的大国一定会与占主导地位的大国发生冲突吗? 答案是否定的。美国本身就是一个例子。19 世纪末，美国作为上升中的大国，并没有与当时国际体系中占主导地位的大国——英国发生冲突，而是通过与英国的多次合作，逐渐发展起来。历史的经验教训证明，后起的大国只有与国际体系中占主导地位的大国进行合作才能最终兴起。在这方面，占主导地位的大国如何适应新兴大国的上升并实现相互合作也非常重要。而且，当前世界处于以和平与发展为主题的时代，这为中国和平发展提供了根本的前提条件和现实可能性。在当代，资源、市场、投资都可以通过国际经贸合作来获得或实现。

(二) 最大的发达国家与最大的发展中国家

美国是世界上最大的发达国家，而中国是世界上最大的发展中国家。这种非对称性关系可以有互补合作的一面，并不一定会发展到两国之间的对抗。

最大发达国家与最大发展中国家的非对称关系首先表现在实力在量的方面的不对称性。2006 年，美国国内生产总值（GDP）超过 12 万亿美元，中国国内生产总值（GDP）为 2.6269 万亿美元，不到美国经济总量的 1/4。而中国的人口是美国的近 5 倍。美国人均 GDP 约为 4 万美元。中国人均 GDP 为 1740 美元，是美国人均 GDP 的约 1/28。

中美实力在质的方面也存在不对称性，这主要表现在双方之间在科技方面的巨大差距。美国在信息技术、生物技术、新材料、航天航空技术、海洋技术等重要科技领域仍占有很大优势。不仅具有很好的科技创新机制，而且具有将科技成果迅速变为先进生产力的良好转化机制。

中美还在经济管理方面存在不对称性。美国经济管理的法治机制比较完善，而中国经济管理的法治机制仍在建立和完善之中。

中美两国这种在经济、科技、管理方面的不对称性，是中美之间在经贸领域发生矛盾和摩擦的重要原因之一，也是美国利用知识产权、反倾销、人民币汇率等对中国施压的原因之一。

中国要在本世纪中叶达到中等发达国家的水平，仍要经过长期艰苦的努力。在这一过程中，如果中美两国能够很好地在经济、科技等领域互补互利，将不仅有利于两国利益，而且有利于南北合作。

（三）后现代化国家与正在争取实现现代化的国家

美国已经是一个现代化国家。而且，由于美国信息化社会和知识经济的迅速发展，可以说它已成为一个后现代化国家。美国国内生产总值的50％以上来自知识密集型产业。在这种情况下，真正占主导地位的资源和生产要素，既不是农业经济时代的土地和劳动，也不是工业经济时代的有形资本，而是知识。美国产业的知识含量日益增加，知识资源正在成为主要的财富源泉。知识经济生产方式标志着人类社会的生产力发展水平有了质的提高。美国高新技术产业的高速发展既是经济发展新阶段的体现，又会对整个经济体系乃至社会带来深刻的影响。在美国，知识经济的社会形态正在成为现实。

中国是一个正在争取实现现代化的国家，既面临着工业化和信息化的双重艰巨任务，又面临着建立中国特色社会主义精神文明、政治文明和社会文明的伟大使命，道路是艰难曲折的，必须处理好发展、改革、稳定三者之间的关系。

美国作为一个后现代化国家与中国作为一个正在争取实现现代化的国家之间的不对称性，是中美之间在人权、民主等领域发生矛盾的重要原因之一。中国将“建设成为富强、民主、文明的社会主义强国”。[①] 中国的民主

① 《中华人民共和国宪法》，人民出版社，2004年3月版，第2页。

将根据中国国情在实现现代化的过程中逐步实现，而不能照搬任何其他国家的模式。而美国一些人忘记了美国的民主制度也是用了上百年时间逐渐建立的，企图向其他国家输出美国的民主模式是违反历史规律的，因为民主与人权只能适应各国的实际情况而逐渐发展。“输出民主”与“输出革命”一样，都不会有好结果。

三、非对称性相互依存情况下中美关系的特点

罗伯特·基欧汉和约瑟夫·奈提出了“复合相互依存（complex interdependence)”的模式，认为复合相互依存的三个基本特征是各社会之间的多渠道联系；问题之间没有等级之分；军事力量起着次要作用。他们指出：“复合相互依存与现实主义的观点一样，都是理想模式。大多数世界政治的实际情况往往介于这两个极端之间。”① 从某种程度上来说，尽管中美之间在实力、地位、发展进程等方面是非对称性的，但是当前的中美关系接近于一种复合相互依存的关系。

首先，自从 20 世纪 70 年代初中美重新打开大门以来，特别是 1979 年中美建交以来，两国关系有了很大发展，建立了多层次、多领域、多渠道、多形式的交流联系。不仅两国政府机构各部门之间有多层次的密切联系，而且两国企业界之间也建立了广泛的交流。两国社会之间和人民之间的联系交往已经相当深入。虽然两国之间接触交往面越大，产生摩擦的几率也越大，但总的来说，两国民间和企业之间的这种密切关系，已经成为中美关系的重要支柱之一。中美之间多渠道、多层次的交流联系对两国关系产生的影响还包括：两国的国内政策对彼此的影响越来越大；国内政策与对外政策的界限越来越模糊，与对外政策相关的问题越来越多；对外经济政策与国内经济活动的联系越来越广泛。

其次，两国之间的外交议程更为广泛、更加多元化。在冷战时期，两国之间的所有问题都附属于军事安全问题。但现在，经济和许多非传统安全问

① ［美］罗伯特·基欧汉和约瑟夫·奈：《权力与相互依赖》，门洪华译，北京大学出版社，2002 年版，第 25 页。

题，如能源、资源、环境、反恐、防止大规模杀伤性武器扩散、恶性传染病等已经凸现出来，成为与构成传统外交议程的军事安全问题几乎同等重要的问题。当然，台湾问题关系到中国的核心国家利益，仍然是中美关系中最敏感的问题。

第三，冷战结束之后，特别是“9·11”事件后，大国之间共同利益和相互依存性的上升，促使它们的合作在发展，大国之间发生战争的可能性大大减少。布什政府在2002年9月20日发表的第一份《国家安全战略报告》表明，愿意建立一个大国合作维护国际和平与稳定的框架。而且，中美都是核武器国家，双方发生战争不符合任何国家的利益。因此，虽然军事力量在国际政治中仍很重要，但在中美关系中的影响有所下降。

同时，中美非对称性相互依存关系使中美关系还呈现下述特点：

第一，敏感性。罗伯特·基欧汉和约瑟夫·奈认为，相互依存中的“敏感性（sensitivity）指的是某政策框架内做出反应的程度——一国变化导致另一国家发生有代价变化的速度多快？所付出的代价多大？”① 中国作为上升中的大国，与美国作为国际体系中占主导地位的大国之间的关系，使得这种敏感性增加。虽然中国并不是唯一一个快速发展、给世界带来冲击的新兴国家，但中国更加突出一些。自从2000年以来，中国对全球GDP增长的贡献比后三个新兴经济体——印度、巴西和俄罗斯——加在一起的总和还要多近一倍。② 而且，中国经济对外开放的程度特别高，进出口商品和服务的总额占中国GDP的75%左右。在日本、印度和巴西，这个数字是25%到30%。③ 在这种情况下，作为互为最大贸易伙伴之一的中美两国，一方经济形势或经济政策的小变化，都会导致另一方经济迅速发生有代价的变化。而且，美国一些戴着有色眼镜看中国的人士，夸大中国军事力量的发展，鼓吹

① ［美］罗伯特·基欧汉和约瑟夫·奈：《权力与相互依赖》，门洪华译，北京大学出版社，2002年版，第12页。

② China and World Economy：from T Shirt to National Bonds，*Economy*，July 29，2005，p. 8.

③ China and World Economy：from T Shirt to National Bonds，*Economy*，July 29，2005，p. 8.

“中国威胁论”，甚至以错误的判断为基础，对中国作出过度的反应。

第二，脆弱性与韧性并存。美国著名的中国事务专家何汉理（Harry Harding）曾把1972年至1989年的中美关系概括为“一种脆弱的（fragile）关系”。[①] 这主要是因为中美两国意识形态不同、政治制度各异，要在它们之间建立强有力的关系非常困难。自那时以来，中美关系经历了风风雨雨、曲曲折折、起起伏伏，但仍在向前发展，表明了两国关系又是一种具有韧性的（durable）关系。这一是由于中美在经济和安全等领域具有广泛而重大的共同利益，相互依存的态势基本形成，经济和安全已成为中美关系基础的两根主要支柱；二是由于中国领导人一贯从战略高度和长远角度看待两国关系，美国领导人也认识到中美关系的重要性，从而双方求同存异，趋利避害；三是中美各界人士长期努力维护和发展两国关系。

罗伯特·基欧汉和约瑟夫·奈认为，相互依存中的“脆弱性（vulnerability）可以定义为行为体因外部事件（甚至是在政策发生变化之后）强加的代价而遭受损失的程度”，“脆弱性相互依存的衡量标准只能是，在一段时间内，行为体为有效适应变化了的环境做出调整应付的代价”。[②] 中美在相互依存方面的脆弱性各有特点。以能源为例，美国是世界第一大能源和石油消费国及第一大石油进口国，具有先进的能源技术和石油勘探开采加工技术，拥有较多的未开采的石油储备和将近一年的战略石油储备。中国已成为仅次于美国的第二大能源和石油消费国、第三大石油进口国，具有一定的石油生产能力和石油储备。中美两国的能源政策都会给对方造成直接或间接的影响。美国虽然在石油储备和石油技术方面对能源缺乏的耐受性要高于中国，但在能源使用方面的脆弱性在某种程度上要大于中国。因为中国人均石油消费仅为美国的1/15，目前中国平均每70人才有一辆汽车，而在美国每2人就拥有一辆。如果石油紧张，对美国民众日常生活的直接影响要大于对中国民众日常生活的直接影响。

---

① Harry Harding, A Fragile Relationship: the United States and China: Since 1972, Brookings Institution, Washington DC, 1992.

② ［美］罗伯特·基欧汉和约瑟夫·奈：《权力与相互依赖》，门洪华译，北京大学出版社，2002年版，第14页。

第三，两重性。主要表现在中美之间既合作又竞争、既对话又斗争，斗而不破，合而不同。这是由于两国之间既存在广泛和重大的共同利益，又有着许多不同和各自的战略需求和安全、经济利益。再以能源为例，中美在能源领域既存在着一定程度的竞争，也存在重要的共同利益，具有合作的巨大潜力。双方如能避免恶性竞争，争取更多合作，则有利于两国及世界的能源安全。

四、中美在非对称性相互依存情况下的政策选择

（一）建立和加强各种合作和对话机制

西方国际关系理论中的新自由制度主义主张以国际组织、国际机制为中心安排国际秩序的基本结构。罗伯特·基欧汉和约瑟夫·奈主张“维持和发展国际机制”，强调“应更加关注政府政策对国际机制的影响。具有消极影响乃至摧毁有益的国际机制的政策或许即可产生积极的有形效应，却是不智之举”。①

他们认为：“1971 年的中美关系非常符合现实主义理论：安全问题至关重要，两国之间极少经济相互依存，国际组织和国际机制在两国关系中的作用可以忽略不计。但在 2002 年，现实主义理论不适用于中美关系的现实……从经济方面讲，中美之间存在相当程度的相互依存性……国际组织和国际机制在中美关系上发挥重要作用。”② 在已有基础上，为了建立长期稳定健康的建设性合作关系，解决中美关系中存在的问题，防止两国冲突，中美有必要进一步加强两国之间的合作机制。

这包括两大部分：

---

① ［美］罗伯特·基欧汉和约瑟夫·奈：《权力与相互依赖》，门洪华译，北京大学出版社，2002 年版，第 233 页。

② ［美］罗伯特·基欧汉和约瑟夫·奈：《权力与相互依赖》，门洪华译，北京大学出版社，2002 年，中文版序言，第 40 页。

第一部分是中美双边合作和对话机制，应包括中美首脑定期互访机制、高层战略对话机制、安全合作协调机制、在政治和军事方面建立信任措施机制、经贸争议和纠纷解决机制、危机预防和管理机制等。2006 年 12 月和 2007 年 5 月，中美在北京和华盛顿分别举行了首次和第二次战略经济对话，双方在服务业和贸易、能源和环境、经济平衡增长等领域达成多项共识。

第二部分是中美积极参与的全球性和区域性多边机制。美国作为国际体系中占主导地位的大国，应采取多边主义的政策，防止单边主义。中国作为新兴的大国，应建设性地参与现存国际机制。在构建新的多边机制时，应该在照顾到机制有效性的同时，强调机制的开放性。中美应从共同利益出发，在这些国际机制中加强相互协调。

中美合作机制的加强和完善，将使两国关系建立在机制合作化的基础上，从而使脆弱的中美关系更加富有韧性（durability）。

（二）充分照顾到对方的核心国家利益，寻求扩大相互利益的汇合点

中国的核心国家利益包括两个方面：一是国家的发展利益，因为中国的根本性安全只能通过发展来实现。中国的发展目标是到 2050 年达到中等发达国家水平，因此需要有一个长期和平稳定的国际环境和周边环境。二是台湾问题，因为这牵涉到中国作为一个大国的核心主权问题。美国的核心国家利益是维持其世界领导地位和保证国家安全。

中美作为两个大国，都会尽全力确保其核心国家利益。如果两国为此而发生冲突，双方都会遭受重大损失，不符合任何一方利益。因此，中美在制定政策和处理问题时，都必须充分考虑和照顾到对方的核心国家利益，力避损害这种利益，同时寻求相互利益的交汇点，发展共同利益。

（三）不要试图操纵非对称性相互依存关系而单方得益，必须争取“合作双赢”

由于中美在经济和安全方面利益的交叉与融合日益密切和广泛，两国的未来已更加紧密地联系在一起。一方如果企图利用双方之间这种非对称性相

互依存关系而单方得益，必然会损人不利己。罗伯特·基欧汉和约瑟夫·奈认为："要操纵经济脆弱性或社会—政治脆弱性，必将承担相应的风险。操纵相互依存的战略有可能导致战略反击。"①

如果一方试图运用自己的军事优势来谋取单方利益，必然会导致"安全困境"（security dilemma），即形成军备竞赛，使己方更加不安全。而如果一方试图利用对方的经济脆弱性或社会—政治脆弱性来达到自己的目的，必然也会殃及自身。因此，美国如果对中国实行"遏制"或"围堵"政策，只能取得事与愿违的结果。

中国将始终不渝地高举和平、发展、合作的旗帜，坚定不移地长期走坚持和平发展的道路。中国的和平兴起符合美国的利益。正如美国国务卿赖斯所说："美国有理由对充满自信、和平而又繁荣的中国的崛起表示欢迎。"②中美两国都必须做出巨大努力，避免"安全困境"和相互冲突，争取"合作双赢"。

第三节　21世纪中、美、俄三边关系

在冷战时期，中、美、苏大三角战略关系的理论基础是均势理念。冷战结束后，随着和平与发展成为世界的主题，以及世界多极化和经济全球化潮流的发展，在中、美、俄三边关系中，中国和俄罗斯正在以超越均势理念的新观念看待和处理它们之间的关系以及它们与美国的关系。而美国的全球战略是以"霸权加均势"为基本理念。这两种不同理念的碰撞和互动将对未来国际战略格局产生不可低估的影响。

---

① ［美］罗伯特·基欧汉和约瑟夫·奈：《权力与相互依赖》，门洪华译，北京大学出版社，2002年版，第18页。

② 美国国务卿赖斯2005年3月19日在日本东京上智大学发表的关于美国亚洲政策的讲话，http：//www.whitehouse.gov。

一、中、美、苏大三角战略关系与中、美、俄三边关系比较

冷战时期的中、美、苏大三角战略关系形成于20世纪60年代末。它的形成有两个基本条件：一是美苏互为对手、争夺霸权，而且哪一方都没有压倒对方的绝对优势，中国无论站在哪一方对于美苏力量对比都有举足轻重的作用；二是中国执行独立自主的外交政策、中苏两国根据意识形态和社会制度结成的同盟破裂和双方在国家利益上发生冲突。随着美苏冷战的结束，这两个基本条件消失，中、美、苏大三角战略关系不复存在。

中、美、俄三边关系是在冷战结束后逐渐形成的。它与中、美、苏大三角战略关系相比，有几个显著的不同特点：

首先，时代背景不同。中、美、苏大三角战略关系所处的时代是战争与革命为主题的时代。美苏为争夺世界霸权，在世界各地区对抗，并进行了规模巨大的军备竞赛，对世界和平和人类安全造成极大威胁。而中、美、俄三边关系所处的时代是和平与发展为主题的时代。世界多极化和经济全球化潮流正在发展。各国之间，特别是大国之间经济上的相互依存关系有很大的进展。

第二，关系的性质不同。在中、美、苏大三角战略关系中，美苏之间和中苏之间都存在对抗的关系，中美之间“建立了某种特殊战略联系”。[①] 而在中、美、俄三边关系中，中美之间和美俄之间的关系竞争与合作并存，摩擦与协调交替。1996年中国和俄罗斯决定建立和发展两国“平等信任的战略协作伙伴关系”。这一关系“是建立在不结盟、不对抗、不针对第三国基础上的新型国家关系”。[②] 而且，中俄两国2001年7月16日签署的《中俄睦邻友好合作条约》，“彻底摈弃了那种不是结盟就是对抗的冷战思维，是以互

① 邓小平语，见高金钿主编：《邓小平国际战略思想研究》，国防大学出版社，1992年版，第93页。

② 见2001年7月16日签署的《中俄元首莫斯科联合声明》，载《人民日报》2001年7月17日。

信求安全、以互利求合作的新型国家关系的体现”。[①]

第三，关系的内容不同。中、美、苏大三角战略关系中军事因素占主导地位。而在中、美、俄三边关系中，军事安全因素虽然仍很重要，但其地位已比过去有所降低；经济因素的重要性大大上升；政治、经济、安全、军事、外交等因素综合发挥作用，不仅有地缘政治因素，而且有地缘经济因素，因此互动也更加复杂。同时，在中、美、苏大三角战略关系中，美苏经济关系是两个平行的世界市场之间的关系。而在中、美、俄三边关系中，三国都存在于同一个世界市场。尽管作为三个大国，即使相互之间断绝经济联系，三国也能各自生存下去，但三方的经济都会受到重大的影响。加之，中美经贸关系的日益密切已经使经济合作成为两国关系的最重要基础之一。

第四，三个角的分量不同。在中、美、苏大三角战略关系中，美苏是两个超级大国，中国是较弱的一角，但由于美苏矛盾是“三角”关系中的主要矛盾，美苏之间的利害冲突是它们所关注的重心，犹如天平的两端，双方都怕对方从外部得到一种力量，破坏它们之间的平衡，两家都想拉中国来抗衡对方。这就使中国在“大三角”中处于主动和有利的地位，能够发挥“四两拨千斤”的作用。[②] 而在中、美、俄三边关系中，美国是世界上唯一的超级大国，中俄两国是重要国家。

第五，互动的范围不同。在中、美、苏大三角战略关系中，中美两国全面对抗苏联的扩张主义。而在中、美、俄三边关系中，中俄两国在经济上对美国的需要超过他们之间的相互需要，但它们之间的关系要好于它们各自与美国的关系。在这种情况下，中俄两国并不是与美国全面对抗，而只是在某些主要问题上，如美国发展导弹防御系统、北约东扩等，寻求加强相互合作以在外交上应对美国。

第六，影响的范围不同。中、美、苏大三角战略关系在某种程度上具有决定国际战略全局的作用。而中、美、俄三边关系只是对国际战略形势有重

---

① 时任中国国家主席江泽民 2001 年 7 月 16 日在莫斯科与俄罗斯总统普京举行会谈时的谈话，载《人民日报》2001 年 7 月 17 日。

② 邓小平同志的谈话，见高金钿主编：《邓小平国际战略思想研究》，国防大学出版社，1992 年版，第 128 页。

要影响。从这个意义上说，其战略重要性与前者相比有所减小。

二、两种不同理念的碰撞与互动

中、美、苏大三角战略关系的理论基础是均势理念。均势理念的基本涵义是，使国际力量的相互配置大致相等，以防止任何国家强大到可以把自己的意志强加于其他国家。均势或“权力平衡”中的“权力”（power）不仅仅指状态意义上的“实力”（strength），更指力量层面上的“势力”（force）及意志层面上的“影响力”（influence）。中、美、苏大三角战略关系的历史实际上是一部中、美、苏三国互动、以保持国际战略平衡的历史。由于当时苏联实力上升并采取扩张政策和进攻态势，因此中美两国联手抗衡苏联。

在此时期，美国对外政策中体现的均势理念最为明显。尼克松 1968 年在竞选总统期间就认识到：“由于中苏关系非常紧张”，他可以“把北京当作他外交斗争中的重要武器，利用这种紧张关系来压克里姆林宫让步”。[①] 基辛格在 1969 年就预料到：“要出现一个五角形的新世界——这五角形是：美国、西欧、俄国、中国、日本。在这样一个扩大的世界里，同中国接近可以有很大好处。这可以影响俄国采取比较灵活的立场，从而缓和莫斯科和华盛顿之间那种在战后年代一直占支配地位的僵持局面。”[②] 在中美建交问题上，布热津斯基指出：“中国在维持全球均势方面起着中心作用。在我们这个多元世界里，一个强大而独立的中国是维持和平的一支力量。”[③] 正是在以上认识的指导下，美国与中国于 1979 年实现了关系正常化。可以说，在中、美、苏大三角战略关系中，美国对华政策在相当程度上受美苏关系的影响。中美关系取得重大突破或取得重大进展之时，正是美国要使苏联在外交上作

---

① ［美］亨利·基辛格：《白宫岁月》，中文版，世界知识出版社，1980 年 11 月第 1 版，第一册，第 218 页。

② David Landau，The Kissinger：the uses of power，Houghton Mifflin Company Boston，the United States，1972，p. 105.

③ ［美］布热津斯基：《实力与原则——1977—1981 年国家安全顾问回忆录》，世界知识出版社，1985 年版，第 464 页。

出重要让步或要借重中国抗击苏联扩张势头的时候。而在美苏关系缓和时，中美关系往往停滞不前，甚至出现不稳定因素。

冷战结束后，根据变化了的国际形势，中国和俄罗斯始创了以结伴而不结盟为核心的新型国家关系，逐渐发展形成了以相互信任、裁军与合作安全为内涵的新型安全观。这种新型安全观的一个重要体现是以互信、互利、平等、协商，尊重多样文明，谋求共同发展为特征的“上海精神”。[①] 而且，中国认为，安全应是相互的，建立在别国不安全感基础之上的安全，是不能够长久和稳定的。[②]

但是，美国在成为世界上惟一的超级大国之后，开始推行实际上的“霸权加均势”的战略。这一战略的目的是实现和长期保持美国霸权下的国际格局。主张这一战略的美国学者认为：“在只有一个霸主的情况下，国际环境处于和平之中的可能性要大得多。”[③] 然而，在如何实施这一战略问题上，美国政界内部存在分歧。一派被称为“全球化”流派，强调“民主和平论”，赞成进行积极有力的干预和动用武力来促进美国价值观的传播。原来的克林顿政府基本上属于这一派，但在实际实施过程中，它经常显示出实用主义的特点。

另一派被称为“现实主义”流派，主张用加强军事力量优势地位的方法来维护美国关键的国家利益。乔治·W·布什政府基本上属于这一派。这一派的理论基础是新现实主义和新保守主义。

布什总统前国家安全事务顾问和现任国务卿康多莉扎·赖斯曾经说过，布什政府的外交政策是“新现实主义的”。[④] 新现实主义认为，不论国际形

---

① 时任中国国家主席江泽民 2001 年 6 月 15 日在“上海合作组织”成立大会上的讲话，见《人民日报》2001 年 6 月 16 日第 1 版。

② 时任中国外交部长唐家璇 2001 年 7 月 25 日在第八届东盟地区论坛（ARF）外长会议上的讲话，见 2001 年 7 月 26 日《人民日报》第 3 版。

③ Charles Crosummer, *Bushism: ABM, Kyoto Protocol and U. S. New unilateralism*, *Banner Weekly*, June 4, 2001, p. 26.

④ Thom Shanker, *White House Says the U. S. Is Not a Loner, Just Choosy*, *New York Times*, July 31, 2001.

势发生何种变化，国家的生存和它们之间的竞争是永恒的。一个国家为了提高自身的安全系数，需要不断追求增强自己的军事实力，并为寻求更多的国际威望和权力而致力于在国际上扩张势力与影响。虽然新现实主义也承认全球化增强了各国间的相互依存性，但认为这反而提高了各国之间“相互脆弱性”的程度，从而给各种形式的“讹诈”提供了更多的机会，而且全球化的发展并未使国际社会处于无政府状态的特性发生根本的改变，因此一国如果比其他国家获得更大的相对收益，它最终会变得更加强大，从而使其他国家的脆弱性相对增加。

布什总统在大选中曾标榜自己为“富有同情心的保守主义”。这种保守主义在对外关系方面的基本主张是，世界应由美国来领导。为了巩固美国的世界领导地位，美国的一切对外政策行动必须以是否符合美国家利益和美国价值观作为衡量标准。

根据新现实主义和新保守主义的理论，布什政府第一个四年任期在推行对外政策中显示出单边主义和均势政策两个特点。单边主义就是追求美国在国际事务中的行动自由，即美国为了自己的国家利益，拒绝多边束缚，可以不顾国际机制和国际条约，甚至不顾绝大多数国家的反对，一意孤行地推行美国自己的政策。例如，布什政府宣布退出关于限制全球温室气体排放的《京都议定书》、坚持部署导弹防御系统、拒绝签署经过国际社会 7 年艰苦谈判达成的关于加强核查机制的《禁止生物武器公约》议定书、甚至暗示要退出《全面禁止核试验条约》并考虑重新进行核试验等等。实际上，单边主义也是霸权主义的一种表现。

与在冷战时期寻求借重中国来从全球角度抗衡苏联的均势政策不同，美国当前的均势政策是侧重于防止在欧亚大陆出现能够挑战美国领导地位的潜在威胁，为此准备将美国自己作为一种在世界一些重要地区起“独一无二的、最终起平衡作用的力量”。有些美国学者将 18 至 19 世纪的英国奉为榜样，认为“英国在这两个多世纪中一直是欧洲起平衡作用的力量，总是加入比较弱小的联盟来反对比较强大的联盟，以便创造均势”。[①] 他们甚至鼓吹：

① Charles Crosummer，*Bushism*：*ABM*，*Kyoto Protocol and U. S. New unilateralism*，*Banner Weekly*，June 4，2001，p. 25.

"将通过支持中国周边地区的一些较小国家（和地区）（从韩国到台湾，甚至到越南）的办法来抵消中国在力量上所占的优势。"[①]

当前，中俄两国与美国之间在关于如何看待和处理冷战后时期国际关系方面存在着两种不同的理念，主要表现在：

其一，中俄两国都认为，推动世界多极化进程"有助于建立一个稳定、民主、不对抗、公正合理的国际新秩序。这一趋势客观上符合所有国家的根本利益"。[②] 而美国则极力要长期保持其"单极独霸"的地位。

其二，中俄两国正在以超越均势理念的新型安全观看待和处理它们之间的关系，以及它们与美国及世界其他国家的关系。它们认为，两国的友好关系是建立在不结盟、不对抗、不针对第三国基础上的新型国家关系。而美国则将均势政策作为保持其世界霸权地位的主要手段之一。美国强调要加强与盟国的军事联盟关系，这种联盟关系是建立在针对第三国基础上的。

其三，中俄两国都从宽广的角度看待国家安全问题，认为国家安全是综合性的，包括政治、经济、军事、科技、金融、信息等因素在内，其中经济、科技、金融、信息等非传统安全因素越来越重要。而美国政界的主流派则继续从狭窄的角度看待国家安全利益，强调军事这一传统安全因素的作用，将保持美国的军事优势作为维持美国惟一超级大国地位的主要支柱。

这两种不同的理念必然要进行碰撞和互动，其结果将对国际战略形势产生重大影响。中俄两国的新型安全观代表了世界发展的大趋势。因为从世界发展趋势来看，当代国际体系的演变进展，一般将是从无政府状态下的国际均势体系发展到相互依存状态下的国际体系，再发展到一体化条件下的国际体系。根据存在决定意识，意识又反过来对存在有重大影响的原理，均势理念实际上是对历史上无政府状态下的国际均势体系的反映和当代一些人对此种体系的追求。而中俄两国的新型安全观则是对世界各国相互依存日益紧密的现状的反映和对相互依存状态下的国际体系的追求。这也是代表新旧两种

① Charles Crosummer, *Bushism: ABM, Kyoto Protocol and U.S. New unilateralism*, *Banner Weekly*, June 4, 2001, p. 25.

② 时任中国国家主席江泽民和俄罗斯总统普京 2001 年 7 月 16 日签署的《中俄元首莫斯科联合声明》，见《人民日报》2001 年 7 月 17 日。

不同国际体系的两种不同理念的碰撞和互动。

从理论和实际两方面来看，美国霸权下的国际体系将不可能有真正的和平，因为作为霸权国家的美国在缺少制衡其霸权的力量的情况下，将可以经常使用武力打击违反其意志或认为有损其利益的中小国家。

三、中、美、俄三边关系的互动模式

在国际关系中，存在着三个行为体之间相互作用和反作用的现象，一般称为三边关系或三角关系。三边关系可被看作初级的或不甚严格的三角关系，而三角关系则是高级形式的三边关系。国际关系中的三角关系，指的是在一个由三个国家构成的系统中，其中一个国家的行为会对另一个或两个国家的行为产生影响，或其中一对双边关系的变化会导致另一对或两对双边关系发生变化的互动关系。三角关系是国际关系中的一种重要现象，对当代国际战略形势的发展有重大影响。

实际上，国际关系中的三角关系是主客观相结合的产物。它具有三种基本内涵：即作为客观存在的三角关系——三角关系的客观规律、作为手段的三角关系——三角策略、作为目的的三角关系——三角关系理念。客观存在的三角关系是人类社会历史的一种带有规律性的东西，它是自在的三角关系，也是对三角关系的客观描述。主观表达的三角关系（人为的三角关系）通常指一国对外战略或策略的一种选择。前者如冷战时期的中、美、苏大三角战略关系，后者如毛泽东和尼克松采取的打开中美关系大门的行动。而隐含在这两者背后的思想意识是“三角关系理念”。

国际上较早对三角关系进行论述的是英国学者马丁·怀特，他1977年出版的著作《国家体系》有一章专门从历史的角度研究了三角关系。[①] 美国学者洛厄尔·迪特默1981年发表的论文《战略三角：竞赛理论初析》，对三角关系的形态作出了较系统的理论分析。他提出了三角关系的三种形式：

（1）“三人共处”式，由三方间的对称和睦关系组成；

（2）“浪漫三角”式，即由处于“主轴”的一方与处于“两翼”的两方

---

① Martin Wight, *Systems of States*, Leicester University Press, 1977.

建立和睦关系，而后两方则是敌对关系。

(3)“稳定婚姻”式，即两方之间建立了和睦关系，而都同第三方处于敌对关系。①

通过对冷战时期的中、美、苏大三角战略关系进行研究，我们可以发现在三角关系的状态和互动方面都存在几种样式或模式。从三角关系的状态来说，主要样式有：

(1) 三边关系紧张。例如，从20世纪60年代末至1972年以前，中、美、苏三边关系都处于紧张状态，这种状况实际上促成了三角关系的互动。当时中美之间正在酝酿双边关系的解冻，美苏之间已处于缓和的前夜。

(2) 两松一紧。例如，从1972年至1979年以前，中、美、苏大三角关系的特点是两松一紧，即中美关系改善、美苏关系缓和、中苏关系处于敌对状态。在三角形的三边中，中美在接近，中苏之间的距离在拉大，而美苏之间是前期接近后期疏远。又如，从1982年9月至1985年上半年，中、美、苏大三角关系又回复到两松一紧，但与以上阶段不同的是，这一阶段的两松一紧表现为，中美关系发展，中苏关系开始松动，美苏关系紧张。

(3) 两紧一松。例如，从1979年至1982年8月，中、美、苏大三角关系的特点是两紧一松，即美苏关系紧张、中苏关系紧张，中美关系继续发展。在三角形的三边中，美苏之间的距离在拉大，中苏之间的距离在拉大，而中美之间继续接近。

(4) 三边关系缓和。例如，从1985年下半年至1989年5月，中、美、苏大三角关系的特点是中、美、苏三边关系都有改善的势头，美苏关系趋向缓和，中美关系继续稳定发展，中苏关系在改善中实现正常化。这种三边关系的缓和最终导致了中、美、苏大三角关系的终结。

从三角关系的互动来说，三角关系的各方都是会力争在三角结构中处于有利地位。其中的某些主要模式有：

其一，A国与B国发展关系是为了促进与C国的关系。例如，20世纪70年代初美国打开中美关系大门的目的之一是为了促使苏联缓和与美国的

---

① Lowell Dittmer, The Strategic Triangle: An Elementary Game-Theoretical Analysis, WORLD POLITICS 33 (4) July 1981.

关系。中美关系的改善，特别是 1971 年 7 月中美两国宣布尼克松总统将访问中国，引起苏联的极大不安，促使苏联加快改善与美国的关系。基辛格后来回忆说："（尼克松）总统要访问北京的消息公布之后，有关柏林的未决的问题就在一周之内获得使我们感到满意的解决。关于突发战争的协议也于 8 月底完成……在我们所有的其他交往中莫斯科的腔调都明显地发生了变化。共处至少是暂时的共处，实现了，不是由于刹那间有了远见卓识，而是由于我们协助形成的这种国际均势所使然。"①

其二，A 国与 B 国发展关系是为了制约 C 国。例如，苏联 1979 年入侵阿富汗后，在苏联咄咄逼人的全球攻势下，美国加快发展与中国的关系，由在中苏之间搞"机械的一碗水端平"的平衡政策进到偏向中国。卡特总统下决心把给中国以最惠国待遇问题同给苏联以最惠国待遇问题脱钩，先给中国以最惠国待遇。美国并同中国开始发展军事关系。

在中、美、苏大三角战略关系中，三方互动的模式基本上是"零和"模式，即一方得益意味着另一方受损，或两方关系的接近意味着第三方利益的受损。而在中、美、俄三边关系中，"零和"游戏模式的可能性下降，有可能出现各方良性互动和三方都得益的"三赢"模式。

以亚历山大·温特为代表的建构主义理论认为，在当代无政府状态下的国际体系中，至少有三种"无政府文化"，每一种都有自己的逻辑。

（1）霍布斯文化。在这种无政府文化中，国家的互相定位是"敌人"角色，而对敌人是不能给以生存和自由的权利，因此国家利益就是消灭对方。以侵占领土、吞并国家为目的的战争是这种文化塑造的国家基本行为方式。

（2）洛克文化。在这种无政府文化中，国家的互相定位是"竞争对手"角色，竞争对手有生存和自由的权利，但是不具有免于暴力的权利，结果出现军事竞争，有时会爆发战争，但战争会被控制在有限范围之内。

（3）康德文化。在这种文化中，国家的互相定位是"朋友"角色，朋友之间承担义务：不使用暴力解决争端，在出现侵略的情况下相互帮助。结果就是多元安全共同体或集体安全。

---

① ［美］亨利·基辛格：《白宫岁月》，中文版，世界知识出版社，1980 年 11 月第 1 版，第三册，第 46 页。

根据推理，如果国家以相互敌对的方式思维，就会创造霍布斯文化居于主导的世界；如果国家以相互竞争的方式思维，就会创造洛克文化居于主导的世界；如果国家以相互帮助的方式思维，就会创造康德文化居于主导的世界。

但是，在中、美、俄三边关系中，如果A和B国希望与C国建立朋友关系，而C国把A和B国当作竞争对手或潜在敌人看待，会出现什么结果呢？

可能性之一是双方成为竞争对手或潜在敌人，创造洛克文化居于主导的世界。可能性之二是双方成为朋友，创造康德文化居于主导的世界。可能性之三是双方形成既合作又竞争的关系。

从现实情况看，中美之间和俄美之间由于既有很多共同利益又有许多矛盾，因此形成既合作又竞争关系的可能性最大。中俄两国与美国之间在某些传统安全问题上可能会出现“零和”模式；但由于各国在经济方面相互依存关系的发展和存在许多跨国界问题，他们在大多数非传统安全问题上，如环境恶化、国际恐怖主义、毒品等，将不得不寻求良性互动或良性互不动，面临“三赢”模式或“全输”模式。由于美国和中国都是大国和核国家，中美之间如发生战争，将给双方都造成重大损失，因此两国将努力保持双边关系的稳定，避免发生武装冲突。

而中俄两国相互视为朋友，在许多问题上互相帮助，双方承诺“在其相互关系中不使用武力或以武力相威胁”，“如出现缔约一方认为会威胁和平或涉及其安全利益和针对缔约一方的侵略威胁时，缔约双方为消除所出现的威胁，将立即进行接触和磋商”。[①] 而且，中俄两国之间共同利益的领域已经大大拓宽，包括反对恐怖主义、经济合作、军品贸易、维护中亚地区的稳定等。如果两国能够较好地处理他们之间仍存在的一些问题，努力发展平等信任的战略协作伙伴关系，就能够实现两国和两国人民“世代友好、永不为敌”的和平思想。建立在这种思想基础上的中俄关系将不是一种建立在主要为了制衡美国的均势思想基础上的关系，虽然在一些具体问题上不可能完全

① 时任中国国家主席江泽民和俄罗斯总统普京2001年7月16日签署的《中俄睦邻友好合作条约》，见《人民日报》2001年7月17日。

排除“均势”的考虑，但总体上是以新型安全观为指导的。

第四节 21世纪中、美、欧三边关系

随着欧洲一体化的发展和中国的上升，中、美、欧三边关系在国际上的作用越来越大，是21世纪世界上最重要的三边关系之一。在经济全球化趋势的影响下，中、美、欧三边关系中的共同利益上升，良性互动在增加。由于世界战略力量对比仍严重向有利于美国的方向倾斜，美国在中、美、欧三边关系处于优势地位。中国与欧盟在当代国际关系理念方面有许多相同或相似之处，在一些重大国际问题上采取不同于美国单边主义的立场，在建立体现人类进步要求的21世纪新型国际政治秩序上也将有更多共同点。本文将从实力、利益、理念、互动四个方面探讨中、美、欧三边关系的发展趋势和影响。

一、中、美、欧三边实力关系发展趋势

国际战略力量对比仍向有利于美国的方向倾斜，但中、美、欧三方实力关系显示多维化，从长远来看将趋向均衡化。

冷战结束后，美国成为世界上唯一的超级大国，世界战略力量对比严重向有利于美国的方向倾斜，在中、美、欧三边关系中也是如此。“9·11”事件以来，布什政府将反恐和防止大规模杀伤性武器扩散作为全球战略的最优先事项，同时又以此为旗号企图借机巩固美国在世界上的“领导地位”，实现单极独霸。

但现实与美国的愿望相反，中、美、欧三方实力关系正在显示三维化。在经济领域，随着欧盟一体化进程的进展和东亚地区经济合作的发展，中国所在的东亚、欧洲与北美自由贸易区正在逐渐形成三足鼎立的多极化态势。在经济总量上，欧盟已略高于美国。2004年美国国内生产总值（GDP）约为11.7万亿美元，欧盟达到12万亿美元。美国约占全球国民生产总值的

28%，欧盟约占全球国民生产总值的30%。2004年5月1日，马耳他、塞浦路斯、波兰、匈牙利、捷克、斯洛伐克、斯洛文尼亚、爱沙尼亚、拉脱维亚、立陶宛10国加入欧盟。2007年1月1日，保加利亚和罗马尼亚加入欧盟。欧盟成员国已达27国，人口达到4.9亿。这进一步奠定欧盟在欧洲的中心地位，并使欧盟在全球范围内的分量显著增强。同年12月13日，欧盟各国首脑签署《里斯本条约》，标志着欧盟正式结束了长达6年的制宪进程，是欧洲一体化进程中具有里程碑意义的关键一步，促进了欧盟的政治一体化。

在货币力量方面，欧元自1999年问世至今已经成为一种重要的国际货币，2004年它已占到世界货币市场的24%、债券市场的31%、世界储备资产的13%，欧元区外已有50多个国家把它们的货币汇率盯住欧元。虽然欧元的国际地位与美元相比，仍有一段距离，但美元也离不开欧元等重要国际货币的相互借重与支持。在科技水平方面，欧盟虽然总体上稍逊于美国，但差距不过2至5年，而且欧美各有短长，欧洲追赶的潜力很大。

中国虽然在经济总量上只有2.6269万亿美元（2006年），但中国的经济增长速度处于世界各国最快之列，从1978年到2005年，中国年均增长9.6%，经济总量已居世界第四位。2006年，中国经济占世界GDP总量的比重由2002年的4.4%提高到5.5%。2006年，中国对外贸易额达17606.9亿美元，比上年增长23.8%，增速连续5年保持在20%以上，是世界第三大贸易国。而且，如果中国与东盟在2010年实现自由贸易区，届时中国所在的该自由贸易区将拥有约18亿人口、面积达1412万平方公里、国民生产总值将超过3万亿美元。如果中、日、韩与东盟实现东亚自由贸易区，东亚经济将成为世界一极。世界经济的多极化将促进世界力量的均衡化趋势。

在军事领域，国际格局仍然是单极，美国是世界上唯一具有全球大规模力量投送能力和全球作战能力的军事超级大国，在中、美、欧三方关系中占有绝对优势。要实现世界军事的多极化尚需很长时间。但当前许多非传统安全问题并不是用军事力量就能解决的。同时，欧洲国家正在欧洲联盟的框架内加速推动独立的欧洲安全与防务政策的最终形成，包括建立适当的磋商与决策机制，以及必要的、自主的军事手段和军事能力。欧盟在2003年组建欧洲快速反应部队。伊拉克战争后，曾一致反对美国发动这场战争的德国、法国、比利时和卢森堡四国首脑于2003年4月底聚会布鲁塞尔，讨论推动欧洲安全防务一体化进程问题。他们一致认为，欧盟在经过多年不断探索后，现在应该到了推动“欧洲安全和防务建设进入新阶段的时候”。四国领导人商定，着手在比利时筹建一个“防务计划与指挥中心”，负责制定计划以及指挥四国部队在欧洲地区展开的军事行动；最后，建立一个指挥共同行动的多国总司令部。欧洲国家在防务上独立自主因素的发展将对欧洲未来安全格局的形成有重大影响，也是世界朝多极化发展的一个重要表现。

中国实行防御的国防政策和积极防御的军事战略方针，正在适应世界军事变革的趋势，提高高技术条件下的防卫作战能力。中国国防现代化有利于地区稳定与和平，有利于多极化趋势发展。

在政治领域，由于非传统安全问题对国际关系影响的上升和与传统安全问题相互渗透、相互转化，各国政府都面临越来越多的超越国界问题。其中包括恐怖主义、全球气候变暖、跨国犯罪、毒品买卖、非法移民、传染病蔓延等。在这些方面，实力分布杂乱无章，因此谈论单极或新帝国论没有什么意义，用军事手段或仅用军事手段无法解决这些问题。

总之，实力对比实质上是各方综合国力以及运用综合国力的机制、能力和意愿之间的对比。在中、美、欧三方中，现在美国占据着优势。但随着中国和欧盟综合国力的上升，美国的优势将逐渐减少，并面临世界多极化进程越来越大的制约。而且，随着非传统安全问题对国际关系影响增大，美国强大军事力量解决国际问题的能力逐渐下降。

二、中、美、欧三边利益关系发展趋势

当前中、美、欧共同利益上升，它们之间结构性矛盾在常态下不具有对抗性。中国是世界上最大的发展中国家和正在兴起的大国，美国是世界上最大的发达国家和惟一的超级大国，欧盟是世界上最大的区域一体化组织之一，三方之间不可避免地存在许多结构性矛盾。另一方面，随着经济全球化的发展和非传统安全问题在国际关系中影响的上升，中、美、欧结构性共同利益正在增加。但它们之间结构性矛盾还存在，有时甚至会比较尖锐，如围绕伊拉克战争的国际博弈等。在常态下，它们之间结构性矛盾不具有对抗

性。但在台湾问题上导致中美对抗的可能性不能排除。

中美关系在曲折中发展，呈现出既竞争又合作、既矛盾又协调、既对话又斗争的复杂状况。这种状况是由中美双方的共同利益和结构性矛盾决定的。在冷战时期，中美战略合作关系是建立在共同对付苏联扩张主义的基础上。冷战结束后，这一因素不复存在，但中美关系的基础扩大了。经济贸易和安全合作成为现在中美关系基础的两大支柱。布什政府上台初期，两国关系一度陷入低谷。“9·11”事件以来，中美关系不仅相对稳定，而且取得很大改善，两国合作有一定发展。这既是由于美国将反恐和防止大规模杀伤性武器扩散作为其国家安全战略的最优先事项，需要与各大国，包括中国的合作，也是中美结构性共同利益增加和结构性矛盾尖锐程度暂时下降的结果。

美欧关系是长期传统盟国之间的关系，但这种关系正在趋于松弛。双方在价值取向和利益取向上有很多共同点，这是双方关系的“粘合剂”。但“9·11”事件后，美国凭借自己的超强实力，不惜置联合国、欧盟以及整个国际社会于“从属”地位，发动进行“先发制人”打击的伊拉克战争，以实现它的意志。而欧盟中许多国家，特别是德、法等国，自主意识日益增强，越来越不能容忍美国的单边主义行径。这成为美欧关系的“疏松剂”。

中欧关系的发展在20世纪90年代呈现质的飞跃。由于中欧在各自发展道路上取得具有重大意义的进展，国际地位和影响显著提高，双方加强全面合作的需求与能力因而大为增加，共同利益大幅上升。中国与欧盟的关系建筑在长期和全面共同利益的基础上，因而是比较巩固的。中欧关系有良好的长期和稳定发展的前景。当然，由于历史、文化和社会的差异，中欧在人权、西藏等问题上存在分歧，但双方关系中友好与合作是主流。

在中美欧关系的各领域，它们之间共同利益和结构性矛盾的分布是不平衡的：

（一）经济贸易领域

经济贸易是中、美、欧之间共同利益最大的领域，也是冷战后时期中美关系和中欧关系的主要基础之一。冷战结束后，中美和中欧经济合作的范围由过去较为单一的商品贸易为主向商品、投资、服务、技术等领域全面扩大。特别是中国加入世界贸易组织后，中美和中欧经贸关系的深度和广度在继续发展。中美和中欧经济发展水平、产业结构等的不同，决定了它们发展经贸合作有着客观的必然性和必要性，决定了它们经贸合作的互补性和互利性，也决定它们经济贸易合作的巨大潜力。

中美尽管多年来政治关系风风雨雨、跌宕起伏，但经贸关系一直向前发展。在 20 世纪 90 年代的 10 年间，双方贸易、投资、技术等方面的合作规模增长了 10 倍。根据中方统计，2004 年中美贸易总额达到 1696 亿美元，比上年增长 34％，是 1979 年两国建交之初的 69 倍。其中，中国对美出口 1249 亿美元，比上年增长 35％；中国从美国进口 447 亿美元，比上年增长 32％。根据美方统计，2004 年中美贸易总额达到 2310 亿美元，是 1979 年的 98 倍。[①] 2005 年，中国对美国出口达 2520 亿美元。经贸关系已成为冷战后中美关系发展最快、合作最富有成效的领域。

中欧贸易额与 1978 年中国开始改革开放时相比，已经增长了 40 多倍。2004 年，中国成为欧盟的第二大贸易伙伴。2005 年，欧盟成为中国第一大贸易伙伴。欧盟是向中国提供外国政府贷款比较集中的地区。欧盟企业对华投资整体稳步增长。欧盟国家是中国引进先进技术和设备的最大供应者。2005 年，中国对欧洲出口总额达到 1160 亿美元，欧盟对中国出口总额为 590 亿美元。2006 年，欧盟从中国的进口额上升 21％，中国取代美国成为欧盟最大的进口来源国。中国与欧盟整体及与欧盟成员国的经贸关系都处于不断上升的态势。

中国加入世界贸易组织后，将对美欧企业来说非常重要的工业品关税从 25％减少到 7％，将农产品关税从 31％减少到 14％，并且正在开放服务业领域的重要方面，包括银行、保险、通讯和专业服务等。这些为美欧商品和资本能够更多地进入中国创造了良好的条件，从而将促进中美和中欧经贸合作更上一个层次。2005 年，中国成为世界第三大商品进出口国，仅次于美国和德国。在商业服务方面，中国是世界第九大出口国和第七大进口国。欧盟委员会的研究报告估计，到 2010 年，中国高端商品市场规模将会达到 1 万亿欧元，其中服务业市场规模将达 5000 亿欧元。[②]

---

① 《人民日报》，2005 年 7 月 11 日。

② 《文汇报》，2007 年 1 月 22 日，第 3 版。

另一方面，中美和中欧在经济贸易领域仍存在一些结构性矛盾。中美之间主要有贸易不平衡、知识产权保护、以及美国所认为的中国执行加入世界贸易组织时的承诺问题等。中欧之间主要是欧盟对中国的市场经济发展估计不足，没有全面地将中国作为市场经济国家对待，对中国的反倾销措施有失公正等。但由于中美和中欧产业结构具有很强的互补性和互利性，它们经贸合作的利益要远远大于矛盾，因此这些问题都可以通过双方协商和谈判来解决，不会转化为对抗性矛盾。

美欧之间存在着成熟的经济贸易关系。一方面，双方经济利益相互渗透和相互依存。从全球收入的角度看，美欧相互都是对方最重要的市场，美欧现在出口中约各有20%以对方为对象。目前平均每天的跨大西洋贸易额已超过10亿美元。在全球商品贸易总额中，美欧占近37%，而在服务贸易中则达到了近45%。2005年，美国对欧盟的出口为1628亿美元，欧洲对美国的出口为2515亿美元。[①] 2000年，美国企业的外国资产中约有58%是在欧洲，而在美国的外国资产中，欧洲公司占2/3以上。大约700万美国人的生计是由欧洲投资者提供的；而依靠美国投资者提供生计的欧洲人有600万。2007年美欧贸易额达到6200亿欧元，约占全球贸易的40%，双方的投资带来了1400万个就业机会。[②] 另一方面，美欧之间的经济竞争非常激烈。其中最常见的是直接商业利益之争，如转基因农产品贸易、钢铁贸易等。

（二）非传统安全领域

中、美、欧在非传统安全领域有着广泛的共同利益。近年来非传统安全威胁日益突出，造成安全问题的多元化和全球化，对国际关系的影响越来越大，导致各国安全需求的多样化。这大大增加了世界各国之间，包括中、美、欧之间的共同利益，使它们不得不更多地进行合作来应对和解决这些问

---

① ［美］戴维·卡列奥：《欧洲：中国的缪斯?》，美国约翰·霍普金斯大学保罗·尼采国际研究学院《SAIS环球》，2006年12月25日。

② 欧盟贸易委员曼德尔森2007年11月18日在美国卡内基国际和平基金会上的演讲，美联社2007年11月19日华盛顿电。

题。中、美、欧在非传统安全领域所有问题上都具有很大的共同利益，但也有某些非对抗性矛盾。

中美从20世纪70年代末起就开始在该领域进行合作。具体可分为三个方面，即科技合作、司法合作、反恐合作。“9·11”事件后，中美在反对恐怖主义方面的合作取得重大进展，反恐合作已成为两国关系的重要支点之一。但中美在非传统安全领域也存在非对抗性矛盾。例如，在能源安全中的石油供应方面，美国担心随着中国经济的迅速增长，中国从国外进口的石油将大量增加，会增大中美之间在中亚和南中国海竞争的可能性。

中欧在非传统安全领域一系列重大问题上有相同或类似的判断、立场和对策。双方认为，应把可持续发展、环境保护、扶贫等问题提到战略高度来重视，通过各种途径推动这些问题的解决。中欧为解决这些问题进行了有成效的合作。欧盟及欧盟国家在这些方面对中国提供了一定的援助。

美欧在非传统安全领域有许多合作，特别是“9·11”事件后双方在反恐方面的合作有很大进展。但由于布什政府过于重视美国自己的利益，推行单边主义，美欧在这一领域的矛盾有所增加。例如，布什政府拒绝批准控制全球变暖的《京都议定书》，引起欧盟国家的强烈不满。

（三）传统安全领域

传统安全问题主要指地缘政治和军事安全。中、美、欧在传统安全领域仍有许多共同利益。另一方面，双方在此领域也存在一些结构性矛盾。现在中、美、欧在安全领域主要面临两大问题：地区安全和防止大规模杀伤性武器扩散。它们在这些问题上的共同利益大于相互矛盾。但如果某些问题处理不当，有可能导致对抗性矛盾。

从地区安全来说，以与中国关系较大的朝鲜半岛、南亚地区和中亚地区为例。

朝鲜半岛。中、美、欧在朝鲜半岛问题上有着共同利益，即和平、稳定和无核武器化。但它们在如何实现这些目标方面存在一些分歧。布什政府上台后，放弃了克林顿政府的对朝“接触”政策，转而对朝采取强硬政策，将朝鲜列为“邪恶轴心”之一和可能的核打击目标国之一。2002年10月第二次朝鲜核危机发生后，中国为通过对话和平解决危机发挥了积极作用，主办了2003年4月中、美、朝北京会谈和以后的六方会谈。布什政府表示希望和平解决危机，但美朝之间缺乏信任，朝核问题解决进程仍然曲折复杂。欧盟虽不是东亚大国，在介入朝鲜半岛上也是一个“迟到者”，但对朝采取“建设性接触”政策，对朝核危机极为关注，2003年3月，欧盟外长会议决定，向平壤派出高级代表团，斡旋此次危机。2007年2月14日，欧盟主席国发表声明，对第五轮朝核问题六方会谈第三阶段会议通过的共同文件表示欢迎，同时表示计划派欧盟“三架马车”代表团访问朝鲜。

南亚地区和中亚地区。中、美、欧在这两个地区的和平、稳定和反恐问题上有共同利益。例如，中美都为防止印度和巴基斯坦发生大规模武装冲突和核战争作出了重大努力。又如，中、美、欧为打击“基地”等恐怖组织进行了合作，中国、欧盟还为阿富汗战后重建作出了自己的贡献。但中美的安全关切也有不同甚至矛盾之处。例如，美国在中亚国家的驻军，现在主要是对付“基地”等恐怖组织的。但美在中亚驻军是否会长期化，甚至成为包围中国的一部分，成为一些人担心的问题。欧洲国家对南亚地区和中亚地区的兴趣和介入正在增加。德国和荷兰曾共同指挥在阿富汗的国际安全援助部队。2003年4月，北约决定接替美军承担维护阿富汗安全和秩序的任务。西欧国家，如德、法为了确保长期的能源供应和实现能源渠道多样化，也把中亚国家列为它们外交的重要目标之一。

从防止大规模杀伤性武器扩散来说，中、美、欧在这方面有重大共同利益。它们都不愿看到大规模杀伤性武器在包括亚太地区在内的全球扩散，也为防止这种扩散作出了相互协调或各自的努力。例如，1998年5月印度和巴基斯坦相继进行核武器试验后，中、美、欧经过协调在联合国安理会采取了共同的立场。近年来，中国还为加强本国武器技术和军民两用技术出口控制制度作出了不懈的努力。例如，中国政府已发布了一系列有关的法规，2002年又发布多个重要法规，包括《导弹及相关物项和技术出口管制条例》等。这些法规为中国的不扩散和出口控制制度奠定了良好的法律基础，得到美欧有识之士的肯定。

但另一方面，美国采取单边主义做法，拒绝批准《全面禁止核试验条约》，退出《反弹道导弹条约》。这些对国际防止大规模杀伤性武器扩散的进程产生了消极影响。一些欧洲国家对美国的这些单边主义做法表示了不满。

（四）人权领域

人权问题是中美结构性矛盾比较尖锐的领域，也是中欧存在分歧较大的领域。这主要是由于美国和欧盟对华政策的重要目的和内容之一是演变中国。由于美国是根据它对华战略的需要来决定该问题在其战略中的重要性的，因此不同时期人权问题在中美关系中的尖锐程度有所变化。如果美国在该领域选择与中国对抗的方针，就可能使人权问题成为中美之间的对抗性矛盾。而中美关系和中欧关系的稳定和发展，中国在社会主义政治文明和政治改革方面取得的进展，以及中美之间和中欧之间在人权方面的对话，有助于缓和双方在该问题上的矛盾，有益于它们在人权方面的相互了解和合作。

中国与美欧意识形态不同，这本来不应妨碍它们之间的国家关系。但由于美国的单方面行为导致了中美两国在该领域的矛盾与斗争。冷战结束后，美国对中国的战略需求大大减少，因此克林顿政府将演变中国提到美国对华战略和对华外交的根本目标之一的高度。布什政府上台后，认为“中国民主的发展对中国的未来是关键的”。[①] 布什政府继续每年发表人权报告，对中国的人权状况进行无理攻击和无端指责。布什本人及高级官员多次向中方提出中国人权和宗教自由问题。这些实际上是在人权问题上搞双重标准，以人权为借口干涉中国内政。

从总体上说，中欧之间在人权方面的对话效果要好于中美之间的对话效果。而且，中美之间在人权方面的对话常因两国关系挫折而暂停。

（五）台湾问题

台湾问题是中美关系中最敏感的问题，是中美结构性矛盾表现得最为尖锐的领域，也是唯一有可能导致中美发生对抗或直接武装冲突的问题。

---

① The White House, The National Security Strategy of the United States, September 20, 2002, http: //www.whitehouse.gov/nsc/.

长期以来，美国在台湾问题上采取“不统不独不战不和”的方针，企图将台湾作为制约中国的一张牌。乔治·W·布什政府上台初期，其两岸政策明显向台湾倾斜。布什本人宣称，美国应“采取一切手段”以保卫台湾。2001年4月，海南岛撞机事件发生后，布什政府宣布了自中美建交以来最大宗的对台军售案。2002年1月，美国防部在《核态势评估报告》中甚至准备在台湾海峡发生武装冲突时对大陆使用核武器。这些都向陈水扁等“台独”分子发出错误信号，使他们存有依靠美国武力干涉实现“台独”的幻想。

现在布什政府对大陆和台湾推行“双轨”政策，一方面希望与中国发展稳定和合作的关系。2002年，中美两国领导人进行了互访。美国总统布什与中国领导人会谈时表示，美国将坚持“一个中国”政策，遵守中美三个联合公报。中美两国领导人会谈的积极成果有助于促进中美关系的稳定与双方的合作，从而有助于稳固当前两岸关系的基本格局和国际上普遍承认“一个中国”的基本框架，有利于海峡两岸关系的稳定和发展。另一方面，布什政府以继续对台湾承担义务为名，加强与台湾的防务关系，这使中美在台湾问题上一直存在着斗争。

中美两国在台湾问题上实际上存在共同点。首先，中国坚持“一个中国”原则，美国实行“一个中国”政策，双方在“一个中国”上有交汇点；其次，双方都反对台湾独立；第三，中国努力实现与台湾的和平统一，美国希望台湾问题能得到和平解决，双方在“和平”上有交汇点。第四，如果中美因台湾搞“法理台独”而打一仗，两国都会遭受重大损失，这不符合双方的利益。这些共同点使中美有可能采取不同方法努力不让台湾问题影响两国关系的大局。

欧盟及欧盟成员国坚持“一个中国”政策，支持中国的主权与领土完整，但一些欧洲国家或人士在台湾问题上与中国的看法不尽一致，有时也会对整体良好的中欧关系产生一些干扰。

三、中、美、欧国际关系理念比较

当前，美欧在国际关系理念方面的差异扩大，中欧在这方面的共同点或相似点增加。

布什政府上台以来，更加赤裸裸地奉行“美国利益至高无上”的准则，认为美国必须靠实力领导世界，而不必考虑现存的国际条约或盟国的异议。“9·11”事件后，布什政府将“先发制人”作为美国国家安全战略的重要内容之一。[①] 2003年3月，美国在没有得到联合国安理会授权的情况下，发动伊拉克战争，首次将“先发制人”战略运用于实战。美国一意孤行推行单边主义和战争政策，扩大了它与一些欧盟国家在国际关系理念方面的差异，双方曾进行激烈较量。

中国和欧盟力量的增长不仅扩大了双方利益的汇合点，而且使双方在当前国际关系理念上有更多的共同点或相似点。一般来说，中欧在世界多极化趋势、安全观念和政策、国际组织等方面有一致或近似的看法，而美欧在人权、国家主权观念方面有共同或相似观点。当前美国与中国和欧盟在国际关系理念上的碰撞与博弈主要表现在：

（一）“世界秩序”观的差异

冷战结束以来，特别是“9·11”事件后，美国依仗其“一超独大”的实力优势，推行单极化战略，实行单边主义政策，企图建立“美国统治下的世界和平”。美国在能够利用联合国等多边机制时就加以利用，而在觉得联合国等多边机制碍手碍脚时，就企图一脚踢开。美国绕开联合国安理会，发动伊拉克战争，违反了联合国宪章和国际法，破坏了现存的国际秩序。

而欧盟希望看到多极化趋势的发展，主张建立一个以国际法为基础、联合国等国际机构为框架的多边主义的“世界秩序”。法、德等国不愿意亦步亦趋地跟随美国建立一个以美国为中心的单极世界，并希望用联合国牵制美国的单边主义和战争政策。欧盟的长远目标是要在全球化政治格局形成的博弈中争取成为世界第二极。

---

① The White House，The National Security Strategy of the United States，September 20，2002，http：//www.whitehouse.gov/nsc/.

中国顺应世界多极化的趋势，提倡国际关系民主化和发展模式多样化，主张建立公正合理的国际政治经济新秩序，强调维护联合国在国际事务中的权威。中国与欧盟在“世界秩序”方面的主张有许多共同和相似之处，而它们与美国实现“单极化”和“美国统治下的世界和平”的企图是重大矛盾。双方之间的斗争难以避免。

（二）关于安全观与安全政策

“9·11”事件后，美国放弃自冷战时期以来实行的“遏制”战略，转而采取进攻性的“先发制人”战略。2002 年 9 月，布什政府公布的第一份《国家安全战略报告》认为，随着大规模杀伤性武器和弹道导弹技术的扩散，即使弱国和恐怖集团也具有对大国进行造成灾难性后果的攻击的能力。为了防止“无懒国家”或恐怖组织对美国和盟国发动这样的攻击，美国在必要时将对其进行先发制人的打击。① 伊拉克战争成为布什政府“先发制人”战略的第一次实验。

而大多数欧盟国家“9·11”事件后与美国在对安全威胁的认知上发生分歧。它们认为，美国夸大了恐怖主义的威胁，反恐并不是一场战争；对付恐怖主义只能“多管齐下、标本兼治”。欧盟负责外交事务的高级代表索拉纳指出，欧洲人“把恐怖主义视为一种更广、更深的政治紊乱之最极端和应受谴责的症状”，“倾向于将它看作多种威胁之一，把它与贫困、未解决的地区冲突、流行病和气候变化相提并论”。②

“强权政治”曾在欧洲长期处于支配地位，导致欧洲历史上曾多次经历战火，特别是两次世界大战使欧洲国家和人民深受其害。二次大战结束后，欧洲国家通过经济政治一体化解决了曾长期困扰欧洲的西欧强国之间争霸问题，维持了长期和平繁荣的局面。在借鉴这些经验教训的基础上，

---

① The White House, The National Security Strategy of the United States, September 20, 2002, http://www.whitehouse.gov/nsc/.

② Javier Solana, “The Transatlantic Rift U.S. Leadership After September 11”, Harvard International Review, Winter 2003, XXIV, issue 4.

欧盟国家重视“共同安全”，强调共同利益、权力分享、相互照应和与其他国家协调利益，并以有约束力的共同游戏规则和合作为准则，寄望于多边主义。

近年来，中国主张维护安全需要有新观念，一直在提倡树立以互信、互利、平等、协作为核心，以通过对话增进相互信任、通过合作促进共同安全为宗旨的新安全观。这一新安全观表现了中国“和而不同”的世界观，代表了世界要和平、人民要合作、国家要发展、社会要进步的时代潮流。

大多数欧盟国家的主张和中国的新安全观与美国“先发制人”战略和单边主义具有结构性矛盾。美国防部长拉姆斯菲尔德甚至指责反对美国发动伊拉克战争的欧洲国家为“旧欧洲”。

（三）关于国家主权观念

1648 年的《威斯特伐利亚和约》确立了主权平等原则，从而形成了独立的民族国家所组成的国际社会。自此之后，国家主权逐渐成为国际社会的基本原则。第二次世界大战结束后建立的以联合国为核心的国际体系就是建立在国家主权原则基础上的。这一世界体系的另一个主要特点是无政府状态下的均势体系。近年来，特别是冷战结束后，随着经济全球化趋势、世界多极化趋势的不断发展和各国之间共同利益的增加，无政府状态下的国际均势体系正在逐渐向以相互依存状态为主要特征的新的国际体系演变。这一转变的主要表现或影响之一，是有些国家将它们的某些经济甚至政治方面的主权让渡给有些国际组织，如欧盟等。

但美国一些人歪曲理解这一转变，看不到向以相互依存状态为主要特征的新的国际体系演变的大趋势，而是从错误角度看待这种转变的副产品——主权的变化。克林顿政府就打着“人权高于主权”的旗号发动科索沃战争。布什政府认为，现在主权的性质正在发生变化，已经变得既不是完全的，也不是无条件的；如果一个国家政权不能履行它的某些基本义务，它就失去了国家主权所拥有的不得对其进行武力干涉这一特权；各国可对下述国家进行武力干涉：其政权不能在领土上防止种族清洗和反人类罪行的国家、支持和庇护国际恐怖分子的国家、有着侵略和支持恐怖主义历史并寻求获得大规模杀伤性武器的国家。[①]

一些欧盟国家同意美国这种观点中的一部分，即认为现在主权的性质正在发生变化，已经变得既不是完全的，也不是无条件的。它们支持甚至参与打着“人权高于主权”旗号的科索沃战争。但它们反对美国不经联合国安理会授权就发动伊拉克战争。

中国强调相互尊重主权和不干涉内政原则，这与美国存在结构性矛盾。但这种矛盾在一般情况下并不是对抗性的。只有在美国在台湾问题上以武力干涉中国内政的情况下，双方在这方面的矛盾才可能转化为对抗性的。

四、中、美、欧互动趋势

当前，中、美、欧良性互动增加，但“零和游戏”思维仍存在，有必要建立建设性的三边关系。

（一）美欧关系趋于成熟，“斗而不破、合而不从”成为大国关系的新特点

随着欧洲一体化的发展，欧盟正在争取在国际事务中有更大发言权。中国选择了和平兴起的道路，成为一个负责任的大国。中国集中力量进行国内现代化建设，但也不可避免更多地参与国际事务。在这种情况下，中欧合作的因素在增长。

同时，中、美、欧也有许多促使它们进行多边良性互动的因素。首先，中、美、欧在非传统安全领域有着广泛的共同利益。它们必须合作才能解决恐怖主义、全球气候变暖、跨国犯罪、毒品买卖、非法移民、传染病蔓延等问题。正如哈佛大学肯尼迪政治学院院长约瑟夫·奈所指出的：“同其他国

---

① Haass，Richard（美国国务院政策计划委员会主任），*Sovereignty：existing Rights*，*Evolving responsibilities*，remarks to the School of Foreign Service and the Mortara Center for International Studies at Georgetown University in Washington，March 26，2003，http：//usembassy. state. gov.

家合作特别是与有能力的欧洲人合作对于美国人是否能取得自己想要的结果是至关重要的。”①

其次，中、美、欧在地区安全和防止大规模杀伤性武器扩散等方面也有许多共同利益。例如，它们在维护朝鲜半岛和平稳定与保持无核化方面进行合作，有利于这一目标的实现。布什政府在“9·11”事件后认识到大国合作的重要性，愿意建立一个大国合作保持和平的框架，主张美国用外交手段“将其他国家和国际组织整合到与美国利益和价值相一致的世界性安排中”，以促进和平与繁荣，并帮助美国对付地区冲突等传统安全挑战和恐怖主义、大规模杀伤性武器扩散等跨国威胁。②

另一方面，大国围绕伊拉克战争进行外交博弈和出现分化组合，表明美国在西方世界不容置疑的领导地位有所动摇，跨大西洋联盟出现裂痕。德、法、俄等国在某些重大问题上协调立场，共同对美国进行“软制衡”。它们反战不反美，“斗而不破、合而不从”成为美欧关系的新特点。这种情况并不是坏事，而是说明，美欧关系比过去更平等、更成熟了。中美关系也在走向成熟，两国的交往达到前所未有的深度和广度，中国反霸不反美，双方都在努力防止单一问题阻碍中美关系全局的发展。这些都有助于世界多极化和国际关系民主化趋势的发展。

此外，在经济领域，美欧对中国市场的竞争是一种良性竞争，这有利于促进中美和中欧经济合作，提升有关各方的经济水平。

（二）单边主义和“零和”游戏思维仍是妨碍中美欧合作的负面因素

美国单边主义恶性膨胀导致它与其他一些大国分歧尖锐化。布什政府上台以来，更加赤裸裸地奉行“美国利益至高无上”的准则，认为美国必须靠

---

① Joseph Nye, the Strong Europe Should not Neglected, *Finance Time*, Britain, March 11, 2003.

② Haass, Richard（美国国务院政策计划委员会主任）, *Defining U.S. Policy in a Post-Post-Cold War World*, the Arthur Ross Lecture, remarks to Foreign Policy Association, New York, April 22, 2002, http://usembassy.state.gov.

实力领导世界，而不必考虑现存的国际条约或盟国的异议。在联盟战略上，美国将重点从过去主要依靠“条约盟国”（Treaty Allies）转为主要依靠“自愿联盟”(Coalition of Willingness)，即面对新形势，美国不再拘泥于固定的盟国，而是根据不同的战略威胁和战略需要，纠合不同的盟友。这使得美国与德、法等传统盟国之间的矛盾上升。

而且，美国新保守派势力在布什政府的第一任期中居于主导地位，他们坚决主张美国采取以军事实力为基础在全球占据优势地位的战略。这些人认为，美国的政治经济“模式”必须被推广到世界其他地方，如有必要，可以诉诸武力，这是美国“必须完成的一项全球使命”。① 今后如果美国一意孤行推行单边主义和战争政策，有些大国与它在某些重大问题上还将进行外交博弈。

同时，美国一些人主张联合欧洲防范中国。例如，2003 年 2 月，美国亨利·史蒂文森研究中心发表题为《跨大西洋关于中国的对话》的研究报告。该报告认为：“中国的崛起对美国和欧洲都是带有根本性的挑战，对它们各自以及它们的相互关系来说都是如此。虽然美国和欧洲都无法决定中国的未来，但双方在管理中国崛起所造成的问题方面进行合作有助于防止美欧在危机时发生分歧。”② 该报告建议，美国和欧盟现在应该就与中国有关的武器扩散、技术转让、出口控制以及海峡两岸关系与台湾问题进行会谈。还建议美国和欧盟联合监督中国经济改革和执行世界贸易组织规则的情况，促进中国法治，以及健康和环保事务，如艾滋病等。③

此外，美国一些对外政策仍带有“零和”游戏思维的特征。例如，美国掌控伊拉克石油资源后，争取实现在其主导下增产伊拉克原油，企图在此基础上，操纵石油输出国组织，使美国进口的石油价格有利于美国经济复苏和

---

① Jim Lobel, New Conservatives Seek for the Support from Democrats to the post-War Objectives, *Focus of Foreign Policy*, March 24, 2003.

② The Transatlantic Dialogue on China: Final Report, Report 49, 2003, the Henry L. Stimson Center, http://www.stimson.org/pubs.

③ The Transatlantic Dialogue on China: Final Report, Report 49, 2003, the Henry L. Stimson Center, http://www.stimson.org/pubs.

增长的水平。而且，美国认为，谁控制海湾，谁就拥有对全球经济的钳制能力。布什政府担心世界其他力量中心将来挑战美国的惟一超级大国地位。现在西欧和中国从中东进口的石油分别占其进口石油的 60%和 40%。美国企图通过控制海湾石油，制约欧盟和中国等世界其他力量中心的崛起。

（三）走向建设性的中、美、欧三边关系

由于大国在对付非传统安全威胁方面共同利益的增加和全球化锻造的相互依存关系上升，大国关系以竞争与合作共存、矛盾与协调同在为主要特点。但美国当前正处于新一轮战略扩张的势头上。布什政府将伊拉克战争作为实现美国单极化企图的重要步骤之一。这对中、美、欧良性互动产生负面影响。

为了实现世界的安全与繁荣，中、美、欧有必要在 21 世纪建立建设性的三边关系。这将是建立国际政治经济新秩序的最重要基础之一。中美两国领导人已承诺建立建设性合作关系，中欧领导人已确认双方“长期、稳定的建设性伙伴关系”。2007 年 1 月 17 日，时任中国外长李肇星和欧盟对外关系委员共同宣布，正式启动中欧伙伴关系协定的实质性谈判。① 有必要在此基础上分别建立中美和中欧长期战略稳定合作关系的框架，并不断在各个领域充实和发展合作关系。单边主义和“零和游戏”思维应该被抛弃。中、美、欧应该争取“三赢”。中美与中欧必须增加各种层次的相互战略对话。由于北约将进一步东扩和在中亚与南亚进行活动，中国与北约也应该建立对话机制。

第五节　21 世纪美、欧、俄三边关系

现在的美、欧、俄三边关系与冷战时期美、苏、欧三角关系相比，已发生令人难以想象的巨大变化。随着经济全球化趋势的发展，美、欧、俄三边

---

① ［美］《中欧，欠成熟的伙伴“绕礁”而行》，载美国《华盛顿观察》2007 年 1 月 24 日第 1 期。

关系中，地缘政治的作用有所下降，地缘经济正在逐渐发挥更大作用。但由于作为世界上唯一超级大国的美国推行单极化战略，美、欧、俄三边关系仍难以完全超越地缘政治。多极化趋势与单极化企图之间的博弈，成为美、欧、俄三边关系中的重要内容之一。同时，经济全球化使美欧俄相互依存面上升，也使三边关系更加复杂。

一、当前美、欧、俄三边关系与冷战时期美、苏、欧三角关系比较

苏联的解体和华约的解散，标志着冷战时期美、苏、欧三角关系的终结。冷战结束后，特别是“9·11”事件后，美、欧、俄三边关系逐渐形成。当前美、欧、俄三边关系与冷战时期美、苏、欧三角关系相比，有许多显著的新特点：

（一）时代背景不同

冷战时期美、苏、欧三角关系处于战争与革命的时代，实际上也是这一时代的产物。进入20世纪80年代后，和平与发展逐渐成为时代的主题。和平与发展趋势实际上是导致美苏对抗终结的最根本原因，也成为美、欧、俄三边关系的新的时代背景。在和平与发展为主题的时代，多极化趋势的曲折发展，决定了美、欧、俄三边博弈的长期性和复杂性；经济全球化趋势的日益深入，加深了美、欧、俄之间经济上的相互依存性。

（二）关系的性质不同

冷战时期在美、苏、欧三角关系中，美苏之间存在着军事对抗，而且这种军事对抗是以北约和华约两大军事集团的军事对抗为依托的。从这个意义上来说，美、苏、欧三角关系是一种不够成熟的三角关系，因为西欧国家和东欧国家分属于这两大军事集团。但另一方面，20世纪70年代以后，西欧国家的独立自主性逐渐上升，成为制约美苏对抗的重要因素之一。华约内部苏联与东欧国家控制反控制的矛盾和斗争，也影响着美苏对抗的形势。而在

当前美、欧、俄三边关系中，各方之间已不存在军事对抗关系。美欧之间虽然还存在盟国关系，但伊拉克战争使美与法、德等国关系的裂痕增大。“9·11”事件后，美俄之间宣布建立战略伙伴关系，但伊拉克战争表明两国之间仍存在深刻的矛盾。而在伊拉克战争前后，法、德、俄则结成了非正式的联盟，以牵制美国的单边主义。

（三）关系的内容不同

在冷战时期的美、苏、欧三角关系中，地缘政治发挥主要作用，军事因素占据主导地位。而在当前美、欧、俄三边关系中，军事安全因素和地缘政治的重要性大大下降，经济因素和地缘经济的重要性大大上升。政治、经济、安全、军事、外交、科技等因素综合发挥作用，三边关系的互动更为复杂。而且，在冷战时期的美、苏、欧三角关系中，美欧与苏联是两个平行的世界市场之间的关系。而在当前美、欧、俄三边关系中，经济全球化趋势使它们在经济上的相互依存性增加；而地区经济一体化趋势，又使欧盟与依托北美自由贸易区的美国之间在经贸方面的矛盾上升。

（四）互动的精神动因不同

在冷战时期美、苏、欧三角关系中，美欧与苏联之间存在意识形态的对立，这是它们相互对抗的精神动因。这种意识形态的对立已随着苏联的解体和冷战的结束而终结。在当前美、欧、俄三边关系中，不同理念成为大国关系互动的精神动因。围绕着伊拉克战争，欧盟与美国的矛盾体现了两种“世界秩序”观的冲突。法国总统希拉克强调：“任何社会中如果只有一个占支配地位的力量则总会是一个危险的社会。这就是我为什么赞成建立一个多极世界的理由。在多极世界里欧洲有它自己的一个位置。”在4月11日俄、法、德三国首脑圣彼得堡峰会后，希拉克说：“我们对未来世界的看法是一致的。我们希望世界是多极的，而且每一极在解决问题时都应采取平衡各方利益、可以保障和平与民主的方法。”[①] 俄罗斯的理念接近法、德等国的理

---

① 俄塔社圣彼得堡2003年4月11日电。

念。俄罗斯总统普京强调“多极世界”的重要性。[①] 他指出：“俄罗斯希望有一个稳定的、有预见性的世界秩序。只有这样的世界秩序才能保障全球和地区稳定，以及整个政治和经济进步”，“所以，要珍惜联合国”。[②] 而美国则推行单极化理念，绕过联合国发动伊拉克战争。法、德、俄与美国在这些理念上的分歧和对立，导致它们之间在国际政治上的角逐。

（五）三方在三边关系中的分量不同

在冷战时期美、苏、欧三角关系中，美苏是两个超级大国，是斗争中的主角，而欧洲只起次要作用，对两个超级大国的争夺起制约作用。在当前美、欧、俄三边关系中，美国是世界上惟一的超级大国，战略力量对比明显向有利于美国的方向倾斜。欧盟的实力处于第二位，正在争取与美国更平等的地位。俄罗斯则是三方中实力较弱的一方，可以在美欧之间起平衡作用。

（六）互动的范围不同

在冷战时期美、苏、欧三角关系中，美苏乃至北约和华约两大军事集团之间进行全面军事对抗，欧洲作为和平因素，在制约这种全面军事对抗方面起一定的作用。在当前美、欧、俄三边关系中，由于各方之间不存在军事对抗，因此它们之间主要是在国际政治方面，如伊拉克战争问题上进行相互制约。尤其表现为欧洲与俄罗斯对美国的制约。

（七）影响的范围不同

冷战时期美、苏、欧三角关系主要在欧洲地区发挥作用，当时美苏战略的重点都在欧洲。而当前美、欧、俄三边关系影响的范围则超出了欧洲地区，成为影响国际战略全局的一个重要因素。从这个意义上说，后者的战略重要性将超过前者。

---

① 《中俄首脑会谈牵制美国单极主宰》，载日本《每日新闻》2003 年 5 月 28 日。

② 俄罗斯总统普京 2003 年 5 月 16 日在克里姆林宫发表的国情咨文，俄塔社同日俄文电。

二、美、欧、俄三方战略比较

在当前美、欧、俄三边关系中，美国作为世界上唯一的超级大国，自然成为矛盾的主要方面。矛盾的主要方面是“矛盾起主导作用的方面。事物的性质，主要是由取得支配地位的矛盾的主要方面决定的”。[①] 因此，研究美、欧、俄三边关系的性质和发展，首先需要对美国的全球战略进行研究，并将它与欧盟和俄罗斯的战略进行比较。

美国克林顿政府的全球战略可以概括为霸权均势战略，而布什政府的全球战略实际上是世界帝国战略。对克林顿政府全球战略影响最大的是布热津斯基的“欧亚大陆平衡战略”理论。布热津斯基在《大棋局》一书中提出：“随着控制整个欧亚大陆成为取得全球主导地位的主要基础，地缘政治已从地区问题扩大到全球范围。目前来自欧亚大陆之外的美国拥有世界的首要地位，美国的力量直接部署在欧亚大陆的三个周边地区，并从那里对处于欧亚大陆内陆地区的国家施加强有力的影响。”[②] 他认为：“正是在欧亚大陆这个全球最重要的竞赛场上，美国的一个潜在对手可能在某一天崛起。”[③] 布热津斯基主张，美国的欧亚地缘战略应是“有目的地管理在地缘战略方面有活力的国家，并审慎地对待能引起地缘政治变化的国家，以维护美国的两种利益：在近期保持美国独特的全球力量，将来逐步把这种力量转化为机制化的全球合作”。[④] 可以说，布热津斯基的“欧亚大陆平衡战略”理论的目的也是为了巩固美国的全球霸主地位，但他强调通过在欧亚大陆保持美国管理下

---

① 毛泽东：《矛盾论》，载《毛泽东选集》第一卷，人民出版社，1991 年第 2 版，第 322 页。

② ［美］兹比格纽·布热津斯基著：《大棋局：美国的首要地位及其地缘战略》，中国国际问题研究所译，上海人民出版社，1998 年第 1 版，第 52—53 页。

③ ［美］兹比格纽·布热津斯基著：《大棋局：美国的首要地位及其地缘战略》，中国国际问题研究所译，上海人民出版社，1998 年第 1 版，第 53 页。

④ ［美］兹比格纽·布热津斯基著：《大棋局：美国的首要地位及其地缘战略》，中国国际问题研究所译，上海人民出版社，1998 年第 1 版，第 53—54 页。

的战略平衡和实现机制化的全球合作的方法来达到这一目的。克林顿政府的全球战略基本上是按照这一理论构建和推行的。

布什政府的全球战略受新保守主义理论和进攻性现实主义理论影响最大。新保守主义理论的奠基人物是美国芝加哥大学原教授利奥·斯特劳斯。斯特劳斯主张："要使世界不对西方民主构成威胁，必须使整个世界——每个国家和每个民族——都实行民主。"[①] 他的一些学生和崇拜者现在已成为美国新保守派势力的领军人物和中坚分子。而新保守派势力在布什政府中曾居于主导地位。美国"新世纪计划"是新保守派的前沿组织。该组织 1997 年由新保守派知名人士威廉·克里斯托尔和罗伯特·卡根共同创建。其宪章的签署者中的大多数人后来在布什政府中担任要职，包括副总统切尼、国防部长拉姆斯菲尔德、国防部长副部长沃尔福威茨、负责武器控制与国际安全的副国务卿博尔顿等。该宪章主张美国采取以军事实力为基础在全球占据优势地位的战略。这些人认为，美国的政治经济"模式"必须被推广到世界其他地方，如有必要，可以诉诸武力，这是美国"必须完成的一项全球使命"。[②] 以色列游说集团和美国的宗教右派，以及一些保守派的思想库、基金会和媒体王国构成了新保守派势力的核心力量。[③]

美国进攻性现实主义理论的代表人物是美国芝加哥大学教授约翰·米尔斯海默。他主张"离岸平衡战略理论"（off-shore balancing strategy）。米尔斯海默在《大国政治的悲剧》一书中认为："霸权是指一个非常强大的国家统治体系中所有其他国家。其他任何国家都不具有能承受起与之进行重大战争的资本。实质上，霸主是体系中的惟一大国。……霸权意味着对体系的控

---

① ［英］萨拉·巴克斯特：《争相大白：美国好战者的导师》，载英国《星期日泰晤士报》2003 年 5 月 11 日。

② ［美］吉姆·洛贝：《新保守派争取民主党人对战后目标的支持》，载美国《外交政策聚焦》2003 年 3 月 24 日。

③ ［美］新美国基金会资深研究员迈克尔·林德：《支持布什发动战争的一群不可思议的人》，载英国《新政治家》周刊 2003 年 4 月 7 日第 1 期。

制，这一概念通常被理解为对整个世界的统治。”[1] 他指出，在无政府状态下，“任何大国的理想局面是成为世界上惟一的地区霸权。那个国家将是一个维持现状的大国，它可以尽情保护现有的权力分配。今天的美国就处于这种令人垂涎的位置，它支配着西半球，而且世界上其他地区都没有霸主。但如果一个地区霸主面对一个可与之匹敌的竞争对手，那么它就不再是维持现状的国家。无疑，它会竭尽全力削弱甚至消灭它的远方对手”。[2] 米尔斯海默主张美国应该成为“离岸平衡手”（off-shore balancer），即利用各地区内部各大国之间的矛盾，防止某一个国家成为与美国竞争的地区霸主。“假如本地区大国不能完成这一使命”，美国作为“远方的霸主可能采取恰当的措施应对这一威胁国”。[3] 他强调：“国家的基本倾向是非常进攻性的，意思是国家总是努力寻求获得权力。”[4] 布什政府的全球战略在一些方面采纳了米尔斯海默的论点。

现实主义的国际主义派对布什政府的全球战略也有一定影响，成为平衡新保守主义的重要因素。其主要代表人物是美国国务院政策计划委员会前主任理查德·哈斯。他提出“整合（integration）论”，主张美国用外交手段“将其他国家和国际组织整合到与美国利益和价值相一致的世界性安排中”，以促进和平与繁荣，并帮助美国对付地区冲突等传统安全挑战和恐怖主义、大规模杀伤性武器扩散等跨国威胁。[5] 哈斯在伊拉克战争后发表的一次讲话

---

① ［美］约翰·米尔斯海默：《大国政治的悲剧》，王义桅、唐小松译，上海人民出版社，2003年第1版，第51页。

② ［美］约翰·米尔斯海默：《大国政治的悲剧》，王义桅、唐小松译，上海人民出版社，2003年第1版，第54—55页。

③ ［美］约翰·米尔斯海默：《大国政治的悲剧》，王义桅、唐小松译，上海人民出版社，2003年第1版，第54页。

④ 任晓：《一位现实主义理论家如是说——约翰·米尔斯海默访谈录》，载《国际政治研究》2003年第2期，第31页。

⑤ Haass, Richard, *Defining U. S. Policy in a Post-Post-Cold War World*, the Arthur Ross Lecture, Remarks to Foreign Policy Association, New York, April 22, 2002, http: //usembassy. state. gov.

中认为："今天美国享有占据压倒优势的首要地位。我们并不面临任何一个拥有全球影响力的对手，但却面临着遍布全球的种种挑战。"① 他提出："从历史的观点看，当今的国际体系的最积极的方面，是国际力量的主要聚集地——欧洲、俄罗斯、中国、日本和美国——之间并没有不可调和的矛盾。遏制和对抗曾经是冷战的特征，现在却让位于协商与合作的格局。这种利益的相当大的一致性和围绕着国际秩序规则的共识，为应付摆在我们大家面前的共同的挑战奠定了一个有希望的基础。"② 他主张，美国的"多边主义采取多种形式……不论什么样的美国对外政策都必须把利益与价值观相结合"。③ 但哈斯又认为："传统的主权观的特性，包括国内权力、边界控制、政策自治和互不干涉等，正受到前所未有的挑战"，"对明显的现实威胁采取'先发制人'的权利早已被国际法和国际惯例所承认"。④ 哈斯的观点实际上代表了时任美国务卿科林·鲍威尔的主张。布什政府的对外政策是新保守主义和传统现实主义相互斗争和妥协的产物。

将美国的全球战略与欧盟和俄罗斯的战略进行比较，可以看到一些特点：

首先，从战略目标上说，美国企图实现"一超独霸"的单极世界格局，并尽可能长时间地维持美国的这种地位，实现"美国统治下的世界和平"，使美国成为"新的世界帝国"。这种"新帝国主义"带有强烈的后现代主义色彩。它所追求的并不是传统意义上的土地占领，而是通过在被征服的国家重建政府，以建立美国式的民主制度。而欧洲的法、德等国和俄罗斯则主张

---

① Haass, Richard, *Policy Planning in the Current World*, Speech at the Dinner 2003 by the Kaynan Institute, Washington Dc., May 22, 2003, http://usinfo.state.gov.

② Haass, Richard, *Policy Planning in the Current World*, Speech at the Dinner 2003 by the Kaynan Institute, Washington Dc., May 22, 2003, http://usinfo.state.gov.

③ Haass, Richard, *Policy Planning in the Current World*, Speech at the Dinner 2003 by the Kaynan Institute, Washington Dc., May 22, 2003, http://usinfo.state.gov.

④ Haass, Richard, *the Changing Nature of Sovereignty*, remarks to the School of Foreign Service and the Mortara Center for International Studies at Georgetown University, Washington Dc., January 14, 2003, http://usinfo.state.gov.

世界的多极化，都希望能成为未来多极化世界中的重要力量之一。

其次，从战略重点上说，“9·11”事件后，美国把全球战略的重点从欧洲转到中东地区。布什政府认为，中东是恐怖分子主要来源地，并存在大规模杀伤性武器与恐怖分子相结合的可能性。因此，要巩固美国的全球霸权，解决恐怖主义问题和保证美国内的绝对安全，就要先控制中东地区。而欧盟则将深化内部一体化和东扩作为其战略重点，并担心美国控制中东可能给欧洲在中东的经济利益带来不利影响。俄罗斯将国内经济发展和加强与独联体国家的关系作为战略重点，并将“与欧洲广泛接近和切实融入欧洲”作为对外战略的重要方面。

第三，从战略手段上说，美国企图依靠超强的军事实力，彻底改变世界力量对比，使其他国家包括俄、中以及欧盟国家等全部永久退居次要地位，在全世界推行美国的民主制度，巩固美国的霸主地位。美国不再拘泥于固定的盟国，而是根据不同的战略威胁和战略需要，纠合不同的盟友。这使得美国与法、德等传统盟国之间的矛盾上升。而欧盟国家重视“共同安全”，强调共同利益、权力分享、相互照应和与其他国家协调利益，并以有约束力的共同游戏规则和合作为准则，寄望于多边主义，强调联合国在国际体系中的核心作用。这是它们从历史的经验教训中得出的结论。“强权政治”曾导致欧洲历史上多次经历战火，特别是两次世界大战使欧洲国家和人民深受其害。二次大战结束后，欧洲国家通过经济政治一体化解决了曾长期困扰欧洲的西欧强国之间争霸问题，维持了长期和平繁荣的局面。同时，法、德等国还以欧盟为依托，争取在国际上与美国有更平等的地位。俄罗斯也强调联合国作为重要机制，应在国际事务中发挥重大作用。同时，俄罗斯重视与其他大国建立的各种伙伴关系，以此增强在国际上的地位。

三、美、欧、俄三边关系互动模式

在冷战时期，美、苏、欧三角关系的互动模式主要是地缘均势模式，“零和”游戏规则在其中起主要作用。而在当前美、欧、俄三边关系互动中，虽然还存在地缘政治模式，但已出现“共赢”等三种新的模式。归纳起来，现在美、欧、俄三边关系互动中主要有四种模式：

(一)地缘政治模式

其主要表现是均势战略与“零和”规则继续对大国关系产生一定的牵制作用。1. 美推行“帝国”战略和单边主义，势必与法、德、俄国家利益和外交理念直接碰撞，迫其采取某种程度均势政策，在一些具体的国际及地区事务上，形成对美制约的局面。例如，围绕伊拉克战争，法、德、俄组成“临时联盟”，强调发挥联合国核心作用，以牵制美单边主义及其“志愿联盟”2. 美、欧、俄关系进一步调整重组，跨大西洋联盟利益基础分化，政治裂痕加深，美国在西方世界不容置疑的领导地位发生动摇。但由于美国处于“超强”的地位，法、德、俄与美国之间又不存在导致全面对抗的根本性地缘政治矛盾，因此它们之间的相互关系在“斗而不破、合而不从”的框架内保持并发展。

(二)国际机制模式

其基本特点是“要求国际社会成员国的行为受制于被普遍接受的准则、规则和惯例”。[①] 北约加快机制性东扩，地域覆盖面拓展至中东欧和东南欧，性质、功能和作用发生变化，正由传统的单纯军事集团向未来的复合性政治组织转型，并建立快速反应部队，以便对防区外危机进行干预。在冷战结束、苏联解体和华约解散后，作为苏联和华约对立面的北约不但没有消失，反而在向东扩大。1991 年 12 月，北约和原华约国家共同成立了“北大西洋合作特别委员会”，以加强北约同原华约国家在安全领域的合作。1994 年 1 月，北约布鲁塞尔首脑会议通过了建立“和平伙伴关系”的计划，这是北约东扩的一个重要战略步骤，旨在把原华约集团国家和从苏联解体中获得独立的国家纳入北约势力范围。1999 年 3 月，北约正式接纳波兰、匈牙利和捷克三国为其新成员。2002 年 12 月，北约布拉格首脑会议决定吸收拉脱维亚、爱沙尼亚、立陶宛、斯洛伐克、保加利亚、罗马尼亚和斯洛文尼亚。这

① 倪世雄等著:《当代西方国际关系理论》,复旦大学出版社,2001 年第 1 版,第 362 页。

些受到邀请的国家于2004年完成所有手续，正式加入北约，从而使北约成员国从目前的19个增加到26个，将北约覆盖的区域扩展到中东欧和东南欧。与此同时，北约作用的范围也在扩大。1992年12月，北约决定，今后将根据联合国安理会的授权，在其防区以外采取相应的维和行动。2002年11月，北约首脑会议决定建立快速反应部队，以干预在北约防区之外的危机。北约的东扩挤压了俄罗斯的战略空间。从这一角度看，这在某种程度上仍然是地缘政治在发挥作用。

但由于俄罗斯在力量较弱的情况下集中于国内经济发展，以及北约的军事色彩下降，正由原来的军事政治组织向政治军事组织转化，因此北约与俄罗斯未形成现实的对抗性矛盾，而是建立了某种新的互动关系。北约的东扩有挤压俄战略空间的地缘政治意图和传统安全考虑，但又超越地缘政治因素，发挥国际机制作用。1997年5月，俄罗斯与北约签署《相互关系、合作与安全基本文件》，宣布双方互相视为伙伴。这确立了后来的“19＋1”机制。2002年5月，19个北约成员国首脑与俄罗斯总统普京签署《罗马宣言》，宣布正式成立北约—俄罗斯理事会，即“20国机制”。它正式取代了1997年的“19＋1”机制。新的理事会成为讨论和建立欧洲共同安全制度的框架，双方安全合作的深度和广度明显提高。“20国机制”的建立标志着北约与俄罗斯在打击恐怖主义、防止核扩散、军备控制、处理地区危机以及参与国际维和行动等多方面加强磋商与合作。俄罗斯在上述各方面获得了与北约成员国同等的责任与义务。从这一角度看，它已超越了地缘政治，是国际机制模式在起作用。

（三）地缘经济模式

其集中表现是在全球化背景和区域一体化趋势下，世界经济三大板块日益形成，推动美、欧、俄之间新的竞争、依存与合作关系的发展。美国依托北美自由贸易区，与欧盟之间的经济竞争和互动发展。欧盟东扩，促进俄加快融入欧洲的步伐。2004年5月和2007年1月各有10个和2个中东欧国家分别正式加入欧盟，从而使欧盟成员国从目前的15个增加到27个，将欧盟覆盖的区域扩展到中欧和东欧。欧盟东扩使欧盟人口增加到近5亿，经济规模堪与美国匹敌。还给欧盟新增1亿多消费者，扩大了廉价生产的潜在基地，促进欧盟内部的竞争和活力，从而给欧盟成员国带来明显的经济利益。同时，欧盟扩大和政治一体化的发展将提高其在国际上的地位和影响力。俄罗斯对欧盟东扩持一种关注和宽容的态度。自20世纪90年代以后，俄罗斯明显加强了与欧盟的联系，希望加入欧洲的经济机构，获得欧洲的接纳和援助。1994年，俄罗斯和欧盟签署了《伙伴和合作协议》。从1997年至2002年，俄罗斯与欧盟举行了10次首脑会议，商讨共同关心的问题。2002年，双方就欧盟扩大后俄罗斯的“飞地”加里宁格勒的地位及其居民的过境问题达成了共识。2002年，俄欧双边贸易额830亿欧元，欧盟已成为俄罗斯最大的贸易伙伴，俄罗斯也成为欧盟的第五大贸易伙伴。欧盟实现新一轮扩大后，与欧盟贸易额将占俄罗斯外贸总额的一半以上。2003年11月，在罗马举行的第12次欧盟与俄罗斯首脑会议上，欧俄领导人签署了《联合声明》，决定致力于实施在经济、安全和文化等领域合作的“全球战略”。俄罗斯希望看到一个大西洋色彩较少的欧洲，并争取成为欧洲大国。从俄罗斯和欧盟的互动来看，主要是地缘经济因素在起作用。经济全球化和区域经济一体化促使这二者之间在经济上的相互依存性上升。

（四）合作共赢模式

其显著标志是共同利益的基础不断扩大，使各方都希望通过密切合作，争取共赢局面，避免直接对抗和全输结果。冷战结束后，特别是“9·11”事件后，非传统安全威胁上升，各大国难以单独应付这些新的挑战。面对恐怖活动、大规模杀伤性武器扩散、毒品走私、国际犯罪、环境污染、艾滋病等威胁，美、欧、俄从维护共同利益出发，不得不在稳定相互关系、加强安全合作方面力争取得突破性进展。

四、美、欧、俄三边关系发展前景

（一）美、欧、俄实力的消长、经济全球化和区域经济一体化趋势的发展将决定三边关系的互动模式

美、欧、俄三边关系的发展前景将是由综合性因素决定的。首先，是

美、欧、俄实力的消长。“矛盾的主要和非主要的方面互相转化着，事物的性质也就随着起变化……这是依靠事物发展中矛盾双方斗争的力量的增减程度来决定的”。[①] 如果欧盟和俄罗斯的实力有很大上升，将使美国在推行单边主义和战争政策中遇到更大困难，不得不在这方面趋于收敛；反之，如果美国“一超”地位在一段时间内更加巩固，则单边主义将更加突出。从长期来说，随着世界多极化和国际战略力量均衡化趋势的发展，美国的强权政治将受到越来越大的制衡。其次，经济全球化趋势将增加美、欧、俄之间经济上的相互依存性，从而使“共赢”模式更多发挥作用。第三，区域经济一体化趋势将增加北美自由贸易区与欧盟之间经济竞争的激烈程度，增加北美自由贸易区扩大和欧盟东扩的需求，从而使地缘经济模式的重要性上升。

从总的趋势来说，地缘政治作用将逐渐下降，但在可以预见的未来难以完全被超越；地缘经济、国际机制和“共赢”模式将更多地发挥作用。但在美国保持“一超”地位的情况下，这一进程的发展情况在很大程度上将取决于美国的战略走势。

（二）每一对双边关系中将是多种互动模式共存，美、欧、俄三边关系在一些重要领域互动中也是多种模式共存

在美欧、美俄和欧俄三对双边关系中，每一对双边关系中都存在多种互动模式。例如，在美欧关系中，既有地缘政治模式的博弈，又有地缘经济、国际机制或“共赢”模式发挥作用。即使在地缘政治博弈中，也不都是“零和”游戏规则起作用。如在伊拉克危机中，法、德、俄虽然与美国在是否对伊动武问题上意见相左，但它们在消除伊拉克大规模杀伤性武器方面有共同利益，并都愿意看到萨达姆政权垮台。

在一些重要领域，美、欧、俄三边关系在互动中也是多种模式共存。例如，在导弹防御领域中，从长期来说，美国建立导弹防御系统有防范俄罗斯的一面。这是地缘政治模式在起作用。但美国和俄罗斯又与欧洲国家在建立

---

① 毛泽东：《矛盾论》，载《毛泽东选集》第一卷，人民出版社，1991 年第 2 版，第 322—323 页。

导弹防御系统上分别进行合作，因为它们在防御其他国家可能的弹道导弹袭击方面有共同利益。这又是“共赢”模式在发挥作用。

（三）在今后若干年美、欧、俄三边关系将处于十字路口

由于美国军事实力处于绝对优势、大国在对付非传统安全威胁方面共同利益增加，以及全球化锻造的相互依存关系上升，美、欧、俄关系将是以竞争与合作共存、矛盾与协调同在为主要特点。但美、欧、俄三边关系中现仍存在一些不确定因素。如果美国一意孤行推行单边主义和战争政策，它与其他一些大国之间在某些重大问题上将进行激烈较量。欧洲一些大国和俄罗斯在某些重大问题上将协调立场，共同对美国进行“软制衡”。“新欧洲”与“旧欧洲”矛盾的上升，及美国利用这种矛盾对欧洲的分化政策，更增加了美、欧、俄关系的复杂性。

这些使得美、欧、俄三边关系在当前乃至今后若干年处于十字路口。一方面，美、欧、俄之间存在很多共同利益，美欧是长期的盟国，其价值观和文化又有许多共同点，在许多国际问题上采取相同或近似的立场。美俄之间在“9·11”事件后建立了战略伙伴关系。它们有可能继续沿着这一方向发展下去。欧盟在战略理念上甚至有可能向美国靠拢。例如，2003 年 6 月 16 日，欧盟外长会议通过决议，将使用武力作为对付大规模杀伤性武器扩散的最后手段，并对是否必须得到联合国安理会的授权含糊其词。[①] 但另一方面，也存在欧洲与美国分道扬镳的可能性。基辛格指出，欧洲应该强大，也可以同美国意见相左，但其外交政策不应建立在与美国对抗的原则上。他认为，美国和欧洲应该追求建立全球联盟，而不是相互间的力量平衡。[②] 基辛格的担心不是没有根据的，但他提出的美欧全球联盟的主张仍脱离不了地缘

---

① ［英］Judy Dempsey, EU Foreign Ministers to Agree to Use of Force to Prevent Proliferation, *Financial Times*, June 16, 2003, http://www.nti.org/d_newswire/issues/newswires/2003_6_16.html。

② 美国前国务卿基辛格 2003 年 6 月 11 日在维也纳由奥地利信贷银行举办的欧洲论坛上发表的演讲，新华社维也纳同日电，载《人民日报》2003 年 6 月 13 日，第 3 版。

政治的窠臼。美、欧、俄三边关系要超越地缘政治，需要它们各方的共同努力，尤其是要看美国的政策走向及它们之间的互动。

第六节 21世纪中、美、日三边关系

冷战结束后，中、美、日三边关系成为亚太地区影响最大的三边关系之一。在21世纪，中、美、日之间建立平衡稳定、合作共赢的三边关系，是构建全球大国战略稳定框架的重要一环。

一、当前中、美、日三边关系的主要特点

(一) 中、美、日利益交汇点扩大，推动三国更多进行合作

1. 经济相互依存上升，成为中美、中日合作的最重要基础之一。美国是世界上最大经济体，具有世界上最先进的经济，2005年国内生产总值达12万亿美元。日本现在是世界第二、亚洲第一经济大国，虽然亚洲金融危机发生后，日本经济发展放缓，但其生产和出口仍有不俗的表现。中国是世界上第四大经济体，中国的经济增长是全球经济中的亮点。从1978年至2006年，中国国内生产总值年均增长超过9.4%。2006年中国国内生产总值超过2.6万亿美元。这些决定了中、美、日之间的经贸合作对各方都有巨大的利益，并具有极大的发展潜力。

中美经济贸易是两国之间共同利益最大的领域。在20世纪90年代的10年间，双方贸易、投资、技术等方面的合作规模增长了10倍。2001年至2005年，两国贸易额年均增长21.5%。2005年美对华出口比2001年增长118%，是美对全球出口增幅的4.9倍，远高于美对其他所有主要出口市场的增长率。特别是中国加入“世界贸易组织”后，两国经贸关系的深度和广度在继续发展。中国市场成为带动美出口增长的主要因素。经贸关系已成为冷战后中美关系发展最快、合作最富有成效的领域。

中日关系中，经济交流处于先行地位，并在不断扩大和发展。两国之间

经济上有着很高的互补性。2006年，中日贸易总额达到2073.6亿美元，比关系正常化前的1972年的11亿美元增长近200倍。日本是中国第三大贸易伙伴。中国2006年成为日本第一大贸易伙伴。中国是日本增长最快的出口市场。至2003年，日本曾连续11年成为中国最大的贸易伙伴。截2006年末，日本企业在华直接投资累计达579.7亿美元，成为中国最大的外资来源国。在中国的日资企业已达3万多家，日资企业在中国国内的雇用人数达到920万人。现在两国之间每年的人员往来超过了400万人次，每周有多达500余架民航航班往来于中日两国之间。在日本的中国留学生和学习日语的学生达到10万以上，长期逗留在华的日本人有10万人，两国友好城市发展到300多个。

当前，经济全球化趋势与地区经济一体化趋势同时迅速发展。世界各国、各地区在经济、贸易、投资、金融等领域的相互渗透和相互依存大大加深，经济体之间相互流通的障碍不断减弱，经济融合的需求在日益加强。与此同时，以信息技术为核心的新科技革命潮流也在强劲地推动经济全球化潮流。经济全球化趋势将使世界经济真正形成为一个不可分割的有机整体。地区经济一体化趋势是经济全球化趋势的一个发展阶段，又促进了经济全球化趋势的发展。这两种趋势加快和优化了资本、技术、劳动力在全球资源中的合理配置，有利于世界范围内生产力的迅速提升，促进了国家之间、特别是大国之间经济上相互依存关系的增强，并进而加强中美关系和中日关系的基础。

2. 共同对付非传统安全威胁，具有巨大的合作潜力。近年来，非传统安全威胁对国际关系的影响迅速上升。而且，传统安全威胁与非传统安全威胁是相互交织、可以相互转化的。传统安全问题有可能转化为非传统安全威胁，非传统安全威胁也有可能导致传统意义上的战争与武装冲突。例如，大规模杀伤性武器是传统安全问题，但如果恐怖分子掌握了大规模杀伤性武器，就成为非传统安全威胁和跨国问题。又如，争夺水资源这种非传统安全问题，有可能导致某些国家之间爆发传统意义上的战争。由于冷战时期美苏两个超级大国进行大规模军备竞赛，发达国家对发展中国家长期的剥削与漠视，以及人类对自然界的过度攫取，近年来非传统安全威胁日益突出，造成安全问题的多元化和全球化，对国际关系的影响越来越大，导致各国安全需求的多样化。这大大增加了世界各国之间的共同利益，包括中、美、日之间的共同利益，使它们不得不更多地进行合作来应对和解决这些问题。

中、美、日在非传统安全领域的合作主要包括以下方面：

第一，在打击恐怖主义方面进行合作。恐怖主义是全球性问题，也是非传统安全领域当前最突出的问题之一。中、美、日都深受恐怖主义的危害，在打击恐怖主义方面有共同利益。例如，美国遭受“9·11”恐怖袭击。日本的“奥姆真理教”头目麻原彰晃从1993年春天起不断制造世界末日和最终战争的理论，为了准备“即将到来的最终战争”，该邪教教团逐步武装化，大量购进用以制造沙林毒气的化工原料并研制出这种毒气。在风闻警察当局准备对“奥姆真理教”总部进行搜查后，在麻原的指挥下，一伙歹徒于1995年3月20日早晨上班高峰时间同时在东京日比谷线、千代田线和丸之内线的5辆地铁列车内播撒剧毒沙林气体，造成12人死亡、5500余人中毒，制造了轰动世界的恐怖主义事件。中国则遭受“东突”恐怖组织的危害和威胁。

“9·11”事件后，中美两国在反对恐怖主义方面的合作取得重大进展。双方相互交换有关恐怖组织和恐怖活动的信息。两国政府的财政专家就对付恐怖分子洗钱、寻找恐怖分子存款、打击恐怖分子转移资源的财政网络等进行制度性的对话。双方都将“东突”伊斯兰组织看作恐怖组织，并一起努力在联合国将其列为恐怖组织。中日两国也应把握当前机遇，加强双方在反恐怖主义方面的情报信息交流和多种合作。

第二，在与非传统安全有关的科技领域的合作。中美两国自1979年以来已签订了30多个双边科技合作协议，开展了上千个科技合作项目。其中与非传统安全有关的主要包括双方在环境保护、防灾减灾、防治艾滋病等的科技合作。

中日在环境保护方面也进行了有成效合作。环境问题是一个跨国问题，一个关系到能否可持续发展的重大问题，也是非传统安全领域的主要问题之一。社会生产力的迅速发展和科学技术的飞速进步，把人类社会的物质文明提高到空前未有的境地。但另一方面，全球气候变暖、臭氧层遭到破坏、酸雨蔓延、生物多样性丧失、江河湖海污染、土地沙漠化、沙尘暴肆虐等已经对人类社会的生存与发展构成严重威胁。工业化国家85%的公民认为，环境是公众关注的首要问题。①

中日在环境保护方面有许多直接的共同利益。日本方面认为，中国的大气污染已经严重影响到日本的空气质量，甚至在日本造成酸雨；从蒙古刮到北京的沙尘暴也影响到日本。因此，日本参与中国生态建设、帮助中国保护和治理环境，不仅有利于中国的环保，而且有利于日本自己生态环境的改善。

而且，环保产业是一个朝阳产业，与经济和社会可持续发展紧密联系在一起，具有很大的前途，日本参与中国生态建设有利于扩大日本对华出口和投资。近年来，中国加大了对污染治理和环境保护的力度。从 1990 年到 2000 年，中国环保产业的产值每年以 15％至 20％的速度增长，大大高于世界年均 8％的增长速度，环保产业的产值从 300 亿元增长到 1800 亿元，环保企业数量从不足 8000 家增长到 18000 家，环保从业人员从不足 180 万增加到 300 万。②“十五”期间，中国将进一步加大保护和治理环境、生态建设的力度。“十五”计划纲要指出：“要把改善生态、保护环境作为经济发展和提高人民生活质量的重要内容，加强生态建设，遏制生态恶化，加大环境保护和治理力度，提高城乡环境质量。”③ 为了保证这项任务的顺利完成，中国政府 2001 至 2005 年投入 7000 亿元用于生态建设和保护、治理环境，使环保产业到“十五”最后一年的市场总额实现并突破 3600 亿元，即 5 年翻一番。环保产品产值达到 450 亿元，环保服务达到 550 亿元，废物处理和利用达到 1200 亿元。④ 日本在防治公害、节约能源方面拥有世界第一流的先进技术，而中国的环保产业将是一个潜在大市场。中国居民环保意识的增

① ［美］帕屈克·卡森与朱莉亚·莫顿：《绿就是金》（中译本），广东人民出版社，1998 年 1 月版，第 4 页。

② 中国中央电视台《中国报道》2001 年 12 月 9 日，转引自何月香和王兵银：《21 世纪初中日发展环境合作有利因素分析》，载《当代亚太》2002 年第 6 期。

③ 《中华人民共和国国民经济和社会发展第十个五年计划纲要》，载《人民日报》2000 年 3 月 18 日。

④ 中国中央电视台《中国报道》2001 年 12 月 9 日，转引自何月香和王兵银：《21 世纪初中日发展环境合作有利因素分析》，载《当代亚太》2002 年第 6 期。

强与生态建设需求的增长，将给日本对华出口环保产品、服务和进行投资提供更多的机会。

中日在环保领域的合作已取得较大进展。其中，日本政府对中国环保领域的无偿援助达1.2亿美元（截至1997年），[①] 占世界上6个对中国环境领域无偿援助国（日本、德国、加拿大、澳大利亚、荷兰和挪威）援助总额（2.6亿美元）的46.1%。在从2001年开始的日本第5次对华日元贷款的16个项目中，有9个是环境项目。近年来，日本通过“政府开发援助”（ODA）贷款和民间企业投资，帮助中国植树造林、培训环保工作人员和专家、研究开发环保产品、治理大气和水污染等，受到中国人民的广泛好评。2006年，中日签署政府换文，根据该换文，日本将向“中国酸雨与沙尘暴监测网络系统建设项目”提供总额为7.93亿日元（约合720万美元）的无偿援助。该项目共设50个监测地点，建成后有望对整个东亚地区的环境改善起到积极作用。[②] 据中国政府统计，从1979年至2006年上半年，日本政府累计向中国政府承诺提供日元贷款约为23864.13亿日元，主要用于支持中国的基础设施、环保、能源和扶贫等领域的工作。[③] 欧盟委员会的研究报告估计，到2010年，中国环保技术市场规模将会达到980亿欧元。[④] 中日两国在环保领域的合作还有很大的发展空间。

第三，司法合作。时任中国国家主席江泽民1997年访美期间两国发表的《中美联合声明》指出，中美两国认为，促进法律合作符合两国的利益和需要。双方愿意加强在打击国际有组织犯罪、毒品走私、非法移民、制造伪币和洗钱等方面的合作。[⑤] 中美司法交流与合作已由点到面、由临时性向制度化方向发展。不仅是两国政府间合作的重要方面，而且日益成为两国教

---

① 中国对外经济贸易部数字，转引自《东北亚学刊》2002年第2期，第35页。

② 《解放日报》，2006年12月21日，第4版。

③ 刘浩远：《中日经贸合作空前发展 走向互利合作多元格局》，载《解放日报》2007年4月7日第6版。

④ 《文汇报》，2007年1月22日，第3版。

⑤ 楚树龙：《冷战后中美关系的走向》，中国社会科学出版社，2001年版，第590页。

育、企业和民间交流的内容之一。近年来，中日在打击国际有组织犯罪、非法移民等方面的司法合作也取得一定的进展。

第四，中日在反海盗方面进行合作。当前，海盗问题已经成为影响亚太地区海上安全的严重问题之一，对海上航运构成重大威胁。最近亚太地区海盗问题出现了一些新的特点：

其一，海盗的手段残忍，杀人抢船。过去海盗登上在海上航行的船只主要是为了抢劫船上和海员的钱财，抢完了就走，一般不伤害船员的性命。而现在海盗登上船只后会残忍地将船上所有人员都杀死，然后将船上货物卖掉，最后把船只改变形状、重新油漆后卖掉。

其二，海盗造成的生命财产损失大。现在海盗主要在马六甲海峡、台湾东部海域作案，每年作案十多起，得手的有两三起。被袭击的船只一般每艘约值 2000 万美元，每艘船上的货物也约值 2000 万美元，因此一次就损失约 4000 万美元。而被袭击的每艘船只上一般约有 20 余人，一般均被杀害。受害的船只多属日本、韩国、台湾等，也有中国船只受害。海盗出于惧怕美国的严厉报复，从来不敢抢劫美国船只。

其三，海盗组织严密，手段狡猾。现在的海盗集团像一个跨国公司，分工严密，有些人专门负责收集情报，有些人专门负责登船作案，还有些人专门负责销赃。海盗往往在运货船只还未启航时就已获得船只的航行计划，做好充分准备，采取突然袭击的手段。如遇到一国警方的追捕，就会驾船向另一国的领海内逃窜。由于一国警方在未得到另一国同意的情况下不得进入另一国领海，而要得到另一国批准又要花费时间，因此往往是眼看着海盗逃走而无能为力。而且，在马六甲海峡，沿岸国与受害国利益不一致。沿岸国对打击海盗积极性不高。据说，这些海盗组织有国际犯罪集团的背景，并且把抢劫来的部分钱财支援国际恐怖主义组织。

近年来，亚太地区的国际海运业也出现一些新特点：

集装箱船大型化。现在集装箱船大多在 5 万吨级以上。

装卸港口集中化。由于大型集装箱船只能进入吃水深的港口，因此亚太地区只有新加坡、吉隆坡、香港、高雄、基隆、上海、釜山等港口才能装卸大型集装箱船。日本的东京、横滨、大阪已经不适应大型集装箱船停靠，成为支线港口。日本现在往往需要先将集装箱运到韩国的釜山或中国的上海再装上大型集装箱船。

海运船只国际化。大多数海运船只都是在巴拿马、利比里亚登记注册，成为巴拿马或利比里亚籍的船只，因为在这两国注册手续简便，收费低。因此现在船只的国籍并不很重要，重要的是船上的货物是属于哪一国的。在亚太地区的海员中，70%是菲律宾人，在日本的海运船只上，除了船长、大副和轮机长是日本人外，其他海员都是来自其他国家，包括中国人等。

日本由于是亚太地区的大国和海运大国，非常重视打击海盗问题。日本海上保安厅的船只已与东南亚国家船只共同在马六甲海峡举行了反海盗演习。日本政府并派出官员训练东南亚国家警官执行反海盗任务。

日本著名海上安全问题专家、海上自卫队退役少将川村纯彦最近提出，要消灭海盗，东亚国家必须采取下述措施：

其一，应加强在反海盗方面合作。可以考虑在东盟地区论坛（ARF）框架内达成协议，建立一个东亚国家反海盗合作机制。

其二，对海盗作案必须予以严惩。一旦发现海盗作案，不仅要抓到犯罪嫌疑人，而且要顺藤摸瓜，抓到海盗组织的头子，并破获其组织。

其三，在东亚地区设立一个有关反海盗的信息中心。成员国警方不仅通报发生海盗事件的情况，还应通报海盗的动向，并请求其他成员国警方协助追捕。还可以在所有海运船只及其运载的货物上安装电子装置，通过卫星将其位置传到反海盗信息中心。①

川村纯彦建议，中国作为一个亚太地区大国和正在迅速发展的海运大国，必须在反海盗方面发挥重要作用。日本与中国在反海盗情报交流方面已进行了很好的合作，但这还很不够。他表示希望中国边防武警能派出巡逻船前往东海，特别是台湾东部海域与日本海上保安厅巡逻船联合执行反海盗巡逻任务，以对海盗起到震慑作用。②

---

① 日本著名海上安全问题专家、海上自卫队退役少将川村纯彦 2002 年 7 月 18 日在会见上海国际问题研究所代表团时的谈话，根据谈话记录整理。

② 日本著名海上安全问题专家、海上自卫队退役少将川村纯彦 2002 年 7 月 18 日在会见上海国际问题研究所代表团时的谈话，根据谈话记录整理。

3. 在传统安全领域的合作，再次成为中美日利益交汇点之一。在冷战时期，共同反对苏联的霸权主义曾经是中美日战略合作的基础。冷战结束后，这一基础已不存在。近年来，中、美、日三国在传统安全领域的合作增加，再次成为它们的利益交汇点。

这特别表现在朝鲜核问题上。中、美、日在朝鲜半岛保持和平、稳定与无核武器化方面有共同利益。2002 年 10 月，朝鲜半岛第二次核危机爆发。中美两国进行了有效的磋商与协调。美日两国密切磋商。中日两国也进行了磋商。2003 年 4 月，中美朝在北京举行三方会谈。同年 8 月，中、美、日、俄、朝、韩在北京举行第一轮六方会谈。六方会谈开启了通过对话解决朝鲜核问题的进程。中、美、日保持协调与合作，有利于朝核问题的和平解决。

（二）三边关系仍处于调整之中，呈现出既依存又竞争、既协调又制约、既合作又斗争的复杂状况

在冷战后时期，中、美、日三边关系在东亚地区发挥重大的作用。这个三边关系与冷战时期的中、美、苏大三角关系相比有两个显著的不同特点：第一，中、美、苏大三角关系里美苏和中苏之间都存在对抗的关系，而在中、美、日三边关系中，大国之间的关系竞争与合作并存，摩擦与协调交替；第二，中、美、苏大三角关系中军事因素占主导地位，而在中、美、日三边关系中，经济因素的重要性大大上升，逐步占据主导地位，军事安全因素虽然仍很重要，但其地位已比过去有所降低。

当前，国际战略形势正处在深刻变化之中。中、美、日三边关系也在进行前所未有的调整。美国作为现在世界上唯一的超级大国，是中、美、日三边关系中矛盾的主要方面，即矛盾中起主导作用的方面。而中、美、日三边关系的性质，主要是由取得支配地位的矛盾的主要方面决定的。

“9・11”事件后，美国将反恐作为国家安全战略的最优先事项。在这种情况下，美国认识到大国合作的重要性。布什政府推动大国合作保持和平，有利于中、美、日三边关系中合作与协调因素的发展。

但另一方面，布什政府的战略理念和对外政策中又存在一些严重的内在矛盾和制约因素。这些内在矛盾和制约因素，使中、美、日三边关系中相互制约和相互竞争的因素仍很有影响力。

日本政治的发展仍有一定的不确定性。近年来，日本国内右翼政治势力有较大发展。“9·11”事件后，日本相继通过了“反恐怖特别措施法”三法案和“有事法制”三法案，几乎彻底摆脱了“和平宪法”对日本军事发展的限制。时任日本首相小泉多次参拜供奉有甲级战犯牌位的靖国神社。一些日本政界人士提出要修改“和平宪法”第九条，为自卫队“正名”，使日本自卫队成为“名副其实的军队”。2007 年 1 月，日本将防卫厅升格为防卫省，其地位与日内阁其他各省比肩。5 月，根据日本首相安倍晋三的指示，日本政府新成立的一个工作小组开始讨论重新解释日本宪法，以使日本能合法行使参加“集体自卫”的权利。日本有些右翼政客不时发表否认日本在第二次世界大战中侵略历史和战争罪行的谈话。这些表明日本国内右翼政治势力正在抬头。今后日本向何处去，是走和平发展的道路，还是走其他道路，已在亚洲引起警惕。如果日本走上与和平发展相背离的道路，将导致亚太地区战略形势发生重大变化。

中国进入全面建设小康社会的阶段，致力于国内经济发展。同时，中国从争取较长时期的和平国际环境和维护全人类共同利益出发，作为负责任大国，积极参与国际事务。中国是维护世界和平、促进共同发展的一支重要力量，也是中、美、日三边关系中促进协调与合作的主要力量之一。

（三）“共赢”模式影响增加，但“零和游戏”思维仍存在

在冷战时期，中、美、苏三角关系的互动模式主要是地缘政治模式和军事同盟模式，“零和”游戏规则在其中起主要作用。而在当前中、美、日三边关系互动中，虽然还存在地缘政治模式和军事同盟模式，但已出现地缘经济、“共赢”等新的模式。中、美、日实力的消长、经济全球化和区域经济一体化趋势的发展将决定三边关系的互动模式。同时，每一对双边关系中也将是多种互动模式共存。

当前，中、美、日三边关系互动中存在四个主要的模式：

第一，“双赢”或“共赢”模式。冷战结束后，安全的内涵扩大了，不再是单纯的军事问题，还涉及政治、经济、金融、科技、文化等诸多领域。各国在安全方面的共同利益明显增加，相互依存性加深。安全的游戏模式正在发生变化，由原来的“零和游戏”转向更多地寻求“双赢”或“共赢”。

单一的军事手段已不足以应付多种多样的安全挑战，维护安全的手段面临更新的需要。

近年来，中国主张维护安全需要有新观念，一直在提倡树立以互信、互利、平等、协作为核心，以通过对话增进相互信任、通过合作促进共同安全为宗旨的新安全观。① 中国的“新安全观”有利于中、美、日三边关系实现“共赢”。现在“双赢”或“共赢”已经成为中、美、日三边关系互动的主要模式之一。这特别表现在非传统安全领域、经贸合作领域和朝鲜核问题上。

第二，地缘经济模式。在经济全球化背景和区域一体化趋势下，世界经济中北美、欧洲、东亚三大板块日益形成。在中、美、日三边关系中，美国依托北美自由贸易区，同时加强在东亚经济竞争实力和影响力。而中日两国在将美国作为最大出口市场和重要的技术与投资来源的同时，双方之间的经贸合作迅速发展，并且都对实现东亚地区的经济一体化感兴趣。如果东亚能够实现经济一体化，将有助于提高东亚地区，包括中日等国在世界经济中的整体竞争实力。同时，由于东亚地区经济一体化的趋势是开放式的，美国又是亚太经济合作组织的重要成员，因此总体来说，地缘经济模式将有助于推动美、中、日之间新的竞争、依存与合作关系的发展。

第三，军事同盟模式。冷战时期，美日军事同盟曾在一段时期里发挥过制约苏联霸权主义扩张的作用。但在冷战结束后，美日继续加强其军事同盟。美国与日本 1997 年 9 月 23 日发表了经过修改的《美日防卫合作指导方针》。这是继 1996 年 4 月美日两国首脑签署《美日安全保障联合宣言》之后美日在强化防卫合作方面的又一重大步骤。它标志着美日两国在冷战结束后朝强化军事同盟的方向迈出重要的一步。新的《美日防卫合作指导方针》与 1960 年的美日安保条约以及 1978 年的美日防卫合作指针相比，最突出的变化是规定在日本的“周边地区”出现紧急事态时，日本不仅要向美国提供使用基地设施的便利，而且自卫队将以实施“后方支援”为名，向美军提供作战情报，供应除武器弹药外的作战物资，运输包括武器、弹药在内的美军物

---

① 中国外交部长唐家璇：“在五十七届联合大会一般性辩论上的讲话”，纽约，2002 年 9 月 13 日，载《人民日报》2002 年 9 月 16 日第 7 版。

资，在毗邻战区的公海上扫雷，对试图突破海上封锁线的船只强行登船检查等。这表明美日军事同盟已从主要是“保卫日本”转变以“防止地区冲突”为主，从美日双边的军事安排转变为对第三国和地区进行干预，为日本向海外派兵敞开了大门。

日本外务省一些高级官员1998年曾多次声称，“周边事态”的地理范围与1960年美日安保条约关于“远东地区”的界定是一致的，也就是说，“周边事态”范围包括台湾海峡在内。[①] 1999年4月和5月份，日本当局通过了新日美防卫合作指针相关法案：《周边事态法》、《自卫队法修改案》和《日美相互提供物品与劳务协定修正案》。这些进一步加强了美日两国介入所谓“周边事态”时的军事合作，明确了日自卫队在亚太地区发生冲突时承担对美军的后勤保障任务，使日自卫队有可能在日本以外的周边地区配合美军的正规作战。2005年2月19日，由美国和日本外长和国防部长参加的“2＋2”美日安保磋商委员会会议发表联合声明，宣称“美日鼓励和平解决台湾问题”，公开表明美日联盟是与台湾问题相联系的。

虽然美日军事同盟在维护地区稳定和防止日本走军事大国道路方面有一定的积极作用，但如果这一军事同盟针对中国或干预台湾海峡事务，将成为危害中、美、日三边关系合作和稳定的破坏性因素。

第四，地缘政治模式。其主要表现是均势战略与“零和”规则继续对大国关系产生一定的牵制作用。例如，美国对台湾海峡两岸实行“不统不独不战不和”方针，企图以台湾制约中国大陆。又如，日本国会众议院2007年3月3日通过旨在“确保东海的油气田开发工作时安全”的《海洋建筑物的安全水域设定相关法案》和统筹各省厅有关海洋政策的《海洋基本法案》，在东海争议问题上向中国显示日本的强硬姿态。

中、美、日在三边或双边关系上，应抛弃“零和游戏”等冷战思维，减少地缘政治模式和军事同盟模式的作用和影响，争取双赢或共赢。

---

① 参见吴寄南：《面向21世纪的中日关系》，载陈佩尧主编：《21世纪中国对外战略》，百家出版社，上海，1998年11月第1版，199—200页。

二、建立平衡稳定、合作共赢的中、美、日三边关系

当前中、美、日有很多共同利益。它们相互之间的贸易和经济合作关系不断发展，在经济上日益相互依存。三国都希望亚太地区保持和平与稳定，都需要进行合作来解决一些全球性问题。但中美之间和中日之间仍缺少相互了解，存在相互疑虑。美国和日本都有极少数人抱着“中国威胁论”或“中国崩溃论”不放。这是造成中、美、日三边关系复杂化的重要因素之一。从长远来说，中、美、日有必要建立平衡稳定、合作共赢的三边关系。

（一）继续努力扩大中、美、日利益交汇点

中、美、日三国应在已有共同利益的基础上，从战略高度和长远角度来处理相互关系，加强在各个领域的合作，继续扩大相互之间的利益交汇点。

在经济方面。中国经济强劲发展，已经成为亚太地区乃至世界经济增长的主要发动机之一。同时，中国正在由潜在大市场加速向现实大市场转变。从 1978 年至 2005 年，中国进出口总额从 206 亿美元增长到 1.4221 万美元，年均增长超过 16%。2006 年中国进出口总额达 1.76 万亿美元，成为世界第三大贸易国。而且，随着中国经济的迅速发展，中国的市场将进一步扩大。预计“今后 5 年中国进口总额将超过 4 万亿美元”。[①] 中国的发展将给包括美、日在内的世界各国带来巨大商机。美国政府官员认为，随着中国进口的增加，中国已成为东南亚地区和世界上最重要的发展动力之一。截至 2005 年底，中国实际利用外商直接投资额累计达到 6200 亿美元，批准外商投资企业 53 万多家。2006 年头 10 个月，进入中国的外国直接投资（FDI）仅次于美国和英国，位居世界第三。[②] 至 2005 年底，中国对世界经济增长的贡

---

① 中国国家主席胡锦涛 2006 年 4 月 19 日在美国西雅图午餐会上的讲话，载《人民日报》2006 年 4 月 21 日第 2 版。

② ［英］首席经济评论员马丁·沃尔夫：《中国：泥足巨人》，英国《金融日报》，2007 年 1 月 26 日。

献率在10%以上，对全球贸易增长的贡献率超过12%。中国与美、日的经贸关系是互利互惠，有利于三国和世界经济。

但是，近来美国一些国会议员和官员，指责中国人民币汇率偏低，中国的出口和美国公司对中国的投资，造成美国失业率居高不下。一些别有用心的人企图借此问题攻击中国来抹黑对手或推卸责任，并使此问题成为政治问题。这些论调和这种做法已遭到世界各国包括美国许多有识之士的驳斥。中美两国应从发展的角度来看待两国的经贸合作，在发展中实现中美贸易的基本平衡。对于中美经贸关系中出现的问题，双方应以平等协商的方式加以解决，以利于两国经贸关系健康、平稳地发展，最终实现经贸合作的共赢局面。

中日经贸合作有长远的发展前景和巨大潜力。“发展互惠双赢的经济合作，是中日关系的物质基础和重要动力，有利于本地区乃至世界的繁荣和发展，应当积极推动。”[①] 而要实现东亚地区经济一体化，中日两国建立长期稳定友好的双边关系是必不可少的。

在非传统安全方面，中、美、日共同利益巨大，相互合作具有广阔的发展前景。应该提高在反恐、司法、环境保护、预防和治疗艾滋病等领域的合作水平，开辟新的合作领域。

在传统安全方面，中、美、日在地区安全和防止大规模杀伤性武器扩散等问题上的共同利益大于相互矛盾。中、美、日保持稳定与合作的相互关系，是维持东亚地区安全的最重要因素之一，并将对东亚多边安全合作机制的建立产生重要影响。

而且，中、美、日三边关系的稳定需要平衡，而如果日美关系过于密切就会使这种三边关系出现不平衡。

（二）用新理念处理相互关系

首先，中、美、日三国应该用“共赢”的观念来发展相互关系和处理面

---

① 时任中国国家主席江泽民2002年8月28日在会见日本共产党中央主席不破哲三时的谈话，载《人民日报》2002年8月29日第1版。

临的问题，而不应该把其中一方看作“威胁”。例如，在中日两国关系史上，在很长一段时期中，总体上是中国强、日本弱。但从中日“甲午战争”后至第二次世界大战结束，是日本强、中国弱。而现在出现了中国和日本都强的局面。

中日两强相处相遇，是否一定会斗个你死我活呢？就像俗话所说的“一山不容二虎”呢？答案是否定的。因为时代不同了，只要中日两国共同努力，一定能建立和平友好、互惠双赢的双边关系。

最新的经济数据显示，中国的经济繁荣，成为挽日本经济危机狂澜于既倒的决定性因素之一，与中国有经贸关系的日本企业集团，都获取了巨大利益。在日本被视为管理学大师的大前研一指出，中华经济圈崛起可使日本摆脱经济衰退，神州大地刮起的经济强风，吹走了富士山上空的愁云。时任日本首相小泉纯一郎说：“日中贸易发展到如今的规模，正是证明了我一向主张的中国的发展对日本不是威胁而是机会。”① 他说，现在有越来越多的日本国民认识到，日本的经济停滞不是中国的发展造成的，恰恰相反，中国的发展有助于日本摆脱经济上遇到的困难。

第二，鼓励各方走顺应和平与发展时代的道路。当前时代的主题是和平与发展。这是世界历史发展的大趋势，是不可阻挡的。正如中国民主革命的先行者孙中山先生所说的：“世界潮流、浩浩荡荡、顺之者昌，逆之者亡。”

中国自从20世纪70年代末实行改革开放以来，一直将精力集中在国内经济发展上，以便改善人民的生活水平和教育水平。中国将长期沿着这条路走下去。中国国家发展战略的长期目标是使中国“到21世纪中叶时基本实现现代化，建成富强民主文明的社会主义国家”。② 为了实现这一目标，中国将继续执行改革开放政策，并需要一个长期的和平国际环境，特别是稳定

---

① 日本首相小泉纯一郎2003年9月5日在东京隆重纪念《中日和平友好条约》缔结25周年时的致词，转引自香港《亚洲周刊》2003年9月14日一期文章：《日本破除迷思“中国威胁论”破功》。

② 江泽民总书记1997年9月12日在中国共产党第15次全国代表大会上的报告，载中共中央文献研究室编：《十一届三中全会以来党的历次全国代表大会中央全会重要文件选编》，北京·中央文献出版社，1997年10月第1版，第409页。

的周边地区。这意味着，中国将不做任何可能会严重破坏现有国际经济和政治体系的事情，除非中国的关键国家利益受到威胁。即使中国能按计划达到这个目标，因为它人口众多、经济发展非常不平衡，所以它将继续长期集中精力于内部事务。同时，中国越繁荣，它将越愿意与其他国家合作。

在21世纪，中国进入了全面建设小康社会、加快推进社会主义现代化的新的发展阶段。与此同时，以加入世界贸易组织为标志，中国进入了全面参与国际体系的新阶段。而且，中国改革开放的深入发展，要求中国进一步融入国际社会。加入国际经济、政治和安全机制，也有利于中国维护长期的和平国际环境。

日本自二战结束以来一直走“和平发展”的道路，才取得今天这样的成就。由日本著名记者船桥洋一主编、8名学者合著的《日本战略宣言——以民生大国为目标》提出，在和平、发展、人权、环保等领域“日本必须发挥强大的指导能力”，“经济力量必然成为军事力量的历史法则是不存在的。决不能把日本的经济力量变为军事力量，而应把它发展成为全球性民生大国(Global Civilian Power)”。[①] 这是具有远见的看法。日本继续沿着“和平发展”的道路走下去，成为一个全球性民生大国，是符合日本的国家利益的，也是顺应历史发展大趋势的。

第三，确立相互协调和合作的安全观。由于中日两国在安全领域现在存在越来越多的共同利益，因此它们相互之间的合作既有一定的基础，又有日益增长的需求。日本一些有远见的政治家也看到了这一点。例如，日本国会参议院外交防卫委员会委员长、参议员武见敬三认为：“东亚各国应该建立协调安全观，通过相互协调来解决它们之间的问题和地区热点问题。”[②]

中美之间在安全领域的相互协调和合作需要进一步发展。时任美国总统国家安全事务助理赖斯认为，美中之间在反恐问题上建立起了很好的合作关系，在朝核问题上也有着非凡的合作，建立起了六方会谈的机制。在类似的

---

① ［日］船桥洋一编著：《日本战略宣言》，讲谈社，1991年版，第13—18页。

② 日本国会参议院外交防卫委员会委员长、参议员武见敬三2002年7月15日会见上海国际问题研究所代表团时的谈话，根据谈话记录整理。

双方关心的安全问题上，两国进行合作是非常重要的。[①] 时任美国国务卿鲍威尔说，在世界面临诸多挑战的今天，“美中两国关系应该建立在共同利益的基础上，而不应被两国之间存在的分歧所左右”。[②] 而要做到这一点，必须加强两国的相互协调和合作。

（三）建立中、美、日三边安全合作和增加信任机制

到目前为止，中、美、日之间的合作主要是双边的。而这是远远不够的。随着它们之间合作的发展和东亚地区形势的更加复杂，中、美、日有必要巩固双边机制、建立多边安全合作和增加信任机制。

从巩固中美双边机制来说，有必要建立中美之间战略稳定框架。从巩固中日双边机制来说，有必要建立中日之间在安全领域的长期交流与合作机制，为建立长期、健康、稳定发展的中日关系作贡献。“中日睦邻友好符合两国人民的根本利益，是双方唯一正确的选择。”[③] 2006 年 10 月，日本首相安倍晋三访华，中日两国确定努力构筑“基于共同战略利益的互惠关系”。拓展中日在安全领域的交流与合作，是建立两国战略互惠关系的一个重要方面。中日在安全方面的合作可分为在传统安全领域的合作和在非传统安全领域的合作。为了加强这种合作，必须正确对待历史问题和台湾问题。

同时，中日应加强在地区事务中的合作。两国都希望保持东亚地区的和平与稳定，这符合双方和所有各方的利益。中国国家主席胡锦涛说：“中日关系发展的历程证明，中日两国和则两利，斗则两害。”[④] 日本的有识之士

---

① Speech by Condolisa Rice, Advisor of National Security to President, at a news conference November 1, 2003, http: //www. whitehouse. gov/nsc/.

② 美国国务卿鲍威尔 2003 年 11 月 5 日在美国德克萨斯州农工大学举行的“中美关系：过去、现在与未来”上的演讲，载《人民日报》2003 年 11 月 7 日第 3 版。

③ 时任中国国家主席江泽民 2002 年 8 月 28 日在会见日本共产党中央主席不破哲三时的谈话，载《人民日报》2002 年 8 月 29 日第 1 版。

④ 中国国家主席胡锦涛 2004 年 4 月 23 日在会见日本首相小泉纯一郎时的谈话，载《人民日报》2004 年 4 月 24 日第 1 版。

也认为，中国和日本应该努力共同培育亚洲共同体的观念。[1] 双方应积极推动中日韩的合作、“10＋3”框架下的合作，并就如何建立东北亚地区多边安全合作与协调机制进行探讨。中国和日本作为东亚地区的两个主要大国，应该努力发展和平、稳定、友好、互惠、双赢的双边关系。这将有利于东亚地区安全对话与合作机制的建立和巩固。

从多边机制来说，应建立中、美、日三边战略对话和安全合作机制。例如，因为中国的核武器数量很少，如果美国部署导弹防御系统，将削弱中国的核反击能力。日本将部署海基导弹防御系统，存在日本将这一导弹防御系统转用于台湾海峡冲突的可能性。鉴于这两种状况的存在，中、美、日三国需要就这一事关战略稳定的问题进行磋商。

又如，美日军事同盟对地区安全既有积极因素，又存在消极因素。为了鼓励积极因素，防止消极因素，增加中国与该同盟的相互了解和信任，应考虑建立美日同盟与中国的对话机制。

三、中、美、日三边关系与建立东亚地区安全机制的互动

东亚地区包括东北亚和东南亚。其中，东北亚是美、俄、中、日四大国战略利益交汇和碰撞的一个重要地区，大国关系错综复杂。东南亚地处太平洋与印度洋的交汇点，战略地位十分重要。冷战结束后，建立东亚地区安全对话与合作机制的进程有所进展，但发展不平衡，东北亚次地区安全对话与合作机制的建立显得滞后。中、美、日三边关系的稳定与建立东亚地区安全机制的进展，可以相互促进。

① 日本国会参议院外交防卫委员会委员长、参议员武见敬三 2002 年 7 月 15 日会见上海国际问题研究所代表团时的谈话，根据谈话记录整理。

（一）中、美、日关系实现稳定和合作，有利于促进东亚安全合作机制的形成和发展

冷战结束以来，中、美、日三边关系相对稳定。特别是“9·11”事件后，三国之间的合作取得了一定的进展。这有利于促进东亚安全对话与合作机制的形成和发展。为了中、美、日三国关系能够实现稳定和合作，它们应该建立紧密的协调关系。这种协调关系不仅应包括第一轨道的官方交流，也应包括第二轨道的非官方交流。这三大国之间建立紧密的协调关系不是一件很简单的事，要逐步朝这个方向努力。现在东亚安全对话与合作机制主要包括：东盟地区论坛、东盟＋3（即“10＋3”）机制、东亚峰会、东盟＋1（即“10＋1”）机制、亚洲合作对话等，以及各种第二轨道安全对话机制。

（二）有望在解决朝鲜核问题的基础上，建立朝鲜半岛的和平机制和东北亚安全对话与合作机制

第二次世界大战结束以来，对东北亚地区安全形势影响最大的因素主要有两个：一个是各大国相互之间的关系，另一个是朝鲜半岛问题。这两个因素是互相作用和互相影响的。2000 年以来朝鲜半岛局势的变化显示该半岛的冷战格局正在开始逐步走向终结，尽管这一进程将是长期复杂曲折的，而且受到朝鲜核危机再次发生的影响，但它将对东北亚地区乃至整个亚太地区战略格局产生重要影响。在当前情况下，东北亚地区安全面临的主要课题有两个：一是如何在解决朝鲜核问题的基础上建立朝鲜半岛的和平机制；二是如何建立未来东北亚次地区的安全对话与合作机制。前一个课题与后一个课题紧密相连，实际上是后一个课题的组成部分。而决定这两个课题如何解决的主要因素之一是东北亚的大国关系。

20 世纪 90 年代以来，朝鲜半岛发生了多次危机，但也出现了一些积极的趋势，有某些转折性的变化。

美国是影响朝鲜半岛和平与统一进程的最重要外部因素之一。在美国克林顿政府后期，朝美关系有较大缓和。2001 年 1 月，乔治·W·布什政府上台后，对朝政策趋向强硬，朝美关系陷入僵冷状态。2002 年 1 月，布什

总统在《国情咨文》中将朝鲜与伊拉克、伊朗一起列为“邪恶轴心”国家。这引起朝鲜的强烈不满。

2002 年 10 月，访问朝鲜的美国国务院官员认为，朝鲜官员向美方承认，朝鲜正在进行武器级铀的开发。布什政府不久后宣布停止对朝鲜提供重油。这成为朝鲜不执行《美朝核框架协议》和退出《不扩散核武器条约》的口实，从而导致了朝鲜第二次核危机的发生。此后，朝鲜要求与美国进行双边会谈，而美国要求举行多边会谈。双方僵持不下。2003 年 4 月，在北京举行了中、美、朝三方会谈。7 月 31 日，朝鲜向美国提出了举行解决核问题的六方会谈，并在此框架内举行朝美双边会谈的方案。美、韩、日、俄等国对此作出积极反应。2003 年 8 月，在北京举行了第一轮中、美、朝、韩、日、俄六方会谈。六方会谈进程有利于朝鲜核问题的解决。而朝鲜核问题如能解决，将为建立朝鲜半岛和平机制提供一个良好契机。在此基础上，中、美、朝、韩、日、俄六方会谈还可以进一步成为东北亚安全对话与合作机制的重要组成部分，并进而成为东亚安全合作结构的重要组成部分之一。

(三) 建立东亚地区安全对话与合作机制的进程，有利于中、美、日三边关系的稳定与发展

近年来，建立东亚地区安全对话与合作机制的进程，对中、美、日三边关系的稳定与发展也产生了积极影响。在这一进程中，东盟发挥了主导作用。由于东盟地区论坛和“东盟＋3”（即“10＋3”）机制，中、美、日三国领导人和主管外交的官员有更多的机会和场合相互会面和进行沟通。这有利于他们增加相互了解和信任，通过磋商解决争议和问题。不过，美国对东盟加中国、日本和韩国三国这一框架也存在不信任感，但它难以阻止这一框架的发展。

而且，东盟经济一体化进程已取得了很大进展。这对促进中、美、日之间以及它们与东盟之间的经贸合作有积极作用。2002 年 12 月，当时的中国总理朱镕基向日本和韩国提议研究建立自由贸易区问题。如果中日韩能够建立自由贸易区，将进而促进中日等国的安全合作。

第七节 21世纪中、美、印三边关系

中、美、印三边关系正在引起国际社会越来越大的关注。美国是世界上唯一超级大国，最大的发达国家，又是国际体系中占主导地位的大国。中国和印度是两个人口最多的发展中国家，互为邻国，又是国际体系中两个上升的大国。中、美、印互动关系朝什么方向发展，将在很大程度上决定未来世界的战略格局和国际体系的走向。本节试图运用现实主义、自由制度主义和建构主义等三种西方主流国际关系理论对中、美、印三边关系进行分析研究。

一、中美印三边关系的现实主义分析

现实主义是一个庞大的理论体系，其中有诸多理论流派，包括经典现实主义、新现实主义（又称结构现实主义）和进攻性现实主义等。尽管各流派观点不尽相同，但对世界的一些基本看法和认识世界的基本思路是一脉相承的。现实主义强调国际社会的无政府状态，认为组成国际社会的主权国家都毫无例外地在追求权力，国家间关系实质上是一种特殊的权力关系，国际政治即权力之争；国家利益是国际政治中分析国家行为的路标，权力与利益是影响对外政策的核心因素，在决策过程中权力与利益的重要性超过道义和理想的重要性；维护国际和平的最好办法是实现力量均势。根据现实主义理论分析中、美、印三边关系，以下三个问题非常重要：

第一，中印力量的增长是否导致相互对立，从而使美国能利用印度来平衡和制约中国？美国 2004 年 GDP 为 11.67 万亿美元，约占世界 GDP 总和的 30%，军费开支占世界军费总额的 47%，[①] 经济和军事力量遥遥领先其他国家。但“一超”并不等于“单极”，美国并没有完全支配世界的能力，

① 张幼文、黄仁伟等著：《2006 中国国际地位报告》，人民出版社，2006 年第 1 版，第 219 页。

它能够打败任何中等国家，但并不等于它单独能搞定它们中的任何一个。伊拉克战争就是一个典型例子。中国2005年GDP约为2.23万亿美元，名列世界第4位，外汇储备世界第一。[①] 印度2004年GDP为0.68万亿美元，[②] 已超过韩国和墨西哥，跃居世界第10位。2006年度，印度GDP达1.01万亿美元，成为全球第12个国内生产总值超过1万亿美元的国家。[③] 中国和印度人口总和达23亿，约占世界总人口的2/5。两国经济充满活力，1978—2005年，中国年均增长率超过9%，印度也达到8%左右。[④] 2006年，中印两国经济增长率分别高达10.7%和9.4%。美国高盛公司2005年12月报告预测，如果不出意外的话，中国经济可能会在2041年超过美国，成为世界第一经济大国，印度在2035年可能超过日本成为世界第三经济大国。[⑤]

由于中国力量迅速增长，美国一些学者认为，中国作为上升的大国有可能会挑战美国在国际体系中的领导地位。进攻性现实主义理论主要代表人物约翰·米尔斯海默甚至认为："当中国的权力增长后，美国与中国势必成为对手。"[⑥] 因而主张美国加强与印度的合作来平衡和制约中国。与此同时，美印关系近年来得到了很大发展。2005年3月，美国国务卿赖斯在访问新德里时表示"美国将帮助印度成为21世纪的全球大国"；[⑦] 2006年3月，美

---

① 胡锦涛：《深化互利合作 促进共同发展—在美国西雅图午餐会上的讲话》，2006年4月19日，《人民日报》，2006年4月21日，第2版。

② 世界银行：《2004/2005世界发展指标》，2005年4月17日。

③ 印度中央统计机构2007年5月31日公布的数据，新华社新德里电，《文汇报》，2007年6月1日，第7版。

④ 世界银行：《2004/2005世界发展指标》，2005年4月17日。

⑤ 美国高盛公司吉姆·奥奈尔等：《全球经济报告第134号：BRICs国家有多稳固?》，2005年12月1日，http: //www. gs. com/hkchina/insight/research/.

⑥ [美] 约翰·米尔斯海默：《大国政治的悲剧》，王义桅、唐小松译，上海人民出版社，2003年版，第4页。

⑦ 美国国务卿赖斯2006年3月访美时的讲话，《今日印度》，2006年第4期，印度驻华大使馆出版，第7页。

国总统布什访问印度时表示两国建立了基于共同价值观的实质而重要的战略伙伴关系，双方就实施2005年7月18日签署的民用核合作协议一事达成谅解。美印军事合作近年也有很大进展。2006年3月2日，美国防部宣布，将向印度出售F-16和F-18等先进战斗机，并表示可向印度出售P-3C“猎户星座”反潜巡逻机、C-130军用运输机、“佩里”级护卫舰、“海鹰”直升机和防生化武器装备等。五角大楼宣称，帮助印度满足国防领域需求，提供印度寻求获得的军事能力和技术是美国的目标。[①]

但美国能否利用印度来平衡和制约中国，并不完全取决于美印关系的发展。因为在经济全球化趋势下，中印两国之间有许多共同利益。首先，中印两国的发展是在亚洲兴起大背景下进行的。世界经济和政治重心正在从大西洋地区向亚太地区转移，中印两国都发展起来，才能实现亚洲崛起和亚洲世纪。其次，中印作为两个最大发展中国家，都致力于提高本国人民生活水平和教育水平，相互军备竞赛或相互牵制，并不符合两国国家利益。第三，中印两国都是新兴大国，有着类似遭遇和相似任务。因此，只要中国坚持走和平发展道路，印度就不会让美国利用来平衡和制约中国。

第二，中美印战略目标是相互抵触还是能相互容忍？中国的战略目标是抓住和用好21世纪头二十年重要战略机遇期，实现到2020年国内生产总值比2000年翻两番，全面建成小康社会；进而到21世纪中叶基本实现现代化，达到中等发达国家水平。为此，中国需要争取和维护长期和平与稳定的国际和周边环境。中国走和平发展道路，既通过争取和平国际环境来发展自己，又以自身发展来促进世界和平。

印度的战略目标是“全面实现在2020年之前将印度转变成一个发达国家的理想”。[②] 在国际体系中的目标是“在世界上获得她应有的地位，并为

---

① 王伟华：《印度总理访美》，《2006国际形势年鉴》，上海辞书出版社，2006年版，第255页。

② 印度总统阿卜杜勒·卡拉姆2006年1月25日在第57个印度共和国日前夜向全国发表的讲话：“十亿人民：一个理想”，《今日印度》，2006年第1期，印度驻华大使馆出版，第2页。

促进世界和平与人类福祉做出她的充分的和心甘情愿的贡献”。[①]“印度承诺与东盟以及东亚国家一道努力，以使 21 世纪真正成为一个亚洲世纪”。[②]

美国的战略目标是维持其世界领导地位和绝对安全。美国防部 2006 年 2 月 3 日公布的《四年防务评估报告》，将印度、俄罗斯和中国都作为“处于战略十字路口国家”。其中，它认为“印度正在成为一个大国和一个重要的战略伙伴”，“决心把美印之间的关系转变成一种全球伙伴关系，这种关系将在双方共同关心和关系到双方共同利益的方面发挥领导作用”。而对中国，它提出：“在大国和新兴国家中，中国最有潜力在军事上与美国竞争，并采用破坏性的军事技术，如果美国没有相应的战略与之抗衡，那么随着时间的推移，这将抵消美国传统的军事优势。”但报告也提出：“美国的政策仍然着重于鼓励中国在亚太地区发挥建设性的、和平的作用，并在解决共同的安全挑战方面充当美国的伙伴，这些挑战包括恐怖主义、大规模杀伤性武器扩散、毒品和侵犯知识产权行为……美国的目标是使中国继续作为经济伙伴，并成为负责任的利益相关者、世界上一个向善的因素。”[③]

因此，中印两国的战略目标是并行不悖的，相互间共同利益远远大于分歧，它们都致力于国内经济发展，并希望实现地区与世界和平。而中美之间也有许多利益交汇点，它们的战略目标并不是相互冲突的，虽然有相当多矛盾之处。

第三，中美印能否避免“安全困境”？“安全困境”概念是新现实主义理论的理论基础之一。肯尼斯·沃尔兹指出：“自希腊的修昔底德和印度的考蒂利亚时起，武力的使用以及控制武力的可能性一直是国际政治着重研究的对象。约翰·赫茨新创了‘安全困境’一词以描述这种状态，在此状态中，

---

① 印度首任总理尼赫鲁语，转引自印度外交秘书萨兰 2006 年 1 月 11 日在上海国际问题研究所发表的演讲：“目前印度的外交政策”，《今日印度》，2006 年第 1 期，印度驻华大使馆出版，第 18 页。

② 印度总理曼莫汉·辛格 2005 年 12 月 12 日在吉隆坡在东盟经济顾问委员会领导人特别对话会议上的主题演讲，《今日印度》，2005 年第 11 期，印度驻华大使馆出版，第 2 页。

③ http：//www. defenselink. mil/pubs/pentagon/.

各国都无法摸透彼此的意图，为了安全，各国便将自己武装起来，而在这样做时，恶性循环便形成了。各国出于安全考虑将自己武装起来后，更感不安全，需要购买更多的武器，因为保护任何一国安全的手段是对其他国家的威胁，而后者又转而武装起来作为对前者的反应。”①

但是，中、美、印之间是有可能避免“安全困境”的。首先，安全的内涵正在发生重大变化，传统军事安全虽然仍很重要，但非传统安全威胁的上升促使中、美、印更多进行合作。世界正处于一个新的经济全球化时代，在“地球村”中，中、美、印共同面临恐怖主义、传染性疾病等许多非传统安全威胁，需要合作加以应对。

其次，实现安全的手段发生了很大变化，虽然军事力量仍然非常重要，但发展经济、相互合作和建立军事信任措施在实现国家安全方面的重要性大大上升。例如，中印都将经济发展作为各自发展战略的中心，国防现代化必须与经济发展相协调。它们并没有相互将对方作为军事对手，其国防现代化也不是针对另一方的。而且，近年来两国关系有了很大改善和发展。在中印两国总理 2002 年和 2003 年互访期间，双方表示愿意加强 1996 年中国国家主席江泽民访印时提出的两国“长期建设性伙伴关系”。这标志着中印关系在经历了长期曲折之后进入比较成熟时期。中国总理温家宝 2005 年 4 月访问印度时，双方决定建立“中印面向和平与繁荣的战略合作伙伴关系”，并签署了关于解决边界问题政治指导原则的协定。中国国家主席胡锦涛 2006 年 11 月访问印度时，双方表示“拓展全面互利合作”。两国在建立军事信任措施方面也取得很大进展，非常有助于中印避免陷入“安全困境”。1993 年和 1996 年两国政府分别签署了《关于保持中印边境实际控制线地区和平与安宁的协定》和《关于在中印边境实际控制线地区军事领域建立信任措施的协定》，对中印边境实际控制线地区稳定与和平起到了积极作用。

再者，共同利益的增加有助于中美、中印之间减少从最坏的可能预期对方的意图。以中美关系为例，冷战结束后，中美之间在安全方面共同利益不是减少了而是增加了，合作基础不是缩小了而是扩大了，由以军事安全为主

---

① ［美］肯尼斯·沃尔兹著，胡少华、王红缨译：《国际政治理论》，中国人民公安大学出版社，1992 年版，第 225 页。

转变为综合性安全。中美都希望看到亚太地区的稳定与发展，而两国保持健康稳定的双边关系，是维护亚太地区和平与稳定的最重要因素之一。中美只有进行战略对话和加强合作，才能有效处理和解决朝鲜半岛、南亚等地区热点问题。而且，中美都是联合国安理会常任理事国，对国际事务负有特殊责任。反恐、防止大规模杀伤性武器扩散及各国共同面临的其他全球性问题，也都需要包括中美在内的各大国加强对话与合作，以寻求解决途径。布什政府上台后，中美表示要致力于建立两国建设性合作关系。布什总统认为，中美关系是正面和复杂的，合作领域日益宽广。中国是伟大的国家，国际地位显著上升，是维护世界和平的关键伙伴，对世界和平发挥着日益重要的影响。[①] 他表示“欢迎一个和平、繁荣并支持国际制度的中国的兴起。作为国际体系的利益攸关方，我们两国有很多共同的战略利益”。[②] 中美两国领导人经常互访和会面。2005 年两国开始进行战略对话。而且，中美两国建立军事信任措施进程取得一定进展。中美安全合作关系的发展，以及两军建立军事信任措施进展有助于避免两国走入“安全困境”。

二、中、美、印三边关系的自由制度主义分析

自由制度主义理论的核心论点包括：我们生活在一个相互依存的时代，全球化不仅导致经济相互依存增加，还导致环境、社会、与武力相关的相互依存增加；相互依存影响着世界政治和国家行为，而政府行为也影响着相互依存的模式；国际机制是建立在国家理性基础上的，既是对冲突的反应又是对冲突的限制，国家的理性本质是国际机制与合作的基础；和平与全球合作在国际组织和国际机制维持下是可能的，国际组织、正式和非正式的国际规则可以避免冲突，加强合作。运用自由制度主义理论对中、美、印三边关系进行分析，可以看出以下特点：

① 布什总统 2006 年 4 月 20 日在美国白宫欢迎中国国家主席胡锦涛时的致词，李学江：“一次成功的峰会”，载《人民日报》2006 年 4 月 22 日。

② 布什总统 2006 年 4 月 20 日在美国白宫与中国国家主席胡锦涛会谈时的发言，载《人民日报》2006 年 4 月 21 日。

一是中、美、印相互依存关系不断加深。从经济方面来说，中国是美国的第三大贸易伙伴和第四大出口市场；美国是中国第二大贸易伙伴和第六大进口来源地。中美建交以来，双边贸易额从1979年的不足25亿美元增长到2005年的2116亿美元，增长了80多倍。① 中美经贸合作互利双赢，给两国人民带来了实实在在的利益。中美经贸依存度进一步增强，双边经贸合作对两国经济推动作用日益显著。物美价廉的中国商品每年为美国消费者节省1000多亿美元的支出。而且，截止2006年底，中国1万亿美元外汇储备中的约4000亿美元购买了美国有价证券，仅次于日本，居世界第二位，使美国可以超前消费。② 中国是印度最大的贸易伙伴，印度是中国第十大贸易伙伴。中印贸易额2005年达187.1亿美元，比2004年增长近38%。2007年达到387亿美元，是1995年的33倍，年均增长34%。③ 2006年11月，两国签署《中印双边投资促进和保护协定》。两国决定，将努力使双边贸易额到2010年实现400亿美元。④ 美国是印度第二大贸易伙伴国。美印商品贸易额2005年为250亿美元左右，预计2009年将达400亿美元。美国对印度出口额2002年至2005年翻了一番，每年增长40亿至80亿美元。美国是印度第二大外国投资来源国，占1991年至2005年中期印度外国直接投资总额的16%，⑤ 其中还不包括美国通过以避税港闻名的毛里求斯流向印度的投资。

随着全球化的迅速发展，相互依存也扩大到安全方面。特别是在非传统安全领域，中、美、印存在一定程度的相互依存，因为恐怖主义、环境污

---

① 胡锦涛：《深化互利合作 促进共同发展—在美国西雅图午餐会上的讲话》，2006年4月19日，《人民日报》，2006年4月21日，第2版。

② 中国人民银行：《2005年国际金融市场报告》，转引自《人民日报》，2006年6月24日，第2版。

③ 张幼文、黄仁伟等著：《2006中国国际地位报告》，人民出版社，2006年第1版，第208页。

④《中印联合宣言》（新德里，2006年11月21日），《今日印度》，2006年第11期，印度驻华大使馆出版，第12页。

⑤ 中华人民共和国外交部网站，http://www.fmprc.gov.cn/chn/wjb/zzjg/yzs/gjlb/1328/1328x0/default.htm。

染、大规模自然灾害、毒品走私、跨国犯罪、传染性疾病等的威胁是跨国的，没有哪个国家可以单枪匹马解决它们。有印度专家提出中印一体（Chindia）的概念。[①] 虽然要达到这一水平还有很长的路要走，但这也表明两国之间相互依存关系的发展。美国和英国学者提出中美经济一体（Chimerica）的概念。[②] 这也说明中美两国在经济上相互依存的程度。

二是与中、美、印有关的国际合作机制在发展。国际机制能够对国家间关系提供多种有利条件。[③] 就中、美、印三边关系发展而言，机制内的互动和机制化的规则能促进它们在不同议题上互动，增加相互依存；能够使国家的承诺更具有可信度，在整体上增加中、美、印之间相互礼让的行为；能够提供资讯，促进合作，防止有的国家利用参与制度进行有意的欺骗；能够降低合作成本，提高合作收益。

目前中印都在考虑建立未来亚洲合作框架问题，而美国也希望继续保持在亚太地区的地位和影响。中国对亚太合作和东亚合作都抱持积极的建设性态度。中国支持亚太经合组织“建设亚太大家庭”的目标，与该组织其他成员一起积极争取如期实现“茂物目标”，认为1994年茂物目标的确立“是亚太大家庭建设的一个重要标志”。中国主张，亚太经合组织应“以实现贸易和投资自由化、便利化为目标不断扩大市场开放，以经济技术合作为杠杆不断消除发展差距，以共同应对本地区面临的重大挑战为目标不断深化合作”，“应该发挥积极作用，引导亚太地区自由贸易协定有序发展”。[④] 中国2001年在上海主办了亚太经合组织第九次领导人非正式会议，2005年主办亚太

① Jairam Ramesh（印度经济学家、国会联邦院议员、国大党少壮派领袖）新著：Making Sense of Chindia：Reflections on China and India，转引自谭中：《中美印新三角互动观察》，《中国评论》，2005年9月号（总第93期），第82—83页。

② 美国哈佛大学教授尼尔·弗格森和英国经济学家莫里茨·舒拉里克：《“中美经济共生体”在认识》，美国《华尔街日报》，2007年2月6日。

③ Robert O. Keohane，Lisa Martin，“The Promise of Institutionalist Theory，” *International Security*，Vol. 20，No. 1（1995），p. 42.

④ 胡锦涛主席2005年11月18日在亚太经合组织第十三次领导人非正式会议上的讲话，载《人民日报》2005年11月19日。

经合组织可再生能源研讨会，2006年主办亚太经合组织新发传染病研讨会。中美在亚太经合组织框架下有积极互动和合作，亚太经合组织领导人非正式会议也成为中美两国领导人每年会晤的重要机会之一。中国积极参加2005年12月的首届东亚峰会，认为该峰会“是本地区各国相互依存、共同利益不断扩大的必然结果，标志着东亚合作进入一个新的发展阶段”[①]。中国支持东亚合作保持透明和开放，倡导开放的地区主义，认为“印度、澳大利亚和新西兰参与到东亚合作进程中，必将为今后的合作开拓更大的发展空间”，欢迎俄罗斯参加东亚峰会，也欢迎美国、欧盟等区域外国家和组织与东亚合作建立联系，为东亚的稳定与发展发挥建设性作用。

印度对泛亚区域合作持积极态度，认为这是亚洲发展的方向，并希望通过泛亚区域合作进程在亚洲发挥更大作用。印度政府1992年提出“东向”政策，表现出对与东亚国家发展关系的强烈兴趣。2003年印度与东盟达成全面经济合作框架协议。2005年初印度总理辛格重提前总理瓦杰帕依2003年在巴厘提出的关于建立“亚洲经济共同体”的建议，认为亚洲国家应该朝着建立“亚洲经济共同体”和“泛亚洲自由贸易区”的目标努力。[②] 印度外交部联合秘书康特表示，印中两国现在都在考虑建立未来亚洲合作框架问题，应在这方面进行合作。[③] 当然，印度也认识到，建立“亚洲经济共同体”的进程不可能一下子包括所有亚洲国家，因而主张可先由东盟国家、中国、日本、韩国和印度等14个国家开始这一进程，然后再进一步扩大。但印度还存在着中国不支持其参加亚太经合组织的担心。

美国一直认为自己是太平洋国家，在东亚和东南亚有着广泛的利益。由于担心被挤出这一地区，近年来，美国在加强已有双边联盟基础上，企图利

---

① 温家宝总理2005年12月14日在首届东亚峰会上的讲话，载《人民日报》2005年12月15日。

② 印度总理曼莫汉·辛格2005年12月12日在吉隆坡在东盟经济顾问委员会领导人特别对话会议上的主题演讲，《今日印度》，2005年第11期，印度驻华大使馆出版，第2页。

③ 印度外交部联合秘书（相当于东亚司司长）康特（Ashok k. Kantha）2005年2月20日会见上海国际问题研究所代表团时的谈话。

用一些多边区域组织来维持其在亚太地区的地位与影响。为此，它支持亚太经合组织、东盟地区论坛和朝核问题六方会谈进程，这在客观上有利于亚太地区稳定和发展。例如，在时任美国总统克林顿的建议下，亚太经合组织1993年11月在西雅图举行第一次领导人非正式会议。期间，中美领导人进行了自1989年“6·4事件”之后的首次首脑会晤，制止了两国关系进一步下滑，为中美关系的恢复改善打下基础。自此，每年的亚太经合组织领导人非正式会议都为该组织各国领导人提供在多边场合交流看法的重要平台和进行双边会晤的重要机会。但如果美国抱着“零和”游戏思维不放，企图搞“亚洲版北约”，将对亚太安全产生严重负面影响。

中印在区域合作机制方面既有竞争也在加强合作。近年来，在亚洲，区域和次区域合作机制取得较大发展，如东盟、“东盟＋3”、上海合作组织、南亚区域合作联盟等。中国努力推动区域和多边经济合作，积极促进地区安全合作。中国是上海合作组织成员国，积极参加“东盟＋3”各领域合作，2005年成为南亚区域合作联盟观察员国。印度是南亚区域合作联盟成员国，建立了“东盟＋印度”合作机制，2005年成为上海合作组织观察员国，对参加亚洲其他区域合作组织感兴趣，并希望早日加入。当前，中印两国共同利益在增多，但也存在许多矛盾。中印成为更多的区域和次区域合作组织成员国或观察员国，使两国在这些机制中既存在竞争，但更多的是合作机会。亚洲各种经济和安全合作与对话机制的发展，有助于两国在机制框架下进一步增信释疑、发展合作。

美国是影响亚洲的最大外部因素。美国已与某些亚太国家签订双边自由贸易协定，并在2006年10月在越南河内举行的亚太经合组织非正式首脑会议上试图推动“亚太自由贸易区”（FTAAP）倡议，因此不表示反对亚洲区域经济整合。但美国实际上仍担心亚洲出现类似欧盟的强大区域经济一体化组织和排除美国的多边安全合作机制。亚洲合作和构建东亚共同体已是东亚国家的共识，是大势所趋，不是任何国家所能阻挡的。但美国采取什么样的政策，仍关系到构建东亚共同体进程能否顺利进行。让美国继续在包括亚洲经济发展和安全合作中发挥积极和建设性作用，是符合亚洲国家利益的。随着亚洲合作和东亚共同体进程的发展，亚洲国家可以通过强化亚太经济合作组织、东盟地区论坛、亚欧对话等框架和建立新的多边机制，来加强与亚洲区域外国家，包括美国的沟通与合作。

中、美、印在区域合作机制中已开始某些积极互动，如它们都参加了东盟地区论坛。该论坛主要任务是促进建立信任措施、推进预防性外交和探讨解决冲突的方式。近年来，其参加国还在应对非传统安全挑战方面进行了有效合作。中国在东盟地区论坛中发挥了积极作用。2004 年 11 月在北京举行了首届东盟地区论坛安全政策会议。2005 年中国承办了东盟地区论坛毒品替代研讨会和加强非传统安全领域合作研讨会。在东盟地区论坛中，中国与美国、印度进行了有益的交流与合作。当然，这种交流与合作的加强仍有待各方共同努力。

中、美、印在建立多边能源合作与对话机制方面也开始起步。2006 年 12 月，中、美、印、日、韩五国在北京举行能源部长会议，发表联合声明，表示将在能源结构多元化、扩大清洁替代能源应用、节能提效、战略石油储备、促进全球能源安全等方面加强合作。

三、中、美、印三边关系的建构主义分析

建构主义理论主张用社会视角看待世界政治，认为除了物质结构以外，还存在社会结构。社会结构指行为体行为的文化内容，例如构成社会主流特征和占支配地位的信仰、规范、观念和认识等。社会结构有三个基本要素：分享的知识、物质资源和实践活动。认同构成利益的基础。世界政治行为体和结构之间存在着相互构成关系。运用建构主义理论对中、美、印三边关系进行分析，以下三个问题非常重要：

第一，中、美、印相互认同程度和对利益的界定。建构主义理论主要代表人物之一亚历山大·温特认为："利益依赖于认同。"[①] 国家利益的内容不仅包括有形的物质利益，而且包括价值观等无形的文化利益。从价值观方面来说，在美印关系上，布什总统宣称："印度是伟大的民主国家，共同价值

---

① Alexander Wendt, "Collective Identity Formation and the International State," *American Political Science Review*, No. 2, 1994, p. 88.

观是我们良好关系的基础”。[①] “印度和美国建立起了基于共同价值观之上的战略伙伴关系”。[②] 在中印关系上，中国和印度历史上有类似遭遇，现在面临相似的任务，有诸多共同的价值观。在中美关系上，“民有、民治、民享”是美国先哲林肯提出的民主政治的精髓，中国古代先哲提出“以人为本”和“民为重，社稷次之，君为轻”思想，中美这两种思想虽然有一定的差别，在两国历史上的遭际不同，但在“重民”方面有共同点。中国改革开放以来在构建市场经济体系、民主法治建设和人权方面取得有目共睹的进步。现在中国又提出建设“富强民主文明和谐的社会主义现代化国家”的目标。[③] 只要不是带有偏见的人，都能看到中美在价值观上并不是完全不同的。

即使追求物质的国家利益，也有如何界定的问题。在这里，“自我证实的预言”规律往往会起作用。即一方如果视另一方为敌人，双方就会成为敌人；而如果一方认为可以与另一方合作，双方就会成为合作者。例如，只有中印都发展起来，才会有亚洲的兴起。如果两国都从这一角度看待相互关系，就会更愿意进行合作，更容易解决它们之间的问题。又如，尽管中、美、印之间在能源方面存在竞争，但如果三国根据“零和”游戏来处理能源问题，就都会得不偿失；而如果能在能源方面进行合作，就会出现“双赢”或“多赢”结果。目前中、印、美都已逐渐认识到这一点。时任印度石油和天然气部长艾亚尔 2006 年 1 月访华期间，中印签署了 6 份在能源方面进行合作的谅解备忘录。中美能源合作也取得了进展。

第二，中、美、印战略文化的异同。中印同是具有悠久历史的东方文明古国，两国交往源远流长，双方文化中有许多相似之处。中印文明都是基于多元、多样、宽容理念的。中华民族自古以来讲信修睦、崇尚和平，“己所不欲，勿施于人”，“利而不害，为而不争”，有着“天下情怀与道德理性”

---

① U. S. President George W. Bush, *The National Security Strategy of the United States*, March 2006, http://www.whitehouse.gov p. 39.

② U. S. President George W. Bush, Speech at a news conference with Indian Prime Minister, July 18, 2005, http://www.whitehouse.gov .

③ “中共中央关于构建社会主义和谐社会若干重大问题的决定”，载《人民日报》2006 年 10 月 19 日。

的品格。印度文化的核心是以宗教哲学为基础，而印度宗教哲学的三大精神支柱是仁爱和平精神、超脱精神和强而不暴的自我牺牲精神。印度将“邻国概念看作是一个围绕历史与文化共性之圆心的不断拓展的同心圆的概念……从这一角度看，发展与亚洲国家的关系是我们优先考虑的问题之一”。[①] 中印 20 世纪 50 年代共同提出的和平共处五项原则既来自中国“和而不同”的思想，也源自佛教的精华，而佛教的精华源于古印度强调的与人为善的生活方式。这种相似的战略文化使中印在冷战结束后都较快接受了新的安全观念，两国都不赞成用陈旧的“均势”或“利益冲突”观念看待双方关系，对 21 世纪世界发展面临的主要问题持有一致和相似的看法。

美国战略文化具有较强的扩张性，不仅认为“安全必须扩张”，迷信实力和武力，而且美国文化中有着向“荒原”传播“文明”的天定命运观念，教化弱小民族的“救世主”思想，惟我独尊心态，这同其要求其他国家接受美国自由民主体制等所谓“输出民主”、“传播自由”战略，显然是一脉相承的。“这些影响美国外交决策的价值观根深蒂固于美国文化之中，当它们体现在美国具体外交政策上时，多数情况下变成了对美国追求自我利益的一种‘堂而皇之’的掩饰或‘振振有辞’的解释”。[②] 这些是造成美与中、印矛盾的一个基本因素。但另一方面，美国战略文化中也有一些比较客观进步的内容。例如，美国不同于老殖民主义，它在现有美国领土之外并不追求领土扩张。又如，冷战结束后，美国一些具有远见的学者和政治家认识到，美国的大战略不应该是谋求全球霸权，而应该将“防止对美国本土的进攻”作为至关重要的国家利益，将“防止欧亚大陆上大国之间爆发战争，并尽量防止可能引发此类战争的激烈的军备竞赛”和“保证美国的石油供应渠道安全畅通，有能力购买到价格合理的石油”作为非常重要的国家利益。[③] 罗伯特·阿特认为：“美国也必须谨慎节制地使用军事手段”，“不受约束的单边主义

---

① 印度外交秘书萨兰 2006 年 1 月 11 日在上海国际问题研究所发表的演讲，《今日印度》，2006 年第 1 期，印度驻华大使馆出版，第 16 页。

② 王晓德著：《美国文化与外交》，世界知识出版社，2000 年版，第 11 页。

③ 罗伯特·阿特著，郭树勇译：《美国大战略》，北京大学出版社，2005 年版，第 7 页。

就像傻瓜手中的金子一样，办事不成反坏事”。[①] 美国战略文化中还有容忍新兴大国的内容。保罗·肯尼迪指出：“同以往大国的兴衰史十分相象，美国也正面临着可称之为‘帝国战线过长’的危险，也就是说，华盛顿的决策者不得不正视这样一种棘手而持久的现实：即美国全球利益和它所承担的义务的总和目前已远远超过它能同时保卫的能力。”[②] 他认为，美国将从它现在这种非常高的地位降到一个较为“正常”位置，但“在这一多极化进程中，美国经济和军事的综合实力可能仍比其他任何一个国家都强大”，“对美国实际利益的唯一严重威胁反倒可能来自不能明智地适应新的世界秩序”。[③] 如果美国政府能够接受这些睿智之见，将有助于美国处理好与新兴的中国和印度的关系。

第三，中、美、印对国际体系的态度。建构主义不是根据在行为体背后起作用的实力分配和权力结构来看待国际体系，而是认为国际体系是由与规范有关联的国际机制组成。中印是国际体系中的新兴大国，但它们都不愿挑战国际体系中居于主导地位的大国——美国的领导地位，也不想打破现有的国际机制和国际规则，而是赞同国际关系民主化，主张在遵循国际法准则、平等和相互尊重、合作以及赞同多极化的基础上推动国际秩序朝公正合理方向转变。中国是当前国际体系的支持者、维护者和改革者，中国和美国现在形成“国际体系中的利益攸关方”关系，这有利于中美关系的稳定和发展。美国作为世界上唯一超级大国，有时实行单边主义，能利用国际机制时就用，不能利用时就绕过，有时甚至使用双重标准。这些对国际机制产生负面影响。但布什政府在伊拉克战争遭受挫折后，在第二任期中较多运用多边机制。例如，在朝鲜核问题和伊朗核问题上美国主要依靠两个六方会谈和联合国安理会，这有助于国际社会在处理这两个问题上形成共识。

---

① 罗伯特·阿特著，郭树勇译：《美国大战略》，北京大学出版社，2005年版，第11页。

② 保罗·肯尼迪著，陈景彪等译：《大国的兴衰：1500—2000年的经济变迁与军事冲突》，国际文化出版公司，2006年版，第503页。

③ 保罗·肯尼迪著，陈景彪等译：《大国的兴衰：1500—2000年的经济变迁与军事冲突》，国际文化出版公司，2006年版，第520—521页。

以上运用现实主义、自由制度主义和建构主义等三种西方主流国际关系理论对中、美、印三边关系进行分析研究可以看出，如各方政策不出现重大偏差，中、美、印三国间并不会形成两角制约第三角的三角关系，而是有可能避免安全困境，建立起对三方都有益的合作关系的。

美国能否利用印度来平衡的制约中国，并不完全取决于美印关系的发展，即使从现实主义角度分析，在经济全球化趋势下，中印之间战略目标是并行不悖的，都集中精力于国内经济和社会发展，都希望有一个长期和平的国际安全环境，共同利益远远大于分歧，只要中国坚持走和平发展道路，印度就不会让美国利用来制约中国。同时，虽然美国作为国际体系中的主导大国与新兴大国中国之间存在结构性矛盾，但中美之间并不一定成为对手。中美之间战略目标有诸多矛盾之处，但也并不是相互冲突的，仍有许多利益交汇点。中国实力发展是相对有限的，它不想挑战美国的世界领导地位，也不愿与美国走入军备竞赛的“安全困境”。而且，历史上也有英国把国际体系中主导大国地位和平转移给美国的先例（虽然英国这样做是迫不得已的）。因此，中、美、印之间有许多共同利益或利益交汇点，如处理得当，是有可能避免“安全困境”的。

用自由制度主义理论分析，随着经济全球化趋势的迅速发展，中美、中印、美印等三对双边关系中的相互依存都在不断加深。这不仅表现在经济领域，而且也扩大到安全领域，特别是在非传统安全方面。中、美、印必须合作来对付恐怖主义、环境污染、大规模自然灾害、毒品走私、传染性疾病等跨国威胁。另外，中、美、印在全球性国际机制，包括联合国中的合作在增加。与中、美、印有关的国际多边机制在发展。多边主义必须以相互合作和协调为基础。中、美、印在国际机制中的合作有助于增进它们的共同利益。在国际多边架构下，霸权主义行为较易受到软制衡，一些双边矛盾较易得到控制和化解。

根据建构主义理论分析，中、美、印之间相互认同程度对它们相互间关系有重大影响。中印之间和美印之间都存在一些共同价值观，中美在价值观上也并不是完全不同的。中印都起源于农业文明，这使它们在许多基本价值观上有相通之处。美国是移民文明，在继承欧洲文明的基础上有自己的独特之处。印度曾长期遭受英国的殖民统治，接受了欧洲发展起来的某些价值观。这使美印在民主等价值观上有相近之处。总的来说，中印战略文化相似之处大大多于美印之间，这使得中印之间在国际问题上有较多相同或相似看法，也较能相互理解。美国战略文化具有较强的扩张性，但也有一些容忍新兴大国的内容。

美国的“一超独大”使国际战略力量对比严重失衡。这是美国进行海湾战争、科索沃战争和伊拉克战争的重要原因之一。现实主义理论认为，维护国际和平要以均势为主，这一观点已为许多历史事实证明是有偏颇的，但它在国际关系中还未完全失效。由于中、美、印关系发展对世界的影响越来越大，从长远说，三国有必要建立相对均衡的三边关系。就目前来看，只要各方处理得当，中、美、印是完全有可能避免“安全困境”，建立“双赢”或“多赢”关系的。

第八节　构建21世纪大国战略稳定框架

在冷战时期，大国战略稳定的框架主要建立在美苏两个超级大国之间战略平衡的基础上。其中，20世纪70年代中期至80年代中期，中、美、苏大三角关系对维持这种战略平衡的稳定起到一定的作用。冷战结束后，特别是“9·11”事件和美国单方面退出《反弹道导弹条约》后，旧的大国战略稳定框架的政治基础不复存在。随着世界多极化和经济全球化趋势的发展，建立新的大国战略稳定框架势在必行。而且，它应该建立在新的理论基础上，并有自己新的特点。

一、构建21世纪大国战略稳定框架的必要性

大国战略稳定框架是全球战略稳定的基础，它有三个要素：（1）主要大国在力量和利益基本平衡和妥协的基础上建立一种稳定的相互关系；（2）它们由于各自的利益或共同的利益都愿意在一个较长时期中维持这种相互关系，没有足够的刺激因素促使它们用武力改变它；（3）使这种战略稳定机制化，

形成一个能为各方接受的框架，包括有约束力的行为规范、国际协定或条约。

在冷战时期，大国战略稳定主要包括“军备竞赛稳定性”和“危机稳定性”。“军备竞赛稳定性”指协调双方军备竞赛的步伐，避免发展那些刺激对方首先进行核打击的武器系统，使军备竞赛控制在不破坏战略稳定性的范围内，增加相互之间的透明度和可预见性。“危机稳定性”指建立危机管理机制，防止双方迎头相撞。在冷战时期通常指在发生政治—军事危机时的“威慑稳定性”，使双方都不感到有向对方发动致命的第一次打击的必要。

冷战时期大国战略稳定框架的主要特点有：

第一，以美苏两极体制为政治基础。第二次世界大战结束后不久，国际上就形成了以美国和苏联分别为首的西方和东方两大阵营。它们在政治、意识形态、经济、军事等方面全面对立。但美苏在严重对抗的同时也存在“并不完全是对抗的关系”。[①] 其表现是“当一个国家的军事力量与潜在敌国的军事力量处于对峙状态时，它必须在明里暗里与对手相互配合，以求避免出现无法挽回的危机，也避免虚惊或误解对方的意图”。[②] 美苏两国对世界霸权的争夺和妥协主导着全球局势的基本走向。

第二，以核军备控制为安全基础。在冷战期间，美国和苏联两个超级大国展开了激烈的军备竞赛，特别是核军备竞赛。它们建立了各自庞大的核武库，双方核弹头的总数最多时达到 5 万余枚，足以毁灭人类好几次，成为对世界和平与人类安全的最大威胁。但另一方面，核武器所具有的巨大杀伤能力，使它与以前的各种武器不同，“有可能遏制战争的发展，因为新的核武器会使威慑具有几乎‘天然的’稳定性”。[③] 在此情况下，美苏两个超级大国把核军控谈判作为它们进行核军备竞赛、争夺核优势的一个组成部分。它们企图通过核军控谈判来避免在争夺中迎头相撞，也企图通过制定核军备竞

---

① ［美］劳伦斯·弗里德曼：《核战略的演变》（中文版，黄钟青译），北京·中国社会科学出版社，1990 年版，第 227 页。

② ［美］托马斯·谢林和莫顿·霍尔珀林：《战略和军备控制》，纽约 20 世纪基金会，1961 年出版，第 1—2 页。

③ ［美］劳伦斯·弗里德曼：《核战略的演变》（中文版，黄钟青译），北京·中国社会科学出版社，1990 年版，第 223 页。

赛规则来维护双方在军事实力和军事技术方面对其他国家的垄断或优势地位，并使双方的军备竞赛在不危及各自安全的情况下“稳定”地进行下去。核军控谈判和核军控协定使美苏两国保持了核均势，并进行合作努力防止其他国家拥有核武器。

第三，以“相互确保摧毁”为理论基础。时任美国防部长麦克纳马拉1964年提出了“确保摧毁”的理论。该战略思想主张侧重打击苏联的城市目标，即在进行第二次打击时，把对方的大多数城市加以摧毁，以威慑对方，迫使对方不敢对美国发动核突袭。20世纪60年代后期，随着美苏相互威慑格局的形成，在“确保摧毁”的基础上，又发展起来一个战略概念：“相互确保摧毁”（MAD）。它与其说是一种战略，不如说是一种被确认了的现实。恰如主持过美国第一颗原子弹研制工程的著名核物理学家奥本海默曾打过的比方：“我们可以把这两个大国比作一个瓶子中的两只蝎子，每一只都能杀死对方，但是必须冒着毁灭自己的危险。”[①] 20世纪60年代下半期至80年代，美国奉行“相互确保摧毁”的核战略理论，苏联也逐步接受了这一战略理论。它的基本含义是，只要美苏双方都拥有能给对方以毁灭性报复的“确保摧毁”能力，则任何一方都不敢挑起核冲突，因而也就保持了战略稳定性，避免了核战争。根据这一战略理论，美国提出，核军控的重点应该是减少那些促使任何一方首先发动第一次核打击的因素，确保双方进行核报复的“第二次打击力量”。而当时它认为，一方部署的反弹道导弹系统“有可能威胁到另一方的报复性的威慑力量”。因此，美国主张限制反弹道导弹系统，并同意将进攻性战略武器数量“向上平衡”。美苏核军备控制遵循的主要规则是，一方面限制防御性的反弹道导弹系统的部署和发展，另一方面，对进攻性战略核武器逐步进行限制和裁减。总的原则是维护稳定的战略平衡，限制并逐步裁减过于庞大的核武库，减少爆发核战争的危险。

第四，以一系列军备控制协议和条约为框架。在冷战时期，国际上签署了一系列军备控制协议和条约，形成了对各国有某种约束力的机制和一个较为清晰的战略框架。这主要分为两大部分：第一部分是美苏为保持核均势而

---

① ［美］罗伯特·奥本海默：《原子武器与美国政策》，载《外交季刊》，1953年7月号，第529页。

签署的双边条约和协定，包括《第一阶段限制战略武器协定》、《第二阶段限制战略武器条约》、《反弹道导弹条约》、《中导条约》等。第二部分是为防止核武器扩散而签署的条约，包括《不扩散核武器条约》、《部分禁止核试验条约》等。这后一部分对无核武器国家带有歧视成分，但《不扩散核武器条约》对在国际范围内形成一个较为稳定的防止核扩散体系起了重大作用，有利于减少世界上核污染和核战争的危险。

应当指出，广大第三世界国家和中小国家也为大国战略稳定框架作出了积极贡献。中国20世纪70年代中期至80年代中期在中、美、苏大三角关系中发挥“四两拨千斤”的作用，[①] 对维持全球战略平衡与稳定起到一定的积极作用。20世纪70年代后，随着第三世界国家力量的逐步壮大，它们不仅对两个超级大国的军备竞赛起到牵制作用，而且还以实际行动为消除核扩散和核战争的危险作出了贡献。例如，1967年签署的《拉丁美洲禁止核武器条约》和1985年签署的《南太平洋无核区条约》为建立无核武器区发挥了积极作用。

冷战时期大国战略稳定的框架对于当时的世界形势是有积极作用的。它符合世界人民反对战争、争取和平的强烈愿望；对维护世界和平、防止核战争的爆发起到积极作用；形成了一个制约军备竞赛和防止核扩散的机制。但它也存在着一些内在的矛盾：美苏两国因为担心相互之间爆发核战争而谋求建立战略稳定，但它们又都想争夺世界霸权和夺取核优势；美苏希望将双方的核军备竞赛纳入可预见的范围内，但两国又都对对方有着根深蒂固的敌对和不信任，因担心自己核力量不足以威慑对方，而拼命发展核武器和提高核实战能力。美国和苏联激烈的核军备竞赛使它们的核力量发展到足以毁灭人类好几次的程度，而这种“超杀”能力又使它们的核军备竞赛走到了双方愿望的反面：它们原是为了自身安全而大肆扩充核军备，结果核武器的大量积累使它们更加不安全；它们最初是为了准备打核战争而发展核军备，结果核力量的巨大毁灭能力使美苏都不敢轻易发动核战争。

---

① 高金钿主编：《邓小平国际战略思想研究》，国防大学出版社，1992年版，第128页。

由于美苏冷战的结束，冷战时期大国战略稳定框架中的一些内在矛盾不再存在，它的政治基础已经消失，理论基础也不再适用。但由一系列军备控制协议和条约形成的对各国有某种约束力的国际机制，在冷战后时期仍然在世界上发挥积极的作用，特别是对促进核裁军和防止大规模杀伤性武器扩散有重要意义。对此，中国政府给予了积极的评价："经过多年的努力，国际社会已建立起一套相对完整的军控与裁军法律体系。作为以联合国为中心的全球总体安全框架的重要组成部分，该体系增强了国际关系的可预测性，为维护国际和平、安全与稳定发挥了重要作用。"[①]

冷战结束后，特别是"9·11"事件以来，国际战略形势出现一些新的特点：首先，非国家行为者挑战主权国家成为影响国际战略形势的一个重要因素，其中在国际安全和政治领域最突出的是恐怖主义。其次，非传统安全威胁，特别是恐怖主义在国际上的影响突出起来。再次，非对称性战争成为战争的主要形式之一，以美军为主的联军与塔利班和本·拉登进行的阿富汗战争的实际上就是这种形式的战争。国际战略形势的这些新特点促使大国进一步加强合作来应对新的威胁和挑战。

2001 年 12 月 13 日，布什总统宣布美国单方面退出《反弹道导弹条约》。由于该条约是冷战时期延续下来的美俄战略稳定框架和国际核裁军框架的基石之一，因此美国退出该条约使原有的大国战略稳定框架受到严重削弱。美俄两国领导人 2002 年 5 月 24 日在莫斯科签署《削减战略进攻性武器条约》（SORT）和《美俄新的战略关系联合宣言》。双方在前一个文件中承诺到 2012 年底将两国部署的战略核弹头削减到各 1700 至 2200 枚；在后一个文件中宣称"互相把对方视为敌人或者战略威胁的时代已经结束"，"我们是伙伴，将为推进稳定、安全、经济一体化，为联合对抗全球威胁和促进地区冲突的解决而合作"。[②] 这两个文件虽然为美俄新的战略关系建立了初步的框架，但随着世界多极化趋势的发展，仅仅在美俄之间建立战略稳定框架是无法实现全球稳定的。在 21 世纪，有必要建立所有主要大国之间的战略

---

① 时任中国外交部长唐家璇："在联合国裁军研讨会上的讲话"，北京，2002 年 4 月 2 日。

② http://www.washingtonpost.com/wp-dyn/articles/A3360－2002May24.html.

稳定框架。

二、影响构建 21 世纪大国战略稳定框架的若干主要因素

其一，美国“单极世界”企图与多极化趋势和国际关系民主化潮流的互动消长。冷战结束以后，美国成为世界上唯一的“超级大国”或“超强国”，并企图长期维持其“一超独霸”的地位和实现“单极世界”。与此同时，世界多极化的趋势虽然遭遇艰难曲折，但仍继续向前发展。

对 21 世纪美国在国际上地位的趋势，美国内有不同的评估。美政界主流派认为，美将长期保持唯一超级大国的地位。乔治・W・布什总统提出，美“正处于全盛时期”，①“拥有独一无二的力量和无可比拟的影响”。② 布热津斯基认为：“我们至少开始了一个新的美国世纪”，“至少对于下一代来说哪个地方会出现竞争对手呢？印度？不可能。中国？即使它像现在这样发展下去，20 年之后仍然还是一个穷国。日本？一个不值得认真对待的竞争对手。唯一一个值得一提的挑战者将是欧洲……”③

但美国也有一些人士认识到，美国唯一超级大国的地位在 2015 年后将遭遇严重挑战。哈佛大学教授塞缪尔・亨廷顿认为，15 年后“欧盟和中国将是主角。在正常情况下，俄罗斯将东山再起，印度可能会崛起成为一个有影响的角色。长期趋势无疑是朝着这几个大国的力量进一步平衡、美国优势下降的方向发展。美国的相对实力将逐渐削弱。美将不再有掌管整个世界的

① The Inaugural Speech by President George W. Bush at the Inaugural Ceremony, January 20, 2000, American United Press, Washington.

② The Speech by President George W. Bush at the meeting of nominating Collin Powell as Secretary of State, December 17, 200, French News Agency, Texas.

③ 德国《明镜》周刊 2001 年 1 月 1 日刊登的一篇对美国前国务卿兹比格纽・布热津斯基的专访。

意愿，整个世界也将越来越不能容忍美国的这种图谋”。[①]

总的来说，前一种观点在美仍是主流派的看法，但接受后一种观点的人在增加。这些观点的演变发展将对美全球战略的趋势产生重大影响。

与世界上一切事物一样，以实力为基础的霸权有它产生、发展和强盛的阶段，也有它的衰落时期。有的国际关系理论认为，历史上没有永恒的霸主，但它们的寿命长短差别很大。[②] 莫德尔斯基“长周期理论”则认为，霸权国（又称为世界领导国）位置更替的周期基本呈现规律性发展，这个“长周期”大约为一个世纪。[③] 如果从第二次世界大战结束算起，美国成为世界“领导国”已经有60余年。冷战结束以来，美国作为霸主原有权力的合法性逐渐遭遇世界多极化趋势和国际关系民主化趋势的压力。“9·11”事件对美国既是挑战，也是机遇。美国以“反恐”为旗号，不仅在世界范围内直接打击威胁美国本土安全的恐怖主义，而且企图重新确立和巩固美国的世界“领导国”地位。

尽管“9·11”事件使美国经济发展进一步放缓，但美经济实现了“软着陆”，在不很长的时间里从经济疲软中恢复。美国这个全球最大经济体的国内生产总值（GDP）2000年几乎等于当时全球第二至第六经济体——日本、德国、法国、英国和意大利——的总和，2005年底达到12万亿美元。

如果美国经济能保持3.3%的增长率，那么到2010年美国的GDP将超过14万亿美元，仍保持全球最大经济体的地位。[④] 根据世界银行的统计和

---

① 美国《洛杉矶时报》国际辛迪加《全球视点》专栏对美国哈佛大学教授塞缪尔·亨廷顿的采访录：《正在形成的另一种世界新秩序：美国外交政策专家预测布什执政期间及其后的全球强权政治前景》，载《曼谷邮报》2001年1月28日。

② 倪世雄等著：《当代西方国际关系理论》，复旦大学出版社，2001年版，第297页。

③ Modelski, George, *Exploring Long Cycles*, Colorado, p.4.

④ 世界银行预测，美国经济2000年至2010年的增长率为3.3%，见World Bank, *Global Economic Prospects and the Developing Countries*: *2001*, published by the World Bank, December 2000。

预测，日本和欧洲4个八国集团的成员国（德、法、英、意）1999年的GDP分别为4.4万亿美元和6.05万亿美元，2000年至2010年的经济增长率将分别为2.2%和2.8%。如果它们能按这种增长率发展，那么到2010年的GDP将分别为约5.6万亿美元和8.2万亿美元。届时美国的GDP将仍然几乎等于它们GDP的总和。

美国在信息技术、生物工程、新材料、微电子技术和太空技术等多数高新技术领域处于领先地位。由于这些技术的研究和应用对促进经济增长的作用越来越明显，美国在未来经济发展上仍具有相当的潜力。

美国近年来大力发展智能武器、激光武器、隐形武器、精确制导武器、太空武器等高技术武器，从而在新军事变革中处于优势地位。这些高技术武器具有前所未有的远距离精确打击和摧毁各种目标的能力。美将它们作为实现国家战略意图和政治目标的有效手段。

从以上这些来看，美国到2010年仍将保持其唯一超级大国的地位。

但另一方面，美国也将面临世界多极化趋势和国际关系民主化潮流越来越大的制约。欧盟和东亚区域合作的发展不仅将有力推动世界经济多极化的趋势，而且将促进世界政治多极化的趋势。同时，国际关系民主化已成为世界上的主要潮流之一。广大中小国家和发展中国家是推动国际关系民主化的主要力量。国际关系民主化潮流与世界多极化趋势相互呼应，成为制约美国“单极化”战略的有力因素。

“9·11”事件后，一些人曾预计这次袭击将迫使美国采取更加多边的立场。但在第一个4年任期中，“布什政府的表现是武断的单边主义的”。[①] 从那时以来，关于美国应在世界上发挥什么作用和采取什么样的对外战略问题，在美国国内和美国的盟国中正在进行一场辩论，主要有两派观点：一派的代表人物包括英国首相布莱尔的外交政策顾问罗伯特·库珀，提出了具有强权色彩的“新帝国论”，主张美国应实行“新帝国”政策，依靠美国强大

---

① Matthews, Jessica, Chairman of Carnegie Endowment for International Peace, Changes in the World During the One Year Since 911, *Policy Brief*, No. 8, August 2002, p. 7.

的军事力量，实现“美国统治下的世界和平”。[①] 与此相似的一种观点主张美国应该实行“仁慈霸权”，彻底改变世界力量对比，巩固美国的霸主地位，打败并解除“恶棍国家”的武装，使其他国家包括俄、中以及欧盟国家等全部永久退居次要地位。

另一派的代表人物是时任美国国务院政策计划委员会主任理查德·哈斯。他主张美国用外交手段“将其他国家和国际组织整合到与美国利益和价值相一致的世界性安排中”，以促进和平与繁荣，并帮助美国对付地区冲突等传统安全挑战和恐怖主义、大规模杀伤性武器扩散等跨国威胁。[②] 这场辩论的结果将对美国未来全球战略的制定有相当大的影响。如果美国更多地采取多边主义的外交政策，将有利于大国之间战略稳定框架的建立；而如果其更多地采取单边主义的外交政策和依靠军事力量，则不利于这种框架的构建。在构建21世纪大国战略稳定框架的过程中，将一直存在是实现“美国统治下的世界和平”还是实现“多极格局下的世界和平”的竞争和斗争。

其二，大国战略武器的实力与控制。美国为维持其“世界领导地位”，企图保持其军事力量“无与伦比的优势”。为此，它不允许其他国家谋求军事优势或与美国平起平坐的军事地位。在2002年1月向国会提交的《核态势评估报告》中，美国防部提出应组成新的“三位一体”战略力量，包括由核与非核进攻性打击力量（包括信息战手段）、主动和被动防御力量（特别是导弹防御）、能及时提供对付正在出现的威胁的新能力的防务产业基础设施等，以代替由洲际弹道导弹、战略轰炸机和战略核潜艇组成的旧的“三位一体”战略报复力量。这大大扩大了战略武器的范畴，使核武器、导弹防御系统、高技术常规武器、太空武器、信息战手段等都纳入战略力量范畴。美国单方面退出《反弹道导弹条约》，为其大力发展导弹防御系统解除了束缚。这些都加大了控制战略武器和实现战略稳定的难度。

---

① The observer, Why We Still Need Empires, April 7, 2002, http: //www. observer. co. uk/worldview/story/.

② Haass, Richard, *Defining U. S. Policy in a Post-Post-Cold War World*, the Arthur Ross Lecture, Remarks to Foreign Policy Association, New York, April 22, 2002, http: //usembassy. state. gov.

其三，打击恐怖主义。“9·11”事件后，世界各国以及联合国和其他国际组织都严厉谴责恐怖主义，在反恐问题上表现出空前的一致。世界各国在全球反恐斗争中加强合作，表现了国际社会打击恐怖主义的强烈意愿和坚定决心。同时，反恐合作已成为大国之间新的战略利益交汇点。中美关系明显改善，中欧关系、中俄关系也得到加强。在大国关系中，对抗的因素大大减少，合作协调的因素有所增加。大国之间既相互借重、又相互制约，既相互合作、又相互竞争，成为国际关系的基本态势和突出特点。单边主义政策和单极世界构想，遭到许多国家的批评和抵制。大国之间建设性合作关系的发展，为它们构建相互之间新的战略稳定框架创造了良好条件。

三、构建21世纪大国战略稳定框架的理论基础与前景

冷战结束以后，特别是“9·11”事件和美国单方面退出《反弹道导弹条约》后，“相互确保摧毁”这个旧的大国战略稳定框架的理论基础已经不适用了。21世纪大国战略稳定框架必须建立在新的理论基础上。当前，国际安全形势正在发生深刻变化。安全的内涵扩大了，不再是单纯的军事问题，还涉及政治、经济、金融、科技、文化等诸多领域。各国在安全方面的共同利益明显增加，相互依存性加深。安全的游戏模式正在发生变化，由原来的“零和”游戏转向更多地寻求“双赢”或“共赢”。单一的军事手段已不足以应付多种多样的安全挑战，维护安全的手段面临更新的需要。

近年来，中国主张维护安全需要有新观念，一直在提倡树立以互信、互利、平等、协作为核心，以通过对话增进相互信任、通过合作促进共同安全为宗旨的新安全观。① 这个新安全观应该成为构建新世纪大国战略稳定框架的理论基础。首先，互信是指大国间应超越意识形态和社会制度异同，摈弃冷战思维和强权政治心态，通过建立各种信任和安全措施，增加相互信任，

① 时任中国外交部长唐家璇：“在五十七届联合大会一般性辩论上的讲话”，纽约，2002年9月13日，载《人民日报》2002年9月16日，第7版。

做到互不敌视、互不猜疑。第二，互利是指大国应顺应全球化发展的客观趋势，在维护本国利益的同时，互相尊重对方的安全利益，在实现自身安全利益的同时，为对方安全创造条件，实现共同安全。第三，平等是指国家间应相互尊重，平等相待，不干涉别国内政，推动国际关系的民主化。第四，协作是指大国应就共同关心的安全问题进行广泛深入的合作，消除隐患，以和平方式解决争议，防止战争和冲突的发生。

总起来说，新的战略稳定框架的理论基础应是合作安全、综合安全、协调安全和共同安全。同时，新的战略稳定框架不仅应处理核武器与导弹防御系统等传统战略安全问题，而且也应使大国通过有效机制在反对恐怖主义、防止大规模杀伤性武器扩散、地区安全和跨国安全问题等方面进行合作。

"9·11"事件后，美国也认识到大国合作的重要性。布什总统说："我们得到了百年不遇的最佳时机，建设一个各大国之间和平合作、不再持续备战的世界"，"大国间的竞争是不可避免的，但我们之间在这个世界上的武装冲突是可以避免的"，"美国获得的最大机遇是建立维护人类自由的世界均势"。[①] 2002 年 9 月 20 日发表的布什政府第一份《国家安全战略报告》认为："今天世界大国发现我们站在同一边——联合起来对付恐怖主义、暴力和混乱的危险"，"我们将用在大国之间建立良好关系的方法来维护和平"。[②]这些表明，布什政府愿意建立一个大国合作保持和平的框架。

但另一方面，布什政府的战略理念和对外政策中又存在一些严重的内在矛盾和制约因素：首先，它认识到多极化趋势的发展前景，承认存在"其他主要的全球力量中心"，[③] 但又企图继续保持美国的"世界领导地位"。第二，它表示要实现"大国之间和平合作"，但又将"维护人类自由的力量均

① U. S. President George W. Bush，The Assurance of Freedom，*New York Time*，September 12，2002.

② The White House，The National Security Strategy of the United States，September 20，2002，http：//www. whitehouse. gov/nsc/.

③ The White House，The National Security Strategy of the United States，September 20，2002，http：//www. whitehouse. gov/nsc/.

势”概念作为布什政府处理大国关系的主要理论。① 第三，它一方面强调要“维护和平”，但另一方面，又准备对威胁美国利益的敌人发动“先发制人的打击”。② 第四，它宣称要“利用这个机遇将自由的好处扩展到全球”，但往往用美国的观念来定义“自由”，并企图以此干涉其他国家的内政。这些都将对建立新的大国战略稳定框架的进程产生负面影响。

中国与俄罗斯1996年决定建立和发展两国“平等信任、面向21世纪的战略协作伙伴关系”。这种“战略伙伴关系”与冷战时期的“盟友关系”或“战略合作关系”有着本质的不同。它不是针对第三国的、不带结盟性质，其主旨是争取不搞对抗，相互友好，加强合作。这种关系是平等的、相互尊重的，同时不是排他性的。俄总统普京认为，俄中两国“向世界显示了一种新的国家关系模式”。③ 俄罗斯对建立未来大国战略稳定框架也有自己的思考。2002年6月，普京总统主张，美、中、俄三国应共同形成“稳定弧形”。④ 他还提出建立由北约、独联体集体安全体系和上海合作组织组成的“稳定弧形区”。⑤ 普京认为，新的国家关系模式的主要特征应该有：拒绝建立军事联盟，紧密协调以维护共同利益、高质量的伙伴关系，以相互信任的精神处理所有事务等。⑥ 俄政府高级官员指出：“唯有通过密切的国际合作，

---

① The White House, The National Security Strategy of the United States, September 20, 2002, http: //www. whitehouse. gov/nsc/.

② The White House, The National Security Strategy of the United States, September 20, 2002, http: //www. whitehouse. gov/nsc/.

③ 俄罗斯总统普京2002年7月6日在圣彼得堡接待中国国家主席江泽民时的讲话，载 The Russia Issues, Com, http: //www. yahoo. com。

④ 俄罗斯总统普京2002年5月20日在记者招待会上的谈话，载 The Russia Issues, Com, http: //www. yahoo. com。

⑤ 俄罗斯总统普京2002年6月6日在会见《人民日报》记者时的谈话，见 Natalia Alekeyeva 文章：From Triangle to Arc，载 The Russia Issues, Com, http: //www. yahoo. com。

⑥ 俄罗斯总统普京2002年7月6日在圣彼得堡接待中国国家主席江泽民时的讲话，载 The Russia Issues, Com, http: //www. yahoo. com。

才能真正地获得地区和全球稳定，才能解决俄罗斯面临的诸多问题。”[①] 这些主张与中国的新安全观有许多相同或相似之处。

由于现在美俄之间已经初步建立了战略稳定框架，以及中俄之间建立了战略协作伙伴关系，因此有必要建立中美之间战略稳定框架。这个框架应该包括两个组成部分：一是两国在安全领域的合作协调机制，包括双方在反恐、地区热点、防扩散、跨国安全等方面的合作机制等。二是两国危机预防机制，包括双方在政治和军事方面的建立信任措施、防止冲突机制和危机管理机制等。例如，因为中国的核武器数量很少，如果美国部署导弹防御系统，将对中国的核反击能力构成一定的威胁。鉴于这种状况的存在，中美两国需要就这一事关战略稳定的问题进行磋商。这一框架的基础之一是美国必须坚持和严格执行“一个中国”政策。要建立这个框架，需要首先建立制度性的、多层次的两国战略对话机制。由于中美两国领导人的最高级会晤对于改善和推进两国关系具有重大意义，应该努力使其实现定期化和制度化。

现在大国之间的合作与协调在增加。从 1815 年至 1914 年的百年时间里，由于实现了大国协调，欧洲保持了相对和平与战略格局相对稳定的局面。如果在当今时代能够保持大国协调，并建立全球战略稳定框架，将有利于世界的稳定与安全。

随着世界多极化趋势和国际关系民主化潮流的发展，有希望逐步建立几个大国之间的双边战略稳定框架，并在此和各种全球、地区安全合作机制的基础上，在国际社会成员、特别是广大发展中国家广泛参与的情况下，形成新型全球安全架构。为此，我们应该高度重视与其他主要的全球力量中心，如欧盟等，以及其他潜在的全球性大国，如印度、日本等发展各种伙伴关系，并积极推动各种地区或次地区安全合作机制的形成和发展。

新的大国战略稳定框架应该与联合国等现有的全球安全机制和各种地区安全机制形成相辅相成的关系，共同形成全球战略稳定框架，为推动国际政

① 俄罗斯副外长阿列克谢·梅什科夫：《战略稳定学说——21 世纪初的俄罗斯外交和安全政策》，载俄《独立报》2002 年 8 月 8 日。

治经济秩序向更加公正合理方向发展服务，并成为其中重要的组成部分。新的大国战略稳定框架的形成将有利于中国维护经济发展所需要的长期和平稳定的国际安全环境，从而有利于中国的国家利益。它也将有助于包括亚太地区在内的世界的稳定与安全，有助于中国继续发挥负责任大国的作用，从而有利于其他所有国家的利益。

第五章

世界经济体系转型及其对国际体系的影响

美国著名学者伊曼纽尔·沃勒斯坦（Immanuel Wallerstein）在20世纪70年代提出“世界体系理论”。他认为，现代世界经济体系是“中心—边缘”结构，即存在着中心地区、边缘地区和半边缘地区三个组成部分。① 随着近年来经济全球化和区域经济一体化趋势的迅速发展，世界经济体系开始向板块与网络并存结构转型。板块与网络即是一个矛盾的统一体，既相互矛盾，又相互依存。这种转型将是一个长期的进程。它将对世界政治、经济和国际体系产生重大影响。

第一节　世界经济体系结构转型的特点

沃勒斯坦认为：“世界体系是一个社会体系，它具有范围、结构、成员

① ［美］伊曼纽尔·沃勒斯坦：《现代世界体系》（第1卷），尤来寅等译，高等教育出版社，1998年第1版，第15页。

集团、合理规则和凝聚力。”[①] 他写到：“表现为一个社会体系的特征是基于这样的事实，即这个体系内的生活上是独立自足的，而且这个体系发展的原动力大体上是内在的。”[②] 沃勒斯坦提出：“迄今为止只存在过两种不同的世界体系：一种是世界帝国，在这些世界帝国中，存在一个控制大片地域的单一政治体系，不论其有效控制程度减弱到什么程度；而在另一类体系中，在其所有的，或几乎所有的空间不存在这样的单一政治体系。”[③]

根据沃勒斯坦的观点，16 世纪以前，“世界性体系”主要表现为一些世界性帝国，如罗马帝国、中华帝国等。从 16 世纪开始，随着资本主义生产方式的产生，开始以西北欧为中心，形成“世界性经济体系”。它不同于“世界性帝国”之处在于，它有一个自成一体的经济网络，却没有一个统一的政治中心。在这个世界经济体中占据优势地位的地区，主要是西欧和北美地区，是中心区域；而广大亚非拉地区，由于受到欧洲国家的殖民统治，或是新独立建成民族国家不久，是这一世界经济体系的边缘区域；在这两者之间的是半边缘区域。三个不同的组成部分承担着三种不同的经济角色：中心区域利用边缘区域提供的原材料和廉价劳动力，生产加工制品向边缘区域销售牟利，并控制世界体系中的金融和贸易市场的运转。边缘区域除了向中心区域提供原材料、初级产品和廉价劳动力，还提供销售市场。半边缘区域介于两者之间：对中心区域部分地充当边缘区域角色；对边缘区域部分地充当中心区域角色。

在冷战时期，根据当时苏联的观点，存在着社会主义市场和资本主义市场这两个平行的世界市场体系。但这只是一个不长的插曲。冷战结束后，这两个平行的世界市场体系变为只有一个单一的世界市场体系。近年来，世界经济体系的结构开始从“中心—边缘”结构向板块与网络并存结构转型，其

---

① ［美］伊曼纽尔·沃勒斯坦：《现代世界体系》（第 1 卷），尤来寅等译，高等教育出版社，1998 年第 1 版，第 347 页。

② ［美］伊曼纽尔·沃勒斯坦：《现代世界体系》（第 1 卷），尤来寅等译，高等教育出版社，1998 年第 1 版，第 347 页。

③ ［美］伊曼纽尔·沃勒斯坦：《现代世界体系》（第 1 卷），尤来寅等译，高等教育出版社，1998 年第 1 版，第 347—348 页。

主要特点有：

一、区域经济合作和区域一体化趋势迅速发展

近年来，区域经济合作和一体化迅猛发展，开始形成欧盟、北美和东亚三个大的经济板块和其他一些较小的经济板块。

欧盟2007年1月扩大后，拥有27个成员国，人口4.9亿，总的国内生产总值约14万亿美元。北美自由贸易区1994年开始实施，现在包括美、加、墨三国，人口约4.2亿，总的国内生产总值超过14万亿美元。北美自由贸易区在世界上的影响不亚于欧洲一体化。东亚区域的经济一体化和安全合作进程虽然起步较晚，但发展势头强劲。东亚国家已经开始构建“东亚共同体”的进程。中国将与东盟国家于2010年建立自由贸易区。如能实现，它将是世界上人口最多的自由贸易区，总人口将近20亿，经济规模超过3万亿美元。日本与东盟签订了一揽子经济合作协议，决定在2012年实现经济合作伙伴计划。韩国已与东盟就双边自由贸易协定中的商品自由贸易达成协议。此外，中、日、韩正在就三国自由贸易安排开展联合学术研究。“东亚共同体”如能建成，将形成与北美自由贸易区、欧盟三足鼎立的态势。

北美和东亚经济板块中既包括发达国家，也包括发展中国家。其他发展中国家走联合自强的道路，也建立和加强了一些区域经济合作组织，形成一些较小的经济板块，如非洲联盟、东非共同体、萨赫勒—撒哈拉国家共同体、里约集团、南方共同市场、安第斯共同体、阿拉伯国家联盟、海湾合作委员会等。

这些都促使世界经济体系从“中心—边缘”结构开始向板块结构转型。不过，板块与开放并不一定是矛盾的，板块也可以是开放的，出现开放性与板块性并存。

二、跨国公司形成全球网络

跨国公司是当今世界经济中集生产、贸易、投资、金融、技术开发和转移以及其他服务于一体的经营实体，是经济全球化的主要推动者和体现者。

20世纪80年代以来，跨国公司在全球取得迅速发展。冷战的结束和转型国家的改革开放，更给跨国公司的发展提供了良好的机会。跨国公司正在超越民族国家而成为国际经济活动的主体，其国际生产和经营正在实现全球范围内的最佳资源配置和生产要素组合。跨国公司占世界上国际直接投资的90%以上，使国际直接投资年均增长近30%。2005年中国出口总额的58%来自外商投资企业，外商投资企业的贸易顺差净值占中国贸易顺差总额的83%。同时，跨国公司加速在不同国家建立研发机构，以便最有效地利用当地科技资源，研制出最能适应市场的产品。"跨国公司在这一全球化新阶段中发挥了主导作用"。① 跨国公司形成的全球网络成为当今世界经济体系的重要特征之一。

三、出现新型的三极贸易体系

现在世界上形成一种新型的三极贸易体系。它不仅与过去中心地区与边缘地区之间贸易有所不同，而且是人类历史上几乎从未有过的。第一极是掌握创新工艺和服务的国家，另一极是拥有大量廉价劳动力的国家，第三极是原材料拥有国。第一种贸易是掌握创新工艺和服务的国家与拥有大量廉价劳动力的国家之间进行交换；第二种贸易是低工资地区与原材料拥有国之间进行交换；第三种贸易是拥有自然资源的国家用自己的资源与那些拥有技术的国家进行交换。② 若干发展中国家从边缘向半边缘甚至中心转化，但中心区域国家仍能保持中心地位。

虽然掌握创新工艺和服务的国家主要是过去的中心区域，提供原材料和廉价劳动力的国家仍主要是过去的边缘区域，但在贸易中的角色已发生重大变化，过去的中心区域已转变为以提供创新工艺和服务为主，而拥有大量廉价劳动力的国家转变为直接生产加工制品出售给那些拥有技术的国家和提供

① [法] 让-马克·维托里：《世界贸易的新面貌》，法国《回声报》，2006年3月30日。

② [法] 皮埃尔·帕拉西：《新型全球易货贸易》，法国《回声报》，2006年2月22日。

原材料的国家。例如，中国成为“世界工厂和装配车间”。这一方面表明，拥有大量廉价劳动力的国家和提供原材料的国家在世界经济中的地位有所提高，开始逐渐摆脱边缘化，有些提供原材料的国家已经属于中心区域。另一方面也说明，从“中心—边缘”结构向板块与网络并存结构转型将是一个长期的过程。中心区域由于掌握着创新工艺和服务，仍具有很大的优势。例如，服务部门的很大部分——金融服务、很多娱乐性服务、甚至还有教育部门——现在都可以进行贸易。许多服务的可贸易性第一次超过商品。而且，中心区域仍是“技术含量高、资本密集以及高工资产品所在的地区”。[①]

世界经济体系从“中心—边缘”结构开始向板块和网络并存结构转型，是在若干发展中国家从边缘向半边缘甚至中心转化，但中心区域国家仍能保持中心地位的背景下出现的。

第二节　世界经济体系转型的主要原因

一、区域化与区域主义相互促进

区域化（regionalization）与区域主义（regionalism）是两个有区别的概念。区域化是指某一区域内由非国家实体，主要是跨国公司在市场力量影响下进行贸易和投资所推动的区域经济和社会一体化。而区域主义又称“地区主义”，主要是指国家通过进行相互之间的经济合作安排，建立各种多边机制，包括区域性的经济合作组织，来推动区域经济和社会一体化。

美国学者约瑟夫·奈认为，国际区域可以界定为地理上相联系的一定数目的国家，它们处于某种程度的相互依赖；国际区域主义就是以区域为基础国家间的联合或集团的形成。[②] 中国学者马嫚提出，区域主义具有“国际

① 王正毅：《世界体系论与中国》，商务印书馆，2000年版，第118页。

② Joseph S. Nye, Jr., International Regionalism: Readings, Little Brown and Company, 1968, p. vi—vii.

性、地缘性和组织性。国际性表明了区域主义属于国际关系范畴；地缘性显示了区域主义的存在范围；组织性体现了区域主义的活动空间”。[①] 安德鲁·赫里尔认为可以根据社会凝聚力（social cohesiveness）、经济凝聚力（economic cohesiveness）、政治凝聚力（political cohesiveness）和组织凝聚力（organization cohesiveness）的程度高低所导致的地区相互依赖程度来分析区域主义。[②] 波恩·赫特和A·伊诺塔用“区域融合度”（regionness）的概念来表示区域主义的程度，并将区域融合度由低到高分为5个层次：地理区域（region area）、区域复合体（region complex）、区域社会（region society）、区域共同体（region community）、区域国家（region state）。[③]

近年来，世界上区域化与区域主义都获得很大发展，虽然在各地区发展情况有所不同。例如，在欧洲通常是区域主义发展快于区域化并推动这种进展；而在东亚是区域化发展快于区域主义并推动这种进展。

以东亚地区为例。东亚经济的区域化自20世纪90年代以来发展很快。从1975年至2001年，东亚区域内贸易总量翻了6番，达到年均16%的增长率。中国市场经济的迅速增长成为其重要发动机之一。中国（包括内地和香港）已成为东亚国家出口商品的主要吸纳市场和贸易出超的重要来源。自2001年加入世界贸易组织以来，中国平均每年进口近5000亿商品，为相关国家和地区创造了约1000万个就业机会。[④] 2004年日本对华贸易总额高达2132.8亿美元，占日本外贸总额的20.1%，首次超过对美国贸易总额。中国成为日本最大的贸易伙伴。中国也成为韩国最大的出口对象国。1992年，中国与东盟10国的贸易总额仅为80.8亿美元，2003年增加到782.5亿美

---

① 马嫚：《区域主义与发展中国家》，中国社会科学出版社，2002年版，第10页。

② Andrew Hurrel, “Regionalism in Theoretical Perspective” in Louise Fawcett and Andrew Hurrell (eds.), *Regionalism in World Politics: Regional Organization and International Order*, Oxford University Press, 1995, p. 38.

③ Bjorn Hettne and A. Inota, “*The New Regionalism: Implications for Global Development and International Security*,” UNU/WIDER, Helsinki, 1994, p. 69.

④ 吴邦国：《开创亚洲和平合作和谐新局面——在博鳌亚洲论坛2007年年会开幕式上的主旨演讲》，《人民日报》，2007年4月22日，第1—2版。

元，增长了近9倍。而日本与东盟10国的贸易总额2001年已高达近1300亿美元。同时，东亚区域内相互投资也增长很快。例如，从1979年至1987年，东盟国家对华投资的合同金额仅为1700多万美元。而在从1988年至1997年的10年中，东盟国家在华投资项目共计1.371万个，协议外资为399亿美元，实际投入金额为128亿美元。近年来中国对东盟投资年增幅达60%。又如，至2002年，日本和韩国对华投资分别达到363.39亿美元和151.19亿美元，分别排名第3和第6位。2003年韩国海外投资的45.8%是投向中国。这些都促使东亚经济朝一体化方向发展。

20世纪90年代后期以来，在东亚，国家推动的区域主义合作也有很大进展，包括"东盟+3"、3个"东盟+1"机制、中日韩合作机制和东亚首脑会议等。东亚国家实际上已开始构建东亚共同体的进程。这是冷战后东亚崛起和国际地位上升的重要表现。①

从某种程度上说，欧盟和北美区域主义发展是世界经济体系中心区域国家力图更长时间维持其中心地位的一种措施。

正如沃勒斯坦指出的："世界经济体的发展进程趋向于在本身发展过程中扩大不同地区间的经济和社会差距……作为一个整体，世界经济体的不同地区之间受益不均的情况可能会同时不断扩大。"② 区域主义实际上是对这种情况的应对措施，它与区域化相互促进所导致的区域经济一体化的发展，是世界经济体系结构板块化的重要推动力之一。

二、一些边缘地区国家实现跨越式发展

世界经济体系转型的重要特点之一，是一些边缘地区国家实现跨越式发展成为中心地区国家。沃勒斯坦认为："在现代世界体系的整个历史中，中心国家的各种优势一直在扩大，但特定国家试图留在中心部分内的能力并不

① 参见王正毅：《边缘地带发展论：世界体系与东南亚的发展》，上海人民出版社，1997年版，第212页。

② ［美］伊曼纽尔·沃勒斯坦：《现代世界体系》（第1卷），尤来寅等译，高等教育出版社，1998年第1版，第464页。

是没有受到挑战的……事实上，在这种体系内，在长远的历史时期中，从结构上看，优秀分子的循环出现很可能是不可避免的，这意味着在一定时期中某个占统治地位的国家迟早要被另外一个国家取而代之。”[①]

在12世纪，“从经济意义上说，当时西北欧还是一个非常边缘的地区”。[②] 但由于工业革命最早在这个地区取得进展，西欧和北欧实现了跨越式发展，在18世纪以后成为世界经济体的中心地区。

亚非拉的许多地区在17世纪后逐渐沦为西方国家的殖民地和半殖民地，在政治上受到沉重压迫的同时，在经济上遭受残酷剥削，导致贫困落后，成为世界经济体系的边缘地区。第二次世界大战结束后，广大亚非拉国家先后赢得民族独立。其中一些发展中国家在重新掌握自己的命运后，逐渐探索出适合本国经济发展的道路，成为新兴工业化国家。20世纪70年代末，中国走上改革开放道路。苏东剧变后，出现了一批转型国家，其中一些国家也走上一条适合本国的经济发展之路。美国高盛公司将巴西、俄罗斯、印度和中国作为新兴国家中的“金砖四国”（BRICs），认为它们将成为全球经济中的重量级国家。[③] 该公司2005年12月报告预测，如果不出意外的话，中国经济可能会在2040年超过美国成为世界第一经济大国，印度在2033年可能超过日本成为世界第三经济大国，BRICs总共的国内生产总值可能在2041年超过西方6国（G7减去加拿大）。[④] 高盛公司还将孟加拉国、埃及、印尼、伊朗、韩国、墨西哥、尼日利亚、巴基斯坦、菲律宾、土耳其、越南作为排

---

① ［美］伊曼纽尔·沃勒斯坦：《现代世界体系》（第1卷），尤来寅等译，高等教育出版社，1998年第1版，第464页。

② ［美］伊曼纽尔·沃勒斯坦：《现代世界体系》（第1卷），尤来寅等译，高等教育出版社，1998年第1版，第348页。

③ 美国高盛公司吉姆·奥奈尔等：《全球经济报告第99期：与BRICs一起梦想》，2003年12月1日，http：//www.gs.com/hkchina/insight/research/。

④ 美国高盛公司吉姆·奥奈尔等：《全球经济报告第134期：BRICs国家有多稳固?》，2005年12月1日，http：//www.gs.com/hkchina/insight/research/。

在BRICs之后的新兴的N-11国。[①] 这些新兴的“金砖四国”（BRICs）和N-11国几乎都是过去的边缘地区或半边缘地区国家。现在它们的经济地位正在发生重大变化。亚非拉国家独立和其中部分国家走上适合本国国情发展道路使一些边缘地区国家实现跨越式发展。

最近几年，发达国家和发展中国家的经济对比正在发生变化。据国际货币基金组织统计，2005 年，新兴国家经济产值占世界总产值的一半以上。这是自欧洲工业革命以来的第一次。新兴国家经济平均增长速度达到 6%，而发达国家是 2.4%。这些国家的出口份额增长到 42%，而 1970 年时仅占 20%。在货币市场，新兴国家目前拥有的外汇储备占世界的 2/3。

三、新科技革命发展推动世界经济体系形成网络型结构

20 世纪 80 年代以来，人类社会正在经历一场新的科技革命。以信息技术、生物工程技术、新能源技术和纳米技术等为代表的科技进步日新月异。科技创新出现群体突破态势，新的技术群和新的产业群蓬勃发展。科学技术进入了前所未有的密集创新时代。许多重大创新出现在学科交叉领域，自然科学与人文科学相互渗透。科研成果转化为现实生产力的周期越来越短，技术更新速度日益加快。科技与经济、教育、文化、社会等的联系日益紧密。而且，“当今世界收集、储存、获取和传输信息的边际成本正趋近于零，这种情况可谓前所未有。能够进入因特网的人，全球已逾 10 亿。也许更令人惊异的是，约有 15 亿人使用移动电话。因特网无线接入潜力无限”。[②]

特别是全球即时通讯技术和先进运输技术的发展，促进跨国公司形成全球范围内的最佳资源配置和生产要素组合，从而推动世界经济体系形成网络

---

① 美国高盛公司吉姆·奥奈尔等：《全球经济报告第 134 期：BRICs 国家有多稳固?》，2005 年 12 月 1 日，http：//www.gs.com/hkchina/insight/research/。

② ［英］马丁·沃尔夫：《全球必须认真应对经济大变迁》，英国《金融时报》，2006 年 2 月 1 日。

型结构。

以信息技术革命为核心的新科技革命在极大地推动生产力和生产关系发展的同时，还有力推动了经济全球化趋势的发展。

四、经济全球化趋势促进世界经济体系形成板块与网络并存结构

经济全球化是指生产、贸易、投资、金融等经济行为在全球范围的大规模活动，是生产要素的全球配置与重组，是世界各国经济高度相互依赖和融合的表现。在国际竞争日趋激烈的形势下，经济全球化呈现出全方位发展的态势。世界各国之间、各地区之间在经济、贸易、投资、金融等领域的相互渗透和相互依存大大加深，经济间相互流通的障碍不断减弱，经济融合的需求在日益加强。二战结束后初期，世界贸易额仅为 500 多亿美元。而到 2000 年，世界货物贸易总额近 6.2 万亿美元，世界服务贸易总额达 1.4 万亿美元，两项相加总额已高达 7.6 万亿美元。[①] 2006 年，仅全球商品出口额就将超过 10 万亿美元。整个出口比重将达到全球产量的 30%，而 10 年前这一比重仅为 20%。世界经济正在逐渐真正形成为一个不可分割的有机整体。全球市场加速形成，区域一体化蓬勃发展，世界各国的相互依存达到了空前程度。虽然世界经济体系的一个重要特点是不断把外部区域变成边缘地区，但在经济全球化趋势的冲击下，世界经济体系外的国家已屈指可数。

经济全球化趋势是从两个方面促进世界经济体系板块与网络并存结构。首先，跨国公司形成的全球网络成为当今世界经济体系呈现网络型结构的主要原因。特别是中心区域国家跨国公司的全球布局促进了这种网络型结构的发展

其次，经济全球化趋势导致区域经济一体化趋势的发展。在经济全球化趋势中，面对发达国家建立经济集团的情况，广大发展中国家不得不加快区域经济合作和区域经济一体化，以增强自身竞争力。正如沃勒斯坦指出的那

① 世界贸易组织：《2000 年世界贸易组织年报》，第 18 页。

样："世界体系的生命力是由于压力的作用把世界体系结合在一起，而当每个集团不断地试图把它改造得有利于己时，又使这个世界体系分裂了。"①

例如，2000 年 7 月，非洲统一组织第 36 届首脑会议通过《非洲联盟章程》，决定在非洲统一组织基础上成立非洲联盟（简称"非盟"）。2001 年 7 月，非洲统一组织第 37 届首脑会议通过"非洲发展新伙伴计划"，目标是消除贫困，实现可持续发展，开展双边和多边合作，推动非洲大陆经济一体化。2002 年 7 月，非洲联盟正式接替非洲统一组织。非洲联盟有 53 个成员国。20 世纪 80 年代，非洲国家经济增长超过 2%的只有 6 国，20 多个非洲国家经济负增长，被成为"失落的 10 年"。20 世纪 90 年代初，非洲在政治动荡和经济困境中苦苦挣扎。1994 年经济形势开始逐步改善。非盟成立后，经济明显好转。据世界银行统计，非洲 2003 年经济增长为 3.4%，2004 年为 3.8%，2005 年达 5%。2006 年 1 月举行的非盟第六届首脑会议探讨了在非盟基础上建立非洲合众国的可行性。

当前的区域性经济合作和区域经济一体化是在全球化趋势背景下发展的，成为经济全球化的有机组成部分，实际上是通向全球化的一个阶段。因此，世界经济体系结构板块化趋势实际上是各国顺应全球化潮流，利用全球化机遇，防止和抵御全球化负面影响的结果之一。经济板块是全球化的一个阶段。许多新型的、多层次、多种类的区域经济合作机制主要是地缘经济的产物，是区域经济一体化和区域主义的集中体现。

第三节　世界经济体系转型的主要影响

沃勒斯坦曾预言："当 21 世纪中叶资本主义世界体系让位于后继的体系（一个或多个）时，我们将看看这后继体系是否会更平等。我们不能预测它会是一个什么样的体系，但能通过我们目前政治的和道德活动来影响其结

① ［美］伊曼纽尔·沃勒斯坦：《现代世界体系》（第 1 卷），尤来寅等译，高等教育出版社，1998 年第 1 版，第 347 页。

果。占人类四分之一的中国人民，将会在决定人类共同命运中起重大的作用。”[①] 从现在来看，板块与网络并存结构将是这种后继的世界经济体系的重要特点之一。

世界经济体系向板块与网络并存结构转型将产生的主要影响包括：

一、既刺激又抑制贸易保护主义

一方面，世界经济体系中的板块化趋势使贸易保护主义有所抬头。近年来，西方国家，特别是美国和欧盟国家的贸易保护主义有所上升。它们经常挥舞反倾销和反补贴的大棒，对包括中国在内的发展中国家的商品设置更多的贸易壁垒。导致这种情况的其中一个原因是世界经济体系中的板块化趋势。

但另一方面，世界经济体系中网络型结构的发展又成为抑制贸易保护主义的一个重要因素。因为在跨国公司的全球网络结构越来越发达的情况下，如果一国对从另一国进口的商品征收高额关税，就可能也打击到本国跨国公司在对方国家投资的企业。这使得贸易保护主义的“双刃剑”作用更为明显，各国在考虑实施贸易保护主义措施时将更为谨慎。

二、世界经济重心开始由大西洋地区向亚太地区转移

自 18 世纪欧美主要国家相继发展成为资本主义强国起，世界经济重心在大西洋地区。近年来，随着中国和其他亚洲国家经济的迅速发展和在国际事务中作用的上升，世界经济重心开始由大西洋地区向亚太地区转移。亚太地区人口约 30 亿，占世界总人口的半数以上。仅亚太经合组织（APEC）的 21 个成员人口就占世界总人口的 45%、国内生产总值（GDP）之和占全

① ［美］伊曼纽尔·沃勒斯坦：《现代世界体系》（第 1 卷），尤来寅等译，高等教育出版社，1998 年第 1 版，中文版序言，第 2 页。

球生产总值的57%，拥有全球58%的制造业，贸易占国际贸易的一半以上，增长占全球总量的70%。其中，亚洲在全球国内生产总值中已占23%，而且这一比例仍在上升。亚洲外汇储备总和达2.35万亿美元，占世界外汇总储备的半数以上。2004年东亚地区经济增长率达7.6%，是全球经济增长最快的地区之一。其中，中国自20世纪80年代以来保持了9%的经济年增长率。2004年中国的外贸总额突破万亿美元，达到1.1548万亿美元，一跃成为世界第三贸易大国。其中，同亚太地区的贸易额为7600亿美元，占中国进出口总额的72.7%。印度政府预计，今后5年印度经济将会以7—8%的速度增长。在美国的对外贸易中，出口的1/3、进口的2/5是与亚洲进行的。近年来，美国与亚太地区每年双边贸易总额超过7000亿美元。在新兴的“金砖四国”（BRICs）中，有两个半是亚洲国家（即中国和印度两国，俄罗斯算半个）。在新兴的“N-11国”中，有9个是亚洲国家。新加坡内阁资政李光耀认为，世界“经济重心”从大西洋向太平洋地区转移。[①] 美国前国务卿亨利·基辛格指出：“在我们这个时代，中国的崛起具有更加重大的历史意义，这实际上标志着世界事务的重心由大西洋地区向太平洋地区的转移。”[②] 由于欧美国家现在仍掌握创新工艺和服务的优势，因此其经济中心地位还会保留相当长时期。在这一过渡时期，世界经济体系中将出现欧盟、北美、亚太三个中心区域并存。

三、发展中国家在国际经济机制中将会有更大的发言权

由于世界经济体系中原有的“中心—边缘”结构逐渐转型为板块与网络并存结构，新的世界经济体系与原来的体系相比将会较为平等一些。

现有的国际经济机制是第二次世界大战结束后以美国为首的西方国家建

---

① 阿萨德·拉蒂夫：《内阁资政李光耀：美国无须害怕中国和印度的崛起》，新加坡《海峡时报》，2004年10月28日。

② Henry Kissinger, The Task of the U.S., *News Week*, November 18, 2004.

立起来的，包括世界银行、国际货币基金组织（IMF）、世界贸易组织等。美国等西方国家在这些国际经济机制中占主导地位。

随着亚洲国家的崛起和若干发展中国家逐渐摆脱边缘地区的地位，发展中国家在国际经济机制中的影响力和发言权有望上升。例如，2006 年 4 月，美国国际经济研究所高级研究员、美国财政部前部长助理埃德温·杜鲁门（Edwin Truman）发表《国际货币基金组织改革战略》一书，其中提出关于 IMF 改革的建议。他认为，国际货币基金组织已经失去了其独特作用，面临着身份危机，正在失去许多主要新兴市场国家以及工业化国家的支持。他提出的三个建议之一是：国际货币基金组织应重新调整其投票权的分配，立即将至少 10%的投票权从传统工业化国家转移给新兴市场国家，特别是亚洲国家。这一重新调整只有通过提高 IMF 份额才能实现。① 与此同时，他建议欧盟应承诺逐步将其在 IMF 的代表权集中为一个席位。为此，欧盟应在 2006 年底前启动这一程序，先将 10 个席位减为 7 个席位。美国应说服欧盟加快这一进程。他还建议，在选择下一任 IMF 总裁和世界银行行长时，应实施公开和透明的程序，放弃现行的 IMF 总裁由欧洲人担任和世界银行行长由美国人担任的做法。②

发展中国家为了维护自己的权益和推动国际经济秩序向公正合理的方向转变，依靠区域合作组织协调在国际组织谈判中的立场。例如，非洲联盟贸易部长会议 2006 年 4 月 14 日通过的《内罗毕宣言》表示，非洲国家将继续为完成世界贸易组织多哈回合谈判而努力，有关各方必须履行在多哈回合中所作的有关推动发展的承诺，以使非洲国家和其他地区的最不发达国家的发展需要和关切得到重视。与会部长们提出，欧盟和美国必须重视它们同非洲之间贸易不平衡问题，必须大幅削减扭曲贸易的各种补贴。③

一些发展中国家为了发挥相互之间经济的互补性，避免强国与弱国之间

---

① Edwin Truman, A Strategy for IMF Reform, Institute for International Economics, January 2006, Washington DC, p. 24.

② Edwin Truman, A Strategy for IMF Reform, Institute for International Economics, January 2006, Washington DC, p. 25.

③ 新华社内罗毕 2006 年 4 月 14 日电：《非洲统一世贸谈判立场》。

的不平等竞争，也在推动平等互利基础上的自主区域一体化。例如，美国在十几年前提出建立“美洲自由贸易区计划”。但美国一边谈判，一边加强贸易保护主义的做法使拉美国家对美国的提议疑虑重重。近年来，美国相继对进口钢材提高关税，对中美洲和加勒比国家取消服装进口优惠，特别是美国国会通过新农业法案，大大增加了对农业的补贴，这些保护主义措施引起了拉美国家的强烈不满。为应对在该地区拥有经济垄断地位的美国主导的美洲自由贸易区计划，委内瑞拉总统查韦斯 2004 年提出“美洲玻利瓦尔替代方案”。该方案主张“在团结、合作的基础上实现拉美和加勒比地区一体化”。2006 年 4 月，委内瑞拉、玻利维亚、古巴签署关于玻利维亚正式加入“美洲玻利瓦尔替代方案”的协议以及旨在加强三国经济合作的《人民贸易协定》。这将对拉美地区的政治经济格局产生深刻影响。

四、经济全球化趋势发展将促进整个国际体系的转型

随着经济全球化趋势迅猛发展，世界正逐渐进入全球化时代，这一时代的主题是和平与发展。全球化趋势发展对国际体系产生重大影响，促使当前国际体系处于深刻变革之中。世界经济体系从“中心—边缘”结构向板块与网络并存结构转型，既受到经济全球化趋势推动，又是经济全球化趋势的一个阶段和组成部分。

国际政治经济学认为，国际经济相互依存正在改变国际关系的性质；同时，政治体系影响经济体系，政治因素影响经济政策的制定。世界经济体系从“中心—边缘”结构向板块与网络并存结构转型，不可避免地促进整个国际体系的转型，对国际体系中的“金字塔”型等级制结构是一个重大冲击，从而将使未来的国际体系建立在较为平等的经济基础上。

第六章

新科技革命与新军事变革对国际体系的影响

当人类社会进入21世纪时，世界新科技革命的浪潮正以万马奔腾之势，将人类带到信息时代、微电子时代、生物工程时代和太空时代。根据马克思主义学说，生产力决定生产关系，经济基础决定上层建筑。新科技革命是当前国际体系转型的根本动因。

高科技不仅以令人眼花缭乱的速度改变着人类的工作、生活和观念，而且也正在军事领域引起一场革命性的变革，这就是人们所说的新军事变革（Revolution in Military Affairs，RMA）。军事变革实际上是能使战争发生根本性变化的先进科学技术、创新的军事学说以及据此对军队编制体制进行改良这三大要素的结合。随着新一代武器，如智能武器、激光武器、隐形武器、精确制导武器等大批出现并逐渐装备部队，军事学说和作战理论正在发生重大变化，军队编制体制亦相应地作出重大调整，从而导致世界军事形势和未来战争样式发生革命性变化。新军事变革是当前国际体系转型的催化剂。

第一节　新科技革命对国际体系的影响

一、新科技革命乘经济全球化大潮汹涌澎湃

马克思说："科学技术是生产力。"邓小平进一步发展了这一论断，指出"科学技术是第一生产力"。①

从20世纪90年代以来，新的科技革命加快发展。以信息技术、生物工程技术、新能源技术和新材料技术等为代表的科技进步日新月异。

以信息技术革命为核心的新科技革命极大地促进了世界经济结构的变革。信息业等新兴产业迅速崛起，成为世界第一位的支柱产业和带动世界经济增长的火车头。信息技术、生物工程技术、新能源技术和新材料技术与传统产业有机结合，有力地促进了传统产业的技术升级和产业结构的新一轮变革，加速传统产业的高科技化。

而且，新科技革命使经济全球化潮流如虎添翼。冷战结束后，经济全球化趋势迅猛发展，是由市场经济的价值规律、资本运动规律、产业结构调整规律和跨国公司要素套利规律所驱动。当前的经济全球化趋势有两个显著的特点：

一是跨国公司全球化。跨国公司是当今世界经济中集生产、贸易、投资、金融、技术开发和转移以及其他服务于一体的经营实体，是世界经济全球化的主要推动者和体现者。跨国公司正在跨越民族国家而成为国际经济活动的主体，其国际生产和经营正在实现全球范围内的最佳资源配置和生产要素组合。

二是科技全球化。科技全球化的主要目标是利用全球科技资源来加强本国或本企业的研究开发工作，以更低的成本和更高的效率获得更强大的竞争力。这主要有两种方式：其一，国际合作实施的大型科学工程，如人类基因

① 《邓小平文选》（第三卷），北京·人民出版社，1993年第1版，第275页。

组、国际空间站等。其二，跨国公司加速在不同国家建立研发机构，以便最有效地利用当地科技资源，研制出最能适应市场的产品。

在跨国公司全球化、科技全球化和新科技革命迅猛发展的推动下，在国际竞争日趋激烈的形势下，经济全球化呈现出全方位发展的态势。世界各国、各地区之间在经济、贸易、投资、金融等领域的相互渗透和相互依存大大加深，经济间相互流通的障碍不断减弱，经济融合的需求在日益加强。

世界经济正在逐渐真正形成为一个不可分割的有机整体。尽管经济全球化发展进程还受到种种制约和抗衡，还有很长、很曲折的路要走，但由于它是经济发展规律的一种具体表现形式，因此经济全球化趋势成了人们无法回避而必须面对的历史发展的必然趋势。经济全球化是一柄“双刃剑”，它对世界各国，尤其是发展中国家既是机遇也是挑战。经济全球化对世界经济和国际社会正在产生一些重大影响：

1. 由于全球跨国投资的迅速发展，不仅发达国家之间在资金、技术和市场上高度融合，而且发达国家与发展中国家之间的经济利益错综交织、互相影响。这使得各国经济形成“你中有我，我中有你”的局面，相互渗透、相互依存进一步加深。

2. 国际分工和专业化协作的程度越来越高，在世界范围内形成生产体系，使各国产业结构升级和转移成为国际产业结构调整的一个组成部分。而国际生产体系的形成又使得生产的全球联系越来越紧密，分工越来越细微，跨国界的协作越来越频繁，从而使各国的生产活动逐步形成一种相互依赖、互为一体、共同发展的状态。

3. 国际金融市场进一步向全球化方向发展，有助于在世界范围内优化资源配置，促进经济增长，但与之伴生的风险也越来越大。2000 年，世界各类资本市场（包括证券市场和债券市场）的资本交易总值高达 83 万亿美元。覆盖全球的金融交易网络在促成高效率巨额交易的同时，加大了国际金融市场的风险。由于金融衍生工具的出现及迅速发展，国际金融市场的投机因素加大。金融衍生产品既为金融自由化提供了空前繁荣的市场，极大地扩大了业务领域，同时也为过度投机创造了条件。这迫使国际金融机构和各国监管当局加强对金融衍生产品的监督，并努力合作建立经济的“早期预警系统”。

4. 给发展中国家追赶世界经济水平创造了机遇，但也提出了严峻的挑战。为适应经济全球化的需要，许多发展中国家纷纷调整经济政策和经济结构，加大吸引外资的力度，加快参与世界经济的大交流、大循环和融入到国际社会中去。其中有些发展中国家已进入新兴工业国的行列。但同时，发展中国家面临的挑战也是严峻的。经济全球化扩大了南北两极分化和贫富差距，使一些最不发达国家在世界经济中进一步边缘化。据联合国统计，2001年占世界人口13%的发达国家占有全球年产值的77.8%，而占世界人口近半数的低收入国家仅占5.6%。这是引发反全球化浪潮的根本原因。

5. 随着经济全球化的不断深入和科技的迅猛发展，全球性跨国问题也日益增多。这种全球性跨国问题包括生态破坏、恐怖主义、非法移民、毒品走私、国际犯罪、艾滋病、SARS等。这种情况使世界各国的共同利益上升，促使它们更多地进行合作以解决这些共同面临的问题。

二、知识经济潮流快速发展

新科技革命和经济全球化两股潮流发展的结果，导致了一种新经济正在形成。1996年总部设在巴黎的联合国经济合作与发展组织将这种新经济称为“知识经济”，其定义是：建立在知识和信息的生产、分配与使用之上的一种新型经济。1997年2月，当时的美国总统克林顿正式采用知识经济的名称。现在世界上主要发达国家国内生产总值的50%以上来自知识密集型产业。在这种情况下，真正占主导地位的资源和生产要素，既不是农业经济时代的土地和劳动，也不是工业经济时代的有形资本，而是知识。知识正成为生产力诸要素中最具活力、最重要的因素，是联系、组织、带动更新其他要素的核心。

知识经济的主要特点有：

1. 科学技术及生产力中其他要素和生产关系创新的速度空前迅速。创新是经济发展的内在因素，它所引致的生产要素和生产条件的重新组合是经济发展的重要动力。创新包括新产品的开发、新技术的采用、新市场的开辟、管理方式的创新、组织形式的创新、服务的创新等。现阶段的创新活动，无论从规模上看，还是从类型上看，或是从效果上看，无疑都是空前的。尤其是技术创新及由此带动的其他创新带来的变化更是空前的。江泽民同志指出："要迎接科学技术突飞猛进和知识经济迅速兴起的挑战，最重要的是坚持创新。"①

当前国际竞争日益激烈，科技创新能力已成为市场竞争和国家间竞争成败的决定性因素。美国经济学家在20世纪末提出"胜者全得"的理论，即一个企业在高新技术领域领先一步，哪怕是一小步，就有可能占领市场的绝大部分份额，其他竞争者将很难生存。而且，超级大国和某些发达国家甚至企图将这种"胜者全得"的理论应用于国家间竞争的层面上。居于世界产业体系中心的少数发达国家一方面凭借科技优势，向发展中国家转移低端技术及低技术含量产业，利用发展中国家的廉价劳动力和低成本，赚取高额利润。另一方面，它们企图依靠资本力量、金融手段、传媒引导和军事优势，来固化这种超级大国和发达国家占主导地位的格局。

2. 信息产业迅速扩张。信息产业是以强化企业竞争、提高要素使用效率为目的而发展形成的服务性产业。然而，随着经济信息处理和传输技术的飞速发展，信息产业也随之迅速扩张，并逐渐成为各国国民经济的支柱产业之一。信息产业与传统的第三产业最大的不同，就在于它所提供的服务是高投入形成的并且能够带来高效益的知识，而不是一般的劳动服务。

3. 高新技术产业快速发展。这意味着新兴的高新技术产业及相关的产业群体将成为带动经济发展的新一代主导产业。围绕着高新技术的生产方式变革极有可能影响产业组织及管理方法的变化。高新技术带来的具有新的消费功能的产品和服务可能导致生活方式的改变。适应高新技术的新的企业组织、管理方法可能导致思想观念的变化。由此可见，高新技术产业的高速发展既是经济发展新阶段的体现，又会对整个经济体系乃至社会带来深刻的影响。

4. 资产的概念扩大。新的资产包括创新能力、品牌、知识技能、领导权、结构、程序等。在市场经济高度发达的社会，任何资产都能够以股票形

---

① 江泽民：《在新西伯利亚科学城会见科技界人士时的讲话》（1998年11月24日），《江泽民论有中国特色社会主义》（专题摘编），北京·中央文献出版社，2002年第1版，第244页。

式转换成金融资产。例如，专利拥有者、企业家对企业的参股或控股等。传统经济中，控制企业的是资本拥有者，技术、企业家才能、劳动都只是资本拥有者的雇佣对象。但是，经济发展到今日，专利和企业家才能都可以作为重要的投资品参股企业并获得收益。专利、企业家才能甚至成了控股的投资品，而资本成了被雇佣对象。

5. 风险与收益成正比。投资于高新技术的产业化是风险很高的。但如果投资成功，利润也非常高。而高新技术的产业化是经济能够保持长期稳定发展所必不可少的。

6. 出现新的人际关系以及新的工作和沟通方式。首先，人力资本投资受到广泛重视。人力资本是指与劳动生产率有直接关系并能使劳动者获得更高劳动报酬、增加就业机会的专业知识和技能的总和。也就是说更加重视对公司员工的各种培训。第二，网络的发展将导致企业和顾客之间出现全新的关系，使时间概念和价值观发生根本变化，行业的界线变得模糊不清，创造价值链被打开和重新组合。

7. 越来越多的无形资产进行交换。例如，以“知名品牌”等无形资产的使用为代价兼并或控制其他企业的现象越来越普遍。按照传统的经济观念，一部分资产要想兼并或控制另一部分资产，必定要以货币资产去置换产权。然而，目前阶段仅以“知名品牌”等无形资产的使用为代价就可能获得对其他企业的控制权力和利益。因为一个拥有“知名品牌”等无形资产的企业可以利用其品牌形象、市场占有率等优势为相关企业带来超额利润，这就为它控制其他企业、其他资本建立了可信的基础。同时，无形资产独立地控制部分资产的现象，深刻表明属于知识产权范畴的无形资产已成为一个重要因素存在于经济生活中。

知识经济的这些特点表明，社会知识化正在成为不可避免的趋势。发达国家产业的知识含量日益增加，知识资源正在成为主要的财富源泉。以科技创新为主的知识创新活动，将成为人类的主导性活动。国民的知识水平将越来越高，终身学习成为必然要求，整个社会将成为学习型社会。知识经济的社会形态正在成为现实。

知识经济的社会是后工业社会，可称为科技研究业社会，简称科业社会。在人类社会发展史上，农业生产方式导致农业社会的出现，工业革命及工业生产方式导致工业社会的出现。而知识经济这种新生产方式，将导致科业社会的出现。

知识经济生产方式标志着人类社会的生产力发展水平有质的提高。人类社会正在进入以知识经济生产方式为特征的科业社会，但知识经济生产方式现在主要是存在于发达国家。而广大的发展中国家还面临着工业化和信息化的双重艰巨任务，少数最不发达国家甚至面临在国际社会日益边缘化的危险。在这种情况下，如果发展中国家不能充分地发展起来，西方发达国家知识经济所产生的巨大生产力，就不会有足够的市场。因此，世界各国，包括广大发展中国家的共同发展将是人类社会进步的必然要求和趋势。

三、新科技革命促进国际体系发生重大转变

由于新科技革命的迅猛发展，世界正处于第二次至第四次浪潮并存发展的阶段，并面临着其他新浪潮的出现。根据美国未来学家约翰·托夫勒的观点，第一次浪潮是从前农业社会到农业社会的转移，第二次浪潮是从农业社会到工业社会的转移，第三次浪潮是从工业社会到后工业社会的转移，第四次浪潮是信息革命。[①] 人类社会完成第一次浪潮的经济和社会转变花了几千年时间。发达国家完成第二次浪潮的经济和社会转变花了几百年时间，从20世纪80年代开始进入第三次浪潮，并从90年代开始进入第四次浪潮。而大部分发展中国家仍处于第二次浪潮的转变中。一部分发展中国家，包括中国既面临着完成第二次浪潮的历史性任务，又开始部分进入第三次浪潮和第四次浪潮。随着现代科技以一日千里的速度发展，世界还面临着生物技术经济、太空经济、超导技术经济、纳米技术经济、海洋经济等新的浪潮。

这种多种发展阶段并存、发展极不平衡的状况，一方面，使各国之间的综合国力竞争更加激烈，机遇稍纵即逝。另一方面，使绝大多数发展中国家处于更加不利的地位，一些发展中国家处于边缘化的危险中，少数发展中国家甚至被西方国家称为“虚弱国家”或“失败国家”。这些国家的许多民众对某些发达国家的霸权主义行径、对国际财富分配的严重不公非常不满。极

① ［美］约翰·托夫勒：《第四次浪潮》，北京·华龄出版社，1996年版，第76页。

少数人采取极端行动，如反社会的恐怖活动，来进行报复。以往所出现的恐怖活动只影响到有限的范围。由于第二次至第四次浪潮并存下的全球化趋势的发展，现代社会已经形成了一个复杂的系统组织。只要这个系统组织的一小部分受到损坏，整个国际社会就都会受到影响。因此现在只要有一小撮恐怖分子进行反社会活动，就会影响到整个国际社会。

世界处于第二次至第四次浪潮并存发展的阶段，并面临着其他新浪潮的出现，使在改革开放中取得重大进展的中国处于发展的比较有利地位。中国从 20 世纪 70 年代末、80 年代初开始进行改革开放，在第二次浪潮的经济和社会发展中取得很大进展。一些大城市和沿海地区已基本完成第二次浪潮的历史性转变，开始进入第三次浪潮和第四次浪潮。由于改革开放的巨大成果，中国在当前的国际竞争中处于比大多数发展中国家较为有利的地位。这有利于中国抓住这个重要战略机遇期实现和平兴起。在 21 世纪头二十年，中国面临的主要任务是既要基本实现工业化，又要大力推进信息化。在这个时期，我们可以把利用国际先进技术和自主创新技术相结合，以信息化带动工业化，以工业化促进信息化，实现跨越式发展。约翰·托夫勒甚至预测，到 2020 年，中国大多数人将从事第四次、第五次浪潮的经济工作。[①]

冷战结束后，随着经济全球化趋势与区域经济一体化趋势的迅速发展、非传统安全威胁对国际关系影响的上升和非国家行为体在国际关系中的作用大大增加，国际体系正在发生重大转变。

1648 年的《威斯特伐利亚和约》确立了主权平等原则和独立的民族国家所组成的国际社会，从而奠定了当时欧洲国际关系的新的基础。这对于欧洲中世纪以来形成的以罗马教皇为中心的神权政治体制是一个历史进步。它实际上标志着近代国际关系体系的形成，其主要特征是无政府状态下的国际均势体系，主权国家是国际关系中的主要行为者。随着现代以来广大亚非拉国家纷纷取得独立，这一国际体系扩大到世界范围并延续到现在。

近年来，国际形势的新发展对这种旧的国际体系形成重大冲击。以无政府状态和国际均势为主要特征的旧的国际体系正在向以相互依存状态为主要

---

① ［美］约翰·托夫勒：《第四次浪潮》，北京·华龄出版社，1996 年版，第 75—76 页。

特征的新的国际体系演变。

在今后一段时期，发展经济和科技将是绝大多数国家的主要目标，综合国力竞争将更加激烈。各大国之间相互依存和合作的一面将进一步上升，它们将尽力防止相互之间爆发武装冲突，但斗争和竞争不可避免。建立和发展各种国际和区域安全合作与对话机制的进程将继续，这些全球、区域和次区域安全合作机制将成为未来以相互依存状态为主要特征的新的国际体系的重要组成部分。

“9·11”事件后，大国关系进入一个新的调整时期。一方面，大国之间爆发战争的可能性大大减少。各主要大国在对付恐怖主义、环境污染等非传统安全威胁方面和解决地区热点、大规模杀伤性武器扩散等传统安全威胁方面有越来越多的共同利益。随着经济全球化的发展，它们之间的经济相互依存度日益上升。在这种情况下，美国也认识到大国合作的重要性。

另一方面，大国关系出现新一轮互动，重新进行分化组合。美国布什政府单边主义和迷信武力的做法又进一步促使大国关系发生这种分化组合。大国之间围绕伊拉克战争的纵横捭阖就是一个典型的例子。在美国和英国极力企图使联合国安理会通过对伊动武决议的情况下，法国、德国、俄罗斯和中国都主张继续对伊核查。甚至在北约内部，法国和德国与美国也产生重大分歧。美国正式要求北约在发生对伊战争的情况下向美军提供帮助并在土耳其部署“爱国者”导弹防御系统等，以帮助土在受到来自伊的攻击后能进行有效防卫，但遭到德、法等国的坚决反对，并不惜打破北约内部第一次启动的“默认程序”。这些不仅反映了它们之间国家战略利益的不同，而且显示了它们之间文化背景的差异、社会历史的不同和对国际秩序的不同理解。

冷战结束以来，美国作为霸主原有权力的合法性逐渐遭遇世界多极化趋势和国际关系民主化趋势的冲击。“9·11”事件对美国既是挑战，也是机遇。美国以“反恐”为旗号，不仅在世界范围内直接打击威胁美国本土安全的恐怖主义，而且企图重新确立和巩固美国的世界“领导国”地位。

现在，美国处于自20世纪40年代后期以来全球大国地位的顶点。但与此同时，美国对其他国家的实际影响力下降。这是世界多极化趋势发展的结果。美国军队在伊拉克陷入困境加快了美国影响力的下降。由于经济和政治不平衡发展规律的作用，当前国际战略格局在向多极化曲折发展过程中呈现多层次结构。

在经济领域，随着欧盟一体化进程的进展、北美自由贸易区的建立和东亚地区经济合作的发展，多极化正在逐渐形成。世界经济的多极化将促进世界力量的均衡化趋势。

在军事领域，国际格局仍然是单极，美国是世界上唯一的具有全球大规模力量投送能力和全球作战能力的军事超级大国。要实现世界军事的多极化尚需很长时间。虽然美国在一些军事和安全问题上采取单边主义，但许多非传统安全问题并不是用军事力量就能解决的。

在政治领域，由于非传统安全问题对国际关系影响的上升和与传统安全问题相互渗透、相互转化，国际格局呈现分散化的状态。

当前大国关系出现的新一轮互动，实际上是国际战略格局呈现这种多层次结构所导致的。从长远来看，世界各国，特别是各大国将不得不更多地通过协商和协调以解决分歧和控制传统安全威胁，并进行合作对付非传统安全威胁。大国关系重新洗牌，竞争与合作同在、矛盾与协调共存，使中国有更多的战略选择和与其他大国协调合作的可能。大国关系新的一轮互动和相互合作的上升，是中国实现和平兴起的战略机遇。

第二节　新军事变革对国际体系的影响

军事变革都是首先由军事技术变革开始的。自古以来，军事与科学技术就结下了不解之缘。回顾军事或战争发展的历史，我们可以清楚地看到，军事的发展离不开科学技术的进步。技术对军事的影响主要表现在三个方面：一是技术的进步将促进经济的发展，从而增强军队建设和战争的物质基础；二是技术进步推动战争手段的不断发展；三是战争手段的发展对战争本身及军队建设产生一系列影响。

迄今为止，人类社会有过四次军事技术变革并正在经历第五次军事技术变革，而这五次军事技术变革先后引起五次军事变革。

在远古的石器时代，人们只有石兵器，那时的战争只是部落之间的小规模冲突。后来由于金属冶炼技术的发明，出现了第一次军事技术变革，有了金属兵器。金属兵器和畜力的使用，使人们能够进行国与国之间的战争。

火药的发明及其在军事技术中的应用，使人们有了枪和炮等热兵器（或称火器），这便是第二次军事技术变革。热兵器比冷兵器有明显的优越性。在17世纪至19世纪欧洲的资产阶级革命中，资产阶级武装正是凭借了枪支和大炮击穿了封建武士的甲胄，摧毁了封建贵族的城堡。

其后，机械化武器装备的出现，标志着第三次军事变革的开始。火力和机动性的大大提高为进行更大规模的战争提供了可能，因而才会有第一次和第二次世界大战那样世界规模的战争。

导弹和核武器是第四次军事技术变革的标志。导弹使军队有了远程乃至洲际的迅速而准确的打击能力，核武器所拥有的巨大摧毁力，更使它成为各大国的战略威慑力量，也使核大国之间发生战争的可能性大大减少。

当前，随着高新技术的迅速发展，世界正进入以信息技术等在军事上的应用为主要标志的第五次军事变革。

一、新军事变革的特点

（一）以高新技术在军事领域的运用为先导，以知识经济为基础

目前，世界高新技术正在迅猛发展，世界经济也正在出现第三次变革——知识经济浪潮。新军事变革正是在这种背景下出现的，它是由高新技术在军事领域的运用所引发的，其基础是知识经济，具有知识密集型的特点。当前正在发展并应用于军事的主要高技术有：微电子技术、计算机技术、光电子技术、激光通信、强激光技术、新材料技术、航天和航空技术等。

（二）通过信息技术将各种高技术武器系统形成一个整体系统，成倍提高其战斗力

近年来，随着高新技术在军事领域的迅速运用，一批高技术武器逐渐崭露头角，有的已经小试牛刀，更多的高技术武器正在研制之中。现在世界主

要国家正在着重发展的高技术武器，其类型主要有：智能武器，激光武器，隐形武器，精确制导武器，非致命性武器，导弹防御系统，C4ISR一体化系统，即指挥、控制、通讯、计算机、情报、监视、侦察一体化系统等。

而且，无人作战系统在伊拉克战争中开始崭露头角，包括从天上盘旋的无人驾驶飞机，到地面大大小小的各种遥控机器人。“背包”机器人（PackBot）能在巷战环境中捕捉、分辨反美武装狙击手的细微动静；“嗅弹”机器人能灵敏地嗅出伪装起来的爆炸物；代号为“剑”（Swords）的武装机器人可以担当机枪手，在发现和定位敌军车辆和人员后以强大的火力消灭敌人。根据美陆军无人作战系统负责人约翰·伯克上校的说法，2004年美军有163个地面机器人，伊拉克战争使得投入战场的地面机器人增长到5000个。它们都在伊拉克和阿富汗“服役”。

在伊拉克战场上发挥作用的机器人只是美军“机器人战争”计划的一小部分，更为完整的计划被称为“未来作战系统”（Future Combat Systems，FCS）。这个系统于2003年5月开始研制，计划在2015年成建制地装备部队。该系统计划由18个子系统组成，可将每一名士兵与战场上各种陆、空作战平台及传感器连接在一起。根据该系统的开发商——美国波音公司的模拟录像，在作战行动中，由地面机器人充当先锋，当隐藏着的敌人攻击它时，无人驾驶侦察机发现敌军位置，通知巡航中的战斗机，进而，战斗机发射导弹，命中目标。这一切行动都通过网络由战场上的美军操控。据波音公司估算，该系统将使战斗时间缩短一半，使美军士兵伤亡率降低60%～80%。

值得注意的是，新军事变革的侧重点不在于掌握某种威力异常巨大的新式武器，而在于运用先进的信息技术使配备有各种高技术武器装备的各军兵种部队形成一个整体系统，以便一旦需要，就能迅速调动和有效配置，短时间内在局部地区形成压倒优势，进行并完成诸军兵种联合作战任务。

（三）适应高技术战争的需要，提出并形成新的军事学说和作战理论

随着各种高新技术武器的陆续出现并装备部队，一些主要国家逐渐形成高技术战争条件下新的军事理论和作战指导原则。海湾战争后，美国国内和军方展开了一场关于军事变革的讨论，军事理论研究出现空前活跃的局面，

逐步形成了指导高技术条件下作战和建军的新理论，并于 1993 年提出“空地海天一体化”联合作战理论。

美国国防部 1992 年正式提出了“信息战”的概念，其他一些国家也在相互交流的基础上先后提出各种信息战理论。信息战正在成为现代军事思想和军事计划的核心内容。1996 年 7 月，美军参谋长联席会议首次推出信息战纲领《2010 年联合构想》，提出“联合作战是现代战争的本质要求”，“全面优势将是 21 世纪美国武装部队追求的核心特征”；提出为实行信息时代作战要求，必须遵循四项新的作战原则，即优势机动、精确打击、全维防护和优化后勤。此外，近年来美国海军提出了“由海向陆”战略，美国空军提出了“全球作战”战略。这些战略都贯穿着新的军事学说和作战原则。

（四）根据高技术武器特点和新的军事学说，调整军队编制体制

为了适应未来高技术战争和信息战争的需要，世界主要国家近年来对军队的编制体制进行了较大的调整。其主要做法有：在裁减军队员额的同时，优化军队内部结构；精简指挥层次，建立灵活、高效的指挥体制；建立数字化部队，即拥有数字化指挥控制和通信能力的部队，数字化部队从单兵到各种作战平台都采用了数字化通讯装备，从而将战场上情报、侦察、通讯、指挥和控制连成一个整体，不仅能提高对战场情况的反应速度，而且能大大提高部队战斗力；加强快速反应部队；筹建新的军兵种，有的国家（地区）正在组建或准备组建航天军、计算机兵、“黑客”分队等。科索沃战争、阿富汗战争和伊拉克战争后，世界一些主要国家根据高技术武器的特点和这些战争的经验教训进一步提出新的作战理论和调整军队编制体制。

二、新军事变革对战争和军事斗争形势影响

（一）知识成为赢得战争的重要因素，高技术成为军队战斗力的强大助推器

由于微电子、计算机、新材料、生物工程、航空航天等高新技术都是

知识密集的产物，因此它们大量应用于军事领域所制造出来的高技术武器也具有知识密集型的特点。特别是掌握这些高技术武器装备需要一支用先进科技知识武装起来的军队。在这种情况下，知识成为战斗力的最重要因素。正如美国著名未来学家托夫勒所说："知识能够打赢或阻止战争。"这也使普鲁士著名军事理论家克劳塞维茨的预言成为现实："知识必将成为战斗力。"

高技术武器在战争中常常能使军队的战斗力成倍增长。国外有的专家认为，在未来"计算机中一盎司硅产生的效应也许比一吨铀还大"，携带计算机多于带枪的士兵的那一天将要到来。

（二）战场五维化、数字化和非线式

高新武器技术的发展已经使现代战场成为包括地面、水面、水下、空中、太空、电磁等方面的多维战场。

冷兵器时代只在地面、水面作战，是二维平面战场。到热兵器时代以后，战场进一步扩展到空中、水下，形成三维立体战场（地面、水面、水下、空中）。20 世纪 60 年代以来，随着卫星的出现和在军事上的应用，把太空也纳入军事活动和军事斗争的范围，开拓了第四维战场。电子对抗的发展，使电磁斗争对战争的进程与结局产生重大影响，电磁空间成了兵家必争的第五维战场。可以说，高新武器技术的发展已经使现代战场成为包括地面、水面、水下、空中、太空、电磁等方面的五维战场。

目前美国和其他一些西方发达国家正在有计划、有步骤地建设数字化部队。这些部队普遍采用数字化通信设备，实现信息传输数字化、指挥控制信息化、武器系统智能化。这些部队投入战争，将导致战场的数字化。

高技术武器的发展也将使战场呈现一种不规则的非线式状态。敌对双方不再停留在一条稳定的战线上，线式梯次战场结构将不复存在；进攻的一方将对防御方实施全纵深同时攻击，战场没有明显的正面和侧后、前方和后方等防区分界线；战场流动性大、范围广、兵力密度小、结构不规则。这就要求军事指挥员确立以非线式作战歼敌的观念，更加重视部队的主动性、机动性和灵活性。

（三）战略、战役和战术级作战融为一体

在20世纪80年代以前，战略、战役和战术这三级作战行动通常是界限分明的，主要表现在使用部队的规模和动员资源的多少、部队活动空间的大小以及作战持续时间的长短各不相同。战术级作战是为了达成有限目的而实施的小规模交战或战斗，一系列战斗的集合便可构成战役。与战斗相比，战役一般在更大的作战空间、用更长的时间实施。一系列战役级作战的组合便是战争或战略级作战。实施战略级作战的目的是达成国家的战争目标。

近年来，随着高技术武器特别是信息化武器的大量装备部队及其在局部战争中的广泛运用，战略、战役、战术的界线变得模糊不清，经常出现“战斗式的战争”或“战争级的战斗”。例如，20世纪80年代以来美国进行的几场局部战争，除海湾战争、科索沃战争、伊拉克战争外，规模都很有限，如美军入侵格林纳达、入侵巴拿马、空袭利比亚、出兵索马里等，陆军参战兵力通常不超过1个师，空军不超过联队规模，海军亦是战役或战术规模，通常是1个或几个航母编队或航母战斗群，有些行动只动用几千人的部队。从这一点上看，这些行动是战斗或战役行动。

这些行动虽然规模有限，但却都是为了实现战略目的，是由国家最高指挥当局进行决策，决定战略目标、作战计划、行动方案等，并亲自指挥实施的，因此它们又都是战略行动。

其所以如此，主要是由于高新技术武器大量装备部队，部队规模缩小，战斗力和机动能力增强，小部队不仅能进行战斗，也能进行战役甚至战略级作战行动。随着部队行动速度的加快，战争的持续时间也缩短了。

（四）信息战成为战争的一种重要样式，信息威慑成为战略威慑

随着世界进入信息时代，信息不仅成为一种非常有效的作战手段，而且是最重要的战斗力之一。争夺信息优势成为战争的一个主要内容，信息战也成为战争的一种重要样式。例如，美军认为，在现代条件下，“战场物质和能量的流动完全取决于信息的畅通，只有在正确的时间和地点提供正确的信

息，物质和能量才能转换为战斗力”。如果“信息流”不畅，即使“物质流”和“能量流”再强大，也不能保证取得战争的胜利。因此，双方交战时，势必首先夺取对信息的控制权。获得信息控制权的手段包括信息攻击和信息防御，即在破坏、瘫痪或利用敌方的信息系统的同时，力争保障己方信息系统的完好。谁在信息战中占有优势，谁就可以全面了解战场，实现实时指挥，快速集中战斗力，先敌利用战机，从而牢牢控制战场的主动权。为夺取信息优势，世界主要国家普遍发展以信息技术为核心的高技术武器装备，信息化已成为各种作战平台和兵器系统发展的基本趋势。它们还加快了对用于信息战的电子计算机软件的开发工作并开始培养进行信息战的专门人才。例如，美国国防大学20世纪90年代后期建立了专门培养信息战人才的学院。

与此同时，美国等国家企图将计算机键盘和电脑病毒作为战略威慑的新手段。在未来，信息威慑的重要性和可信性甚至将超过核威慑。

（五）打击精确化，杀伤性武器与非杀伤性武器相结合

随着高精度、智能化武器弹药的发展和大量装备部队，武器弹药的命中精确度大大提高，甚至可以准确命中数千公里以外的目标。与此同时，现代战场环境呈现出作战空间扩大、作战节奏加快、作战消耗巨大等新特点。这些特点决定了在广阔的空间和众多目标中，对敌所有目标进行打击，既不现实，也不可能。因此，“点穴”式进攻越来越经常被使用。即使用精确制导武器集中攻击敌要害部位和关键环节，以最大限度地震撼或瓦解敌方，打乱敌方作战节奏，用最小的损失换取最大的胜利。

随着信息战、电子战和其他非致命性武器装备的迅速发展，在未来战争中，不仅会继续使用能有效杀伤敌方武装力量的武器，而且将越来越多地使用非杀伤性武器来剥夺或重创敌人的战斗力，而置敌于失败的境地，以夺取局部战争的胜利。美国近年来提出了通过非杀伤性武器解决局部冲突的战略，并为此加紧研制一系列实用的非致命武器。在未来战争中，电子战武器以及其他非杀伤性武器将与硬杀伤性武器相配合发挥作用。

（六）非对称性战争将越来越多地出现

非对称性战争主要指用非常规的攻击手段，如用信息战、破坏环境、恐

怖活动等来进行战争。冷战结束后，大国之间发生大规模常规战争的可能性已大大减少。而在新军事变革发展过程中，许多国家在一些军事领域，如指挥、控制、通讯、电子计算机、情报、监视、侦察系统等方面，都存在某些弱点。在这种情况下，一些国家和恐怖主义组织将可能寻求避免直接军事对抗，而采用非常规手段破坏一国的指挥、控制、通讯和情报系统或民用目标，来实现其战略意图或政治目的。这就可能导致非对称性战争。

三、新军事变革对国际体系影响

新军事变革对国际军事力量对比产生双重影响，成为决定世界多极化趋势与美国独霸世界企图之间的矛盾将是长期复杂的因素之一。

一方面，美国等西方国家在许多高新技术，特别是信息技术方面占有优势，这就使它们在新军事变革中处于领先地位。而这种状况又成为导致美国霸权主义和强权政治抬头、推行新干涉主义的因素之一，使超级大国由于其军事优势而在某种情况下更愿意动用武力。这决定了世界格局向多极化演变不会是一帆风顺的，而是一个曲折复杂、充满斗争的长期历史进程，主要阻力来自美国独霸世界的图谋与极力推行这种图谋的努力。

另一方面，信息系统的广泛运用大大增加了这些系统受到破坏或攻击的可能性以及遭到攻击后损失的范围和程度，从而使美国等西方国家的脆弱性也相应增加。同时，由于高新技术的发展以及这些技术容易通过商业渠道获取，也增加了某些中等国家和恐怖主义组织获取大规模杀伤性武器的可能性，从而加大了这些武器扩散的危险。这些又决定了超级大国受到种种制约，尽量避免与其他大国的战争。

而且，总的来看，多极化的趋势是时代发展的大趋势，是不可阻挡的历史潮流。美国尽管企图推行独霸世界的战略，但国际上仍存在着一些制约美国霸权主义的因素。首先，美国独霸世界的野心与其实际可使用的力量之间存在着差距。例如，在伊拉克战争中，美国就不得不从太平洋战区抽调兵力前往支援，造成其在亚太地区的兵力一度相对空虚。其次，国际上各种力量，包括俄、印和发展中国家对美国仍有牵制，西欧国家在伊拉克战争后在防务方面独立自主的倾向也有所发展。第三，美国国内在对外政策上存在着现实主义与理想主义的争论，一些持现实主义观点的人士对美国用“人权高于主权”理论进行对外干涉持批评态度。第四，美国在不是它关键利益所在的地区作战时害怕遭受重大伤亡。这些因素将使美国在对中等以上国家动用武力方面非常谨慎。

比较而言，多极化趋势对我国比较有利，可以使我国有更多的战略回旋余地，有更多的矛盾可利用。但另一方面，多极化也可能产生一些负面影响。例如，如果日本成为军事大国将不利于亚太地区安全。又如，如果某些国家推行地区霸权主义也不利于地区稳定与和平。因此，在多极化进程中，中国应努力推动建立一个有利于长期和平与发展的多极化世界格局。

近年来美国在新军事变革中取得的各方面进展使美国政府和军方认为，美国已经在新军事变革中处于领先地位，它所掌握的强大的情报搜集能力、精确打击能力、远距离投送能力、海空军优势以及先进的信息战技术进一步加强了美国的军事优势，拉大了美国与在新军事变革中落后的国家以及广大中小国家之间在军事上的差距；特别是美军装备远程精确制导武器和隐形武器后，可以在大幅度提高部队战斗力和武器毁伤力的同时，大大减少战争中美军人员伤亡的可能性。

加之，冷战结束后，美国成为世界上唯一的超级大国并在政治、经济、科技、金融、军事等方面拥有明显优势。同时，不像冷战时期那样有前苏联对其进行制约。而且，由于美国在以信息技术为核心的新技术革命中处于领先地位，并进一步进行了经济结构调整，近年来美国经济连续多年实现低通胀下的增长。这使得美国在大国力量对比中处于有利地位。

在这种情况下，美国的强权政治和霸权主义上升，干涉主义抬头。克林顿政府 1995 年提出“参与和扩展”的国家安全战略，企图把它在冷战时期在西方国家中的盟主地位，扩展为在全球的领导地位，建立由它主导的世界新秩序。20 世纪 90 年代后期美国又逐渐形成了“新干涉主义”，其主要特征是动辄干涉他国内政，凭借先进武器对敢于抵制霸权主义的国家使用武力或以武力相威胁，同时加紧构筑以美国为主导的各种军事安全体系。以美国为首的北约发动科索沃战争和美国发动伊拉克战争，正是美国推行霸权主义和“新干涉主义”的表现。

“9·11”事件后，布什政府提出“先发制人”战略，也是基于美国在新军事变革中取得的军事优势地位和强大的军事实力。

第三节 伊拉克战争对国际体系的影响

2003年3月下旬至4月，美国首次将“先发制人”战略应用于实战，在未得到联合国安理会授权的情况下，发动伊拉克战争，推翻了萨达姆政权。这场战争是全球化趋势迅速发展时期的一场重要战争，不仅对国际体系的走向产生重要影响，而且影响到我国的安全环境。

一、伊拉克战争对国际体系的影响

（一）世界多极化趋势与美国单极化企图之间的较量更加激烈，斗争的实质是建立什么样的未来国际秩序

首先，伊拉克战争是美国实现单极化企图的重要步骤。冷战结束后，美国成为世界上惟一的超级大国，世界战略力量对比严重向有利于美国的方向倾斜。“9·11”事件以来，布什政府将反恐和防止大规模杀伤性武器扩散作为全球战略的最优先事项，同时又以此为旗号企图借机巩固美国在世界上的“领导地位”，实现单极独霸。

当前，美国正处于新一轮战略扩张的势头上。布什政府将伊拉克战争作为实现美国单极化企图的重要步骤之一。“9·11”事件后，美国将全球战略的重点从欧洲转移到中东地区。布什政府认为，中东是恐怖分子主要来源地，而伊拉克不仅支持恐怖主义，而且拥有大规模杀伤性武器，存在向恐怖分子转让这种武器的可能性。因此，要巩固美国的全球霸权，解决恐怖主义问题和保证美国内的绝对安全，就要先搞定中东地区；而要搞定中东地区，就要先搞定伊拉克。

布什政府企图通过推翻萨达姆政权，在伊拉克建立亲美的“民主政权”，为在整个中东地区实现“民主化”树立样板。布什政府认为，直接参与“9·11”事件的恐怖分子绝大多数来自中东国家，表明中东地区已成为滋生

恐怖主义的温床。只有在整个中东实行美国式的“民主化”后，才能铲除这个温床。而由于萨达姆政权一直支持巴勒斯坦人对以色列的“人体炸弹”，因此成为美国必欲先除之的“支持恐怖主义政权”。2003 年 2 月 26 日，布什总统在美国企业研究所发表的关于中东政策的讲话中强调：“只有在伊拉克建立新政权，才能成为在其他中东国家实现自由的典范。而且这种典范作用是巨大的、鼓舞人心的。”① 美国新世纪计划组织 2003 年 3 月下旬发表一份公开信宣称：“成功解除伊拉克的武装，重建伊拉克，并对其实施民主改革，无疑能为更广泛中东地区的民主化作出重大贡献”，并强调，这应当被视为“一个对美国具有最重要战略意义的目标”。②

美国虽然在这场战争中比较顺利得手，但美军很快在伊拉克陷入反美游击战和恐怖活动交织的困境，这对美国霸权主义和强权政治气焰是一个牵制。

第二，围绕伊拉克战争的国际较量实质上是世界多极化趋势与美国单极化企图之间的斗争。围绕着伊拉克战争，国际上各种力量进行了激烈的外交和政治角逐。世界其他一些力量中心正在显示出更大的独立自主性，敢于对美国的单边主义和战争政策说“不”。在经济上，世界已逐渐显现欧洲、北美和东亚三足鼎立的态势。在政治上，欧洲、俄罗斯和许多发展中国家对美国发动伊拉克战争的单边主义和战争政策进行了批评和抵制，世界各地反战运动还举行了声势浩大的示威游行。在军事上，尽管美国单极独大的地位还将维持相当长时间，但欧盟在战后加快了建立共同防务联盟的步伐，以争取军事上更大的独立自主性。这些表明世界多极化和国际关系民主化正在曲折中向前发展，对美国的单边主义和战争政策形成了一定的制约。

第三，建立国际政治经济新秩序的斗争将更加激烈。当前建立国际政治经济新秩序的斗争主要表现在国际社会围绕加强还是削弱联合国在国际体系中的作用，而进行的激烈复杂的外交博弈。美国这次绕开联合国安理会发动伊拉克战争，违反了国际法和联合国宪章，破坏了现存的国际秩序。正如俄

---

① http://www.whitehouse.gov.

② 吉姆·洛贝：《新保守派争取民主党人对战后目标的支持》，载美国《外交政策聚焦》2003 年 3 月 24 日。

罗斯总统普京所说，伊拉克战争的“消极后果是动摇了国际法体系”。[①] 另一方面，各国在联合国围绕伊拉克问题的斗争和美国未能使安理会授权对伊动武的事实表明，随着世界多极化和国际关系民主化趋势的发展，美国已不再能够像冷战时期那样将联合国当作它的“橡皮图章”了。

冷战结束以来，世界大多数国家希望建立一个反映世界多极化和国际关系民主化趋势、以联合国为中心、以国际法为基础的世界秩序，并希望用联合国牵制美国的单边主义和战争政策。但美国依仗其“一超独大”的优势，在能够利用联合国等多边机制时就加以利用；而在觉得联合国等多边机制碍手碍脚时就企图一脚踢开。国际社会围绕加强还是削弱联合国的斗争，实际上是建立一个代表国际关系民主化和多极化的国际体系，还是形成一个为美国“单极独霸”战略服务的国际体系之间的斗争。其实质是建立体现人类进步要求的国际政治新秩序，还是建立“美国治下的和平”之间的斗争。这种斗争将是世界多极化趋势与美国单极化企图之间斗争的重要方面之一，也是建立国际政治经济新秩序斗争的重要内容之一。它必然是长期和复杂的。

（二）中东地区不稳定因素增加，争夺中东石油的斗争更加激烈

首先，中东阿拉伯国家与美国的矛盾上升。美国企图通过在战争中取胜，长期军事占领伊拉克。这将引起中东穆斯林民族的不满和愤恨。美军占领巴格达后，巴格达和伊拉克其他一些城市的穆斯林民众多次举行示威游行，要求美军撤出伊拉克。2003 年 4 月 18 日，伊拉克 8 个周边国家的外长在沙特首都利雅得举行紧急会议。会后发表的联合声明强调，不接受别国干涉伊拉克内部事务，要求外国占领军尽快撤出伊拉克国土，以便让伊拉克人民行使自治权。这些都表达了中东阿拉伯国家的心声。如果美军长期赖在伊拉克不走，美国与中东阿拉伯国家及穆斯林民族的矛盾将不可避免地上升。它将难以搞定中东地区。

---

① 俄塔社圣彼得堡 2003 年 4 月 11 日电。

美军在占领伊拉克后，陷入游击战和内战的困境，美国还要对付该地区也被其称为“流氓国家”的伊朗、叙利亚、利比亚等。这将使中东地区长期处于不稳定之中。

第二，美国在中东推行“民主化”增加不稳定因素。在中东以伊拉克为试点推行“民主化”是布什政府中东政策的主要目标之一。时任美国国务院政策规划办公室主任理查德·哈斯宣称：“促进民主，包括在穆斯林世界促进民主，是布什总统和鲍威尔国务卿的一个首要目标。”[①] 由于伊斯兰文明与西方文明存在很大差异，美国把其民主制度嫁接到中东伊斯兰国家的做法难以轻易实现，而且将增加中东地区的不稳定因素。这些将使美国不得不在今后一个时期把更多精力和力量放在中东。

第三，争夺中东石油的斗争更加激烈。美国掌控伊拉克石油资源后，将使世界能源安全形势更加复杂。美国将争取实现在其主导下增产伊拉克原油，从以中东产油国为主的石油输出国（欧佩克）组织手中夺取国际石油市场的定价权，以保证美国能获得经济恢复和发展所需的大量廉价原油供应，甚至企图实现操纵欧佩克组织。这将使美国与石油输出国组织之间的矛盾上升。

美国一直觊觎伊拉克的石油。伊拉克是世界第二石油大国，已探明石油储量为1220亿桶，仅次于沙特。2001年初，美国战略与国际研究中心的一个研究报告提出，为保证能源供应和价格的稳定，必须解决伊拉克、伊朗和利比亚三个产油大国的问题。同年4月，兰德公司发表的能源战略报告明确提出，“看来中东还得打一场大规模的战争”，才能保证美国的能源安全。同时，美国对20世纪70年代石油输出国组织产油国利用石油武器对付美国等西方国家耿耿于怀，企图在控制伊拉克油源的基础上，操纵石油输出国组织，使美国进口的石油价格降低到有利于美国经济复苏和增长的水平。而且，美国认为，谁控制海湾，谁就拥有对全球经济的钳制能力。布什政府担心世界其他力量中心将来挑战美国的惟一超级大国地位。现在西欧和中国从中东进口的石油分别占其进口石油的60%和40%。美国企图通过控制海湾

---

① 美国国务院政策规划办公室主任理查德·哈斯2002年12月在华盛顿对外关系委员会上的讲话：《促使穆斯林世界更加民主化》，http://www.state.gov。

石油，制约欧盟和中国等世界其他力量中心的崛起。

（三）引起大规模杀伤性武器扩散的新危险，引发新一轮军备竞赛

首先，美国“先发制人”战略促使某些国家加快获得核武器的步伐。美国发动这场“先发制人”的战争，是以消除伊拉克大规模杀伤性武器为借口。但可能事与愿违，反而促使大规模杀伤性武器在世界上的新一轮扩散浪潮。某些国家通过伊拉克战争认识到，要防止美国对它们进行先发制人的打击，就必须拥有原子弹。为此，它们将加紧发展核武器的步伐。例如，2003年4月24日，在北京举行的中、朝、美三国朝核问题会谈期间，朝鲜方面向美方表示：“朝鲜已经拥有核武器。”[①] 同日，朝鲜中央通讯社在发表的一份声明中说：“伊拉克战争显示，美国消除大规模杀伤性武器的要求只不过是战争的借口。所有主权国家从这场战争中得到的教训是，只有拥有实实在在的威慑力量才能保卫国家主权。”[②] 一旦朝鲜确实拥有核武器，日本、韩国也可能寻求核武器。

其次，恐怖组织为了报复美国将寻求拥有大规模杀伤性武器。伊斯兰原教旨主义认为伊拉克战争是“异教徒”对伊斯兰文明的入侵。在缺乏正常反抗手段的情况下，一些伊斯兰信徒将不得不采取极端手段反抗美国。因此，这场战争可能与美国的愿望相反，不仅不能打击恐怖主义，反而助长世界上的恐怖活动。恐怖主义组织为了报复美国和对美国进行破坏性更大的袭击，也将寻求威力更大的武器，包括大规模杀伤性武器。

二、伊拉克战争对大国关系的影响

伊拉克战争促使大国关系重新洗牌，“斗而不破、合而不从”成为大国关系的新特点。

---

① Washington Post，April 25，2003.

② http：//www. cnn. com/2003/WORLD/asiapcf/east/04/24/nkorea. us/index. html.

（一）大国关系出现新一轮分化组合

围绕着伊拉克战争，大国之间的关系在重新分化组合。在战前，各方斗争的焦点是联合国安理会是否应通过授权对伊动武的决议。2003年2月5日，包括法、德、俄、中等在内的安理会多数国家认为美国务卿鲍威尔的举证缺乏说服力，拒绝美国提出的安理会授权对伊动武的要求。2月14日，布利克斯和巴拉迪向安理会递交核查报告并要求授权延长核查时间，得到法、德、俄、中等安理会多数成员的支持，美、英提出的安理会授权对伊动武的要求遭到挫败。3月上中旬，在美国试图提出要求安理会授权对伊动武决议草案的情况下，法国和俄罗斯均提出使用否决权的可能性，而且美国也无法获得安理会多数支持，迫使美国不得不放弃这种企图。

在北约，美国与法、德等国在与伊拉克有关问题上的矛盾也明显化。2003年1月15日，美国在北约提出的协防土耳其的动议遭到法、德、比的反对。在北约秘书长罗伯逊启动“默认程序”企图使协防土耳其的协议通过时，法、德、比三国在规定的期限前提出异议，给了美国当头一击。

在伊拉克战后重建问题上，布什政府主张美国应发挥主导作用，而法、德、俄等国主张联合国应发挥核心作用。法、德、俄三国还加强了他们之间的协调。4月11日，俄、法、德三国首脑在圣彼得堡举行会晤后发表联合声明，强调联合国应在伊拉克战后重建中扮演“中心角色”。

这些表明，美国在西方世界不容置疑的领导地位发生动摇，跨大西洋联盟出现裂痕。欧盟和俄罗斯今后将对美国的单边主义和战争政策起到一定的牵制作用。

（二）大国关系重新洗牌的根源是利益和理念的不同

大国关系的分化组合表现了它们之间利益和理念的不同。法、德、俄等国反对美国损人利己、用武力独吞在伊拉克的能源和经济利益。欧盟与美国的矛盾也体现了两种“世界秩序”观的冲突。欧盟主张建立一个以国际法为基础、联合国等国际机构为框架的多边主义的“世界秩序”。

从国内因素来说，法、德等国民众反战的人数达到70%以上，这对政府政策有很大影响。而美国新保守派势力在布什政府中居于主导地位，他们坚决主张运用武力推翻萨达姆政权。美国新世纪计划是新保守派的前沿组织。该组织 1997 年由新保守派知名人士威廉·克里斯托尔和罗伯特·卡根共同创建。其宪章的签署者中的大多数人后来在布什政府中担任要职，包括副总统切尼、时任国防部长拉姆斯菲尔德、时任国防部长副部长沃尔福威茨、时任负责武器控制与国际安全的副国务卿博尔顿等。该宪章主张美国采取以军事实力为基础在全球占据优势地位的战略。这些人认为，美国的政治经济“模式”必须被推广到世界其他地方，如有必要，可以诉诸武力，这是美国“必须完成的一项全球使命”。[①] 以色列游说集团和美国的宗教右派，以及一些保守派的思想库、基金会和媒体王国构成了新保守派势力的核心力量。[②]

美国与其他一些大国围绕伊拉克战争的分歧尖锐化也是美国单边主义恶性膨胀的结果。美国不再拘泥于固定的盟国，而是根据不同的战略威胁和战略需要，纠合不同的盟友。这使得美国与德、法等传统盟国之间的矛盾上升。

（三）“斗而不破、合而不从”成为大国关系的新特点

由于美国军事实力处于绝对优势、大国在对付非传统安全威胁方面共同利益增加，以及全球化锻造的相互依存关系上升，大国关系将是以竞争与合作共存、矛盾与协调同在为主要特点。但如果美国一意孤行推行单边主义和战争政策，它与其他一些大国之间在某些重大问题上将进行激烈较量。一些大国在某些重大问题上将协调立场，共同对美国进行“软制衡”。随着世界其他力量中心实力的增长和多极化趋势的进一步发展，它们与美国之间将越来越经常出现“斗而不破、合而不从”的特点。

---

① 吉姆·洛贝：《新保守派争取民主党人对战后目标的支持》，载美国《外交政策聚焦》2003 年 3 月 24 日。

② 新美国基金会资深研究员迈克尔·林德：《支持布什发动战争的一群不可思议的人》，载英国《新政治家》周刊 2003 年 4 月 7 日一期。

大国关系的重新分化组合，将使中国在国际上有更大的战略回旋余地和国际合作空间。由于反恐和实现美国国内绝对安全仍是美国国家安全战略的最优先事项。在这种情况下，美国需要继续与中国维持稳定和合作的关系。

三、伊拉克战争对中国周边形势的影响

伊拉克战争未能改变和平与发展的时代主题，但国际形势和中国周边形势更加复杂。

（一）和平与发展的总体态势未变，但中国仍面临周边地区爆发局部战争和武装冲突的可能性

伊拉克战争是冷战结束后又一次较大规模的局部战争。尽管这场战争是残酷的，造成许多平民伤亡和人道主义灾难，但它并未改变和平与发展这一时代主题。维护和平，促进发展，是各国人民的共同愿望，也是不可阻挡的历史潮流。世界多极化和经济全球化趋势仍在曲折中前行，还在为世界的和平与发展提供机遇和有利条件。新的世界大战在可预见的时期内打不起来，争取较长时期的和平国际环境和良好周边环境是可以实现的。

但另一方面，美国在伊拉克战争中成功进行“先发制人”军事战略的试验后，将会寻找新的目标实施“先发制人”的打击，甚至可能会在中国周边地区挑起局部战争和武装冲突。如果美国这样做，将对中国的安全环境构成挑战。例如，最近美国进一步增加在东北亚地区的军事打击力量。在朝鲜宣称拥有核武器后，布什政府不排除对朝鲜进行外科手术式打击的可能性。这有可能在朝鲜半岛导致局部武装冲突。如果布什政府转而将“政权变更”作为对朝政策的目标，也将加剧该地区的紧张局势。

（二）中国既有更大的战略回旋余地，但又面临美国的政治和外交压力

国际社会围绕伊拉克战争而进行的较量，客观上促进了世界多极化趋势的发展和大国关系的重新分化组合。这将使中国在国际上有更大的战略回旋

余地和国际合作空间。首先，欧盟独立自主性的发展，俄罗斯公开宣布将对美国在安理会提出的对伊动武决议使用否决权，许多发展中国家和国家集团反对战争，都是世界多极化趋势的重要表现，将使美国面临各种不同问题引起的更多挑战，在相当长时期内不可能将战略重点集中于中国，从而使中国有更多的关系可以发展，更多的矛盾可以利用。其次，大国关系重新洗牌，法、德、俄等国加强在反对伊拉克战争等重大国际问题上的相互协调，使中国在外交上有更大的纵横捭阖空间。第三，“9·11”事件后布什政府将美国全球战略的重点放在中东地区，在伊拉克战争之后，还要对付也被美国称为“流氓国家”的伊朗、叙利亚、利比亚等。布什政府还企图在整个中东地区推广“民主化”。这些将使美国不得不把更多精力和力量放在中东地区。第四，反恐和实现美国国内绝对安全仍是美国国家安全战略的最优先事项。在这种情况下，美国需要继续与中国维持稳定和合作的关系。

但另一方面，从中期和长期来看，美国仍将对中国施加政治和外交压力。美国仍将中国作为今后可能的潜在对手之一，特别是新保守派势力中的一些人主张对华政策也应将“政权变更”作为最终目的。如果美国政府将这一主张作为政策，将严重损害中美关系。

（三）中国面临的国际能源安全形势更加复杂

美国掌控伊拉克石油资源后，将使世界能源安全形势更加复杂。美国将争取实现在其主导下增产伊拉克原油，从石油输出国组织手中夺取国际石油市场的定价权，以保证美国能获得经济恢复和发展所需的大量廉价原油供应。

今后若干年中，中国对进口石油的需求将增加。中国 2002 年进口 6940 万吨（5.09 亿桶）原油，比 2001 年增加了 15.2%，即中国现在 30%以上的石油消费来源于进口。[①] 中国现在每天进口 160 万桶石油。许多国际能源专家预测，中国到 2010 年将达到每天进口 400 万桶，2015 年达到每天 700

① 金奇：《渴望石油的中国易受战争副作用的影响》，载英国《金融时报》2003 年 3 月 18 日。

万桶，接近美国现在的水平，相当于沙特阿拉伯目前石油产量的3/4。[①] 国际能源机构预测，到2030年，中国每天可能要使用970万桶原油，届时中国84%以上的石油消费将依靠进口。[②] 在这种情况下，国际石油市场价格的波动对中国经济的影响越来越大，这将对中国的能源安全战略造成负面影响。

如果美国能降低国际石油市场的原油价格，将在客观上有利于中国的石油进口。但也不排除在某些情况下美国利用控制和操纵国际石油市场的优势地位对中国施加压力的可能性。

（四）促使一些国家和地区加快军队的高技术化和信息化

伊拉克战争是信息化时代的一场重要战争。它实际上是美军这样一支机械化加信息化军队与伊军这样一支半机械化军队之间的一场较量，初步显示了信息化时代战争的一些新特点：

——空地海天电磁五维作战相结合。战争一开始，美军就占有制空权、制海权、制电磁权和制天权，因而占据了战场上的绝对优势。美国陆军和海军陆战队担负主攻任务。美国空军将战略轰炸和战役轰炸相结合，不仅摧毁了伊拉克指挥和通信中心等战略设施，而且消灭了伊军的许多主要重型武器和有生力量。美国海军贯彻“由海到陆”战略，集中6艘航空母舰对伊拉克的战略和战术目标进行攻击。在太空，美国的各类间谍卫星对伊拉克进行昼夜侦察，各种通信卫星保障美军的指挥和通信。美军还对伊军雷达和通信实施了各种电磁作战。而且，美国将空地海天电磁五维作战比较密切地相互配合，发挥了整体作战的优势。

——非传统战法与传统战法相结合。美军在伊拉克战争中使用的非传统战法包括心理战和斩首战等。心理战即运用“攻心为上”的思想，企图达到

① 塞利格·哈里森：《天然气与东北亚地缘政治——天然气管道、地区稳定以及朝鲜核危机》，载美国《世界政策杂志》2002/2003年冬季号。

② 金奇：《渴望石油的中国易受战争副作用的影响》，载英国《金融时报》2003年3月18日。

“不战而屈人之兵”的目的。在这场战争中，美军发动“震慑行动”，运用各种手段，将硬杀伤和软打击结合，企图摧毁伊拉克的民心士气。斩首战是运用“打蛇打七寸”的做法。美军先后发动“斩首行动”、“切断蛇头行动”，企图达到用消灭萨达姆本人的方法来取得战争的胜利，它直接服务于美国在这场战争中的目的——推翻萨达姆政权。这些非传统战法与美军的传统战法配合，相得益彰。

——非接触作战与贴近作战相结合。无接触作战即美军为了减少伤亡，尽量利用海空优势和火力优势，对伊军进行摧毁式打击，而不让伊军接近和打到美军。同时，美军还采取贴近作战，即派遣大批特种作战部队潜入巴格达等伊军驻扎区，暗杀伊领导人、搜集情报、为美军空袭指示目标等。无接触作战与贴近作战相配合，使美军能够充分发挥自身优势。

——战场片面透明化与精确打击相结合。伊拉克战争实际上是美军“数字化”部队打的第一场“网络战争”。美军运用从太空到地面的各种先进侦察手段（间谍卫星、“食肉者”无人驾驶飞机、夜视探测仪等）比较充分地掌握伊军的部署和动向，并利用先进的数字化信息系统即时把情报和作战命令传送到己方每一个作战平台，甚至数字化部队的单兵。这种巨大的战场电脑网络系统使得美军能够单方面洞察战场，而伊军则对敌方情况不明，经常处于被动挨打的地位。同时，美军精确打击的能力有很大提高。在第一次海湾战争中，美军精确打击炸弹和导弹的数量占炸弹总数的10%，这次战争达到70%以上。战场片面透明化大大增加了美军精确打击的效能。

另一方面，伊拉克战争也暴露出美军的一些弱点，如后勤补给线易受袭击、后勤分队防卫薄弱等。伊军的游击战、袭扰战一度有效地迟滞了美军的进攻。比较落后的武器也能打下了美军的F-18战斗机和“阿帕奇”直升机。

但总的来说，这次战争再次显示了高科技武器的威力，将促使中国周边一些国家和地区加快发展和获得各种先进武器。伊拉克战争证明，世界新军事变革的关键并不在于有某种特别先进的武器或一两件“杀手锏”，而在于运用先进的信息技术，使配备有各种高技术武器装备的各军兵种部队形成一个整体系统，以便一旦需要，就能迅速调动和有效配置，在最短时间内在局部地区形成压倒性打击力，进行并完成诸军兵种联合作战任务。

因此，中国周边一些国家和地区在新一轮军备发展中将不仅重视高新技术武器等硬件的装备，而且将更重视发展和改进 C4ISR（指挥、控制、通信、计算机、情报、监视和侦察）系统的软件。

（五）伊拉克战争可能促使“台独”势力加快“渐进式台独”步伐

布什政府对海峡两岸实行“双轨”政策。一方面希望与中国发展稳定和合作的关系。另一方面，布什政府对台湾承担义务，加强与台湾的防务关系。在伊拉克战争前，布什政府为了集中力量进行伊拉克战争，不想让台湾干扰美国全球战略的大局，要求台湾当局不要当“麻烦制造者”，不要挑衅，从“一边一国”的立场，重回到美国满意、大陆也能接受的“四不一没有”立场，以维持现状。在美国的压力下，陈水扁在 2003 年新年演说里，做了相应的调整，重申了“四不一没有”立场。

但与此同时，布什政府要求台湾加强防务，继续发展与台湾的军事合作，以防止中国大陆借美国进行伊拉克战争之机，对台湾突然发起军事攻击。据台湾报纸透露，美方透过管道向台湾当局保证，美国绝不会因为有求于中国大陆而伤害台湾，而会“更加强亚太地区与台海安全”。台湾当局判断，由于美方对中国大陆“没有太高期待，美伊战争对台湾不致形成危机”。而且，美国强化了与台湾的情报交换，向台湾提供中国大陆军力部署变化等重要情报资料。布什政府还希望“台湾等盟邦”在“美伊战争后的战区重建等重要工作”中“扮演一定角色”。因此，台湾当局认为：“美伊战争很可能让美国与亚太地区盟邦的关系更为加强。”

台湾当局将支持美国进行伊拉克战争作为争取美国好感的机会和方法。伊战一爆发，陈水扁就公开宣称支持美国开战。台湾当局还宣布允许美国军用飞机飞越台湾上空。

美国在伊拉克战争中炫耀武力，促使陈水扁等“台独”势力增加对美国军事干预台海冲突的幻想，从而加快“渐进式台独”的步伐。陈水扁公开鼓吹“公投制宪”。李登辉则大肆宣扬“改国号”，并组织“台湾正名”游行。“台独”野心昭然若揭。

伊拉克战争也促使台湾加快发展针对大陆的“先发制人”武器。战争爆发后，台湾军方认为，美国对伊拉克“先制攻击”的例子一开，可能为中国大陆未来“犯台”借口树立依循模式。一些学者和军方人士甚至鼓吹台湾应发展“先发制人”武器，如中程弹道导弹等，以对大陆形成威慑。如果台湾这样做，将增加“台独”势力搞“渐进式台独”的危险性和所依靠的军事实力。

第七章

世界各种文明关系及其对国际体系的影响

世界各种文明之间关系的演变有自身规律，其发展趋势将影响国际体系转型的方向和方式。中华文明正在实现伟大复兴的进程中，将对国际体系产生重要影响。

第一节 世界各种文明之间关系发展趋势

世界是从多个国际体系和多样文明共存，演变到西方文明占主导地位压迫其他文明的世界体系，再向一个多样文明比较平等共存的全球性世界体系发展。

在人类社会发展中，各种文明的进步有许多相似之处。在原始社会，人类文化是一元的，尚无各民族各地区的差别。主要原因在于：其一，此时人类思维的发展水平不高，不会去想过多的问题，只求能够生存。其二，人类所面对的问题是一致的，即如何看待人与自然的关系，所面临的只是自然的恶劣，而未牵涉到社会人生问题。

随着私有制的出现，人类不仅要思考自然问题，而且还要思考社会问题和人生问题。问题的复杂化，遂使他们的心智投放出现差别，于是也有了文明的差别。即人类文化由一元转为多元。在中国的春秋战国时期，出现了“百家争鸣”的思想解放运动。几乎在此同时，欧洲也有过相对于自然宗教而言的思想解放运动。中国古代伟大思想家老子、孔子，古希腊伟大思想家柏拉图、亚里士多德，古印度哲学的一些先哲们以及佛学思想的鼻祖释迦牟尼都出现在公元前 4 世纪左右。而在公元 1 世纪前后，西方世界和中国又都有一个百家归于一家的思想运动。在西方世界，表现为基督教的传播和被罗马帝国定为国教。而在中国则是儒学排挤百家而上升到独尊的地位。而且，在政治上亦有相似之处。两地都在这一时期建立起庞大的帝国和中央集权的政治体制（确切地说中国在公元前 2 世纪，西方在公元前 1 世纪）。同样相似的是，在公元三四世纪，两地的统一局面又都受到外族的侵扰（在西方表现为蛮族的入侵和罗马帝国的崩溃，在中国则进入南北朝时期），大一统文明先后告一段落，出现分裂的局面。同时，基督教的国教地位和儒学的独尊地位亦先后受到沉重打击。经过几百年的动乱后，两地社会再次结束分裂，实现统一。儒学和基督教又分别在两地再次取得统治地位。

但每一种文明的发展又都有其特殊性。在古代，由于交通不发达，世界许多民族大多独立发展出各自的文明。因为地理环境、生产方式、社会形态、历史演变等不同，各文明都有自己的特点。人类历史上各种文明都以各自独特的方式为人类进步作出了贡献。埃及、西亚、印度、中国、希腊、罗马等古代文明中心都曾形成以其为核心的相对独立的区域性国际体系。

另一方面，许多文明之间又相互交流和相互影响。例如，在公元 600—1800 年间，中国的许多新发明（如火药、指南针、活版印刷等）和新思想通过丝绸之路传到西亚中东地区，对伊斯兰文明产生影响，并通过中东继续传往欧洲。“西方接受了这些思想，并使之适应自己的情形。结果，东方为 19 世纪以后西方的发展作出了巨大的贡献。”[①] 而伊斯兰文明和西方文明在

① ［美］肯德尔·麦耶斯：《历史对于国际问题研究为什么重要——在华东师范大学大夏讲坛的演讲》，余华川译，《解放日报》2006 年 7 月 2 日，第 8 版。

古代和近代对中华文明发展也有一定影响。

每一种文明发展的特殊性决定了该文明的特点，包括强点和弱点，而这些在很大程度上决定该文明的命运。古希腊哲人推崇有法律的奴隶主民主制，深入思考人与自然的关系。被黑格尔称为“人类导师”[①] 的亚里士多德不仅是形式逻辑这一学科的奠基人，而且对物理、动物、植物、生理、医学等皆有精深造诣，旁及历史、政治、文艺理论等皆有著作传世。这使主要受古希腊、古罗马文化影响的西方文明，具有与中世纪封建专制斗争的有力武器。在西方文艺复兴后，科学技术得到迅速发展，在世界上率先实现工业化和现代化。

中华文明先哲之一孔子的学说侧重研究人们之间的社会、政治、道德关系，深入思考立身处世和为政治国的道理，强调以“仁”为核心、以“礼”为形式。以孔子为代表的儒家思想在中华民族共同文化和共同心理的形成和发展中，起了最重要的作用。中华民族历史悠久的灿烂文化，多与孔子的思想相联系。中华民族宽厚大度的伟大气派和扶危济困、见义勇为的道德风范，很多渊源于孔子的思想精华。正是这些使中华民族在饱经战乱、多次遭受侵略后仍能保持自强不息，使中华文明成为世界上唯一五千年传承未断发展至今的文明，也使其成为一个非侵略性文明。但儒家思想中也存在许多糟粕和严重缺陷，这特别表现在中华古代文明缺乏民主和科学的传统而人际关系特别发达和复杂，导致中国社会封闭保守和严重内耗，这是中国在近代落后挨打的最重要原因，这也是为什么“五四”运动以来中国先进的人们一直强调要高举民主和科学大旗的缘由。

印度古代文明的一个最重要特点是哲学与宗教紧密联系。古印度哲人们以及佛学思想鼻祖释迦牟尼都对人与神的关系进行了深入思考。从婆罗门教的宗教阐释学中，发展出对宇宙和人生的玄学思辨，并形成各种分析细致的哲学流派。与中国古代史学和实用理性发达而神学不发达不同，古代印度神话和宗教发达，但史学不发达。虽然古印度在数学、医学等方面取得很多成就，但印度长期受修现世求来世、因果报应等宗教思想的深刻影响，许多人对现实生活几乎麻木不仁。这在历史上长期阻碍了印度社会的进步。

---

① ［德］黑格尔：《哲学史讲演录》第2卷，商务印书馆，1960年版，第380页。

世界各种文明发展的共性和特殊性并存决定了世界文明的多样性是人类社会的基本特征，也是人类文明发展的重要动力。但从十七八世纪起，西方文明在率先工业化和现代化过程中，利用其坚船利炮，在广大亚非拉地区占领殖民地，在压迫其他文明中成为主导性文明。西方殖民者从非洲虏走数百万黑人使其成为奴隶，对非洲某些文明进行了毁灭性的打击。英国殖民者和美国杀害了数十万美洲印地安人，基本摧毁了美国境内的印地安文明。

随着二战后民族独立运动的发展，亚非拉国家纷纷赢得国家解放和民族独立。其后，在维护政治独立和发展民族经济的同时，许多亚非拉国家的民族文化也在发展，正在逐渐开始本国特色的文明复兴。它们不仅要求国际政治和经济秩序向更公正合理方向转变，而且希望在文明领域与西方国家进行比较平等的对话。

任何文明都是既有优点，又有弱点。企图把某种文明的模式强加于其他文明，以实现单一的普世文明是不明智的。美国著名学者塞缪尔·亨廷顿虽然提出文明冲突的可能性，但他认为："在未来的岁月里，世界上将不会出现一个单一的普世文化，而是将有许多不同的文化和文明相互并存"，"所有文明都必须学习共存"。①

另一方面，各种文明之间并不一定会发生冲突。世界各主要宗教的主流都是温和的。例如，伊斯兰教的基本信仰和基本功课特别强调和平、顺从、容忍、博爱、行善、施舍、克制和宿命论等。又如，基督教的基本教义强调平等博爱、爱仇如己、忍耐顺从、天堂幸福等。

不同文明之间的差异、竞争乃至碰撞都是很自然的，同时它们之间又存在着相通性和共同点。所谓"文明冲突"主要发生在具有不同文明背景的极端分子之间，而不是在具有不同文明背景的广大人民之间。其主要原因是出于无知、狭隘、偏见和因此产生的极端思潮。最危险的是有些文明中主张暴力的极端分子，因为这些暴力会给普通民众带来灾难。

在冷战结束后，由于经济全球化趋势导致大国之间相互依存紧密、战争的代价远高于收益、相互核威慑的存在和非传统安全威胁上升等，大国之间

---

① ［美］塞缪尔·亨廷顿：《文明的冲突与世界秩序的重建》，周琪等译，新华出版社，2002年版，中文版序言，第2页。

因极端民族主义而导致战争的可能性大大减少，合作的可能性在增加。但非理性的民族主义还存在，如时任日本首相小泉参拜供奉有甲级战犯的靖国神社，美国布什政府绕过联合国安理会发动伊拉克战争等。一方面，极端民族主义可能企图利用文明冲突来达到自己的目的。另一方面，宗教极端分子也在利用极端民族主义制造不稳定。

各种文明之间能否避免冲突，冲突的烈度和广度如何，将影响国际体系转型的方向和方式。当今国际冲突的主要根源是政治、经济因素，而不是文化的差异，但冲突中的文明因素值得关注。

2004年9月21日，西班牙首相罗德里格斯·萨帕特罗在联合国大会上发起了关于建立“文明联盟”的提案，主张不同的文明、人民、文化和宗教之间展开建设性对话。他说：“作为一个由多种文化创建并发展起来的国家的代表，我想向本届联大建议成立西方世界与阿拉伯和穆斯林世界之间的文明联盟。一堵墙倒塌了，我们应该防止仇恨与不理解再竖一堵墙。”① 虽然这一主张没有得到美英两国支持，但得到其他一大批国家的赞同与拥护。2005年夏天，“文明联盟”得到时任联合国秘书长安南的支持，他并且成为实现这一倡议的发起人。安南秘书长建立了由国际名人组成的高级工作小组，负责实施“文明联盟”倡议。这在不同文明之间开展建设性对话方面迈出了很有意义的一步。

世界是丰富多彩的。一部人类文明发展史，就是不同文明在竞争交流中取长补短、在求同存异中共同发展的历史。文明的多样性是一种客观存在，世界文明正是在这种多样性中存在，并通过多样性的交流和融汇而发展的，是普遍性与多样性的统一。正如季羡林先生所说：“文化交流是推动人类社会前进的重要动力之一。如果没有文化交流，我们简直无法想象人类今天的社会会是一个什么样子。”②

在全球化时代，世界各种文明之间应该相互尊重、相互对话、相互欣

① ［西］马里洛·伊达尔戈：《文明联盟》，西班牙《荟萃》月刊，2005年12月号，第8页。

② 郁龙余等著：《梵典与华章：印度作家与中国文化》，宁夏出版社，2004年版，季羡林开卷题词。

赏、相互借鉴、相互融合、平等交流、和平相处、取长补短、共同发展。只有相互尊重，才能平等对话。而更高的境界是相互欣赏，这种相互欣赏是欣赏其他文明的优秀之处，相互借鉴这些优秀之处，而不是全盘照抄。只有相互欣赏才能避免文明冲突。应当强调和鼓励各种文明和谐共存和相互交融。正如费孝通先生所说，应该“各美其美，美人之美，美美与共，天下大同”。文明之间虽然也产生摩擦甚至冲突，但更多的是交融，而且这种交融逐步从被动融合发展为主动融合，从单向的文明冲击进展到双向和多向的文明互动。

必须充分认识到文明交流的艰巨性和复杂性。例如，发达国家的一些人对自身的西方文明孤芳自赏，不了解其他文明，把其他文明都看作是落后文明，把西方文明与其他文明对立起来。这阻碍了西方文明与其他文明的相互交流和相互理解。又如，发展中国家之间虽有相互交流的意愿和相似的利益取向，但在西方文明占优势的情况下，其学习重点都是朝向西方的，相互之间兴趣不大，交流十分有限。同时，发展中国家文明之间也有相互矛盾的一面，尽管发展中国家在追求文明多样性和多元文化共存上利益一致，但在某些情况下也会因实际地缘政治利益不同而相互发生摩擦。

国际社会必须反对非理性民族主义利用文明冲突，同时反对非国家行为体的极端主义和暴力主义。各国应超越民族利己主义，将本国利益与人类共同利益相结合。

第二节　中华文明复兴的内涵与途径

中华文明的伟大复兴是与中国和平发展道路紧密相连，是其最深刻的实质内涵。中国的和平发展，是以中华文明的复兴为旨归的，是要以文明的方式克服中国现代化面临的挑战，实现中华文明的跨越式发展。中华文明的伟大复兴还是中国和平发展的根本保证。正处在上升势头中的中国要想在国际体系转型中发挥更加积极的建设性的作用，就必须不断地在文化上完善自己，实现中华文明的伟大复兴，以自己的人文精神、文化底蕴推进多元文明基础上的和谐的国际体系的形成，最终推动整个人类的文明水平向前发展。

要实现中华文明复兴，必须做到以下几点：

一、在创新中实现复兴

看一个文明是衰落还是复兴，看一个国家是强盛还是落后，并不单是看它的GDP（国内生产总值）有多少，而关键是看它的创新能力有多强。1830年中国制造业占世界制造业总产量的29.8%，而英国只占9.5%。[①] 但在1840年第一次鸦片战争后，中国屈辱地与英国签订本国近代外交史上第一个不平等条约《南京条约》。因此，要实现中华文明复兴，首先必须与时俱进，增强自主创新能力，努力建立创新型国家。这种创新能力应当包括科技创新、文化创新、管理创新、机制创新、制度创新等。

要避免文明复兴陷入狭隘的传统文明复兴和片面的民族主义陷阱，就要解决好继承传统与改革创新相结合，重新认识和客观评价中华传统文明，防止把中华传统文明过分理想化。中华传统文明遗产虽然仍有借鉴意义，但因时代不同存在局限性。中国今天的发展主要还是现代文明胜利的结果，而不是中华传统文明胜利的结果。中国要继续发展，就要继续依靠现代文明，要使中华文明遗产有现代性的升华和提炼。

在世界上，一些主要文明的复兴进程有着明显的“否定之否定”规律，中华文明复兴也将如此。如果把从春秋战国“百家争鸣”到清朝康乾盛世之前中华文明的发展作为事物发展的第一阶段，即肯定阶段；那么，从鸦片战争到中华人民共和国成立就是事物发展的第二个阶段，即否定阶段；改革开放以来中华文明复兴是事物发展的第三阶段，即否定之否定阶段。第三阶段不是第一阶段的简单重复，而是事物发展到达的一个更高阶段，有着与第一阶段相比在本质上不同的新特点。即应该在继承和扬弃中华传统文化中，创造出一个既有中华传统优秀文化特色又高于传统的崭新的中华文明。

---

① ［美］保罗·肯尼迪：《大国的兴衰——1500—2000年的经济变迁与军事冲突》，陈景彪等译，国际文化出版公司，2006年版，第144页。

二、在包容中实现复兴

中国是多个民族共存、多种文化融合的国家。中华文明历来有很大的包容性。在中国一些名山大川，经常可以看到几种宗教共存的景象。例如，嵩山少林寺就存有“三教合一碑”，体现出佛、道、儒三教荟萃、共荣共生的繁荣。

在今天全球化时代，中国文明的包容性必须在原有基础上进一步提高。中国要善于学习外国优秀文明成果、兼收并蓄而又以我为主、传承发扬。解决好吸收世界优秀文明同立足本国相结合，在与其他文明对话和良性互动中创新。以欣赏和赞美的眼光重新认识和整理世界文明遗产，广纳各种先进文明成果。中国既要融入国际体系当中，又要在世界各种文明基础上弘扬和提炼、提升中华文明。

在人类历史发展的纵坐标上，文明是一个代表进步、上升趋势的概念，存在某些普世价值。文明有兴衰和更替，固步自封就会成为失去生命力和活力的死文明。在这样一种历史背景下的中华文明复兴，必须加强对当代世界文明发展的主流及其趋势的理解，从现代文明的先进性中把握中华文明复兴的契机，光大中华文明的现代意义，使中华文明成为现代世界先进文明的一个重要组成部分。必须指出，文明的普世价值不是西方的普世价值，各种文明都包含有现代性的东西或是可以用现代观念加以诠释的内容，都有向世界传播的潜力。应该提倡各种文明经过现代化的提炼提供更丰富的普世价值，使人类能够分享更多优秀的普世价值观。

而且，中华文明与亚洲文明是两个不同的概念。中华文明虽在亚洲文明中占有很大比重，但并不等同于亚洲文明。中华文明的复兴有赖于也有助于整个亚洲文明的复兴，并将成为亚洲文明复兴的重要组成部分之一。中华文明要实现复兴，必须有足够大的胸怀包容和推动亚洲文明的复兴。

三、在和谐中实现复兴

中华文明伟大复兴的标志之一是建立一个以现代化为基础的和谐的中国

社会，并为实现持久和平、共同繁荣的和谐世界作出应有贡献。而中华文明伟大复兴也只有在建立和谐社会进程中才能实现。

中华文明的伟大复兴，不只是一个文化建设工程，而是在全面推进中国经济建设、政治建设、文化建设、社会建设、生态建设的过程中，努力构建一个物质文明、政治文明、精神文明、社会文明、生态文明相互结合和相互促进的和谐社会。同时，重建中国的科学文明也是中华文明复兴的重要内容。中国未来应当恢复其作为世界科学文明中心之一的地位。中华文明的伟大复兴还要解决目前普遍存在的一种社会失范问题，提高整个中华民族的文明素质。中华文明复兴是一个浩大的工程，也是一个逐渐积累的过程，需要脚踏实地地展开。

和谐社会的基础是人与人之间和谐、人与自然和谐、人内心和谐。要实现这一目标，就必须按照民主法治、公平正义、诚信友爱、充满活力、安定有序、人与自然和谐相处的要求加快五项建设，实现五项文明。

第三节　中华文明复兴对国际体系的影响

国际体系是文明发展的产物，文明的兴衰决定着国际体系的兴衰和转型。近代西方文明的复兴和西方率先实现工业化使欧洲和美国建立了以西方为主导、西方文明占优势的国际体系。当前，随着经济全球化趋势的迅猛发展和许多发展中国家经济实力与政治影响力的上升，世界上多种曾经衰落或遭受西方压迫的文明正在复兴之中，中华文明是其中之一。这种趋势将对国际体系产生重大影响。而当今国际体系正处在一个新的转型阶段，开始形成全球性体系，这不仅表现在经济的全球化，也表现在文明多样共存全球体系的出现，非西方文明和西方文明更加趋于平衡，文明对话趋势加强。这将导致国际体系的和平转型。在这一背景下，中华文明的复兴将对国际体系转型产生重要影响。

一、中华文明复兴将给国际体系带来新的理念

一种文明兴起或复兴对国际体系影响的关键是理念的创新力。一些兴起或复兴的文明往往给国际体系带来某些符合历史发展潮流的新理念。例如，英国在18世纪后强调海上航行自由原则。虽然其主观意图主要是为英国发展对外贸易和掠夺殖民地服务，但在客观上有利于促进国际贸易和国际海洋运输业。又如，在第二次世界大战结束后美国主张实行非殖民地化。虽然主要是为了将美国的军事、经济和战略利益扩大到全世界，但在客观上有利于亚非拉民族解放运动的发展。

近年来，中国领导人提出“建设一个持久和平、共同繁荣的和谐世界”的新理念。[①]“和谐”思想在中国源远流长，是中华民族优秀文化的一部分。谷物称禾，禾在口边，丰衣足食，天地人和；“谐”字左边是言，右边是“皆”，含人人有发言权之意。孔子说：“和者，天地之正道也”，“德莫大于和”，“礼之用，和为贵，先王之道，斯为美”。康有为在《大同书》中提出要建立一个“人人相亲，人人平等，天下为公”的理想世界。推展到对外关系上，中华文明历来注重亲仁善邻，讲究和睦相处，主张“协和万邦”、“和而不同”，秉承“强不执弱”、“富不侮贫”的精神。与西方文化对弱势民族文化采取压迫和征服的方法不同，中国古代文化侧重对其他文化的道德示范作用。

中国“建设和谐世界”的新理念代表了和平、发展、合作的时代潮流，反映了全世界人民的共同愿望。为了贯彻“建设和谐世界”的新理念，中国正在坚定不移地走和平发展道路，目标是把自己国家建设成富强、民主、文明、和谐的现代化国家。同时，中国提出了如何实现和谐世界的一系列主张。中国认为，和谐世界应该是民主的世界、和睦的世界、公正的世界、包

---

① 中国国家主席胡锦涛2005年9月15日在联合国成立60周年首脑会议上的讲话，《人民日报》2005年9月16日，第1版。

容的世界。[1] 中国主张，提倡和推进多边主义，坚持从各国人民的共同利益出发，努力扩大利益的交汇点，在沟通中增强了解，在了解中加强合作，在合作中实现共赢。中国提出了以互信、互利、平等、协作为核心的新安全观。中国主张坚持和睦互信，实现共同安全；坚持公正互利，实现共同发展；坚持包容开放，实现文明对话。[2]

中国和上海合作组织其他成员国一起坚定不移地倡导和实践互信、互利、平等、协商，尊重多样文明，谋求共同发展的“上海精神”。这使其成员国涵盖儒家文明、伊斯兰文明、东正教文明这世界三大文明的上海合作组织取得蓬勃发展，具有广泛国际影响。“上海精神”正越来越具有普遍的国际意义。

二、中华文明复兴将引起国际力量结构的调整

国际力量结构是国际体系的基础。在冷战时期及其之前，国际力量结构主要看大国关系特别是大国之间结盟关系。但冷战结束后，随着经济全球化趋势迅猛发展和高新技术的发展与应用，国际力量结构本身正在发生重大和深刻的变化。而国际力量结构的变化是导致国际体系发生转型的根本原因。

从理论上说，引起国际力量结构变化的动因一般是多方面的。首先，新的科学技术推动生产力大发展，再加上国内制度的创新，极大地增强了新兴国家的综合国力。第二，霸权国家过分迷信军事力量的作用，手伸得太长，军事、经济实力无法负担其扩张野心或已陷入的战争。第三，国际上的主导国家缺乏创新机制，走向衰落。第四，其他大国结盟对付在国际体系中占主导地位的国家。

从现实来看，中国的发展主要是改革开放使国内体制和机制得到创新，并顺应新科技革命和经济全球化的潮流而取得的成果。中国的综合国力有了

---

① 中华人民共和国国务院新闻办公室：《中国的和平发展道路》（白皮书），《人民日报》2005 年 12 月 23 日，第 3 版。

② 中华人民共和国国务院新闻办公室：《中国的和平发展道路》（白皮书），《人民日报》2005 年 12 月 23 日，第 3 版。

相当大的提高，但国内经济和社会的发展仍是非常不平衡的。这决定了在国际体系中处于上升地位的中国必须继续走和平发展的道路，以经济建设和社会发展为中心，其外交政策的主要任务是为国内发展争取尽可能长的和平稳定的国际安全环境。

在国际体系中占主导地位的美国现在虽然陷于伊拉克战争中，并在打一场反恐战争，但这两场战争并未从根本上动摇其强大的经济和军事实力，美国仍是世界上具有最强创新机制的国家。其他大国只是在某些问题上，如美国绕开联合国发动伊拉克战争时对美国实行“软制衡”。因此美国作为世界惟一超级大国和国际体系中主导大国的地位至少还可以再维持 15 年至 20 年。

在这种背景下，中华文明复兴对国际力量结构的影响将更多体现在中国软实力和粘合力的发展和运用。

在当今世界，国家综合国力的内涵和外延扩大，现在主要由五个部分组成：

1. 硬实力，包括人口、领土、自然资源、经济实力、军事实力等。

2. 软实力，包括文明和文化的吸引力、凝聚力和魅力，即一个国家在国际上的形象和国缘，以及价值观、政治稳定、正确的政策等。

3. 粘合力，即经济和贸易在地区和全球导致经济上相互依存的能力。

4. 创新力，即一个国家的科技创新、文化创新、管理创新、机制创新、制度创新等能力。

5. 意志力，包括战略意图和贯彻国家战略的意志。①

冷战结束后，随着经济全球化和区域经济一体化的迅猛发展，大国之间经济相互依存上升，共同安全利益增加，第一次出现所有大国合作的现实可能性，从而有可能避免新兴大国与主导大国之间的矛盾发展为对抗性矛盾。在这种情况下，国家的软实力和粘合力在国际关系中的作用上升。美国著名

---

① 美国学者克莱因曾提出著名的对国家实力综合计量的公式，又称“克莱因公式”：$P_o=(C+E+M)\times(S+W)$ 即：国家实力＝［(人口＋领土)＋经济能力＋军事能力］×(战略意图＋贯彻国家战略的意志)。本文在参考这一公式基础上提出自己的观点。

学者约瑟夫·奈认为："硬实力和软实力相互作用和加强。两者都是我们通过影响其他人的行为、实现我们的目标的能力。"①

近年来，中国在运用软实力发挥国际影响方面取得一定的进步，提升了中国传统优秀文化在国际事务中的吸引力，改善了中国的国际形象，显示出中国愿意成为国际体系中负责任的利益攸关方。

而且，中国的兴起并不是单独的，而是与亚洲一起兴起。世界的力量重心正在由大西洋地区向亚太地区转移，这将改变全球的战略态势。中华民族的复兴只有与亚洲的兴起相结合才能真正实现。

三、中华文明复兴将促进国际秩序向更加公正合理方向转变

现存的国际秩序基本上仍是第二次世界大战即反法西斯战争胜利的产物，并受到美苏冷战结束的重大影响。这一国际秩序有其合理之处。首先，二战结束后建立的以联合国为中心的全球性多边机制在维护世界和平、加强国际合作、促进共同发展等方面仍发挥着不可替代的作用。其次，第一代国际组织——军事联盟的作用在下降，新一代国际组织——区域经济合作和安全合作组织迅速发展，为区域的稳定和发展发挥了重要作用。

但是这一国际秩序也存在一些不公正不合理的地方。第一，美国等西方国家在全球性多边金融和贸易机制中占有主导地位，发展中国家在这些机制中处于不利地位。第二，存在着全球化进程迅速发展与国际制度相对滞后的矛盾，国际机制需要改革以适应全球化的需要。第三，联合国等国际组织本身存在机构庞大、效率不足等问题。

当前世界上有三种主要的关于国际秩序的设想。第一种是美国新保守主义的设想，它是主张根本改变现存国际秩序的。新保守主义推崇美国特殊论，对自己所保守的美国传统非常珍视，认为美国文化和美国式民主远比世

① ［美］约瑟夫·奈：《美国霸权的困惑——为什么美国不能独断专行》，郑志国等译，世界知识出版社，2002年版，第10页。

界其他民族的文化和政权组织模式优越，美国负有向全世界传播这一文明的使命。而且，为了向其他国家推广美国式民主，可以使用包括武力在内的各种手段。新保守主义认为，美国应该利用它惟一超级大国地位，建立以美国为核心的“民主与人权”的世界帝国体系。对现存的多边国际机制，如果适应美国的需要，美国可以对它加以利用；如果阻碍美国推行其战略，就可以绕过它甚至抛弃它。

新保守主义对布什政府对外政策有重要影响，美国绕过联合国发动伊拉克战争就是一个典型例子。但由于美国现在深陷于伊拉克战争，伤亡不断增加，难以脱身，因此新保守主义对布什政府的影响下降。在第二任期中，布什政府在实施对外政策时，不得不更多考虑包括联合国在内的多边国际组织和多边外交的作用，倾向于保持现有国际体系。

第二种是“基地”组织等恐怖主义组织的设想。它们实际上也是要根本改变现存国际秩序。“基地”组织认为，穆斯林的首要任务是变革、改造甚至摧毁现存的非伊斯兰秩序，通过“圣战”建立一个不受污染和完全按照伊斯兰方式与标准生活的社会，实现真主在人世间完全的统治权。

第三种是中国和其他大多数国家的设想。它们是现存国际体系的维护者和渐进改革者。中国和国际社会的大多数国家主张应积极推动国际政治经济秩序向公正合理的方向发展，促进国际关系民主化。它们主张遵守《联合国宪章》的宗旨和原则，重视联合国作为国际多边机制的核心在国际事务中的重要作用，积极推动通过多边合作解决地区冲突和发展问题，并积极支持联合国在国际事务中发挥更大的作用，支持联合国改革。

现在中国在国际社会中具有多重身份：发展中国家、具有世界影响的区域大国、新兴大国、社会主义国家等。这些多重身份并不是互相矛盾的，而且可以使中国从不同角度对建立和谐地区和和谐世界作出应有的贡献。

中华文明复兴向国际社会提供的公共产品不仅是物质东西，更重要的是国际机制创新能力、制订重要议程的能力和提出具有建设性倡议的能力。这是对中国软实力的检验，不仅需要中国具有远大的战略眼光、丰厚的文化底蕴、系统深入的研究成果和创新的思维，而且需要具有良好的决策机制和协调机制。

特别是要看中国能否与其他国家一起创制出符合历史发展潮流的新的国

际机制。上海合作组织是一个很好的例子。该组织成员国面积占亚欧大陆的3/5，人口占世界的1/4。自2001年在"上海五国"基础上成立上海合作组织以来，该组织在安全、经济、人文领域的合作不断深化和务实，为维护地区和平和促进区域发展发挥了卓有成效的作用。2006年6月15日，上海合作组织成员国元首理事会一致通过的《上海合作组织五周年宣言》郑重宣布："将为建立互信、互利、平等、相互尊重的新型全球安全架构作出建设性贡献。"[①] 这一新型全球安全架构如能建立，将促进21世纪新型国际秩序的形成。

① 《上海合作组织五周年宣言》，《文汇报》2006年6月15日，第3版。

第八章

国际机制演变及其对国际体系的影响

国际机制（International Regime）是国际体系的制度化构造，包括国际组织、正式国际协议、非正式国际协议、国际规则、国际规范、国际准则以及国际惯例等，是国际秩序的核心特征。冷战结束以来，随着经济全球化的迅猛发展和国际体系逐渐开始转型，国际机制发展进入一个新阶段。但“霸权稳定论”与“机制稳定论”之间仍在进行博弈。美国在处理国际事务时的“双重标准”和“零和”模式思维，将成为国际机制向公正合理方向发展的主要障碍。中国有必要在现有国际机制中发挥积极作用的基础上，注重机制创新，推动和平发展、合作协调、互利共赢成为国际机制的主旋律。

第一节　国际机制发展进入新阶段

国际组织是国际机制的基本载体和组织形式。莉萨・马丁（Lisa L.

Martin）和贝思·西蒙斯（Beth A Simmons）认为："国际组织就是国际制度和机制的具体体现。"[1] 它以政府间国际组织和正式国际协议为标志。近代以来，国际机制的发展演变已经历了三个阶段。

初期阶段是从19世纪初至第二次世界大战前。中国学者刘杰认为："现代意义的国际组织的出现取决于两个基本前提：主权国家的出现和对制度化交往的需求。"[2] 1648年的《威斯特伐利亚和约》确立了主权国家平等原则，形成由主权国家组成的欧洲国际体系。随着欧洲工业革命的发生、资本主义工商业的发展和新的世界航路的开辟，各国之间，首先是欧美国家之间交往大量增加，它们需要在一些领域建立国际规范和规则。同时，欧洲强国之间的争夺也在加剧。这一时期形成的国际机制主要在四个领域：一是军事同盟，如神圣同盟、四国同盟、德奥意三国同盟、英法俄协约等，它们是欧洲强国之间相互进行争夺的产物。二是技术和专业性国际组织，如国际电报联盟、万国邮政联盟以及一批关于铁路、关税、商标、版权、度量衡制度、公共卫生、毒品管制等方面的国际组织。三是关于现代战争的法规和限制海军军备的条约。四是1919年在巴黎和会上成立的人类历史上第一个政治性国际组织——国际联盟。它的建立虽然在某种程度反映了一次大战后各国人士维护国际和平的愿望，但由于大国操纵其为各自的利益服务，加之其本身机制不健全，因此未能阻止第二次世界大战的爆发。

第二阶段是从第二次世界大战结束至冷战结束。两次世界大战给人类带来的空前灾难，使世界各国日益意识到只有通过稳定而合理的国际机制安排，国际社会才有可能避免"后世再遭今代人类两度身历惨不堪言之战祸"[3]。第二次世界大战结束时成立的世界性组织联合国在其宪章中，为战后世界勾勒了一种理想的国际秩序，即用集体安全制度取代传统的军事结盟

---

① ［美］莉萨·马丁和贝思·西蒙斯：《国际制度》，黄仁伟、蔡鹏鸿译，上海人民出版社，2006年第1版，第4页。

② 刘杰著：《秩序重构—经济全球化时代的国际机制》，高等教育出版社、上海社会科学院出版社，1999年版，第122页。

③ 《联合国宪章》，引自郭隆隆、俞冠敏：《国际风云中的联合国》（附录），上海教育出版社，1995年版，第217页。

政策，用大国一致以维护和平与防止战争，用国际组织保证小国安全以及实行大小国家主权平等的民主原则。但在冷战时期，由于超级大国争夺世界霸权，联合国无法发挥正常作用，甚至被大国用来充当相互争夺的工具和“游乐场”。美苏争霸这种国际力量结构及所产生的冷战思维和“零和”游戏规则，决定了国际机制是以北约和华约为代表的相互对抗的军事联盟为主。

第三阶段是从冷战结束到现在。苏联的解体和两极格局的终结，对国际机制产生了重大影响。一些只适应冷战需要的旧的国际组织，如华约、经互会等解散了。现有的许多国际组织，如联合国等，它们是反法西斯战争胜利的产物，虽然现在需要进行一些改革，但仍有继续存在下去的合理性。随着经济全球化和区域经济一体化趋势的发展以及非传统安全威胁的上升，需要进行制度创新，构建一些新的经济和安全合作组织。

在冷战结束后初期，国际关系中法理主义的趋势有一定的发展。这特别表现在国际武器不扩散和军控领域与区域合作领域。在国际武器不扩散和军控领域，在多边层次，1993 年，日内瓦裁军谈判委员会历时 24 年关于《禁止化学武器公约》（CWC）的谈判终于取得成果，130 个国家代表在巴黎签署了公约，该公约 1997 年 4 月 29 日生效；1995 年，在纽约举行的联合国《不扩散核武器条约》（NPT）审议大会上，与会各国代表以协商一致的方式同意无限期延长该条约；1996 年，第 50 届联合国大会通过《全面禁止核试验条约》（CTBT）。在双边层次，1993 年，美国与俄罗斯签署《第二阶段削减战略武器条约》（START II）；1991 年 12 月，朝鲜北南方签订《朝鲜半岛无核化共同宣言》；1994 年 12 月，朝鲜与美国签署《关于朝鲜核问题的框架协议》。在区域层次，1995 年 12 月，在曼谷举行的东盟国家首脑会议上，东盟十国首脑签署《东南亚无核武器区条约》，该条约 1997 年 3 月生效。这些进展有助于削减核武器和防止大规模杀伤性武器扩散。国际武器不扩散和军控机制的发展，一是由于国际社会强烈希望改变冷战时期美苏“相互确保摧毁”的危险状态和避免大规模杀伤性武器扩散的前景；二是克林顿政府全球战略比较强调通过在欧亚大陆保持美国管理下的战略平衡和实现机制化的全球合作的方法，来达到巩固美国全球霸主地位的目的。

但布什政府 2001 年上台后，其全球战略受新保守主义理论影响最大。新保守主义主张推行世界帝国战略和单边主义战略，以军事实力为基础在全球占据优势地位，认为美国政治经济“模式”必须被推广到世界其他地方，如有必要，可以诉诸武力，这是美国“必须完成的一项全球使命”。[①] 从这一战略出发，布什政府将伊拉克、伊朗、朝鲜看作“邪恶轴心”，希望在这些国家实现政权更迭。布什政府在迷信美国超强实力的前提下，不愿国际多边机制束缚美国的手脚，对国际多边机制能利用的加以利用，不能利用的就绕过或丢弃一边，必要时组织“自愿者联盟”（coalition of willingness）来完成特定任务。因此美国对发展国际多边合作机制不感兴趣，而对加强美日等双边军事联盟情有独钟。在这种情况下，国际武器不扩散和军控机制的发展受到严重挫折。自布什政府上台以来，除朝核问题六方会谈 2005 年 9 月 19 日达成共同声明和 2007 年 2 月 13 日通过《落实共同声明起步行动》共同文件以外，国际上未能就武器不扩散和军控达成其他多边协议。美国国会参议院至今还未批准《全面禁止核试验条约》。布什政府也未能在加强《不扩散核武器条约》机制方面采取积极主动行动。

与此同时，由于美国对世界其他区域的影响力在下降，许多区域经济安全合作和经济一体化取得较大进展，成为当前国际机制发展的一个亮点。

第二节 全球化时代国际机制发展需要新理念

冷战结束后，世界进入全球化时代，这个时代的主题是和平与发展。但另一方面，世界上还存在许多不稳定和不确定因素，特别是非传统安全威胁，如恐怖主义、大规模杀伤性武器扩散、环境污染、地球变暖、毒品走私、高致命传染性疾病等，对人类生存的挑战上升。在这种情况下，国际机制的发展需要新理念来指导，从而实现国际关系法治化。

为此，必须用“机制稳定论”来代替“霸权稳定论”。一些西方学者主

① ［美］吉姆·洛贝：《新保守派争取民主党人对战后目标的支持》，载美国《外交政策聚焦》2003 年 3 月 24 日。

张“霸权稳定论”的主要论据是：“存在霸权国，便形成国际性霸权体系，会带来国际体系的稳定、政治的和平，甚至经济的繁荣和相互依存的发展。一旦霸权国衰退或消失后，就可能出现大规模的战争、争夺，从而造成国际体系的混乱和不稳定。”[①] 他们引用最多来支持霸权式国际秩序的例子，一是“罗马治下的和平”（Pax Romana），系指公元5世纪后延续200年之久的罗马帝国统治下的大批国家间的相对和平状态；二是“大英帝国治下的和平”（Pax Britannica），系指19世纪由大英帝国创立和运作的国际机制管理着国际经济。金德尔伯格认为，1850年至1914年间世界经济秩序之所以能保持相对稳定，关键在于“英国以自由贸易、金本位和英国海军提供了领导作用”。[②] 他提出：“在19世纪中，由一国领导的国际经济体系比其他体系稳定，而且伴随着更大的繁荣。”[③]

冷战结束后，美国成为世界上唯一的超级大国。一些西方学者主张，美国应该成为“美利坚帝国”（the American Empire），以实现“美国治下的和平”（Pax Americana）。但时代已经不同了，“霸权稳定论”并不适合以和平与发展为主题的全球化时代，应当用“机制稳定论”代替之，以实现国际关系法治化。

第一，非传统安全威胁上升和传统安全威胁与之相互交织，使“地球村”内大国之间的合作成为必要。而且，随着国家之间，特别是大国之间经济相互依存性的增加，以及核武器相互威慑状态的存在，大国之间发生战争的可能性大大下降，它们合作的可能性大大上升。第一次有了实现联合国缔造者们用大国一致以维护和平与防止战争理想的现实可能性。正如美国著名学者斯卡拉皮诺所指出的：“在我们走进21世纪大门的时候，国际主义、民族主义和区域主义的势力均衡将是确定未来的时局是更为和谐还是剧烈冲突

---

① 转引自王逸舟著：《当代国际政治析论》，上海人民出版社，1995年第1版，第344页。

② Kindleberger, Charles P., *Hierarchy Versus Initial Cooperation*, International Organization, No. 4, 1986, p. 42.

③ Kindleberger, Charles P., The World in Depression 1929—1939, University of California Press, Berkeley, p. 19.

的重要因素……一种可行的国际秩序最适宜的形式是什么？我认为，这种形式应包含大国一致和势力均衡的共处。”① 要实现大国一致和合作，需要适当的国际机制。

第二，全球化进程中存在的基本矛盾之一，是全球化迅速发展与保障机制不完备之间的矛盾。要应对好经济全球化迅速发展所带来的各种负面影响，必须改进和完善各方面的国际保障机制。

第三，随着新兴国家的上升，国际体系中的“金字塔”型等级制结构正在逐渐被一种较为平等的结构所代替，国际关系民主化趋势正在发展。在这种情况下，强调“权力均势”的现实主义理论已经逐渐不适应新形势的需要；而主张建立“世界政府”的理想主义理论又距离现实太远。只有强调依靠国际机制来实现区域和世界稳定的“机制稳定论”比较符合当前国际现实的需要。公正合理完善的国际机制将是实现国际关系法治化的基础。

第四，需要通过国际机制对霸权国家进行一定的软制衡。与在国家内部“绝对的权力会产生绝对的腐败”一样，在国际上没有约束的霸权也是危险的。现在由于相互之间共同利益增加，在大国关系中，既有地缘政治模式的博弈，又有地缘经济、国际机制或“共赢”模式发挥作用。即使在地缘政治博弈中，也不都是“零和”游戏规则起作用。一些大国与美国之间的相互关系在“斗而不破、合而不从”的框架内保持并发展。它们要对美国的某些霸权行为进行软制衡，最好的方法是通过国际机制。

“霸权稳定论”当前的一个重要表现是在国际事务中实行“双重标准”。只有抛弃“双重标准”，国际机制才能有充分合理性和合法性。

美国一些人士认为，美国现在国际事务中就是要实行“双重标准”。② 这种观点并不是偶然的，它有着深刻的历史和现实根源。从历史根源来说，美国历来对一些发展中国家的主权并不尊重。例如，1953 年，美国中央情

① ［美］罗伯特·斯卡拉皮诺：《迈向一种可行的国际秩序》，门洪华主编：《中国：大国崛起》，浙江人民出版社，2004 年 12 月第 1 版，第 102 页。

② 美国企业研究所研究员卜大年（Dan Blumenthal）2006 年 4 月 24 日在该所与上海国际问题研究所共同举办的“中美关系转型”研讨会上的发言。

报局策动政变，推翻摩萨台政权，扶植亲美的巴列维国王上台。从现实根源来说，美国对自己唯一超级大国的超强地位感觉颇好，认为自己不必要受国际机制的约束。

但“双重标准”在国际机制中难以行得通。例如，由于《不扩散核武器条约》允许无核武器成员国和平利用核能，因此伊朗有权在国际原子能机构的保障监督下生产用于和平目的的核材料。但美国为了防止伊朗秘密研制核武器，要求伊朗放弃一切与铀浓缩有关的活动。伊朗以《不扩散核武器条约》签字国都有权进行用于核燃料目的铀浓缩为由，认为这是伊朗享有的当然权利，如果在美国的压力下停止铀浓缩活动有损于国家主权和民族尊严。这成为伊朗进行铀浓缩活动和发展核能力的主要理由。

又如，布什政府放弃原有立场，转而承认印度的核地位。在印度继续拒绝签署《不扩散核武器条约》的情况下，美国宣布承认印度是“一个拥有先进核技术的负责任的国家”。布什总统承诺，他将为“与印度实现充分的核能合作而努力”，并将“与朋友和盟国一道为调整国际制度而工作，保证与印度进行完全的核能合作和贸易，包括但不限于尽快考虑向具有安全保障的塔拉普尔反应堆提供燃料供应”。[①] 2005 年 7 月 18 日，美印政府签署了民用核能合作协议。2006 年 3 月，美国总统布什访问印度，双方就实施 2005 年 7 月 18 日签署的民用核能合作协议一事达成谅解。布什总统表示将同美国国会商谈修改美国法律事宜，同核供应国集团接洽以调整其指导方针。尽管国际社会理解印度需要更多的能源，但布什政府对印度和其他国家在《不扩散核武器条约》问题上实行“双重标准”的做法，遭到美国和其他国家许多政界、学术界人士的严厉批评，他们认为这将对以《不扩散核武器条约》为基石的国际不扩散核武器体制带来非常负面的影响。

美国学者莉萨·马丁认为：“如果这些成员碰到监管问题和违约激励，那么制度必须能够区分并分检出违约者，以防违约扩大。如果核心问题在于依据行为的特别标准加以协调这一需求，那么，非歧视性的多边原则和通用

① 2005 年 7 月《印美联合公报》，http：//www. hindu. com/thehindu/nic/indous-joint. htm。

性的运作原则反而会更加有效。”[①] 少数大国应放弃“双重标准”，这样才能有利于国际机制强化其合理性和合法性，从而使国际机制在维护世界和平与稳定中发挥更积极作用。

第三节　构建适应全球化时代的国际机制

冷战结束后，雅尔塔体系（主要是冷战时期的国际力量结构）解体。华约解散后，虽然作为冷战遗产的北约以及美国在亚太地区的若干双边军事联盟仍存在，甚至扩大与强化，但其在国际上的重要性不可避免地将逐渐下降。军事联盟这种最早出现的国际机制已越来越不适应新的国际形势。经济全球化、世界多极化和区域经济一体化等趋势迅速发展，所产生的新的国际力量结构、国际行为体组成和国际关系理念，决定了必须要有适应全球化时代的新的国际机制。这种新的国际机制正在逐渐建构之中，它应该有下述特点：

一、形成真正以联合国为核心的全球化时代国际机制

联合国应通过改革以适应新形势需要，加强联合国权威、能力与作用，建立一个有效力、效率和公平的集体安全机制，使其成为全球化时代国际机制的核心，符合全人类的共同利益。

从长远来说，应该建立以联合国为核心的多层次、多渠道、多类型共存的全球经济合作与安全合作机制。这种机制应强调多边主义并主张以对话协

① ［美］莉萨·马丁和贝思·西蒙斯：《国际制度》，黄仁伟、蔡鹏鸿译，上海人民出版社，2006 年第 1 版，第 2 页。

商方式解决争端。

二、构建公正合理、平等互利的国际经贸合作和金融机制

第二次世界大战结束后初期，曾出现国际经济机制发展的高潮，相继成立了构成国际经贸合作和金融机制核心的国际货币基金组织、世界银行、关贸总协定、联合国经社理事会等。在冷战时期，由于苏联东欧集团国家未参加上述组织，使这些组织主要在以美国为首的西方世界发挥作用。冷战结束后，这些组织已扩展为全球经贸和金融机制的核心。

随着经济全球化和区域经济一体化趋势的迅猛发展，这些组织面临转型和改革以适应新形势和新需要的问题。关贸总协定已率先进行了转型和调整。1995 年 1 月 1 日在原来关贸总协定的基础上成立了世界贸易组织(WTO)。该组织的宗旨是“根据互惠和互利的安排，达到切实降低关税和其他贸易壁垒，并在国际贸易关系上消除歧视性待遇；因此，决定产生一个完整的、更具有活力和永久性的多边贸易体系”。[①] 全球多边贸易体制在长期实践中，逐步探索出一整套行之有效的争端解决程序。这种以规则为基础的利益协调机制，对于规范国际经贸行为发挥了不可或缺的积极作用。国际社会应进一步致力建立一个公开、公正、合理、透明、开放、非歧视的多边贸易体制。

随着亚洲国家的崛起和若干发展中国家逐渐摆脱边缘地区的地位，国际货币基金组织也在酝酿改革。

国际经贸和金融机制面临的两大主要难题，一是美国的高财政赤字和高外贸赤字，二是经济全球化进程中出现的南北差距和贫富差距拉大。要解决这两大问题，除有关国家在国内政策上作出努力外，必须构建真正公正合理、平等互利的国际经贸合作和金融机制。

---

① 《关于建立世界贸易组织的协定》，全文参见尤先迅：《世界贸易组织法》附录一，立信会计出版社，1997 年第 1 版，第 430—439 页。

三、强化国际安全合作机制

根据联合国的根本文件《联合国宪章》，构建全球性安全机制是联合国的核心任务，联合国的首要宗旨是“维持国际和平与安全”。而直接负责联合国安全事务的是安理会，它承担“维持国际和平及安全之主要责任”，而且，“安理会于履行此项责任下之职务时，即代表各会员国”。[①] 但现在的主要问题之一是，安理会的作用得不到应有的尊重。美国绕过联合国安理会发动伊拉克战争就是一个例子。加强安理会的作用与权威应该是国际社会今后努力的方向。

构建全球性安全机制遇到的第一大问题是如何强化国际不扩散核武器体制。国际不扩散核武器体制主要由《不扩散核武器条约》、国际原子能机构、核供应国集团、桑戈委员会、《全面禁止核试验条约》等组成。其中，1970 年 3 月正式生效的《不扩散核武器条约》是国际不扩散核武器体制的基石。国际不扩散核武器体制虽然有一些不足之处，但它几十年来为将公开的和隐蔽的核武器国家控制在 10 个以内作出了贡献。现在伊朗核危机中美国和伊朗的互动对国际不扩散核武器体制提出了新的挑战。国际社会不应该抛弃国际不扩散核武器体制，而应该通过各种方法来加强它：严格监管和核查标准，提高国际原子能机构（IAEA）的核查能力；加强和增加区域核不扩散机制，积极巩固现有无核区，积极支持成立新的无核区，用区域核不扩散机制来强化全球核不扩散机制；建立国际或区域共有的核燃料供应和后处理厂，向无核武器国家提供民用核燃料和处理民用反应堆已用过的核物质，以便今后在修改条约时统一禁止无核武器国家提炼浓缩铀和对用过的核燃料进行后处理等。

构建全球性安全机制遇到的第二大问题是如何对付日益上升的非传统安全威胁。现在国际上初步形成了以联合国安理会反恐委员会、联合国难民事务高级官员公署、联合国麻醉品委员会、联合国经社理事会妇女地位委员会、联合国预防犯罪与刑事司法委员会、联合国粮农组织、世界卫生组织等为骨干的全球性对付非传统安全威胁机制。但是，这些机制还是很不健全

① 《联合国宪章》，引自郭隆隆、俞冠敏：《国际风云中的联合国》（附录），上海教育出版社，1995 年版，第 218 页。

的，远不能满足世界各国在对付非传统安全威胁等方面的迫切需要。国际社会应通过改革和创新对这些机制进行改进和完善。而且，这种改进和完善必须与联合国改革相配套。

四、构建以公正、客观、非选择性方式处理人权问题为原则的国际人权机制

由于法西斯军国主义在二次大战中严重残害人类的骇人听闻的罪行，二次大战后世界人民掀起全球性重视人权的浪潮。《联合国宪章》反映了这一浪潮，洋溢着人权的精神。它在序言中开宗明义地宣布了自己维护人权的宗旨："我联合国人民同兹决心，欲免后世再遭今代人类两度身历惨不堪言之战祸，重申基本人权和人格尊严与价值，以及男女大小各国平等权利之信念。"① 宪章还初步规定了联合国保障人权的主要机制和组织形式，构建了国际人权机制的基本框架。20 世纪 50 年代中期以后，一个比较系统和完整的国际人权机制逐渐形成，并开始对人类社会生活发挥重要作用。60 年代后，在新兴民族独立国家多数票的强有力制约和主导下，国际人权体制日益由"欧美主导式"向"合理共存式"方向发展。

但 90 年代后，美欧国家力图重新占据国际人权体制中的强势地位，其中一个主要表现是企图利用人权问题任意干涉主权国家内政。这是违反《联合国宪章》精神的。根据该宪章条款，联合国在人权保障方面的责任是建议性的或非强制性的，它并不直接授予公民个人的权利，各国在人权保障方面也不承担对联合国的强制性义务。"换言之，国际人权保障的主体仍是主权国家，联合国在人权保障方面不能超越国家主权，人权保障本质上属于国家内部的事务。"②

---

① 《联合国宪章》，引自郭隆隆、俞冠敏：《国际风云中的联合国》（附录），上海教育出版社，1995 年版，第 218 页。

② 刘杰著：《秩序重构—经济全球化时代的国际机制》，高等教育出版社、上海社会科学院出版社，1999 年版，第 174—175 页。

近来，联合国在对国际人权机制进行改革和调整。2006 年 3 月 15 日，联合国大会通过决议，建立人权理事会，以代替过去的人权委员会，成为一个授权更大的全球人权保护机构。与隶属于联合国经社理事会的人权委员会不同，人权理事会将直接向联大负责，其 47 个成员须经联大绝大多数会员国投票选举产生，任期内须接受对其人权状况的审查，对人权状况不佳者，联大可以 2/3 票数将其驱逐。4 月 9 日，联合国大会选举中国等 47 国为人权理事会成员。

国际社会应以公正、客观、非选择性方式处理人权问题，加强国际人权对话与合作，加强不同文明、文化、宗教间的建设性对话与合作。

五、各种区域与跨区域经济与安全合作组织发挥重要作用

近年来，区域经济合作与一体化组织不仅数量增加，一体化程度发展，而且其中一些也主张开放性。区域安全合作组织在加强区域内合作、兼顾各参与方利益的同时，主张不针对其他国家。现在，多边区域经济合作或安全合作组织，如东盟、“东盟＋3”、上海合作组织、非洲联盟、亚太经济合作组织等，在维护区域和平与稳定、促进区域发展方面发挥积极作用，并将成为未来国际秩序的重要组成部分。

而且，近年来，跨区域合作与对话机制也取得很大发展。同时，相同区域内不同的多边合作组织也在加强对话与交流，以增强它们合作解决共同面临问题的能力。

第四节　中国在国际机制方面的选择

中国正在建设全面小康社会和争取在本世纪中叶达到中等发达国家水平，为此中国需要长期的和平国际环境，必须抓住、用好和争取延长重要战

略机遇期。积极参与、善于利用和创新国际机制是实现这一目标的重要方面。因为“制度可以降低交易费用、提高良好声誉的价值、增强预测性、确定标准、提供有关其他国家行为的信息，以及在其他方式下改变国际环境的各个方面，使得合作有利于实现共同利益”。① 中国在国际机制方面必须处理好以下几组关系：

一、做国际体系中负责任的利益攸关方与创新国际机制的关系

中国现在是国际体系中一个新兴大国，而美国是国际体系中占主导地位的大国。中国能否和平兴起，在很大程度上将取决于它能否处理好与美国的关系。一个新兴大国与一个占主导地位大国是一对矛盾，美国许多人担心中国兴起后将会对美国构成威胁。但另一方面，中美的共同利益在增加，经济相互依存性在发展。现在两国都相互认为是“国际体系中的利益攸关方”。布什总统说：“我们欢迎一个和平、繁荣并支持国际制度的中国的兴起。作为国际体系的利益攸关方，我们两国有很多共同的战略利益。”② 胡锦涛主席指出，中美关系已超越双边关系的范畴，越来越具有全球影响和战略意义。中美在维护世界和平、促进共同发展方面拥有广泛而重要的共同战略利益，肩负着共同责任。中美双方不仅是利益攸关方，而且更应该是建设性合作者。③

现行的以联合国为核心的国际体系是反法西斯战争胜利的产物，又经过多年的发展和改革，虽然仍有许多不公正、不合理之处，但总体来说，

---

① ［美］莉萨·马丁和贝思·西蒙斯：《国际制度》，黄仁伟、蔡鹏鸿译，上海人民出版社，2006年第1版，第1页。

② 布什总统2006年4月20日在美国白宫与中国国家主席胡锦涛会谈时的发言，《人民日报》2006年4月21日，第1版。

③ 中国国家主席胡锦涛与美国总统布什2006年4月20日在美国白宫会谈时的发言，《人民日报》2006年4月21日，第1版。

对世界和平与发展有许多积极作用。因此，中国在坚定不移推进改革开放的同时，应该进一步积极参与、有效利用和完善国际机制，趋利避害，保护和发展自己。同时，中国应该善于利用当前国际机制处于改革和变动之际，进行机制创新，或弥补某些国际机制的缺失，或改革现有制度中不公正和不合理之处。历史的经验证明，一个新兴大国的机制创新能力如何，是检验它能否真正实现兴起的一个要素。中国近年来参与创建和发展上海合作组织，发起和主办朝核问题六方会谈，对中国维护和平的国际环境起到积极作用。

中国在机制创新中应注意新的国际机制与现存国际体系的相容性，即它不是与世界主导性大国核心利益相冲突的，甚至是有助于主导性大国利益的。

中国在国际机制创新中应以邻近区域为主，因为这是中国国际影响力最大和受其影响最直接的地区。例如，自冷战结束以来，东北亚迄今还未有综合性多边安全合作机制。如果六方会谈能解决朝核问题，它将可能发展成为这种综合性多边安全合作机制。但由于朝核问题的解决需要较长时间，因此应该考虑构建与朝核问题六方会谈相平行的东北亚多边安全合作机制。该机制可先讨论东北亚国家在能源和非传统安全领域合作。

二、国家主权与国际机制的关系

国家主权是与国家利益紧密联系在一起的。在全球化时代，有必要对国家利益进行重新思考。

在当今世界上，国家利益仍是各国外交政策的出发点和归宿。国家利益既是物质力量的，也是由观念建构的，更重要的是观念的。因为国家利益首先是物质东西在人们思想中的反映，然后又通过群体思维加工为观念形态的东西。

在全球化时代，世界与冷战时期相比已经发生巨大变化。人们的思想首先必须正确反映现实情况，人们的观念必须根据新形势发生变化，用新的理念去建构新的国家利益观。近年来，中国“主张顺应历史潮流，维护全人类的共同利益”。[①] 这种将中国国家利益与全人类共同利益相结合的利益观，成为中国国际战略新理念的基础。中国人民的利益是全人类的一部分，因此中国的国家利益与全人类共同利益具有统一性。

在如何看待国际机制问题上，也存在如何认识国家利益的问题。这与国家主权观相联系。国家主权自近代以来发展的历程充分证实了其合理性和进步性。如果国际体系不是建立在主权国家的基础上，或者说缺少国家主权的保障，人们很难想象世界政治和经济能够在相对平稳的道路上运行，并取得今天这样的成就。但主权也是一个历史的概念，它的范围和内涵是随着时代发展而变化的。

面对经济全球化、世界多极化和国际关系民主化等趋势的迅速发展，许多国家对主权的观念和态度也在发生一些变化。中国学者黄仁伟和刘杰认为国家主权在结构上由三个层面的要素构成：核心要素、主体要素和边缘要素。其中，核心要素包括国家主权对内的最高权威性和对外的独立性；主体要素包括维护国家安全、对天然财富和自然资源的永久主权等重要的权力；边缘要素包括战争权、货币权、对外贸易权等相对次要的权力。[②] 现在各国都坚定维护国家主权的核心要素，但随着经济全球化和区域经济一体化的发展，各国之间经济相互依存日益密切，共同利益上升。许多国家为了更好地维护和发展国家利益，自愿签署一些国际协定或加入区域经济合作组织，将属于国家主权边缘要素的对外贸易权、货币权中的一部分转让给一些国际组织和区域组织。一些国家还主动限制或放弃其他某些边缘性主权。

美国学者斯卡拉皮诺认为：“一种可能的前景是，民族国家在保持强势的同时，在影响生计即全人类生存的问题上接受更大程度的主权分享。”[③]

① 江泽民：《全面建设小康社会，开创新局面中国特色社会主义事业新局面——在中国共产党第十六次全国代表大会上的报告》，载《中国共产党第十六次全国代表大会文件汇编》，人民出版社，2002 年版，第 46 页。

② 黄仁伟、刘杰：《国家主权新论》，北京·时事出版社，2004 年版，第 2—3 页。

③ ［美］罗伯特·斯卡拉皮诺：《迈向一种可行的国际秩序的》，门洪华主编：《中国：大国崛起》，浙江人民出版社，2004 年 12 月第 1 版，第 102 页。

随着非传统安全威胁的上升，各国有必要在这些影响全人类生存的问题上将某些边缘性主权转让给国际组织和区域组织。例如，在“非典”期间，中国政府向世界卫生组织及时通报“非典”疫情，并接受世界卫生组织派专家进行实地检查。

中国应该区分国家主权中核心要素、主体要素和边缘要素，在坚定维护核心国家主权的同时，允许逐渐将一些边缘性主权转让给国际组织和区域组织。

中国在更多参与国际机制和国际组织过程中，将接受更多的国际准则。这就要求中国在国内经济体制和社会管理方面更多的与国际准则接轨，而这将对中国的政府结构产生影响。“（国际关系理论中的）建构主义模式把国际组织看成是国际准则的促进者，而这些国际准则会深深地影响国家的政府结构。”[①] 对此，中国应进行深入研究，使国内改革开放与参与国际机制形成良性互动。

三、向国际社会提供公共产品与量力而行的关系

随着中国经济的发展和参与国际机制水平的上升，特别是在中国更多参与国际机制创新的情况下，中国对国际社会提供的公共产品将会逐渐增加。这是中国作为一个负责任的国家所应该做的。但另一方面，中国仍是一个发展中国家，人口多、底子薄、国内经济发展很不平衡，人均国内生产总值还排在世界各国100位之后，中国的发展还面临不少困难和问题。在这种情况下，中国向国际社会提供公共产品和对外援助必须遵循量力而行、提高效益的原则。

向国际社会提供的公共产品不仅是物质东西，更重要的是国际机制创新能力、制订重要议程能力和提出具有建设性倡议的能力。这是对一个国家软

① ［美］罗伯特·斯卡拉皮诺：《迈向一种可行的国际秩序》，门洪华主编：《中国：大国崛起》，浙江人民出版社，2004年12月第1版，第102页。

实力的检验。不仅需要该国具有远大的战略眼光、丰厚的文化底蕴、系统深入的研究成果和创新的思维，而且需要该国具有良好的决策机制和协调机制。这些是中国今后必须努力加强的。

第九章

亚欧大陆跨区域合作趋势及其对国际体系的影响

亚欧在地理上是一个大陆，同属亚欧板块。由于相距遥远和交通不便，亚欧两大洲在历史上发展出各自的文明和文化。亚欧文明从上千年前起就有相互交流，古代的丝绸之路曾是这种交流的重要途径之一。近代以来，欧洲国家主要从海上打开亚洲国家的大门。冷战时期，美苏争夺所导致的对抗成为横亘在两大洲之间的阻碍。冷战结束和苏联解体后，亚欧大陆在地缘战略上连为一体。近年来，随着全球化趋势的进展和世界事务中心由大西洋地区向太平洋地区转移，亚欧大陆跨区域合作（trans-regional cooperation）趋势迅速发展。这将对国际体系产生重大影响。

第一节　亚欧大陆跨区域合作趋势的主要特点

一、亚欧大陆形成三条新的主要战略钮带

冷战结束后，亚欧大陆逐渐形成三条主要战略钮带。第一条战略钮带是

中俄战略协作伙伴关系和上海合作组织。1996年中国和俄罗斯决定建立和发展两国“平等信任的战略协作伙伴关系”。这“是建立在不结盟、不对抗、不针对第三国基础上的新型国家关系”。2001年两国签署的《中俄睦邻友好合作条约》成为中俄关系发展的纲领性文件，“彻底摈弃了那种不是结盟就是对抗的冷战思维，是以互信求安全、以互利求合作的新型国家关系的体现”。中俄两军2005年在中国领土上首次举行对付恐怖主义、分裂主义和极端主义的大规模联合军事演习，进一步加强了两国的战略协作伙伴关系。2001年6月，中俄两国和哈萨克斯坦、吉尔吉斯斯坦、塔吉克斯坦、乌兹别克斯坦等中亚国家，在1996年建立的“上海五国”机制基础上，成立上海合作组织。中俄都将推动该组织的发展作为外交政策的优先方向，“将其视为在欧亚大陆特别是中亚地区确立和平、安全、合作的重要手段和未来建立以国际法为基础的多极世界格局的基本因素之一。”2007年8月16日，在吉尔吉斯坦首都比什凯克举行的上海合作组织成员国国家元首理事会第7次元首理事会上，六国元首签署了《上海合作组织成员国长期睦邻友好合作条约》。

第二条战略钮带是中欧全面战略伙伴关系。1998年4月，中国与欧盟举行首次领导人会晤，表示希望在双方之间建立面向21世纪的长期稳定的建设性伙伴关系。2001年9月，在中国与欧盟第4次领导人会晤期间，双方表示建立全面伙伴关系。2003年10月，中国与欧盟领导人在第6次会晤时，宣布建立中欧全面战略伙伴关系。双方认为：“中欧伙伴关系日臻成熟，战略性更加突出。”2004年12月，中欧领导人举行第7次会晤，表示将不断充实和发展中欧全面战略伙伴关系。双方在当前重大国际问题上的战略共识进一步增多，签署了《关于防扩散和军控问题的联合声明》。双方顺利实施关于“伽利略”民用卫星全球导航系统计划合作协议，并就和平利用核能、空间等高科技领域的合作达成一致。“中国—欧盟框架计划”是世界上最大的科研合作项目。欧盟确认，有解除对华军售禁令的政治意愿，并将为此继续努力。欧盟认识到对华关系的重要性，明确把中国列为欧盟六大全球伙伴之一。

中国与欧洲国家的军事交流取得一定进展。2004年中国海军与法国和英国海军舰艇分别举行了联合搜救演习。法国和英国都开始与中国的民间和军事安全问题专家进行一年一度的战略对话。中国的一些军官正在德国、法国和英国的军事参谋学院接受培训。欧洲国家的一些军官参加了中国国防大学举办的国际安全研讨班。

第三条战略钮带是俄欧战略伙伴关系。自20世纪90年代以后，俄罗斯明显加强了与欧盟的联系。1994年，俄罗斯和欧盟签署了《伙伴关系和合作协议》。从1997至2003年，俄罗斯与欧盟举行了11次首脑会议，商讨共同关心的问题。2002年，俄欧双边贸易额830亿欧元，欧盟已成为俄罗斯最大的贸易伙伴，俄罗斯也成为欧盟的第5大贸易伙伴。欧盟实现新一轮扩大后，俄罗斯外贸总额的一半以上是与欧盟的贸易。俄罗斯出口的40%是到欧洲，而欧洲能源进口的1/3有赖于俄罗斯的石油和天然气。2003年11月，在罗马举行的第12次欧盟与俄罗斯首脑会议上，欧俄领导人签署了《联合声明》，决定致力于实施在经济、安全和文化等领域合作的“全球战略”。2005年5月，俄罗斯和欧盟领导人在莫斯科举行会晤，通过了有关建立俄欧四个统一空间“路线图”的一揽子文件。根据该“路线图”，俄欧计划建立四个统一空间，即统一经济空间；统一自由、安全和司法空间（又称内部安全空间）；统一外部安全空间；统一科教文化空间（又称人文空间）。

二、亚欧大陆上的主要力量中心进行战略协调

在伊拉克战争爆发前，亚欧大陆上的多个主要力量中心（法、德、俄）首次进行了战略协调，结成非正式的联盟，对美国的单边主义和绕过联合国发动伊拉克战争进行反对和牵制。中国在这些问题上的立场与法、德、俄有许多相同或相似之处。2004年8月，法、德、俄领导人再次举行会晤，就当今重大国际问题深入交换了意见，并就提高俄与欧盟在政治、经贸、能源、高科技等领域的合作水平进行了探讨。法、德与中国在欧盟解除对华军售禁令方面也进行了深入的协商。当然，法、德、俄、中的战略协调主要是为了不针对第三方的相互合作。它们只是在某些问题上相互协调牵制美国，而不可能结成对抗美国的联盟。

三、亚欧对话与合作逐渐深入

亚欧会议的创立具有深刻的现实意义和长远的战略意义，成为亚洲国家与欧洲国家对话与合作的重要渠道。亚欧会议的宗旨是建立亚欧新型伙伴关系，维护和促进亚欧和世界的稳定与繁荣。自 1996 年首届亚欧首脑会议以来，亚欧国家在政治对话、经贸合作、社会文化交流三大领域取得显著成果，促进了亚欧新型伙伴关系的发展，促进了地区和平与发展。2004 年 10 月，亚欧会议正式接纳 13 个新成员，使亚欧会议成员由 26 个扩大到 39 个。2007 年，亚欧会议再次扩大，印度、巴基斯坦、蒙古、东盟秘书处、罗马尼亚和保加利亚成为新成员。亚欧会议成员总数达到 45 个，经济总量占全球经济总量的 50%，人口占世界总人口的 58%，贸易总量占世界贸易总量的 60%，将在世界和平、稳定与发展中扮演更加重要的角色。

同时，亚欧对话不断深入，相互了解不断加强，为扩大亚欧之间的广泛合作创造了有利条件。亚欧国家在国际和地区事务中加强磋商与协调，符合两大洲和其他地区人民的利益。2004 年 10 月在河内举行的第五届亚欧首脑会议，通过了《亚欧会议更紧密伙伴关系宣言》和《亚欧会议文化与文明对话宣言》。亚欧会议已经发展成为亚欧两大洲开展合作、应对挑战、推动多极化进程的重要平台。而且，亚洲国家与欧洲国家的对话与合作是南北对话与合作的重要组成部分之一。

第二节 亚欧大陆跨区域合作趋势的主要原因

一、在经济全球化趋势的有力推动下，亚欧经济、政治交流与合作迅速发展

经济合作是亚欧合作的基础和支柱。亚欧国家自然资源丰富，市场空间

巨大，经济上和科技上有很强的互补性，开展经贸合作具有广泛的前景。中国与亚欧国家的经贸关系有很大发展。在中国十大贸易伙伴中，亚欧国家（地区）占4席。其中，欧盟、日本、东盟、韩国分别是中国第一、第三、第五和第六大贸易伙伴。2002年，中国与亚欧会议成员贸易额近2875亿美元，年增长近19%，占中国对外贸易总额的46.3%。亚欧会议成员在华合同外资金额197亿美元，实际投资金额139亿美元，各占当年总额的约24%和26%。中国与欧盟的经贸合作持续发展。从1978年中国开始进行经济改革到2003年，中国与欧洲的贸易额增长了40倍。2003年中国与欧盟双边贸易额达到1250亿美元。1997年中国只是欧盟的第五大贸易伙伴，到2004年双边贸易额超过1700亿美元，欧盟超过日本和美国成为中国最大的贸易伙伴，中国成为欧盟的第二大贸易伙伴（仅次于美国）。2004年上半年，中欧贸易增幅达到44%，大大超过2003年的25%。欧盟是对华输出技术和设备的头号供应商。截至2004年10月底，中国从欧盟累计引进技术1.853万项，合同金额800亿美元。欧盟在外国对华直接投资方面位居第四位。至2004年10月底，欧盟在华累计投资设立企业1.9193万家，合同外资金额734.6亿美元，实际投入417.4亿美元。欧盟对华投资的特点是单项投资金额大，技术含量高。

中俄经贸关系也取得很大发展。2004年中俄贸易超过200亿美元，2006年达到334亿美元。中国成为俄第四大贸易伙伴，俄是中国第八大贸易伙伴。预计2010年中俄贸易额将达到600亿至800亿美元。

与此同时，中国与欧洲、俄罗斯领导人频繁互访。2004年，中国主要领导人几乎遍访欧盟成员国及欧盟总部。欧盟成员国领导人纷纷访问中国，其中一些国家与中国已有领导人定期会晤机制或领导人多次访华。而且，有的欧洲政治家甚至认为，欧洲国家“与中国接触的需要将在今后成为欧洲统一的动力”，因为“如果欧洲国家不各自为战地追求狭隘的国家利益，而是制定一种明确的集体战略，那么欧洲在与中国打交道时就将远比现在有说服力”。[①] 其他亚洲国家与欧洲国家领导人的互访也在增加。这些互访大大促

① 负责贸易的欧盟委员彼得·曼德尔森：《发展欧洲与崛起中的中国的关系》，香港出版的《亚洲华尔街日报》2004年12月8日。

进了亚欧之间的政治和经济交流与合作。

印度虽然不是亚欧会议成员，但与欧盟的经济、政治关系发展很快。欧盟已经成为印度最大的贸易伙伴和主要投资国。2003 年，印欧之间的贸易额已经由 1980 年的 44 亿欧元增至 284 亿欧元。同年 11 月，第 4 次“印度—欧盟工商高峰会”在新德里举行，印度总理与欧盟主席和双方企业家、官员 350 人出席会议。会议决定到 2008 年将印欧贸易额提高到的 500 亿欧元，即在 5 年内将贸易总额翻将近一番。印度与欧盟的高科技合作有很大进展。印度已决定向欧洲航天局的“伽利略”计划提供高达 3 亿欧元的资金，从而成为该计划的一个重要合作伙伴。印度与欧盟已签署了广泛的“战略伙伴关系协议”。欧盟委员会 2004 年 6 月向欧洲理事会提交了一份文件，阐述了发展“印欧战略伙伴关系”的政策，认为印度正迅速变成一个地区和全球范围内的领导者，在各方面都扮演着日益重要的角色，而且与欧盟的关系在影响的范围和强度上都呈几何级数增长；因此有必要就现行框架以及发展战略伙伴关系重新进行评估。[①] 印度与欧盟已建立了一系列双边对话和合作机制，包括由印度总理与欧盟主席参加的印度—欧盟首脑会议、讨论双方加强交流的印度—欧盟圆桌会议、印度—欧盟外交事务部长级会议、印度—欧盟联合委员会、以及负责双方政治对话的高级官员会议等。这些机制在发展印欧关系中发挥了重要作用。印欧关系的发展成为亚欧大陆合作的重要组成部分之一。

亚欧之间的文化交流也发展迅速。例如，欧盟官员估计，在 2003 至 2004 学年度，有多达 10 万名中国学生在欧洲的大学和专科学校注册入学，其中约一半集中在英国。这一人数大大超过了在美国注册入学的中国学生人数——约 6 万名左右。同时，有近 5000 名欧洲学生在中国的大学注册入学，其中德国学生最多，达到 1280 人。[②] 2004 年，中国与法国互办文化年活动，成为不同文明对话的盛举。根据 2003 年 10 月中国与欧盟首脑会议签署的关

① 转引自印度前驻约旦大使 K·贾金德拉·辛格：《欧盟与印度加强战略关系》，香港亚洲时报在线网站 2004 年 11 月 9 日。

② 美国乔治·华盛顿大学政治与国际关系学教授、中国政策研究项目主任戴维·香博（沈大伟）：《中国与欧洲：正在出现的轴心》，美国《现代史料》2004 年 9 月号。

于团体旅游的协议，2005 年有多达 60 万名中国游客到欧洲旅游。这些文化交流和人员往来大大增加了亚欧人民之间的相互了解。

二、世界事务中心开始由大西洋地区向太平洋地区转移

自 19 世纪欧美主要国家相继发展成为资本主义强国而中国清王朝衰落时起至 20 世纪末，世界事务中心在大西洋地区。近年来，随着中国和其他亚洲国家经济的迅速发展和在国际事务中作用的上升，世界事务中心开始由大西洋地区向太平洋地区转移。2000 年以来，亚洲国内生产总值年均增长超过 6%，对世界经济增长的贡献率平均达到 20%。目前亚洲经济总量占全球的 1/4，外汇储备占全球的 3/4。①

三、亚洲国家与欧盟、俄罗斯在国际事务方面的许多理念相似或相近

首先，在对世界秩序的看法方面。绝大多数亚洲国家与欧盟主要国家、俄罗斯都主张建立一个以国际法为基础、联合国等国际机构为框架的多边主义的“世界秩序”，不赞成单边主义。中国一贯主张“建立公正合理的国际政治经济新秩序，提倡国际关系民主化，尊重世界多样性”。② 东亚国家正在努力构建“东亚共同体”，以加强相互合作、提升在国际上的竞争力。印度总理曼莫汉·辛格指出：“我们将与志同道合的国家共同合作，建立一个

---

① 吴邦国：《开创亚洲和平合作和谐新局面——在博鳌亚洲论坛 2007 年年会开幕式上的主旨演讲》，《人民日报》2007 年 4 月 22 日，第 1—2 版。

② 中国国家主席胡锦涛 2005 年新年贺词《共同创造人类的美好未来》，《人民日报》2005 年 1 月 1 日。

能够考虑发展中国家合理愿望的平等的、多极化的世界秩序。"[①] 法国总统希拉克强调："任何社会中如果只有一个占支配地位的力量则总会是一个危险的社会。这就是我为什么赞成建立一个多极世界的理由。在多极世界里欧洲有它自己的一个位置。" 2003 年 4 月，俄、法、德三国首脑圣彼得堡峰会后，希拉克说："我们对未来世界的看法是一致的。我们希望世界是多极的，而且每一极在解决问题时都应采取平衡各方利益、可以保障和平与民主的方法。"[②] 英国也认为："必须进一步强化多边体制以应对这些全球性的挑战。"[③] 俄罗斯接近法、德、中、印等国在这方面的理念。俄总统普京强调"致力于在一个多极世界中建立更加民主的世界秩序"。[④] 他指出："要珍惜联合国。"[⑤]

其次，在对全球局势的分析方面。亚洲国家与欧盟国家都认为，恐怖主义并不是当今世界唯一的问题所在，现在世界各国还面临着南北差距、环境污染、温室效应、流行性传染病、大规模自然灾害等一系列其他安全威胁。需要国际社会相互合作、共同努力，来加以解决。因此，与美国不同，大多数亚洲国家、欧盟国家、俄罗斯都签署了减少温室效应的《京都议定书》。

第三，在如何解决国际社会面临的各种威胁方面。绝大多数亚洲国家与欧盟主要国家、俄罗斯都主张通过谈判解决中东和平问题、伊朗核问题、朝鲜半岛核问题，发挥多边协商和多边机制的作用，反对绕开联合国动辄使用武力的做法。欧洲国家提出，武力并不是反恐的唯一办法。绝大多数亚洲国

---

① 印度总理曼莫汉·辛格 2004 年 6 月 24 日对国民的讲话，《今日印度》（中文版）第 54 期，北京·印度驻华大使馆编辑，2004 年 6 月，第 4 页。

② 俄塔社圣彼得堡 2003 年 4 月 11 日电。

③ 英国首相和印度总理 2004 年 9 月 20 日联合声明：《开创新的充满生机的伙伴关系》，《今日印度》（中文版）第 57 期，北京·印度驻华大使馆编辑，2004 年 9 月，第 5 页。

④ 俄罗斯总统和印度总理 2004 年 12 月 3 日签署的《俄印联合声明》，《今日印度》（中文版）第 59 期，北京·印度驻华大使馆编辑，2004 年 11 月，第 6 页。

⑤ 俄罗斯总统普京 2003 年 5 月 16 日在克里姆林宫发表的国情咨文，俄塔社同日俄文电。

家与欧盟主要国家都主张应该优先解决中东和平与全球化条件下许多发展中国家贫穷等涉及恐怖主义得以产生的根源问题。在全世界的人道主义援助中，欧洲国家提供的占47%（美国仅占36%）。一些欧洲和亚洲国家政界人物和学者认为，美国过度使用武力，发动伊拉克战争，实际上刺激了国际恐怖主义的活动。美军占领伊拉克之后，恐怖主义不但没有被消灭，反而有加剧之势力，不但全球的许多恐怖分子潜入伊拉克进行反美“圣战”，而且恐怖主义攻击蔓延到其他一些国家。美国的做法不仅“治标不治本”，而且在扩大恐怖主义的生存空间。

第三节　亚欧大陆跨区域合作趋势对国际体系的影响

一、将加快世界多极化趋势的发展，但其进程仍将是长期复杂的

当前，尽管美国继续推行“一超独霸”的全球战略，但世界多极化趋势仍在曲折中向前发展。亚欧大陆在地缘战略上整体化趋势的进展客观上促进了世界多极化趋势的进程。美国前国务卿布热津斯基认为：“欧亚大陆是全球面积最大的大陆和地缘政治中轴。主宰欧亚大陆的国家将能控制世界最先进和经济最发达的三个地区中的两个。”“对美国来说，欧亚大陆是最重要的地缘政治目标……现在美国这个非欧亚大国在这里取得了举足轻重的地位。美国能否持久、有效地保持这种地位，直接影响美国对全球事务的支配。”①布热津斯基还指出：“欧亚大陆拥有世界人口的约75%。它的企业和地下矿藏在全世界物质财富中占有大部分份额。欧亚大陆的国民生产总值占世界总

① ［美］兹比格纽·布热津斯基：《大棋局：美国的首要地位及其地缘战略》（中译本），上海人民出版社，1998年第1版，第41—42页。

额的约60%。世界已知能源资源的四分之三左右也在欧亚大陆。”“欧亚大陆集中了世界上大多数在政治上非常自信和富有活力的国家。排在美国后面的6个世界经济大国都在欧亚大陆。公开的核大国只有一个不是欧亚国家，不公开的核国家也只有一个不是欧亚国家。……欧亚国家的力量加在一起远远超过美国。对美国来说，幸运的是欧亚大陆太大，无法在政治上成为一个整体。”①

现在，世界上正在发展的主要力量中心绝大多数在亚欧大陆。在亚欧大陆的西部，欧盟2007年扩大后，拥有27个成员国，人口4.9亿，总的国内生产总值约14万亿美元，与美国不相上下。欧盟的内部建设也取得很大发展，正在加快独立自主防务建设步伐。2004年10月，欧盟理事会通过《欧盟宪法条约》。这有助于使欧盟成为多极世界中重要的一极，在国际事务中发挥更大的作用。在亚欧大陆的东部及附近区域，东亚国家已经开始构建“东亚共同体”的进程。中国将与东盟国家于2010年建立自由贸易区。如能实现，它将是世界上人口最多的自由贸易区，总人口将达近20亿，经济规模将超过3万亿美元。日本与东盟签订一揽子经济合作协议，决定在2012年实现经济合作伙伴计划。东盟计划2005年与韩国签署自由贸易协定。此外，中日韩正在就三国自由贸易安排开展联合学术研究。“东亚共同体”如能建成，将形成与北美自由贸易区、欧盟三足鼎立的态势。而且，新兴大国BRICs（“金砖四国”——巴西、俄罗斯、印度、中国）中有3个在亚欧大陆。

亚欧大陆各主要力量中心之间的相互合作和协调发展，将促进亚欧大陆在地缘战略上的整体化趋势，并有助于提升它们在世界上的作用。而亚欧大陆跨区域合作趋势将加速世界多极化趋势的发展。

但是，亚欧大陆跨区域合作趋势的发展将是长期复杂的。欧盟当前的主要任务是巩固、消化东扩成果，今后一段时期内其政策注意力将会比较内向。亚欧大陆各主要力量中心之间也存在各种各样的矛盾，甚至在某些问题上还存在某种程度的地缘战略竞争。例如，在2004年11—12月的乌克兰总

---

① ［美］兹比格纽·布热津斯基：《大棋局：美国的首要地位及其地缘战略》（中译本），上海人民出版社，1998年第1版，第42—43页。

统选举中，欧盟采取了与俄罗斯相反的立场，欧俄关系蒙上阴影。而这一立场符合美国利益，使欧美自伊拉克战争以来的冷却关系得到一定程度的改善。而且，欧美关系基础深厚，其共同的意识形态和价值观念可以追溯到18世纪启蒙运动的影响。欧美在经济上完全交织在一起，难分你我。在可遇见的时间里，美国仍是最强大的国家，而欧洲由于内部需要磨合，力量相对小一些，美欧联盟将长期存在。从这个角度看，对欧美分歧不应看得过重。

应该认识到，随着经济全球化趋势的迅猛发展，各国，包括大国之间的共同利益增加，同时面临恐怖主义、大规模杀伤性武器扩散、环境污染、毒品、海盗、跨国犯罪等共同的挑战与威胁，需要相互合作来共同应对。大国之间的战争已经完全成为最后的手段，而不再是一种政治选择。因此，虽然多极化趋势对单极企图会有所制约，但一超与多强之间的矛盾并不一定会转化为对抗性的。它们之间可以是既相互竞争又相互合作，既相互制约又相互借重，争而有度，斗而不破。

二、促使新一轮陆权与海权的互动

从国际关系史上看，曾经有过许多次地缘政治意义上的陆权与海权的碰撞。如18世纪末至19世纪初拿破仑统治下的法国与英国之间的争夺、1904年至1905年的日俄战争等。当前，一方面，亚欧大陆跨区域合作趋势在发展。另一方面，美国企图通过掌握亚欧大陆的主导权而控制世界的领导权。在冷战时期，美国海外军事力量主要部署在亚欧大陆西部狭窄的边缘和亚欧大陆东部朝鲜半岛的南半部及邻近的日本。冷战结束以来，美国设法将其军事力量由亚欧大陆边缘向内陆推进。2004年，北约组织完成冷战结束以来的第二轮东扩，使北约成员国从19个增加到26个，将北约覆盖的区域扩展到中东欧和东南欧。北约已在阿富汗部署1万名国际安全部队执行维持稳定的任务。北约还准备将中亚国家也发展为成员国。不过，北约这样做客观上也促进了亚欧大陆地缘战略整体化的趋势。

特别是“9·11”事件后，布什政府利用反恐在中亚某些国家驻军，并借调整其全球军事部署之机，加强在东亚及西太平洋地区的海、空军力量。

美国的这种做法和亚欧大陆整体化趋势的发展，将导致新一轮陆权与海权的互动。从亚欧大陆来看，美国是海权国家，它在亚太地区的主要盟国也大多是海洋国家或半岛国家。而中、俄、印、法、德等国则是陆权国家。它们之间关系的演变，包括中、俄、印之间关系的发展，将对新一轮陆权与海权的互动产生重要影响。

应该认识到，由于经济全球化趋势的快速发展，使得各大国之间的共同利益日益增加。这一轮陆权与海权的互动，将呈现新的形式，是既有碰撞又有合作。其结果将是形成一块大陆（亚欧大陆）和两个大洋圈（太平洋圈与大西洋圈）的结合。这连在一起的“三大”区域将成为世界事务的重心，并将对全球战略形势产生重大影响。值得注意的是，这两个大洋圈的连系方式是不同的。以大西洋两岸为主的大西洋圈主要依靠北约这一军事政治联盟机制相联系，而以环太平洋为主的太平洋圈将主要是依靠“亚太经济合作组织”（APEC）这一经济合作机制相联系。从长远来看，在经济全球化大趋势背景下，太平洋圈的这一经济合作机制将优越于大西洋圈的军事政治联盟机制。

三、开始国际关系中“亚欧认同”的进程

亚欧大陆是人类五大古代文明中的四大文明（中华文明、古印度文明、两河流域古文明、古希腊罗马文明）的发源地。虽然亚洲文明和欧洲文明在古代是在各自相对独立的情况下发展起来的，两者的文化价值观有许多不同之处，但也有一些类似之处。例如，希腊文明是近代西方文明的源泉，希腊精神的特点是求健康、好学、创造、爱好人文、爱美、中庸、热爱自由等；中国精神与希腊精神有得一比，虽然在热爱自由方面比较欠缺，但希腊精神中的好学、创造、中庸等与中国精神中的好学、创造、中庸等有相似之处。

二次大战结束后，随着民族解放运动的高涨，一些殖民地和半殖民地人民通过民族解放斗争赢得了民族独立，建立了主权国家。此后，它们的最大任务是维护国家独立、发展民族经济。为此，它们要求在独立、平等的基础上，建立一种公正、合理的新型国际关系。在这种情况下，具有东方民族“和而不同”智慧的中、印、缅领导人，在吸收列宁“和平共处”先进思想

的基础上，提出了以“互相尊重主权和领土完整、互不侵犯、互不干涉内政、平等互利、和平共处”为主要内容的和平共处五项原则。印度外长纳特瓦尔·辛格认为：“在某种程度上，潘查希拉原则（引者注：即和平共处五项原则）反映了印度和中国古代文明的信仰和价值。潘查希拉的核心是强调‘和平共处’与互利合作。”①

欧洲国家从17世纪至20世纪前半期，只将国家主权平等原则适用于所谓的“基度教文明国家”。而对其他文明的国家和民族，欧洲列强并没有像中国古代以来一直持有的“和而不同”的世界观。相反，它们凭借资本主义生产力迅速发展所获得的坚船利炮，在亚、非、拉美等广大地区进行征服、掠夺和占领殖民地。但20世纪中期以来，欧洲从殖民主义的失败中，特别是从两次世界大战中吸取了深刻的教训，随后又在欧盟建设中得到了经验，终于认识到世界各国需要合作，应尽可能通过谈判化解分歧、通过国际多边机制解决问题。欧洲过去就有“多样性中的统一性”的哲理。欧盟使各国保持其独特的文化，同时又共存于一个多元文化的体系之中。欧洲居民现在讲100多种语言或方言，从而成为世界上最具文化多样性的地区之一。这些理念与中、印等亚洲国家的理念很接近或相似。这为形成国际关系中的“亚欧认同”（the Eurasian Identity）奠定了基础。随着亚欧大陆跨区域合作趋势的发展，亚欧之间的文化交流和文明对话将越来越密切，相互了解也不断增加，从而不断培育和充实“亚欧认同”。

但应该认识到，欧洲国家与亚洲国家之间在价值观念等方面还存在许多不同。形成国际关系中的“亚欧认同”将是一个很长时期的复杂曲折的过程。

---

① 印度外长纳特瓦尔·辛格2004年11月4日在国际研讨会上的讲话：《以多边主义为基础 迈向国际新秩序》，《今日印度》（中文版）第59期，北京·印度驻华大使馆编辑，2004年11月，第9页。

第十章

亚洲兴起及其对国际体系的影响

近年来，随着中国、印度等亚洲国家经济迅速发展，东盟国家和韩国等从亚洲金融危机中恢复并进入经济增长快车道，以及日本经济复苏，亚洲正在逐步兴起。与此同时，东亚区域一体化正在发展。世界经济和政治重心正开始从环大西洋区域向亚太地区转移。21世纪能否成为“亚洲世纪”，成为全球瞩目的一个重要问题，而关键问题在于能否实现东亚区域一体化。亚洲的兴起必将对国际体系产生深远的影响。本章将从东亚区域一体化进程角度研究亚洲兴起及其对国际体系的影响。

第一节　东亚区域一体化趋势的特点

本节所指的东亚包括中国、日本、韩国、朝鲜等东北亚国家和“东南亚国家联盟”（简称“东盟”，Association of Southeast Asian Nations，ASEAN）10国。

东亚区域一体化的发展可以分为两个阶段：第一阶段是从20世纪60年代中期至90年代初。这一阶段的显著标志是东盟的成立和发展。也就是说东亚区域一体化首先是在东南亚次区域开始萌发，最初是以东南亚次区域一体化的发展表现出来。

60年代中期，美国对越南的战争逐步升级，不仅将战火蔓延到整个印度支那，而且使东南亚局势动荡。苏联则企图将整个印度支那纳入它的势力范围，改善它在东南亚的战略态势。美苏在东南亚展开激烈争夺。面对这种情况，东南亚部分国家（印度尼西亚、马来西亚、菲律宾、新加坡和泰国）为了共同抵御外来威胁，用集体自力更生的方法求得生存与发展，于1967年8月8日宣告成立东盟，并宣布东盟的宗旨是“基于平等与合作的精神，通过联合的努力促进本地区的经济增长、社会进步与文化发展”，“通过在本地区国家之间关系中尊重正义与法治以及坚持联合国宪章原则，促进地区的和平与稳定”。东盟的成立标志着区域主义在东南亚正式形成。东南亚次区域一体化发展在这一阶段的主要特点有：

一、加强区域团结，联合抵御外来干涉和发展对外合作

1971年11月，东盟发表了主张在东南亚建立“和平、自由、中立区”的《东南亚中立化宣言》，即《吉隆坡宣言》。这在一定程度上反映了东盟国家摆脱超级大国争夺影响的强烈愿望。1972年，东盟明确拒绝了苏联、日本提出的关于马六甲海峡“国际化”的要求。马来西亚、新加坡和印尼三国政府还宣布共管马六甲海峡和新加坡海峡。1973年，东盟国家又一致拒绝苏联的“亚洲集体安全体系计划”。之后，东盟五国领导人多次重申，不许外国干涉东盟国家内部事务，决心建立一个区域合作、摆脱外国统治和影响的东南亚。同时，东盟国家同意采取步骤，加强同日本、澳大利亚、新西兰和欧洲共同体的经济关系。

二、强化区域合作，调解内部争端

1976年2月，东盟5国举行第一次首脑会议，签署了《东南亚友好合作条约》和《东盟协调一致宣言》。条约规定：缔约国要相互尊重"彼此的独立、主权、平等"，"彼此不干涉内政"，"用和平手段解决分歧和争端"；在这些原则下，努力发展和加强"友好睦邻合作关系"，促进在经济、社会、文化、科学技术和行政方面的合作，对国际性和地区性的问题保持定期接触和磋商，协调看法、行动和政策，推进本地区和平、友好和稳定的事业。在1977年8月举行的第二次东盟首脑会议上，菲律宾宣布放弃对沙巴地区的领土要求，马来西亚则保证不再支持菲南部反政府的摩洛民族解放阵线，消除了成员国之间冲突的隐患。

三、积极参与，努力解决涉及本区域的冲突

1978年后东盟国家加强相互间的政治合作，协调对印支三国的政策，致力于早日政治解决柬埔寨问题。1988年7月，印尼主持召开柬埔寨问题非正式会议，使柬埔寨问题开始朝着政治解决的方向发展。在越南宣布将从柬全部撤军后不久，关于柬埔寨问题的国际会议于1989年7月在巴黎举行，印尼和法国作为会议两主席进行了大量的斡旋和调解工作，确定了政治解决的基本目标。在包括东盟国家在内的有关国家和柬各方的共同努力下，1991年10月，来自18个国家的政府代表和柬全国最高委员会成员在巴黎签署了《柬埔寨冲突全面政治解决协定》等4个具有重要历史意义的文件。这些文件的签署，揭开了柬埔寨结束内战、走向和平的序幕。1993年5月在联合国的主持下，柬举行了历史上第一次自由选举，并组成了民族团结政府。柬埔寨问题政治解决的实现，使东南亚地区的形势得到很大的缓和。东盟对外和在印支的影响趋于增大。

东亚区域一体化发展的第二阶段是从20世纪90年代中期至今。美苏冷战结束后，东亚区域形势相对缓和，使区域合作的进展有了较好的条件。经济全球化趋势和区域经济一体化趋势的迅猛发展，促进了东亚区域主义的形

成。在1997年亚洲金融危机中，美国推行利己主义的政策，国际货币基金组织以援助为手段干涉东亚国家内政，而中国以负责任大国的态度坚持人民币不贬值。这些使东亚国家认识到本区域国家加强协调和合作的重要性，从而进一步加快了东亚区域一体化的步伐。在这一阶段东亚区域一体化发展的主要特点有：

一、区域主义由东南亚发展到整个东亚

首先，东盟实现了包括10国的“大东盟”。随着东盟在亚太地区的作用上升，东盟自身也得到了发展壮大。1995年7月，东盟昔日的对手越南成为东盟第7个成员国。这是1984年文莱加入东盟之后，东盟组织的首次扩大。1997年5月，在东盟国家外长特别会议上，东盟7国顶住以美国为首的西方国家的压力，一致决定接纳缅甸、柬埔寨和老挝为东盟新成员国。这是东盟在其成立30周年之际朝着实现东南亚国家政治经济一体化所采取的一个重要步骤。1999年4月，柬埔寨正式加入东盟成为第10个成员国，使东盟终于建成囊括东南亚所有国家的“大东盟”，结束了东南亚地区自冷战以来长期分裂的局面，为东南亚一体化的发展奠定了政治基础。大东盟10国集团拥有近5亿人口，面积达452万平方公里，国民生产总值为5000亿美元。

接着，东亚区域合作逐渐展开。东盟地区论坛（ARF）1994年7月成立，成员包括来自东盟成员国和其他亚太国家以及欧盟代表。现参加国已达到23个。东盟地区论坛的宗旨是鼓励亚太地区国家就该地区的和平与安全问题进行对话和协商，促进建立信任措施，开展预防性外交和解决纷争。东盟地区论坛经过10年的发展，逐渐成为亚太地区最大的官方多边对话与合作渠道。论坛确定了协商一致、循序渐进、互不干涉内政、充分照顾各方舒适度等行之有效的新模式。东盟地区论坛还将促进建立信任措施、开展预防性外交、探索解决冲突的途径等三个功能作为论坛发展的三大阶段。在1999年东盟地区论坛年会的联合公报中，各成员国一致同意扩大东盟地区论坛的作用，“使它从一个建立信任的机制转变为进行预防性外交活动的组织”。[①] 2000年7月，

① 美联社1999年7月26日英文电：《东盟地区论坛公报摘要》。

在泰国举行的东盟年度外长会议上，一致同意建立由前任、现任和下任主席国的外长组成的“三驾马车”式领导机构，以便能够迅速对付“可能跨越国界波及数个国家的冲突和问题”。[①] 东盟地区论坛在安全对话和建立信任措施方面所取得的进展虽然是与整个亚太地区有关的，但影响主要是在东南亚，有利于东南亚的和平与稳定。

自 1997 年 12 月起，每年举行东盟—中国、日本、韩国（10＋3）和 3 个“10＋1”（东盟—中国、东盟—日本、东盟—韩国）的首脑非正式会晤。1999 年 11 月 28 日，在马尼拉举行的“10＋3”领导人会议就东亚合作发表联合声明。在该声明中，领导人一致认为：“将继续进行对话、协调与合作，加强相互理解与信任，从而在东亚建立持久的和平与稳定。”2000 年 7 月，在东盟地区论坛举行期间，东盟与中国、日本、韩国“10＋3”首次举行外长级正式会谈，讨论加强经济合作问题。这是冷战后东亚崛起、国际地位上升以及世界战略格局走向多极化的重要表现，它有助于促进中国与东盟国家之间的相互信任与合作，为东亚国家之间增进信任、加强合作开辟一个新的渠道。

二、经济合作与政治、安全合作同时发展

首先是东盟国家合作的深化。2003 年东盟首脑会议发表《巴厘第二宣言》，提出了建立东盟共同体设想，即东盟要在 2020 年建成经济共同体，并逐步建立安全共同体和社会、文化共同体。安全共同体是要通过合作来保证区域和平、加强打击恐怖主义和跨国犯罪的能力，确保区域无大规模杀伤性武器。它既不是军事同盟，也不是防御协定，而是用和平手段共同应对对和平与安定的威胁。社会、文化共同体是要通过合作解决社会问题，如缩小社会贫富差距和促进文化艺术的发展等。2007 年 1 月在菲律宾宿务举行的东盟首脑会议决定将建立东盟共同体的时间提前至 2015 年。

同时，东亚区域范围内的合作也在发展。中国将与东盟国家于 2010 年

---

① 泰国外长素林语，见日本《东京新闻》2000 年 7 月 30 日刊登的该报记者团野诚的报道《东盟会议取得成果但留下不少课题》。

建立自由贸易区。如能实现，它将是亚洲最大的自贸区，也是世界上人口最多的自贸区和发展中国家之间最大的自贸区，总人口将达18亿，经济规模将超过3万亿美元。2007年日本与东盟达成自由贸易协定。韩国与东盟除泰国外的9个国家的商品自由贸易协定于2007年6月1日生效。此外，中、日、韩正在就三国自由贸易安排开展联合学术研究。2007年1月在菲律宾宿务举行的第7次中、日、韩领导人会议，同意尽快启动三方投资协议谈判。各国领导人签署《东亚能源安全宿务宣言》，1995年12月，东盟当时7个成员国和柬埔寨、老挝、缅甸在曼谷签署《东南亚无核武器区条约》。1997年3月该条约生效。东南亚无核武器区的建立有助于防止大规模杀伤性武器在该地区的扩散，增加有关国家之间相互信任，对促进地区与国际和平与稳定作出重要贡献。1999年11月，中国政府宣布愿意签署该条约议定书。

过去十几年，中国与东盟关系迅速从建立全面对话关系发展到确立睦邻互信伙伴关系，到最终建立战略伙伴关系。双方政治互信不断增强，经济交融日益紧密，合作越来越富有成效。2002年，中国与东盟签署了《全面经济合作框架协议》，正式启动中国与东盟自由贸易区谈判进程；发表了《关于非传统安全领域合作联合宣言》，开辟出新的合作空间；签署了《南海各方行为宣言》，就和平解决争议、共同维护地区稳定并开展南海合作达成共识。2003年6月在金边举行的东盟地区论坛外长会议上，中国外交部长还提出在论坛内适时举办“安全政策会议”的建议。在2003年10月举行的东亚领导人系列峰会上，中国与东盟建立了战略伙伴关系。这是我国第一次与一个地区组织签署建立战略伙伴关系的文件，从而成为东盟第一个战略伙伴。中国响应东盟方面的愿望，率先作为非东南亚大国签署并正式加入《东南亚友好合作条约》，增进了双方的相互信任，加强了双边关系的法律基础。

在中国的推动下，中、日、韩发表了《推进三方合作联合宣言》。该文件是三国领导人发表的第一份三方合作文件，确定了三国合作的基本框架和前进方向，将有力地促进三国合作的不断深入和拓展。

2005年12月14日，第一届东亚峰会在马来西亚首都吉隆坡举行。出席峰会的有中国、东盟10国、日本、韩国、印度、澳大利亚、新西兰等16国的国家元首或政府首脑。会议确认，东亚峰会将与“10＋3”和“10＋1”等合作机制共同在东亚一体化进程中发挥重要作用。与会领导人共同签署的

《吉隆坡宣言》指出，实现东亚及世界的和平、安全与繁荣符合各国的共同利益，愿意本着平等的伙伴精神和协商一致的原则，加强合作、增进友谊，创造一个和平的环境，为本地区及世界的和平、安全与经济繁荣作出贡献。宣言表示，与会各国领导人同意将东亚峰会建成一个以东盟为主导的开放、包容、透明和外向型的论坛，就共同兴趣和关切的战略、政治和经济问题进行对话，目标是促进东亚地区的和平、稳定和经济繁荣。东亚峰会在努力推进本地区一体化建设时，应与东盟建设保持一致。东亚峰会还通过了《关于预防、控制和应对禽流感宣言》。2007 年 1 月在菲律宾宿务举行的第二届东亚峰会各国领导人签署《东亚能源安全宿务宣言》，承诺共同努力节约能源并开发新型可替代能源，以应对国际油价起伏造成的经济威胁。与此同时，“东盟＋3”仍是东亚合作的主渠道。这标志着东亚区域主义的发展进入一个新阶段。东亚峰会 16 国人口合计 31 亿人，几占全球人口总数之半；其国内生产总值达 10 万亿美元，几占全球 GDP 总额的 1/3；贸易总额超过 5 万亿美元，约占全球的 1/4。如果它们能建成自由贸易区，将成为与欧盟、北美自贸区三足鼎立的力量之一。

三、开放性与板块性并存

20 世纪 90 年代以来东亚区域主义的发展是开放性的，这主要是因为绝大多数东亚国家实行外向型经济发展战略。而且，在经济全球化潮流的迅猛发展下，它们都主动加入到世界经济体系中去。1994 年，东南亚 10 国外长会议发表声明指出，为了建立东南亚共同体，必须遵守的一项原则是“开放的区域观念。这意味着我们应认识到，虽然我们希望建立一个较为强大和更加具有凝聚力的共同体，但我们还需向外看，视野要超出东南亚，继续加强与本区域以外国家的政治、经济和文化联系，无论是双边的还是多边的联系”。[①] 近年来，东亚国家领导人也多次重申东亚区域合作的开放性。在东亚区域主义发展的同时，超出东亚区域的合作也在发展。其中最显著的是东盟地区论坛（ARF）、亚太经济合作组织（APEC）和亚洲合作对话组织

① 陈佩尧主编：《国际形势年鉴 1995》，上海教育出版社，1995 年版，第 205 页。

(ACD)。其中，亚太经济合作组织自 1989 年成立以来，已从初期一般的经济论坛演变和发展为亚太地区经济合作层次最高、参与国家最多的官方组织。

亚洲合作对话组织于 2002 年 6 月在泰国成立，是有史以来第一个在整个亚洲开展合作的框架，现有 26 个成员国。2003 年亚洲合作对话组织第二届部长级会议决定推进在经济、金融、资源、交通、农业、科技等 18 个领域的合作。这些领域有很多属于非传统安全事务。2003 年 6 月在泰国清迈举行的亚洲合作对话第二次外长会议，同意推进农业、科技等 17 个领域的合作，启动亚洲债券基金，从而促进了亚洲合作，启动了泛亚合作机制。

同时，次区域经济合作方面也取得一定进展。2003 年大湄公河次区域领导人会议首次举行，澜沧江—大湄公河流域 6 国领导人共商合作发展大计。建立大湄公河区域经济的合作机制，不仅有利于该地区的和平与发展，而且为中国西部地区的大开发创造有利的国际环境。

另一方面，世界上区域经济一体化趋势的迅猛发展也不可避免地对东亚区域主义产生某些影响。欧洲联盟现在的国内生产总值已与美国不相上下。北美自由贸易区在世界上的影响不亚于欧洲一体化。而且，美国企图将北美自由贸易区扩大到中南美和加勒比海地区，以便成立美洲自由贸易区。东亚区域的经济一体化和安全合作进程虽然起步较晚，但发展势头强劲。“东亚共同体”如能建成，将客观上与北美自由贸易区、欧盟形成三大板块鼎足而立之势。不过，板块与开放并不一定是矛盾的，板块也可以是开放的。欧洲、美洲、东亚三大区域经济一体化和安全合作的发展是世界战略格局走向多极化的重要表现之一。

四、东盟在东亚区域主义发展中发挥主导作用与中日逐渐愿意承担更大义务同在

东盟国家在自身合作进一步深化的同时，对区域合作发挥着独特的、有时甚至超过自身实力的作用。冷战结束后，东盟国家意识到，在新的国

际形势下，必须加强政治上的合作，才能制衡大国，维护自身的独立。这种共识成为东盟各国消除成见、加强政治合作的基础。1992 年东盟国家首脑会议决定加强东盟内部的安全合作，并使东盟在构筑亚洲新安全机制过程中发挥独特的作用。东盟国家独立自主意识正在加强，并善于协调一致，用一个声音说话，从而大大提高了其国际影响能力。在处理与大国的关系上，东盟注意运用大国均势外交，在政治上与对该地区有影响的所有大国都建立和保持良好关系，同时又与它们保持适当距离；另一方面，利用大国矛盾，使之相互制衡，维持地区力量均衡。东盟在建立东盟地区论坛、"东盟＋3"、多个"东盟＋1"机制和东亚峰会，及这些机制的运作中，都发挥着主导作用。

另一方面，中国和日本近年来也逐渐愿意在东亚区域合作中承担更大的义务。近几年来，中国积极参与"10＋3"和中、日、韩三国的经济和安全合作，并对推进这些合作提出许多战略性意见和切实可行的建议。中国领导人出席"10＋3"领导人会议期间和中、日、韩领导人会晤。在 2003 年第 7 届"10＋3"首脑会议上，中国总理温家宝指出："'10＋3'有必要在现有基础上，明确长远目标，提高合作水平。深化'10＋3'合作，需要遵循平等协商、互利共赢、循序渐进、开放包容四项原则。"[①] 这些原则既是对"10＋3"合作经验的总结，也显示出中国优秀传统文化的影响。为完善充实"10＋3"合作，推动东亚合作迈向更高水平，温家宝总理提出了"研究建立东亚自由贸易区"等四项建议。"10＋3"机制实际上已成为东亚区域合作的主渠道之一，有利于东亚国家之间增进信任、加强合作。

日本于 2003 年 12 月在东京与东盟举行特别首脑会议。这是东盟 10 国首脑首次在东盟以外举行会议。会议发表的《东京宣言》包括了构筑东亚共同体、推动亚洲经济一体化等重要内容。为实现《东京宣言》而发表的"行动计划"内容包括 120 项措施，重点是要为东盟培养人才，日本在此后 3 年为此提供 15 亿美元的援助。

---

① 俞新天主编：《国际形势年鉴 2004》，上海社会科学院出版社，2004 年版，第 297 页。

五、开始构建东亚认同的进程

东亚在民族、宗教和文化等方面的多样性世上少有。东南亚各国均是多民族国家。其中，印尼有 100 多个民族，菲律宾有 90 多个、越南有 50 多个、缅甸有 30 多个。在东北亚，日本和韩国是单一民族国家，而中国也是多民族国家，有 56 个民族。从宗教来说，现代世界上流行的主要宗教，如佛教、伊斯兰教、基督教、印度教、道教等，在该区域都有众多的信徒。中国是儒家思想的发源地。这些决定了东亚的文化是非常丰富多彩、多种多样的。

而要建立东亚共同体，重要任务之一是构建东亚认同。这种东亚认同将成为未来东亚共同体的思想基础。2002 年“10＋3”首脑会议通过的《东亚研究小组最终报告》规定了 17 个短期合作项目，其中之一是研究构建东亚认同问题。2005 年 1 月，根据这一项目在韩国举行了“第一届构建东亚认同研讨会”。这标志着构建东亚认同的进程开始起步。应该认识到，尽管东亚文化非常多样，构建东亚认同还有很长的路要走，但东亚各国文化中也有一些共同的价值观，如和平、和谐、合作、公正、爱、平等、共赢、自由等。这些共同价值观将构成未来东亚认同的核心。丰富多彩的各种文化与区域认同并不是矛盾的。一方面，应该努力促进各种文化更加繁荣发展，这些文化是各民族和全人类的宝贵财富。另一方面，在这些丰富多彩文化基础上形成的区域认同将更加精彩、更有生命力。

第二节　东亚区域一体化趋势和亚洲兴起的原因

一些学者将 20 世纪 80 年代以来世界上区域主义的发展称为新区域主义。从这一观点出发，以上所述 20 世纪 90 年代东亚区域主义发展的新特点使其完全可以称为东亚新区域主义。促进东亚区域一体化发展和亚洲兴起的主要原因有：

一、地缘经济重要性超过地缘政治重要性

在冷战时期，东亚和世界其他区域一样，地缘政治起主要作用。在美国和苏联相互争夺全球霸权的斗争中，东亚区域有很大的重要性。为此，美国在东亚建立了一系列双边军事联盟，企图在这种争夺中占据有利态势。冷战结束以来，东亚区域发生重大变化。军事安全形势的基本稳定，使得东亚国际关系中“低级政治”（经济、社会、生态等问题）的紧迫性和重要性第一次明显地超过“高级政治”（军事对抗和核威慑）。同时，东亚区域经济从亚洲金融危机的影响中恢复后发展迅速。2004 年东亚地区经济增长率达 7.6％，2006 年达到约 8％，是全球经济增长最快的地区之一。其中，中国从 1978 年至 2005 年国内生产总值从 1473 亿美元增长到 2.2257 亿美元，年均增长 9.6％；进出口总额从 206 亿美元增长到 1.4221 万亿美元，年均增长超过 16％。2006 年中国进出口总额达到 1.76 万亿美元。中国已成为世界第四经济大国和第三贸易大国，是世界第三和亚洲最大进口市场。2005 年中国从亚洲国家和地区进口总额达到 4400 亿美元，同比增长 20％，占中国进口总额的 67％。2006 年，中国进口继续保持高速增长，总额达到 7916 亿美元，其中从亚洲国家和地区进口 5255 亿美元，占中国进口总额的 66.4％。截至 2006 年底，中国累计实际利用外资额超过 6850 亿美元，批准外商投资企业 60 多万家。1990 年至 2005 年，在华外资企业汇出利润达 2800 亿美元。2002 年以来，中国企业非金融类对外直接投资年均增长超过 43％，到 2006 年底，已累计达到 733 亿美元，其中 61％集中在亚洲地区。[①] 1996 年至 2006 年，中国对亚洲经济增长的贡献率达到 40％以上。以经济为核心的综合国力竞争已经代替冷战时期的军备竞赛，成为主要国家之间关系的特点之一。而且，美国在东亚的双边军事联盟是地缘政治的产物，它们在应付一些新的安全挑战，特别是非传统安全威胁方面并不有效。

---

① 吴邦国：《开创亚洲和平合作和谐新局面——在博鳌亚洲论坛 2007 年年会开幕式上的主旨演讲》，《人民日报》，2007 年 4 月 22 日，第 1—2 版。

在这种情况下，东亚国家建立各种多边的经济、安全合作和对话机制，以共同应对经济全球化和区域经济一体化趋势引起的新挑战和新问题。这些新型的、多层次、多种类的合作和对话机制主要是地缘经济的产物，是东亚新区域主义的集中体现。它们并不采取军事联盟的组织结构或军事对抗的方式，而是通过合作与竞争来化解挑战，通过对话和谈判来解决争端。

东亚地区还有一些第二轨道安全对话机制。其中包括亚太安全合作理事会（CSCAP）、东北亚合作对话会（NEACD）、中、美、日三边学术研讨会、东北亚有限无核武器区高级研讨会等。其中，亚太安全合作理事会使亚太地区的安全研究机构和有着广泛基础的成员国委员会连结在一起，包括来自澳大利亚、加拿大、中国、印尼、日本、韩国、朝鲜、马来西亚、蒙古、新西兰、菲律宾、俄罗斯、新加坡、泰国、美国和越南的委员会，这些委员会由各国的学者、安全专家、前（现）任外交官和国防部门的官员组成。该理事会成立于东盟地区论坛之前，现在主要是为东盟地区论坛这一官方的多边安全对话论坛提供直接支持，同时寻求其他形式的第二轨道外交尝试。它建立了几个国际工作组，包括北太平洋工作组、在亚洲建立安全与信任措施的工作组、综合安全与合作安全工作组、海上安全工作组等。

从长远来看，未来东亚将形成一个多层次（包括次区域、多边和双边）、多渠道（各种安全论坛和会议相互补充）、多类型（包括官方和非官方）共存的安全合作结构。这种结构应建立在“共同安全”、“综合安全”、“协调安全”和“合作安全”的基础之上。

二、区域化与国家推动的区域主义合作相互促进

区域化（regionalization）与国家推动的区域主义合作是两个有区别的概念。区域化是指某一区域内由非国家实体，主要是跨国公司在市场力量影响下进行贸易和投资所推动的区域经济和社会一体化。而国家推动的区域主义（regionalism）又称“地区主义”，是指国家通过进行相互之间的经济和安全合作安排，建立各种多边机制包括区域性的经济和安全合作组织，来推

动区域经济和社会一体化以及安全合作。

东亚经济的区域化自20世纪90年代以来发展很快。从1975年至2001年，东亚区域内贸易总量翻了6番，达到年均16%的增长率。中国市场经济的迅速增长成为其重要发动机之一。中国（包括内地和香港）已成为东亚国家出口商品的主要吸纳市场和贸易出超的重要来源。中国年均进口增速达到15%以上，已成为亚洲第一大进口市场。2004年中国从亚洲国家和地区进口额近3700亿美元，同比增长35%，占中国进口总额的65%。中国—东盟自贸区“早期收获计划”2004年1月开始实施。2005年7月中国—东盟自由贸易区货物贸易协议开始实施，双方7000余种商品开始全面降税，贸易持续增长。2006年，双边贸易额达到1608亿美元，同比增长23.4%。中国、东盟还提出了在2010年将双边贸易额达到2000亿美元的目标。2007年1月，中国和东盟在菲律宾宿务签署服务贸易协议，这是双方朝着建立自由贸易区目标取得的又一重大进展。中国在大湄公河次区域经济合作中，给予了资金、技术和市场等方面的全力支持。预计从2006年至2010年，中国将从亚洲进口超过2万亿美元的商品，市场容量将进一步扩大。2004年日本对华贸易总额高达2132.8亿美元，占日本外贸总额的20.1%，首次超过对美贸易总额。中国成为日本最大的贸易伙伴。中国也成为韩国最大的出口对象国。日本与东盟10国的贸易总额2001年近1300亿美元。1992年中国与东盟10国的贸易总额仅为80.8亿美元，2003年增加到782.5亿美元，增长了近9倍；2006年高达1608亿美元，比上年增长23%。预计2007年将增至1700亿美元，超过美国，成为东盟最大的贸易伙伴。

同时，东亚区域内相互投资也增长很快。例如，从1979年至1987年，东盟国家对华投资的合同金额仅为1700多万美元。而从1988年至1997年的10年中，东盟国家在华投资项目共计1.371万个，协议外资为399亿美元，实际投入金额为128亿美元。近年来中国对东盟投资年增幅达60%。2006年，中国在东盟的投资总额达13亿美元。又如，至2002年，日本和韩国对华投资分别达到363.39亿美元和151.19亿美元，分别排名第三和第六。2003年韩国海外投资的45.8%是投向中国。这些都促使东亚经济朝一体化方向发展。

20 世纪 90 年代后期以来，在东亚，国家推动的区域主义合作也有很大进展，包括“东盟＋3”、3 个“东盟＋1”机制和中、日、韩合作机制等。东亚国家已实际上开始构建东亚共同体的进程。这是冷战结束后东亚崛起和国际地位上升的重要表现。当前的区域性合作是在全球化趋势背景下发展的，实际上是通向全球化的一个阶段。

三、各国国家利益与区域利益趋同性的发展

各国首先是根据自己的国家利益确定对外战略和政策的。但随着经济全球化和区域经济一体化趋势的发展，东亚各国国家利益与区域利益的共同性在增加。首先，这表现在东亚国家之间经济相互依存性上升。其次，它们面对许多共同的安全挑战，特别是非传统安全威胁，包括环境污染、全球变暖、大规模杀伤性武器扩散、人口爆炸、毒品走私、跨国犯罪、恐怖主义、海盗、艾滋病、非典型性肺炎、禽流感等。而且，非传统安全威胁与传统安全威胁交织在一起，并可能相互转化。传统安全问题可能转化为非传统安全威胁，非传统安全威胁也有可能导致传统意义上的战争与武装冲突。

这些使各国安全需求多样化，大大增加了东亚各国之间的共同利益，使它们逐渐接受“共赢”观念，更多地寻求通过多边合作来应对和解决这些问题。例如，亚洲金融危机使东亚国家认识到加强区域金融合作的重要性，2000 年 5 月“东盟＋3”财政部长会议达成关于金融合作的“清迈倡议”。该倡议主张东盟各国与中、日、韩签订双边货币互换协定，以便在亚洲地区发生短期资本急剧流动等紧急情况下，相互提供干预资金，以应付紧急之需；并建立区域性的金融监测与预警机构。此举在当年 11 月举行的第四届“东盟＋3”首脑会议上获得认可。至 2004 年 4 月止，依据“清迈倡议”签订的双边货币互换协定已有 16 个，总金额达 365 亿美元。中国支持东亚国家加强金融合作，已在“清迈倡议”框架下签署了总额为 155 亿美元的货币互换协议。2003 年 6 月东亚及太平洋中央银行行长会议组织（EMEAP）还首次发行亚洲债券基金（Asian Bond Fund）。

第三节 东亚区域一体化和亚洲兴起对国际体系的影响

一、将有助于国际政治经济秩序向公正合理的方向发展

东亚区域一体化趋势将成为亚洲兴起的最重要因素之一。但仅有东亚的兴起是不够的。邓小平曾指出："中印两国不发展起来就不是亚洲世纪。"[①] 因此，要实现亚洲兴起，就必须有包括中国、印度、韩国、东盟国家、巴基斯坦等在内的亚洲主要国家发展起来，并实现东亚、中亚、南亚等次区域经济一体化。另一方面，中国的兴起也只有在亚洲兴起中才能真正实现。

东亚区域一体化和亚洲兴起将标志着发展中国家的兴起，极大地改变西方发达国家占主导地位的国际力量格局。亚洲的这些发展中国家将推动国际政治经济秩序向更公正合理的方向发展。

二、东亚国家将以开放的区域主义处理与美国的关系

美国是当今世界上唯一的超级大国，是影响东亚区域最大的外部因素。1990 年马来西亚曾提议创设"东亚经济集团"（EAEG）。美国认为这是有意排除美在东亚的势力，并对日本施加压力，使这一倡议无疾而终。

① 邓小平 1988 年 12 月在会见印度朋友时的谈话，转引自《印度前总统 K.R. 纳拉亚南在纪念和平共处五项原则国际研讨会上讲话》，2004 年 6 月 14 日，北京，http：//www. fmprc. gov. cn/chn/ziliao/。

现在美国自己在积极推动建立美洲自由贸易区并与某些亚太国家签订双边自由贸易协定，因此并未表示反对东亚区域经济整合。但美国实际上仍担心东亚出现类似欧盟的强大区域经济一体化组织和排除美国的多边安全合作机制。

构建东亚共同体已是东亚国家的共识，是大势所趋，不是任何国家所能阻挡的。但美国采取什么样的政策，仍关系到构建东亚共同体的进程能否顺利进行。中国和其他东亚国家一贯主张“10＋3”合作应是开放包容的。让美国继续在包括东亚在内的亚太地区的经济发展和安全合作中发挥有积极意义的和建设性的作用，是符合东亚国家利益的。随着构建东亚共同体进程的发展，东亚国家可以通过强化亚太经济合作组织、东盟地区论坛、亚欧对话等框架，来加强与东亚区域外国家，包括美国的沟通与合作。

三、将使中日两国更多地在区域合作框架内处理相互关系

当前，中日关系正处于一个过渡期中。两国都处在各自历史上重要的变革与转折期。日本近年来民族主义情绪上升，希望成为一个“正常国家”。反映在对外关系上，表现为某种躁动甚至偏激。中国是日本最大的邻国，面对迅速上升的中国，一些日本人在感情层面上一时难以适应，在战略层面上认为中国将对日本构成威胁。这使得中日关系中的一些问题处理难度加大。与此同时，中日双方在经济上的互补性和依赖性不断增加。

在这种情况下，东亚各种经济和安全合作与对话机制的发展，有助于中日两国利用多边机制的一些有利条件来增加互相了解和互相信任。根据国际关系中的功能主义理论，国际制度具有的有利条件包括：首先，国际制度能够提供资讯，促进各国进行合作，防止其他国家利用参与制度进行有意的欺骗；其次，制度内的互动，使参与制度国家忠实履行协定；第三，制度化的规则促进国家在不同议题上的互动，增加相互依存；第四，制度能够降低进行合作的成本，提高合作的收益；第五，制度能够使国家的承诺更具有可信

度，在整体上增加国家间相互礼让的行为。① 现在“东盟＋3”和中、日、韩合作机制已初步形成国际制度功能，在这一框架下，中国与东盟之间、日本与韩国之间的互信都有一定程度增加。如果中日双方善于运用这些机制，将有助于通过对话使双边关系步入良性发展轨道。而中日关系如何演变将成为东亚共同体能否实现的关键之一。

四、在国际体系中巩固“一个中国”框架和在东亚形成反独促统区域框架

台湾是中国的一部分，这是当今国际体系的重要内容。当今国际体系是世界反法西斯战争胜利的产物。世界反法西斯战争同盟国在多项具有国际法律效力的重要文件中多次确认：台湾是中国的一部分。1943 年 12 月 1 日，中、美、英三国签署的《开罗宣言》指出：“三国之宗旨，在剥夺日本自 1914 年第一次世界大战开始以后在太平洋所夺得或占领之一切岛屿，在使日本所窃取于中国之土地，如满州、台湾、澎湖列岛等，归还中国。”1945 年 7 月 26 日，中、美、英三国签署（后苏联参加）的《波茨坦公告》重申：“开罗宣言之条件必将实施”。同年 8 月 15 日，日本宣布投降，《日本投降条款》规定：“兹接受中、美、英三国共同签署的、后来又有苏联参加的 1945 年 7 月 26 日的波茨坦公告中的条款。”当前中国在东亚一体化趋势的发展和亚洲兴起中都发挥着重要作用，这将有利于在国际体系中巩固“一个中国”的框架。

东亚国家都坚持“一个中国”政策。“东盟＋3”、“东盟＋1”和中、日、韩合作作为主权国家之间的合作机制，自然排除台湾的参加。这些机制的未来发展将进一步强化“一个中国”原则作为将来东亚一体化的基本原则之一，形成“反独促统”的东亚区域框架。

构建东亚共同体进程的发展，也将对台海两岸关系产生重要影响。台湾

---

① Robert O. Keohane, and Lisa Martin, “The Promise of Institutionalist Theory”, *International Security*, Vol. 20, No. 1 (1995), p. 42.

对东亚区域的贸易依赖性相当高，与东亚区域的贸易额占台湾外贸总额的一半以上。2003 年台湾全年贸易对象统计显示，日本、中国大陆、香港和韩国是台湾贸易伙伴的前 1、3、4、5 名，对这 4 个国家和地区的贸易量，大约占台湾外贸总额的 44.29%。如果加上台湾与东盟国家的贸易，则台湾与东亚区域的贸易量高达其外贸总额的 57.06%。[①] 东亚区域在台湾出口贸易中占有非常重要的地位。台湾对日本、中国大陆、香港、新加坡和韩国的出口额总计达到 712 亿美元，约占台湾当年出口总额的 49.41%。中国大陆和香港已成为台湾出口的主要对象。2003 年香港与中国大陆分别为台湾出口贸易的前 1、2 名，台湾对香港和中国大陆的出口额近 500 亿美元，占台湾当年出口总额的 34.52%。中国大陆已是台湾重要的贸易伙伴。2004 年，台海两岸间接贸易首次突破 700 亿美元，比上年增长 34.2%。2003 年台湾对中国大陆的贸易顺差为 314.4 亿美元。2006 年，台海两岸间接贸易达到 1078.4 亿美元，同比增长 18.2%。其中，台湾对中国大陆的贸易顺差高达 663.7 亿美元。2006 年，中国大陆共批准台资项目 3752 项，合同资金 113.4 亿美元，实际利用台资 21.4 亿美元。[②]

东亚区域经济一体化趋势的发展将使台湾不可避免成为东亚经济区域一体化的组成部分。但如果台湾不与大陆缓和关系并实现直接“三通”，其在东亚区域经济中的地位将下降甚至边缘化。如果台湾当局明确承认体现“一个中国”原则的“九二共识”，两岸“可以谈妥善解决台湾地区在国际上与其身份相适应的活动空间问题”，[③] 从而在东亚区域经济一体化趋势中实现共同繁荣。

---

① 台湾“经济部国贸局”资料，转引自陈欣之：《东亚经济整合对台湾之政经影响》，《全球政治评论》，台湾中兴大学国际政治研究所，2004 年第 7 期，第 37 页—39 页。

② 《人民日报》2007 年 1 月 18 日，第 4 版。

③ 中国全国政协主席贾庆林 2005 年 1 月 28 日在江泽民同志《为促进祖国统一大业的完成而继续奋斗》重要讲话发表 10 周年纪念会上的讲话：《坚决遏制“台独”分裂活动 维护台海地区和平稳定 继续争取两岸关系朝着和平统一的方向发展》，载《人民日报》2005 年 1 月 29 日。

第十一章

美国对外战略及其对国际体系的影响

美国作为当前世界上唯一的超级大国和在国际体系中占主导地位的国家，将能在21世纪多长时间里保持这种地位，实行什么样的对外战略，是影响国际体系转型和世界战略形势的最重要因素之一。

第一节　21世纪美国的全球战略

美国的全球战略是美国运用综合国力，企图长期维持其在世界上“一超独霸”地位的战略。乔治·W·布什政府上台以来，对美国的全球战略进行了一些重要调整。这些调整将对国际体系和中美关系产生重要影响。

一、美国在国际上地位的趋势

美国现在是全球最大的经济体。到2015年美国仍能保持其唯一超级大国的地位。但另一方面，美国也将面临世界多极化进程越来越大的制约。

首先，是区域性合作的发展。欧洲联盟现在的国内生产总值已相当于美国，2007年1月欧盟国家增加到27个，人口增至4.9亿。这将进一步奠定欧盟在欧洲的中心地位，并使欧盟在全球范围内的分量显著增强。当前欧洲国家正在欧洲联盟的框架内加速推动独立的欧洲安全与防务政策的最终形成，包括建立适当的磋商与决策机制，以及必要的、自主的军事手段和军事能力。欧盟在2003年组建了欧洲快速反应部队。欧洲国家在防务上独立自主因素的发展将对欧洲未来安全格局的形成有重大影响，也是世界朝多极化发展的一个重要表现。

1997年的金融危机使东亚各国深感加强地区经济合作和共同发展的必要性，“10+3”（即“东盟+中、日、韩”）框架的建立是为了适应这种需要。1999年11月“10+3”领导人非正式会晤发表的《东亚合作联合声明》，为东亚合作的发展指明了方向和重点。在2000年11月举行的“10+3”领导人非正式会晤期间，时任新加坡总理吴作栋提出“东亚区域合作”构想。随着东亚地区贸易和金融一体化趋势的发展，实现东亚自由贸易区的可能性大大增加。与此相适应，东亚各国在政治和安全领域的对话与协调也将推进。“10+3”机制成为东亚区域合作的主渠道。2005年11月，第一届东亚峰会在马来西亚首都吉隆坡举行，出席峰会的有东盟10个成员国、中国、澳大利亚、印度、日本、韩国和新西兰的国家元首或政府首脑。这些实际上是世界多极化趋势在亚太地区的重要表现。同时，这种地区合作的趋势也是世界多极化趋势的一个重要组成部分。

欧盟和东亚区域合作的发展不仅将有力地推动世界经济多极化的趋势，而且将促进世界政治多极化的趋势。

第二，大国之间建立伙伴关系对美国加强军事联盟以维持“一超独霸”地位有牵制作用。冷战结束后，各大国为适应新的国际形势和新的战略需要，逐渐重新调整和定位它们之间的相互关系。1996年中俄两国决定建立和发展“平等信任、面向21世纪的战略协作伙伴关系”。1998年中日两国领导人宣布建立致力于和平与发展的友好合作伙伴关系，2006年中日两国确定努力构筑“基于共同战略利益的互惠关系”。1997年中国与东盟国家领导人确定了双方建立面向21世纪的睦邻互信伙伴关系的目标，2003年中国与东盟确立面向和平与繁荣的战略伙伴关系。1996 年中印两国决定在和平共处五项原则基础上建立面向未来的建设性合作伙伴关系。2005 年中印、中巴宣布确立战略合作伙伴关系。1998 年 4 月中国与欧盟表示希望建立面向 21 世纪的长期稳定的建设性伙伴关系，2001 年双方表示建立全面伙伴关系。2003 年中国与欧盟宣布建立全面战略伙伴关系。这种“战略伙伴关系”或“伙伴关系”与冷战时期的“盟友关系”或“战略合作关系”有着本质的不同。冷战时期的那些关系往往具有军事上针对第三国的含义，而现在的“战略伙伴关系”不是针对第三国的、不带结盟性质，其主旨是争取不搞对抗，相互友好，加强合作。这种关系应是平等的，相互尊重的，同时不是排他性的。大国关系的这种重新调整和定位，对美国企图通过加强军事联盟来保持其“一超独霸”的地位是一种牵制。

第三，某些与美国结盟的大国独立自主性增强。例如，在伊拉克战争前后，德国、法国与美国在伊战问题上产生较大分歧。又如，美国甚至也曾担心日本走独自追求国家利益的道路。美国国家情报委员会 2000 年 12 月 18 日发表的报告《2015 年的全球趋势》认为到 2015 年东亚地区的不稳定因素之一，将是日本“要求发挥地区领导力的意愿的增强”，日本可能“不直接依赖与美国的同盟关系，而在国内外寻求维护国家利益的政策”。[①]

对 21 世纪美国在国际上地位的趋势，美国国内有不同的评估。美国政界主流派认为，美国将长期保持唯一超级大国的地位。但美国也有一些人士认识到，美国唯一超级大国的地位在 2015 年后将遭遇严重挑战。

总的来说，尽管前一种观点在美国仍是主流派的看法，但接受后一种观点的人在增加。这些观点的演变发展将对美国全球战略的趋势产生重大影响。

二、21 世纪初美国全球战略主要趋势

（一）维持“一超独霸”地位是 21 世纪美国全球战略的目标

21 世纪美国全球战略的核心目标仍将是维持其“一超独霸”的地位，

① 美国国家情报委员会 2000 年 12 月 18 日发表的报告《2015 年的全球趋势》。

因为这不仅是美国共和与民主两党主流派的一致观点，而且是美国政界的主导性共识。除非美国与其他主要大国的实力对比将来发生根本性变化或者多极化趋势取得重大进展，否则美国不会放弃这一目标。为了保持唯一超级大国的地位，美国更加重视发展高科技产业和军事力量，将其作为维持全球霸主地位的两根主要支柱。

（二）追求“绝对安全”成为21世纪美国全球战略的理论基础

冷战结束以来，美国国家安全理论发生重大变化。追求“绝对安全”已成为美国新的国家安全战略的理论基础，这不仅表现在美国大力发展和企图部署弹道导弹防御系统，也表现在美国担心中国将来成为美国的对手，从而正在逐渐加强对中国的制约和防范，甚至企图以台湾问题来牵制中国。同时，美国还谋求大力压缩俄罗斯的战略空间，进一步削弱俄罗斯的军事力量，特别是战略核力量，以便防止俄东山再起重新成为美国的全球性对手。美国还以防止大规模杀伤性武器扩散和反恐为名发动伊拉克战争。

（三）谋求“全面军事优势”和“太空优势”是新世纪美国全球战略的主要手段之一

在国际经济竞争更加激烈的情况下，美国为了长期保持其世界领导的地位，更加重视军事因素的作用，企图长期享有支撑其霸主地位的“全面军事优势”。而为达到此目的，美国集中力量抢占太空制高点，谋求“太空优势”。美国大力发展导弹防御系统，特别是其中的太空武器，并不只是为了当前的利益，而是着眼于2015年后能够继续确保全面军事和科技优势。

（四）全球战略的重点由欧洲转到中东地区

自第二次世界大战结束以来，美国全球战略和军事战略的重点一直在欧洲。冷战结束后，美国大幅度削减驻欧美军，将其从1992年的23.45万人削减到10万人。科索沃战争结束后，美国军方认为，欧洲形势基本稳定，而亚洲却存在着若干可能导致美国不得不进行军事干预的热点，如台湾海峡、朝鲜半岛等。在这种情况下，美国加强在亚太地区的军事同盟、前沿军事存在和力量投送能力，准备逐渐将军事战略的重点由欧洲向亚太地区转移。这是美军事战略的重大调整，大大增加了亚太地区在美全球战略中的重要性。乔治·W·布什当选总统后不久，就将“与欧洲和远东地区的盟国一起努力促进和平”作为其外交政策将遵循的六条准则中的第一条。[①] 这种将亚太地区（即布什所说的“远东地区”）与欧洲并列作为美国外交政策头等重视地区的提法，是美国历届政府所不曾有的。

但“9·11”事件后，美国将反恐和防止大规模杀伤性武器扩散作为其全球战略的最优先事项。为此，美国将全球战略的重点转到中东地区。

三、美国全球战略走向

乔治·W·布什当选总统后，提出了其政府外交政策将遵循的六条准则：与欧洲和远东地区的盟国一起努力促进和平；促使建立一个完全民主的西半球；保护美国在波斯湾的利益并推动建立在一个安全的以色列的基础上的中东和平进程；阻止大规模杀伤性武器的扩散；努力实现一个没有贸易壁垒的世界；促进人类自由，不是把它当做“一种空洞的外交形式”，而是把它奉为一条“指导原则”。[②] 这些准则实际上成为布什政府调整美国全球战略的纲领。

“9·11”事件以来，布什政府对美国全球战略进行了进一步的调整。2002年9月，布什政府在其第一份《国家安全战略报告》中将“为人的尊严而奋战；加强盟国关系以击败全球恐怖主义并防止恐怖主义攻击我们及盟友；防止我们的敌人用大规模杀伤性武器威胁我们及其盟国和盟友；通过自由市场和自由贸易充分利用全球经济增长的新时期；用开放社会和建立民主基础设施的方法扩大民主国家圈；发展与全球其他主要力量中心采取合作行

① 罗宾·赖特和埃德温·陈：《鲍威尔保证：美国将在全球问题上发挥积极作用》，载美国《洛杉矶时报》2000年12月17日。

② 美国总统乔治·W·布什2000年12月17日在宣布提名科林·鲍威尔为国务卿的会议上的讲话，载美国《洛杉矶时报》2000年12月17日。

动的议程”等作为实现美国全球战略目标的主要途径。[①] 它并宣称：“美国国家安全战略基于反映我们价值和我们国家利益结合的美国国际主义。”[②]

2006 年 3 月，布什政府在其第二份《国家安全战略报告》中提出美国国家安全战略的两个支柱“推进自由、公正和人的尊严——致力于结束暴政，推进有效的民主制度，并通过自由公平的贸易和明智的发展政策促进繁荣”和“领导越来越多的民主国家，应对形势的挑战”。[③] 这些表明，布什政府企图通过在一些国家推行美国式的民主来反恐和扩大美国势力范围。

总的来看，美国全球战略中的连续性将是主要的，调整将主要在战略的侧重点、手段或程度方面。

(一) 加强美国与盟国的关系，但单边主义有所抬头

乔治·W·布什在竞选中批评克林顿政府对美国的有些盟国缺乏应有的重视。布什政府成立后，时任国务卿鲍威尔重申了美日两国的联盟关系和在亚洲进行合作的重要性。鲍威尔指出，美国新政府将尽一切力量发展同日本的经济、安全和外交关系。美国加强美日安全联盟的主要目的之一是为了准备必要时军事介入台湾海峡局势。鲍威尔要求日本与美国共同努力“关注台海局势”，并称“美日两国未来应就此事进行密切磋商”。[④] 时任美国副国务卿阿米蒂奇公开表示，如果美日同盟紧密，就可以抑制中国大陆和台湾之间的纠纷。[⑤] 他要求日本自卫队在东亚和太平洋地区分担责任。2005 年 2 月，美日外交部长和国防部长（“2＋2”）安全磋商委员会会议发表联合声明，明确将“鼓励台湾海峡相关问题通过对话和平解决”，列为美日在亚太地区共

---

① The White House, The National Security Strategy of the United States, September 20, 2002, http://www.whitehouse.gov/nsc/.

② The White House, The National Security Strategy of the United States, September 20, 2002, http://www.whitehouse.gov/nsc/.

③ The White House, The National Security Strategy of the United States, March 16, 2006, http://www.whitehouse.gov/nsc/.

④ 中央社华盛顿 2001 年 1 月 24 日电。

⑤ 共同社华盛顿 2001 年 1 月 23 日电。

同的战略目标之一。2006 年 6 月，美日两国首脑发表《21 世纪的新的美日同盟》的联合文件，宣称美日应合作扩大和深化民主这一“普遍的价值观”。时任日本首相小泉甚至说，美日同盟已经超出了两国的范畴，成为“世界范围的同盟”。

布什政府还希望在解决朝鲜半岛问题过程中发挥盟国的作用。时任国务卿鲍威尔说：“美国在逐渐改善同朝鲜关系的同时，将继续与日本和韩国密切合作。”①

在欧洲，北约仍是美国推行其全球战略的主要工具。布什政府强调，美国和欧洲盟国的首要任务是“保持北约成为欧洲安全结构的核心”。布什总统说：“美国知道，要赢得胜利，就必须和我们的盟国合作”，美国“将和我们的北约盟国坦诚磋商，我们也希望它们采取同样做法”。② 面对欧盟国家发展独立防务力量的趋势，美国非常不满。国防部长拉姆斯菲尔德含蓄地警告说，混乱的机构重叠或搅乱跨大西洋联系的行动会使北约的有效性受到削弱。

“9·11”事件后，布什政府更多地采取单边主义，强调组成“志愿者联盟”，进行先发制人的打击。发动伊拉克战争是布什政府推行单边主义的顶峰。但由于美军占领伊拉克后在伊陷入反美武装和恐怖分子袭击的困境之中，不得不转向更多依靠多边主义。

（二）积极推进弹道导弹防御系统

布什政府上台后就将建立弹道导弹防御系统作为美国军事战略和外交政策的最优先任务之一，重点加以推动。2001 年 5 月 1 日，美国总统布什宣称，美国将“需要一种能够使我们建立导弹防御系统来对付当今世界各种威胁的新构想”。③ 同年 12 月 13 日，布什总统宣布，美国将退出 1972 年签署

---

① 法新社华盛顿 2001 年 1 月 26 日电。

② 美国总统乔治·W·布什 2001 年 2 月 13 日的讲话，法新社弗吉尼亚州诺福克同日电。

③ 美国总统布什 2001 年 5 月 1 日在美国国防大学的演讲，http：//www. whitehouse. gov。

的《反弹道导弹条约》（ABM）。美退出《反弹道导弹条约》为其部署弹道导弹防御系统开了绿灯。2002 年 12 月 17 日，布什总统宣布，他已下令军方开始部署初步的导弹防御系统，以防止大规模杀伤性武器造成的“灾难性破坏”。[①] 同一天，布什签署《总统国家安全指令第 23 号》。该指令宣称：“美国将不会有一个最后的、固定不变的导弹防御体系，而是将发展能应对不断变化着的威胁的一整套导弹防御能力”，“我们发展和部属的导弹防御系统将必须不仅具备防卫美国及其部署的军队的能力，而且具备防卫我们的友邦和盟国的能力”。[②] 2003 年 5 月 20 日，布什政府发布《弹道导弹防御国家政策》，认为目前的安全环境与与冷战时期“根本不同”，美国面临来自“敌对国家”日益严重的导弹威胁，一些国家正在大力谋求发展大规模杀伤性武器和远程导弹。文件强调美国有必要发展导弹防御系统，以阻止“敌对国家”和恐怖分子对美国可能发动的生化武器和核武器袭击。文件宣布美国将从 2004 年开始部署一套初步的导弹防御能力。[③]

布什政府这样做是有长远战略考虑的：首先，将建立弹道导弹防御系统（MD）作为其全球战略的重要支撑点之一。美国政府认为，从现在到 2015 年，美国是世界上唯一的超级大国；但 2015 年以后，美国在世界上的领导地位将遭到俄罗斯或中国等大国或国家集团的挑战。为了在 2015 年以后能够继续长期维持其霸权地位，美国将发展 MD 作为继续保持全面军事优势和高科技优势的最重要抓手。

其次，将 MD 作为新军事变革的核心部分。当前，世界正站在一场新军事变革的门槛上。在未来的新军事变革中，将会出现以新的物理原理为基础的新型武器、信息战将成为战争的主要样式之一、太空将成为各大国争夺的新的制高点。美国企图通过发展 MD 在新军事变革中上一个新台阶，抢占太空这一新制高点。美国在这方面追求的最终目标，并不单单是导弹防

---

① http：//www. whitehouse. gov.

② Bradley Graham，U. S. Plans：Missile Defense Justification Released by White House，*Washington Post*，May 21，2003.

③ The Office of the White House，National Policy on Ballistic Missile Defense Fact Sheet，May 20，2003，http：//www. whitehouse. gov/news/releases/2003/05.

御，而是织造一张集信息、卫星、激光武器等手段为一体的“天网”（Space Grid），居高临下地控制全球，以巩固和加强其“一超”地位。

第三，以研发 MD 系统为契机，大幅度提升美国在主要领域的科技优势。美国军事科研成果转为民用开发的机制比较顺畅，因此军事高科技研究通常能够迅速带动民用高科技的发展。例如，“星球大战”计划的科研项目使美国在计算机、微电子、航天工程、激光技术、新材料等领域的高科技发展上了一个新台阶。现在布什政府大力推动 MD，也有着促使美国高科技发展进入一个新阶段的意图，其长远目标是保持甚至扩大对其他国家的高科技优势。

第四，美国企图依靠其先进的科技优势和强大的经济与军事实力，通过建立 MD 来实现美国的“绝对安全”。

布什政府从 2004 年开始部署导弹防御系统。至 2006 年 6 月已经部署了 11 枚陆基远程拦截导弹。其中，9 枚部署在阿拉斯加州的 Fort Greeley 空军基地、2 枚部署在加利福尼亚州的 Vandenberg 空军基地。此外，美国还在若干艘有“宙斯盾”系统的巡洋舰和驱逐舰上安装了“标准-3”型海军战区高层导弹防御系统。

而且，美国政府正在考虑在上述初期部署完成后，分三阶段到 2015 年部署陆基导弹防御系统的方案。根据五角大楼制定的规划，陆基导弹防御系统第一阶段部署是在阿拉斯加州中部部署 100 枚拦截导弹，在阿留申群岛中的一个荒岛谢米亚岛上建立一个新的雷达站，以部署一套 X-波段雷达，并对现有的几个预警雷达站进行更新，还要求利用在格陵兰和英国的先进预警雷达，以及现有的防御支持系统卫星。

第二阶段到 2010 年结束。将向近地轨道发射 24 颗卫星，用以对导弹发射情况进行昼夜监视。预计开支将达 61 亿美元。

第三阶段到 2015 年结束。将在北达科他州部署 150 枚拦截导弹，这项开支将达 133 亿美元。研制其他太空飞行器并将其送入轨道另外还需要 106 亿美元，这些飞行器除了执行自己的任务外，也属于导弹防御系统的一个组成部分。

陆基导弹防御系统主要用于对付较小规模和意外进行的对美国的导弹攻击。从理论上说，平均 3 至 4 枚拦截导弹能够拦截 1 枚来袭导弹。

美国同时部署的“宙斯盾”海基导弹防御系统，其主要优点是灵活性大和可移动性。它将装备“标准-3”型（Standard-3，SM-3）或“标准-4”型（Standard-4，SM-4）导弹，属高空反导弹体系，能从海上为大片地区提供反导弹防御，具有拦截在助推段、中段和末段飞行的导弹的能力。美海军认为，使用该系统可以“将导弹防御系统的保护范围扩展到我们的盟国”和部署在靠近目标导弹发射器的地方；在经过改良后，能够保护美国所有 50 个州不受射程超过 4800 公里的远程弹道导弹的袭击。

而且，美国正在加紧研制和准备部署的其他类型的弹道导弹防御系统有：

1. 空基激光反导弹武器。空军机载激光反导弹武器安装在波音 747-400F 飞机上，能够用高能激光击毁 500 公里以内正在飞行中的导弹。美国 2002 年进行了机载激光截击导弹的试验，预计 2007 年开始部署装备了这种机载激光反导弹武器的飞机，在 2009 年之前部署所有 9 架这种飞机，其中 5 架将部署在亚太地区。美国机载激光反导弹武器项目预计总耗资将超过 110 亿美元。这种武器将成为美国导弹防御系统的骨干。[①] 空军机载激光反导弹武器的长处之一是每次飞行可以发射激光束多达 20 多次，每次发射仅耗资几千美元，“比发射一枚导弹便宜多了”。[②] 长处之二是可以摧毁发射后飞行了 80 秒至 140 秒的处于助推阶段的导弹，使核弹头的放射性微粒以及生物和化学弹头的毒剂散落到发射导弹的国家领土上。该系统的问题，一是激光束的路径是否会因大气层的变化而改变这一技术难题还未最后解决；二是由于来袭导弹的助推阶段持续时间很短，如果将该系统作为导弹防御系统的一部分，就需要一队波音 747 飞机不间断地在靠近敌方领空的空域巡逻，这样一来，费用很高且易受对方攻击。

2. 太空基激光武器。空间激光武器被美国一些人认为是最具发展前景的保护美国及其盟国的方案。洛克希德公司、波音公司和汤普森—拉莫—伍尔德里奇公司共同参与一项投资为 2.4 亿美元的该系统演示项目，可在

---

① 迈克尔·基利安报道：《空军将试验反导弹激光飞机》，载美国《芝加哥论坛报》2000 年 1 月 26 日。

② 格雷德·施奈德：《光速武器》，载美国《巴尔的摩太阳报》1996 年 11 月 10 日。

2012年将实验激光器投入空间使用。但要将该系统实际部署和使用还要花费数十年时间。而且，它将遇到反对太空军事化的广大发展中国家甚至美国的一些盟国的强烈反对。

以上两种导弹防御武器都具有在敌方导弹发射后的助推段和中段击毁来袭导弹的能力。

（三）研制新型核武器，并将太空作为确保战略优势的新重点

随着美国弹道导弹防御系统、特别是太空武器的发展以及核武器用于实战可能性的下降，促使布什在竞选中宣称美国的安全不再需要“核恐怖均势”，主张把美国的核武器减少到“与我们的国家安全相适应的尽可能低的数目”。[①] 俄罗斯总统普京2000年11月13日提议，美俄在2008年以前将两国的战略核弹头都削减到1500枚。[②] 这一建议和美国企图以核裁军来换取俄罗斯在美部署NMD问题上妥协等因素，使布什政府上台后就着手考虑进一步减少核武器数量的可能。2002年5月，美俄达成大幅度削减两国进攻性战略核武器协议。根据该协议，双方在2012年前将各自目前部署的战略核弹头（美国约6000枚，俄罗斯5500枚，削减到各1700至2200枚）。

但“9·11”事件后，布什政府以需要精密制导的小型核武器破坏地下设施中的生物和化学武器为由，从2004年开始进行小型核武器的研究。美国国会2003年11月在时隔10年之后解除了对爆炸当量为5000吨以下的小型核武器的研究和开发的禁止条款，并且批准了约600万美元的研究预算。再次进行地下核试验的准备期也由以前的3年缩短为2年。2006年2月，布什政府宣布将实施开发新型核弹头的“可靠替换弹头”计划（RRW）。

与此同时，美国正在将军事战略的重点转向太空，企图抢占太空制高点。美国空军部长和空军参谋长2001年联合签发了名为《航空航天：保卫

① 阿利松·米切尔的文章：《布什说美国应该减少核武器》，载《纽约时报》2000年5月24日。

② 美国蒙特雷国际关系学院不扩散研究中心高级研究员尼古拉·索科夫：《普京提出武器控制日程表》，载英国《简氏防务周刊》2000年11月29日一期。

21世纪的美国》白皮书。白皮书指出，美国空军将由现在的空战为主转变为既可空战，又可在太空作战的“航空航天一体化”的空军。这是美军第一次以纲领性文件的形式确定建立本国“天军”的计划。为了加速向“天军”发展，美国空军又推出了名为《全球参与：21世纪空军构想》的文件。该文件规定“天军”将具备的六项核心作战能力，其中包括航空航天优势、快速全球机动、全球攻击、精确作战、信息优势和敏捷战斗支援。

时任国防部长拉姆斯菲尔德比他的前任更注重太空，他建议在白宫成立“国家空间委员会”，设一名“总统空间问题特别助理”，在五角大楼组建“国防空间委员会”，增设一名负责太空防务、情报和信息问题的国防部副部长，并建立“国会空间小组”。拉姆斯菲尔德主张改变冷战时期核威慑的方式，认为可信的威慑“必须以进攻性核力量和防御性非核力量相结合作为其基础，这样双管齐下，使一个可能的敌手不可能获得对我们的军队和我们的国土以及我们盟国的军队和国土使用大规模杀伤性武器的机会或好处”。①

2001年1月27日，美国空军太空战研究中心举行首次将太空作为主要战区的重大战争演习。该演习以2017年的中美关系为背景，模拟了双方太空对抗战。②美国报刊认为，演习表明，快速反应太空飞船、在轨道上飞行的雷达群以及能够从太空打击地面目标的武器等先进系统“非常有用”。③

（四）对中国采取“两面下注”政策

乔治·W·布什本人在竞选期间说过一些对华态度强硬的话，他明确表示：“中国是美国的战略竞争者，而不是战略伙伴。我们必须在不抱恶意、

① 保罗·曼：《布什班子重新考虑战略原则》，载美国《航空航天技术周刊》2001年1月23日一期。

② 托马斯·里克斯：《最新军事演习将在太空举行》，载美国《华盛顿邮报》2001年1月29日。

③ 《军事演习意在解决军事太空难题》，载美国《航空航天技术周刊》2001年1月19日一期。

但也不抱幻想的情况下同中国交往。”[①] 布什政府执政后，时任国务卿鲍威尔说：“中国是一个竞争者，一个潜在的地区对手，但也是贸易伙伴”，“我们将按中国应得到的待遇对待中国。中国还不是战略伙伴，但是中国也不是我们不可避免的死敌”。同时，他主张继续与中国保持良好关系。[②] 他说，美国和中国“可以在许多领域进行合作”。[③]

总的来看，布什政府继续对中国实行既接触又制约的政策。“9·11”事件后，布什政府加强了与中国在反恐、地区安全等领域的合作。布什总统第二任期中把这一政策进一步发展为“两面下注”政策，既要求中国成为国际体系中“负责任的利益相关方”，又对中国进行防范。

四、美国全球战略对国际体系和中美关系影响

（一）美国“单极化”战略与世界多极化趋势的矛盾更加明显

美国在21世纪继续推行“单极化”战略，企图维持其“一超独霸”的地位，将使世界格局向多极化的演变成为一个曲折复杂、充满斗争的长期历史进程。但另一方面，世界多极化的趋势是时代发展的大趋势，是不可阻挡的历史潮流。多极化趋势的发展增加了对美国霸权主义的制约因素：俄罗斯总统普京执政后，继续主张推动世界多极化和建立公正合理的国际新秩序，实行积极的外交政策；欧盟在科索沃战争后，加快发展欧洲防务力量，在安全和防务方面独立自主的能力在增加；东盟国家与中、日、韩在经济、金融领域加强合作，形成“东盟＋3”机制，东亚地区在经济、金融方面的自主能力增加；中国作为最大的发展中国家，继续奉行独立自主的和平外交政策，是世界多极化趋势中的一支重要力量。多极化趋势的发展增加了对美国

---

① 美国共和党总统候选人乔治·W·布什1999年11月9日在加利福利州里根图书馆发表的对外政策演讲。

② 时任美国国务卿科林·鲍威尔2001年1月19日在美参院外交政策委员会听证会上的发言，法新社华盛顿同日电。

③ 时任美国国务卿科林·鲍威尔2001年1月24日在会见中国驻美大使李肇星时的讲话，法新社华盛顿同日电。

霸权主义的制约因素。另外，在其他方面也存在着一些制约美国霸权主义的因素：美国独霸世界的野心与其实际可使用的力量之间存在差距；美国国内存在着现实主义与理想主义的争论；美国在不是它关键利益所在的地区作战时害怕遭受重大伤亡。这些因素将使美国在推行“单极化”战略时不可能为所欲为。

（二）增加美国与其他大国的矛盾，使大国关系更加复杂化

冷战结束后，大国之间的关系进入了重大调整时期，一些大国试图建立起新型的大国关系。但是，这种新型的大国关系尚未成熟。美国推行“一超独霸”的战略和强权政治使它与其他大国之间的矛盾上升，关系错综复杂。

（三）美国发展导弹防御系统和小型核武器与世界潮流背道而驰

美国在21世纪加速发展弹道导弹防御系统，名义上是为了防御，实质上是为了建立攻防兼备的全面军事优势和在此基础上的绝对安全态势。它现在已拥有世界上最强大的常规军事力量和最庞大的核武库，并且继续坚持首先使用核武器的政策。在这种情况下，美国大力发展并部署弹道导弹防御系统，将削弱乃至剥夺其他核国家的核反击能力，破坏作为国际核裁军和防止核扩散体系框架基础的《反弹道导弹条约》。美国发展新型核弹头，是与核裁军和不扩散核武器的潮流背道而驰的。这些将导致新一轮以发展高新技术武器为特征的军备竞争，促使一些国家加速发展导弹防御武器、太空武器、核武器和其他高新技术武器。

（四）将使中美关系处于竞争又合作的状态

中国是一个发展中的大国，现在弱没有弱到使美国放心的程度，强还没有强到使美国承认中国的根本国家利益、从而在台湾问题上停止干涉中国内政的程度。因此，在中国向现代化强国目标发展的一个很长历史时期内，美国由于担心中国可能挑战它的霸权地位，将继续对中国进行牵制。但

“9·11”事件后，中美关系中合作的因素在增加。

布什政府上台后，特别是2001年4月1日中美两国军用飞机发生相撞事件后，美国政界内在对华政策上进行一场大辩论。一派主张对中国实行“接触加遏制”政策；另一派主张对中国单纯遏制、反对接触。前一派仍是主流派，但后一派的影响也不可小视。

美国国内因素对布什政府对华政策的影响继续增加。美国实业界是支持共和党的重要力量，其中有一个要求进入中国市场的实业界集团，他们要求布什政府稳定和发展中美关系。但美国一些反华亲台势力，例如由一些美国国会议员的助手、五角大楼官员和思想库研究人员组成的“蓝队”等，宣传“中国威胁论”，鼓吹对中国采取“遏制”政策、加大向台湾出售先进武器的力度等，对布什政府的对华政策将产生重要的负面影响。

尽管中美两国间存在许多矛盾和分歧，但中美之间在地区安全、反恐、经济、对付跨国界问题等方面仍存在许多共同利益，两国经济上的相互依存性在增加。因此在不因台湾问题而发生重大事变的情况下，既竞争又合作、既斗争又对话将仍然是两国关系的基本框架。

第二节　21世纪美国的亚太安全战略

进入21世纪后，针对亚太地区形势发生的重要变化，美国从全球战略出发，开始对其亚太安全战略进行重大调整。乔治·W·布什总统入主白宫以来，这种调整更多带有布什政府的特色。美国亚太安全战略的调整将对亚太地区战略形势和我国安全环境产生相当大的影响。

一、美国亚太安全战略调整的特点与趋势

（一）更加重视亚太地区在美全球战略中的地位

小布什政府将谋求“绝对军事优势”，将“美国的绝对安全”和维护其“世界领导地位”作为美全球战略的主要目标。它的亚太战略则是以维护美

国在亚太地区的主导地位为主要目的，以“帮助建立经济增长和政治自由能蓬勃发展的安全条件”为美国“在亚洲的第一目标和首要任务”。[①] 时任美国务卿鲍威尔宣称，美国“是一个太平洋大国，我们不会放弃在亚洲的战略地位”，美国将继续成为保证地区稳定的“亚洲安全的平衡因素”。[②]

科索沃战争结束后至“9·11”事件发生前，美国曾酝酿将军事战略重点向亚太地区转移。据美国报刊披露，2001 年 5 月美国防部完成一份秘密战略评估报告，确定把太平洋地区作为美国的主要战略地区，将军事战略重点从欧洲转向东亚。其矛头虽不能说都是对着中国，但在相当大程度上是针对中国的。美国防部 2001 年 9 月 30 日向国会提交的《四年防务评估报告》，首次将东亚沿岸地区作为美国有关键利益的地区，认为“在亚洲地区可能出现有强大资源基础的军事竞争者”；从孟加拉湾到日本海，中国周边的东亚沿岸是“特别难以把握的地区”。[③]

“9·11”事件后，布什政府亚太安全战略的重点有所调整。从重点防止中国成为挑战美国利益的潜在对手转变为将反恐作为其亚太安全战略的最优先事务。布什政府第一任期亚太安全战略的 5 项主要目标是：促进和加深民主；增进可持续的经济发展；反大规模杀伤性武器扩散；反地区内的国际犯罪；促进开放市场。而地区稳定是作为贯穿这些目标的核心战略目标。[④]

布什政府第二任期基本延续了这一战略。布什总统 2005 年 11 月 16 日在日本讲话时强调，自由是美国与亚洲关系的基石，认为美国在亚太地区面临的主要挑战和任务包括：努力建立自由和公平合理的贸易；保护我们的人民免受大规模流感带来的新威胁；确保新兴经济体有继续增长所需的足够能

---

① U. S. Secretary of State Colin L. Powel's remarks at Asia Society Annual Dinner, New York, June 10, 2001, http: //www. usembassy-china. org. cn/shanghai/pas/hyper.

② U. S. Secretary of State Colin L. Powel's remarks at Asia Society Annual Dinner, New York, June 10, 2001, http: //www. usembassy-china. org. cn/shanghai/pas/hyper.

③ "Quadrennial Defense Review Report, (Department of Defense, 2001)", p. 4, http: // www. defenselink. mil .

④ 时任美国负责东亚与太平洋事务助理国务卿詹姆斯·凯利 2003 年 3 月 26 日在美国国会参议院外交关系委员会作证时的证词，http: //www. state. gov。

源供应；对付恐怖分子；扩展自由和民主等。①

（二）加强美国与亚太盟国的双边和多边合作

长期以来，美国在亚太地区的安全安排主要依靠美日、美韩、美泰、美菲、美澳等双边军事同盟。但近年来亚太地区形势的发展，使美国不满足于已有的双边安全安排。“9·11”事件之前，它试图以现有的双边军事同盟和双边关系为框架，在亚太地区编织一张多边安全关系网，进而建立以美国为主导的亚太安全共同体。2000年3月，时任美军太平洋总部司令丹尼斯·布莱尔说：“从美国的观点来看，我们的双边条约，在亚太地区特别有力，是阻止侵略、促进亚太地区和平发展的框架。在充实这种双边关系的基础上，把同某项政策有利害关系的各方联合起来进行磋商与协调。如果扩大这一进程，就会把以美国为中心的中转安排——这是我们考虑亚太地区的传统方式——转变为一张将导致发展成安全共同体的安全关系网。”② 他还宣称：“在将来，为构建全面的多国安全框架，我们必须把各种双边关系串联起来”，“除了要有能力与单个盟国交往外，更多情况下应该进行多边合作”。③

在东北亚地区，2000年以来，美国建立了美、日、韩三国在朝鲜半岛问题上进行协调与合作的机制，三方高级军政官员不定期就对朝政策问题进行磋商。

在东南亚地区，为了使美军一旦需要时能迅速与其盟国和“友好国家”的军队联合采取军事行动，驻亚太美军近年来大大增加了与该地区国家军队一起进行的军事演习。仅2001年，美国就在亚太地区进行了60多次联合军事演习和与盟国的大演习，不仅在数量和频率方面、而且在规模上都创下了冷战结束以来的最高纪录，其中许多次演习是在东南亚举行。美海军与新加

① 美国总统布什2005年11月16日在日本京都的讲话，http://www.state.gov。

② 时任美军太平洋部队总司令丹尼斯·布莱尔2000年3月16日在华盛顿卡内基国际和平基金会的讲话。

③ 时任美军太平洋部队总司令丹尼斯·布莱尔2000年9月26日在马尼拉新闻发布会上的讲话，法新社2000年9月26日马尼拉英文电。

坡、马来西亚、泰国、文莱和菲律宾等国海军经常举行“海上战备与训练合作”系列双边演习。而且，2000 年以来美军特别重视多边军事演习。2000 年 5 月，新加坡军队首次参加了美军和泰国军队每年举行一次的代号为“金色眼镜蛇”的陆海空联合演习，其后，印尼和日本也参加了该系列演习。2000 年 10 月，美、日、韩、新海军在新加坡沿海举行代号为“太平洋到达 2000”的西太平洋潜艇救援演习。2001 年美国与菲律宾、澳大利亚、泰国和新加坡军队一起举行“协同挑战”军事演习。2002 年 4 月至 5 月，美、菲等国在菲律宾举行扩大范围的“协同挑战”演习。美国要求菲律宾同意日本和韩国派出 C-130 运输机参加该演习，“以便为美国军队和后勤提供空运支援”。[①] 美国还邀请新、澳、文莱、印度、印尼、日、韩、马来西亚、蒙、泰等 10 国派遣观察员参加该演习。此外，从 2000 年起，美、日、澳、加、韩、英、智等国海军每两年在 5 至 7 月期间，在夏威夷周边海域实施一次“环太平洋”演习。

“9·11”事件后，美国暂停了建立以美国为主导的亚太安全共同体的步骤，但仍试图构建以它为主导的多边机制。2006 年 3 月，美、日、澳三国外长在澳举行首次三边安全会议。2007 年 9 月 4 日，美、日、澳、印、新加坡在孟加拉湾举行代号为“马拉巴尔—2007”的大规模联合海上军事演习，来自 5 国的 30 多艘舰船、200 多架战机参加了军演，其中包括美国 2 艘航母和 1 艘印度航母、以及核动力和常规动力潜艇、空中加油机等。同月 8 日，美、日、澳三国领导人在澳大利亚悉尼举行首次战略对话。

（三）进一步加强美日安全联盟，支持日本在地区安全事务中发挥更大的作用

布什政府认为“美日安全联盟仍然是亚太地区和平与安全的基石”。[②] 在美国的力促下，1999 年 4 至 5 月，日本国会通过了新日美防卫合作指针

① 驻华盛顿记者李秀华：《美国—菲律宾的军事演习是针对中国吗?》，载新加坡《海峡时报》2002 年 4 月 9 日。

② 美国国务院发言人理查德·鲍彻 2001 年 1 月 23 日发表的声明，法新社华盛顿同日电。

相关法案：《周边事态法》、《自卫队法修改案》和《日美相互提供物品与劳务协定修正案》。这是继美日1996年两国首脑签署《美日安全保障联合宣言》和1997年发表经过修改的《美日防卫合作指导方针》之后，在强化美日军事同盟方面迈出的又一重要步骤。根据这些法案，在日本的“周边地区”出现紧急事态时，日本不仅要向美国提供使用基地设施的便利，而且自卫队将以实施“后方支援”为名，向美军提供作战情报，供应除武器弹药外的作战物资，运输包括武器、弹药在内的美军物资，在毗邻战区的公海上扫雷，对试图突破海上封锁线的船只强行登船检查等。这些进一步加强了美日两国介入所谓“周边事态”时的军事合作，明确了日本自卫队在亚太地区发生冲突时承担对美军的后勤保障任务，使日本自卫队有可能在日本以外的周边地区配合美军的正规作战。

2001年10月，日本国会参众两院相继通过了《反恐特别措置法案》、《自卫队修正法案》和《海上保安厅修正法案》。这些法案取消了日本向海外派兵的地域限制，放宽了对在海外的日本自卫队使用武器的限制，扩大了日本政府海外派兵的权限。

2004年5月和6月，日本国会众参两院相继通过了《谋求美军行动顺利化法案》、《限制外国军用品等海上运输法案》等7个法案。其中，《谋求美军行动顺利化法案》规定，当日本进入紧急事态后，地方政府要为美军作战创造条件；自卫队要向美军提供人力和包括武器弹药等物力合作。《限制外国军用品等海上运输法案》规定，在日本受到武力攻击时，日本可以对在日本领海和公海上向敌国运输军用品的船舶进行检查，并限制其航行；如果船只不执行命令，可以对其进行攻击。这些法案是日本为完善在2003年在国会通过的《应对武力攻击事态法案》等“有事法制”3个法案而作出的重要补充。这些法律生效后，意味着日本的有事法制体系正式确立和战争立法彻底完备。这也大大加强了美日军事联盟。

美国在调整亚太地区军事态势和防务联盟中提高了日本在美联盟体系中的地位和作用。现在美政府将它的海外军事基地分为4类，其中，日本是一级“战力基地”，而韩国仅是二级。美国防部将美陆军第1军司令部由美国本土的华盛顿州路易斯堡转移到日本神奈川“座间基地”。第1军司令部由1名中将指挥，由500名军官和士兵构成。它转移到日本后，统一指挥在韩国的美军第2步兵师（约1.7万人）等在亚洲的全部美陆军部队，甚至指挥包括驻夏威夷美的第25步兵师等部队。美提高日本在美联盟体系中的地位和作用，成为日加速成为政治大国和军事强国的依托。

美国防部借军事部署重新调整之机，推进驻日美军与日本自卫队的一体化。美国向日本政府建议，把日本航空自卫队的航空总司令部转移到设有驻日美空军司令部的横田基地，而把驻扎在冲绳的约1.4万名美海军陆战队员中的一部分转移到北海道的日本陆上自卫队演习场。美国防部的意图是，通过驻日美军同日本自卫队的统一运用和密切合作，削减驻扎美军的费用，并希望日本发挥"新的军事作用"。

美国对日本显著提高常规军事力量作战能力和远距离投送能力的做法并不加以限制。美外交和安全当局对日本修改宪法第9条的动向基本持同情态度。

美国将日本和澳大利亚分别作为其亚太安全战略的"北锚"和"南锚"，东南亚则成为这两大锚之间的码头通道。美国在东南亚重建军事存在，使美日军事同盟的影响扩大到东南亚。"9·11"事件后，日本进一步将"周边事态"范围扩大到东南亚直至中东地区，日本海上自卫队舰船在东南亚的活动增加，日本航空自卫队的军用运输机参加了美在东南亚的军事演习。

（四）加强美军在亚太地区的前沿部署和力量投送能力

美国为维护和保持其在亚太地区的主导地位，将其在亚太地区驻军作为实现这一目标的主要支撑力量。美现在继续把在东亚的前沿军事部署维持在近10万美军的水平，加上太平洋战区内的其他美军，美国在整个亚太地区（东亚是其中一部分）共驻有军队30万人。而且，驻亚太地区美军正在加强质量建设，增强其快速机动能力、远距离力量投送能力和远程精确打击能力。

"9·11"事件后，布什政府发动反恐战争，同时企图借机巩固美国的全球"霸主"地位。五角大楼认为，冷战时期建立的美国大规模海外驻军费用高昂，且无法有效对付当前的新威胁和有效实施反恐斗争。为此，时任美国防部长拉姆斯菲尔德要求对全世界美军的部署进行大规模调整，包括对驻日本和韩国的美军进行重新整编。美国新战略的目标是"提前防御"，即把冷战时期遗留下来的庞大而呆板的军队转变为更加灵活、能够迅速机动部署的轻型军队，以便能更迅速地对付发生在全球的危机和难以捉摸的恐怖袭击并对预警作出有效反应，从而提前消除威胁。

在这种情况下，美国着手调整在亚太地区的军事态势与部署，并力求通过这一过程加强美与日、韩、澳、泰、菲等国的双边防务联盟，与其他国家建立新的双边军事关系。美在亚太军事态势调整的特点是将“前沿存在”与“灵活进入”和“远程投放”相结合，继续强调前沿军事存在，同时将后两者作为前者的补充，在减少前沿部署的美陆军部队数量的同时，增加海、空军力量，以提高亚太美军的整体战力。

美国计划调整驻日本、韩国美军的指挥体系，减少1.5万名驻日、韩美军地面部队，其中2005年年底前从韩国撤走1.25万名，并将驻韩美军主力从“三八”线附近和汉城调往韩国南部。驻日、韩美军的任务将由主要协防日、韩，扩大为担负地区性的军事干预任务。2004年5月，美国五角大楼宣布，从驻韩美军抽调第二步兵师第二旅3600人到伊拉克执行任务。至2006年8月，美国在韩国有3万驻军。根据美韩已经达成的裁减协议，驻韩美军数量到2008年将削减到2.5万人以下。美国防部官员称，基于对朝鲜威胁的评估，并考虑到韩国军方能力的提升，美国将比原计划削减更多的驻韩美军。

另一方面，美国加强在日、韩的美空军、导弹防御系统、联合作战体系的能力。2003年，美国宣称打算在2006年以前斥资110亿美元加强驻韩美军的武器装备和作战能力。2004年3月，美国防部宣布，从9月开始在日本海长期部署一艘具有监视和拦截弹道导弹能力的“宙斯盾”军舰。

20世纪90年代末以来，美国重点加强美军在亚太地区“灵活进入”的能力。“9·11”事件后，美在继续保持主要军事基地的同时，以地区安全和反恐为由，为美军能使用其他一些亚太国家的基地做出了安排，努力使美军具备“有事使用权”，“能够进入该地区更多的地方”。

美国决定在澳大利亚北部设立一座大型军事训练中心，用于海陆空军军事演习。澳国防部长罗伯特·希尔宣称：“它是为了加强澳美双方的相互协调能力，保证共同作战能力，并帮助一个非常重要的盟国。”[①]

---

① 澳大利亚国防部长罗伯特·希尔2004年6月7日在接受澳大利亚广播公司电台采访时的谈话。德新社悉尼2004年6月7日电。

2001年12月，美国借发动阿富汗战争之机，在中亚国家建立了军事基地。在吉尔吉斯斯坦，美军在马纳斯国际机场设立了空军基地，部署了1500名官兵和约30架军用飞机。美军在塔吉克斯坦也驻有约3000名军人。与此同时，美国与这些国家建立和加强了双边军事合作关系。

美国政府特别重视增强美军在西太平洋的“远程投放”能力，特别是在关岛的海空军力量，作为应对突发事件的主要手段之一。布什政府认为，由于亚太地区幅员辽阔、岛国众多，因此海军和空军将发挥更大作用。美在继续保持在日、韩的主要军事基地的同时，企图将关岛建设成美国在亚洲的军事中心。时任美军太总部司令托马斯·法戈宣称：“关岛的地缘战略重要性怎么强调也不过分。在关岛日益发挥‘军事力量投放中心’的作用的过程中，拥有海军和空军设施的重要性会继续凸现出来。”① 目前，美军已将太平洋总部预备前进指挥所设在关岛阿普拉海军基地。从关岛的地理位置看，它离台海、朝鲜半岛、南海等东亚的敏感地区相距约3000公里左右，从而成为美国威慑亚太地区的西部军事重镇。如果美国战略轰炸机携带射程近1000公里的巡航导弹从关岛起飞，只需飞行两三小时就可对其在东亚的对手视距外发射巡航导弹，然后返航。

美军现正在重点加强关岛的军事基地。美国防部决定拨款4000万美元扩建关岛基地，其中包括为便于停靠航母而进行的大规模航道和港口疏浚工程，以及建造新的核潜艇试验场。2000年8月，美国在关岛部署了64枚最先进的AGM-86空基巡航导弹，这是美军首次在本土外部署该型导弹。并于2002年在关岛部署3艘“洛杉矶”级攻击型核潜艇。这种潜艇装备的“战斧”式潜射巡航导弹，射程可达3000公里，1000磅重的弹头可以是常规的，也可以换上核弹头。美军还决定在关岛安德森空军基地部署6架B-52轰炸机，至2004年2月下旬已部署3架。这是自越南战争结束后美国首次在关岛部署B-52轰炸机。同时，美军还向关岛增派约300名飞行员和地勤人员。2000年3月，美军决定在关岛重组第15潜水艇舰队，斥资1000万美元扩建该岛海军基地。至2004年晚些时候，有3艘可发射巡航导弹的

① 时任美军太平洋总部司令托马斯·法戈2004年3月31日在美国会就国防部2005年预算作证时的讲话，http://www.thomas.loc.gov。

"洛杉矶"级核动力攻击潜艇以关岛为母港。扩建工程 2005 年完工后，有 6 艘核动力攻击潜艇长期使用该基地。美军还考虑在不久的将来，在关岛部署 3 艘可各装载近 2000 名海军陆战队员的大型两栖战舰。

美国防部计划在西太平洋增加一个与"小鹰"号航空母舰战斗群相当的航母攻击群。为此，2004 年 6 月将原来以美国加州圣迭戈为母港的第 3 舰队"斯坦尼斯"号航空母舰战斗群调到西太平洋，以夏威夷珍珠港为母港。

美军还准备在西太平洋上部署新型武器储备船，以便战时能迅速作为海上基地充当出击据点。

2003 年伊拉克战争大规模作战结束后，美国对其全球军事态势进行大调整。在亚太地区，美国减少驻韩美陆军和驻冲绳美海军陆战队的人员。同时，为维持军事威慑力，投巨资在韩国部署大批最新式武器，包括把许多在阿富汗和伊拉克战场得到实战验证的新式武器运进韩国。

美国国防部 2006 年 2 月发表的《四年防务评估报告》，计划将在太平洋部署的航空母舰增加至 5-6 艘，并在太平洋保持 60％的海军潜艇。

在亚太地区，美军有一个东西横跨太平洋和印度洋、南北从南极洲直至北极的基地网。该地区的基地"点线结合"，大体上呈"三线配置"。其中，东南亚处在由配置在日本、韩国直至印度洋的迪戈加西亚岛上的基地组成的一条"前沿基地"带的中间，这条"岛屿锁链"式的第一线控制着战略地位十分重要的航道、海峡和海域，成为由以关岛为中心的诸岛屿及在澳大利亚和新西兰的基地组成的第二线，以及由设在以夏威夷为中心的诸群岛至中途岛及阿拉斯加、阿留申群岛的基地组成的第三线的"前沿屏障"。

在东亚和西太平洋地区，美军有三个基地群，包括东南亚基地群、以日本横须贺海军基地为中心的东北亚基地群和以关岛为中心的群岛基地群。这三个基地群遥相呼应，担负着控制战略要点、扼守海上咽喉要道的任务，并为西太平洋地区美军的部署和活动提供依托和支援。

（五）美军重返东南亚，将东南亚作为"打击恐怖主义战争的第二前线"

在越南战争期间，美国在东南亚的驻军最多时曾达到近 60 万人，其中 1969 年初在越南南方就达 54 万人。1973 年 1 月《巴黎协定》签署后，美军撤出了越南南方，并大大减少了在东南亚的驻军。20 世纪 90 年代初，随着冷战的结束和由于菲律宾拒绝继续向美出租军事基地，美国撤出了在菲的驻军。至此，美军在东南亚已没有大型军事基地，也没有常驻作战部队。

美国对东南亚在其亚太战略中的重要性有一个重新认识的过程。在冷战时期，东南亚曾一度是美苏争夺的重要地区之一，这特别表现在越南战争后期。越战结束后，该地区在美国亚太战略中的地位逐渐下降。冷战结束后初期，这种下降达到最低点。当时美国官方将亚太地区分为三个次区域安全区，即东北亚、东南亚及南太平洋，并认为每一个次区域安全区的问题及参与国各不相同。[①] 在 1990 年 4 月提出的第一份亚太战略框架报告中，老布什政府列出了在冷战结束后美国仍要在该地区大体上维持冷战时驻军规模的三条理由，其中有两条是以东北亚局势为主。[②] 1991 年 11 月 11 日，时任美国务卿贝克在日本东京发表演说，提出“扇形架构”（the Fan Framework）说。[③] 他将美国与亚太地区交往的结构体比喻为一把打开的折扇，底部在北美洲，西向越过太平洋。折扇的核心扇骨是美日同盟，向北伸展的扇骨是美韩同盟，而向南伸展的扇骨则是美国与菲、泰、澳等国的同盟，连接各扇骨的则是共享的经贸利益。1992 年 7 月，老布什政府在第二份亚太战略框架报告中计划至 1995 年将驻亚太美军作小幅调整，包括自日本琉球撤出 3489 人，从韩国撤出 6500 人。由于不再续租在菲律宾的军事基地，驻菲的 1.48

---

① 参见时任美国负责东亚及太平洋事务助理国务卿理查德·所罗门 1990 年 10 月 30 日在加州大学圣地亚哥分校的演说。Richard H. Solomon，Assistant Secretary of State for East Asian and Pacific Affairs，“Asian Security in the 1990s：Integration in Economics，Diversity in Defense，” *Dispatch*，Vol. 1，No. 12（Nov. 5，1990），pp. 243—248.

② 这三条理由是：“（1）俄国仍在东北亚维持强大武力；（2）先进武器仍在亚太国家扩散；（3）朝鲜半岛及亚太其他地区仍可能爆发危机。参见“A Strategic Framework for the Asian Pacific Rim：Looking Toward the 21st Century：A Report to Congress（Department of Defense，February 28，1991）”。

③ 参见周煦著：《冷战后美国的东亚政策（1989—1997）》，台北·生智文化事业有限公司，1999 年 2 月第 1 版，第 43 页。

万人全部撤离，其中约1000人调往亚太地区其他地点。[①] 这些表明当时美国认为东南亚地区的战略重要性有所减少，并更多地重视东北亚。

1993年克林顿政府上台后提出建立“新太平洋共同体”，对东南亚的重视程度逐渐增加，开始推动恢复1992年终止的与菲律宾的军事关系，包括军事演习、美舰访菲和军事训练等。20世纪90年代中期以来，特别是“9·11”事件后和反恐战争开始以来，美国逐渐加强在东南亚的军事存在和军事活动。美海空军进入和使用东南亚国家更多的军事基地。当前，美国为维护和保持其在亚太地区的主导地位，将其在亚太地区驻军作为实现这一目标的主要支撑力量。在这种情况下，亚太地区美军基地体系的作用对美国愈加重要。

冷战结束以来，美国在继续保持在亚太地区的主要军事基地的同时，为美军能增加使用东南亚国家的基地做出了安排，努力使美军“能够进入该地区更多的地方”。新加坡南洋大学国防与战略研究所所长巴里·德斯克尔甚至认为：“东南亚沿海地区……如今已经理由充分地重新成为一个对美国来说在战略上头等重要的地区。”[②] 时任美国国务卿科林·鲍威尔2002年6月10日在阐述布什政府亚洲政策时说：“美国致力于亚洲安全与稳定的承诺是持久的”，并强调“我感到非常骄傲的是，美国军队正在帮助训练和装备菲律宾部队以打击阿布沙耶夫之类的组织”。[③]

东南亚基地群原来以菲律宾苏比克海军基地和克拉克空军基地为中心，现在已转为以新加坡的樟宜海军基地为中心。1991年美海军使用苏比克基地的期限已到，尽管美国为保留该基地进行了不懈努力，但当菲律宾国会讨论是否让美军继续使用该基地时，菲律宾的主权意识占了上风，

---

① “A Strategic Framework for the Asian Pacific Rim：A Report to Congress，(Department of Defense，1992)”.

② 新加坡南洋大学国防与战略研究所所长巴里·德斯克尔和该研究所助理教授马尔·罗摩克里希纳文章：《制订一项在东南亚的迂回战略》，载美国《华盛顿季刊》2002年春季号。

③ 引自时任美国国务卿科林·鲍威尔2002年6月10日在亚洲协会的讲话，纽约，http：//www.state.gov。

美军继续长期占有苏比克之梦破灭。1992 年 11 月，苏比克海军基地和克拉克空军基地被正式移交给了菲律宾。此后，为寻找新的基地以恢复西太平洋地区军事基地体系的平衡，美国将目光瞄准了新加坡。素有“远东十字路口”之称的新加坡是国际海运交通中心之一，它位于马来半岛最南端，扼守马六甲海峡，美军在新加坡的存在和部署将使其能够监控南海，西进印度洋。因此，新加坡战略地位极其重要，地理位置较为适中，其在航运、造船、通讯和交通方面的现代化程度符合美军舰艇补充燃料、维修以及人员休整的条件。现在美军第七舰队的后勤司令部驻扎在新加坡，美军平时在新保持近 200 名军事人员常驻。美新 2000 年 4 月签署协议，在新加坡的樟宜为美军建设一个大型深水码头。这项工程于 2003 年 6 月完成。建成后的基地可容纳包括航母、巡洋舰等在内的大型舰艇编队进泊。时任美国第七舰队司令梅士格中将认为：“新加坡港口对我们舰只进行维修和补给至关重要。”①

近年来美国军舰和飞机经常访问新加坡和文莱。美国军舰访问马来西亚的次数在增加。“9·11”事件后，泰国向美军提供军事设施，并允许美军机飞越领空。菲律宾国会 1999 年 5 月批准了《菲美来访部队协议》，规定美军可以临时使用菲律宾的基地，包括允许美国舰船在菲 22 个海港停留，以及允许美国海军陆战队官兵在菲律宾“休息和娱乐”，除了对菲政府“极其重要”的事件以外，这些官兵不必为其在菲可能犯下的罪行负责。“9·11”事件后，菲律宾同意让美国军用飞机飞越菲的领空，并允许美军使用过去在菲的克拉克空军基地和苏比克海军基地。美军特种部队现已在菲棉兰老岛三保颜市的埃德温·安德鲁斯空军基地修建了“奇努克”式直升机起落场和军营。

2001 年秋，俄罗斯决定提前将俄军人员于 2002 年 5 月上旬撤出越南金兰湾基地。美国利用这一机会，于 2002 年 4 月由时任美军太平洋总部总司令布莱尔正式出面，以“向驻扎在亚洲的美军提供作战物资及技术支援”为

---

① 时任美国第七舰队司令梅士格中将 2001 年 3 月 23 日在上海国际问题研究会和上海国际问题研究所共同举办的会议上的演讲。

名，向越南政府正式提出有偿使用金兰湾的港口和机场的请求。①

当前，美军正在协助东南亚国家进行反恐作战。在阿富汗的反恐战争取得决定性胜利后，美国总统布什于 2002 年 3 月 15 日宣布，美国已经完成全球反恐战争的第一阶段，并开始第二阶段的反恐战争。② 布什总统说，东南亚成为“打击恐怖主义战争的第二前线”。时任美军太平洋司令部总司令丹尼斯·布莱尔宣称，美国在亚太地区打击国际恐怖主义斗争中的目标是明确的，那就是搜捕并彻底铲除恐怖主义分子及其支持力量，使恐怖组织分子无法在该地区寻找新的据点。③

2002 年 1 月中旬，美国派遣 660 名海军陆战队和特种部队官兵进驻菲南部的棉兰老岛，与菲律宾政府军联合进行“肩并肩 02-1”反恐行动，协助其打击菲律宾南部的阿布沙耶夫恐怖主义团伙。美军并以“演习、训练、装备、情报、维修支援和军事顾问”等方式向菲提供“军事支援和其他方面的支援”。至 2002 年 4 月下旬，在菲南部参加该项行动的美军已达到 1000 人。2003 年，美国继续派遣军队进驻菲律宾南部，以军事演习名义，参与打击当地恐怖主义组织。美国于 2001 年 11 月向菲提供了 4.6 亿美元的一揽子军事和经济援助，其中包括 1 亿美元的对菲武装部队的训练援助、军事装备及其保养援助。美军太平洋总部还在美驻菲律宾、印尼、马来西亚的大使馆部署军事人员，以便使驻亚太美军的行动“更好地与美跨部门国别（反恐）小组相互配合”。④

---

① 记者高木桂——发自莫斯科的报道：《美国正式提出使用请求》，载日本《产经新闻》2002 年 4 月 6 日。

② Remarks by President George W. Bush，in Fayetteville，North Carolina，March 15，2002，http：//www. whitehouse. gov .

③ 时任美军太平洋司令部总司令丹尼斯·布莱尔 2002 年 2 月 21 日从夏威夷对在华盛顿特区参加美国防大学举行的“2002 太平洋研讨会”的人员发表的演说，该研讨会的主题为“‘9·11’以后的亚太安全”，http：//www. defenselink. mil。

④ 时任美军太平洋司令部总司令丹尼斯·布莱尔 2002 年 2 月 21 日从夏威夷对在华盛顿特区参加美国防大学举行的“2002 太平洋研讨会”的人员发表的演说，该研讨会的主题为“‘9·11’以后的亚太安全”，http：//www. defenselink. mil。

美国总统布什许诺向印尼提供7亿多美元的经济和军事援助，以回报印尼在反恐中与美国的合作。他还保证很快签署美印（尼）军事合作协议，并结束对印尼实行的“非杀伤性”武器出口限制。美国还在反恐领域与印尼实行情报共享，并派特种部队训练印尼安全部队。

由于东南亚重要的战略地位，重返东南亚使美国在亚太地区处于更有利的战略态势。

（六）加快发展弹道导弹防御系统，并企图在亚太地区建立导弹防御系统

布什政府执政以来，将建立弹道导弹防御系统作为美国军事战略和外交政策的最优先任务之一，重点加以推动，弹道导弹防御系统成为美国亚太安全战略的重要组成部分。美国开始部署陆基和海基弹道导弹防御系统，并加紧研制空基和太空基导弹防御系统。布什政府还企图将日本、韩国、澳大利亚和中国台湾等纳入这一系统。

布什政府计划从2004财年开始，每年花费超过80亿美元研制和部署弹道导弹防御系统，其中2004财年为91亿美元。布什政府取消了关于“国家导弹防御系统”和“战区导弹防御系统”的区别，计划部署的弹道导弹防御系统包括：陆基拦截导弹、海基拦截导弹、“爱国者”PAC-3型导弹防御系统以及陆基、海基和太空基传感器。这些拦截导弹都采用“命中击毁”（Hit-to-Kill）方式，以取代“爱国者-2”型等旧式导弹的“破片杀伤”方式。布什政府将使部署在盟国的早期预警雷达升级换代成为弹道导弹防御系统的组成部分。

布什政府将建立弹道导弹防御系统作为实现地区稳定以及反大规模杀伤性武器扩散的最重要手段之一。美国弹道导弹防御系统的首批拦截导弹部署在美国的太平洋沿岸。2006年8月中旬，美国在日本横须贺部署一艘配备“标准-3”导弹的“宙斯盾”驱逐舰。

而且，近年来，美国在加紧发展弹道导弹防御系统的同时，积极寻求与一些亚太国家和地区合作开发导弹防御系统，企图在亚太地区建立区域导弹防御系统。1999年11月，时任美军太平洋总部司令丹尼斯·布莱尔宣称，美国“应部署区域导弹防御系统，以保护美国军队和盟国免遭朝鲜和中国日

益严重的导弹威胁”。[①] 他还宣称，美国应该帮助台湾建立导弹防御系统，日本和韩国也面临朝鲜导弹袭击的危险，因此也应该加入美国的导弹防御系统。

早在 1993 年 8 月，时任美国防部副部长韦兹纳访日时向日本政府转达了美国欲与日本合作建立导弹防御系统的愿望。同年 9 月，美日两国防务官员签署了对合作研制战区导弹防御系统的可行性进行研究的协议。1995 年 2 月，美国防部公布了经过修订的《东亚战略报告》，重申了美日军事联盟的极端重要性。作为回应，日本加快推进对合作研制战区导弹防御系统构想的研究。日本外务省确立推进战区导弹防御构想为美日安保体制的重要组成部分，并拟就了积极推进这一计划的内部文件。同年 4 月，日本防卫厅成立了“弹道导弹防卫研究室”。

从 1995 年至 1998 年度，日本防卫厅花费约 5.6 亿日元的经费，对日美共同研制战区导弹防御系统的技术可行性和是否能取得与所花经费相应效果的问题进行了研究。至 1998 年 5 月底，该研究工作得出了战区导弹防御设想“在技术上可行”的结论。同年 6 月，日本防卫厅决定从 1999 年度开始参加日美联合开发战区导弹防御系统的技术研究项目，重点研究战区导弹防御系统中的核心项目之一“海军战区高层导弹防御系统”的技术，预计研制开发的时间将需要 4 至 5 年。1998 年 8 月朝鲜发射人造卫星后，日本提出它担心所谓朝鲜的“导弹威胁”，认为朝鲜的“劳动”型导弹射程约为 1000 公里，能携带一吨重的弹头打击日本西部地区，由于日本人口和工业设施高度集中在城市，因此“弹道导弹能够造成巨大的有形破坏和心理创伤”。从此日美加快了在这方面合作的步伐。

美日两国政府 1999 年 8 月就两国联合研究弹道导弹防御系统技术达成的“谅解备忘录”相互换文，正式启动两国的联合技术研究。双方达成的“谅解备忘录”确定美日两国将联合研制、开发由军舰发射的海上配备型反导弹系统。根据文件，日本承担的四项研究项目为：识别和跟踪目标的红外线感应器，避免弹道导弹识别和追踪装置在飞行中与空气摩擦导致故障的热

① 时任美军太平洋部队总司令丹尼斯·布莱尔 1999 年 11 月 22 日在新加坡的讲话，美联社 1999 年 11 月 22 日新加坡英文电。

保护装罩，拦截弹道导弹并将其破坏的弹头，三级火箭中的第二级火箭发动机。美国则负责整体和控制系统的设计研究。日方表示，除了两国能够实现的这四个领域之外，不排除在今后增加其他领域合作的可能性，双方还就技术转让问题达成协议，以进一步推动战区导弹防御系统的联合研究。美国和日本当时准备从 2000 年起的 5 至 6 年内为这一计划提供 5 亿至 6 亿美元资金，其中日本将提供 2 亿至 3 亿美元。美日现在正重点研究战区导弹防御系统中的核心项目之一“海军战区高层导弹防御系统”的技术，其截击导弹为“标准 4A”型。预计研制开发的时间将需要 4 至 5 年。美国允许日本根据美国许可自行生产“爱国者-2”型导弹系统，并希望日本参加合作研制“陆军战区高空区域防御系统”。

2003 年 4 月 17 日，时任日本防卫厅长官石破茂宣称，为对付朝鲜的弹道导弹威胁，日本应发展反导弹系统。[①] 5 月 30 日，日本政府作出内部决定，计划引进导弹防御系统，包括“爱国者”PAC-3 型陆基反导弹系统和安装在“宙斯盾”驱逐舰上的海基反导弹防御系统。7 月 29 日，日本政府宣布，它将引进美国制造的导弹防御系统，以便保护其主要都市中心不受朝鲜导弹袭击。日本计划获得二级导弹防御系统，包括“爱国者”PAC-3 型陆基反导弹系统和安装在“宙斯盾”驱逐舰上的海基反导弹防御系统。日本防卫厅的构想是：利用“宙斯盾”驱逐舰上的海基反导弹防御系统，在大气层外击落弹道导弹；利用“爱国者”PAC-3 型陆基反导弹系统拦截处于下降过程中的未能击落的弹道导弹。2004 年，日本国会为导弹防御系统拨款 10 亿美元，以购买装备在安装在“宙斯盾”驱逐舰上的雷达和拦截导弹。

2005 年 11 月，日本防卫厅决定将美日“海军战区高层导弹防御系统”“标准-3”（SM-3）拦截导弹由技术研究转入开发阶段。该项目开发费用将高达 27 亿美元，日本将负担 12 亿美元，剩余的将由美国承担。美日计划 2015 年开始生产该型导弹。

日本防卫厅计划从 2007 年 3 月开始部署 124 枚“爱国者”PAC-3 型导弹，2011 年完成部署。首先在航空自卫队 6 个防空基地中的关东、中部和九州 3 个防空基地部署“爱国者”PAC-3 型导弹。该型导弹将能击落高度

① http：//www.nytimes.com/2003/04/17/international/asia/17JAPA.html.

20公里的来袭导弹，而“标准-3”（SM-3）型导弹则无法拦截该高度的导弹。美国允许日本根据美国许可自行生产“爱国者”PAC-3型导弹系统，并希望日本参加合作研制“陆军战区高空区域防御系统”。日本如部署“海军战区高层导弹防御系统”，将有介入台湾海峡危机的能力。

2005年7月4日朝鲜试验发射导弹后，日本防卫厅决定，提前于2006年内开始部署“爱国者”PAC-3型陆基拦截导弹。其后还将在4艘“宙斯盾”舰上部署“标准-3”（SM-3）型海基拦截导弹。这两部分拦截导弹将构成日本导弹防御系统。

美国已在驻韩国美军部署“爱国者-2”型导弹系统，并拉拢韩国与它合作发展战区导弹防御系统。韩国在外国公司的帮助下，开发成功“飞马座”导弹防御系统，并从1999年12月起开始部署。该系统用于保护政府中心机构或军事基地在大约10公里范围内免遭低空或超低空导弹的袭击。该系统的装备包括机动发射架，每一发射架可运送8枚导弹。韩国还计划在KDX-2驱逐舰配备美制“标准-2”型战区防御系统。总的来说，韩国对美国提出的联合发展战区导弹防御系统的建议不积极。其主要原因，一是韩国认为朝鲜对它威胁最大的不是弹道导弹，而是那些能够直接打到汉城的大炮；二是韩国担心中国、俄罗斯对它部署战区导弹防御系统的反应。

美国与澳大利亚就战略导弹防御系统进行了密切对话，要求澳在弹道导弹预警方面与美国进行密切合作。澳大利亚政府2003年2月26日公布了题为《澳大利亚国家安全》的国防白皮书修正案，强调在恐怖主义和“无赖国家”发展大规模杀伤性武器的威胁下，澳有必要加入美国的战略导弹防御系统。

美国还企图将台湾纳入其导弹防御系统。1997年11月6日，美国众议院通过《美台反弹道导弹防御合作法》法案。该法案的主要内容包括：“美国国会认为，早日发展有效的美国战区导弹防御系统并将其部署到亚太地区，以及调整美国的政策以使该系统将台湾及澎湖列岛、金门和马祖置于保护之下，会是对中华人民共和国拒绝放弃使用武力决定台湾前途等做法的谨慎和适当的回应”；“把台湾包括在与亚太地区的友好国家和盟国的弹道导弹防御合作、网络或共用系统中的任何努力都符合美国的国家利益”。[①]

---

① http：//www. thomas. loc. gov.

由于该法案在美参议院没有通过，因此它未能成为美国法律。但自那时以来，美国一直在采取实际步骤，企图将台湾纳入其导弹防御系统。美国1998年向台湾交付200枚“爱国者-2”型导弹，其中雷达与指挥系统与“爱国者”PAC-3型导弹完全一样。美国多次私下向台湾通报战区导弹防御系统的研制情况，并邀请台湾参与研制。1998年5月美众议院再次通过决议案要求为台湾发展导弹防御。美政府1999年宣布将出售给台湾的“铺路爪”远程预警雷达最终也能用于战区导弹防御系统。台湾当局1999年8月公开表示需要美国的导弹防御系统。美国已原则同意向台提供6套“爱国者”PAC-3型导弹防御系统。台湾还要求美向其出售4艘“宙斯盾”导弹驱逐舰，计划在这些舰上装备“标准-3”型高空反导弹系统。2003年3月中旬，美国防部主管亚太安全的官员率团访问台湾，敦促台湾尽快建立有效的反导弹系统，包括建议台向美采购远程预警雷达和“爱国者”PAC-3型导弹。

布什政府2003年5月发布的《弹道导弹防御国家政策》宣称，美国将重新评估有关导弹防御技术分享和合作的政策和实践，包括美国的出口控制法规。① 美国媒体分析，这表明布什政府正在考虑放宽对其盟国和友邦的导弹技术出口控制，以鼓励它们加入美国的导弹防御系统。

（七）扩大在亚太地区军事承诺的范围，特别是在南中国海和钓鱼岛问题上，在一定程度上针对中国

在南中国海问题上，美国的政策发生重要转变。二战结束时，盟军太平洋战区总司令麦克阿瑟发布的总命令第一号明确将南沙群岛划为中国主权。冷战时期，美国亚太战略的重点是遏制苏联扩张，其南海政策直接服务于这一大目标。因此美国在南海诸岛主权归属问题上转为中立和不介入立场，不支持任何一方的要求。但1995年美国政府高级官员表示，如果南沙群岛发生军事行动并妨碍了海上航行自由，美国准备进行军事护航，以确保航行自

① The Office of the White House, National Policy on Ballistic Missile Defense Fact Sheet, May 20, 2003, http: //www.whitehouse.gov/news/releases/2003/05.

由。这是美国政府第一次表示美国可能对南海问题进行军事干预。近年来，美国加强了在南海进行干预的军事准备。

钓鱼岛自古以来就是中国领土。1972 年，当美国将冲绳管辖权归还日本时，将钓鱼岛的管辖权也交给日本。不过，在很长时期里，美日安保条约的范围并没有包括钓鱼岛。例如，1996 年 9 月，时任美国驻日本大使蒙代尔在接受美国报纸采访时说："在美日安保条约中，没有强制美军介入钓鱼岛纠纷。"美国务院发言人也回避明确说明美日安保条约是否适用于钓鱼岛。但 2004 年 3 月，时任美国副国务卿阿米蒂奇说："在美日安保条约中，日本施政下的领域一旦受到攻击，将被视为对美国的攻击。"美国务院副发言人宣称："钓鱼岛在日本的管辖下，美日安保条约适用于钓鱼岛。"这实际上将美国对美日联盟的军事承诺扩大至钓鱼岛。

由于南沙群岛和钓鱼岛都是中国领土，因此美国将军事承诺扩大至南沙群岛和钓鱼岛，主要是针对中国。

（八）对中国既合作又防范

近年来，中国经济持续增长，综合国力迅速发展。这使一些美国人担心中国将来可能成为美国的对手或潜在对手，美国少数政客头脑中的"冷战思维"进一步助长了这种担心。美国国家情报委员会 2000 年 12 月 18 日发表的报告《2015 年的全球趋势》预测，2015 年东亚地区最大的不稳定因素是"中国经济和军事力量的崛起"，中国的军事力量在稳步增强，可能成为"地区最大的军事大国"。[①] 时任美国参谋长联席会议主席亨利·谢尔顿甚至宣称："我们必须集中美国的所有力量和外交手段，确保中国不会成为 21 世纪的苏联熊翻版。"[②] 在 2001 年 3 月下旬与布什总统的谈话中，时任美国防部长拉姆斯菲尔德认为，亚太地区在 21 世纪最有可能成为美国的主战场，因为在俄罗斯国力式微的情况下，"中国将取代俄罗斯成为美国未来最主要的

---

① 美国国家情报委员会 2000 年 12 月 18 日发表的报告《2015 年的全球趋势》。

② 时任美国参谋长联席会议主席亨利·谢尔顿 2000 年 12 月 14 日在美国全国新闻俱乐部午餐会上的演讲，路透社华盛顿同日英文电。

潜在敌人”。

但另一方面，美国许多人，包括两党主流派和商界人士认识到中国是一个正在开发中的大市场，美中保持稳定与合作的关系，有利于美国在中国由潜在大市场向现实大市场转变过程中获得巨大经济利益。而且，“中国目前正处于上升阶段。从经济的角度考虑这是好的：为了保持经济活力，中国必须逐渐与世界经济接轨”。[①] 同时，美国两党主流派认识到，美中两国关系在保持地区稳定、防止大规模杀伤性武器扩散和解决许多跨国界问题方面也有许多共同利益，需要进行合作。

“9・11”事件后，中美两国再一次有了一个共同敌人，反对恐怖主义成为两国新的共同战略利益所在。但这种新的共同战略利益没有像在冷战时期共同对付苏联的战略利益那么大。在冷战时期，中美两国为了合作对付苏联，可以把它们之间的其他分歧暂时放在一边，而现在布什政府一方面与中国在反恐等领域进行合作，另一方面又在人权、武器扩散等方面向中国施加压力。

总的来说，美国对中国的心态是复杂的，也是矛盾的。因此，美国对华政策也是两手政策。一方面，与中国进行交往和接触，企图将中国纳入以美国为主导的国际秩序之中，并进而希望中国成为国际体系中“负责任的利益相关方”。另一方面，又对中国进行防范和制约，甚至准备在必要时对中国进行遏制，以及准备军事干预台湾海峡冲突。美国企图在亚太地区编织一张多边安全关系网、加强美军在亚太地区的前沿部署和力量投送能力、进一步加强美日安全联盟、重返东南亚等，在一定程度上是针对中国的，是为了防止中国未来成为美国的威胁。美国防部 2001 年 9 月提出的《四年防务评估报告》认为，从孟加拉湾到日本海，中国周边的东亚沿岸是“特别难以把握的地区”，“在亚洲地区可能出现有强大资源基础的军事竞争者”，未点名地将中国作为潜在的对手。美国防部 2006 年 2 月 6 日向国会提交的《四年防务评估报告》，将中国视为处于“战略十字路口的上升大国之一”和“最有

---

① 康多莉扎・赖斯：《为了国家利益：冷战后的现实》，载美国《外交事务》双月刊 2000 年 2 月春季号。

潜力在军事上与美国进行竞争的上升大国”。[①] 这些表明即使“9·11”事件后美国将反恐战争作为对外战略中的最优先事项，它防范和制约中国的一面仍存在。

（九）大力加强台湾军队的作战能力，强化美台军事安全关系

从1994年至1998年，台湾进口的武器达到133.1亿美元，其中95%是从美国购买，这使台湾一度成为位列世界第一的武器进口者。近年来美国向台湾出售的武器包括E-2T早期预警飞机、“奈基”防空导弹系统、“霍克”防空导弹系统、“爱国者”PAC-2防空导弹系统、F-16战斗机、“诺克斯”级护卫舰、M-60A坦克、“眼镜蛇”武装攻击直升机和“鱼叉”式导弹等。2001年4月下旬，美国总统乔治·W·布什批准向台湾出售包括4艘“基德”级驱逐舰、8艘柴油动力潜艇和12架P-3C反潜巡逻机在内的一大批先进武器。这是自老布什政府1992年宣布售台150架F-16战斗机以来，美国数额最大的一次对台军售。

近几年美国向台湾出售的武器有的已超出《与台湾关系法》规定的防御性的范畴。例如，美国2000年9月同意出售200枚AIM-120先进的主动制导视距外中程空对空导弹给台湾，这种空对空导弹射程达120公里。美国2000年卖给台湾海军的“鱼叉”式导弹为改良型RGM-84，射程达140公里，不仅可攻击水面目标，而且可攻击港口与陆地目标。这些均应属于攻击型武器。布什政府宣布向台出售的多种武器，如柴油动力潜艇、P-3C反潜巡逻机和“基德”级驱逐舰等，都是可以攻防兼用的武器，适应了台湾“攻势防御”战略的需要。

美台正在向建立实际上的军事联盟方向发展。军售历来是武器出口国加强武器进口方的军事实力，从而增强它们实现共同目标能力的一种重要手段。同时，军售也能被用作公开表明武器出口国对进口武器当局的承诺或强调与其友好关系的一种重要方法。

---

① U.S. Defense Ministry, Quadrennial Defense Review Report, February 2006, http://www.defenselink.mil/pubs/pentagon.

而且，近来美在台军与美军太平洋总部之间建立直线通讯联络，派美军方人员进驻台湾与台技术人员一起管理和使用通信站，帮助台湾提高军事情报搜集与处理能力等。美军事专家最近还前往台湾实地考察军事设施，向台湾当局提出了加固作战飞机掩蔽设施、改进对指挥控制通信和电脑中心的保护、提高军人素质等建议。这些强化美台军事关系的做法，违反了中美三个“联合公报”的原则，甚至实际上部分恢复了在中美建交时已废除的“美台协防条约”的内容。

就在 2001 年 4 月美国政府宣布对台军售决定后的第二天，布什总统公开宣称“美国将采取一切手段保卫台湾免遭中国大陆攻击”。即使在受到国内外批评和质疑后，美国家安全顾问赖斯还表示，布什使用的词语是经过斟酌的。虽然布什总统后来重申“一个中国”的政策，但他以上的言词表明布什政府曾在一段时间里将美国对台的“模糊”政策向对台湾有利的相对清晰方向挪移。

（十）积极发展与中国周边国家的安全关系

美国对美印关系给予更大的重视。1998 年 11 月，时任美国副国务卿塔尔博特发表文章，宣称“美国期望印度崛起成为一支全球性力量”。1999 年克林顿政府解除了在印度进行核试验后对印的某些经济制裁。2000 年 3 月，克林顿总统访问南亚三国，其中将加强美印关系作为重点，与印度建立了从两国最高层至部长级的定期外交安全对话机制。

布什政府表示将更重视美印关系。2001 年时任印度总理瓦杰帕依回访美国时，双方将两国关系提高到“建立长期伙伴关系”，并宣称致力于建成“战略伙伴关系”。“9·11”事件后，美国宣布取消 1998 年印度核试验后对其进行的制裁，并将印度作为南亚“稳定之锚”来稳住地区局势。2006 年 3 月，美国总统布什访问印度，表示两国建立了基于共同价值观的实质而重要的战略伙伴关系。双方就实施 2005 年 7 月 18 日签署的民用核合作协议一事达成谅解。

近年来，美国副总统、国务卿、国防部长等接连访问中亚国家，并邀请中亚国家领导人先后访问美国。这些访问使美国与中亚国家关系升温和升级，推动了美国与这些国家在经贸、外交和安全领域的合作。美国还以经济援助为手段，兜售美国政治、经济体制和价值观念，促使中亚各国“政治和经济改革”的发展。“9·11”事件后，美国利用反恐的机会，在中亚国家驻扎军队。

（十一）企图软硬兼施解决朝鲜核问题

20世纪90年代以来，朝鲜半岛发生了多次危机，但也出现了一些积极的趋势，有某些转折性的变化。

美国是影响朝半岛和平与统一进程的最重要外部因素之一。在美国克林顿政府后期，朝美关系有较大缓和。1999年9月12日，朝美在柏林举行的副部长级会谈达成协议，17日时任美国总统克林顿正式宣布解除对朝鲜的部分经济制裁，24日朝鲜正式宣布在与美会谈期间暂停试射导弹。至此，持续一年多的“导弹”危机得以缓解，朝美关系出现新的转机。

2000年6月，朝韩在平壤举行历史性的首脑会晤，发表《北南共同宣言》。该宣言确定了“自主解决统一问题”的原则，认为双方提出的统一方案“互有共同点”，决定解决人道主义问题和进行经济合作，并举行旨在履行宣言的当局会谈。随后北南双方各个层次的会谈、交流陆续展开。朝韩经贸文化交流与合作也取得显著进展。美国在朝韩首脑会晤期间宣布向朝鲜提供5万吨小麦援助，随后又宣布开始实施部分解除对朝鲜的经济制裁。

2000年10月中旬，朝鲜国防委员会第一副委员长、第二号人物赵明录次帅作为金正日的特使访美，会见时任美国总统克林顿，双方在《朝美联合公报》中宣布：“每一方对对方都不再怀有敌意，并保证今后作出一切努力，以摆脱过去的敌意而建立新的关系。”① 此后不到两周时间内，美国国务卿奥尔布赖特对朝鲜进行了首次访问，与金正日举行会谈，在朝鲜导弹问题上取得“重要进展”。

2001年1月，乔治·W·布什政府上台后，就搁置了对朝接触政策，停止了与朝鲜关于导弹问题的谈判，开始对美国对朝政策进行全面重新评估。其后，美对朝政策趋向强硬，朝美关系陷入僵冷状态。2002年1月，布什总统在《国情咨文》中将朝鲜与伊拉克、伊朗一起列为“邪恶轴心”国

① 朝鲜和美国2000年10月12日在华盛顿发表的《朝美联合公报》，朝中社同日播发。

家。这引起朝鲜的强烈不满。

2002 年 10 月，美国官员认为，朝鲜官员承认朝鲜正在进行武器级铀的开发。布什政府不久后宣布停止对朝鲜提供重油。这成为朝鲜不执行《美朝核框架协议》和退出《不扩散核武器条约》的口实。这些导致了美朝第二次核危机的发生。

美朝第二次核危机发生后，朝鲜要求与美国进行双边会谈，而美国要求举行多边会谈。双方僵持不下。2003 年 4 月，在北京举行了中、美、朝三方会谈。7 月 31 日，朝鲜向美国提出了举行解决核问题的六方会谈，并在此框架内举行朝美双边会谈的方案。美、韩、日、俄等国对此作出积极反应。2003 年 8 月，第一轮六方会谈在北京举行。2005 年 2 月，朝鲜外务省宣布，朝鲜“已经制造了用于自卫的核武器”。同年 9 月，在北京举行的第四轮六方会谈发表的联合声明中，朝鲜承诺放弃一切核武器及现有核计划，并回到国际原子能机构保障监督。其他各方也作出相应承诺。但其后，美国对朝鲜实施金融制裁，朝鲜以美国制裁为由拒绝重返六方会谈。

2006 年 7 月 4 日，朝鲜试验发射 7 枚弹道导弹，引起国际社会强烈反应。7 月 15 日，联合国安理会通过关于朝鲜试射导弹的 1695 号决议，对朝鲜试射导弹表示严重关切和谴责，要求朝方重新作出暂停导弹试验的承诺。决议强调有关各方应保持克制，不要采取任何可能导致局势紧张的行动，继续通过政治和外交努力寻求解决方法。同年 10 月 9 日，朝鲜正式宣布进行首次核试验。联合国安理会通过第 1718 号决议，对朝鲜进行谴责并制裁。在各方努力下，2007 年 2 月 13 日，第五轮朝核问题六方会谈第三阶段会议通过共同文件。朝鲜承诺以最终弃核为目标，关闭并封存宁边核设施，并将“对其所有核计划进行全面申报”。

二、影响美国亚太安全战略调整的因素

（一）反恐战争的需要

“9·11”事件发生后，美国在全球开始反恐战争，第一阶段重点打击在阿富汗的“基地”组织及其支持者“塔利班”组织。与此同时，美国越来越重视在东南亚开展反恐战争必要性。美国务院确定在 45 个国家中有“基地”

等恐怖组织的分支机构，其中包括在菲律宾南部的阿布沙耶夫恐怖主义团伙以及在马来西亚的恐怖主义团伙。阿布沙耶夫组织最初是1995年出现的，它的成员已从1997年的不到200人迅速增加到2001年的大约1200人。该组织与“基地”组织有着牢固的关系，并且已在菲南部建立了以阿富汗的“基地”组织训练营地为样板的训练营地。[①] 美国政府还怀疑，有些“基地”组织成员从阿富汗逃到印度尼西亚。[②] 印尼政府2001年12月12日承认，“基地”组织的秘密行动小组活跃在该国。[③] 新加坡政府2002年1月11日发表声明，透露伊斯兰祈祷团在新加坡、马来西亚和印尼有许多秘密行动小组，其中3个秘密行动小组曾企图袭击美国海军人员在新使用的车辆及经过新加坡海域的美国海军舰艇。伊斯兰祈祷团还密切注意美国、以色列、英国和澳大利亚在新的大使馆，新加坡国防部以及美国在新的公司等。该组织1997年以来就已经存在，有8名成员在阿富汗的“基地”组织营地里接受过训练。

时任美军太平洋司令部总司令丹尼斯·布莱尔说，亚太地区的恐怖主义威胁是由“同‘基地’组织有联系的、敌视美国和美国盟友的地方性团伙”构成的。这些团伙阴谋策划攻击“美国武装力量、使馆和其他公民，并向‘基地’组织成员提供过境帮助”。[④] 布莱尔认为，自“9·11”事件以来，“在美国本土和在整个亚太地区”打击恐怖主义已经成为美军太平洋司令部

---

① 新加坡南洋大学国防与战略研究所所长巴里·德斯克尔和该研究所助理教授马尔·罗摩克里希纳文章：《制订一项在东南亚的迂回战略》，载美国《华盛顿季刊》2002年春季号。

② 在纽约的外交学会预防行动中心副主任戴维·菲利普斯发自雅加达的文章：《下一阶段的反恐战争》，载美国《国际先驱论坛报》2002年3月23日。

③ 新加坡南洋大学国防与战略研究所所长巴里·德斯克尔和该研究所助理教授马尔·罗摩克里希纳文章：《制订一项在东南亚的迂回战略》，载美国《华盛顿季刊》2002年春季号。

④ Speech by Admiral Dennis Blair, Commander-in-chief of the U.S. Pacific Command, at the Committee of International Affairs at U.S. House of Representatives, February 27, 2002, http://thomas.loc.gov.

的“首要任务”。[①]

（二）对中国的矛盾心态

美国对中国的心态是复杂的，也是矛盾的。近年来，中国综合国力迅速发展使一些美国人担心中国将来会成为美国的对手或潜在对手。但另一方面，美国两党主流派和大多数商界人士认识到，美中保持稳定与合作的关系，有利于美国从中国获得巨大经济利益。

在台湾问题上，美国既想用台湾问题来制约中国的发展，又担心海峡两岸发生武装冲突而迫使美国面临是否进行武装干预的艰难选择和尴尬境地。

（三）对日本的矛盾心态

美国认为，日本的发展前景存在“不确定性”。[②] 一方面预测“虽然日本经济实力比 90 年代增强，但在全球经济中的地位将下降”，[③] 暗示日本的国内生产总值到 2015 年可能会被中国超过，希望日本在亚太地区发挥更大的安全和政治作用。另一方面，担心日本走独自追求国家利益的道路。美国国家情报委员会 2000 年 12 月 18 日发表的报告《2015 年的全球趋势》认为到 2015 年东亚地区的不稳定因素之一，将是日本“要求发挥地区领导力的意愿的增强”，日本可能“不直接依赖与美国的同盟关系，而在国内外寻求维护国家利益的政策”。[④]

美国这种对日本的矛盾心态在政策上也有反应。一方面，美国鼓励日本在安全和政治方面发挥更大的作用。另一方面，美国的战略目标在某种程度上也有防止日本脱离美日联盟从而摆脱美国控制的因素。

---

① Speech by Admiral Dennis Blair, Commander-in-chief of the U.S. Pacific Command, at the Committee of International Affairs at U.S. House of Representatives, February 27, 2002, http://thomas.loc.gov.

② 美国国家情报委员会 2000 年 12 月 18 日发表的报告《2015 年的全球趋势》。

③ 美国国家情报委员会 2000 年 12 月 18 日发表的报告《2015 年的全球趋势》。

④ 美国国家情报委员会 2000 年 12 月 18 日发表的报告《2015 年的全球趋势》。

（四）亚太地区在美国全球战略中的地位上升

早在20世纪90年代初期，美国与亚太地区的贸易总额就比其与欧洲的贸易总额多三分之一。2005年，亚太经合组织（APEC）21个成员经济体的贸易额占整个世界贸易总额的近1/2。虽然一些东亚国家遭受了1997年开始的亚洲金融危机的严重冲击，但2000年以来这些国家的经济状况已有不同程度的好转，与美国的贸易在增加。同时，亚太地区在安全上对美国的重要性也在增加。这些促使美国更加重视亚太地区。

（五）朝鲜半岛形势发生重大变化

1998年金大中担任韩国总统后，对朝鲜实行以“不进行武力挑衅、不吞并北方、和解与合作”为三原则的“阳光政策”，在鼓励发展北南民间经济关系和文化交流的基础上，积极向朝方表达“愿和平、求发展”的愿望。朝鲜对此作出积极回应。2000年6月，韩国总统金大中访问平壤，与朝鲜国防委员会委员长金正日举行首次首脑会晤。双方在共商民族和解与团结、交流与合作、和平与统一大计的基础上，于6月15日签署了“南北共同宣言”，宣布“作为国家统一的主人，南方和北方将携起手来，独立自主地解决国家统一问题”；承认各自提出的不同的统一方案具有共同点，北方和南方将努力为实现这一目标进行合作；表示南方和北方将通过加快社会、文化等领域的合作与交流，力求均衡发展民族经济，增进相互信任。朝韩首脑会晤的成功举行，使朝鲜半岛向着和平与和解迈出了重要一步。

卢武炫担任韩国总统后，基本继承了金大中路线，与朝鲜改善关系。但第二次朝鲜核危机发生后，朝鲜半岛的复杂因素和危险性增加了。

朝鲜半岛是亚太地区唯一一个冷战仍在持续的地区。如实现统一，将对亚太地区的战略格局产生重大冲击和影响。

（六）对热点地区爆发武装冲突的担心

美国认为，科索沃战争结束后，欧洲形势基本稳定，而当前亚洲却存在若干主要热点，即台湾海峡、朝鲜半岛、南中国海和印巴次大陆等。其中有的一旦出事，美国将不得不进行军事干预。美国一些思想库认为，在这几个热点中，台湾海峡是“最难应付的，也是东亚地区最危险的发火点”，同时是“最可能导致美中正面冲突的状况之一”。①

（七）对核武器和弹道导弹扩散的担心

美国政府认为，亚太地区存在着核武器和弹道导弹扩散的可能性。美国国家情报委员会2000年12月18日发表的报告《2015年的全球趋势》，将朝鲜开发核武器和导弹列为2015年东亚地区的不稳定因素之一。② 乔治·W·布什总统将“阻止大规模杀伤性武器的扩散”作为他的外交政策将遵循的六条原则之一。③

三、对美国安全亚太战略调整的制约因素

（一）美国维持“一超”地位的企图与多极化趋势的矛盾

当前美国全球战略的核心目标是维持其“一超独霸”的地位。美国更加重视亚太地区在美全球战略中的地位、加强与亚太盟国的多边合作、加强美军在亚太地区的前沿部署和力量投送能力、进一步加强美日安全联盟等措施，都是为这一核心战略目标服务的。

但另一方面，世界多极化趋势的发展在亚太地区也日益明显地表现出来。中国奉行独立自主的和平外交政策。俄罗斯普京总统在亚太地区推行带有大国外交特色的东方外交。特别是东盟国家与中、日、韩建立的“10＋3”机制有希望成为东亚地区合作的重要框架。2005年11月，第一届东亚峰会在马来西亚首都吉隆坡举行。这些地区合作的趋势是世界多极化趋势的一个

---

① 美国兰德公司2000年11月14日公布的关于台湾问题与中美关系的研究报告。

② 美国国家情报委员会2000年12月18日发表的报告《2015年的全球趋势》。

③ 罗宾·赖特和埃德温·陈：《鲍威尔保证：美国将在全球问题上发挥积极作用》，载美国《洛杉矶时报》2000年12月17日。

重要组成部分。

面对多极化趋势的发展，美国今后在亚太地区将更多地采取“力量平衡”战略，即利用其他各大国之间的矛盾，使它们相互制约。

（二）美国面临裁减前沿驻军的压力

驻日、韩美军少数官兵对驻在国民众犯下的一些罪行，使这两国许多民众对驻扎的美军甚为不满，经常爆发抗议浪潮。随着朝鲜半岛形势的缓和，美国在韩国驻军的理由将愈来愈站不住脚。这对美国在日本驻军的理由也会产生影响。美国国内要求美国从韩、日裁减驻军的压力在增加。如美国减少在亚太地区的前沿驻军，将使美国进行军事干涉时感到更加力不从心。不过，美国将尽力保持其在东亚的前沿驻军。即使不得不有所削减，美国也将用增加远距离军事投送能力和发展高技术武器的方法来试图弥补其前沿驻军裁减后的不足。

（三）美国国内因素

冷战结束后，美国对外政策的一个特点是受美国国内因素的影响明显增加。美国亚太安全战略的调整也不能例外。例如，1999 年以来在美国出现一个由一些美国国会议员的助手、五角大楼官员和思想库研究人员组成的“兰队”。他们鼓吹对中国采取“遏制”政策、加大向台湾出售先进武器的力度等，对美国政府的对华政策产生了一些负面影响。

四、美国亚太安全战略调整的影响

（一）促使大国关系既合作又竞争

冷战结束后，各大国（或国家集团）为适应新的国际形势和新的战略需要逐渐重新调整和定位它们之间的相互关系。大国之间“战略伙伴关系”或“伙伴关系”与冷战时期的“盟友关系”或“战略合作关系”有着本质的不同。冷战时期的那些关系往往具有军事上针对第三国的含义，而现在的“战略伙伴关系”不是针对第三国的、不带结盟性质，其主旨是争取不搞对抗，相互友好，加强合作。这种关系应是平等的，相互尊重的，同时不是排他性的。

但是美国强化美与其他国家的军事联盟、加强美军在亚太地区的前沿部署和力量投送能力、发展和部署导弹防御系统等，增加了军事因素和对手考虑在大国关系中的作用，使美国与中、俄的关系复杂化。

（二）使得许多东亚国家在地区安全和经济领域对美国的介入采取不同态度

由于亚太地区各国之间缺乏足够的相互了解和信任，一些亚太国家，如东盟国家希望美国在东亚地区保持一定的军事存在，以便它们可以利用此在美、中、日等大国之间保持平衡，以保证自身的安全。但另一方面，1997年的金融危机使东亚各国深感加强地区内经济合作和共同发展的必要性，“东盟＋3”（即“10＋3”）框架和东亚峰会机制的建立就是为了适应这种需要。从长远看，这些框架和机制的发展将有利于东亚国家通过经济合作关系的加强来解决它们之间的一些安全问题。

（三）使东南亚地区的政治形势更加错综复杂

全世界10亿穆斯林中大约有20%生活在东南亚地区，其中印尼就有1.7亿穆斯林，是世界上穆斯林人口最多的国家。印尼、马来西亚和文莱人口中的大多数是穆斯林，相当多的穆斯林在菲律宾、新加坡和泰国定居。时任美国务卿鲍威尔宣称：“一些拥有较大穆斯林人口的亚洲国家，由于存在国内的关注，往往不情愿与恐怖主义发生对抗。它们担心，对恐怖主义分子采取行动将导致出现殉道者。”[①] 新加坡南洋大学国防与战略研究所所长巴里·德斯克尔认为：“尽管这个地区的穆斯林大多数信奉的是伊斯兰教中宽容的主张，反对恐怖主义，并且不持有明显的反美观点，但是这个地区的激

① 罗宾·赖特和埃德温·陈：《鲍威尔保证：美国将在全球问题上发挥积极作用》，载美国《洛杉矶时报》2000年12月17日。

进的伊斯兰组织同‘基地’网络之间的联系是显而易见的。”① 美国将用军事手段打击恐怖主义作为当前的“首要任务”，有可能激起该地区伊斯兰势力的宗教情绪与政治意识，从而冲击一些国家的政经局势和社会稳定。

美国重返东南亚虽然有助于打击恐怖主义，但增加了美国军事干预其他亚太事务的可能性。美国当前侧重于反恐，其军事上重返东南亚的行动有利于抑制和打击该地区的恐怖主义。2002 年初美军进驻菲南部的棉兰老岛后，菲军在打击阿布沙耶夫恐怖主义团伙方面取得一定的进展。但美国重返东南亚还着眼于增强军事联盟、建立以其为主导的多边军事安全机制、加强对南中国海的军事控制、制约中国等，这些将给地区安全增加负面因素。美国还有可能利用其在东南亚的军事存在对台湾海峡局势和南中国海局势进行军事干预，这将对亚太安全构成威胁，不利于亚太地区的和平与稳定。

一些东南亚国家从反恐和使大国之间力量保持平衡的意图出发，在一定程度上希望美国增加在东南亚的军事存在。随着美在东南亚军事存在的增长，美国对某些地区安全机制或安全对话机制，如“东盟地区论坛”（ARF）的影响可能将有所增加。某些东南亚国家倚恃美国的军事存在或军事上的撑腰，也可能在与第三国的领土、海洋权益争端中采取较为强硬的立场，甚至更加愿意采取军事行动。

（四）促进美国与亚太国家的经济合作

1997 年亚洲金融危机爆发后，美国曾一度推行利用金融危机扩大它在亚太地区经济影响力的政策。2000 年以来，随着亚洲国家逐步从金融危机中恢复，美国的政策转变为侧重利用其在信息等高技术领域占有优势和经济全球化的趋势，增加它在亚太地区，包括在中国周边国家的经济影响力。

在亚洲金融危机影响下，东亚国家经济增长一度放慢。同时，加强区域内经济合作的要求上升。“9·11”事件发生后，东亚区域经济一体化趋势继

① 新加坡南洋大学国防与战略研究所所长巴里·德斯克尔和该研究所助理教授马尔·罗摩克里希纳文章：《制订一项在东南亚的迂回战略》，载美国《华盛顿季刊》2002 年春季号。

续发展。为了与这种趋势进行竞争，美国加强与亚太地区国家的经济合作。美国与新加坡自由贸易协定2004年生效，与韩国于2007年4月签订自由贸易协定，它与其他东南亚国家的经贸合作也在发展。

近年来，美国利用高科技优势和信息技术的迅猛发展，扩大在亚洲的经济影响力。美与亚太国家的贸易持续增长，美国公司加大了在这些国家投资的力度。美国政府采取了一些措施，包括通过世贸组织多边仲裁机制迫使日本等国家对美进一步开放市场。美国还企图通过中国加入世贸组织进一步进入中国市场。

（五）增加台湾海峡爆发武装冲突的危险

近年来，美国大力加强台湾军队的作战能力，强化美台军事安全关系。在2000年3月陈水扁当选台湾地区领导人后，美国在一段时间内将不能用武力解决台湾问题和一切解决台湾问题的方法都必须得到台湾人民的同意作为其对海峡两岸政策的组成部分。这使台湾当局和少数主张“台独”的分子产生错觉，促使他们顽固拒绝与大陆在“一个中国”的基础上开始进行和平谈判，甚至有可能进一步向台湾独立的方向滑下去，这增加了台湾海峡地区发生武装冲突的可能性。如果台湾海峡发生武装冲突，美国以履行对台湾的承诺为由进行军事干预是站不住脚的，因为台湾是中国的一部分，台湾问题是中国的内政，美国对一个邦交国的内政进行干预是违反国际法的。而且，如果美军在台海进行军事干预，它将遭受的伤亡程度是难以预料的。

（六）弹道导弹防御系统对亚太地区安全产生负面影响

虽然布什政府宣称弹道导弹防御系统主要是为了对付“最不负责任的国家”弹道导弹对美国的威胁，但实际上美国是有长远战略考虑的。弹道导弹防御系统对亚太地区安全将产生一定的负面影响：

其一，将以导弹防御系统作为纽带在亚太地区形成一个以美国为主导的“多边防务”网络。长期以来，美国在亚太地区的安全安排主要依靠美日、美韩、美泰、美菲、美澳等双边军事同盟。冷战结束以来亚太地区形势的发展，使美国不满足于已有的双边安全安排。“9·11”事件后，布什政府根据不同的情况和需要建立各种多边安全协调机制。美、日、韩在朝鲜问题上的多边协调机制就是一个例子。在弹道导弹防御系统方面，日、韩、澳和中国台湾等如建立高层导弹防御系统或参加美国战略导弹防御系统，其作战指挥、控制、通信和情报系统将与美军的系统相连接。其中有些甚至是多边相互连接，从而在亚太地区形成事实上的以美国为主导的多边防务机制。

其二，对亚太地区的战略稳定性和危机稳定性具有破坏作用。美国拥有大量的核导弹，又坚持以首先使用核武器为基础的核战略，并对一些亚太盟国提供核保护伞。在这种情况下，如果美国在亚太地区建立导弹防御系统，将增加它对另一方实施第一次打击的决心和机会，削弱甚至抵销拥有少量核武器国家的核威慑能力，从而破坏了以“任何一方都不会因选择第一次打击而占到便宜”这种状态为基础的战略稳定性和危机稳定性。一些亚太国家（或地区）引进或与美国合作研制导弹防御系统还可能破坏有关区域现有的力量均势，加剧区域紧张局势，甚至引发武装冲突。美国一直在拉拢日本和韩国与之合作发展导弹防御系统，并企图将中国台湾也纳入这种合作之中。这有可能成为破坏亚太地区战略稳定的因素之一。

特别是美国在导弹防御系统中正在发展的激光武器项目，是美国“新军事变革”的主要代表性武器之一，如研制成功并部署在亚太地区或对准该地区，将使美国与发展中国家之间武器装备的差距达到 20 世纪初八国联军的洋枪洋炮与义和团的大刀长矛之间那样的质的差距。这种军备发展的不平衡，将可能加强美国未来在亚太地区进行军事干预的意愿，从而增加该地区的不稳定。

其三，刺激亚太地区出现新一轮军备竞赛。美国在亚太地区部署高性能的导弹防御系统，将使一些国家增加可能遭受第一次核打击的忧虑，从而促使它们不得不增加进攻性战略武器的数量和改善其性能，或者也发展导弹防御系统。而且，根据军备发展中“作用与反作用”的规律，美国的这些做法实际上也促使其他许多亚太国家和地区加快获取高新技术武器装备的步伐，导致亚太地区军备发展的进一步升级。导弹防御系统也增加了将军备竞赛扩大到外空的危险。而且，它将成为核裁军和核不扩散的新障碍。导弹防御系统有利于增强美国的核威慑，确保其核优势，从而使其他有核国家对加入核裁军进程抱有疑虑，并促使某些核门槛国家加速寻求拥有核武器。

其四，违反不扩散导弹技术的国际机制。美国如果向亚太地区国家和台湾提供导弹防御系统及其技术，也实际上违反了《导弹及其技术控制制度》，因为导弹防御系统中的反导弹导弹可改装为用于进攻的弹道导弹。例如，韩国将美国提供的“奈克—赫尔克里士”地对空导弹改装为用于对地攻击的导弹。又如，1996 年台湾将“天弓 2 型”地对空导弹改装为地对地导弹，命名为“天戟”导弹。美国要求其他国家遵守《导弹及其技术控制制度》，自己却带头违反。

（七）美国部署弹道导弹防御系统将对中国安全和中美关系产生负面影响

第一，将削弱中国必要的核威慑能力和对付台独的导弹威慑能力。美国弹道导弹防御系统首批部署在美太平洋沿岸阿拉斯加州和加州的 11 枚陆基远程拦截导弹，主要用于对付亚太地区的弹道导弹。美国专家认为，这一计划中的 C-1 系统的位置最有利于发现并摧毁朝鲜射向美国的导弹。该基地也有对付自中国东部发射的洲际弹道导弹的能力，但由于导弹截击的几何原理和地球曲线的缘故，该基地将没有对付自中国西部向美国东海岸城市发射的洲际弹道导弹的“良好能力”。[①] 由于中国洲际弹道导弹的数量很少，[②] 如果部署在这里的这种陆基拦截导弹增加到 100 枚以上，以及美国在亚太地区部署机载反导弹激光武器和“宙斯盾”系统，将可能削弱中国必要的核威慑能力。美国在亚太地区部署机载反导弹激光武器和“宙斯盾”系统，还可能削弱中国慑止台湾走向独立的弹道导弹能力。比较来说，太空激光武器对中国安全构成的挑战最大，因为如果美部署这一系统，将使其军事优势在质量上再上一个新台阶，从而有可能进一步助长美国的霸权主义。

第二，给“台独”分子发出新的错误信号，增加台湾海峡爆发武装冲突

---

① 见美国海军分析中心研究员迈克尔·麦克德维特的文章，载《华盛顿季刊》2000 年夏季号。

② 国际军控界一般认为，中国有 20 枚左右的洲际弹道导弹。见斯德哥尔摩国际和平研究所《SIPRI 年鉴 1999：军备、裁军与国际安全》，中国军控与裁军协会译，世界知识出版社，2000 年版，第 705 页。

的危险。如果美国向台湾转让导弹防御系统或将台湾纳入美国的导弹防御系统中，将给台独分子发出错误信号，使台湾当局和少数主张台独的分子产生错觉，增加了台湾海峡地区发生武装冲突的可能性，将威胁亚太地区的和平与稳定和中国和平统一的事业。而且，美国将台湾纳入美国的导弹防御系统中将使美台建立实际上的军事联盟，是对中国主权的侵犯。美国这样做也将违反 1982 年《中美八·一七公报》中美国关于“它向台湾出售的武器在性能和数量上不超过中美建交后近几年供应的水平，它准备逐步减少对台湾的武器出售，并经过一段时间导致最后解决”的承诺，而且是干涉中国内政。日本如部署安装在“宙斯盾”驱逐舰上的海基反导弹防御系统，也将有介入台湾海峡危机的能力。

第三，增加中美关系中的不稳定因素。由于中美之间未就导弹防御系统达成谅解，美国部署导弹防御系统将增加两国之间的不信任。而且，美国向台湾转让导弹防御系统或将台湾纳入美国的导弹防御系统中，将增加台湾问题的变数，而台湾问题是中美关系中最敏感、最复杂的问题。因此，它实际上可能导致中美关系出现不稳定。

美国在建立导弹防御过程中首先注重俄罗斯，为了缓和俄罗斯对其单方面退出《反弹道导弹条约》和部署国家弹道导弹防御系统的反对，采取了一些建立新的美俄战略稳定框架的措施。早在 2000 年 6 月，美俄领导人签署了关于建立交换两国预警系统得到的导弹发射情报的联合中心的备忘录。该联合中心已在莫斯科建立和运作，主要任务是交换双方预警系统发现的有关弹道导弹和宇宙运载火箭发射的信息。时任美国总统克林顿说：“这个中心非常重要。这是美俄第一次永久性军事合作。在这个新设立的中心，美俄两国官员将一同工作，每天 24 小时监测导弹警报资料。这是加强战略稳定的里程碑。”

中美关系在“9·11”事件后有较大改善，两国合作有一定的发展。但是，中美在建立长期战略稳定框架方面尚未取得进展。中美两国领导人表示两国致力于在 21 世纪建立建设性合作关系，而这种建设性合作关系需要长期战略稳定框架作为坚实的基础。同时，中美两国都仍对对方的长远意图存在一些疑虑，美国一些人担心中国强大后会将美国排挤出亚太地区，中国许多人则担心美国会最终将矛头指向中国。而美国的导弹防御可能成为加深相互疑虑的一个因素，要克服这些相互疑虑也有必要建立中美长期战略稳定框架。

中国一贯反对美国部署导弹防御系统和向台湾转让导弹防御系统。同时，中国政府已表示愿意与美国就导弹防御系统问题进行对话。美国的一些有识之士也认识到："导弹防御不仅是两国发生意见分歧的一个问题，如果处理不当，它还可能成为驱动中美关系未来演变的一个根本因素。"① 他们认为："中国作为一个崛起中的大国，想要获得地区影响力，以反映其新的国力，但是它不会寻求主宰地位。"② 因此，他们主张："中美应相互采取克制态度，进行实质性的战略会谈，明确国家导弹防御计划的未来状况和重点，从而在中美之间减少猜疑并取得战略上的谅解。"③

第三节 21世纪美国对华战略

对华战略是美国全球战略和亚太战略的重要组成部分。冷战结束后，美国成为世界上惟一的超级大国。在美国的对外战略中，中国占有非常重要的地位。中国是世界上最大的发展中国家和正在和平崛起的大国。将中国纳入以美国为主导的国际体系并发挥建设性作用，与中国合作对付恐怖主义等共同威胁和解决地区问题，尽可能扩大美国商界在中国的市场份额，促使中国

① Alan D. Rongberg and Michael A. McDevitt, China and Missile Defense: To Deal With the Strategic Relations between the US and the PRC, published by the Henry L. Stimson Center, Washington DC, February 2003, p. 2.

② Alan D. Rongberg and Michael A. McDevitt, China and Missile Defense: To Deal With the Strategic Relations between the US and the PRC, published by the Henry L. Stimson Center, Washington DC, February 2003, p. 3.

③ Alan D. Rongberg and Michael A. McDevitt, China and Missile Defense: To Deal With the Strategic Relations between the US and the PRC, published by the Henry L. Stimson Center, Washington DC, February 2003, p. 186.

社会向美国希望的方向转变，防止中国未来成为可能在欧亚大陆挑战美国的对手，是美国当前对中国战略的五个基本出发点。

一、冷战结束后美国对华战略演变

冷战结束以来，美国对华战略经历了一个演变过程。迄今为止可以分为三个阶段：

（一）老布什政府时期对华战略（1989—1992 年）

老布什（George H. W. Bush）可以说是最了解中国的美国总统之一。他在 1974 年至 1975 年曾任美国驻中国联络处主任，而且是放弃了担任美驻英国或法国大使"这一令人垂涎的要职"，而主动要求来北京出任这一职务的。老布什这样做的主要原因是他认识到，"一个新的中国正在出现，美国与中华人民共和国的关系在未来的岁月中将是至关重要的，无论对美国的亚洲政策还是全球政策都是如此。"[①] 尽管他认为"去北京是一个挑战，但这是通向未知之地的旅程"。[②] 邓小平曾提到，他（老布什）在北京当联络处主任期间"骑自行车逛街"。[③]

老布什 1989 年 1 月就任总统之初，基本继承了里根总统联合中国对付苏联的战略，并想扩大与中国的战略关系。他 1989 年 2 月下旬在日本参加裕仁天皇的葬礼后对中国进行了工作访问，这创造了美国总统上任后第二个月就访华的记录。但 1989 年春夏之交发生的政治风波后，布什总统发表声明，对中国政府所采取的平定"政治风波"的行动大加指责，宣布对中国施加一系列制裁措施。

---

① George Bush with Victor Gold，Looking Forward：An Autobiography（中文译名为：布什自传），郭争平等翻译，中外文化出版公司，1988 年版，第 116 页。

② George Bush with Victor Gold，Looking Forward：An Autobiography（中文译名为：布什自传），郭争平等翻译，中外文化出版公司，1988 年版，第 116 页。

③ 钱其琛著：《外交十记》，世界知识出版社，2003 年版，第 175 页。

不过，制裁中国实际上并不符合美国的全球战略和长远利益。因为当时在中、美、苏大三角关系中，中美两国在抗衡苏联方面进行了卓有成效的合作。美国孤立中国，未必有利于自身利益。在这种情况下，布什总统几次私下向中国传递口信，表明他重视中美关系，并解释说，目前对中国的制裁，是在美国国会和社会压力下采取的行动，希望中国领导人能够谅解。[①] 其后，布什总统又派遣总统国家安全事务顾问斯考克罗夫特作为总统特使于 1989 年 7 月 1 日至 2 日秘密访华。邓小平亲自会见他并进行了深入谈话。通过中美两国领导人的努力，防止了中美关系的进一步恶化，为两国关系的恢复和发展打下了基础。

布什政府对中国实施“接触战略”，坚持与中国保持接触。这表明它认识到了从美国利益出发，与中国保持接触的重要性和孤立中国的危害性。布什总统奋力抵制了美国会等势力要求取消对华最惠国待遇、孤立中国的主张。1989 年 12 月 9 日，斯考克罗夫特作为总统特使再次访华，这一次访问是公开的，实际上打破了美国关于不与中国高级官员互访的禁令。布什政府的对华“接触战略”，有利于中美关系的稳定和恢复。但这一战略带有由冷战时期向冷战后时期过渡的明显痕迹，具有两重性。一方面，开始突出与中国在社会制度和意识形态方面的矛盾，以民主、人权问题为由对中国进行制裁。而且，布什总统在竞选连任期间宣布将授权向台湾出售 150 架 F-16 战斗机，违反了中美《八·一七公报》，表明美国在苏联解体和冷战结束后，认为不再需要利用中国抗衡苏联，在战略上对中国的需求大大降低了。另一方面，美国仍不愿完全失去中国的战略合作，努力与中国保持接触，后来还希望中国在“建立世界新秩序”方面与其进行合作。

（二）克林顿政府时期对华战略（1993—2000 年）

克林顿在 1992 年竞选总统期间曾攻击老布什政府的对华“接触战略”。但他上台后经过半年的政策评估，仍决定对中国采取接触战略。不过，克林顿政府初期的“接触战略”与老布什政府的“接触战略”相比，已有很大变

① 钱其琛著：《外交十记》，世界知识出版社，2003 年版，第 170 页。

化。它强调通过接触和压力迫使中国向美国希望的方向转变，而不是主要寻求与中国保持战略合作关系。这主要是由于苏联解体和东欧剧变后，美国一部分人错误估计中国的形势，认为中国也会步苏东国家后尘。

邓小平南巡讲话后中国改革开放取得的成果打破了这些人的“中国崩溃论”。1995 年中国对美国允许李登辉访美进行了坚决斗争，并于 1995 年 7 月和 1996 年 3 月进行了两次大规模导弹发射演习。这些极大地震动了美国，促使美国国内关于对华政策的大辩论进入高潮。“辩论的结果是，美两党主流派形成一个基本共识：中国的崛起和强大难以阻挡。‘孤立’和‘遏制’中国不是上策，而与中国保持‘接触’才符合美国的长远利益。”①

在这种情况下，克林顿政府不得不调整对华战略。1996 年 5 月，克林顿总统在关于亚洲政策的讲话中宣称：“促使中国成为一个安全、稳定、开放和繁荣的国家，一个接受国际不扩散和贸易规则，在地区和全球安全倡议方面给予合作，越来越多地尊重自己公民基本权利的国家，这直接关系到美国的利益。”② 其后，克林顿政府由侧重强调对华压力的“接触战略”转向接触加防范、以接触为主的“全面接触战略”，中美关系逐渐恢复和发展。1997 年江泽民主席访问美国和 1998 年克林顿总统访问中国，在两国关系发展中形成一个高潮。双方领导人确定了建立两国建设性战略伙伴关系的方向。但 1999 年美国在科索沃战争中轰炸中国大使馆，使中美关系一度严重受挫。

克林顿政府对华“接触战略”是其“参与和扩展”国家安全战略的重要组成部分。克林顿政府官员对中国的定性是“非敌非友”，明确反对将中国视为冷战后美国敌人的看法和观点，并强调以中国为敌的危害性。时任美国助理国防部长约瑟夫·奈说：“把中国视为敌人就会使中国成为敌人。”③

---

① 钱其琛著：《外交十记》，世界知识出版社，2003 年版，第 309 页。

② U. S. President Bill Clinton's speech on Asian policy, May 23, 1996, http://www.whitehouse.gov.

③ ［美］约瑟夫·奈：《与中国接触是美国的最明智之举》，美国《国际先驱论坛报》1997 年 9 月 15 日。

（三）小布什政府时期对华战略（2001年至今）

小布什（George W. Bush）在竞选总统期间，将中国称为“战略竞争者”。他担任总统后不久就发生了中美军机相撞事件，中美关系落到低点。同时，随着近年来中国经济持续增长和综合国力迅速发展，美国有一些人担心将来中国强大了可能对美的领导地位构成挑战。布什政府中的某些“鹰派”甚至认为，中国将来肯定会对美国形成威胁，从现在开始就要对中国进行遏制。因此，在“9·11”事件之前，美国对外政策的最优先考虑之一是防止中国未来成为美国的对手。在2001年3月下旬与小布什总统的谈话中，时任美国防部长拉姆斯菲尔德认为：“中国将取代俄罗斯成为美国未来最主要的潜在敌人。”① 这些使小布什政府在上台初期对中国采取强硬政策。2001年4月下旬，小布什总统批准向台湾出售包括4艘“基德”级驱逐舰、8艘柴油动力潜艇和12架P-3C反潜巡逻机在内的一大批先进武器，并公开宣称“美国将采取一切手段保卫台湾免遭中国大陆攻击”。②

但另一方面，美国许多人，包括两党主流派和商界人士认识到中国是一个正在开发中的大市场，美中保持稳定与合作的关系，有利于美国在中国市场获得巨大经济利益。而且，“中国目前正处于上升阶段。从经济的角度考虑这是好的：为了保持经济活力，中国必须逐渐与世界经济接轨”。③ 同时，美国两党主流派认识到，美中两国在保持地区稳定、防止大规模杀伤性武器扩散和解决许多跨国界问题方面也有许多共同利益，需要进行合作。2001年7月，时任美国务卿鲍威尔访华，放弃称中国为“战略竞争者”的说法，提出中美致力于发展“建设性合作关系”，显示出布什政府对华政策适度调整，中美关系出现逐渐改善的势头。

---

① David A. Shlapak, Chinese Military Modernization and China-Taiwan balance, American Foreign Policy Interests, Volume 23, No. 3, June 2001, p. 15.

② Washington Post, April 30, 2001, p. 1.

③ Condoleezza Rice, For National Interests: The Reality of Post-Cold War, Foreign Affairs, Spring Issu, February, 2000.

"9·11"事件给中美关系注入一个新的因素。中美之间在反恐问题上再一次有了共同的敌人和共同的战略利益。这使布什政府加快调整对华政策的步伐。小布什总统2001年10月19日在上海与中国领导人举行会谈时表示，中国不是美国的敌人，他把中国看成是美国的朋友。两国领导人确定将"致力于发展建设性合作关系"作为中美关系的新框架。美国政府还把中国看做反恐斗争中的伙伴。小布什政府将打击恐怖主义作为当前压倒一切的首要任务、国家安全战略的主要目标和对外政策的最优先事项，为此不得不寻求与中国、俄罗斯等国家的合作。小布什总统将对华政策的重点转到争取与中国建立稳定与合作的关系方面，这有利于中美发展稳定的合作关系。

但这种新的共同战略利益没有像在冷战时期共同对付苏联时的战略利益那么大。在冷战时期，中美两国为了合作对付苏联可以把它们之间的其他分歧暂时放在一边，而现在小布什政府一方面与中国在反恐、解决朝鲜核问题等领域进行合作，另一方面又在人权、武器扩散等方面向中国施加压力。而且，美国独霸全球的总体战略目标没有变，对华的两手政策没有变，防范中国的考虑也没有变。

总的来说，美国对中国的心态是复杂的，也是矛盾的。因此，布什政府在第二任期将对华战略明确为"两面下注"（hedging），即两手政策。一方面，与中国进行交往和接触，要求中国在以美国为主导的国际体系中发挥"负责任的利益相关方"的作用。[①] 另一方面，又对中国进行防范和制约，甚至准备在必要时对中国进行遏制，以及准备军事干预台湾海峡冲突。

二、冷战结束后美国对华战略特点

美国对华战略可分为对华安全战略、经济战略、人权战略和对台湾问题的政策。

① 时任美国副国务卿佐利克2005年9月21日在美国美中关系全国委员会上的演讲：《中国往何处去？——从正式成员到承担责任》，上海国际问题研究所编《2006国际形势年鉴》，上海辞书出版社，2006年版，第532页。

（一）冷战后美国对华安全战略

美国对华安全战略是美国全球战略和国家安全战略的重要组成部分之一，也是美国整个对华战略的最重要因素之一。

自第二次世界大战结束以来，美国一直是从全球战略的角度来看待它与中国的安全关系的。在冷战后期，美国为了联合中国抗衡苏联，与中国建立了战略合作关系。冷战结束后，中美以对付苏联为基础的安全合作关系不存在了，而两国在反恐、解决地区安全问题和非传统安全等方面逐渐形成了新的安全合作关系的基础。但另一方面，美国也在防范中国将来成为它的对手，并为必要时干预台湾海峡可能爆发的武装冲突做准备。

1. 美国的反恐战略与中国。“9·11”事件发生后，反恐成为美国全球战略和国家安全战略的最优先事项。为此，美国需要中国的合作。基于双向互利的原则，中美建立了中长期反恐怖主义交流与合作机制。[①] 但中美对某些恐怖组织的认定以及在反恐的范围和做法上存在一些分歧。中国主张反对“一切形式的恐怖主义”，包括主张“东突厥斯坦”独立的恐怖组织。而美方却对恐怖主义采用双重标准，一方面坚决打击威胁美国的恐怖主义，另一方面却对那些威胁别国安全但不威胁美国的恐怖组织采取姑息态度，宣称“打击恐怖主义的战争决不能成为镇压少数民族的一个借口”。[②]

2. 美国的地区安全战略与中国。美国在地区安全战略上既有寻求与中国合作的一面，又有防范和制约中国的一面。在朝鲜半岛、南亚、防止大规模杀伤性武器扩散等问题上，美国与中国进行了对双方和地区稳定都有利的合作。特别是在解决朝鲜核问题上，美国对中国在北京三方会谈和六方会谈中发挥的积极作用“表示赞赏”。但另一方面，美国借反恐战争之机支持日本派兵海外，加强与印度、越南的军事关系，在军事上进入中亚和南亚。根据美国防部《四年防务评估报告》，美军将采取一系列措施加强在东亚的军事存在，包括在西太平洋增强航空母舰的实力及增加海军的驻军，部署载有

---

① http://www.usembassy-china.org.cn.

② http://www.state.gov.

巡航导弹的潜艇；在太平洋和印度洋增加空军可以紧急使用的设施，建立燃料供给和后方支援的据点；把海军陆战队装备的储备从地中海移到印度洋和阿拉伯海，以西太平洋发生战事为假想实施海军陆战队演习等。

3. 美国的反扩散战略与中国。冷战结束后，美国将防止和反大规模杀伤性武器扩散作为美国国家安全战略的重要内容之一。“9·11”事件发生后，小布什政府进一步将反扩散，尤其是将防止恐怖分子掌握大规模杀伤性武器作为美国国家安全战略的最优先事项之一。为此，美国一方面希望与中国合作，防止恐怖分子和“流氓国家”拥有大规模杀伤性武器。另一方面，美国也向中国施加压力，要求中国加强对军民两用技术出口控制。

（二）美国对华经济战略

美国对华经济战略是美国对华战略的重要组成部分之一，也是美国对外经济战略的重要组成部分之一。在冷战时代，美国对外经济战略在很大程度上从属于其国家安全战略，是为实现其国家安全战略服务的。例如，在1972年尼克松总统访华之前，美国曾长期对中华人民共和国进行经济封锁和禁运，正是这种战略的表现。

冷战结束后，经济因素在国际关系中的地位大大上升。美国对外经济战略的主要目标，由安全转为“加强美国经济在国际市场上的竞争力”和确保一个有利于其自身经济利益的世界经济秩序。克林顿政府把经济放在美国对外战略最显著的位置，将经济安全作为美国外交最重要的支柱之一。而“经济安全”的首要因素，是“保证让美国企业进入不断扩大的全球市场”。克林顿政府把中国等10个国家作为十大“新兴市场”，将中国列为这十大“新兴市场”之首，宣称美国“必须把重点放在这些国家身上”。① 在这一战略

① Peter Behr, “Offering China A Carrot on Trade”, *The Washington Post*, January 29, 1994, p. C1，该文引美国负责国际贸易的商务部副部长杰弗里·加腾的话说，美国把中国、印尼、印度、韩国、墨西哥、阿根廷、巴西、南非、波兰和土耳其作为“十大新兴市场“。

指导下，克林顿政府顶住国会的压力，将给予中国的“最惠国待遇”与人权问题脱钩，并促使美国国会将中国的“最惠国待遇”转变为“正常贸易关系”。经过中国长期不懈的努力，美国最终不得不同意中国加入世界贸易组织。

但另一方面，中美经贸关系也存在一些问题，美国经常利用这些问题向中国施加压力。美国要求中国履行对世界贸易组织承担的义务。而且，每到美国总统选举年或国会选举年，美国一些人就将中美经贸问题变为美国内的政治问题，企图吸引更多选票。小布什政府为了选举需要和从中国获得更多经济利益，对中国同时使用反倾销和反补贴手段。同时，美国对华长期实行技术转让限制和保留对华制裁措施，成为影响中美经贸关系健康发展的严重障碍。

（三）美国对华人权战略

和平演变中国是美国对华战略的重要内容之一，也是美国对华人权战略的核心。但在不同时期，根据美国的战略优先排序，人权战略在美国整体对华战略中的地位和强调程度有所不同。在冷战后期，中美两国将地缘战略和安全利益放在第一位，而不突出意识形态和社会制度的不同，从而共同对付苏联霸权主义，形成意识形态和社会制度不同状态下的中美战略合作关系。但 1989 年春夏之交北京发生的政治风皮后，中美在人权和社会制度方面的分歧和矛盾上升。随着冷战结束和苏联解体，美国不再需要中国制约苏联，并且将过去对付苏联的人权战略转而用于对付中国。

在这种情况下，美国在人权问题上向中国施加压力的力度大大增加，将人权问题作为中美关系的重要组成部分之一。在“9·11”事件后，中美在反恐和地区安全方面的合作突出起来，两国在人权方面的交锋有所缓和，双方关于人权的政府间对话恢复，但小布什政府仍经常利用人权和宗教问题向中国施加某些压力。

（四）美国对台政策

克林顿总统 1998 年访华期间曾作出了“三不”承诺，即不支持台湾独立，不支持“一中一台”、“两个中国”，不支持台湾加入任何必须由主权国家才能参加的国际组织。克林顿政府后期，又提出对台政策的三大支柱，即“一个中国、两岸对话、和平解决”。

乔治·W·布什政府上台初期，其两岸政策明显向台湾倾斜。布什政府希望与中国保持稳定的关系。2001 年 6 月，时任美国务卿鲍威尔访问北京，两国关系在经历撞机事件的最低点后开始改善。“9·11”事件后，中美关系改善的步伐加快。2002 年 2 月，美国总统布什访问中国。他与中国领导人会谈时表示，美国将坚持“一个中国”政策，遵守中美三个联合公报。布什访华的积极成果有助于促进中美关系的稳定与双方的合作，从而有助于稳固当前两岸关系的基本格局和国际上普遍承认一个中国的基本框架，有利于海峡两岸关系的稳定和发展。

但此时布什政府对台政策与克林顿政府对台政策相比，已出现一些微妙的倒退，“一个中国”的政策趋向“空心化”。布什政府对台政策的三要素是“和平解决、不挑衅、与台湾关系法”。正如时任美总统国家安全事务助理赖斯 2002 年 2 月 21 日在记者招待会上所说的：“美国希望两岸问题和平解决，双方都不应该挑衅，而美国将履行《与台湾关系法》所赋予的义务。”[①] 很明显，布什政府对台政策的重点不是“一个中国”，而是强调“和平解决”和“不挑衅”，并强调《与台湾关系法》。布什政府对台政策向有利于台湾方面倾斜，实际上鼓励了陈水扁和“台独”势力继续推行“渐进式台独”。

2002 年 4 月以来，布什政府逐渐认识到扁“政府”对美台关系过分自信及其可能带来的危险性，微调过于向台湾倾斜的两岸政策。美国在台协会理事会前主席白乐崎就公开告诫台湾，慎防对与美关系过分自信，而应合理“拿捏分寸”。[②] 因为如果海峡两岸爆发战争，将使美国处于十分尴尬和棘手的境地。而且，“9·11”事件后，美国改变了将防范中国作为其亚太战略中最优先事项的做法，而将反恐作为对外战略中的头等大事，因此需要中国的

① http：//www. whitehouse. gov.

② 美国在台协会前理事主席白乐崎：《对美关系 台湾慎防过分自信》，台湾《自由时报》2002 年 5 月 12 日。

合作和保持一个稳定的中美关系。在这种情况下，布什政府开始对其两岸政策进行微调，“从偏锋走向中间”。[①] 2002 年 5 月 15 日，时任美国防部副部长沃尔福威茨在新加坡公开表示：“美国无意也不想让台湾自大陆分离。”[②] 同月 29 日，沃在被问及这句话的意思时说：“我认为那是另一种反对台湾独立的方式。”[③] 他还表示，布什总统已经非常清楚地表明美国支持“一个中国”政策，“也就是说，我们不支持台湾独立，但我们也同时强烈反对任何以武力解决（台湾）这项议题的企图。”[④] 布什政府官员认为，其两岸政策实际上可以概括为“一个中国，两个原则”，既反对台湾独立，又明确反对大陆对台使用武力。[⑤] 这实际上是由过去的“战略性模糊”政策转为“战略清晰、战术模糊”政策。

2002 年 8 月 3 日，陈水扁公然鼓吹“一边一国”论，企图试探大陆和美国政策的底线，挑起台海危机，给两岸关系热降温，并在台湾民众中煽动反华、反大陆意识。由于陈水扁事先未与美国商量，就贸然抛出“一边一国”论，使得布什政府非常恼火。而且，布什政府当时将反恐作为全球战略的最优先事项，正在准备军事进攻伊拉克，因此对陈水扁此举可能打乱其战略部署的不满溢于言表。陈水扁抛出“一边一国”论虽然在台湾岛内得分，但在美台关系上失分。扁“政府”与布什政府的“蜜月期”就此结束。

陈水扁“8·3”讲话后，布什政府对其两岸政策又稍向中间微调了一点，表示“台湾的前途要由两岸人民共同决定”。克林顿政府末期，曾提出“台湾的前途要由台湾人民决定”。布什政府的新提法比克林顿政府的

---

① 报道：《沃尔福威茨：美反对“台独”》，载纽约《世界日报》2002 年 5 月 23 日。

② 报道：《沃尔福威茨：美反对“台独”》，载纽约《世界日报》2002 年 5 月 23 日。

③ 华盛顿中国论坛社社长陈有为：《布什政府对华政策往回摆动》，新加坡《联合早报》2002 年 6 月 20 日。

④ 华盛顿中国论坛社社长陈有为：《布什政府对华政策往回摆动》，新加坡《联合早报》2002 年 6 月 20 日。

⑤ 华盛顿中国论坛社社长陈有为：《布什政府对华政策往回摆动》，新加坡《联合早报》2002 年 6 月 20 日。

那种提法有所进步，实际上也是对陈水扁鼓吹“公投”并企图以此实现台独的回应。

从2002年末起，布什政府为了集中力量准备和进行伊拉克战争，不想让台湾干扰美国全球战略的大局，要求台湾当局不要当“麻烦制造者”、不要挑衅，从“一边一国”的立场，重新回到美国满意、大陆也能接受的“四不一没有”，以维持现状。在美国的压力下，陈水扁在2003年新年演说里，做了相应的调整，重申了“四不一没有”。

2003年9月，陈水扁宣称2006年要催生台湾新“宪法”，后来又称“新宪法”版本须经“公投”决定。对此，时任美国总统国家安全事务助理赖斯10月在布什总统赴曼谷参加亚太经合组织领导人非正式会议前表示，美国对台政策非常清楚，就是坚持“一个中国”政策，“任何人不要单方面改变现状”。① 白宫官员还在胡锦涛主席和布什总统在曼谷会晤后的新闻公报中，明确把美国“不支持台独”的立场进一步表述为“不支持台湾走向独立”。这表明美国对“台独进程”也感到担心并进行干预。② 2003年10月，布什总统在曼谷会见胡锦涛主席时，再次重申了“一个中国”和反对“台独”的立场。③ 他2002年10月在文莱和2003年10月在曼谷两次表示陈水扁是“麻烦制造者”，说明他“已看透了陈水扁”。④

2003年12月，台湾“立法院”通过“公投法”后，陈水扁宣布2004年3月举行“防卫性公投”。布什总统在会见访问华盛顿的温家宝总理时表示，反对台湾当局任何改变台湾地位的言行。同时，时任美国国家安全委员会亚洲事务高级主任莫健访台向陈水扁转交了布什的私人信件，布什在该信中要求陈水扁不要就台湾的主权问题举行公投。

但是，美国利用台湾防范和牵制中国的一手仍在继续。布什政府从“双轨”政策出发，要求台湾加强防务，继续发展与台湾的军事合作。美国现在重点加强美台联合侦察系统以及美台联合作战时的协同能力，将重新构建双

---

① http：//www. whitehouse. gov.

② http：//www. whitehouse. gov.

③ 《人民日报》2003年10月20日，第1版。

④ 《环球时报》2003年10月29日，第6版。

方C3I（指挥、控制、通信和情报）系统相互联系所需的“密码”系统。美国还向台湾推销“爱国者-3”型反导弹系统。

美国反华亲台派中的极少数人企图以“民主”牌来否定美国的“一个中国”政策，还企图提升美台实质关系。美国国会有的议员正在为美台缔结自由贸易协定一事积极活动，国会还为此事举行了听证会。他们和台当局都企图以缔结美台自由贸易协定来抵销和削弱大陆对台湾的经济和政治影响，并以美台经济合作来促进美台政治关系。这些都会给中美关系和两岸关系带来消极影响。

三、美国对华战略内在矛盾与制约因素

美国对华战略存在严重的内在矛盾。这些内在矛盾实际上也成为制约这一战略的因素。

（一）战略目标与心态之间的矛盾

美国的对华战略目标既有很大的连续性，在不同时期又有一些重要变化。1899年，当时的美国国务卿海约翰在提出对华“门户开放”政策时宣称，美国政府政策的目标是寻求“使中国获得永久安全与和平，保持中国的领土与行政完整，保护各友邦受条约与国际法所保障的一切权利，并维护各国在中国平等公正贸易之原则”。[①] 这里的要点有两个：一个是希望看到一个和平与稳定的中国；二是要在中国获得尽可能大的市场，二者是相互关联的，其中第一个目标在很大程度上是为第二个目标服务的。此外，当时美国在中国的传教士以真诚和傲慢相混合的态度，企图把美国文明和价值观传播于中国。这三个要点构成了美国对华战略的三个基本目标。冷战结束后，特别是“9·11”事件以来，随着中国的发展和在国际上作用的增加，美国又企图将中国纳入以美国为主导的国际体系，并要求中国在国际体系中发挥

① 转引自李长久、施鲁佳主编：《中美关系二百年》，新华出版社，1984年版，第58页。

"负责任的利益相关方"的作用。美国还需要与中国合作反恐和解决一些地区安全问题。

1995年10月，当时的美国总统克林顿表示，一个强大、稳定、繁荣、开放的中国符合美国的利益。① 2002年4月，小布什总统在北京清华大学演讲时说："中国正在走一条上升之路，美国欢迎一个强大、和平与繁荣的中国的兴起。"② "9·11"事件后，小布什政府又强调美国与包括中国在内的大国进行合作以维护国际和平与安全。时任美国务卿科林·鲍威尔说："我们欢迎中国的兴起。我们不会感到受威胁。我们鼓励中国的兴起。"③

但另一方面，美国国内的一些保守派在心态上仍停留在冷战时期和"零和"游戏模式，他们担心中国将来强大了会成为美国的威胁。例如，美国亚太安全研究中心高级研究员丹尼·罗伊宣称："中国在提高自身强国地位的同时正悄悄破坏美国的全球领导地位，并为将来可能发动的一场挑战奠定基础。"④ 这种心态与美国政府所宣称的对华战略目标是矛盾的，不利于中美之间发展长期稳定的合作关系。

（二）战略框架与政策选择之间的矛盾

在克林顿政府时期，中美以建立两国建设性战略伙伴关系作为双方关系的战略框架。小布什政府放弃了这一框架，代之以"致力于发展建设性合作关系"作为中美关系的新框架。这一新框架需要不断充实丰满并发展成为中美长期战略稳定与合作机制。同时，双方必须开始为发展中美关系奠定一个新的、更牢固的基础。

---

① 朱梦魁等：《江主席与克林顿总统正式会晤》，《人民日报》1995年10月26日第1版。

② http：//www. whitehouse. gov.

③ 时任美国务卿鲍威尔2003年11月5日在美国德州农工大学举办的美中关系研讨会上的讲话，http：//www. whitehouse. gov。

④ Daniel Roy, China's Response to U. S. Dominating Position, *Survival*, autumn, 2003, published by Institute of International Strategic Studies, London, Britain, p. 28.

但是，美国对华战略中的两手政策对中美建设性合作框架的充实和发展产生阻碍作用。例如，美国在与中国合作反恐、解决地区安全问题的同时，仍在对中国进行防范和制约，甚至准备在必要时对中国进行遏制。为此，美国政府对发展中美长期战略稳定与合作机制并不持积极态度。中美之间原来存在的一些问题，如经贸问题、人权问题、武器扩散问题等都还存在，只不过重要程度有时有所下降。小布什政府还经常利用这些问题向中国施加压力。

（三）美国对台政策的内在矛盾

美国虽然宣称实行“一个中国”政策，但实际上长期以来对台海两岸推行“双轨”政策，这一政策存在着深刻的内在矛盾。一方面，美国希望中美关系稳定和海峡两岸保持和平，因为如果两岸爆发战争，将置美国于是否进行军事干预以及如何干预的两难境地。如果美国不干预，它在亚太地区的信誉度将大大下降；如果美国进行干预，它又不能确定会遭受多大伤亡。美国认为，台湾只是美国的重要利益所在，而不是美国的关键利益所在，“美国不会给台湾一张空白支票，让台湾随意用美国青年的鲜血填写”。①

但另一方面，美国将台湾作为制约中国的一张牌。现在美国有一些人企图在台湾海峡两岸搞平衡，甚至搞“跷跷板”手法，即先向一方倾斜，然后再向另一方倾斜，如此反复，使两岸相互制约，以便从中渔利。美国某些强硬派人士甚至打着支持民主的幌子支持台湾分裂势力。近年来，美国加强美台军事关系，提升台湾军事能力，向台湾出售大量先进的武器装备，使美台已实际上成为“准军事同盟”。为了促使台湾尽快多购买美国的昂贵武器，美国国防部甚至有意夸大大陆对台湾的“军事威胁”。这些所作所为是违反美国“一个中国”政策的，向台独分子发出错误信号，促使他们采用“切香肠”的方法企图将台湾从中国分裂出去。这不断增加在台湾海峡爆发战争的

---

① 美国前助理国防部长傅利民1995年4月1日内在美国大西洋理事会主办的研讨会上的发言。

可能性。而台海爆发战争是不符合美国利益的，也不符合美国对台政策的目标。

（四）自由贸易与贸易保护主义之间的矛盾

美国一向标榜“自由贸易”，并以此为理由要求其他国家对美国开放市场。小布什当选总统后，曾将努力实现一个没有贸易壁垒的世界作为其政府外交政策遵循的六条准则之一。特别是中国加入世贸组织以后，美国一直要求中国切实履行开放市场的承诺。实际上，近年来，尤其是中国加入世贸组织以来，美国对华出口大幅增长，而且这一趋势还在发展。2001 年，美国整体出口下降了 2.5%，而对华出口却增长了 18.5%；2002 年，美国整体出口下降了 4.9%，对华出口却增长了 15%；2003 年 1 至 9 月，美国整体出口增长了 2%，对华出口增长了 18.52%；2005 年美国对中国出口增加了近 21%。

但是，随着近年来美国外贸逆差的增加和失业率的居高不下，美国内贸易保护主义上升。美国的选举年常使中美贸易问题成为美国国内政治问题之一。一些人指责中国的出口造成美国失业率增加，要求中国人民币升值。2003 年 11 月，布什政府宣布对中国三种纺织品的对美出口设限，并对中国彩电对美出口进行反倾销调查。2007 年 3 月，美国商务部宣布对中国出口美国的铜板纸产品征收临时反补贴税，改变了美国坚持 23 年的不对非市场经济国家实施反补贴法的贸易政策。这种贸易保护主义措施对中美经贸关系的发展产生了不利影响，最终也会有损于美国自己的利益。

中美在经贸领域相互依存、互利共赢、你中有我、我中有你的格局已经初步形成。中美两国经贸合作正面临一个难得的重要战略机遇期。双方应该以发展、平等、互利的精神，通过扩大经贸和平等协商来化解分歧，发展中美贸易和经济合作。

第四节 21 世纪美国国际能源战略

美国是世界上消耗能源最多的国家，也是进口能源最多的国家。冷战结束后，作为全球惟一的超级大国，美国的国际能源战略不仅对美国国内经济有巨大影响，而且对全球能源供给格局和世界经济政治有重大影响。如果中美两国能保持稳定的关系，双方就可以在能源领域进行广泛的合作。

一、美国国际能源战略的特点与趋势

（一）进口石油仍将是美国能源的主要来源，美国将全力确保进口石油价格稳定和供应可靠

美国石油消费占世界石油总消费的 25.4%，但其产量仅占世界开采总量的 9.9%。美国现在每年石油及油品进口达 5.61 亿吨，占世界总进口量的 26%。2001 年，美国历史上第一次出现了进口原油占其全部消费的 50% 以上。而且，美国的石油需求还在快速增长。2001 年，美国每天需要石油 1960 万桶，2005 年达到 2050 万桶。美国能源部预计，2025 年将达到 2920 万桶。[①]

在 2001 年小布什就任总统前，美国一些地方已经出现原油和天然气供应不足的问题。小布什刚任总统时曾宣称，解决国家的“能源危机”是其作为总统的最重要的任务。2001 年 3 月 1 日，美国能源部长斯潘塞·亚伯拉罕在一次讲话中说：“在今后 20 年中，美国将遇到一个严重的能源危机。如果我们不能战胜这一挑战的话，那么国家的经济繁荣将会受到威胁。我们的

---

① World Oil Consumption by Region, Reference Case, 1990—2025, from International Energy Outlook 2003, by the Energy Information Administration, Department of Energy, the USA, http://www.eia.doe.gov/oiaf/ieo/tbl_a4.html.

国家安全就会有风险，而且毫不夸张地说，我们的生活方式也将发生变化。”①

小布什总统和他的高级顾问们都认为，保证石油供应对于美国主要工业的健康发展和收益是一个基本的问题。因为任何能源的短缺都会在汽车、建筑行业、石油化工、产品运输和农业等方面产生严重的影响。因此，石油对于美国经济是一个至关重要的问题，因为它占美国能源供应的 2/5，而且交通运输全部依靠石油。此外，石油对美国国家安全也起着重大作用，坦克、飞机、直升机和舰船等美国战争机器也都需要石油供应。

为了解决“能源危机”，2001 年小布什总统成立了一个由副总统切尼牵头的国家能源政策研究小组，委托其制定一项美国能源的长期计划。由该小组负责对美国能源政策进行了审核，认为美国在能源问题上面临着一个两条道路的重大选择：一是继续沿着过去多年那种大量消费石油的道路走下去，由于国内石油产量越来越少，美国将不得不越来越多地依赖进口石油。如果沿着过去的道路走下去，将使美国紧紧地与波斯湾石油供应国和生产石油的其他国家拴在一起，成为一个更多依赖石油进口的超级大国。二是寻找可供替代的能源，逐步减少对石油的依赖。而寻找可供替代的能源需要在新能源的发电技术和传输技术方面进行大量的投资，并建立一些新的工业，同时关闭一些工业。

这个国家能源政策研究小组在对这一两难选择的问题进行分析研究的基础上，向小布什总统提交了国家能源政策报告。小布什在审阅后于 2001 年 5 月 17 日公布了该报告。从表面上看，该报告反对不断增加石油的进口，主张寻找可供替代的能源。小布什总统在发表这份报告时说，国家能源政策将减少石油需求，鼓励革新和采取新的技术，“以便使我们成为世界上最有效和最保护环境的领先国家”。②

但实际上，该报告并没有提出减少石油消费、鼓励采取新能源技术的有效办法，只是建议减少对进口石油的依赖程度，方法是通过开发本国自然保护区内尚未开发的石油储藏来提高产量。而在这方面，该报告除了提出开发

① http：//www. eia. doe. gov/.

② http：//www. whitehouse. gov/.

阿拉斯加州东北部地区的石油外，没有提出其他有助于明显减少对进口石油依赖的有效措施。由于阿拉斯加州东北部位于极地地区，在那里开采石油可能对环境造成严重破坏，美国国内对这一措施分歧很大。因此，该国家能源政策报告的基本目的仍是在国外为美国找到新的能源来源。所以，小布什政府正继续沿着越来越多地依靠进口石油的道路走下去。

根据该报告的预测，美国国内石油日产量将从2002年的850万桶，下降至2020年的700万桶，而这一段时间，美国的石油日消费量将从1950万桶上升到2550万桶。因此，美国每日进口的石油和液化天然气将从2002年的1100万桶，上升到2020年的1850万桶。

（二）最大限度地使能源进口多元化，寻求降低对中东石油的依赖

美国早在20世纪90年代就实施石油进口来源多元化的政策。2002年，美国从北美自由贸易协定的伙伴国加拿大和墨西哥进口石油最多，达到1.717亿吨；从南美洲和中美洲进口1.192亿吨，占第二位；从中东国家进口1.147亿吨，占第三位；从非洲进口6910万吨；从欧洲进口5700万吨；从亚太国家进口1280万吨；从俄罗斯和独联体进口980万吨。

切尼主持制定的国家能源政策报告中提出了35项建议，其中1/3的建议是关于扩大石油进口来源多元化，并具体提到了美国应设法得到石油来源的那些地区和国家的名字，强调有必要减少这些地区和国家中不利于向美国出口石油的政治、贸易、法律和后勤方面的障碍，呼吁美国政府能源和贸易部门“与哈萨克斯坦、阿塞拜疆和里海地区的其他国家进行深入的贸易对话，以便为将来的重大、透明和稳定的谈判气氛创造基础”。①

目前，美国消费的18%的石油来自波斯湾。包括波斯湾在内的中东地区是目前探明石油储量最多的地区，2002年的估计为6856亿桶，占世界总储量的65.4%。以现在水平，这些石油足够开采92年。美国国家能源政策报告认为，如果国内石油生产减少，波斯湾“将继续成为美国利益的关键”。

① http：//www.whitehouse.gov/.

但“9·11”事件后，小布什政府要求沙特阿拉伯加强打击国内恐怖分子的力度，加快推进国内民主化的步伐。美国的这些要求引起了沙特的不满，加剧了沙特国内以宗教领袖为核心的保守派的反美情绪的激化，美国与沙特关系逐渐趋于下降。伊拉克战争爆发后，由于沙特和其他海湾国家反对这场战争，美沙关系进一步恶化。

在这种情况下，美国为降低对中东地区石油的依赖度，寻求开辟新的石油进口来源，特别是增加从中亚和里海地区的石油输入。美国能源部估计，里海地区最终可开采的石油储藏量约为2000亿桶，占世界总储量的16%。中亚地区天然气储量也居世界前列。其中，土库曼斯坦已探明储量约8.4万亿立方米，估计总储量为21万亿立方米（占世界总储量的35%）；哈萨克斯坦已探明储量1.5万亿立方米。

同时，美国开始与俄罗斯在能源领域扩大合作。俄罗斯原油储藏量占全世界的14%，仅次于沙特阿拉伯，居世界第二位。2003年，俄原油日产量达867万桶，超过沙特，居世界第一位。石油出口仅次于沙特阿拉伯，居世界第二位。俄天然气占世界已探明储量的30%以上，居世界首位。按现在的开采速度，可开采81年以上。

（三）增加国内石油战略储备，使用军事力量保证外国石油稳定安全地输往美国

美国的石油战略储备在世界各国中最多，为6.595亿桶，相当于其国内60天的供应量。根据小布什总统的决定，2005年这一储备增加到7亿桶。在伊拉克战争爆发前半年，美国就开始增加国内石油战略储备。2004年3月，美国石油战略储备达到19个月来的最高水平。美国国家能源政策报告再次强调加强石油战略储备以应对可能出现的石油供应中断形势，要求恢复到1986年157天的最高储备水平。而且，美国工商界还大量增加购买石油期货。

同时，美国使用军事力量控制全球石油战略枢纽，保证石油输出地、输油管线和海上运输线的安全。例如，虽然美国发动伊拉克战争是出于推翻萨达姆政权、在伊建立“民主”制度、反恐等多重动因，但其中主要动因之一是为了控制伊丰富的石油资源。伊拉克已探明的石油储藏量为1120亿桶，

仅次于沙特，位居全球第二。美国能源部能源情报局估计，伊可能还蕴藏着高达2220亿桶的未探明石油储量，总的石油储量与沙特不相上下。

美国在中东地区一直拥有数十个军事基地，重点是控制波斯湾地区。“9·11”事件发生后，美国以进行反恐战争的名义，在哈萨克斯坦、乌兹别克斯坦、塔吉克斯坦、吉尔吉斯斯坦等中亚国家建立军事基地和驻扎军事力量，加强在东南亚和非洲之角的军事存在。这些军事基地和军事存在的主要任务之一，是为保障美国从这些地区的石油进口。2004年4月，时任美军太平洋总部司令马斯·法戈在美国会就国防部2005年预算作证时披露美军制订名为《区域海事安全计划》的反恐新方案，其内容包括为防止恐怖袭击，美国将向马六甲海峡派遣美海军陆战队和特种部队的计划。世界一半的原油是通过这条通道运输的，美国的意图显而易见。

(四) 增加核能和发展新能源，减少对石油和国外能源的依赖

由于2003年以来国际石油价格持续上涨，美国汽油价格高涨，对美国经济和民众生活产生不利影响，也引起美国民众对布什政府的不满上升。《华盛顿邮报》和美国广播公司2005年4月联合进行的民意调查表明，超过半数的美国民众不满布什政府的能源政策。

在这种情况下，布什总统2005年4月27日提出一些能源战略措施。他强调，目前美国对外国能源供应的依赖不断增加，国内能源供应和炼油能力有限，造成了美国汽油价格不断上涨。他认为，开发能源新技术和增加能源供应是抑制油价持续上涨的有力手段。布什总统提出的具体措施，一是鼓励建造新的核电站，政府将从财政上提供帮助。自1973年以来美国没有新建一座核电站，而在此期间法国建造了58座核电站。目前核能已占法国电力供应的78%左右，而美国的这一比例仅为20%。二是呼吁国会支持政府的能源计划，同意在废弃的军事基地建造炼油厂。他认为，自上世纪70年代末以来，由于严格的环境要求和复杂的审批程序，美国一直没有兴建新的炼油厂，造成国内炼油能力无法提高。

2006年以来，布什总统还强调创新先进能源，鼓励节能和使用新能源技术。

二、美国国际能源战略对世界的影响

（一）增加世界石油市场需求，加剧该市场人为紧张，导致国际油价高位运行

美国副总统切尼领导的国家能源政策研究小组在国家能源政策报告中承认，美国今后20年的石油产量将下降12%，因此到2020年，进口石油在美国所占的比例，将从2001年的一半增长到占2/3。美国继续大量增加石油进口，将扩大世界石油市场的需求。而现在世界石油的一些主要生产地，如波斯湾地区、南美、非洲之角等形势不稳定，美国与其中一些国家关系恶化，这些国家的民众存在严重的反美情绪。例如，委内瑞拉对美国的石油出口占美国石油进口总量的14%，占欧佩克（石油输出国组织）石油产量的8%。由于委总统查韦斯认为美国小布什政府秘密干涉委内政并企图推翻其政权，因此他为削弱小布什政府，采用限制对美出口或降低石油产量的方法，以抬高油价。而世界石油市场存在较大的脆弱性，容易受到地缘政治风险的影响。国际能源专家认为，在世界石油市场价格在每桶35美元左右时，只要沙特、俄罗斯和委内瑞拉的石油产量每天各减少100万桶，国际石油价格就会被抬到每桶40美元以上。

特别是美国进行伊拉克战争并在伊陷入困境，以及产油国集中的中东地区局势不稳，使投机资金涌向原油期货市场，大大加剧了世界石油市场的人为紧张，导致国际油价飚升，并在高位运行。在1997年至1999年期间，世界石油市场每桶原油的平均价格仅为16.88元。而随着美国加紧伊拉克战争的准备，油价一路攀升。到2003年3月伊拉克战争爆发时，油价最高时已达到每桶37美元。2004年世界石油市场油价达到每桶41美元以上。2005年，伊朗核问题突出，美国等国对伊朗施加压力，布什政府不排除对伊动武的可能性，国际市场原油价格继续上升，而且居高不下。2006年5月，国际市场每桶原油价格超过65美元。2006年7月7日，纽约原油远期合约价格甚至达到75.78美元。

（二）与其他大国因能源问题而引起的矛盾和竞争增加

随着世界经济走向复苏，国际原油市场需求明显增长。2004 年世界石油需求每日增加 165 万桶，日消费量达 7990 万桶。2004 至 2005 年，世界石油需求的增幅超过 2%。另一方面，欧佩克采取限产保价政策。在这种情况下，美国与其他主要进口石油地区和大国在石油领域的矛盾和竞争上升。例如，西欧是石油及其制品的主要进口地区之一。2002 年，西欧从俄罗斯和独联体进口石油 2.146 亿吨、从中东进口石油 1.611 亿吨、从北非进口石油 1.225 亿吨。其中，西欧提高了对非洲的关注，将其作为多渠道石油进口战略的主要一环。但“欧洲最近遭遇来自美国企业残酷甚至是带有攻击性的竞争”。①

又如，日本在国际能源领域采取某些独立于美国的政策。2001 年，它与伊朗联合对伊朗与伊拉克边境地区的阿扎德甘油田进行了地质调查。这一油田是中东规模最大的油田。其后，美国以伊朗涉嫌开发核武器为由，表示要强化《伊朗与利比亚制裁法》，对日本进行牵制，导致日伊关于日本开发该油田的谈判一度被搁置。2004 年 2 月，日本与伊朗就日本独自开发该油田闪电般达成协议。美国对此表示不快，并要求日本解除与伊朗的合同。

（三）在中亚和里海地区的能源竞争上升

早在 1997 年美国克林顿政府就已制定出一套雄心勃勃的针对中亚地区的战略。新战略的主要目标是：支持该地区国家对俄罗斯的独立倾向，把该地区国家纳入西方体系；解决该地区冲突与开发该地区石油资源同时进行，使该地区成为美国 21 世纪的战略能源基地；遏制并削弱俄罗斯和伊朗在该地区的影响，逐步把该地区变为美国的“战略利益地区”。

同年 7 月 21 日，时任美国副国务卿塔尔博特发表阐述美国对中亚政策的讲话，宣称美国对中亚政策的目标是“促进民主，创建市场经济，保证中

① ［俄］诺·西蒙尼亚（俄罗斯科学院世界经济与国际关系研究所所长）：《西方能源安全与俄罗斯的作用》，俄罗斯《消息报》2004 年 4 月 26 日。

亚各国内部以及国家间的和平与合作”。他还说，要避免重演19世纪英国、沙皇俄国和其他国家在中亚争夺石油资源的“大角逐”，要以“适合21世纪而不是19世纪的方式”实施“石油地缘政策”，要使“竞争的所有有责任心的参加者都受益”。

美国扩大与中亚和里海国家的经济合作，企图控制该地区的油气生产与运输。早在1994年，克林顿政府就宣布了促进中亚投资和贸易计划。1997年以来，美国又调整了重经援、轻合作的做法，扩大对中亚地区支柱产业特别是石油和天然气工业的投资力度，加强与该地区国家的经济合作。美国大型石油公司埃克森、谢夫隆、阿莫科、莫比尔、德士古等都已决定“到中亚来捕获发财的机会”。目前已有60多家美国公司已经或计划向乌兹别克斯坦能源领域投资，总额将达到30亿美元。1998年美国美孚公司等几家大公司与哈萨克斯坦签订了合同。美国还利用哈萨克斯坦实行大规模私有化政策的机会，成功控制了哈多数基础行业，其中包括哈最大的田吉兹油田。美国对哈萨克斯坦的投资已占外国投资总额的34%。至2006年，美国在哈萨克斯坦的投资超过110亿美元，首先是在石油和天然气开采领域。美国的跨国公司在哈拥有比在其他中亚国家更重要的地位。

与此同时，美国还竭力开辟运输里海能源的新通道，以求打破中亚的能源输出线为俄罗斯所控制的局面。美国已与土库曼斯坦签约修建土经阿富汗到巴基斯坦的天然气管道。1999年11月，在美国的支持和操纵下，土耳其、阿塞拜疆和格鲁吉亚签署一项协定，决定从巴库富产石油的油田经格鲁吉亚到土耳其的地中海港口杰伊汉修建一条主要输油管道。这条1730公里长的巴库—第比利斯—杰伊汉输油管道耗资约40亿美元，2001年开工，2006年7月正式开通，2007年正式投入运营，年输油能力约5000万至6000万吨，是一条完全绕开俄罗斯和中东地区的独立石油通道。当时的美国总统克林顿在签字仪式结束后说，这些输油管道非常重要，因为它们将“确保能源资源通过多条线路，而不是通过唯一的一条主线流动”。

小布什政府执政以来，在进行反恐战争的同时，更加加紧了在中亚和里海地区的能源竞争，使这一地区能源竞争上升。

三、中美两国在能源领域的竞争与合作趋势

中国和美国在能源领域既存在着一定程度的竞争，又有合作的巨大潜力。中国已成为仅次于美国的第二大能源和石油消费国、第三大石油进口国。2003年，中国石油日消耗量达546万桶，石油净进口量为8600万吨。其中，56%来自中东，14%来自亚太地区，23.5%来自非洲，6.5%来自其他地区。2004年4月，中国的日产油量为350万桶，日进口量为245万桶。国际能源专家预计，中国2010年进口量将在现有基础上翻一番，2020年将每天进口600万桶以上石油，到2030年石油净进口将达到每日1000万桶。

美国国会美中经济与安全评估委员会提出："中国日益增长的能源需求，特别是对石油进口的依赖，对美国构成经济、环境和地缘战略等方面的挑战。"① 该委员会认为，这种挑战主要表现在：

1. 中国为了实现使其石油进口来源多元化的目标和增强经济安全，已经与若干石油供应国签订了能源协定，这些国家中包括被美国国务院列为支持恐怖主义的国家——伊朗、苏丹等。中国为了保证从这些国家的石油来源，向它们转让武器和军事技术，甚至向它们提供导弹、大规模杀伤性武器部件和技术。这极大损害了美国的全球武器不扩散政策。

2. 现在世界上的主要石油进口国都是国际能源组织（IEA）的成员国，而中国是还未参加该组织的国家中消耗石油最多的国家。这使它成为影响世界能源市场的主要因素之一。中国总是采用单边的方法，来获取更多的石油资源。这使它对欧佩克成员国的石油定价产生额外的影响。

3. 当前煤在中国能源消费中占主导地位（达到65%），而且其中许多是没有洗过的煤，导致严重的空气污染和温室效应。这对中国和世界环境构成

---

① Roger W. Robinson (Chairman of U.S.-China Economic and Security Review Commission of U.S. Congress) and C. Richard D'Amato (Vice Chairman of U.S.-China Economic and Security Review Commission of U.S. Congress), Prepared Statement to the Hearing on China's Energy Needs and Strategies, October 30, 2003, http://www.uscc.gov.

巨大的威胁。[1]

此外，美国还担心随着中国经济的迅速增长，中国从国外进口的石油大量增加，会增大中美之间在中亚和南中国海竞争的可能性。

美国国际能源战略中的某些因素和它对中国的这些负面看法，是造成中美在能源领域一些矛盾和竞争的主要原因之一。

但美国一些专家也认识到，美国对中国进行石油遏制的观点是一种非常近视的思维。美国海军军事学院教授托马斯·巴奈特（Thomas Barnett）说："美国为什么要堵截中国的石油通道呢？中国是美国最重要的贸易伙伴之一，是美国跨国公司最重要的劳力资源。虽然中美之间的经济竞争在未来会变得更加激烈，但这种竞争并不能通过军事对立来解决。"[2] 美国战略与国际问题研究中心能源项目负责人罗伯特·艾贝尔（Robert E. Ebel）指出，美国对中国石油禁运是不可能的，"因为美国没有能力影响中东和中亚的石油天然气生产"。[3] 凯托研究所编辑彼得·凡兰多（Peter VanDoren）认为，美国没有能力左右国际石油市场的价格。"要实施大规模的石油禁运是非常非常困难的，因为你需要派遣极其庞大的海军到漫长的中国海岸。而这几乎是不可能的"，"禁运……从经济上讲，它的效果是非常有限的"。[4]

另一方面，中美两国在能源领域也存在重要的共同利益：

首先，中美的经济正在增长，双方都需要稳定而可靠的能源供应，都希望世界石油市场价格稳定低廉。如果中美两国在双边和多边框架内协调它们的能源政策，与其他国家共同合作，就有可能平抑国际石油市场上过高的

---

① Roger W. Robinson（Chairman of U.S.-China Economic and Security Review Commission of U.S. Congress) and C. Richard D'Amato（Vice Chairman of U.S.-China Economic and Security Review Commission of U.S. Congress), Prepared Statement to the Hearing on China's Energy Needs and Strategies, October 30, 2003, http://www.uscc.gov.

② 《美国智库聚焦中国石油问题》，美国《华盛顿观察》周刊 2004 年 4 月 14 日一期。

③ 《美国智库聚焦中国石油问题》，美国《华盛顿观察》周刊 2004 年 4 月 14 日一期。

④ 《美国智库聚焦中国石油问题》，美国《华盛顿观察》周刊 2004 年 4 月 14 日一期。

油价。

其次，中美都是海上能源运输大国，都希望有安全的海上运输线，双方可以在海上反恐怖、反海盗等方面进行合作，以保证海上运输线，特别是关键国际水道的安全。

第三，中美都需要发展各种新的能源，双方有广阔的合作空间。美国应在核能、能源的充分利用，使用清洁煤技术、煤液化和汽化等方面向中国提供先进技术，这也有利于美国的经济利益和对中国的出口。

近年来，中美两国在能源领域的合作开始起步。2004 年 4 月，美国副总统切尼访华期间，双方就美国向中国出售核电站设备进行了商讨。切尼向中方力荐美国的西屋公司，认为它最适合建造中国新的核反应堆。5 月 23 日，中国国家发展和改革委员会与美国能源部签署谅解备忘录，同意加强双边能源政策对话。根据该备忘录，中美双方将成立一个能源政策工作组，并在共同感兴趣的领域进行一系列对话与合作。这些领域包括能源安全方面的信息交流、能源政策与战略、能效与节能、能源技术的使用和选择及技术合作等。[①] 该备忘录有利于中美两国加深在能源问题和能源政策上的相互了解，促进能源领域的信息交流，并推动双方在一些能源项目方面开展合作。

2005 年 11 月，美国总统布什访问北京与中国国家主席胡锦涛举行会谈时，双方一致同意加强两国在能源领域的互利合作，表示两国可就能源战略加强磋商，鼓励和支持双方企业在油气资源勘探和开发领域开展合作。

2006 年 8 月，美国能源部助理部长帮办弗雷德里克女士说，美国和中国面临同样的能源挑战，双方加强在能源安全领域的合作，符合彼此利益，也有利于世界的能源稳定。她指出，美国能源部将继续保持与中国的密切合作，双方将加快在可再生能源和清洁能源技术等方面的合作。美国现在已是中国能源领域最大的外来投资者，并将继续推进在中国的能源投资和贸易。[②] 2006 年 12 月，美国能源部长博德曼表示，美国和中国应加强在能源

---

① 新华社阿姆斯特丹 2004 年 5 月 23 日电，《人民日报》2004 年 5 月 24 日，第 3 版。

② 刘洪：《美国高官称：中美能源面临同样挑战，加强合作符合彼此利益》，《解放日报》2006 年 8 月 6 日，第 3 版。

安全方面的合作，因为合作将能促进两国经济的增长，这对两国未来的繁荣至关重要。①

2007年5月25日，在华盛顿举行的中美第二次战略经济对话结束后，两国政府表示将在能源领域一些项目上进行合作，包括：推进洁净煤技术、自愿采取节能认证产品、签署《美国核管制委员会和中国国家核安全局关于AP1000型核电机组核安全合作谅解备忘录》等。②

中美在能源领域的合作，有利于两国及世界的能源安全。

第五节　21世纪美国对伊朗战略

伊朗位于西亚，南扼波斯湾、北面濒临里海，与前苏联（俄罗斯）、伊拉克等国接壤，是世界蕴藏、生产和出口石油的大国之一，战略地位十分重要。第二次世界大战结束以来，美国对伊朗战略经历了一个演变过程，但其核心一直是企图影响和控制伊朗，从而能将伊朗作为美国全球战略的重要据点及掌控伊朗石油资源，并防止其他大国控制伊朗或伊朗对美国的安全与石油利益构成威胁。美伊两国在政治、地缘战略、宗教、文化等方面存在深刻矛盾。

一、美国对伊朗战略的演变

第一阶段：美国力图在与苏联争夺中控制伊朗（1945—1978年）。

第二次世界大战结束后不久，美国与苏联就开始了长达40多年的冷战。伊朗所在的中近东在美国全球战略优先顺序表上高于东亚和南亚地区。美苏在冷战中第一个回合的较量就是围绕伊朗问题展开的。

① 新华社华盛顿2006年12月7日电，《人民日报》2006年12月9日，第3版。

② 新华社华盛顿2007年5月25日电：《第二次中美战略经济对话的联合情况说明》，《文汇报》2007年5月26日，第5版。

第一场斗争是苏军从伊朗撤退问题。1945年5月，伊朗政府要求外国军队提前撤出。苏联以保护油田安全为由企图继续在伊朗驻军。美国怂恿伊朗政府把该问题提交联合国安理会，迫使苏军完全撤出伊朗。

第二场斗争是在美国支持下，伊朗卡瓦姆政府不与苏联影响下的人民党合作，并以确保选举自由为由出兵阿塞拜疆省，击垮了苏联支持下的阿省政府，逮捕并枪决了许多人民党党员。

第三场斗争是美国支持伊朗议会否决了苏联企图强加给伊朗的“伊苏条约”，使苏联在伊朗失势。

在这一阶段，美国政府对伊朗政策主要是从与苏联争夺势力范围出发的。1946年10月，美国参谋长联席会议提出的备忘录，以美苏可能发生战争为前提，认为如苏联控制伊朗丰富的石油资源对美国的战略利益危害极大，因此美国应尽可能使苏联远离中近东的石油资源，特别是伊朗和伊拉克。如果苏联控制库尔德族地区，或与英国划分势力范围，也会危及美国利益。① 因此，美国政府认为，美国必须保证这些国家的独立和领土完整。②为达此目的，美国“要尽量利用政治、经济手段，充分利用联合国，军事手段是不得已的最后一着”。③

美国一方面向苏联施加外交压力，要求其不得干涉伊朗内政；另一方面向伊朗派驻军事顾问团，提供军事和经济援助，在伊朗建立亲美政权。1951年，伊朗摩萨台民族主义政权上台，美国对它不满意。1953年，美国中央情报局策动政变，推翻摩萨台政权，扶植亲美的巴列维国王上台。从此直到1979年巴列维王朝垮台，伊朗一直是美国在这一地区的忠实盟友和重要据点。

第二阶段：美国对反美的伊朗软硬兼施（1979—1990年）。

---

① Foreign Relations of the United States (FRUS), Government Printing Office (GPO), Washington D.C., 1946, Vol. VII, pp. 529—532.

② Foreign Relations of the United States (FRUS), Government Printing Office (GPO), Washington D.C., 1947, Vol. V, pp. 575—576.

③ Foreign Relations of the United States (FRUS), Government Printing Office (GPO), Washington D.C., 1947, Vol. V, pp. 575—576.

1979 年 2 月，流亡国外的伊朗宗教领袖阿亚图拉霍梅尼回国，领导了一场伊斯兰革命，推翻了巴列维王朝，建立“伊朗伊斯兰共和国”。不久，伊朗宗教学生占领美国驻伊朗大使馆，扣押使馆工作人员作为人质。这一事件从某种程度上是对美国策动 1953 年政变和支持巴列维国王的报复。霍梅尼和伊朗政府宣布支持学生们的行动，并宣布废除 1959 年签订的伊美安全条约。德黑兰举行大规模示威游行，要求美国将在纽约的前国王巴列维引渡回国受审，并呼喊“处死卡特”（当时的美国总统）的口号。美伊之间形成全面对抗。

在这种情况下，美国政府对伊朗推行软硬兼施的政策。人质事件发生后，卡特政府先采取一些讨伐性措施制裁和企图孤立伊朗：中止向伊朗提供武器和运送军事装备零件、冻结伊朗在美国包括银行存款在内的所有官方资财、停止同伊朗的石油贸易、对在美国的伊朗学生进行特别移民审查，凡是不符合手续的一律驱逐出境等。但这些措施反而更加激起伊朗的敌对行为。对此，美国政府于 1980 年 4 月 7 日宣布同伊朗断绝外交关系。4 月 24 日，由卡特总统亲自批准，美军突击队员进行武装营救人质行动，结果以失败告终。

在人质危机期间，卡特政府也不时采用软的一手。卡特总统曾表示，美国对它同伊朗之间存在的误会感到遗憾，希望同伊朗建立正常的关系。① 卡特政府曾决定，暂不要求联合国对伊朗采取国际制裁行动。在武装营救人质行动失败后，卡特只得宣布放弃军事行动，愿继续与其他国家和伊朗官员一道通过和平外交手段来解决问题。后由于前国王巴列维病故、伊朗经济困难以及 1980 年 9 月两伊战争爆发等原因，人质危机通过美伊谈判得以解决。

在两伊战争期间，美国通过各种渠道与伊朗和伊拉克都保持联系，但明显偏向于支持伊拉克。同时，美国反对苏联干预，要求保持海湾航道的通行自由。当时的美国总统里根认为，为了使美国与霍梅尼之后的伊朗建立一种

① 资中筠主编：《战后美国外交史：从杜鲁门到里根》（下册），北京·世界知识出版社，1994 年第 1 版，第 838 页。

不那么敌对的关系，美国需要制定一项长远的政策。[①] 里根政府一些官员也希望与那些比担心美国更担心苏联的伊朗人打交道。[②] 由于政策手段有限，里根政府选择了秘密向伊朗出售武器，并企图以武器换取伊朗向黎巴嫩施加影响，使其释放被扣压的美国人质。但这一做法并不奏效。而当时的美国总统国家安全事务顾问波因德克斯特及其助手诺思中校，甚至将向伊朗出售武器所得部分款项，秘密转交给尼加拉瓜反政府武装，被称为"伊朗门丑闻"。

第三阶段：美国对伊朗和伊拉克实施"双遏制"政策（1991—2001年）。

两伊战争结束不久，1990 年 8 月萨达姆统治的伊拉克发动突然袭击，占领科威特。美国迅速向海湾地区集结大量部队，于 1991 年 1 月发动代号为"沙漠风暴"的海湾战争，攻占了科威特和伊拉克南部地区，并歼灭大批伊拉克军队。美国在完全有能力推翻萨达姆政权并占领伊拉克全境的情况下，却没有这样做，其中一个很重要的原因是希望留下一个尚存一部分实力的伊拉克来制约伊朗。当时任美国参谋长联席会议主席的科林·鲍威尔在开战前就确信："彻底打败伊拉克，使其完全丧失自卫能力，并不符合美国的利益。因此，伊拉克的部分坦克和军队将必须被完好地保存下来。"[③]

海湾战争结束后，美国企图乘冷战结束和海湾战争胜利之机，建立由它主导的中东和世界"新秩序"。但即使在中东地区它也面临着许多困难。萨达姆政权虽然遭到严重削弱但仍未垮台。美国虽然与科威特、巴林签订了军事协定、在沙特等国驻军，但伊朗和一些阿拉伯国家坚持海湾安全应由本地区国家共同负责，反对美国在海湾的长期军事存在。

在这种情况下，美国对伊朗和伊拉克采取"双遏制"政策。该政策主

① ［美］乔治·布什：《布什自传》（中文版，郭争平译），北京·中外文化出版公司，1988 年第 1 版，第 218 页。

② ［美］乔治·布什：《布什自传》（中文版，郭争平译），北京·中外文化出版公司，1988 年第 1 版，第 218 页。

③ 鲍勃·伍德沃德：《800 天三次出兵：布什领导核心决策揭密》（中文版，林祥铭等译），北京·军事谊文出版社，1991 年第 1 版，第 385 页。

要是用经济制裁、军事威慑甚至武力打击、政治影响等手段来对伊朗和伊拉克都进行遏制，并设法使两伊相互制约。这使得美国与伊朗的关系仍很紧张。克林顿政府上台后，给伊朗、伊拉克、叙利亚、利比亚等国戴上“无赖国家”的帽子。1996年，美国国会通过“达马托法”，要对在伊朗、利比亚有大宗投资的外国公司进行惩罚。但该法和针对与古巴开展经贸往来国家的“赫尔姆斯—伯顿法”都遭到法、英、德等国强烈抵制和反对。它们指责美国此举违背了国际双边和多边自由贸易原则，警告要对美国共同采取报复措施，并向世界贸易组织提出申诉。世界贸易组织审议后认为，美国上述两个制裁法规是在美国本土之外执行美国法律，与法理不相容。

1997年，以温和务实著称的哈塔米当选伊朗总统，表示要同阿拉伯国家实现全面和解。同时，埃及、叙利亚及海湾合作委员会6国外长们呼吁阿拉伯社会重建同伊朗的关系。美国对伊朗“遏制”政策的效果减弱。克林顿政府后期，对伊朗政策有所缓和。2000年2月，伊朗伊斯兰议会举行选举，支持哈塔米总统的改革派赢得压倒多数。同年3月，当时的美国国务卿马德琳·奥尔布赖特宣布，美国将部分解除对伊朗的经济制裁。她在讲话中承认美国对伊朗政策“令人遗憾地短视”，认为美国支持伊朗1953年政变，以及在两伊战争中支持伊拉克是错误的。这标志着美国对伊朗政策作出了较大调整，朝着实现美伊和解迈出了一步。但她同时仍继续指控伊朗寻求发展大规模杀伤性武器、破坏中东和平进程和支持恐怖活动。伊朗一方面欢迎美国宣布解除部分商品进口的限制；另一方面表示奥尔布赖特对伊的指控“是美国粗暴干涉伊朗内政的又一步骤”。① 2001年小布什总统上台后，美对伊朗政策又趋于强硬。

第四阶段：美国企图对伊朗实施“政权更迭”（2002年至今）。

“9·11”事件后不久，布什总统在2002年初发表的《国情咨文》中宣布美国的目标之一是“防止支持恐怖主义的政权通过大规模杀伤性武器来威胁美国或我们的朋友和盟友”，将伊朗和伊拉克、朝鲜一起列为“邪恶轴心”

---

① 《美国宣布取消对伊朗部分制裁》，上海国际问题研究所编：《国际形势年鉴2001》，上海教育出版社，上海，2001年第1版，第179页。

国家，指控伊朗"猖狂地力图获得这些武器并输出恐怖，同时不是经过选举上台的少数人在压制伊朗人民争取自由的愿望"。① 布什总统宣称："美国将采取一切必要行动来确保我们的国家安全"，"当险情不断出现时，我不会消极等待。当危险迫近时，我不会坐视不顾"。② 同年9月，布什总统在《美国国家安全战略》报告中正式提出"先发制人"战略，宣称"美国在必要时将先发制人"。③

2003年3月，美国发动战争，推翻萨达姆政府，占领了伊拉克。但美军并没能实现伊拉克的稳定，反而陷入了反美抵抗力量的袭击潮难以自拔。至2007年4月，美军自伊战开始以来在伊拉克的死亡人数已超过3280人，在伊的费用不断增加。美国以伊拉克拥有大规模杀伤性武器为由发动了"倒萨战争"，但战后却没有找到任何这类武器。美军"虐俘事件"使美国在道义上处于不利地位。

伊拉克战争的结果在客观上消除了伊朗的一个老对手，这有利于伊朗国家安全。但另一方面，驻伊拉克美军与驻阿富汗美军对伊朗形成钳形态势，萨达姆的垮台还使美国可以转用更多的力量对付伊朗。布什政府指责伊朗发展核武器、庇护"基地"组织成员、向极端组织"哈马斯"提供援助等。因此，布什政府企图用更迭伊朗现政权的方法来解决问题。

二、美国对伊朗战略的特点

（一）从美国全球战略看待和处理伊朗问题

由于伊朗所在的波斯湾地区不仅战略地位重要，而且石油蕴藏量丰富。因此美国一直是从其全球战略的角度考虑和应对伊朗问题。在冷战时期，美

① 《美国总统布什2002年国情咨文》（2002年1月29日），上海国际问题研究所编：《国际形势年鉴2003》，上海教育出版社，上海，2003年第1版，第387页。

② 《美国总统布什2002年国情咨文》（2002年1月29日），上海国际问题研究所编：《国际形势年鉴2003》，上海教育出版社，上海，2003年第1版，第388页。

③ 《美国国家安全战略报告》（2002年9月30日），上海国际问题研究所编：《国际形势年鉴2003》，上海教育出版社，上海，2003年第1版，第504页。

国主要是从与苏联争霸的角度看待伊朗问题。第二次世界大战刚一结束，美国国务院专家就指出，美国在中近东（包括伊朗）的战略利益高于石油利益，即使对石油本身也应从战略意义来考虑，主要应着眼于防止下一次战争中苏联控制这一战略资源。① 1947 年秋，美国国务院提出一份政策文件，后经杜鲁门总统批准成为美对东地中海与中近东地区的政策。该文件指出，该地区的安全对美国的安全至关重要，其中，意大利、希腊、伊朗、土耳其是重点，不能落入苏联控制之下。②

冷战结束以来，美国是从维护其"一超独霸"世界地位和美国绝对安全角度看待伊朗问题的。现在美国与伊朗的矛盾是一个全球性超级大国与一个地区性中等国家之间的碰撞。美伊之间在一系列问题上都存在重大矛盾。美国认为伊朗所处的波斯湾不仅战略地位重要，而且是世界上石油资源最丰富的地区之一。美国前国务卿布热津斯基在《大棋局：美国的首要地位及其地缘战略》一书中指出，伊朗是冷战后欧亚大陆关键的地缘政治支轴国家之一，"地缘政治支轴国家的重要性不是来自它们的力量和动机，而是来自它们所处的敏感地理位置……由于这种位置，它们有时在决定某个重要（地缘政治）棋手是否能进入重要地区，或阻止它得到某种资源方面能起特殊的作用。"③ 他强调："在广阔的欧亚中部高原以南有一个政治上混乱但能源丰富的地区，它对于欧亚大陆西部和东部的国家，以及……有意谋求地区霸权的国家来说，都有潜在的重大意义。"④ 他认为："伊朗控制着波斯湾的东海岸。尽管伊朗目前仍敌视美国，但伊朗的独立能阻碍俄罗斯在波斯湾地区对

---

① Foreign Relations of the United States (FRUS), Government Printing Office (GPO), Washington D. C., 1946, Vol. VII, pp. 1—6.

② Foreign Relations of the United States (FRUS), Government Printing Office (GPO), Washington D. C., 1947, Vol. V, pp. 575—576.

③ ［美］兹比格纽·布热津斯基：《大棋局：美国的首要地位及其地缘战略》（中译本），上海人民出版社，1998 年第 1 版，第 55 页。

④ ［美］兹比格纽·布热津斯基：《大棋局：美国的首要地位及其地缘战略》（中译本），上海人民出版社，1998 年第 1 版，第 47 页。

美国的利益构成任何长期的威胁。"①

"9·11"事件后，美国全球战略的最优先事项转变为反恐和防止大规模杀伤性武器扩散，特别是要防止恐怖主义和大规模杀伤性武器结合。布什政府把伊朗视为支持恐怖主义和企图研制大规模杀伤性武器的国家之一，并从这一角度出发制订对伊朗的战略。

（二）美国对伊朗政策有时是自相矛盾的

由于伊朗在地缘战略上所处的重要地位，美国即使在与伊朗敌对的情况下，也企图对伊朗内部保持某种影响力。这使得美对伊朗政策有时自相矛盾。

在冷战后期，美国将霍梅尼政权下的伊朗定性为"世界上一个支持恐怖主义的主要国家"，② 并且在两伊战争中公开支持伊拉克。但另一方面，为了与伊朗内部某些对美国敌对情绪比较少的势力进行接触，并加以扶持，在里根总统的批准下，美国向伊朗秘密出售价值达1200万美元的"陶"式反坦克导弹。时任美国总统国家安全事务顾问布德·麦克法兰及其助手诺思中校甚至于1986年乘坐一架以色列空军的波音707飞机去伊朗执行任务，飞机上载有卖给伊朗的"陶"式导弹发射装置。③

在冷战结束后，美国许多政界人物和学者认识到："美国同伊朗的敌对关系长期化不符合美国的利益。"④ 布热津斯基甚至明确指出："一个强大

---

① ［美］兹比格纽·布热津斯基：《大棋局：美国的首要地位及其地缘战略》（中译本），上海人民出版社，1998年第1版，第63页。

② ［美］乔治·布什：《布什自传》（中文版，郭争平译），北京·中外文化出版公司，1988年第1版，第218页。

③ ［美］乔治·布什：《布什自传》（中文版，郭争平译），北京·中外文化出版公司，1988年第1版，第219页。

④ ［美］兹比格纽·布热津斯基：《大棋局：美国的首要地位及其地缘战略》（中译本），上海人民出版社，1998年第1版，第267页。

的、甚至其行为虽受宗教驱使但不盲目热衷于反西方的伊朗符合美国的利益。”[①] 在克林顿政府后期，美国对伊朗政策有所松动。但布什政府上台后，美国与伊朗的对抗进一步升级。

（三）美国为实现战略目标对伊朗相辅相成地运用外交手段与军事手段

长期以来，美国为实现其全球战略的目标，对伊朗既使用外交手段，也使用军事手段，两种手段并用或交替使用。

从外交手段来说，在冷战初期，美国的策略是尽量利用联合国安理会。例如，1946 年 2 月，美国力主伊朗坚持苏联无条件撤军，不以石油为交换条件。同年 4 月，伊朗与苏联达成协议，规定苏军“无条件”撤出伊朗，但又规定伊苏谈判成立联合石油公司，以及伊朗中央政府与阿塞拜疆省通过谈判解决内部事务。美国对此不满意，遂于次日策动安理会通过一项决议。该决议申明注意到伊苏协议规定苏联无条件撤军，将视苏军撤退的情况再决定是否把伊朗问题保留在安理会日程上，伊苏之间就另外两项问题的谈判与苏联撤军无关。[②] 这使得美国在外交上与苏联相比占了上风。

美国对伊朗使用的军事手段包括在美伊关系较好时向伊出售武器、派遣军事顾问团、对伊动武等。对伊军售还成为美伊关系紧张时美国企图影响伊朗内部某些势力的工具。美国对伊朗动武的一次主要经历，是 1980 年 4 月美军派出突击队企图武装营救被伊朗扣留的美国人质，但以失败收场。美国为了实现更迭伊朗政权的目的，甚至不惜动用非法手段。美国中央情报局 1953 年策动政变推翻摩萨台政权，扶植亲美的巴列维国王上台就是一个明显的例子。

---

① ［美］兹比格纽·布热津斯基：《大棋局：美国的首要地位及其地缘战略》（中译本），上海人民出版社，1998 年第 1 版，第 267 页。

② 资中筠主编：《战后美国外交史：从杜鲁门到里根》（上册），北京·世界知识出版社，1994 年第 1 版，第 172 页。

三、美国对伊朗战略的未来走向

（一）布什政府将继续推行“政权更迭”战略

从布什总统在2002年初将伊朗和伊拉克、朝鲜一起列为“邪恶轴心”国家，并在随后正式提出“先发制人”战略起，布什政府实际上已经将“政权更迭”作为对伊朗政策的目标。

2003年6月，伊朗发生了一系列反政府示威。伊朗当局在示威者与支持神职政权的人士发生冲突之后，逮捕了100多人。美国总统布什宣称，抗议活动“代表伊朗民众争取实现自由伊朗的开始”，“具有积极意义”。[①] 美国还要求伊朗政府立即释放被捕的参加抗议的学生。

布什政府要更迭伊朗政权是有多重考虑的。首先，美国认为伊朗正在发展核武器，而伊朗的核武器技术和材料有可能落入伊斯兰恐怖分子手里。其次，美国指控伊朗与恐怖组织有联系。2003年7月，布什总统公开指责伊朗政府为“基地”组织领导人提供庇护和财政支持，并表示将深入调查伊朗是否与“9·11”事件有关。五角大楼指控伊朗情报机构向伊拉克境内袭击美军的武装分子提供支持。美国和以色列还指责伊朗支持巴勒斯坦激进组织对以色列进行袭击。第三，美国认为伊朗实行伊斯兰神权统治，是独裁政权，不民主。第四，伊朗是石油生产、出口和蕴藏大国，控制伊朗将有利于美国控制整个波斯湾地区的石油资源。第五，在美国推翻伊拉克萨达姆政权后，伊朗已经成为实现布什政府“大中东计划”的最大障碍。第六，伊朗是什叶派穆斯林掌握政权，过去萨达姆在伊拉克执政时，是逊尼派穆斯林掌权。美国原来一直是利用什叶派与逊尼派的矛盾，让伊朗与伊拉克互相牵制。但伊拉克选举后，在人口中占多数的什叶派穆斯林在伊拉克政府中占优势。美国担心伊朗和伊拉克什叶派穆斯林政权相互合作，共同对付美国。

---

① 《美国与伊朗关系进一步紧张》，http://www.china.org.cn/chinese/HIAW/347966.htm。

布什2005年1月连任总统后，对伊朗继续采取强硬政策。布什政府对在欧盟高级代表支持下的法、德、英三国2004年11月与伊朗达成的暂时冻结伊朗浓缩铀设施协议态度冷淡和消极。但2005年3月，美国国务卿赖斯表示，如果伊朗同意冻结一切核活动，美国将同意伊朗加入世界贸易组织，并考虑解除对伊朗购买民用飞机零部件的禁令。布什政府曾一直拒绝与伊朗政府直接会谈。2006年5月，布什政府调整政策，表示愿意有条件地参加与伊朗的多边谈判。

（二）布什政府将继续把伊朗核问题作为焦点

2002年8月，伊朗国内的一个反对派组织向外界透露，伊朗正在秘密建造一个地下铀富集厂、一个燃料制造厂、一个重水生产厂和一个重水反应堆。此后，国际原子能机构（IAEA）对伊朗进行了广泛的介入性视察和大量取样。2003年9月，在美国的推动下，国际原子能机构通过决议，要求伊朗在10月底前澄清其核计划的和平目的，并尽快签署《不扩散核武器条约》（NPT）附加议定书，终止提炼浓缩铀。美国持续利用伊核问题对伊朗施加压力。美国国会众议院通过一项针对伊朗的决议案，授权布什政府采取“一切适当手段”，阻止、劝说和防止伊朗获得核武器。

在法、德、英的斡旋下，同年12月，伊朗签署《不扩散核武器条约》附加议定书。在大量的取样分析面前，伊朗不得不逐步透露已实施长达20多年的核研究计划。但在核查过程中双方对一些关键性问题仍有争议，如伊朗富集铀的数量和富集度以及一些核材料的制备数量等。

目前，在国际原子能机构的核查和国际社会的压力下，伊朗暂停了许多核材料制备相关的活动，包括暂停铀富集试验厂的离心机组装等活动。但是许多相关的研究和设施建造工作仍在继续。根据《不扩散核武器条约》，伊朗有权在国际原子能机构的保障监督下生产用于和平目的的核材料。另一方面，伊朗的这些活动应在其安全保障职责下向国际原子能机构申报，但伊朗的很多研究工作都是秘密进行的，尽管目前还没有生产出显著数量的核材料

(高浓缩铀和钚)。[①] 伊朗议会迄今仍未批准《不扩散核武器条约》附加议定书，这使该议定书还未对伊朗正式生效。伊朗仍为自己留有余地。

当前伊朗核问题的关键是铀浓缩活动。2003 年 10 月，伊朗向欧盟国家承诺暂停铀浓缩活动。但半年后伊朗表示不能遵守承诺，因为欧盟国家未兑现向其提供核技术和将伊核问题从国际原子能机构议程中撤下的承诺。美国为了防止伊朗秘密研制核武器，向国际原子能机构施加了强大压力，要求督促伊朗放弃一切与铀浓缩有关的活动。伊朗以《不扩散核武器条约》签字国都有权进行铀浓缩为由，认为这是伊朗享有的当然权利，如果在美国的压力下停止铀浓缩活动有损于国家主权和民族尊严，保留在必要的时候恢复铀浓缩的权利。

法、德、英等欧盟三国为了说服伊朗彻底放弃铀浓缩活动，在谈判中承诺向伊朗提供轻水反应堆和发展核能的相关技术。经过三轮艰苦谈判，2004 年 11 月，欧盟三国与伊朗就解决伊核问题达成初步协议。接着，国际原子能机构理事会通过了这一协议，从而避免了按美国的意图把该问题提交联合国安理会。

但布什政府对此不满意。当时的美国国务卿鲍威尔宣称，根据美国的情报，伊朗正在发展可安装核弹头的导弹。布什总统 2004 年 11 月在智利参加亚太经济合作组织非正式首脑会议期间，指控伊朗正在发展核武器。

根据该协议，欧盟应于 2005 年 7 月底 8 月初向伊朗提交解决核问题的一揽子方案；双方同时约定，只要谈判继续，伊朗就有义务停止与铀浓缩有关的一切核活动。2006 年上半年，伊朗重启铀浓缩活动。同年 6 月，联合国安理会 5 个常任理事国向伊朗提出解决伊朗核问题一揽子方案，主要内容是如果伊朗暂停铀浓缩活动，放弃核计划，国际社会将向伊朗提供能源和经济方面的"奖励"。具体内容包括：承诺为伊朗建造轻水反应堆提供积极支持；与伊朗进行谈判，要求它与欧洲原子能共同体合作；在国际原子能机构的监督下，为伊朗建立足够 5 年使用的核燃料储备；支持伊朗加入世界贸易组织和其他组织；加强伊朗融入国际市场，获得国际资金；可能解除美欧向

---

① 康春梅、李志民：《伊朗核材料制备能力及影响》，中国军备控制与裁军协会刊物《军备控制研究与进展》，2004 年第 4 期，北京，第 9—12 页。

伊朗出售民用飞机的禁令；保证为伊朗的电讯和互联网的现代化提供支持等。

2006年7月31日，联合国安理会通过关于伊朗核问题的1696号决议。其核心内容是：如果伊朗不在8月31日之前暂停铀浓缩，安理会将考虑根据《联合国宪章》第七章第41条的规定采取“适当措施”。同年12月23日，联合国安理会通过关于伊朗核问题的1737号决议。决议要求伊朗暂停铀浓缩和后处理活动及重水相关项目，并针对核与弹道导弹领域对伊朗采取制裁措施，包括禁运、冻结资产和金融制裁、旅行限制、禁止培训、限制国际原子能机构与伊朗技术合作范围等。决议还规定，如果伊朗暂停铀浓缩和后处理活动，进而遵守安理会决议并满足国际原子能机构要求，安理会将暂停、甚至终止制裁。

（三）布什政府对伊朗动武的可能性不能排除

布什政府内的强硬派主张对伊朗进行军事打击。2004年12月初，当时的美国总统国家安全事务顾问赖斯主持一个特别会议，讨论对伊朗进行军事打击问题。时任国防部长拉姆斯菲尔德提出一个对伊实施军事打击的计划。该计划包括斩首、空袭、地面进攻三个步骤，准备用两周时间将部队推进到德黑兰城下。该计划的最终目的是在伊朗建立一个亲华盛顿的政府。美军中央总部司令对伊朗发出战争威胁。驻阿富汗美军在靠近伊朗边境的地方修建军事基地。美国胡佛研究所高级研究员麦克·麦克富尔认为，现在的情况与美国发动伊拉克战争前十分相似。①

另一方面，存在许多反对美国对伊朗动武的力量。国际上，支持通过谈判解决伊朗核问题的呼声仍很高。2004年12月13日，美国前国务卿奥尔布赖特与英、法、意、加、西、荷、丹等国的7位前外长共同在《华盛顿邮报》发表文章，呼吁布什政府“支持上述三个欧洲国家最近与伊朗达成的协议，以此作为至关重要的第一步”，认为应“设法给予伊朗它自称想要的民

① Michael McFaul, Persian Dilemmas: the Discouraging Lessons of U.S.-Iranian Relations, posted Dec. 2, 2004, http: //ww. slate. com/.

用核计划，同时使国际社会（从伊朗）获得它所需要的安全保证，这符合所有国家的利益”。①

在美国国内，许多政界人士和专家学者反对美国对伊朗进行军事打击。他们认为，即使伊朗拥有核武器，由于美国具有强大的军事威慑力，伊朗既不敢对美国发射核武器，也不敢将核武技术转让给恐怖组织；如果美国对伊朗动武，伊朗反而会加速发展核武器，而且会联合伊拉克的什叶派建立新的反美统一战线，使美军在伊拉克的处境更加困难。他们主张，美国应对伊朗实施“接触”政策，通过美伊两国民间组织领导人、学者和商人的直接接触，来对伊朗社会进行“和平演变”，并摸清伊朗核项目的实际情况。在布什政府上述会议上，当时的美国务卿鲍威尔等高级官员也对美国对伊朗动武提出异议。这些都将对布什政府作出对伊朗动武的决策产生牵制作用。

但是，在第二届布什政府中，强硬派势力的主张仍有很大影响。他们认为，伊朗有核武器是不可接受的，由于伊朗政府惯于搞欺骗，不能相信与伊朗就核问题达成的任何协议；只有用武力改变伊朗政权，在伊朗建立民主制度，才能彻底解决伊朗核问题和伊朗支持在伊拉克的武装分子袭击美军的问题；而一旦美军对伊朗进行军事打击，伊朗内部就会发生推翻现政权的起义。因此，在布什总统第二任期内存在着美国对伊朗动武的可能性。

第六节 影响和决定美国对外战略的若干美国国内因素

冷战结束后，各大国国内因素对其对外战略的影响显著增加，这在美国更加明显。美国国会在美国对外战略中发挥着不可忽视的影响；美国国家安全委员会在协助总统制定美国对外政策和协调国家安全机制中发挥着重要作

① Former U. S. Secretary of State Madeline Albright and seven former Foreign Ministers respectively from the United Kingdom, France, Italy, Canada, Spain, Holland, and Luxembourg, How to engage Iran? *Washington Post*, December 13, 2004, p. 1.

用；美国军界、军事学术界和军工企业界对美在华战略的制定方面有重大影响。

一、美国国会对美国对外战略的影响

国会作为美国的立法机关，也是美国的权力中心之一。在立法、行政、司法三权分立、相互制衡的机制下，通过立法权、财政权、监督权、调查权、建议与赞同权以及决议案等途径，美国国会在美国对外战略和对华战略中发挥着重要作用。近年来，这种作用表现得相当明显。

（一）美国国会影响美外交政策和对华政策的途径

根据美国宪法的规定，美国联邦政府实行“三权分立、相互制衡”的制度，一方面把立法、行政、司法大权分属国会、总统和最高法院，另一方面又使它们在行使各自的权力时受到其他部门的制约。自美国建国以来，总统与国会之间的权力之争不断。到 20 世纪 60 年代末、70 年代初，总统的权力曾经大到如美国历史学家小施莱辛格所称的“帝王般总统”。另一方面，“国会的权力显然是有限的，而且国会本身的程序和内部的紧张关系还进一步限制了它的权力。尽管如此，许多非常严肃的观察家相信，美国国会仍然是世界上最强大的立法机构”。[①] 由于越南战争和“水门事件”暴露了总统行使“帝王般”权力的弊病，从 70 年代初起，国会在各个方面，特别是在外交和防务政策领域向总统频频发起挑战，夺回了一些权力。

外交权是行政权的重要组成部分，美国总统在这方面拥有主导权。但是美国国会作为“世界上最强大的立法机构”，由于握有立法权、财政权等，在外交决策中也占有重要地位，从而形成了一种国会与白宫相互制约的局面。

国会与白宫之间在美外交政策的互动与制约主要是出于三个原因：

其一，体制结构因素。美国“宪法的制订者显然是想让国会成为美国政

① ［美］罗杰·希尔斯曼：《防务与外交决策中的政治：概念模式与官僚政治》，北京·商务印书馆，2000 年 2 月第 1 版，第 277 页。

治体制的中心，并成为政府的最高机构”。[①] 同时，他们又创建出规定国会与其他政府机构之间关系的“共享权力的分立机制”（separated institutions sharing power）。这使国会和总统的权力都受到一定的限制，导致机制性的相互争斗与制约。

其二，政党因素。一般来说，如果总统和国会的多数党属于同一个政党时，总统及政府的法案容易通过，政局也较为稳定。但另一方面，这种情况也使国会对总统的制衡作用减弱了。近年来美国多数选民似乎更愿意看到总统和国会的多数党分属不同的政党。因此，总统和国会的多数党属于同一个政党的机会并不多。在总统和国会的多数党不属于同一个政党的情况下，国会的多数党往往企图用自己的议事日程影响政府的政策。在这种情况下，国会对行政部门的制约就会增强。当然，即使属于同一个政党，国会议员为了竞选连任，重点考虑如何吸引本选区选民的支持和吸引媒体的关注。他们在外交事务方面甚至可以说一些超出美国政策的言论，因为他们不必为此负责任。相对而言，行政部门由于对政策负有实际执行的责任，因此往往比较谨慎，不愿贸然打破中美关系的现有框架而导致两国关系的激烈动荡。

其三，个人因素。国会议员对中国和中美关系的看法如何，直接影响到他们对中国的态度。而这些议员又往往企图通过各种途径用自己的观点影响美国政府的对华政策。

从实际上看，国会对行政部门的影响与制约主要体现在以下几个方面。

1. 国会利用立法权来影响政府对外政策和对华政策。国会在立法特别是在有关台湾问题的立法方面对美国行政当局的制约最为明显。冷战结束以来，美政府对台政策的一些微调绝大多数都可以事先在国会看到征兆。也就是说，这些微调是在国会的压力或影响下作出的。近年来，为了防止中国成为美国未来的对手和利用台湾问题牵制中国，美国国会少数反华势力加大了运用立法手段影响美国对华政策的力度。

其中最突出的一个例子是试图使《加强台湾安全法案》（Taiwan Security Enhancement Act，TSEA）成为法律。该法案最早是由时任美国参议院对外关

① ［美］麦克斯·斯基德摩和马歇尔·卡特·特里普：《美国政府简介（第六版）》，北京·中国经济出版社，1998 年 5 月第 1 版，第 188 页。

系委员会主席赫尔姆斯于 1999 年 3 月 24 日首次提交给参院对外关系委员会的。该法案的主要内容为：美国必须使台湾保持充分的自卫能力，美国对台军售必须以台湾的防务需要为基础，而不能以中美“八·一七公报”为基础；授权美国总统向台湾提供陆基和海基导弹防御系统、早期预警卫星资料、柴油动力潜艇、新式反潜装备、“宙斯盾”驱逐舰、AIM-120“阿姆拉姆”空对空导弹、先进的战斗机、空基预警和控制系统等；促进美国军队与台湾军队之间的军事交流（包括双方军事人员在威胁分析、军事理论、力量筹划和作战方法等方面的交流）以及美国军队帮助台湾军队进行战役训练；允许美台军队上将级军官进行互访；在美军太平洋总部与台湾军事司令部之间建立直接通讯联系，在美国驻台机构中增派防务技术人员；在美国和台湾关于采购武器的年度会谈结束后 60 天起，美国总统须向美国国会报告台湾提出的采购武器要求的细节以及美国拒绝、推迟答复或修改其要求的原因。

不难想象，如果有着以上条款的《加强台湾安全法案》成为法律，那么等于美台之间建立了事实上的军事联盟，这将严重破坏国际法的基本准则，也是对中国内政的粗暴干涉。

赫尔姆斯抛出《加强台湾安全法案》后，原想尽快使其在美国参众两院通过。但克林顿政府由于担心该法案会严重影响中美关系，而设法对国会做工作，使其不能通过。加之科索沃战争进入关键阶段后，美国由于海空军兵力不敷使用，不得不把部署在太平洋战区的航空母舰抽调到欧洲战区执行任务，造成其在亚太地区的兵力相对空虚。在这种情况下，美担心如通过《加强台湾安全法案》将会使中美关系紧张而影响美国全球战略部署和对南联盟的作战行动，因此美国会暂时搁下了对该法案的审议。

但科索沃战争结束后，众议员汤姆·迪莱向美众议院国际关系委员会提出了类似参院赫尔姆斯法案的《加强台湾安全法案》。由于克林顿政府的反对和一些议员有不同意见，时任美众院国际关系委员会主席、共和党议员吉尔曼与盖登森共同提出了该法案的修正案。该修正案对迪莱提出的最初法案作了一些修改，删去了批准向台湾出售特定武器的内容，但仍规定美国防部门与台湾军方之间建立直接通讯联系，帮助台湾加强军事训练，允许台湾派遣更多的军官到美国军事院校受训，并要求美国防部每年就“台湾安全遭到的威胁”向国会提出报告。2001 年 2 月 1 日，美国会众院以 341 票赞成、

70票反对的结果通过了修改过的《加强台湾安全法案》。[①] 由于参院未通过该法案，因此它并未能成为法律。

布什总统在竞选中曾表示支持国会通过《加强台湾安全法案》。他上台后因为顾虑一旦该法案成为法律将会对中美关系产生破坏性影响，所以布什政府一些官员向美国会议员表示，布什政府会将该法案的一些内容付诸实施，因此国会没有必要通过该法案。

再以围绕美国导弹防御系统问题的互动与制约为例。从20世纪90年代中期起，由共和党控制的第104届和第105届国会一直将为部署“国家导弹防御系统”（NMD）规定一个日期作为一项重要事务。1995年，国会在通过的《1996财政年度国防授权法案》（法案号H.R.1530）中包括一个“1995年导弹防御法案”，该法案要求国防部长“发展在费用上能承受和能有效作战的国家导弹防御系统以用于部署，并在2003年底具有初步作战能力”。克林顿总统因反对这一要求而否决了《1996财政年度国防授权法案》。1996年2月，国会通过了修改后的该国防授权法案（法案号S.1124），其中删除了NMD的部署日期但保留了“1995年导弹防御法案”的其他内容，包括为部署“战区导弹防御系统”（TMD）确定日期。克林顿总统签署了该法案，使之成为法律。

为了避免在国防授权法上再一次争斗，国会领导决定寻求在导弹防御政策方面单独立法。从1996年至1998年，美国国会每年都有议员提出导弹防御法案，但均未在国会通过。

1999年3月17日和18日，参议院和众议院分别以97票对3票和317票对105票的压倒多数通过了《国家导弹防御法案》（National Missile Defense Act）。同年6月，克林顿总统签署了该法案，使之成为法律。根据该法，美国行政当局将在国家导弹防御系统技术具备可行性时立即决定部署该系统。[②] 这个案例表明，在国会以压倒多数通过某项法案时，总统即使不同

① 原文见 http://thomas.loc.gov。

② Sutter, Robert, *How Important is China's Objection to U.S. Missile Defense Proposals? A View from Capitol Hill*, Discussion paper prepared for Monterey Institute of International Studies conference, April 28, 1999.

意，也难以行使否决权。

由于单独的法案容易遭到总统的否决，因此自 20 世纪 90 年代初以来，美国国会更多地采用将某一法案附在总统不得不签署的某个法案上的方法。例如，1993 年 7 月，参议院外交委员会一致通过参议员穆考斯基提出的“对 1979 年《与台湾关系法》修正案”。经过与众议院协商，该修正案作为“第 53 条，台湾”附于《1994 和 1995 财政年度对外关系授权法》上。1994 年 4 月，参众两院分别通过该法案，并由克林顿总统在 4 月 30 日签署，正式成为法律。该法明确规定：《与台湾关系法》第三条“优于政府的政策声明，包括公报、规定和指令及基于上述的政策”。① 这是自 1979 年中美建交以来，美国方面第一次以国会立法的形式，否定 1982 年中美签署的“八·一七公报”中关于美国售台武器在数量和性能上逐步减少直至最终解决的承诺，为美国政府不顾中国的强烈抗议继续不断向台湾出售武器提供了法律依据。该法还主张鼓励美内阁级官员访台，并要求美总统采取步骤支持台湾加入多边国际组织。

2. 国会利用财政权来影响政府对外政策和对华政策。例如，1998 年美国国会在通过《1999 财政年度国防拨款法》(Public Law 106—113) 时，在该法案上附加了一项内容，要求“国防部长办公厅长期战略评估办公室”(Office of Net Assessment)，“会同美军太平洋总部，在该法案生效后不迟于 270 天，通过负责政策的国防部副部长，向美国会提交一份关于执行《与台湾关系法》情况的报告”。根据法案，该报告应包括两项主要内容：(1) 评估美国防部自《与台湾关系法》1979 年生效以来在执行该法相关条款方面的作战方案和其他准备情况。(2) 评估中华人民共和国的军事能力与意图，及其对台湾与中华人民共和国之间现在和未来安全形势可能产生的影响。②

3. 国会利用监督权影响政府对外政策和对华政策。国会使用监督权对

---

① 刘连第、汪大为：《中美关系的轨迹—建交以来大事纵览》，北京·时事出版社，1995 年 5 月第 1 版，第 427 页。

② US Defense Department Report To Congress on Implementation of the Taiwan Relations Act, December 19, 2000.

外交政策的影响主要表现在两个方面：

其一，监督美行政当局外交政策及其执行情况。美国会在这方面采取的主要方式：一是将行政部门高级官员招到国会作证。例如，美国务院负责东亚和太平洋事务和国防部负责国际安全事务的高级官员经常在国会的听证会上阐述美对华政策。二是通过立法要求行政部门就某一有关国家的重要问题向国会提交报告。迄今为止，国会通过立法要求行政部门定期提交的与中美安全关系有关的报告包括：国防部关于中华人民共和国军事力量年度报告、国防部关于执行《与台湾关系法》情况的报告等。① 此外，国会还要求行政部门就某一问题提交专题报告，如美国防部 1999 年 5 月向国会提交《亚太地区战区导弹防御结构方案》的报告，其中提出了将台湾纳入战区导弹防御系统的选择方案。

其二、监督中国在经济上和其他方面是否对美国构成威胁。例如，当美国国会辩论给中国以永久正常贸易关系（PNTR）法案时，一些议员提出，不能因为中国获得了永久正常贸易关系，就使美国会失去对中国人权进行监督的功能。在他们的推动下，美国会在 2000 年 9 月通过的给中国以永久正常贸易关系（PNTR）法案中，规定设立“国会和行政当局中国问题联合委员会”。② 根据美国国会两党的协议，这一委员会由参众两院各出 9 名议员，加上行政当局的 5 名代表，总共 23 人组成这一委员会。在国会两院的议员产生方法上，多数党及少数党各出 5 名与 4 名议员。行政当局的 5 名委员由总统任命产生，他们当中的 3 人分别来自国务院、商务部和劳工部，另外 2 人的产生不受部门限制。委员会的主席由参众两院议员轮流出任。该委员会的主要功能是监督中国的人权状况、法治发展和遵守世界贸易组织（WTO）承诺的情况。

又如，根据美国会 2000 年 10 月 31 日通过的《2001 财年国防授权法》

---

① 根据美国国会通过的《2000 财年国防授权法》，美国国防部每年向国会提交《中国军事力量年度报告》。

② 该法案的英文名称为：PNTR（Permanent Normal Trade Relations）for China bill；“国会及行政当局中国委员会”的英文为：Congressional-Executive Commission on the People’s Republic of China；原文见 http：//thomas. loc. gov。

中的一个修正案成立的“美中安全评估委员会”（the US-China Security Review Commission），由国会授权评估美中双边经济关系对美国的经济和安全影响，并每年向国会提交报告。

3. 国会利用调查权影响政府对外政策和对华政策。例如，1999 年美国会举行过 50 多场有关中国问题的听证会。在一些听证会上，有些别有用心的人故意把中国当成攻击的靶子，反复夸大和渲染未经证实和道听途说的传闻，指控中国“偷窃美国核技术”、“用非法手段影响美国政治”等，其目的是使中国在美国公众心目中显得一无是处。

国会行使调查权的另一种重要方式是组成调查委员会和发表调查报告。例如，1999 年初根据众议院第 463 号决议案，国会在众议院成立了“美国在同中国（交往时）对国家安全以及军事、商业方面的关注特别委员会”，调查美国向中国转让技术问题，同时负责评估中国增强军事和情报能力对美国国家安全的影响。众议院特别调查委员会对 150 多人进行了近 700 个小时的采访和听证，开了 34 次正式会议商讨有关问题和证言。同年 5 月 25 日，该调查委员会发表了《关于美国国家安全以及对华军事及商业关系的报告》，简称《考克斯报告》。报告融调查、听证、研究、政策分析于一体。该报告宣称，中国已“窃取”美国最先进的热核武器设计资料，将很可能继续根据这些情报研制小型热核弹头；中国以盗窃或其他方式非法获得有助于加强军事和情报能力的美国导弹和空间技术；中国已经向一些国家扩散了核技术和导弹，等等。美国有些国会议员还借此指责克林顿政府允许美国公司使用中国火箭发射卫星。[①] 尽管《考克斯报告》充斥谎言，也未能提供任何实际证据来支持其“指控”，在美国销量很广的《新闻周刊》甚至将其列为 1999 年的十大丑闻之一，但由于该报告是由国会组织的委员会经过“调查”得出的，因此对美国人民具有很大的欺骗性，使中国在美国公众心目中的形象受到损害。美国会围绕《考克斯报告》的行动及其媒体的炒作对美行政当局构成了很大的压力。在此情况下，美政府于 2000 年 2 月决定不批准由中国发射美卫星的许可证或给予豁免。这对中国航天发射业务的进展产生了负面影

① 上海国际问题研究所编：《国际形势年鉴 2000》，上海教育出版社，2000 年 10 月第 1 版，第 230 页。

响。《考克斯报告》还对中美军事交流产生恶劣的影响，是导致美国会在1999年通过的《2000财政年度国防授权法》中对美国防部与中国军方的接触施加特别限制的重要因素之一。该法规定美国防部长无权批准会导致美军先进军事能力不适当暴露的美中军事交流，包括允许中国军方人员参观美军的力量投送能力、核作战能力、国防部实验室等。①

4. 国会以没有法律约束力的决议影响对外政策和对华政策。1999年，美众院提出了70多项有反华内容的议案，得到通过的有30多项，其中包括限制向中国出口卫星技术和高性能电脑，限制两国之间的军事交流，支持台湾加入只有主权国家才能加入的国际组织等。② 又如，1995年3月23日，美参院外委会通过两项决议，敦促政府同意李登辉对美进行“私人访问”和支持台湾加入联合国。③ 同年5月2日和9日，美众院和参院分别以396票对零票和97票赞成1票反对，通过了支持李登辉访美的共同决议案。这对克林顿政府施加了巨大压力。

5. 国会利用建议与赞同权影响对外政策和对华政策。国会与对外政策有关的建议与赞同权主要包括两个方面：一是在人事方面，即参院对总统任命的官员有否决的权力。总统挑选的驻华大使、政府内阁官员、高级官员须由参院同意后才能任命。参院要逐个对被提名人进行严格审查。如果参院否决总统提名的人选，总统就得重新挑选。二是在条约方面，即参院有审核批准条约的权力，有权把行政当局与其他国家经过精心谈判才达成的条约否决掉。在历史上，参议院曾有“条约的坟场”（graveyard of treaties）的恶名。④ 随着时间的推移，它虽然对条约常采用束之高阁、不予理睬的方法，但也有拒绝批准的例子。例如，参议院1999年10月13日表决拒绝批准

---

① The National Defense Authorization Act for Fiscal Year 2000, public Law 106-65, Security. 1203. Military-to-Military Contacts with Chinese People's Liberation Army.

② 杨成绪：《笼罩着阴影的中美关系》，载上海国际问题研究所编：《国际形势年鉴2000》，上海教育出版社，2000年10月第1版，第73页。

③ 刘连第：《中美关系重要文献资料选编》，时事出版社，第495页。

④ Louis Henkin, *Foreign Affairs and the Constitution*, New York: W. W. Norton, 1975, p. 132.

《全面禁止核试验条约》（CTBT），严重破坏了国际核军控和防止核武器扩散的努力，给条约的生效造成更大的困难。同时，这也为美国将来为发展新型核武器而重开核试验留下了伏笔。由于美国不承诺不首先使用核武器，并正在发展导弹防御系统，因此美国发展新型核武器将增加其首先使用核武器的可能性。这对中国的安全有一定的负面影响。

当前，美国会仍主要企图在台湾问题和人权问题上影响布什政府对华政策，向中国施加压力。2001 年，美国会参众两院议员共提出 100 个与中国有关的法律草案，其中与台湾有关的就占了一半，达 50 个。这些法律草案的内容主要包括：支持台湾加入国际组织；推动实现陈水扁访美，到华盛顿的全国新闻俱乐部发表演讲；推动建立“美国—台湾自由贸易区”，以缓解台湾对中国在经济上的依赖给台造成的威胁，等等。[①] 2001 年以来，美国会尤其把重点放在支持台湾加入“世界卫生组织”（WHO），以此作为台加入只能由主权国家参加的国际组织的突破口。在 2001 年美国会提出的有关台湾的法律草案中，5 个是要求美行政当局支持台湾加入世界卫生组织，3 个要求美行政当局支持台湾在 2002 年 5 月日内瓦举行的“世界卫生组织大会年度最高级会议”上获得观察员席位，1 个是要求美行政当局支持台湾加入国际组织，包括世界银行、国际货币基金组织和联合国等。“9·11”事件发生后，美国会曾将这些法律草案暂时搁下。但在美在阿富汗的反恐战争取得阶段性胜利和民进党在台立法委员选举中获胜后，美众院 2001 年 12 月 19 日通过要求美行政当局支持台湾加入世界卫生组织的法案。美国会一部分议员还成立支持台湾的国会议员组织“台湾连线”（Taiwan Caucus），从而进一步加强美国会对台湾的支持力度。这些都可能促使布什政府的政策向有利于“台独”的方向倾斜，从而给中国的和平统一制造障碍，并鼓励一小部分台独分子进一步沿着分裂中国的危险道路走下去。

（二）国会内部互动对美国外交政策和对华政策的影响

在国会与白宫关系这一主线之外，国会内部的互动与制约关系也对美国

① http：//thomas. loc. gov.

外交政策和对华政策产生重要影响。

1. 参议院与众议院之间的互动与制约及其影响。美国的缔造者们当初在创建国会制度时，将众院设计为一般大众的代表，认为它作为“民治”的基础，应敏感及时地反映整个美国的情感和社会各种要求与情绪，特别是广大中下层社会的要求与情绪，因此强调众院议员必须是经由小区选举产生，任期不应过长，这样可以加强他们与选民的直接联系。而这些缔造者们将参院设计为“智者之院”，以便给国会的立法注入“条理、系统、审慎、稳健和智慧”和“冷却众议院表现的民众的激情”，因此参议员的任期相对较长，但每两年必须改选其中1/3，从而防范他们在大权在握的情况下失去理智。创建两院制的主要目的之一，是让参院与众院既能相互制衡，又能“互相妥协，克服分歧”。[①]

由于参众两院结构的不同，它们在运作的优先顺序上也不一样。众院重视通过法案，将此视为“生命之本”。而参议院的“中心活动是培植全国选民的好感，拿出有全国意义的问题去辩论（尤其是与总统辩论），谋划今后有一天能够制定为法律的政策建议”。[②] 这决定了参众两院在通过与外交政策和对华政策有关的法案时态度有所不同。正如美开国元勋、第一任总统乔治·华盛顿所说，参院之于众院的关系就像杯子跟咖啡的关系，众院的热咖啡可以倒进参院的杯子里让其冷却（cooling off）。[③] 这方面的一个例子是1997年11月6日，众院通过《美台导弹防御合作法案》（US-Taiwan Anti-Ballistic Missile Defense Cooperation Act，法案号H. R. 2386）。该法案要求美国防部长“研究在亚太地区建立有能力保护台湾免遭弹道导弹攻击的战区导弹防御系统的结构性需求”，“包括美国与台湾合作和向台湾提供先进的导

---

① 蒋劲松：《美国国会史》，海南出版社，1992年第1版，第52页。

② Thomas E. Mann and Norman J. Ornstein Edit, The New Congress, American Enterprise Institute for Public Policy Research, 1981, pp. 365—366.

③ 孙哲：《左右未来：美国国会的制度创新和决策行为》，复旦大学出版社，上海，2000年3月第1版，第76—77页。

弹防御系统的适当措施”。[①] 由于参院并没有提出和通过类似的法案，因此该法案没有法律效力，只能起决议案的作用。

2. 共和与民主两党在国会中的争斗及其影响。国会是共和党和民主党竞争的主要舞台之一。一般来说，多数党占据有利地位，它“总是要在恰当的时间里，用最符合本党利益的辩论规则来推出自己想通过的法案；对少数党提出的要求，千方百计加以阻挠”。[②] 因此哪一个党成为国会的多数党对美对外政策和对华政策有一定影响。总的来看，在台湾和安全问题上民主党作为多数党对中国比较有利，在人权和贸易问题上共和党作为多数党对中国比较有利。例如，2001 年 5 月，佛蒙特州联邦参议员杰福兹退出共和党，使共和党失去参院多数党地位。民主党在参院主事后，参议院对台湾的态度明显趋向冷淡。2001 年 8 月 1 日，美参院外交关系委员会通过《2002 财政年度对外关系授权法案》，其中第 603 款规定：“本法案通过后 90 天内，以及以后每 90 天，国务院应与国防部磋商，就……对台军售……向国会之适当委员会提出详尽简报。”此一条文，目的在确保国会对美对台军售有发言权。但另一方面，参院外委会通过的这一版本没有了众议院同年 5 月通过的版本中其他与台湾有关的内容。这些内容共有 5 项，前三项有法律约束力，另两项则是表达国会的观点。其中有法律约束力的第 1 项内容是：美国在转让军备软硬体时，应给予台湾“等同与北约组织主要盟国的地位”；在此地位下，台湾可以优先获得美国的剩余国防物资，并参与美国的武器合作研究与发展计划。[③]

由于美国会中两党领导层对本党议员所能提供的资源有限，进行约束的权力也有限，因此长期以来以政党为界限投票的比率并不高，国会中约有 1/3 至 1/2 议员投票时出现了跨党联盟。例如，在克林顿总统第二任期的后

① The First Session of 105 Congress：US-Taiwan Anti-Ballistic Missile Defense Cooperation Act（H. R. 2386），Passed on November 6，1997，http：//cns. miis. edu/db/china/engdocs/ustw2386. htm.

② 孙哲：《左右未来：美国国会的制度创新和决策行为》，复旦大学出版社，上海，2000 年 3 月第 1 版，第 205 页。

③ 台湾《中国时报》2001 年 8 月 6 日报道：《美参议院对台态度明显趋淡》。

期，国会中共和党的保守派和民主党的自由派就结成联盟，借“中国窃取美国核技术案”而掀起反华浪潮，攻击克林顿政府的对华政策。

3. 参议院和众议院内部运作模式对美国外交政策和对华政策的影响。在美国会中，专门委员会及小组委员会掌握着政策制订的关键环节。国会制度专家罗·H·戴维逊认为：“国会山上制定政策的中心舞台在委员会和小组委员会。它们是政治神经末梢、情况汇集处、方案筛选器、立法细节提炼场。”① 其中，在对华政策和中美关系上，参院外交委员会和众院国际关系委员会起着最重要的作用。在委员会下面又设有若干小组委员会，法案必须先经过小组委员会审议通过才能送交委员会审议。与中国有关的大部分法案和议案首先须通过这两个委员会才能分别提交给参众两院审议。而有些对中国不利的法案是在小组委员会或委员会中被搁置的。例如，《加强台湾安全法案》2000 年就是被搁置在参院外交委员会的。当时赫尔姆斯企图再次推动《加强台湾安全法案》在参院的通过，无奈在参院对外关系委员会中就遇到了阻力，其亚太小组委员会主席托马斯不同意，在委员会中多数成员也反对该法案。而且并不完全是以党派划线，一些民主党议员反对，共和党议员也不是都赞成。因此，该法案搁浅在参院对外关系委员会中并成为废案。委员会主席通常在决定议事日程等方面有重大权力。2001 年 5 月民主党在参院成为多数党后，民主党人拜登接替共和党人赫尔姆斯担任参院外委会主席职务。拜登与赫尔姆斯在导弹防御系统、售台武器等一些问题上有分歧，但他们在《加强台湾安全法案》等问题上又立场一致。这些对参院涉华法案的审议有一定影响。

（三）国会非制度性因素对美对华政策的影响

除上述美国国会利用“三权分立”制度及其运作机制影响美外交政策和对华政策之外，国会其他非制度性因素对美对华政策也产生不可忽视的影响。

---

① Thomas E. Mann and Norman J. Ornstein Edit，The New Congress，American Enterprise Institute for Public Policy Research，1981，p. 183.

国际战略形势是影响美国会对中美关系态度变化的最重要因素。美对华政策是美国对外政策的重要组成部分。自从20世纪70年代初以来，一般来说，在美国面临严重外来直接威胁时，总统在对华政策上权力较大，国会在对华关系上基本采取支持总统的态度；而在美国没有面临严重外来直接威胁和国会与总统争夺外交权激烈的情况下，国会则较多地干预对华政策。

20世纪70和80年代，美国面临苏联扩张主义的威胁，希望与中国进行战略合作以共同对付苏联，因此国会支持尼克松总统打开中美关系大门的行动和卡特总统与中国建交的决定。冷战结束和苏联解体后，美国成为世界惟一的超级大国，对中国的战略需要大大减少。在这种情况下，美国会在人权、台湾等一系列问题上干涉中国内政。2001年“9·11”恐怖袭击事件后，美国开始与恐怖主义进行战争，这成了美国外交政策最优先的事项。在这种危机时刻，美国总统比较容易赢得国会对其外交政策的支持。而且，中美两国共同面临一个新的敌人——恐怖主义。这些使得美国会减少了对中国事务的干预。但是，美国外交政策优先顺序的改变并不表示它外交政策的基本框架已经发生变化，中美关系的基本框架仍是既竞争又合作、既斗争又协调。而且，美在阿富汗的反恐战争取得阶段性胜利后，美国会的一些反华势力又有所抬头。因此，美国会对美对华政策的消极影响大于积极影响的状况将继续存在，但消极影响的程度将随着形势的发展而变化。

选民意愿和选区利益对国会议员的影响也不可忽视。绝大多数国会议员都想在下次选举中连任，因此如何为本选区捞取利益和争取选民也是他们在国会活动时的主要着眼点之一。例如，在时任国会参院多数党领袖洛特的支持下，他的家乡密西西比州的主要造船厂可能从布什政府2001年5月作出的向台湾出售8艘柴油动力潜艇的决定中得到好处，重新恢复尘封近50年的柴油动力潜艇生产线。① 又如，参议员赫尔姆斯的反华态度，不仅有价值观、意识形态、对国家利益的判断等原因，也与其选区利益造成的压力分不开。因为他的家乡北卡罗来纳州是全美最大的纺织业中心，受到中国输美纺织品的巨大冲击。②

---

① Washington Post, April 26, 2001.

② 台湾《中国时报》2001年8月6日报道：《美参议院对台态度明显趋淡》。

另外，价值观、意识形态、集团利益、新闻媒体及国会幕僚等对国会的对华态度也产生着相当的作用。自美国建国以来，以美国价值观和意识形态为基础的理想主义一直与以国家利益为基础的现实主义一起，成为影响美国对外政策的两大主要因素。一般来说，在对华政策和中美关系方面，有些国会议员往往比行政当局更多地从价值观和意识形态角度看问题，有时甚至打着"人权"旗号干涉中国内政，威胁中国安全。

军工产业集团为了从对台军售中获取高额利润，对美国国会和行政当局进行了大量游说。例如，1991年，在洛克希德—马丁公司的游说下，来自德克萨斯州的国会议员强烈呼吁老布什政府向台湾出售F-16战斗机。

美国许多新闻媒体既对中国带有偏见，又为获取高额利润的动机所刺激而想寻求"卖点"，因此对一些攻击中国的谣言不顾事实真相大肆进行炒作，而这种炒作又与美国国会的动作互相作用。例如，在国会就《考克斯报告》和"李文和案"进行调查期间，有些国会议员就是拿着新闻媒体的不实报道作为攻击中国的材料。

因为国会议员在许多专业问题上要依赖国会幕僚和助理，因此国会幕僚和助理在国会活动中起着举足轻重的作用。美学者把国会助手看成是"美国立法过程中的一支看不见的力量"，认为他们可以算是"非民选的议员"。①1999年以来，美政界出现了被称为"蓝军"的反华帮。"蓝军"的成员包括国会幕僚和助理、智囊机构研究人员、保守派新闻记者、前情报官员等。《考克斯报告》和《加强台湾安全法案》就是"蓝军"成员推动和协助促成的。

最后，台湾当局对美议员的收买及游说活动对国会的对华态度的变化也起着非常不好的作用。例如，1998年以来，台湾用金钱收买美国议员，推动《加强台湾安全法案》出笼。据美国媒体报道，由李登辉的亲信刘泰英担任负责人的台湾综合研究院在美国所雇佣的卡西迪公关公司是该法案的主要推动者之一。美司法部的一份内部文件显示，台湾综合研究院付给卡西迪公关公司的酬劳，在1999年上半年短短6个月之内增加了37%。1998年下半

① 孙哲：《左右未来：美国国会的制度创新和决策行为》，复旦大学出版社，上海，2000年3月第1版，第335—336页。

年台湾综合研究院付给卡西迪公司40万美元，1999年上半年增加到将近55万美元。而卡西迪公司也把推动《加强台湾安全法案》作为该公司当年的工作重点之一。1999年3月间，卡西迪公司就捐献5笔款项给时任美众院国际关系委员会民主党首席议员盖登森。而这个盖登森正是《加强台湾安全法案》在众院国际关系委员会得以通过的关键人物。当时美国务院曾动员民主党议员阻止该法案的通过，而盖登森却与时任该委员会主席、共和党众议员吉尔曼共同提出了该法案的修正案，并使这个修正案于1999年10月在该委员会通过。陈水扁上台后，继续利用卡西迪公司等美公关公司为台湾在美国会进行各种游说活动。

美国国会议员为了竞选连任，对台湾的政治捐款非常感兴趣。特别是众议员因为每两年就改选一次，所以随时都在准备募捐。台湾的金钱收买正是利用了美国会议员的这些弱点。美国著名中国问题专家兰普顿曾在《华盛顿邮报》上撰文指出，《加强台湾安全法案》之所以进入美国国会的议事日程，重要原因之一是台湾向美国的政客、智囊团和法律公关部门提供了大量金钱，进行游说活动。

总之，美国“三权分立、相互制衡”的制度，决定了美国国会影响外交政策和对华政策的运作规律。而认识这个规律，对于中国做好美国国会的工作，进而推动中美关系的发展，并防止其不利因素，无疑是有积极意义的。

二、美国国家安全委员会对外交决策的影响

美国国家安全委员会是美国总统最重要的顾问班子之一，也是总统行政办公机构的重要组成部分，它在协助总统制定美国对外政策（包括对华政策）和协调国家安全机制中发挥着重要作用。

（一）美国国家安全委员会的演变

美国国家安全委员会（National Security Council，NSC）实际上包括国家安全委员会本身、国家安全委员会工作班子及其负责人国家安全事务助理（全称为总统国家安全事务助理，Assistant to the President for National Security Affairs，NSA，又称为国家安全顾问）。

美国国家安全委员会是根据1947年国会通过并经总统签署的《国家安全委员会法》而设立的。总统是国家安全委员会的主席，法定成员是副总统、国务卿、国防部长、参谋长联席会议主席、中央情报局局长。该法规定，如果总统认为合适的话，他还可以邀请其他人员与会。在实践中，总统希望加入该委员会的一般还有国家安全事务助理等。有的总统也让财政部长加入。例如，乔治·W·布什任总统后，时任财政部长保罗·奥尼尔也参加国家安全委员会例会。①

国家安全委员会的演变可分为三个阶段：

1. 作为咨询机构的早期国家安全委员会（1947—1968年）。1947年国家安全委员会刚成立时，只有6名专职工作人员。杜鲁门和艾森豪威尔两位总统都比较依赖于强有力的内阁成员，如国务卿来获得情报和建议，因此虽然国家安全委员会也向总统提供情报和建议，但国务卿通常是首席对外政策发言人和总统顾问，国家安全委员会主要起咨询和顾问机构的作用。

杜鲁门总统缺乏国际经验和必要的专业知识来处理冷战开始后美国国际作用的转变，因此他比较多地听取国务卿迪安·艾奇逊和国防部长乔治·马歇尔的意见和建议。1950年朝鲜战争爆发后，国家安全委员会成为一个常设论坛。当时它的工作班子规模很小，在一位行政主管领导下，大约有20个专职人员，主要任务是组织并协助召开委员会会议。

艾森豪威尔总统对国家安全委员会比较重视，设立了总统国家安全事务助理来监督这一机构。他任总统8年中国家安全委员会举行了346次会议，平均大约一周一次。相比之下，杜鲁门总统时期5年多时间才召开过128次会议。② 至60年代初，现代美国国家安全委员会的程序逐渐成形。在艾森豪威尔任总统的后期，在国家安全委员会中建立了两个机构间委员会来协助准备正式会议和预测政策实施情况，这两个委员会都由国家安全事务助理主管。国家安全委员会工作班子的规模也扩大了，并成为协调国家安全各部门

---

① 卡伦·德扬和史蒂文·穆夫森：《精简机构、保持低调的国家安全委员会已经成形》，载《华盛顿邮报》2001年2月10日。

② ［美］杰里尔·A·罗赛蒂著：《美国对外政策的政治学》（中译本），世界知识出版社，1997年1月第1版，第86页。

和机构向总统提供情报和建议的主要工具。其结果是，国家安全委员会本身作为一个正式的顾问机构的作用下降，而国家安全事务助理及其工作班子作为总统情报和建议独立来源的作用却有所上升。导致这种情况的原因之一，是由于“国家安全委员会的程序过于缓慢且令人厌烦”。[①] 艾森豪威尔像他前任的杜鲁门和此后的各位总统那样，在遇到突变和危机时，经常是在与他最信任的政府成员进行非正式的磋商后作出决策的。

在肯尼迪和约翰逊任总统时期，国家安全委员会本身的作用进一步下降，内阁特别是国务院的传统作用受到国家安全事务助理及国家安全委员会工作班子作用上升的挑战。

约翰·肯尼迪虽然年轻气盛，但缺乏管理对外政策的明确战略，其个人的管理风格极不正规且类似于富兰克林·罗斯福所采用的临时风格，因此他不习惯去依靠像国家安全委员会那样大型的顾问机构，并很快就削弱了国家安全委员会的组织，其后果是国家安全委员会“名存实亡”。在1961年美国派遣雇佣军入侵古巴猪湾的行动遭到惨败后，一些人将其归咎于肯尼迪决策程序的分散和混乱。在这种情况下，肯尼迪强调通过国家安全事务助理保证所有的情报和建议都能到达总统那里，并迫不得已象征性地作出依赖国家安全委员会的样子。结果是国家安全事务助理越来越成为总统个人的顾问，他的作用由于向总统提供情报和建议的独立来源的国家安全委员会工作班子官员对外政策的专业知识和专业化的实际增长而加强了。

林登·约翰逊接替遇刺身亡的肯尼迪担任总统后，他的许多重大决定，包括许多关于越南战争的最重要决定是与他最亲密的顾问在非正式的“周二午餐会”上作出的，对一些有关对外政策的具体事务，他则交给国防部长麦克纳马拉和国务卿腊斯克去处理。这使国家安全委员会难以发挥重要作用。

2. 国家安全委员会作用膨胀阶段（1969—2000年）。这主要指国家安全事务助理及其工作班子作用的膨胀。尼克松当总统后，任命亨利·基辛格担任国家安全事务助理。基辛格不仅具备外交事务和防务问题的丰富知识，而

---

① ［美］杰里尔·A·罗赛蒂著：《美国对外政策的政治学》（中译本），世界知识出版社，1997年1月第1版，第87页。

且在政策问题的明争暗斗中“技巧相当高明”。[①] 而国务卿罗杰斯虽然是尼克松的老朋友，但他“对外交事务一无知识，二无经验，在官场和政治上的那种明争暗斗中更是缺少肚量”。[②] 而尼克松总统将白宫作为制定对外政策的主要工具，这种情形使基辛格及国家安全委员会工作班子有发挥作用的较大空间，其结果是形成了依赖于国家安全事务助理基辛格而非国家安全委员会本身的高度集中的决策体制。基辛格的第一步是扩大国家安全委员会工作班子的规模，将专业工作人员从约翰逊总统时的十几人增加到约 150 人。尼克松和基辛格在国家安全委员会内建立了众多机构间委员会，这些委员会均由基辛格领导，任务是就重要问题向总统提供广泛的情报和政策选择方案。尼克松很少参加这些会议，他喜欢自己一个人考虑这些委员会的成果或与他最亲密的顾问进行个人磋商，而基辛格越来越多地参加这种磋商。[③] 在尼克松总统任内，国家安全事务助理的职位达到了权力的顶峰，基辛格成为以总统名义进行对外谈判的首席谈判代表，而这通常应由国务卿承担。1973 年罗杰斯辞职后，尼克松任命基辛格为国务卿。这样，基辛格成为在美国政府内一人身兼这两个对外政策要职的第一人。

卡特总统制定对外政策的机制也集中在白宫，同时他相对接纳内阁官员和各部的谏言。在此时期，国家安全委员会体制内设立两个正式的机构间委员会，即政策评估委员会和特别协调委员会，前者负责在部长级就那些总统指派某一部门主管的问题形成政策。其中，国防部长为负责军事问题小组的主席，国务卿为负责更广泛的政治军事问题小组的主席。而由国家安全事务助理布热津斯基任主席的特别协调委员会则是为了对付横向交错的问题，如

① ［美］罗杰·希尔斯曼、劳拉·高克伦、帕特里夏·A·韦茨曼著：《防务与外交决策中的政治：概念模式与官僚政治》（中译本），商务印书馆，2000 年 2 月第 1 版，第 211 页。

② ［美］罗杰·希尔斯曼、劳拉·高克伦、帕特里夏·A·韦茨曼著：《防务与外交决策中的政治：概念模式与官僚政治》（中译本），商务印书馆，2000 年 2 月第 1 版，第 211 页。

③ ［美］杰里尔·A·罗赛蒂著：《美国对外政策的政治学》（中译本），世界知识出版社，1997 年 1 月第 1 版，第 91 页。

军备控制和危机处理。在对外政策制定和运作过程中，卡特总统主要依赖国家安全事务助理布热津斯基和国务卿万斯。布热津斯基主要负责国家安全委员会体制内各机构间的活动，万斯则是首席谈判者和总统对外政策的主要发言人，他们与总统之间以及他们相互之间保持着紧密的联系。这一对外政策机制在卡特政府的头两年运作良好，但从卡特总统任期第三年起，布热津斯基和万斯不仅在政策上的歧见日益增多，而且他们个人的行为风格迥异更加深了这种歧见。在1979年底苏联入侵阿富汗后，卡特总统对布热津斯基的支持超过对万斯的支持。由于不再受到总统的信任，而且政策观点在政府内越来越孤立，万斯辞去国务卿职务。此后，布热津斯基及国家安全委员会工作班子在对外政策程序中明显地居于优势地位。

里根总统上任时曾保证要扭转卡特时期国家安全事务助理及国家安全委员会工作班子权势过大的趋势。结果是形成了一种双行体制：一个正式的国家安全委员会程序和一个更具重要性的非正式顾问程序。里根政府更像是一个内阁式的政府，但在制定对外政策方面仍保持以白宫为中心。在里根时期，国家安全事务助理及国家安全委员会工作班子被认为只起着负责协调程序的管理人的作用。在国家安全委员会内设立了3个主要的机构间委员会，负责向总统提供情报和政策建议。第一个高级机构间委员会主管情报事务，由中央情报局局长任主席；第二个主管防务政策，由国防部长任主席；第三个由国务卿任主席，处理传统的对外政策事宜。最后还成立了一个危机处理小组，由副总统乔治·布什担任主席。里根时期先后有6位国家安全事务助理，每个人在位的时间只有一年多。这个关键职位上人事的频繁更迭使国家安全事务助理的作用有所下降。另一方面，里根对国家安全委员会基本上采取了听之任之的态度，结果造成部门之间的严重冲突，这一冲突在“伊朗门”丑闻中达到了白热化程度。

乔治·布什总统上台之初沿用里根政府后期以白宫为中心的对外政策制定体制，但逐渐依靠一种正式的机构间政策程序。布什个人最信赖的是一个小型的非正式的顾问班子，通常包括国家安全事务助理斯考克罗夫特、白宫办公厅主任、国务卿詹姆斯·贝克、国防部长理查德·切尼、参谋长联席会议主席科林·鲍威尔等。在1990年8月伊拉克入侵科威特后，布什总统主要依赖这个小型班子来获得情报和建议，作出了进行海湾战争的决定。

克林顿总统扩大了国家安全委员会工作班子的规模，专业工作人员从布什总统时期的134人增加到创纪录的177人。[①] 在职能上，国家安全委员会工作班子专注于许多对外政策细节，而不太像一个专注于管理决策过程的总统助手班子。国家安全委员会“自然成为对外政策的中心”，而国务院“显得非常软弱无力”。[②]

3. 确定以发挥协调作用为主的阶段（2001年初至现在）。乔治·W·布什担任总统后，任命康多莉扎·赖斯为国家安全事务助理。赖斯一上任，就将国家安全委员会工作班子减员1/3，并对它进行了重组。赖斯表示，她不会是政策提出者，也不会是具体实施政策者，而且“我们不应该有两个国务卿”。她认为，她的主要任务是有三项：为布什总统当参谋让他了解情况，以确保布什在外交和安全问题上“扮演好他的角色”；在全面考虑像对外干涉的指导原则这样的“大问题”的同时，推进布什总统的战略议程；当主要的政策执行者之间产生分歧时充当“忠实的中间人”。[③] 她提出，国家安全委员会工作班子的主要任务是：“弥补裂痕，将各有关部门紧密地联系在一起……并充当好美国在全球范围内部署的许许多多的部门和机构的粘合剂。”[④] 这实际上重新确定了国家安全委员会以发挥协调作用为主的地位。

与此相适应，国务院重新负责主持涉及单个国家或地区问题的部门间会议，而国家安全委员会负责主持处理“交叉问题”的会议。“交叉问题”是指那些地区性不突出或没有一个部门能在处理时起主导作用的问题。

---

① William H. Baugh, *United States Foreign Policy Making: Process, Problems, and Prospects*, Harcourt College Publishers, 2000, p. 215.

② ［美］卡伦·德扬和史蒂文·穆夫森：《精简机构、保持低调的国家安全委员会已经成形》，载《华盛顿邮报》2001年2月10日。

③ ［美］卡伦·德扬和史蒂文·穆夫森：《精简机构、保持低调的国家安全委员会已经成形》，载《华盛顿邮报》2001年2月10日。

④ ［美］卡伦·德扬和史蒂文·穆夫森：《精简机构、保持低调的国家安全委员会已经成形》，载《华盛顿邮报》2001年2月10日。

（二）美国家安全委员会在美国对外政策中的作用

根据1947年的《国家安全委员会法》，国家安全委员会的任务是“就与国家安全有关的国内、对外和军事政策的结合向总统提出建议”。[①] 经过在实践中长期演变，该委员会主要任务有三项：1. 向总统提出建议；2. 作为制定长期计划的工具；3. 促进国家安全程序的协调和统一。[②] 也有美国学者认为，国家安全委员会工作班子的主要职能有七项：管理；政策协调和一体化；政策监督和检查；政策评价；危机管理与计划；政策制定；政策推介。[③]

概括地来说，国家安全委员会在美对外政策中的主要作用有：

1. 向总统通报国际形势的最新动向和提出建议。国家安全事务助理的重要任务之一是每天向总统简要通报有关的世界重大事件及其对美国外交政策的影响。这些信息的来源包括情报机构、外交机构和报纸等。这种通报对总统的决策影响很大。鲍威尔在担任里根总统的国家安全事务助理时发现，如果他告诉里根不必为某件事发愁，“这位总统便会心情愉快地凝视着窗外的玫瑰园。这件事就交给鲍威尔去处理了”。[④]

提出建议的方式根据总统的工作风格不同而有所不同。在肯尼迪任总统的初期，他规定国家安全事务助理邦迪的主要职责之一是，邦迪在自己或其他人“发现有必要作出某种决定以防止出现麻烦，或看到某种危机正在形成时，要尽力将有关的部门和独立机构召集到一起商量，提出意见和政策建议，并安排一次国家安全委员会的会议，在会上对各种建议进行讨论，并作

---

① William H. Baugh, *United States Foreign Policy Making: Process, Problems, and Prospects*, Harcourt College Publishers, 2000, p. 213.

② ［美］杰里尔·A·罗赛蒂著：《美国对外政策的政治学》（中译本），世界知识出版社，1997年1月第1版，第82页。

③ William H. Baugh, *United States Foreign Policy Making: Process, Problems, and Prospects*, Harcourt College Publishers, 2000, p. 214.

④ ［美］鲍勃·伍德沃德著：《800天三次出兵—布什领导核心决策揭秘》（中译本），军事谊文出版社，1991年8月第1版，第6页。

出决定”。[①] 而尼克松和基辛格则有所不同，他们通常通过发布国家安全研究备忘录供国家安全委员会内的机构间委员会进行研究和提出建议。这些备忘录的内容包括需要强调的问题、涉及的机构以及有关机构提交政策建议的截止日期。一旦研究和建议写成，就由基辛格主持召开机构间委员会研究政策选择并作出提交给总统的政策建议。

2. 制定长期战略计划。由于国家安全委员会及其工作班子以及国家安全事务助理通常是首先关注紧急事件和日常事务，考虑长期战略计划对他们来说既没有时间，也不能迅速收到功效，因此虽然长期战略计划对总统和对外政策有重大价值，但国家安全委员会的官员们往往是只能匆匆忙忙地对他们上司的短期要求作出答复。唯一的一个例外是在杜鲁门时期，国家安全委员会工作班子制定并经杜鲁门总统批准了国家安全委员会第 68 号文件，该文件正式认可了对苏联实行遏制战略。该战略成为冷战时期美国的主要战略。

3. 协调政府各部门与国家安全有关的政策。这种协调分为两个方面：一是信息交流，即由国家安全委员会工作班子作为信息交流通道，将与某一事务有关的政府各部门对该事务的看法和意见在这些部门之间进行交流，以使这些部门相互之间充分了解有关信息和相关部门的意见。二是建议综述，即由国家安全委员会工作班子将与某一事务有关的政府各部门对该事务的立场（有时这些立场甚至是相互冲突的）整理归纳成一至两页纸的文件，供总统或国家安全委员会决策时参考。根据一些总统的规定，在这样做时，国家安全委员会工作班子通常应该保持不偏不倚的立场，以免在决策时误导总统或国家安全委员会。

4. 参与对外政策制定。国家安全委员会起草国家安全委员会文件和许多关于对外政策的指令，这实际上是参与政策制定的一种方式。例如，尼克松总统在决定采取某一项行动（这经常要在与基辛格协商后），就会通过国家安全委员会工作班子发布国家安全决策备忘录，说明总统的决定并指示政

① ［美］罗杰·希尔斯曼、劳拉·高克伦、帕特里夏·A·韦茨曼著：《防务与外交决策中的政治：概念模式与官僚政治》（中译本），商务印书馆，2000 年 2 月第 1 版，第 210 页。

府各有关部门贯彻执行这一政策。

5. 监督和检查对外政策的实施。国家安全委员会工作人员所处的地位，使他们有责任使总统和政府有关部门了解对外政策的实际执行情况，以确保这些政策不被忽视和能够得到正确实施。

6. 危机管理。当世界上发生与美国有关的危机时，国家安全事务助理及国家安全委员会工作班子通常是总统的主要信息来源和咨商对象之一。在遭遇重大危机时，总统往往依靠国家安全委员会工作班子组成危机工作小组，并召集国家安全委员会商讨解决对策。卡特总统时期的国家安全事务助理布热津斯基认为："危机管理必须在白宫进行。"[①] 因为这样可以保证总统参与危机管理的进程。而且，由于危机时期给予决策的时间很短，而国家安全委员会官员工作地点靠近总统，具有专业知识，能代表总统迅速地与政府各有关部门高层进行协调，又能够不引起公众注意，因此成为政府危机管理机制中最重要的组成部分之一。

7. 具体实施政策。根据1947年的《国家安全委员会法》，具体实施政策并不是国家安全委员会及其工作班子的职责。在里根总统时期，国家安全委员会工作班子第一次采取了具体实施政策的步骤，结果导致了"伊朗门"丑闻。1985年6月17日，国家安全事务助理麦克法兰提交了一份《国家安全决策指令》草案。该文件建议美国政府应当着手探索与霍梅尼所领导的伊朗建立良好关系的可能性。文件提出的一项关键的政策选择是："鼓励西方盟国和友邦帮助伊朗满足其进口需求，以便减少苏联提供援助和贸易的吸引力，同时提供与西方保持正确关系的价值。这包括在一事一了的基础上有选择地提供军事装备。"[②] 后来，在麦克法兰的继任人约翰·波因德克斯特的同意下，国家安全委员会工作人员奥利弗·诺斯中校采取行动，向伊朗秘密出售武器企图换取伊支持的黎巴嫩伊斯兰民兵释放美国人质，然后将出售武器得来的钱支援尼加拉瓜反政府武装。这违反了美国国会通过的禁止美国政

---

① William H. Baugh, *United States Foreign Policy Making: Process, Problems, and Prospects*, Harcourt College Publishers, 2000, p. 218.

② ［美］卡斯珀·温伯格：《在五角大楼关键的七年》（中译本），军事科学出版社，1991年1月第1版，第273页。

府机构向尼加拉瓜反政府武装提供军事援助的法案。在这件丑闻被揭露出来后，波因德克斯特被迫辞职，诺斯中校被国家安全委员会解雇。而里根总统在这件事中的作用至今仍是个迷。

（三）美国家安全委员会在美国对华政策中的作用

1. 参与制定对华政策。尼克松总统时期，其对华政策是由国家安全事务助理基辛格和国家安全委员会工作班子为主参与制定的，国务院只是起某些辅助作用。尼克松一就任总统，就立即指示：对美国政策进行研究，以确定美国转变对华政策是否可取；如属可取，实施这一转变可以采取什么步骤。奉命进行这项研究工作的是由基辛格建立和负责的国家安全委员会工作班子。其研究报告纳入《国家安全研究备忘录》（NSSM）和《国家安全决策备忘录》（NSDM）的一系列文件中。该系列文件中每一个研究项目的课题和条件都是由国家安全委员会提出来的，由一个高级部际小组（SIG）予以监督指导，国务院的一位代表任该小组主席。尼克松政府打开与中国关系大门的一系列政策措施，绝大部分是在经过这种研究后进行决策的。

卡特总统时期，其对华政策是由国家安全委员会和国务院共同参与制定的，1978 年后国家安全事务助理布热津斯基和国家安全委员会在参与制定这一政策中居于主要地位。卡特政府就任不久即开始就对华政策以及与中国建立外交关系的前景进行内部评估。领导这次内部评估的是布热津斯基，参加的有国家安全委员会负责中国事务的官员奥克森伯格和国务院两位官员。评估是根据《总统研究备忘录第 24 号令》进行的。1978 年，由于主张迅速实现与中国关系正常化的布热津斯基战胜了国务卿万斯的反对，美国制定对华政策程序的主动权转而掌握在布热津斯基和国家安全委员会手里，布热津斯基成为卡特总统在制定对华政策和对外政策时第一个征求意见的人，也成为总统在实施其政策时第一个考虑到的执行人。

克林顿总统时期，制定对华政策的程序由国家安全委员会掌握。例如，1997 年克林顿总统访华的计划和安排主要是由国家安全委员会实施的。在克林顿政府制定对华政策的程序中，先后任国家安全事务助理的莱克和伯杰，以及国家安全委员会亚洲事务高级主任李侃如发挥了重要作用。

乔治·W·布什政府上台后，制定对华政策的程序重新转由国务院掌握。涉及中国或亚洲地区问题的部门间会议由国务院官员负责。这使国务院在制定对华政策中的作用超过国家安全委员会。

2. 国家安全事务助理在中美关系的关键时刻作为特使访华。从1971年总统国家安全事务助理基辛格访华起，在中美关系的一些关键时刻，美国总统通常派遣国家安全事务助理访问北京，直接与中国最高级领导人会谈，解决一些重大而又棘手的问题。其原因：一是由于总统往往认为国务院和其他官僚机构难以采取突破现行政策的重大主动行动。例如，尼克松和基辛格都“不相信官僚机构能够采取重大的政策主动，认为它阻力过大，碍手碍脚，还容易泄密”[①]。而国家安全事务助理向总统本人负责，与总统关系密切，能正确领会和转达总统本人的意见，而且能按照总统本人的指示采取重大的政策主动行动。二是有利于保守秘密。例如，由于事关重大，基辛格在准备和进行首次访华时是完全不让国务院知道的。

从效果来看，这些访问都取得了重要成果，推动了中美关系的改善和发展。其中最重要的有四次：

1971年7月，尼克松总统派遣国家安全事务助理基辛格访问北京，为打开中美关系的大门取得了戏剧性地突破，为尼克松总统本人访华奠定了基础。

1978年，卡特总统不顾国务院的反对，批准国家安全事务助理布热津斯基访华。布热津斯基在同年5月访华期间，奉命告诉中方：卡特政府希望加速两国关系正常化的进程并愿意为实现这一目的而全部接受中国的三个条件，即美国将与台湾断交、废约、撤军。布热津斯基对邓小平说：“总统已经决定实现与中华人民共和国的关系正常化。”[②] 他还奉命告诉中方：美国决心抵制苏联扩张。布热津斯基访华为中美关系正常化作出了重要贡献。

1989年春夏之交北京发生的政治风波后，美国带头对中国进行制裁，

---

① [美] 杰里尔·A·罗赛蒂著：《美国对外政策的政治学》（中译本），世界知识出版社，1997年1月第1版，第92页。

② [美] 约翰·H·霍尔德里奇：《1945年以来美中外交关系正常化》（中译本），上海译文出版社，1997年6月第1版，第217页。

中美关系受到严重破坏。但由于中国的重要性，美国又不得不留有余地，避免两国关系破裂。布什政府企图一面与中国保持一定的关系，一面施加压力，促使中国发生变化，按美国指引的方向走。为此，布什总统派遣国家安全事务助理斯考克罗夫特作为特使于同年 12 月秘密访华，会见了邓小平和其他中国领导人。邓小平在会见斯考克罗夫特时，提出了一个解决中美纠葛的“一揽子方案”。① 斯考克罗夫特将此带回国。同年底，美方正式答复，表示同意“一揽子方案”。斯考克罗夫特这次访华为此后中美关系的恢复和改善打下了基础。

1996 年 3 月，中国在台湾海峡进行发射导弹训练和军事演习，而美国却派出两个航母编队到台湾附近海域进行武力示威。美国的这种做法加剧了紧张局势，粗暴干涉了中国内政，导致中美关系冷淡，中国推迟了军队高级领导人对美国的访问。同年 7 月，克林顿总统派遣国家安全事务助理莱克访华。这是 1994 年以来美国访华的最高级别的官员。莱克访华是克林顿政府在大选年里争取竞选连任、稳定中美关系的一个重要外交行动，也是美加强同中国高层接触的一个具体行动。在莱克访问北京期间，双方重新就中国军队高级领导人访美日程作出了安排。莱克访华为在克林顿总统第二届任期内中美关系的改善和发展作出了贡献。

3. 参加中美关系中的危机管理。20 世纪 90 年代以来，中美关系多次出现危机或接近于危机的事件，如 1996 年的台海危机和 2001 年 4 月的撞机事件等。在这些危机或事件中，国家安全事务助理与国家安全委员会工作班子起着向总统通报危机或事件最新动向、接受总统咨询、参与决策、协调行动等重要作用。总统有时也举行国家安全委员会会议讨论危机处理。

（四）影响国家安全委员会作用的主要因素

1. 总统的领导风格和领导体制。一般来说，美国总统主要有两种领导风格。一种是艾森豪威尔式的，即对国家安全委员会的正式会议比较重视，

① 张毅君：《从邓小平会见美国总统特使谈起》，载《世界知识》2001 年第 7 期，第 40—41 页。

主要通过这种会议来对国家安全事务进行决策。另一种是尼克松式的，即主要依靠与最亲密的顾问们或一个小型的非正式的顾问班子磋商来进行决策，国家安全事务助理往往是这其中的主要成员之一。

不同的领导风格产生不同的领导体制。虽然这两种类型的总统都是实行以白宫为中心的国家安全决策机制，但前一种类型总统的领导体制更重视内阁有关部门，如国务院和国防部的作用；而后一种类型总统的领导体制更重视国家安全事务助理和国家安全委员会工作班子的作用。

2. 国家安全事务助理的能力和作用及其与总统的关系。除了基本职能外，国家安全委员会在美国对外政策中作用的大小主要决定于总统国家安全事务助理能力的大小和与总统的关系密切程度。迄今为止，担任国家安全事务助理的主要是两种人：学者和军人（现役或已退役）。一般来说，在需要对外政策取得重大突破时，学者担任比较适合，如基辛格、布热津斯基等。他们有创新精神，敢于打破旧的框框，有理论深度，比较会应付新闻媒体，缺点是与内阁相关成员的协调往往不够，容易揽权过多。军人一般来说比较善于协调，严守职责，但也曾出现过滥用职权的情况。在老布什政府担任国家安全事务助理的斯考克罗夫特是一位军人（退役空军中将）兼学者（军备控制专家）型的，他现在被共和党推崇为国家安全事务助理的榜样。他的特点是有战略眼光、保持低姿态、善于进行协调。

国家安全事务助理几乎每天都能见到总统，是比国务卿还要经常见总统的高级官员之一。一般来说，国家安全事务助理与总统有非常密切的工作关系，深得总统信任。他（她）与总统关系的密切程度和受总统信任的程度，往往与国家安全委员会在美国对外政策中作用的大小成正比。如果总统对国家安全事务助理的信任程度超过对国务卿的信任程度，就有可能让国家安全委员会掌握制定对外政策（或其中某些重要政策）的程序。

3. 内阁有关部长的能力和作用。这主要指与国家安全事务有密切关系的国务卿和国防部长的能力和作用。特别是如果国务卿能力较弱，那么制定对外政策的程序往往由国家安全委员会掌握；如果国务卿德高望重、能力较强，那制定对外政策的程序就往往由国务院掌握。国防部长对国家安全事务助理提出的政策建议也可以发表意见，具有一定的制约作用。在乔治·W·布什政府第一任期中，由于时任国务卿鲍威尔的特殊地位，国务院掌握制定对外政策的程序。但副总统切尼和时任国防部长拉姆斯菲尔德对制定对外政策也有很大影响。布什总统甚至表示希望切尼和他的顾问们（被称为小国家安全委员会）全面参与国家安全政策的制定。[①] 时任国家安全事务助理康多莉扎·赖斯资历较浅，以起协调作用为主。

布什政府第二任期开始后，赖斯转任国务卿，她原来的副手哈德利担任国家安全事务助理。这实际上决定了赖斯在外交决策中起主导作用。

三、军事因素对美国对华政策的影响

军事因素在美国对外政策和对华政策中具有重要地位。在冷战时期，军事上的考虑一直是美制定对华政策的首要因素。最初表现为美国对中国采取军事上遏制的战略（20 世纪 50 年代初至 60 年代末），继而转变为中美联合抗苏，美国为抗衡苏联而与中国建立某种战略联系，并发展起一定程度的军事合作（20 世纪 70 年代初至 80 年代末）。冷战结束后，由于苏联解体和经济因素在中美关系中的重要性上升，军事因素在美对华政策中的地位有所下降，但仍是该政策中的重要因素之一。

（一）军界、军工界对美对华政策的影响

美对华政策的制定，取决于诸多因素，其中军界、军事学术界和军工企业界起着突出的作用，值得引起人们关注。

1. 美国军界在美对华政策的制定和执行中具有重要影响，其中起主要作用的是美国防部、参谋长联席会议和太平洋总部。美国军界在美对华政策的制定方面发挥影响主要通过两个渠道：一是国防部、参谋长联席会议、各军种部和太平洋总部向上报告的各种情报分析材料、研究报告和政策建议；二是国防部长作为国家安全委员会的主要成员、参谋长联席会议主席作为列席成员参与有关对华重要政策的决策。例如，1995 年 5 月美国政府允许李

---

① 卡伦·德扬和史蒂文·穆夫森：《精简机构、保持低调的国家安全委员会已经成形》，载《华盛顿邮报》2001 年 2 月 10 日。

登辉赴美进行“私人访问”的决定，就是在克林顿总统与国务卿克里斯托弗、国防部长佩里和总统国家安全顾问莱克举行秘密会议后做出的。

美国军界在对华政策上的观点是有分歧的。在20世纪90年代中期，当时的国防部长佩里力主奉行与中国接触的政策，但军内也有一派主张对华实行遏制。如美国防部长期战略评估办公室（office of Net Assessment）1995年初抛出一份由它主持并由美国十几名学者撰写的《关于中国的中期报告》，认为中国今后出现分裂或实行某种程度的对外扩张可能性更大，因而主张美国对中国采取比较强硬的政策。这一报告出笼后招致各方批评，该办公室不得不出面声明此报告只代表撰写者、特别是主笔人的观点，而不代表该办公室的观点。对华强硬派还把攻击的矛头指向当时的国防部长佩里。佩里身边一些对华友好、主张与中国保持接触的高级助手来自于斯坦福大学，而强硬派则把这些人诬指为“斯坦福黑手党”。

美国军界主要通过两种形式推行对华政策。一是军事外交。这表现在两个方面，一方面与中国军方和其他有关方面保持多层次、多方面的接触，以影响中国军事和外交政策的走向；另一方面通过加强与其他一些亚太国家（或地区）的军事关系，来牵制中国并准备必要时实行遏制。二是军事行动。1996年3月，中国在台湾海峡举行军事演习时，美国派遣2个航母编队和3艘核潜艇对中国演习进行监视和武力示威。在此之前，美军太平洋总部拟定了准备对台湾海峡局势实行军事介入的预案。

2. 美国军事学术界在对华政策中的地位及影响不容忽视。美国军事学术界可分为两类：一类是美国军方的学术研究机构，另一类是有一定军方背景的学术研究机构。两类研究机构在美国的国家安全政策设计圈子里都占有重要地位，其领导人和著名学者均与美国决策机构有着千丝万缕的联系。它们主要是通过研究报告和召开学术会议来影响美国对华政策的制定。

在美国军方的学术研究机构中，那些与中国接触较多、对中国情况较了解的机构，如美国防大学国家战略研究所（该所对美国防部影响较大，其所长与国防部长有比较密切的工作关系），不赞成“中国威胁论”，赞同改善和发展中美关系。但一些与中国接触较少的军事学术机构则对“中国威胁论”感兴趣，如美国安纳波利斯海军学院和罗得岛军事学院都曾举行过以2010年的中国为假想敌的模拟军事演习。

在某种程度上，有一定军方背景的美国学术研究机构对美国对华政策制定的影响甚至要超过军方的学术研究机构。因为后者的影响主要在美国防部内部，而前者的影响则可能扩大到国务院、国会和国家安全委员会等机构。

有一定军方背景的学术研究机构包括兰德公司、大西洋理事会、战略与国际问题研究中心、海军分析中心、防务分析研究所、防务信息中心等。

这些研究机构与军方的联系主要表现在其领导人有许多是军队退役的高级将领，以及它们承担军方的部分研究课题等。它们中的多数由于对中国实际情况比较了解，并更多从战略和长远观点看待中美关系，因此对改善和发展中美关系持积极态度。例如，美国大西洋理事会与美中关系全国委员会一起，在中美关系处于较困难的形势下，于 1993 年 1 月向克林顿政府提交了题为《处在十字路口的美中关系》的研究报告。该报告指出，苏联解体以后，那种认为中国的战略价值已大为下降的看法是错误的。它强调美中关系从全球、地区、双边等三个层次的重要性都在增长，并建议克林顿政府与中国保持积极的、充分的交往关系，恢复双方高级官方军事交流。① 这份报告对克林顿政府制定对华“全面接触”政策产生了重要影响。

又如，兰德公司 1995 年底发表了一份关于台湾海峡两岸关系趋势及对美国政策影响的研究报告。该项研究是由美国防部长办公室、参谋长联席会议和兰德公司国防研究所共同主持的。该报告强调，“台湾朝向法律上独立的单方面行动，包括在政府之间国际组织中的成员国地位都不符合美国当前的政策”，主张美国把“与北京的接触和讨论扩大和调整到可能的最大程度，从而导致与北京的战略对话”。②

值得注意的是，近年来台湾当局力图增加对这些研究机构的影响，其表现一是向这些研究机构提供经费，要它们做台湾感兴趣的研究项目；二是向这些机构派遣客座研究员，就近施加影响；三是邀请这些机构的领导人和学者访问台湾，以增进他们与台湾的关系。

3. 美国军工企业界对制定美对华政策有较大影响。美国前总统艾森豪

---

① 美国大西洋理事会、美中关系全国委员会 1993 年 1 月研究报告：《处在十字路口的美中关系》。

② 美国兰德公司 1995 年 12 月研究报告：《台湾的变化与台湾海峡的潜在灾难》。

威尔在1961年向全国发表的告别演说里，就曾经提出要“谨防军事——工业集团在政府的一些部门里取得不应有的影响”，并认为这种“不应有的权力的灾难性的增长的可能性是存在的，并将持续存在下去”。①

美国很多大公司都承担政府的国防订货项目并对外销售武器。但美国最大的100家工业公司的军火订货只占它们销售总额的不到10%。换句话说，“美国工业的大部分收入或销售都不靠战争或战争威胁”。② 而且，“一般说来，美国企业对发动战争或制造不稳定的国际局势并不感兴趣。国防工业被认为是不稳定的企业——对工业公司来说，可能大赚其钱，也可能大亏其本。偏重军事生产的公司其价格与赢利的比例，要比生产民用品为主的公司小得多。更为重要的是，美国的大公司追求的是，有计划的稳定的增长，可靠的投资和有保证的利润。而战争会破坏这些条件。当宣布实现和平时，反映企业界人士愿望的股票市场会上涨，而不是下跌。”③

加之，中美贸易额2005年已达2116亿美元，美对华投资也超过510亿美元。因此，那些在中国有较大商业利益或对中国的潜在大市场持乐观态度的美国公司都积极主张发展中美关系。这些公司过去十几年中在游说美国政府和国会，要求美国无条件给予中国最惠国待遇（MF.）或永久正常贸易关系（PNTR）问题上起了重要作用。1996年美国电话电报公司、波音公司等12个美国大公司联合成立了一个基金会，提出要帮助中国对美国政府和国会进行院外游说工作，促使美政府给予中国永久的最惠国地位，促进中美关系的改善。

但是，少数几家与台湾有大宗军火买卖或企图向台湾出售大批武器的美国公司，对中美关系起了破坏作用。其中最突出的是通用动力公司、洛克希德飞机公司、马丁·玛丽埃塔公司和诺思罗普飞机公司等。这些公司是美国

---

① ［美］托马斯·戴伊：《谁掌管美国》，北京·世界知识出版社，1985年4月第1版，第126、127页。

② ［美］托马斯·戴伊：《谁掌管美国》，北京·世界知识出版社，1985年4月第1版，第126、127页。

③ ［美］托马斯·戴伊：《谁掌管美国》，北京·世界知识出版社，1985年4月第1版，第126、127页。

少数几家实力雄厚、但却非常依赖军事订货的公司，它们的军事合同销售价值占总销售额的比率分别高达67％、88％、62％、61％。1992年，布什总统宣布向台湾出售价值60亿美元的通用动力公司制造的150架F-16战斗机，既是出于大选的需要和战略的考虑，也是通用动力公司、洛克希德飞机公司对美国政府和国会游说的结果。通用动力公司的军用飞机业务（包括为台湾制造F-16战斗机的业务）1992年被洛克希德飞机公司收购。洛克希德飞机公司1995年3月又与马丁·玛丽埃塔公司合并成立洛克希德—马丁公司，成为美国最大的军工企业。类似的公司还有向台湾出售“爱国者”导弹的美国雷声公司等。

（二）中美关系中的军事交流

中美军事关系是中美关系的重要组成部分之一。它经历了风风雨雨，有过顺利发展的阶段，也有过艰难曲折的时期，呈现波浪起伏的状态。

1996年7月，当时的克林顿政府对华政策的重点转到以保持接触为主，但又不放弃牵制和准备制约，对当时仍处在调整期和过渡阶段的中美关系，包括两国军事关系产生了复杂的影响。一方面，它有利于减少两国之间冲突的可能性，并有助于两国关系的改善和两国军事交流的增加；另一方面，该政策进行牵制和准备制约的因素又给两国军事关系的改善设置了障碍，使其发展有一定限度。这些决定了当时的中美关系，包括两国军事关系，继续在曲折中发展，呈现出既竞争又合作、既矛盾又协调、既对话有斗争的复杂状况。

1. 中美双边军事交流在曲折中改善。中美军事交流包括军队领导人互访、军事学术交流和军舰互访、军售和在军转民领域进行合作等。

1989年春夏之交北京发生的政治风皮后，美国对中国实行制裁，暂停中美军队的高层互访，停止向中国出售军事装备，中美军事交流一度中断。

1993年9月，克林顿政府开始对中国实行“全面接触”政策，中美军事交流除军售外在其他各领域逐渐恢复，双方军队的一些高级领导人进行了互访，两军的学术交流和国防大学校际交流也恢复进行，美国军舰再次访问了中国的港口。

但是，由于美国政府1995年5月允许李登辉访问美国，违反了中美

“三个联合公报”的原则，损害了中国的主权与和平统一大业，中国政府不得不作出强烈反应，暂停了两国之间的高层军事交流。在克林顿政府就美国继续执行“一个中国”政策向我国作出承诺后，1995 年 11 月中美的高层军事交流再次开始逐渐恢复，美国军舰又开始访问中国的港口。

1996 年 3 月，中国在台湾海峡进行发射导弹训练和军事演习，而美国却派出航母编队到台湾附近海域对中国进行武力示威。美国的这种做法加剧了紧张局势，粗暴干涉了中国内政，导致中国推迟了军队高级领导人对美国的访问。

在当年 7 月美国总统国家安全事务助理莱克访华时，双方重新就中国军队高级领导人访美日程做出了安排。时任中国中央军委副主席兼国防部长迟浩田于 1996 年 12 月访问美国。

鉴于中美军事关系的重要性及其国际影响，两国都首先是从战略上考虑这一问题的。在冷战时期，美国为了利用大三角关系来牵制苏联，与中国建立了军事交流与合作关系。不过，在此期间，美国的政策也有所不同。从 20 世纪 70 年代初至 70 年代中期，美国是在中苏之间玩弄平衡，利用中美关系改善来促进美苏“缓和”。从 70 年代末至 80 年代中期，面对苏联在全球范围咄咄逼人的攻势，美国转而采取联华抗苏的政策。

1979 年中美建交后，双边军事交流有了较快发展。中美国防部长进行了互访。两国国防大学开始校际交流。从 1987 年到 1989 年初，中美两国的军舰相继访问了对方的港口。

冷战后期，美国为了联合中国对付苏联，也对向中国出售军事装备和军事技术感兴趣。1983 年，里根政府决定“谨慎而稳步地与中国发展防御性军事合作关系”。1985 年秋至 1986 年春，美国向中国出售了一套制造炮弹的军工厂设备和 55 套飞机电子设备（用于改装歼 8-II 型战斗机），两项交易 6.3 亿美元。1989 年后，美国单方面中止对华军品贸易，使中国蒙受了重大损失。

冷战结束后，美国一方面企图防止中国成为美国未来的对手，另一方面又力图将中国纳入以美国为主导的国际体系之中。为此，美国将军事交流作为增进双方军队相互了解、加强对中国军队的影响和了解中国军事战略意图与军事能力的一种重要手段。

但由于苏联威胁已不存在，美国不再愿意对华出售军事装备，其兴趣曾一度转向促使中国军事工业转民用。1994 年 10 月，时任美国防部长佩里访问中国期间，与中国国防科工委签署协议，建立中美军转民联合委员会。该委员会的任务是促进中美两国在军事工业转向民用方面的相互理解与合作。但是，佩里的这种做法受到了美国对华强硬派的指责和反对。美国国会通过的“1997 年财政年度国防拨款法案”就要求美国防部取消中美军转民联合委员会，并禁止美国防部与中国“分享其他与防务或核武器有关的技术”。

中美军事交流出现某些改善的势头，但改善是缓慢而有限的。美国国会“1997 财政年度国防拨款法案”限制中美军事关系的发展，将其置于严密监视之下，并要求美国防部每年提交一份有关中国人民解放军军事能力和军队现代化情况的报告，这实际上是在某种程度上将中国当作“潜在的敌人”来对待。中美军事交流无疑存在着曲折反复的可能，一旦两国关系因台湾或其他问题而遭受挫折，这种交流也必将蒙受重大的负面影响。

1997 年 10 月和 1998 年 6 月中美两国领导人互访，以及其后两国领导人的互访，为两国的安全合作与两军交流注入了新的动力。这些也大大促进了中美两国建立信任措施的进程。

现在中美两军已建立多领域、多层次的交流关系。

中美两军高层接触频繁。1996 年 12 月，时任中国中央军委副主席、国务委员兼国防部长迟浩田访问美国，标志着中美军事领导人互访的完全恢复。自此以后，中美两军交往十分活跃。这些访问使中美两军领导人有机会保持经常性接触和对话，就国际和地区安全、双边关系等双方共同关心的重大问题交换意见，有利于增进相互间的了解和信任，推动中美两军关系向前发展。

中美两军在专业领域的交流进一步发展。专业交流是中美两军交流的重要方面，美方将它称作两军关系的支柱之一。中美两国军方既重视开展高层交往，也注重专业领域的交流。中国和美国国防大学的校际交流已制度化并日趋活跃。这些年来，美国国防大学每年有 4 个将官班和 1 个校官班来华访问，为增进中美两军的相互了解起到了积极作用。中国国防大学代表团也多次访问了美国。

1997 年 3 月，中国海军舰艇编队首次对美国本土进行了访问，使两国海军之间的友好交往进入了一个新的阶段。美国军舰1997年9月访问了青岛。中美两国还为美国军舰和飞行器在香港回归中国后继续进入香港停靠和休整事宜做出了安排，这一安排正得到顺利执行。

建立两国国防部官员定期会晤机制。自中美两国国防部副部长级官员1997年12月在华盛顿举行首次正式磋商后，双方每年会晤并就国际和地区安全问题、两国防务关系和两军交往安排等深入地交换意见。

签署《关于建立加强海上军事安全磋商机制协定》。在中国国家主席1997年访美期间，中美双方就建立加强海上安全磋商机制达成协议。1998年1月，中美两国国防部长在北京共同签署了《关于建立加强海上军事安全磋商机制协定》。这是中美两国第一个建立军事领域信任措施的协定。该协定规定，两军代表每年举行一次会议讨论海上安全措施，以及中美舰队相互联系、搜索和搜救行动的程序和双方海上礼节的说明等。这一协定有助于两国海空军力量避免发生意外事故、误解或判断错误，有益于双方发展合作。

中美两国对该协定的签署均给予高度评价。时任中国国防部长迟浩田指出："协定的签署标志着中美两国、两军关系取得新的实质性的进展，这是中美双方为维护和平与稳定所做的积极努力的具体体现，将对亚太地区和全世界的和平与稳定作出贡献。"时任美国防部长科恩表示："协定将增进了解，减少作出错误判断的可能性……显示了两军之间正在走向成熟的关系。"1998年7月，中美两军为实施该协定举行首次年度会晤，双方就与各自海上安全利益密切相关以及制约各自海上军事活动的法律制度问题深入地交换了意见。

两国达成互不将各自控制下的战略核武器瞄准对方的协议。在1998年6月中美首脑北京会谈期间，双方本着向建立中美建设性战略伙伴关系的目标加速迈进的精神，决定互不将各自控制下的战略核武器瞄准对方。这是中美之间在核武器方面达成的第一项双边建立信任措施协议，虽然该协议主要具有"象征意义"。据美国透露，美只要在计算机上花10秒钟，就可以将核弹头打击目标重新校正回来。但中美战略核武器互不瞄准对方在政治和军事上仍具有重要意义。

首先，它向全世界表明，中美两国是合作者，而不是对手。中美核武器互不瞄准协议的达成，有助于两国之间减少相互猜疑，增加相互信任，从而标志着双方在建立建设性合作关系进程中迈出了重要的一步。

第二，它有助于减少因偶然事故而发生意外打击的危险。美国现在仍拥有约 8000 枚已部署的战略核弹头，根据 1997 年 11 月美国总统下达的关于核战略的指令，美国战略核导弹中的一部分以中国作为瞄准目标。这些导弹存在着因偶然事故而意外发生误击的可能性。在中美关系紧张时，这种可能性会增大。中美核武器互不瞄准协议的达成，大大减少了这种有极其危险后果的可能性。同时，该协议有利于防止一方对另一方进行核讹诈，因为如果一方使用核武器对另一方进行核讹诈，它就违反了这个协议和它自己的承诺。

第三，它标志着中、美、俄三个核国家之间实现了互不将核武器瞄准对方。1994 年 1 月，美国总统克林顿在莫斯科期间，与俄罗斯总统叶利钦达成了互不将核武器瞄准对方和互不首先使用核武器的协议。这两个协议加上中美核武器互不瞄准协议，使中、美、俄三国之间不再有核武器相互瞄准。

达成两军在人道主义救援和减灾方面展开合作的协议。在江泽民主席 1997 年 10 月访美期间，中美双方同意两军就人道主义救援和减灾问题通报情况，进行讨论，交流经验。1998 年 12 月两国国防部副部长级官员首轮会晤时曾就此问题进行过磋商，中方向美方介绍了人民解放军参加抢险救灾的情况。美方向中方建议举行两国海军联合搜救演习，如在美国访港舰只与中国驻港部队间进行。

时任美国防部长科恩在 1998 年 1 月访华时说，通过两国军队之间的对话，双方可能逐步达到共同进行人道主义救援的目的。在加拿大及美国北部发生的水灾和中国张北地震中，都需要军事力量大量投入，这说明了双方通过军事合作进行人道主义救援的潜在价值。1998 年 6 月，中美两军在北京举行首次人道主义救灾研讨会，就有关救灾问题进行交流。在 1998 年中美首脑北京会谈期间，双方就在人道主义救援和减灾方面开展合作达成了协议。时任中国中央军委副主席张万年 1998 年 9 月访美期间，双方同意 1999 年举行人道主义救援和减灾沙盘研讨作业，介绍各自实施抢险救灾的做法，交流经验；双方还同意 1999 年中国军舰访美并与美方举行海上搜救室内研讨会。

达成两军在军事环境保护方面进行合作的协议。时任美国国防部长办公室负责中国事务的官员谢赖弗 1998 年 3 月在会见上海国际问题研究所代表团时说，军事环境保护主要指解决军事训练、演习以及驻军而带来的环境问题；美军在这方面已有一些经验，希望与中国军队分享这方面的信息，也可以在环境技术层次上开展合作。1998 年 6 月中美首脑北京会谈期间，双方就在军事环境保护方面展开合作达成了协议。时任中国中央军委副主席张万年 1998 年 9 月访美时，双方同意将互派代表团商讨在军事环境保护方面开展合作的有关技术细节。张万年副主席与时任美国国防部长科恩 9 月 15 日签署了关于军事环境保护问题进行信息交流的联合声明。2000 年 7 月 12 日，科恩部长访华期间，双方签署了《中美国防部环保研发信息交流协议》。

达成两军互派人员观摩对方联合训练演习的协议。应美国军方邀请，中国军队代表团 2000 年首次参观由美国海军主持的环太平洋联合演习。该演习是每隔两年在夏威夷附近海上举行一次的大规模演习，美国、日本、加拿大、澳大利亚、韩国和智利等 6 国派遣舰艇和飞机参加。中国军队也应邀派出观察员代表团参观 1998 年夏天美军在阿拉斯加举行的演习。1998 年 6 月中美首脑北京会谈期间，双方就互派人员观摩对方联合训练演习达成协议。同年 9 月时任中国军委副主席张万年访美时，双方同意互派人员观摩对方联合训练演习。

增加军事透明度。时任美国防部长科恩 1998 年 1 月访华期间，参观了空军指挥中心。这是史无前例的安排。美国官员就此评论说："美方直到最近也不知道有这么一个基地的存在……中方对美国高级军官探究性的提问表现得很大度、很坦诚……外国人第一次参观这个敏感的中心说明，在和中国军队建立信任的过程上取得了突破。"1997 年 9 月，美国军舰访问青岛时，美国海军军官参观了中国海军驱逐舰，并与中国潜艇上的人员交换了意见。同月，美国海军作战部长约翰逊上将在中国一艘护卫舰上观看了中国海军的反潜艇演习。美国军事人员还获准参观了中国海军的核潜艇。1998 年 9 月时任中国中央军委副主席张万年访美期间，中方接受美方邀请，派代表团参观美国桑地亚国家试验室"合作监测中心"。

互派学员到对方军事院校学习。1998 年 9 月，时任中国中央军委副主席张万年访问美国时，双方同意 1999 年实现互派学员到对方军事院校学习。这是两军交流中的一个重要突破。

1999年5月8日，美国飞机悍然轰炸中国驻南斯拉夫大使馆，造成中方人员生命财产的重大损失。这是国际关系中的严重违法行为，也是一种极端不人道的行为。它使得中美建立信任措施的进程受到严重破坏。在美国政府对中方道歉和赔偿损失之后，中美两国关系逐渐恢复。1999年9月中美两国国家元首在奥克兰会晤时，双方重申两国将致力于建立面向21世纪的建设性战略伙伴关系。同年12月，中美两国国防部副部长级官员磋商在华盛顿举行，标志着一度中断的两国高层军事交流的恢复。

2000年7月7—8日，时任美国总统关于军控和国际安全事务的高级顾问霍勒姆访问北京，与中方举行中美军控和防扩散问题磋商。双方认为，在军控和防扩散领域，中美既有许多共同的立场和利益，同时也有分歧。近10年来，中美在这一领域进行了良好的合作，取得了重要进展，对维护国际和地区的和平与安全、促进两国关系的发展起到了积极作用。双方表示愿在平等、相互信任和相互照顾对方关切的基础上继续保持这种磋商。

同月中旬，时任美国国防部长科恩访华。中国国防部长表示，希望美方多做实事，努力保持中美关系的健康和稳定，为两军关系的发展创造有利条件。

小布什政府上台后，由于2001年4月中美撞机事件，中美军事交流受到负面影响。其后中美防务交流和合作逐渐恢复。2005年10月，时任美国国防部长拉姆斯菲尔德在任内首次访华。2006年7月，中国中央军事委员会副主席郭伯雄访问美国。期间，中美双方达成共识：在年内举行两国海军海上联合搜救演习；进一步加强两军高级领导人之间的往来，进一步加深双方互信；进一步加强两国国防部和军队之间的安全对话；进一步加强现有合作机制，包括海上军事安全磋商、人道主义救援和军事环保；就查找朝鲜战争前后涉美失踪、被俘人员开展军事档案合作；进一步加强两国军事院校间的交流和互访；加强两军中青年军官的交流和互访；进一步开展在非传统安全领域的合作。

从长远来看，亚太地区战略格局的演变将决定中美关系未来的走向。当前亚太地区是一种“一超多强”的战略态势。一超是美国，多强是中、日、俄、印、东盟。随着亚太地区战略力量均衡化和多极化趋势的发展，两个三边关系（中、美、俄三边关系，中、美、日三边关系）的互动将愈来愈明显。它们将对亚太战略形势产生重大影响，成为决定未来亚太地区战略格局最重要的因素之一。美日现在虽然在制约中国上有某些共同利益，但随着日本试图成为政治大国和军事实力进一步增强，它与美国合作的一面将逐渐减少，矛盾的一面将逐渐上升。俄罗斯的重新崛起，也将使美国面临新的问题。从长期来说，在21世纪多极化趋势发展的战略格局下，美国将不得不寻求改善与中国的关系，包括军事关系。

2. 中美在地区安全问题上的协商与斗争将长期继续下去。在地区安全问题上的协商与斗争是中美军事关系的一项重要内容。它主要是在三个层次上进行：军方领导人、军方事务级官员和军方学术界人士。冷战时期，中美在地区安全问题上协商的内容主要集中在共同对付苏联霸权。冷战结束后，协商和斗争的内容转到如何维护亚太地区稳定和防止大规模杀伤性武器扩散等问题上。具体来说有以下方面：

解决地区热点问题和防止地区冲突。如保持朝鲜半岛稳定，保持东南亚和平等。但美国在这些问题上的政策存在着矛盾性：既想保持地区稳定，又企图左右形势朝着有利于美国的方向发展。例如，美国一方面企图阻止朝鲜拥有核武器生产能力，另一方面又试图改变朝鲜政权，而后一种做法则可能导致该地区出现冲突和混乱。又如，美国既想保持东南亚的稳定，又在实际上推动南沙问题的国际化，从而造成地区形势复杂化。

防止大规模杀伤性武器扩散。美国在此问题上强调中国要履行不扩散大规模杀伤性武器和导弹技术的承诺，但却不愿承担不首先使用核武器和减少向亚太地区出售先进常规武器的义务，也未能履行中美“八·一七公报”中有关美逐渐减少售台武器的承诺。值得指出的是，美国向亚太地区大量倾销先进武器（包括大批破坏能力绝不低于弹道导弹并能运载核武器的先进战斗机），是造成该地区不稳定的重要因素之一。美国向台湾出售先进战斗机等武器装备，侵犯了中国主权，干涉了中国内政。

增加军事透明度。冷战结束后，美国将增加透明度作为其与中国军事交流的重要内容之一。1994 年 11 月至 1995 年 3 月，两国军方代表团互访，相互通报各自的国防预算和军事战略（或防务计划）。增加军事透明度虽然从长远来说有利于地区的和平与稳定，但美国目前较高的透明度从某种意义来说是其威慑战略的一部分，是建立在其核武器和常规武器威慑政策基础之上的。

3. 台湾问题是影响中美军事关系的主要障碍。台湾问题是中美关系的最核心的问题。新中国成立后，美国一直在打台湾这张战略牌。冷战初期，它将台湾当作“永不沉没的航空母舰”和遏制中国的前哨基地。中苏关系破裂后，又把台湾当作牵制中国的战略“抵押品”，企图以此促使中国朝着有利于美国全球战略利益的方向发展。冷战结束后，它又为防止“一个统一的中国在东亚占据主导地位”而加强与台湾的关系。美国的政策目标是矛盾的：它一方面不希望台湾海峡爆发冲突，损害其在台海两岸的经济利益和陷入是否进行军事干涉这个两难的困境；另一方面又害怕两岸局势稳定和走向统一。因此，美国虽一再声称遵守“一个中国”的原则，但却不断支持台湾当局某些搞“一中一台”的行径，批准李登辉访美即为一例。台湾问题是中美关系中最敏感的问题，它直接影响到双边军事关系。

（三）美国防务战略对美对华政策的影响

1996 年 3 月，当时的美国防部长佩里在向国会递交的年度国防报告中，正式提出了美在冷战后时期的防务新战略——“预防性防务”战略。该战略将美国军事战略的重点由冷战时期的“遏制”转到“预防”，制定了“预防——遏制——战胜”三点一线的防务原则。其基本内容是：首先防止各种可能出现的威胁；在防止无效的情况下，遏制已出现的威胁；在防止和遏制均无效的情况下，毫不犹豫地使用武力战胜威胁。

制定这一战略的目的，是企图维护美国在全世界“一超独霸”的地位，防止在欧亚大陆重新出现对美构成战略威胁的新对手。为此，在欧洲，美国积极推动北约向东扩展，企图以它把持的北约为基础，建立欧洲新的安全机制，以维持其对欧洲安全的主动权，并从根本上削弱和制约俄罗斯。在亚洲，着重加强美日安全联盟，企图以此为基石，辅以美与其他国家的双边安全关系和多边安全对话框架，建立以美国为主导的亚太地区新的安全机制。

按照“预防性防务”战略，美国应保持同中国的全面接触而不是孤立或遏制，应把推进这一政策作为美“在亚太地区努力防止冲突的中心任务”。当时的美国防部长佩里在 1996 年 5 月 22 日的一次讲话中，即把对华接触列为美在亚太地区实施“预防性防务”战略的四大支柱之一。

美国对华政策是美全球战略和防务战略的重要组成部分。“预防性防务”战略决定了目前美国对华政策的基调——力图将中国有条件地纳入以美国为主导的国际政治和经济体系，从而有效地防止中国强大后成为国际上向美国挑战的新对手。

美国采取这种政策的原因：一是它认识到中国的强大是不可避免的，因此需要通过与中国打交道，使中国的发展不至对美国利益构成威胁；二是中美之间在经济上的相互依存愈来愈大，美国需要维持和扩大在中国这个大市场的份额，而且中国已成为东亚经济发展的火车头，如对中国实行遏制，势必也使美国的经济利益受到损失；三是中美之间除经济因素之外，还存在其他一些重要的共同利益，如美在一些地区和全球性问题上需要争取中国的合作；四是亚太地区其他国家都不愿意看到美国对中国推行遏制政策，因为这会导致亚太地区的不稳定甚至冲突。

但正如美国高级官员所说的：“接触不是对中国有利，而是对美国有利，符合美国的利益。”① 美国继续在亚太地区驻军近10万，并加强其与日本等盟国的双边军事关系，向台湾出售武器以及加强与台湾的情报合作。这表明，美国也在对中国的发展进行牵制，并准备在必要时转而采取制约中国的政策。因此，美国20世纪90年代的对华政策实际上是“保持接触，进行牵制，准备制约”。

“9·11”事件是美国成为超级大国以来第一次其本土由于外来攻击而遭受重大的损失，对美国打击很大，特别是对美国公众心理的影响很大，从此美国人没有了过去那种认为在美国本土可以高枕无忧的安全感。在这种情况下，美国转而将反恐作为国家安全战略的最优先事项，发动了反恐战争。与此同时，五角大楼开始对美国军事战略作出重大调整。

这次美国军事战略调整的一个重要特点是强调美国军事力量要从“基于威胁”的战略转到“基于能力”的战略。五角大楼认为，美国现在不能确定在未来数十年中，哪个国家、哪个国家集团，或哪个非国家行为者将对美国的关键利益或美盟友和朋友的关键利益构成威胁。因此，布什政府放弃过去

---

① 时任美国防部长佩里1996年5月22日在太平洋地区经济理事会会议上的讲话，新华社华盛顿1996年5月22日英文电。

“准备同时打赢两场大规模战区战争”的军事战略指导方针，而要求美军具有更适应对付21世纪各种形势的军事能力。

美国军事战略调整的另一个重要特点是提出“先发制人”的战略构想。时任国防部长拉姆斯菲尔德2002年5月签署的《防务规划指导》则将其称之为“提前威慑”，认为最佳的战术手段是用高新技术武器对敌手进行“未加警告的袭击”。五角大楼2002年1月提交的《核态势评估报告》甚至提出，“核武器可用来打击那些能耐受住常规武器进攻的目标”。

美国军事战略调整的第三个重要特点是将“本土防卫”作为战略的基础。布什政府认为，“9·11”事件显示美本土安全相对脆弱，今后对美国本土的威胁将主要来自恐怖主义等具有不对称手段的敌人，这些不对称手段包括大规模杀伤性武器及其运载工具弹道导弹、巡航导弹和能对美国关键的信息基础设施进行攻击的信息战武器等。为对付这些威胁，美国防部强调加速发展导弹防御系统、能早期预报新威胁的预警系统，加强北美防空体系。它还要求调整美军的编制体制以适应本土防卫的需要，并加强与美政府其他有关部门和执法机构的合作与协调。

为了落实新的军事战略方针，布什政府强调“要更新国防观念，加强前瞻性思维，加紧研制高技术武器，以此来推动美国的军事革命”。五角大楼提出，发展高新技术武器应“以适应新战略的项目为优先目标”，“相应增强军队的新能力”。根据阿富汗战争的经验教训与今后反恐战争的需求，美国当前重点发展远程精确打击武器、远距离投送与保持军事力量的设备、先进遥控传感器、信息处理设备、联合作战指挥通信系统、无人驾驶战斗机，以及对付大规模杀伤性武器的技术装备等。

美国防部认为，太空将成为新世纪各大国争夺的新的制高点。为了抢占太空这一新制高点，美军应加速发展可以用于太空战场的攻防武器，包括太空侦察设备、激光武器、保卫美国太空设施的武器系统和导弹防御系统等，从而在太空战方面具有不对称优势。2001年以来五角大楼加快发展和试验各种不同类型的导弹防御系统，2002年7月还第一次对机载激光反导弹武器进行了飞行试验。

美国新的军事战略仍带有许多冷战思维。例如，美国防部2002年8月向国会提交的《国防报告》把从中东到远东的这一带视为大国关系进一步发生变动的“不稳定的弧形地带”，认为“在亚洲今后可能会出现拥有相当资源基础的军事竞争对手”。为此，美军将采取一系列措施加强在东亚的军事存在，包括在西太平洋增强航空母舰的实力及增加海军的驻军，部署载有巡航导弹的潜艇；在太平洋和印度洋增加空军可以紧急使用的设施，建立燃料供给和后方支援的据点；把海军陆战队装备的储备从地中海移到印度洋和阿拉伯海，以西太平洋发生战事为假想实施海军陆战队演习等。又如，如果美国未得到联合国安理会的授权，就“先发制人”的攻击某个中小国家，将不仅是对该国主权的侵犯，而且违反国际法的基本原则。

由于中国是联合国安理会五个常任理事国之一和核大国，美国在反恐、地区安全、防止大规模杀伤性武器扩散等方面需要中国的合作。但如美国采取霸权主义和强权政治的单边主义行动，将对中美关系产生负面影响。

第十二章

国际体系与中国特色国际战略新理念

近代以来，中国在国际体系中的地位经历了巨大变化。同时，中国对国际体系的态度也发生了重大转变。“建设和谐世界”重要思想的提出，为中国看待国际体系提供了崭新的视角。中国是当前国际体系的支持者、维护者和改革者。实现中华民族的伟大复兴是中国人民在21世纪的战略任务，也是构建和谐世界的重要组成部分之一。像中国这样一个大国的发展，是不可能一蹴而就的，需要在理论和实际上解决许多重要的问题。为了实现和平发展，必须在邓小平理论和“建设和谐世界”重要思想指引下，根据实事求是、与时俱进、开拓创新的精神，逐渐形成一整套中国特色的国际战略新理念。

第一节　建设和谐世界思想是看待国际体系的新视角

进入19世纪以后，西方列强靠坚船利炮打破和分割了中国主导下的东亚区域“封贡”体系，以欧洲为核心的近代国际体系将强权政治和霸权主义施加于中国。二次大战结束后，中国虽然成为世界5大战胜国之一，但由于国内战争和国力孱弱，无法在国际上发挥作用。中华人民共和国成立初期至20世纪70年代，由于美国等西方国家的遏制和封锁，中国被排除在国际体系之外，因此成为国际体系的革命者和造反者。自从中国实行改革开放以来，中国逐渐融入国际经济体系和国际安全体系。中国加入世界贸易组织后，中国融入国际体系的速度进一步加快。

2005年9月，胡锦涛主席在联合国成立60周年首脑会议上指出：“努力建设持久和平、共同繁荣的和谐世界。”[①] 这是中国在对世界形势进行了全面深刻分析基础上提出的崇高奋斗目标和全新命题，也为中国看待国际体系提供了新视角。现有的国际体系，虽然有许多不公正、不合理、不完善的地方，但总的来说，对世界和平与发展有所助益，对中国利大于弊。

在以和平与发展为主题的时代，不能采取先摧毁旧的再建立新的国际政治经济秩序的方法，而只能在加入现有的国际政治经济秩序后，再根据中国和世界人民的根本利益逐步改变其中不公正、不合理的规则，推动国际体系向公正合理方向转变，并逐步加以完善。这将是建设和谐世界的重要组成部分之一。

一、以和平与发展为主题的时代为建设和谐世界提供现实条件

世界处于以和平与发展为主题的时代为建设和谐世界提供了根本的前提条件和现实可能性。以和平与发展为主题的时代观是中国走和平发展道路的前提性大观念。中国走和平发展道路具有极大的时代意义，符合时代潮流，有利于维护世界和平，促进共同发展。

---

① 胡锦涛：《努力建设持久和平、共同繁荣的和谐世界——在联合国成立60周年首脑会议上的讲演》，《人民日报》2005年9月16日，第1版。

以和平与发展为主题的时代是历史发展的必然结果。回顾世界近现代史，我们可以看到，只有在以和平与发展为主题的时代，建设和谐世界才有现实可能性。

17 世纪欧洲发生了两件对世界历史影响深远的大事：一是 1640 年英国爆发的资产阶级革命，这使资本主义生产力的发展开始摆脱旧势力的束缚。二是 1648 年签订的《威斯特伐利亚和约》，该和约塑造了威斯特伐利亚体系，确立了民族国家在现代国际关系中的行为主体的地位，在实践上肯定了国家主权原则，从而使国家主权平等原则成为国际关系基本准则。这使欧洲中世纪的以罗马教皇为中心的神权政治体制让位于由主权平等和独立的民族国家组成的国际社会。但当时的欧洲国家只将主权平等原则适用于所谓的"基度教文明国家"，而对其他文明的国家和民族，欧洲列强并没有像中国古代以来一直持有的"和而不同"的世界观。相反，它们凭借资本主义生产力迅速发展所获得的坚船利炮，开始在亚、非、拉美等世界广大地区进行残酷征服、疯狂掠夺和占领殖民地。欧洲大国通过武力和战争崛起。尽管近代欧洲的康德、美国的威尔逊等人提出建立人类共同体的愿景，中国的康有为等人提出过世界大同的观点，但在当时根本不存在实现的可能性。

至 19 世纪末 20 世纪初，资本主义发展到帝国主义阶段。在世界范围内，殖民地已经瓜分完毕。为了夺取商品市场、原料产地和投资场所，帝国主义国家之间展开激烈争夺，导致两次世界大战。这两次世界大战也引起了一些国家的无产阶级革命和广大殖民地、半殖民地人民争取民族解放的斗争。因此，20 世纪前半期时代的主题是"战争与革命"。在这一时期，大国通过或企图通过武力和战争崛起的特点发展到了极致。

至 20 世纪 60 年代末，绝大多数殖民地、半殖民地人民通过民族解放斗争获得了民族独立。同时，世界上和平力量的增长超过了战争力量的增长，使新的世界大战可以避免。这些标志着"战争与革命时代"基本结束，时代的主题开始转换。20 世纪 70 年代后，时代主题向和平与发展过渡。至冷战结束，这一时代主题完全确立，更加彰显。在这一时代，首次出现了建设持久和平、共同繁荣的和谐世界的现实可能性。当前中国的以和平兴起正是在以和平与发展为主题的时代背景下进行的。

二、中国领导人对时代主题的判断是中国走和平发展道路的前提性大观念

邓小平关于时代主题的论述是我们认识时代的出发点。我们所说的时代，指的是以马克思主义观察全球形势所做的总体判断。作为时代主题的和平，是指不打世界大战。而不打世界大战，是中国和平兴起所需的稳定和平的国际安全环境的最重要因素之一。作为时代主题的发展，指世界各国无论大小穷富，均应得到充分的发展；也指每个国家应实现政治、经济、科技、社会、文化的全面协调发展。中国本身的这种发展是和平兴起的基础，而且中国希望实现世界各国共同发展。

早在20世纪80年代初，邓小平同志就已开始思考当代世界的和平与发展问题以及这两大问题的相互关系。80年代中期以后，邓小平同志提出："对于总的国际局势，我的看法是，争取比较长期的和平是可能的，战争是可以避免的"。① 他认为，国际社会在为反对霸权主义、反对战争威胁，为争取世界和平而斗争时，还必须始终不渝地关注和解决人类的发展问题。1985年3月，邓小平同志指出："现在世界上真正大的问题，带全球性的战略问题，一个是和平问题，一个是经济问题或者说发展问题。"②

冷战结束后，世界形势发生重大变化，但霸权主义、强权政治和不公正不合理的国际经济秩序依然存在。邓小平同志通过冷静观察和思索，1992年在南巡谈话中特别指出："世界和平与发展这两大问题，至今一个也没有解决。"③

党的十三大和十四大报告均依据邓小平同志的论断，将和平与发展概括

---

① 《邓小平文选》（第三卷），人民出版社，1993年版，第233页。

② 中国外交部编写组：《邓小平外交思想学习纲要》，世界知识出版社，2000年版，第32页。

③ 中国外交部编写组：《邓小平外交思想学习纲要》，世界知识出版社，2000年版，第34页。

为“当今世界”的“主题”和“两大主题”。1997年9月，党的十五大又明确将和平与发展概括为“当今时代的主题”。“当今时代的主题”比“当今世界的主题”立意高、看得远，考虑到了时代基本矛盾的演变。2002年11月，党的十六大报告不仅明确肯定“和平与发展仍是当今时代的主题”，而且进一步对此做了比较详细的阐述：维护和平，促进发展，事关各国人民的福祉，是各国人民的共同愿望，也是不可阻挡的历史潮流。世界多极化和经济全球化趋势的发展，给世界的和平与发展带来了机遇和有利条件。新的世界大战在可预见的时期内打不起来。争取较长时期的和平国际环境和良好周边环境是可以实现的。① 中国领导人的这些论述是实现中国和平发展的前提性大观念。

三、坚持和丰富以和平与发展为主题的时代观是中国和平发展理论的基础

在当前世界和平受到新的冲击和发展面临新的挑战的形势下，我们应该进一步提高对“以和平与发展为主题的时代”的认识，统一思想，坚定信念，抓住机遇，发展自己。一方面，“还是战争与革命时代，中国被遏制，必有一战”的观点，是没有看到时代已经发生本质的变化，夸大了中国面临的威胁，是错误的。另一方面，那种认为“和平与发展就可以万事大吉”的观点，看不到存在的新挑战，因而也是错误的。还有人认为“现在是从资本主义向社会主义过渡的时代”，这是混淆了社会发展的时代与全球国际局势的时代概念。群众中存在的“有冲突战争、贫困落后就不是和平与发展时代”的观点，是看不到时代的主流。和平与发展是世界的发展潮流。中国走和平发展的道路是以和平与发展为主题的时代所决定的，也是在这一时代背景下进行的。

同时，应根据国际形势的变化，不断丰富与调整和平与发展时代观的

① 江泽民：《在中国共产党第十六次全国代表大会上的报告》，载《中国共产党第十六次全国代表大会文件汇编》，人民出版社，2002年版，第45页。

内涵。

（一）解放思想，与时俱进，克服思想障碍，丰富与发展时代主题

邓小平理论、“建设和谐世界”重要思想是我们认识时代主题的出发点和理论基础，同时要顺应时代发展潮流，进一步推进时代主题的内涵。“左”的和右的认识偏差都应克服，尤其要克服“左”的倾向。观念要有新提高，开放要有新局面，合作要有新内容。慎提反对“西化”，多讲学习和吸取全人类的文明成果。在主权观、人权观、民主观方面，都应当顺应时势而变化。

其一，全人类共同利益上升是以和平与发展为主题的时代的一个重要特征。2003 年春夏之交一度猖獗的“非典型性肺炎”就是一个例子。我们应该顺应历史潮流，维护全人类共同利益。与国际社会共同努力，积极促进世界多极化，推动多种力量和谐并存，保持国际社会的稳定，积极促进全球化朝着有利于实现共同繁荣的方向发展，趋利避害，使各国特别是发展中国家都从中受益。

其二，合作安全是以和平与发展为主题的时代的一个重要原则。维护安全需要有新观念。中国一直在提倡树立以互信、互利、平等、协作为核心的新安全观，主张通过对话增进相互信任、通过合作促进共同安全。

其三，维护世界多样性，提倡国际关系民主化和发展模式多样化，是以和平与发展为主题时代的一个重要目标。只有尊重世界的多样性，各个民族、各种文明才能和谐相处，相互学习，相互借鉴，相得益彰。世界上的不同文明、不同的社会制度和发展道路应彼此尊重，在竞争比较中取长补短，在求同存异中共同发展。

（二）辨证看待现有国际体系，运用和改善国际体系，促进和平与发展

现有国际体系当然有不合理不公正的方面，但是也在广大发展中国家的努力下取得了很大进步，有其公正与合理的方面。和平与发展的推进不能是

无源之水，无根之木，而是从现有国际体系中孕育出来的，也只能在国际体系的变化中发展。中国更应当在融入国际体系的同时，学习运用国际体系，进而逐步改造国际体系，去推进和平与发展。

对一些正在发展的、对国际体系有影响的事物，也应该用辩证的观点去看。例如，非政府组织和跨国公司，对世界和平与发展以及中国和平兴起既有有利影响，也有不利影响，需要客观分析，善用其有利的一面，而防止其不利的一面。

（三）从维护和平与发展的时代主题出发，摒弃冷战思维，超越地缘政治，认识中国的国际利益

和平与发展作为客观的发展趋势，是不以我们的主观意志为转移的，也不一定在所有的方面、所有的时间都符合中国的国家利益，但从长远来说可能对中国更为有利。因此，维护和平与发展是符合中国国家利益的。地区合作的利益、全人类的共同利益，有些是与中国国家利益一致的，甚至成为中国国家利益的组成部分。中国需积极参加联合国和区域组织的维和活动，积极促进国际政治和经济秩序的建设和改革，积极参与地区经济与安全合作，推进新安全观的传播，逐渐使合作安全与共同安全成为共识。世界多极化和国际关系民主化意味着，不仅中国可能兴起，其他国家也可能兴起。和平复兴的中国应当欢迎其他国家的和平崛起。任何一国的崛起都会对国际局势和地区态势产生影响甚至冲击，中国应当对此做充分的准备，与时俱进地调整政策不断磨合出新的合作与平衡。

（四）不断研究新问题，形成更全面更完整的时代观

我们仍然处在剧烈变化的世界之中。要不断揭示促进和平与发展的新力量和新因素，不断研究妨碍和平与发展的新问题和不确定因素。和平是发展的前提，发展是和平的基础，一般来说两者互相促进。然而，两者的关系也是复杂的，有时也出现相反的趋势。这就要求进行更深入的研究，逐步形成更全面、更前瞻的时代观。中国的发展离不开世界，中国的和平兴起也需要争取世界的认同。

四、实现世界持久和平仍任重道远

和平问题带有战略性和全局性，是因为它直接关系到人类的生存和世界的安全。20世纪前半叶，人类遭受了两次世界大战的巨大浩劫。第一次世界大战席卷30多个国家，卷入的人口超过15亿，造成2000多万人死亡、2000多万人伤残。第二次世界大战规模更大，造成的损失更惨重，共有60多个国家、20多亿人口卷入战争。仅中国和苏联损失的人口就达6000万左右，对物质财富造成的破坏更是无法估量。

第二次世界大战结束不久，人类社会又陷入了长达40多年的东西方冷战时期。在此期间，美国和苏联两个超级大国展开了激烈的军备竞赛，特别是核军备竞赛，它们建立了各自庞大的核武库和常规武库。其中，双方投入了数千亿美元的资金，发展了从地面到海洋、从空中到空间的庞大的核武器系统，其核弹头总数达到5万余枚，足以毁灭人类好几次，成为悬在人类头上的“达摩克利斯剑”，是对世界和平与安全的最大威胁。到20世纪80年代末，全世界各国现役部队人数约2900万人，占全球人口总数的0.58%；年军费开支总额高达1.1万多亿美元，约占全世界年生产总值的4.5%。这种激烈的军备竞赛不仅严重威胁世界的和平与人类的生存，也给国际社会的发展和人类的环境带来极为不利的影响。同时，美苏激烈争霸造成国际局势紧张动荡，导致局部战争和武装冲突不断。冷战时期，共有2000多万人在各种局部战争和武装冲突中死亡。

冷战结束后，尽管世界上有利于和平与发展的因素在上升，但国际关系中多种矛盾交织，国际形势复杂多变，决定了当今时代和平与发展的潮流是曲折前行的。国际政治经济秩序还有许多不公正不合理之处。影响和平与发展的不确定因素在增加。世界还很不安宁，人类面临着许多严峻挑战，世界安全形势更加复杂。面对着严峻的挑战，中国走和平发展道路的意义更加深远。

（一）非传统安全威胁上升

非传统安全威胁又可以称为全球问题、跨国问题或低政治问题，包括环境污染、全球变暖、人口爆炸、毒品走私、国际犯罪、恐怖主义、艾滋病等。非传统安全威胁有两个重要特点：一是具有全球性和全人类性。这些问题不是某些国家和局部地区存在的个别问题，而是在世界范围内普遍存在并且关系到整个人类的问题；二是就其后果来说非常严重，它不是人类社会发展中遇到的一般困难和障碍，而是威胁人类的生存和发展，决定人类命运的重大问题。[①]

非传统安全威胁有时也与传统安全威胁交织在一起。传统安全问题有可能转化为非传统安全威胁，非传统安全威胁也有可能导致传统意义上的战争与武装冲突。例如，大规模杀伤性武器是传统安全问题，但如果恐怖分子掌握了大规模杀伤性武器，就成为非传统安全威胁和跨国问题。又如，在非洲某些国家和波黑发生的武装冲突中，叛军或参战军队强奸成千上万名妇女，造成艾滋病在大范围内流行。[②]

中国是世界上人口最多的国家，非传统安全威胁和传统安全威胁对中国都是严重的。中国能够以和平方式兴起，确保安全，不仅事关中国的利益，也是对世界和平的巨大贡献。

（二）国内政治国际化、国际政治国内化、民族主义强化、宗教政治化成为新的趋势

一些国家国内的政治矛盾和冲突，导致国际干预，出现国内政治国际化。由于经济全球化的发展，各国之间在许多领域的交流和接触大大增加。在许多国家，国内政治对外交政策的影响有很大上升。冷战结束后，过去被东西方对抗所掩盖的许多民族、宗教和文化矛盾重新显现。

中国处于建设全面小康社会的关键时期，这一时期国内的政治、经济、社会和文化矛盾都相当突出，处理好内部发展与外部压力的关系至关重要。和平发展的方向将有助于解决内外压力的矛盾。

---

① 尹希成等著：《全球问题与中国》，湖北教育出版社，1996 年第 1 版，第 2—3 页。

② 《战乱助艾滋病为虐》，载《解放日报》2002 年 7 月 11 日，第 3 版。

（三）未来冲突大部分仍将发生在发展中国家

有些发展中国家内部动荡加剧，冲击地区稳定。中国有22个陆上与海上邻国，其中绝大部分是发展中国家，相当部分还是最不发达国家。因此，中国必须以发展双边关系和多边地区合作来减缓周边可能造成的冲击。

（四）冷战残余和传统安全威胁仍然存在

冷战或内战所造成的有些民族和国家的分裂仍然存在，如朝鲜半岛、中国台湾等。特别是近年来，这些分裂地区已经成为矛盾热点。第二次朝鲜核危机发生后，朝鲜半岛紧张局势上升。台湾陈水扁和“台独”势力加快走向台独的步伐，抛出“台独”时间表，企图在2008年实现“公投台独”。这些都给亚太地区和世界的和平稳定投下阴影。

同时，美国为维持其“世界领导地位”，企图保持其军事力量“无与伦比的优势”。为此，它不允许其他国家谋求军事优势或与美国平起平坐的军事地位。在2002年1月向国会提交的《核态势评估报告》中，美国防部提出由核与非核进攻性打击力量（包括信息战手段）、主动和被动防御力量（特别是导弹防御）、能及时提供对付正在出现的威胁的新能力的防务产业基础设施组成新的“三位一体”战略力量，以代替由洲际弹道导弹、战略轰炸机和战略核潜艇组成的旧的“三位一体”战略力量。这大大扩大了战略武器的范畴，使核武器、导弹防御系统、高技术常规武器、太空武器、信息战手段等都纳入战略力量范畴。美国单方面退出《反弹道导弹条约》，为其大力发展导弹防御系统解除了束缚。这些都加大了战略武器控制和实现战略稳定的难度。美国还大力加强在亚太地区部署的海、空军力量。冷战思维和强权政治是与“以和平与发展为主题的时代”背道而驰的。

而且，随着高新技术的迅速发展，世界正进入以信息技术等在军事上的应用为主要标志的新军事变革。美国借新军事变革之机正在大力开发高新技术武器，企图保持它在军事上的绝对优势。因此，新军事变革可能在与冷战思维结合，为传统安全威胁输血补气。

总之，和平与发展作为时代主题将是长期的，但是世界政治经济形势将表现出“总体和平，局部战争；总体稳定，局部动荡；总体缓和，局部紧张”的特点，也将是长期的。

中国所处的东亚乃至亚太区域总体和平稳定，但也有多处热点，这些热点都围绕着中国。尤其是台湾问题涉及中国的核心利益，对中国的重要战略机遇期形成严峻考验。和平发展有助于中国化解诸多矛盾，实现战略机遇期的任务。

五、实现世界共同繁荣仍面临巨大挑战

发展问题也带有战略性和全局性，是因为它不仅与发展中国家人民的进步事业密切相关，而且关系到整个世界的发展和繁荣。如果发展中国家的经济不能持续发展，贫困问题不能克服，发达国家的经济也会受到负面影响，更谈不上整个世界的繁荣。正如邓小平同志指出的：“总之，南方得不到适当的发展，北方的资本和商品出路就有限得很，如果南方继续贫困下去，北方就可能没有出路。”①

当前人类发展面临一些新的挑战：

（一）一些发展中国家无法适应全球化造成的剧变，陷入被边缘化境地

经济全球化、社会信息化的消极作用和负面影响，给发展中国家、特别是那些最不发达国家带来巨大冲击，致使南北差距拉大，矛盾突出，对话不畅。有些发展中国家尚未找到适合自己特点的现代化道路，国家认同尚未巩固，腐败问题无法从根本上控制。许多发展中国家经济问题严重，基础设施落后，发展遭遇瓶颈，利益分化，矛盾增加。由于缺乏相互交往和互补性差，南南合作困难。这些发展中国家经济长期停滞不前，绝对贫困与相对贫困同时增长。艾滋病、禽流感等威胁着人的生存。

---

① 中国外交部编写组：《邓小平外交思想学习纲要》，世界知识出版社，2000年版，第33页。

有些被边缘化的发展中国家又被称为“失败国家”，往往为国际社会所遗忘。这常常导致处于这种境况中的某些国家成为恐怖分子的滋生地或藏身地。

（二）经济全球化使发达国家与发展中国家之间以及发达国家内部、发展中国家内部的差距都拉大，引起了紧迫的公平发展问题

经济全球化所造成的是不均衡的发展。不仅发达国家与发展中国家之间差距扩大，而且，在发达国家内部和发展中国家内部，贫富差距也在增加。这种经济分配的不公加剧了社会问题。这就是反全球化浪潮高涨的根本原因。这一问题仅靠市场经济是无法解决的，必然要通过政府的宏观调控来减缓。

（三）金融危机等新形式的危机造成重大损失

新科技革命发生在原有的国际体制之中，造成发展的极不平衡，发展中国家处于不利地位。发展中国家在参与经济全球化中面临巨大的经济风险和金融风险。例如，在 1997 年发生的亚洲金融危机中，有的东南亚国家在几天时间之内就损失了国内生产总值（GDP）的 20％—30％。

（四）经济发展与生态环境的矛盾日益突出

随着人口的迅速增长和经济的发展，人类对资源的消耗日益增多，对环境的污染日益严重，全球生态系统正在趋向危险的临界点。这对国际关系将产生难以预测的影响。一方面，全球性跨国问题日益增多，使世界各国的共同利益上升，促使它们更多地进行合作以解决面临的这些共同问题。另一方面，国家之间可能展开对淡水、能源、海洋和太空资源的争夺，这种争夺甚至可能导致武装冲突或战争。

中国作为世界最大的发展中国家，在过去 20 多年里通过改革开放政策实现了高速经济增长，打破了超级人口大国不能实现现代化的定论，摸索出了适合中国特点的发展道路。它本身已为发展中国家树立了榜样。中国探索

和平发展的新道路，将会对共同开发和运用世界资源，合理进行劳动分工，减少恶性竞争，共同防止金融危机等经济冲击，以及团结协作使世界经济体系朝公平合理方向转变发挥更大的建设性作用。

第二节 中国走和平发展道路符合和平与发展时代潮流

时代主题是大势所趋，具有客观性。全世界人民求和平、争发展是不可阻挡的主要历史潮流。现在和平与发展的问题一个也未得到根本解决，因此和平与发展是我们必须追求的目标。中国走和平发展道路正是顺应了这一潮流。当前，世界上有利于和平与发展的因素在上升，这是时代的主要潮流。虽然也存在着违逆和平与发展的现象，但毕竟是支流。在未来 20 年内，以下因素将强烈推动和平与发展的潮流，为中国和平发展提供更为坚实的基础和更为广阔的舞台。

以和平与发展为主题的时代是一个长期的过程，也是中国实施和平发展战略的大背景。

一、新科技革命和经济全球化促进了各国相互依存的深度

20 世纪 90 年代以来，人类社会正在经历一场新的科技革命。以信息技术、生物工程技术、新能源技术和纳米技术等为代表的科技进步日新月异。

同时，发达国家进入了知识经济的新阶段，发展中国家正在现代化道路上赶超。新科技革命和经济全球化两股潮流发展的结果，导致了一种新经济正在形成。现在世界上主要发达国家国内生产总值的 50%以上来自知识密集型产业。知识经济的社会形态正在成为现实。综合国力竞争成为各国之间斗争与合作的主要内容。这对国际关系产生了巨大影响。

以信息技术革命为核心的新科技革命在极大地促进世界经济结构变革的同时，正有力推动了经济全球化趋势的发展。在国际竞争日趋激烈的形势下，经济全球化呈现出全方位发展的态势。世界各国之间、各地区之间在经济、贸易、投资、金融等领域的相互渗透和相互依存大大加深。世界经济正在逐渐真正形成为一个不可分割的有机整体。全球市场加速形成，区域一体化蓬勃发展，世界各国的相互依存达到了空前程度。

经济全球化趋势的发展，使国家之间在经济上的相互依存性上升，共同利益增加。它们更加愿意通过对话、谈判等和平手段解决相互之间的矛盾和分歧。这在总体上有利于世界的和平与发展。

二、大国关系的性质发生了深刻的变化

大国间共同利益不断增加，相互合作与协调利益的要求上升，它们之间已不互为敌手，以暴力手段解决争端的可能性大为减少。“零和”规则日益为“共赢”模式所取代。各大国在对付非传统安全威胁、解决地区热点和防止大规模杀伤性武器扩散等方面更加注重合作。地缘政治的重要性下降，地缘经济、国际机制协调的作用增强。

“9·11”事件以来，国际战略形势出现一些新的特点：首先，非国家行为者挑战主权国家成为影响国际战略形势的一个重要因素，其中在国际安全和政治领域最突出的是恐怖主义；其次，非传统安全威胁，特别是恐怖主义在国际上的影响突出起来；再次，非对称性战争成为战争的主要形式之一，以美军为主的联军与塔利班和本·拉登的“基地”组织进行的阿富汗战争及伊拉克战争实际上就是这种形式的战争。国际战略形势的这些新特点促使大国进一步加强合作来应对新的威胁和挑战。

“9·11”事件后，世界各国以及联合国和其他国际组织都严厉谴责恐怖主义，在反恐问题上表现出空前的一致。世界各国在全球反恐斗争中加强合作，表现了国际社会打击恐怖主义的强烈意愿和坚定决心。同时，反恐合作已成为大国之间新的战略利益交汇点。中美关系明显改善，中美两国领导人一致表示，决心致力于建立中美建设性合作关系；中欧关系、中俄关系也得到加强。在大国关系中，对抗的因素大大减少，合作协调的因素有所增加。

大国之间既相互借重、又相互制约，既相互合作、又相互竞争，成为国际关系的基本态势和突出特点。单边主义政策和单极世界构想，遭到许多国家的批评和抵制。大国之间建设性合作关系的发展，为它们构建相互之间新的战略稳定框架创造了良好条件。

即使是在单边主义强大的美国，也不得不认识到国际合作的重要性和必要性，尤其是在“9·11”事件和伊拉克战争之后。

中国与俄罗斯1996年决定建立和发展两国“平等信任、面向21世纪的战略协作伙伴关系”。这种“战略伙伴关系”与冷战时期的“盟友关系”或“战略合作关系”有着本质的不同。它不是针对第三国的、不带结盟性质，其主旨是争取不搞对抗，相互友好，加强合作。俄总统普京认为，俄中两国“向世界显示了一种新的国家关系模式”。①

中国与崛起的欧洲也建立了更加密切的战略伙伴关系。2004年1月胡锦涛主席出访法国便是大国深化合作的实例。

三、世界多极化和国际关系民主化制约了霸权主义

现行国际体制和国际法准则承认各国主权平等，为国际关系民主化创造了前提。国际关系民主化已成为世界上的主要潮流之一。广大中小国家和发展中国家是推动国际关系民主化的主要力量。国际关系民主化潮流与世界多极化趋势相互呼应，成为制约美国“单极化”战略的有力因素。

虽然美国到2015年仍将保持其唯一超级大国的地位，但美国并非是万能的，并非在任何时候、任何事情上都可以主导一切。

首先，美国面临世界多极化趋势和国际关系民主化潮流越来越大的制约。例如，在伊拉克问题上，法、德、俄等国政府公开反对美国在没有联合国授权的情况下对伊动武，世界各国人民举行了反对美发动伊拉克战争的大

① ［俄］普京2002年7月6日在圣彼得堡接待中国国家主席江泽民时的讲话，载The Russia Issues，Com，http：//www.yahoo.com。

规模示威游行，美国也无法任意操纵联合国通过它想要的决议。

第二，美国军事力量的作用是有限的。美国能很快占领伊拉克，但无法消除反美武装各种形式的抵抗，无法实现伊的稳定和重建。

第三，美国受到国内各种因素的制约。布什政府发动伊拉克战争和推行单边主义的外交政策在国内遭到许多批评。而且，即使美国一些人士认识到，美国唯一超级大国的地位在2015年后将遭遇严重挑战。

总之，只有世界其他国家，包括中国力量更快地增长，才能减缓国际力量严重失衡的状况。

四、各种类型、不同层次的国际合作机制正在发展

国际关系中的行为主体大大增加，各种类型、不同层次的国际合作机制空前活跃。尤其是区域性合作趋势方兴未艾，特别值得重视。区域性合作是在全球化趋势背景下发展的，实际上是通向全球化的一个阶段。当前的区域性合作呈现如下特点：

（一）逐渐形成欧洲、美洲、东亚三大区域经济一体化和安全合作

欧洲联盟现在的国内生产总值已与美国不相上下，它的继续东扩已是大势所趋。欧盟已在2003年组建欧洲快速反应部队。欧洲国家在防务上独立自主因素的发展将对欧洲未来安全格局的形成有重大影响，也是世界朝多极化发展的一个重要表现。

1994年生效的北美自由贸易区虽然仅侧重于在美国、加拿大和墨西哥三国之间减免关税，在经济一体化五种形式中处于较低水平，但由于美国的政治影响和经济实力，该自由贸易区在世界上的影响不亚于欧洲一体化。

东亚区域的经济一体化和安全合作进程虽然起步较晚，但发展势头强劲。1997年的金融危机使东亚各国深感加强地区经济合作和共同发展的必

要性，东盟+3（10+3）机制、东盟+1（10+1）和东亚首脑会议机制的建立正是为了适应这种需要。"10+3"机制将发展成为东亚区域合作的主渠道。这是冷战后东亚兴起和国际地位上升的重要表现，有利于东亚国家之间增进信任、加强合作。

欧洲、北美、东亚三大区域经济一体化和安全合作的发展是世界战略格局走向多极化的重要表现之一。

（二）中小国家和发展中国家在区域经济一体化和安全合作中发挥了重要作用

（三）多种层次和多种类型的区域经济一体化和安全合作共同发展

这些区域合作的趋势推动了世界多极化和国际关系民主化趋势的发展。

五、一些新的安全观念正在形成并被广泛接受

近年来，针对冷战思维和强权政治心态的存在，中国以与时俱进的精神主张维护安全需要有新观念，一直在提倡树立以"互信、互利、平等、协作"为核心的新安全观，主张通过对话增进相互信任、通过谈判解决争端、通过合作促进共同安全。这种新安全观是对"和平共处五项原则"的发展，它应该成为构建21世纪新型国际安全结构的理论基础。

冷战结束以来，随着世界多极化和经济全球化趋势的发展，已经有一些国家在相互关系和国际关系中努力实行新安全观。例如，俄罗斯总统普京认为，新的国家关系模式的主要特征应该有：拒绝建立军事联盟，紧密协调以维护共同利益，高质量的伙伴关系，以相互信任的精神处理所有事务等。[①]俄政府高级官员指出："唯有通过密切的国际合作，才能真正地获得地区和

① ［俄］普京2002年7月6日在圣彼得堡接待中国国家主席江泽民时的讲话，载The Russia Issues，Com，http：//www.yahoo.com。

全球稳定，才能解决俄罗斯面临的诸多问题。”① 这些主张与中国的新安全观有许多相同或相似之处。

以法、德为核心的欧盟希望看到多极化趋势的发展，主张建立一个以国际法为基础、以联合国等国际机构为框架的多边主义的“世界秩序”。

中国运用新安全观解决与东盟国家在南中国海的争端，受到东盟国家的欢迎。东亚经济一体化和安全合作的发展，包括东盟地区论坛的进展，也体现了新安全观的生命力。

这些表明，新安全观正在为越来越多的国家所认同。中国应进一步从理论上论述新安全观，并提出解决一些安全问题的新机制。

第三节　中国在建设和谐世界中发挥积极作用

“建设和谐世界”是一个长期的目标。通向实现“和谐世界”的道路将要经过三个阶段：

第一阶段是无政府状态下的国际体系，“权力均势”理论在这一阶段的国际关系中起主导作用。冷战结束以来，世界正在逐渐超越这一阶段。

第二阶段是相互依存状态下的国际体系，绝大多数国家之间的关系在这一阶段将更多地建立在相互依存的基础上。世界正在逐渐进入这一阶段。这一阶段的主要特点之一，是世界总体上将由不对称相互依存向对称性相互依存转变。即上升中大国的实力逐渐接近国际体系中占主导地位的大国的实力，发展中国家不仅要完成国家现代化的过程，而且要逐渐缩小和消弭与发达国家之间的经济鸿沟。所有国家实现和谐社会将是建立和谐世界的基础。

第三阶段是一体化条件下的国际体系，世界将逐渐实现经济和政治一体化。这一阶段的主要特点之一，是实现从区域一体化到全球一体化。

① 俄罗斯副外长阿列克谢·梅什科夫：《战略稳定学说—21世纪初的俄罗斯外交和安全政策》，俄《独立报》2002年8月8日。

和平与发展为主题的时代是一个长期的过程，也是中国实施和平发展战略的大背景。中国的和平发展将为建设持久和平、共同繁荣的和谐世界作出积极的贡献。

在世界历史上，大国兴起的先例不胜枚举，但基本上都是通过两种途径实现的：一是战争，二是与世界“领导国家”结盟，或与其有相同的意识形态。

在第二次世界大战之前，大国的崛起必须通过战争。这是战争与革命时代的重要特征。西方殖民主义和帝国主义大国都是通过战争而崛起的，因为它们必须通过战争才能重新瓜分殖民地和势力范围。其中有成功崛起的，如英国、美国等。美国是通过美西战争和两次世界大战而成为西方世界霸主的。也有在崛起时的战争中失败的，如德国、日本等。

第二次世界大战结束后，民族解放运动蓬勃兴起。至20世纪70年代末，绝大部分殖民地和半殖民地实现了民族独立。这标志着战争与革命时代的结束。世界逐渐进入以和平与发展为主题的时代。20世纪80年代，经济全球化进入了新的发展时期。在经济全球化潮流的冲击下，一个国家如果不融入世界市场和国际社会，是无法实现现代化的。在以和平与发展为主题的时代，由于经济全球化潮流，使得一个后起国家可以通过和平竞争扩大国际市场，获得原料和资源，吸引外国资本前来投资，从而兴起成为一个大国。这一潮流的发展，大大增加了各国之间经济上的相互依存性和全人类共同利益，从而促使各国更多地在经济、安全等方面加强合作。这使得国际社会有可能接受一个大国或国家集团的和平兴起。例如，二战后，德国、日本等实现了和平兴起。但它们都是世界“领导国家”——美国的盟国，而美国在与苏联争霸的冷战中取得了胜利。

中国和平兴起的定位应该是成为“有全球影响的地区大国”。但中国决不想挑战美国的“世界领导地位”，也永远不称霸，永远不搞扩张。由于中国是一个发展中大国，又是一个社会主义国家，这样一个国家要实现在国际上和平兴起是史无前例的。这充分表明了中国和平兴起的艰巨性。

在近现代史上，中国曾多次面临机遇期，但由于种种原因，都未能很好抓住。1945年9月抗日战争胜利，第二次世界大战结束，中国面临发展的良好机遇。但由于蒋介石集团挑起国共内战，破坏民主建国，使中国失去了发展机遇。20世纪60至70年代，世界新科技革命迅猛发展，日本和亚洲“四小龙”利用这一机遇发展起来了，但中国却由于陷入“文化大革命”而丧失了又一次机遇。

因此，机遇只是为发展创造了某些有利条件，提供了一种可能，并不是发展的实现。机遇期的到来并不意味着一个国家必然地走向繁荣昌盛。中国要实现和平兴起，必须抓住并尽可能延长重要战略机遇期。

中央领导集体关于重要战略机遇期的思想是建立在对国际战略形势进行实事求是地科学分析基础上的，是在对冷战结束以来、特别是“9·11”事件以来国际战略形势进行客观冷静分析基础上做出的科学判断。这一论断成为我国进入全面建设小康社会、加快推进社会主义现代化建设新的发展阶段的重要理论根据之一。这也是以与时俱进的战略眼光分析当今时代特征和当前国际形势特点，高屋建瓴作出的科学论断。战略机遇期论断的根本出发点，是为了集中精力进行现代化建设、发展中国的综合国力。只有以经济为基础、以科技为先导的综合国力发展了，中国的国际地位才能提高，才能在国际竞争中立于不败之地。

从理论分析来说，战略机遇期具有以下特点：

首先，战略机遇期的时代性。战略机遇期的出现不是偶然的，从来就是国际战略形势发生巨大变化的产物。进入以和平与发展为主题的时代，以及经济全球化趋势和世界多极化趋势的发展，为中国的和平兴起创造了有利的外部条件。

第二，战略机遇期的重要性。能否抓住战略机遇期，对中国能否实现和平兴起具有十分关键的意义。

第三，战略机遇期的宏观性。从空间范围来看，战略机遇期不是那种相对孤立的、只对中国某个局部地区或某个领域产生影响的时机，而是将对中国整体和全局有至关重要的意义的时机。

第四，战略机遇期的纵深性。从时间序列来看，战略机遇期不是那种只在短时间内起作用的因素，而是将在一个较长时间内对中国的发展起决定作用的因素。

第五，战略机遇期的转化性。在战略机遇期中，机遇与风险有可能相互转换。处理不好，机遇有可能溜走，或转化为风险。在战略机遇期中，也存在出现危机的可能，处理得好，可能将危机变为转机。

第六，战略机遇期的伸缩性。善于把握和利用战略机遇，就可能延长战略机遇期；反之，战略机遇期有可能被缩短。

抓住重要战略机遇期，中国的和平发展就可以从现实可能性转化为现实。这种现实可能性分为内部客观条件和外部客观条件两部分。从内部有利条件来说，除了前面叙述的以外，还有几点很重要：1. 十一届三中全会以来，中国共产党带领人民成功地走出了一条建设中国特色社会主义的正确道路，我国的改革和发展日益呈现出蓬勃生机和活力。2. 改革开放 20 多年来，我国的综合国力显著发展。社会主义市场经济体制初步建立，中国经济发展的环境不断改善。3. 在社会主义物质文明和精神文明取得巨大进步的同时，中国的政治文明建设也在逐步推进。

从外部有利条件来说，除了前面分析的以外，还有两点很重要：

一是“9·11”事件后，美国将反恐、反大规模杀伤性武器扩散作为其全球战略的最优先事项，将对外战略的重点由欧洲转到中东地区。美国在伊拉克战争中虽然推翻了萨达姆，但面临着这场战争“车臣化”的危险，驻伊美军经常遭到袭击，伤亡不断出现。朝鲜已进行核武器试验，美国在朝核问题上与朝鲜反复博弈。在这种情况下，美国需要保持中美关系的稳定，希望中国在解决朝核问题、反恐等方面与美国合作。中美关系中引起争议的问题，如台湾问题、人权问题等的尖锐性有所下降。这些有利于中美关系的稳定。

二是在经济全球化趋势的影响下，由于中国具有投资环境良好、生产成本低等特点，世界一些重要的经济要素，如高技术产业、服务业等正在大规模、广谱性地向中国全面转移，这正好与中国建设全面小康社会的需求相配合。这有利于中国加快经济的发展。

中国实现和平兴起的目标，也就是中国共产党十六大提出的我国 21 世纪头 20 年的发展目标和到 21 世纪中叶的发展目标。我国 21 世纪头 20 年的发展目标是：全面建设惠及十几亿人口的更高水平的小康社会，使经济更加发展、民主更加健全、科教更加进步、文化更加繁荣、社会更加和谐、人民生活更加殷实。我国到 21 世纪中叶的发展目标是：基本实现现代化，把我国建成富强民主文明的社会主义国家。与此相适应，中国在国际事务中，将完成从一个负责任的、有全球影响的地区大国向国际体系中一个负责任大国的转变。中国对外政策的目标是努力实现长期的和平国际环境，因为这是中国保持经济和社会长期发展的必要条件。中国在国际上作为一个负责任的国家，有利于保持一个长期的和平国际环境，特别是稳定的周边地区。同时，中国将不谋求地区领导权或世界领导权，而是在经济全球化、世界多极化和国际关系民主化等趋势的大背景下，与其他国家平等合作，共同为推动国际政治经济秩序向更加公正合理方向转变而努力。

无论是从中国社会的发展历程看，还是从世界上其他国家的发展历程看，能不能抓住机遇、加快发展，是一个国家能不能赢得主动、赢得优势、赢得胜利的关键所在。在历史发展的关键时期，把握住了机遇，落后的国家和民族就有可能实现跨越式发展，成为时代发展的弄潮儿；而丧失了机遇，原本强盛的国家和民族也会不进则退，成为时代发展的落伍者。

中国能否实现和平兴起主要取决于能否抓住重要战略机遇期。而要抓住重要战略机遇期，必须具备以下条件：

其一，必须具有强烈的机遇意识。战略机遇期是由一个又一个的具体机遇构成的。机遇具有稍纵即逝、不可复生的特性，即所谓“机不可失，时不再来”。只有具备强烈的机遇意识，做好充分准备，才能抓住用好一个又一个的具体机遇，顺势而上，加快发展。因此，要不断提高把握机遇的本领，善于利用机遇。

其二，必须具备宏观的战略思维能力。这种战略思维能力应该是辩证的，能够看到各种事物的正反两方面及其相互联系和相互转化。它又应该是前瞻性的，能够把握历史规律，预见事物发展的方向。它还应该是有洞察力的，能够在纷繁复杂的表象中，抓住事物的主要矛盾及矛盾的主要方面。它尤其应该是“海纳百川”的，集中各方面人士和智库的各种意见和智慧，采其精华。

其三，必须把又好又快地发展和建立和谐社会作为首要战略目标。邓小平同志说：“发展是硬道理。”只有又好又快地发展，才能为解决中国现在存在的和前进中出现的各种问题创造基本条件，才能不断增强中国的综合国力，才能不断提高中国在国际上的地位。只有建立和谐社会才能做到长期可持续发展，才能使发展成果惠及最广大人民。

其四，必须具备鼓励创新的机制和迅速将创新成果转化为生产力的机制。世界各国之间的竞争，说到底是人才和创新机制的竞争。因此，机制的创新非常重要。应该通过机制的创新，建立鼓励创新的机制和迅速将创新成果转化为生产力的机制，才能充分调动人们的积极性，勇于创新，大胆实践，不断开拓新局面，取得新成果。

其五，必须具备各种危机预防机制和危机管理机制。在重要战略机遇期，也不可避免地会遇到各种不同的危机。例如，2003 年出现的"非典"危机，完全出乎人们的意料，对中国和世界许多国家都产生了一定的负面影响。由于经济全球化趋势的发展和中国与国际社会的联系日益紧密，中国更加容易受到各种危机的影响。危机即是危险，处理得好，也可以转变为机遇。为了预防和处理各种危机，有必要建立各种危机预防机制和危机管理机制。

中国要实现和平兴起必须首先把自己国内的事情办好，因此，必须政治文明、物质文明、精神文明一起抓。在加快发展经济的同时，努力发展社会主义民主政治，建设社会主义政治文明。把坚持党的领导、人民当家作主和依法治国有机统一起来。只有将中国建成富强民主文明的国家，中国才能真正实现和平兴起。

中国还应该使国际社会接受中国的和平兴起。作为一个有 13 亿人口、960 万平方公里领土的大国，中国的迅速发展必将引起世界的瞩目。某些国家的一些人对此产生疑虑心理，担心中国的发展可能对他们不利，少数别有用心的人甚至宣扬"中国威胁论"。与此同时，随着经济全球化和区域经济一体化趋势的发展，中国与世界各国的交流日益频繁，合作日益紧密，共同利益不断上升。中国以实际行动树立互信、互利、平等和协作的新安全观，与各国通过对话增进相互信任，通过合作促进共同安全，争取在国际事务中"双赢"或"多赢"，这将有利于国际社会接受中国的和平兴起。

可能从根本上阻碍中国和平兴起的唯一外部因素，将是世界头号霸权国家对中国采取遏制政策或双方发生武装冲突。因此，我们应该坚持邓小平"韬光养晦、有所作为"的战略方针，[①] 不管国际形势如何变化，都要

① 《邓小平外交思想学习纲要》，北京·世界知识出版社，2000 年版，第 11 页。

在和平共处五项原则的基础上从容发展同所有国家的友好关系；保持警惕，谁也不怕、谁也不得罪，朋友要交、心中有数；埋头苦干，不扛旗不当头。同时，对直接危害我国根本国家利益的霸权主义行为，应该坚决反对，并力争将危机预防在爆发之前，或制止在萌芽状态。另一方面，中国应更积极地在国际上，特别是在与中国联系紧密的周边地区，发挥负责任大国的作用，并更多地利用国际和地区机制、或建立新的机制来发挥这种作用。

一、必须继续执行改革开放路线，加强与世界各国经济技术的交流与合作，积极参与国际体系

中国要加快发展，全面建设小康社会，实现到2020年比2000年翻两番、到本世纪中叶达到中等发达国家水平的目标，必须坚定不移地继续长期执行对外开放政策，在国际竞争中发展自己。同时利用加入世界贸易组织（WTO）的机遇，全面参与国际经济贸易体系。

中国历史证明，闭关锁国实际上是作茧自缚，结果一定会落后挨打。一个典型的例子是，在清朝1661年至1796年史称的“康乾盛世”，中国的经济水平在世界上是领先的。乾隆末年，中国经济总量居世界第一位，人口占世界1/3，对外贸易长期出超。几乎与此同时，西方发生了工业革命，科学技术和生产力迅猛发展。但是，当时的清朝统治者却对这个世界的大变化浑然不觉，麻木不仁，夜郎自大，闭关自守，拒绝学习先进的科学技术。结果在仅仅100多年时间里，就大大落后于西方国家，在西方列强的坚船利炮面前不堪一击。这种历史教训我们必须牢牢记住。总的来说，全面参与国际经济贸易体系对我国家利益利大于弊，有利于我国的改革与发展。虽然现有的国际经济、政治和安全机制，大多数是由美国和其他西方国家为主导的，有很多不公正、不合理的成分，加入其中，就会受到这些机制的一定束缚和制约。但是，如果不参加这些机制，中国就会在国际社会中边缘化。而且，中国改革开放的深入发展，也要求中国进一步融入国际社会。加入国际经济、政治和安全机制，也有利于中国维护长期

的和平国际环境。

二、必须根据世界多样性的现实，在与世界各种文明和社会制度竞争比较中取长补短，在求同存异中共同发展

世界是丰富多彩的。世界上的各种文明、不同的社会制度和发展道路应彼此尊重、相互交流和相互借鉴，“在竞争比较中取长补短，在求同存异中共同发展”①。中国的传统文化中既有精华，也有糟粕。要代表中国先进文化的前进方向，必须继承传统文化中的精华，扬弃糟粕，反映人民的心声，把握时代的脉搏，同时吸收其他文明和文化中的精华，创造中国的先进文化。

中国自古以来就有“和而不同”的世界观。发扬光大“和而不同”的世界观有利于创造中国的先进文化，代表中国先进文化的前进方向。

中国传统文化中的精华实际上是中国综合国力中软实力的一部分，在这一基础上创造的中国先进文化将更是中国综合国力中软实力的重要组成部分。我们有必要使“和而不同”的世界观在实践中逐渐获得世界各国的集体认同，并且在国际上实现机制化。

三、必须继续同各国人民一道，为建设一个持久和平、普遍繁荣的和谐世界而努力

中国的国家利益应体现中国最广大人民的根本利益。在当代，还必须从世界的角度看待中国的国家利益。党的十六大报告指出：“我们主张顺应历

---

① 江泽民：《在庆祝中国共产党成立八十周年大会上的讲话》，载上海《支部生活》2001 年第 7 期，第 15 页。

史潮流，维护全人类利益。”[①] 这表明，冷战结束后，随着经济全球化趋势的迅猛发展，全人类面临的跨国问题和共同威胁在增加，如环境污染、温室效应、恐怖主义、国际犯罪、毒品走私、艾滋病等，因此全人类的共同利益在上升。中国将把国家利益与全人类共同利益相结合作为自身国家利益的出发点和落脚点。要代表中国最广大人民的根本利益，就必须继续同各国人民一道，“共同为建设一个持久和平、共同繁荣的和谐世界而努力”[②]。

党的十六大将实现推进现代化建设、完成祖国统一、维护世界和平与促进共同发展作为三大历史任务。在维护世界和平方面，中国近几年提出的以互信、互利、平等、协作为核心的新安全观，是中国传统文化中的精华在新时代发扬光大的产物，也是中国先进文化的一部分。它的理论基础是共同安全与合作安全。新安全观是与冷战思维、霸权主义、强权政治、单边主义相对立的，并将在实践中、在与它们的相互比较和竞争中显示其生命力，为维护世界和平作出贡献。

在促进共同发展方面，要通过相互促进、共同发展，实现普遍繁荣。包括积极促进经济全球化朝着有利于实现共同繁荣的方向发展，趋利避害，使各国特别是发展中国家都从中受益。

四、正确把握韬光养晦、有所作为的战略方针

“韬光养晦、有所作为”是邓小平国际战略思想的重要组成部分。[③] 这二者是相辅相成的。“韬光养晦”的要旨是不挑头、不对抗、首先把自己的事情办好。中国不挑战现存秩序，积极参加现有的国际经济、政治和安全机

---

① 江泽民：《全面建设小康社会，开创新局面中国特色社会主义事业新局面——在中国共产党第十六次全国代表大会上的报告》，载《中国共产党第十六次全国代表大会文件汇编》，人民出版社，2002年版，第46页。

② 胡锦涛：《努力建设持久和平、共同繁荣的和谐世界——在联合国成立60周年首脑会议上的讲话》（2005年9月15日），《人民日报》2005年9月16日，第3版。

③ 中国外交部编写组：《邓小平外交思想学习纲要》，北京·世界知识出版社，2000年第1版，第101页。

制，可以赢得世界上绝大多数国家的赞同和支持，加强与它们的各种合作关系，减轻美国少数反华势力对中国搞“遏制包围圈”的战略紧迫感。“有所作为”是指中国作为一个负责任的大国，也要为维护世界和平和促进共同发展发挥积极和建设性的作用。中国要把握好二者的结合点，既能韬光养晦，又要有所作为，从而为中国抓住和用好重要战略机遇期，实现现代化和国家统一，赢得宝贵的时间，创造良好条件。

韬光养晦与有所作为是一个有机的整体，既相互依存、又相互转化，是辩证的统一，二者不可偏废。韬光养晦与有所作为是长期的战略方针，而不是权宜之计；是积极的战略，而不是消极的方针。只有正确把握好韬光养晦、有所作为的战略方针，才能抓住重要战略机遇期。

韬光养晦，本身的含义是比喻隐藏才能，不使外露。[①] 作为我国对外战略方针的一部分，应将其理解为从我国的基本国情和国际力量对比的现实出发，首先把国内的事情办好，避免过分张扬、授人以柄、引火烧身，着重营造有利于集中力量进行经济建设的长期和平国际环境。具体来说，可以归纳为：不称霸、不当头、不扛旗、不对抗。

不称霸：早在20世纪70年代初，邓小平就代表中国政府向全世界庄严宣告：中国永远不做超级大国。此后，他还多次向第三世界国家的朋友们表示，中国现在不称霸，将来发展了，也永远不称霸。1992年，邓小平再次强调：“社会主义中国应该用实践向世界表明，中国反对霸权主义、强权政治，永不称霸。”[②]

不当头：邓小平指出，中国不去当第三世界的头。尽管第三世界有些国家希望中国当头，但我们千万不要当头，当了绝无好处，许多主动都失去了。邓小平说：“头头可不能当，头头一当就坏了。搞霸权主义的名誉很坏，当第三世界的头头名誉也不好。这不是客气话，这是一种真实的政治考

---

① 《汉语成语词典》（修订本），上海·上海教育出版社，1986年版，第606页。

② 邓小平1992年1—2月在武昌、深圳、珠海、上海等地的谈话要点，载《邓小平文选》，北京·人民出版社，1993年版，第383页。

虑。”[1] 即使将来中国强大了，也永远不当头，不称霸，不谋求势力范围，不搞集团政治，不干涉别国内政。[2]

不扛旗：正如邓小平指出的，中国不去寻求取代苏联在世界共产主义运动中的那种“中心”地位，不去扛那杆大旗。[3] 中国将坚定不移地走自己的路，把我们自己的事情办好。

不对抗：1992 年，中国领导人提出中国对美外交的 16 字方针：“增加信任，减少麻烦，发展合作，不搞对抗。”[4] 中国集中精力进行国内经济建设，需要一个和平的国际环境。这决定了中国不寻求与美国或其他任何国家对抗。但是，如果某个国家的政策危及到我国的根本国家利益，中国将不得不作出必要的反应。

正确理解韬光养晦必须要有正常国家的心态。韬光养晦不意味着中国有什么不可告人的目的，也不意味着中国强大以后要去报复谁。在古代和近代中国历史上，中国外交通常是两种类型：一种是“封贡外交”，另一种是“屈辱外交”。在中国强大时，通常是八方来朝贡。而在国运衰落时，往往是屈辱割地求和。由此而产生两种心理，一种是“老大思想”，另一种是遭受屈辱之后产生的“悲情意识”。中华人民共和国成立以来，奉行独立自主的和平外交政策，已经抛弃了过去历史上的那两种外交。在当前国际体系向以相互依存状态为主要特征的新的国际体系的转变中，中国国际战略应该突出和平、合作、负责任等特点，同时应彻底抛弃“老大思想”或“悲情意识”，以自信、开放、包容、坦然的正常心态看待世界和与世界交往。

有所作为应该是有所为、有所不为。韬光养晦决不意味着我们在国际问题上没有声音，没有影响。邓小平指出，中国是一个“有重要影响的大

---

① 《邓小平外交思想学习纲要》，北京·世界知识出版社，2000 年版，第 104—105 页。

② 《邓小平外交思想学习纲要》，北京·世界知识出版社，2000 年版，第 105 页。

③ 《邓小平外交思想学习纲要》，北京·世界知识出版社，2000 年版，第 104 页。

④ 楚树龙：《冷战后中美关系的走向》，北京·中国社会科学出版社，2001 年版，第 164 页。

国”，[1] 在国际事务中是有足够分量的。关键是要善于把握形势，抓住时机。中国必须高举和平、发展、合作的旗帜。有时候，有所作为反而有利于韬光养晦。例如，在1997年的亚洲金融危机中，中国发挥了负责任大国的作用，以实际行动反击了“中国威胁论”，使亚洲国家越来越认识到“中国机会论”。特别是在周边地区出现关系到关键国家利益的事态时，我国应发挥积极、主动和建设性的作用。

判断是否正确把握韬光养晦、有所作为的战略方针的标准，应该主要看是否有利于我国现代化建设，是否有利于我国争取较长时期的和平国际环境和良好周边环境，是否有利于维护我国良好国际形象和提升我国国际地位。

随着中国的发展和实力的上升，中国在国际事务中将发挥更大的作用和更积极的影响。要从代表中国最广大人民的根本利益出发，正确把握发挥作用的平衡点和适度感，并且在其中贯彻与时俱进、开拓创新的精神。

1. 观念创新。我们应该将以互信、互利、平等、协作为核心的新安全观进一步理论化，并落实于外交实践，抛弃冷战观念。应在进一步对新安全观进行充实和发展的基础上，提倡将其作为国际关系的新的基本准则之一，主张通过各国协调、合作，实现共同安全。

2. 角色创新。中华人民共和国成立后，曾长期游离于国际体系之外或是国际体系的造反者。在冷战后时期，中国应成为国际体系的建设性参与者，发挥负责任大国维护和平、促进发展的作用。中国应以中国的国家利益和全人类共同利益为出发点，在参与中逐渐改革现有的国际政治经济制度，并在此基础上建立国际政治经济新秩序。

3. 机制创新。中国应该学会更多地通过建立和参加新的区域安全合作机制，来维护自己的国家利益。例如，上海合作组织的建立，有助于发展我国与俄罗斯和中亚国家的关系，维护中国的安全。我国应将朝鲜核问题引起的严峻挑战转变为机遇，加快建立东北亚安全合作机制的步伐。我国还应考虑根据新安全观和亚洲各国人民的共同利益，积极推动建立“亚洲共同体”。

具体地说，应该处理好中国与其他各种类型国家的关系。

（1）与美国的关系。“9·11”事件后，美国利用反恐战争进一步巩固了

---

① 《邓小平文选》（第三卷），北京·人民出版社，1993年版，第279页。

其世界唯一超级大国的地位。国际关系的历史证明，挑战国与领导国相互对抗往往最终是两败俱伤，只有成为领导国的合作伙伴国才能得到最大的利益。中国成为一个挑战国不符合中国的国家利益。因此中国对美政策的最佳选择是：作为一个负责任的大国，与美国在双方有共同利益的领域进行合作；在美国未伤害我国核心国家利益的情况下，不与美国对抗；在与美国有分歧和矛盾的领域，争取求同存异。但如果美国损害我国核心利益，如在台湾问题上，中国也必须以两手对两手，进行坚决斗争。

（2）与发展中国家的关系。当前世界和平与发展的关键仍是能否正确处理南北关系问题。中国作为最大的发展中国家，与其他发展中国家在维护国家独立、实现经济发展方面的根本目标是一致的。中国应继续把加强与其他发展中国家的关系作为外交政策的基石之一，同时应避免以发展中国家的头自居，或企图成为这样的头。

（3）与其他发达国家的关系。大多数发达国家与美国在许多基本问题上的利益是一致的，但它们之间的经济竞争在加剧，在政治上的自主倾向也在发展。发达国家有与我国发展经贸合作的利益与愿望，但它们在人权等问题上与我国也存在矛盾。中国作为一个负责任的国家，可以减少它们对中国未来发展趋势的担心，进一步加强双方的经贸合作，并避免人权等个别问题影响双方关系的大局。我国也可以在与这些国家的交往中举起民主、人权的旗帜，理直气壮地宣传中国社会在民主、人权领域已取得的进步，并表示随着改革开放的深入，中国的民主和人权将取得进一步的发展。

第四节　“和谐世界”是中国国际战略新理念的核心

“和谐”思想是中国几千年智慧的珍贵结晶之一，将它运用于国际关系领域是一个创造。早在公元前2500年，中国人就开始逐渐形成“天人合一”的宇宙观。2000多年前，中国先秦思想家孔子提出了“君子和而不同”与“和为贵”的思想。中国人早就强调追求天人和谐、人际和谐、身心和谐，向往“人人相亲，人人平等，天下为公”的理想社会。近年来，以胡锦涛为总书记的党中央领导集体提出“和谐社会”与“和谐世界”思想。“和谐世界”思想对形成中国国际战略新理念有重大指导意义。

将“和谐世界”思想运用于国际战略领域具有极大的现实意义。第一，它应该成为指导国与国之间关系的主要准则。第二，它应该成为处理不同社会制度、不同文明、不同文化关系的主要准则。第三，它应该成为处理实现人类发展与维护地球环境之间关系的主要准则。

“中国认为，和谐世界应该是民主的世界，和睦的世界，公正的世界，包容的世界。”[①] 中国对外战略的新理念正在形成。这一新理念是以中国“和谐世界”思想为核心的。“和谐世界”思想的基础是“和而不同”的世界观。国家之间、民族之间、地区之间，存在这样那样的不同和差别是正常的，也可以说是必然的。世界各种文明、不同的社会制度和发展道路应相互尊重、相互交流和相互借鉴，在和平竞争中取长补短，在求同存异中共同发展。中国主张维护世界的多样性，提倡国际关系民主化和发展模式多样化。各国的事情应由各国人民自己决定，世界上的事情应由各国平等协商。

应该努力使中国“和谐世界”思想得到全国人民的认同和共识，并进而使其在实践中获得世界各国的集体认同，形成与此相适应的国际机制和制度。同时，中国应该努力运用中国“和谐世界”思想与霸权主义和强权政治作斗争，并改革现有国际秩序中不公正、不合理的因素。

一、中国“和谐”思想的历史演变

中国“和谐”思想是基于“和而不同”世界观，它经历了一个长期的历史演变过程。“和而不同”世界观在哲学上的来源之一是中国古代“天人合一”的宇宙观。“天人合一”的思维模式将世界理解为阴阳两性，但是这阴阳二性并非处在对抗的两极，而是对立统一的关系，你中有我，我中有你。

① 中华人民共和国国务院新闻办公室：《中国的和平发展道路》（白皮书，2005年12月），《国际形势年鉴2006》，上海国际问题研究所编，上海世纪出版股份有限公司、上海辞书出版社，2006年6月第1版，第555页。

“一阴一阳之谓道”，即阴阳两性谁都不能缺少，缺一就不成其为“道”。“生生之谓易”，不管是天道还是人道，都需要阴阳而互动。因此，中国哲学的精神强调自强不息，天地人和谐相处，周延流转。在这里，人不是独立的个体，人际关系亦非对抗性关系，因而也就不应以斗争求发展。孔子“君子和而不同”的思想对此做了进一步的阐述。

中华民族传统文化的精髓，是重视和追求事物的和谐、均衡与稳定。《礼记·中庸》说：“致中和，天地位焉，万物育焉。”认为只有达到和谐，才能正天地，育万物。中华民族传统文化的人文精神和价值理想，主张“兼相爱，交相利”。即以互爱互利的原则来处理人与人、国与国之间的关系。正如江泽民同志高度概括的：“中国哲学一向崇尚共存、共享、共赢，‘海纳百川，有容乃大’。”①

中华民族传统文化强调“礼为用，和为贵”的思想，要求各种角色举措得当，相互协调，相互结合，重在和谐统一。这种“和而不同”的思想实际上表达了世界多样性的辩证统一，即在多样性的基础上实现和平、和谐与合作。《管子·兵法》上说：“和合故能谐”，就是说，有了和睦、团结，行动就能协调，进而就能达到步调一致。这种和合并非是同一，“和合”也是有原则性的，与人相和而不随波逐流、同流合污。

中华人民共和国成立以来，中国的对外政策在很大程度上运用和发展了“和而不同”世界观的精华。1954 年 6 月，周恩来总理访问印度和缅甸。中印、中缅双方总理在联合声明中，正式倡议将和平共处五项原则作为国际关系的准则。和平共处五项原则实际上是对“和而不同”世界观的发展。

邓小平同志积极倡导和平共处五项原则，并创造性地发展和充实了和平共处五项原则的内涵。进入 20 世纪 80 年代，邓小平同志强调，要在和平共处五项原则基础上发展同世界所有国家的友好合作关系，使五项原则涵盖的领域更广泛，更加具有时代特色。

江泽民同志以“三个代表”重要思想为指导，对中国古代的优秀思想进行了高度概括和总结，并应用于中国特色的外交和国际战略。1997 年 11 月

---

① 江泽民 2003 年 7 月 21 日会见英国首相布莱尔时的谈话，《人民日报》2003 年 7 月 23 日。

在美国哈佛大学发表演讲时说，中国具有“爱好和平的传统。我国先秦思想家就提出了‘亲仁善邻，国之宝也’的思想，反映了自古以来中国人民就希望天下太平、同各国人民友好相处。今天，专心致志进行现代化建设的中国人民，更需要有一个长期的和平国际环境和良好的周边环境”。①

2002年10月，江泽民同志在美国乔治·布什总统图书馆发表演讲时说：“两千多年前，中国先秦思想家孔子就提出了‘君子和而不同’的思想……和而不同是社会事物和社会关系发展的一条重要规律，也是人们处世行事应该遵循的准则，是人类各种文明协调发展的真谛。”②

“三个代表”重要思想主张维护世界多样性，提倡国际关系民主化和发展模式多样化。各国文明的多样性，是人类社会的基本特征，也是人类文明进步的动力。只有尊重世界的多样性，各个民族、各种文明才能和谐相处，相互学习，相互借鉴，相得益彰。各个民族、各种文明之间也应该开展平等的对话和交流。江泽民同志指出：“世界是丰富多彩的。世界上的各种文明、不同的社会制度和发展道路应彼此尊重，在竞争比较中取长补短，在求同存异中共同发展。”③

二、中国“和而不同”世界观与西方世界观的比较研究

中华文化的世界观与西方文化的世界观相比较，有一些重要的区别。首先，中华文化“和而不同”的思想使中国人在处理对外关系中倾向于求同存异。而近代和现代西方文化却存在一些“非白即黑”观念。例如，“9·11”事件后，美国政府在反恐斗争中采取“你如果不支持我，就是反对我”的

① 《江泽民主席在美国哈佛大学发表演讲》，《人民日报》1997年11月2日。

② 《江泽民主席在乔治·布什总统图书馆的演讲》，《人民日报》2002年10月25日。

③ 转引自中共中央宣传部：《“三个代表”重要思想学习纲要》，学习出版社，2003年版，第95页。

态度。

其次，中国人主张“天人合一”的宇宙观，所信奉的“天”虽然也是一种外在的力量，但由于天与人的基源合一，即都是基源于阴阳之合，因此从本质上说天与人是浑然不分的。从哲学上说，在这里主体与客体是不分的。中国人看重的是人生和政治问题。基督教的“上帝”是一他在，其与人类的关系是主客观二分的关系。即认为万物乃至人类都是上帝所创造的，上帝就是外在于万物和人类的一种客体化的力量。这是典型意义上的天人相分。西方人看重的是人同外在世界的关系问题。

第三，“文野之辨”使得中国人自古以来便以一种亲和而友善的态度处理同周边国家的关系，中华文化的“天下主义”直接导致和平主义，因此中国人很少侵略，对野蛮和残暴持否定态度。他们不是把其他民族视为敌对的异类，而是看作需要自己去教化的野蛮民族，就像知书识礼的人对待一般的村夫一样，虽然有优越感，居高临下，但却不想去伤害对方，而是尽可能地去教化他，使之由“野”变成“文”。而基督教虽然同样奉行“天下主义”，但由于其宗教的排他性，不可避免地将其他民族视为异端或异类，因而一些西方国家曾在许多情况下对异教民族或经济文化落后的民族抱持仇视态度和使用残暴手段，习惯于搞强权政治。

第四，中国的民族主义是以文化优越感为基础的，但在近代史上，中国又饱受屈辱，产生严重的“悲情意识”。而美国的民族主义是以政治理想为基础的。正如美国总统布什在2002年7月4日讲话中所说：“不存在美利坚民族，只有美利坚信念。”在美国人看来，这种信念的优越性是不言而喻的。美国的政治制度和理想加上在实践中取得的成就，使美国人坚信他们的价值观应该是具有普遍性的。当美国人受到威胁时，他们认为对他们的攻击主要是对他们价值观的攻击。[①] 而且美国的民族主义也源于对美国建国以后所取得的战争与和平胜利的洋洋得意。

每一种文明的发展都有其特殊性。在中国，从春秋战国“百家争鸣”时起，法家学说有利于实现国家的富国强兵，也是打天下不可缺少的。例如，

---

① ［美］裴敏欣：《美国民族主义自相矛盾之处》，载美国《外交政策》双月刊，2003年5—6月一期。

在战国早期，秦国势力并不强大，且偏处西陲，同东方六国没有多少往来，被东方六国以夷狄之国看待。只是到了公元前 4 世纪中叶，由于商鞅的变法，秦国才由弱变强，成为战国七雄中最强的，并最终统一了中国。但由于法家学说虽然强调以一种制度化的东西整顿社会秩序，但它的法并非立国之本，立国之本仍是人治而非法治。法之上还有君主，法只是君主统治臣民的工具和武器。黑格尔说，中国社会只有一个人是自由的。马克思说，亚细亚社会，“尽人皆是奴隶”。就是指法家的治国模式。因此，法家的治国模式走到极端，往往成为君主用残暴手段榨取和镇压各阶层人民的赤裸裸的工具，从而遭到各阶层人民的强烈反抗。因此实行法家治国模式的王朝往往是短命的。法家学说并不是适于长期治天下的模式。

儒家学说在中国古代历史上则是一种比较适于长期治天下的模式。儒家以“仁”为其哲学的核心。孔子认为周公所制定的礼乐制度是社会和谐的保障。要维持好社会秩序，首先就得有一套比较好的社会规范，而周代那套“尊尊”、“亲亲”的规范，是最好的社会规范，因为它把整个社会都固定在一个等级化的网络中，小不僭大，贱不逾贵。为了恢复或实现这样的社会规范和秩序，要靠两条途径：一曰“仁”，即从内心提升人们的精神境界；二曰“礼”，即从外部约束人们的举止言行。仁的要旨是“仁者爱人”，指君臣之爱，父子之爱，是理想的“尊尊”、“亲亲”的境界。儒家的治国模式为中国古代历史上的大多数统治者所采用。

但儒家治国模式的弊端也是明显的。它压制人们的创新精神和人性的发展，后来甚至成为杀人不见血的“软刀子”。过于严格的等级制度是对人才的扼杀。而随着时间的推移，儒家统治阶级的虚伪性也在增长，甚至用残暴手段来维持这种制度性的虚伪。儒家治国模式加上中国土地的广大和人口的众多，往往形成“超稳定”的统治架构，但其内部的逐渐腐败会导致农民起义和大规模的社会动乱，最终是旧王朝的覆灭和新王朝的出现，从而在中国古代历史上形成“动乱——稳定——再动乱”的怪圈。而每一次动乱都是对社会生产力的巨大破坏，并使广大人民群众遭受巨大的痛苦和灾难。

道家思想对中国古代的治国实践也有一定影响。道家思想的代表人物是老子和庄子，其精髓是“无为而治”。此种学说既包含法治，又有德治，有利于大一统王权的巩固。在中国古代历史上道家治国模式有时用于从法家治国模式向儒家治国模式过渡的时期。例如，汉朝初年，刘邦集团鉴于秦朝的残暴统治对社会生产力和人民群众造成巨大摧残，实行“轻徭薄赋”、“与民休息”的政策，这实际上是将“无为而治”思想用于实践。汉文帝和景帝时期，继续贯彻和发展了“与民休息”的政策，使社会经济得以恢复，人民生活得到明显改善。但老子思想中“小国寡民”的理想国模式与富国强兵的理想和现实会产生矛盾，也难于被长期掌权后日益腐化的统治阶级所接受，而庄子“无待”与“无己”的高境界自由精神主要为中国的读书人，尤其那些嫉世愤俗的文人所喜欢。这些又决定了老、庄的道家思想难以成为中国古代统治阶级长期治国的模式。

到中国古代社会的中期和后期，有的王朝的统治阶层甚至将儒、道、佛三教相结合，共同来维护其统治。

在中国古代历史上，还有着“霸道”和“王道”之争论。所谓“霸道”，主要是来自法家学说，最明显的特点是尚力不尚德。谁强大，就可以有霸主地位；谁落后软弱，就要挨打，就得臣服于别人。这在春秋战国时期表现得最为充分。在汉朝之后的中国，虽然“霸道”仍存在，但渐渐地儒家倡行的尚德不尚力的“王道”占了上风，并用“礼义之邦”的美誉和仁者大度的气氛将“霸道”冲淡，尽管此时的“王道”也有虚伪的成分。

在从秦汉以来的中国古代历史上，一般来说，实行法家治国模式时，或由实行道家治国模式向实行儒家治国模式转变时，对外用兵比较多。而实行儒家治国模式时，中国却常常处于软弱可欺、被动挨打的地位。尽管这样，华夏文化一直占有主导地位。即使在军事上外族征服了中国，而在文化方面则是征服者被被征服者所征服。中国文明由小面积到大面积，很大程度上就是通过这种方式完成的。中国的领土在很多情况下也是通过这种方式扩大的。

三、中国“和谐”思想的前瞻性思考

“和谐”思想强调“天地人和”与“和为贵”。大千世界，丰富多彩。事物之间、国家之间、民族之间、地区之间，存在这样那样的不同和差别是正常的，也可以说是必然的。世界各种文明、不同的社会制度和发展道路应相互尊重、相互交流和相互借鉴，在和平竞争中取长补短，在求同存异中共同发展。在处理国家之间关系时，还应该“己所不欲，勿施于人”。中国主张维护世界的多样性，提倡国际关系民主化和发展模式多样化。各国的事情应由各国人民自己决定，世界上的事情应由各国平等协商。

党的十六大报告对国际局势作出了科学判断，在总结中国外交实践经验的基础上，以邓小平理论和“三个代表”重要思想为指导，系统论述了中国的外交和对外战略思想。以胡锦涛为总书记的党中央又提出“建设和谐世界”。这些阐述和论断表明，中国对外战略的新理念正在形成。这一新理念是以中国“和谐”思想为核心的。“和谐”思想的精髓是，和谐而又不千篇一律，不同而又不互相冲突；和谐以共生共长，不同以相辅相成。国家之间、民族之间、地区之间，存在这样那样的不同和差别是正常的，也可以说是必然的。世界各种文明、不同的社会制度和发展道路应相互尊重、相互交流和相互借鉴，在和平竞争中取长补短，在求同存异中共同发展。中国主张维护世界的多样性，提倡国际关系民主化和发展模式多样化。各国的事情应由各国人民自己决定，世界上的事情应由各国平等协商。

“以和平与发展为主题”的时代观是当前中国“建设和谐世界”思想的前提。和平、合作、发展、进步、公正的文化价值观是当前中国和谐世界思想的精髓。将维护中国的国家利益与维护全人类共同利益相结合的利益观是当前中国和谐世界思想的基础。以互信、互利、平等、协作为核心，以通过对话增进相互信任、通过合作促进共同安全为宗旨的新安全观，是当前中国和谐世界思想的保证。以共同繁荣为核心的发展观是当前中国和谐世界思想的重要内容之一。推动国际政治经济秩序向公正合理方向发展的秩序观是当前中国和谐世界思想的重要目标之一。其中，世界观和时代观是基础，价值观、利益观、发展观、安全观和秩序观是在此基础上生发出来的。

在当代，中国和谐世界思想是建立在大小国家一律平等、互相尊重主权和领土完整基础上的。同时，中国又是在经济全球化趋势的大背景下，提出和坚持建设和谐世界思想的。一方面，经济全球化趋势大大加快了各种不同文化传播、交流和融合的速度，各国之间的共同利益在上升。另一方面，经济全球化趋势又增加了各种不同文明相互撞击的频率和力度。在这种情况下，中国“和而不同”的世界观主张各种不同文明应该和睦共处，相互尊重，相互包容，相互交流，相互学习，取长补短，共同建立一个使世界各国人民都能友好相处的新世界。文化的多样性是好事，它使世界更加丰富多彩。文化的单一性并不有利于世界的发展，各种不同文明不应该对抗，而应该在相互对话的基础上求同存异，共同发展，相互融合。

西方一些学者，如亨廷顿宣扬“文明冲突论”，认为不同文明之间，特别是基督教文明与伊斯兰文明之间不可避免地会发生冲突，甚至认为儒家文明会与伊斯兰文明合作对抗基督教文明。这实际上是只看到事物某些并不准确的表面现象，而没有看清事物的本质。

西方国家资本主义发展比较早，它们从 16 世纪起就依托基督教文明，利用坚船利炮在伊斯兰文明和儒家文明的广大地区建立许多殖民地和半殖民地，进行残酷的剥削与掠夺。在这些殖民地和半殖民地独立以后，它们中的许多国家在经济上仍处于落后状态。尽管当前世界多极化趋势和经济全球化趋势都在发展，但超级大国仍推行强权政治，这使伊斯兰国家中的许多人感到超级大国和西方文明的不公正。在双方力量悬殊的情况下，他们中的一些人选择用极端的手段反抗这种不公正。

要解决这些问题，必须加强各种不同文明之间的对话与沟通，超级大国应该放弃强权政治，西方国家应该帮助那些在经济全球化趋势中的“虚弱国家”或“失败国家”恢复国家治理和经济发展。只有采取这些综合性的方法才能从根本上解决不同文明之间的矛盾。一味迷信军事力量，反而会产生适得其反的效果。中国“和而不同”的世界观和“有容乃大”的气派与仁心经过长期历史检验，证明在处理不同文化的矛盾方面是有效和成功的。现在也可以推广应用于处理各种世界上不同文明之间的矛盾。

我们也面临着进一步提炼和升华中国优秀价值观的艰巨任务。中国传统价值观有许多精华，需要进一步总结和发扬。但它中间又存在一些糟粕，需要加以剔除和抛弃。中国“和谐世界”的思想和中华民族文明“有容乃大”的气派与仁心，是中华文明得以从未中断、不绝如缕的重要原因之一，值得发扬光大。中国古代文化中缺乏民主主义的价值观和传统，缺乏对创新精神的推崇，缺乏将创新科学转化为新式生产力的机制等弊端，这是中华文明实现伟大复兴所必须要解决的问题。

为了发扬光大中国和谐世界的思想，有必要使这一思想得到全国人民的认同和共识。在当前国际体系向以相互依存状态为主要特征的新的国际体系的转变中，中国作为一个发展中的大国，其对外战略应该突出和平、合作、负责任等特点，同时应彻底抛弃“老大思想”或“悲情意识”，以自信、开放、包容、坦然的正常心态看待世界和与世界交往。

有必要使和谐世界思想在实践中逐渐获得越来越多国家的认同，最终形成世界各国的集体认同。还应该运用中国和谐世界思想逐步改造现有国际秩序中不合理和不公正的因素，逐渐形成与此相适应的国际机制和制度，使之成为未来公正合理的国际政治经济新秩序的重要组成部分之一。

第五节　寻求中国国家利益与全人类利益的结合

党的十六大报告指出：“我们主张顺应历史潮流，维护全人类的共同利益。”[①] 任何国家都是将国家利益作为制定对外政策的依据，中国也是如此。但中国对外战略新理念的不同之处，是同时主张顺应历史潮流，维护全人类共同利益。寻求维护国家利益与全人类共同利益的结合是中国对外战略新理念的基础。维护中国的国家利益当然是最重要的，但是在经济全球化的条件下，中国的国家利益与别国的国家利益更多地相互依存，因此只有寻求中国利益与全人类利益的结合，才能更好地维护和促进中国国家利益。

一、中国利益与全人类利益的结合点

国家利益应是中国对外政策的出发点和归宿，也是中国制定对外政策的依据。维护国家利益是中国外交工作的最主要任务。但国家利益不是一种空洞的概念，而是具体的客观存在。对中国的国家利益进行具体分析，可以看

① 江泽民：《全面建设小康社会，开创新局面中国特色社会主义事业新局面——在中国共产党第十六次全国代表大会上的报告》，载《中国共产党第十六次全国代表大会文件汇编》，人民出版社，2002 年版，第 46 页。

到它与全人类共同利益具有许多同一性，因此需要既维护中国的国家利益，也维护全人类的共同利益。中国的国家利益观不同于那种狭隘民族主义的国家利益观。中国人民的利益是全人类的一部分，因此中国的国家利益与全人类共同利益具有统一性。国家利益与全人类共同利益相结合的利益观是中国对外战略的基础。

（一）中国的发展需要和平稳定的国际安全环境，而中国发展起来也是对世界和平与发展的贡献

中国的改革开放和现代化建设，需要一个长期和平的国际环境，需要同各国发展友好合作关系。这种长期的国际和平环境，也是全人类共同利益所在。因此，争取和平，为社会主义现代化建设服务，是我国对外工作的首要任务。中国外交工作的宗旨，是维护世界和平，促进共同发展。

邓小平同志指出，中国占世界人口的1/4，如果中国能发展起来，就改善了人类1/4人口的生活条件，如果中国能有充分的安全，就意味着世界四分之一的人可以生活在和平的环境里。他认为，维护中国的安全，实际也是维护世界的安全；发展中国经济，也就是发展世界经济。

同时，邓小平认为，中国的发展强大有助于中国为世界和平与发展作出更大的贡献。他说："如果说中国是一个和平力量、制约战争的力量的话，现在这个力量还小。等到中国发展起来了，制约战争的和平力量将会大大增强……那时中国对于世界和平和国际局势稳定肯定会起比较显著的作用。"①

全面建设小康社会是中国在21世纪头20年经济社会发展的奋斗目标。这一目标的实现不仅将惠及十几亿中国人民，同时也必将为世界经济的发展做出积极贡献。

（二）随着经济全球化趋势的发展，中国与其他国家的共同利益在上升

近年来，经济全球化的趋势迅猛发展。这一发展趋势从两个方面促使中

① 《邓小平文选》（第三卷），人民出版社，1993年第1版，第105页。

国与其他国家共同利益的上升。

首先，经济全球化趋势的发展，使各国、特别是各大国之间经济上的相互依存性大大增加。这扩大了它们之间共同利益的交汇点，促使各大国和其他国家更多地采用对话和谈判等和平手段来解决它们之间的分歧。

其次，在经济全球化的条件下，国际社会面临着许多跨国或全球性的非传统安全问题，如恐怖主义、国际犯罪、毒品走私、环境污染、温室效应、非典型性肺炎、艾滋病、禽流感等，需要各国相互合作、共同努力才能解决。这也是全人类共同利益上升的一个重要表现。

（三）在维护中国的国家利益时，也应考虑到其他国家合法的国家利益

西方持现实主义观点的政治家和学者认为，大国总在寻找机会攫取超出其对手的权力，最终目标是获得霸权。[①] 现实主义学派的主要代表人物之一汉斯·摩根索提出，国际政治的最终目的不论是什么，强权总是其最直接的目标。国际政治是场无休止的强权斗争。在这场斗争中，各国的利益一定要从强权的角度加以界定。国际社会的惟一法则是弱肉强食。[②]

但邓小平理论和“三个代表”重要思想关于国际战略的理论则持与此完全不同的观点。邓小平认为，实现国家利益的前提之一，应是承认其他国家也有合法的国家利益，而且不能以损害他国的利益为代价来实现自己的利益，也就是说，要尊重对方的利益。1989年10月，邓小平在会见美国前总统尼克松时说：“考虑国与国之间的关系主要应该从国家的自身战略利益出发。着眼于自身长远的战略利益，同时也尊重对方的利益……并且国家不分大小强弱都相互尊重，平等相待。”[③] 同年，他对时任泰国总理差猜说：“中国要维护自己国家的利益、主权和领土完整，中国同样认为，社会主义国家

① ［美］约翰·米尔斯海默：《大国政治的悲剧》，王义桅、唐小松译，上海人民出版社，2003年第1版，第42页。

② 转引自韦正翔著：《软和平：国际政治中的强权与道德》，河北大学出版社，2001年第1版，第65页。

③ 《邓小平文选》（第三卷），人民出版社，1993年第1版，第330页。

不能侵犯别国的利益、主权和领土。”①

（四）通过扩大国家之间共同利益的汇合点，来解决国家之间的矛盾和冲突

西方现实主义学派认为：“任何大国都认为所有其他大国是潜在的敌人”，“国家之间的政治竞争比单纯的经济往来要危险的多。前者可能导致战争，战争常常意味着战场上的杀戮和对平民的大屠杀”。②

与这种观点不同，邓小平认为，在国际社会中，国家之间的利益冲突是必然的，但这并不意味着冲突不可调和，解决冲突的方法也不一定非得使用武力方式。他认为处理国家之间利益冲突的较好方法是寻求共同点。双方找到共同利益，就可以进行协调，从而可以以和平的方式解决利益上的冲突，进行合作。③ 江泽民同志指出：“继续改善和发展同发达国家的关系，以各国人民的根本利益为重，不计较社会制度和意识形态的差别，在和平共处五项原则的基础上，扩大共同利益的汇合点，妥善解决分歧。”④

正是基于这种寻求共同利益和照顾各方利益来解决矛盾和冲突的原则，邓小平提出了“一国两制”和“搁置争议、共同开发”的设想。

（五）中国与广大发展中国家的许多利益是一致的

中国与广大发展中国家在近现代世界历史上有相同或相似的经历和遭遇，都遭受过殖民主义和帝国主义的侵略和压迫，长期为争取民族独立和解放而共同奋斗。现在又共同面临着维护国家主权和发展民族经济的共同任务。邓小平指出：“中国现在属于第三世界，将来发展富强起来，仍然属于

---

① 《邓小平文选》（第三卷），人民出版社，1993 年第 1 版，第 329 页。

② ［美］约翰·米尔斯海默：《大国政治的悲剧》，王义桅、唐小松译，上海人民出版社，2003 年第 1 版，第 45 页。

③ 转引自阎学通著：《中国国家利益分析》，天津人民出版社，1997 年第 1 版，第 267 页。

④ 中共中央宣传部：《“三个代表”重要思想学习纲要》，学习出版社，2003 年第 1 版，第 97 页。

第三世界，中国和所有第三世界国家的命运是共同的。”①

长期以来，中国与广大发展中国家在维护国家主权和发展民族经济中一直互相帮助、互相支援、互相激励、互相鼓舞。中国将继续增强同发展中国家的团结与合作，增进相互理解和信任，加强相互帮助和支持，按照平等互利、讲求实效、形式多样、共同发展的原则，拓宽合作领域，提高合作效果。

（六）推动国际政治经济秩序向公正合理方向发展是包括中国人民在内的全人类共同利益所要求的

国际政治旧秩序的特征是强权政治和霸权主义。国际经济旧秩序是由美国等西方发达国家主导，而对广大发展中国家是不公平和不合理的，最终也不符合发达国家的长远利益。这种国际政治经济旧秩序已经越来越不能适应时代发展的要求。推动国际政治经济秩序向公正合理方向发展是历史发展的必然，也是符合全人类共同利益的。

推动国际政治经济秩序向公正合理方向发展的一项重要任务，是在国际事务中提倡和贯彻民主原则，推进国际关系民主化。在当今时代，世界发展的主体是各国人民，世界的管理必须由各国人民共同参与。国家不分大小、贫富和强弱都是国际社会的平等一员。任何国家都不能违反联合国宪章和国际关系的基本准则，将自己的意志强加于其他国家。国际上的事情应由世界各国平等协商，集中各国人民的智慧和力量来解决。

推动国际政治经济秩序向公正合理方向发展，首先就要解决南北关系问题。发达国家应该为发展中国家的发展创造有利的外部环境，而不能以损害发展中国家的经济利益为代价谋求自己的利益。同时，还必须发展和加强南南合作。世界各国应该在平等的基础上参与国际经济事务，在平等互利的基础上加强和扩大经济、科技、文化的交流与合作，促进共同发展与共同繁荣。

① 《邓小平文选》（第三卷），人民出版社，1993年第1版，第56页。

二、中国国家利益与全人类共同利益相结合是时代的要求

当今是以和平与发展为主题的时代。全人类共同利益上升是这一时代的一个重要特征。为此，必须将中国国家利益与全人类共同利益相结合作为中国国际战略的出发点。

（一）维护和平、促进发展是中国国家根本利益所在，也事关全人类共同利益

在“战争与革命时代”，中国将支援世界各国人民革命斗争作为自己的国际主义义务。这种情况已成为过去，其功过是非将由历史评说。在以和平与发展为主题的时代，我们应该顺应历史潮流，维护全人类共同利益。这种共同利益集中起来说，就是维护和平、促进发展。而促进世界与地区的和平与发展，也符合中国的根本利益。

虽然冷战结束了，新的世界大战在可预见的时期内打不起来，但维护世界和平的任务依然艰巨。国际局势的基本态势是：总体和平、局部战乱，总体缓和、局部紧张，总体稳定、局部动荡。霸权主义和强权政治有新的表现。传统安全威胁与非传统安全威胁相互交织、相互转化。恐怖主义危害上升，成为全人类的公害。因民族、宗教矛盾和边界、领土争端导致的局部冲突此伏彼起，时伏时起。

虽然经济全球化的潮流浩浩荡荡，以信息技术为核心的高新技术的发展一日千里，但世界上南北差距也进一步扩大。经济全球化的负面影响对发展中国家、特别是最不发达国家的伤害最大，使其中一些国家在世界经济中进一步边缘化。信息化发展的负面影响则加大了发达国家与一些发展中国家的“信息鸿沟”，使后者在经济发展中处于更加不利的境地。另一方面，这种状况也反过来对发达国家产生不利影响，因为一些发展中国家的贫困和战乱使发达国家的过剩生产力和资金难以找到足够的市场和适当的投资场所。

在这种情况下，维护和平、促进发展依然任重道远，中国人民愿意与世界各国人民共同奋斗，使世界进一步向有利于和平与发展前行。

（二）世界各国相互依存性上升，促使中国进一步走向世界

当今时代迅猛发展的潮流之一，是经济全球化。各个国家和各种人群对它的褒贬不一，但有一样东西是谁也无法否认的，那就是它正在导致世界各国之间相互依存性的不断增加。

自从改革开放以来，中国开始主动地走向世界。经济全球化的大潮，又加快了她融入世界的步伐。中国的进出口贸易和进入中国的外资都在快速增长。特别是目前我国正处于进口高增长时期，其主要原因是：我国兑现加入世界贸易组织（WTO）承诺，大幅降低关税水平，自2003年1月1日起关税再降至11%，又有90个信息产品实行零关税，刺激了进口增长；我国经济连续高位运行，投资和工业高增长的拉动力加大；周边国家和地区部分制造业加工环节以较大规模向中国转移，来自这些国家和地区的进口随之增加。2004年中国成为仅次于美国和德国的世界第三大进口国，进口增加额达1484.7亿美元，占全球进口增加量的9%。

中国进口的迅速增长不仅为中国的贸易伙伴国和地区摆脱经济衰退、实现经济增长注入了活力，也为世界经济的复苏作出了贡献。到2020年，中国要实现国内生产总值（GDP）翻两番的目标，这首先将使市场规模翻两番。1978年到2005年，中国进口年均增长16%以上。中国已成为亚洲第一大进口市场。2004年中国从亚洲国家和地区进口额近3700亿美元，同比增长35%。预计从2005年至2009年，中国从亚洲的进口就将超过2万亿美元。

中国作为一个制造业大国，向世界市场出口大量价廉物美的商品，也为各国消费者改善生活水平、丰富生活做出了贡献。

而且，经济上相互依存的上升，成为中国与贸易伙伴国发展政治和安全关系的重要基础之一。这些使中国的国家利益与全人类利益之间的共同点越来越多。

（三）世界多极化趋势和国际关系民主化潮流促使中国国家利益与全人类利益更加紧密地联系在一起

世界多极化趋势的发展是不平衡的。它首先是从经济领域开始的，在此

领域的进展也最为明显。在未来10至20年，世界上将形成以北美自由贸易区、欧盟和东亚自由贸易区三足鼎立的经济格局。经济的多极化将有力地推动政治多极化趋势的发展。军事领域多极化趋势的发展则最为缓慢。随着中国综合国力的提升和世界多极化趋势的发展，作为发展中的大国和具有全球影响的地区大国，中国将在亚太地区事务和国际事务中越来越多地发挥负责任大国作用。这将使中国更多地从将中国国家利益与全人类利益紧密地联系在一起的角度来制定对外政策。

国际关系民主化潮流正在发展。自1648年《威斯特伐利亚和约》面世以来，缺乏世界政府的国际社会基本上处于充满强权政治和霸权主义的“热带丛林”中，弱肉强食的“丛林法则”在其中起主要作用。大国之间争夺霸权的战争频繁，弱小国家挨打受压。因此，国际公正、平等和民主成为绝大多数国家追求的理想。二战结束以来，特别是冷战结束以来，国际关系民主化已经成为世界上的主要潮流之一。广大中小国家和发展中国家是推动国际关系民主化的主要力量。国际关系民主化潮流与世界多极化趋势相互呼应，成为制约美国“单极化”战略的有利因素。国际关系民主化潮流有利于中国等广大发展中国家在国际事务中发挥更加积极和负责任的作用，促使它们不仅考虑本国的国家利益，而且将此与全人类利益更加紧密地结合起来。

三、中国的新利益观是国际战略的基础

维护国家利益与全人类共同利益相结合这一新的利益观是中国对外战略的基础。维护中国的国家利益当然是最重要的，但是在经济全球化的条件下，中国的国家利益与其他国家的国家利益更多地相互依存，因此只有寻求中国利益与全人类利益的结合，才能更好地维护和促进中国国家利益。

（一）强调多种力量和谐共存，实现与世界各国合作发展、共同发展，共同繁荣

“三个代表”重要思想和“建设和谐世界”重要思想要求始终代表中国最广大人民根本利益。而在国际上多种力量和谐共存，实现中国与世界各国合作发展、共同发展，共同繁荣，是符合中国最广大人民根本利益的。中国

将国家利益与全人类共同利益相结合，既维护了自己的国家利益，又超出了狭隘的民族利益，从而代表了人类社会的发展方向。因此，强调多种力量和谐共存，实现与世界各国合作发展、共同发展，共同繁荣，是“三个代表”重要思想的一个重要观点。

“三个代表”重要思想和“建设和谐世界”重要思想是对马克思主义、毛泽东思想和邓小平理论的继承和发展。同时，“三个代表”重要思想和“建设和谐世界”重要思想还吸取了人类其他各种文明的许多精华，与时俱进，构成了更加科学的体系。例如，“三个代表”重要思想和“建设和谐世界”重要思想全面审视当今世界格局的变化，准确判断国际形势的发展趋势，深刻分析国际社会各种力量和矛盾的交互运动，提出了我国外交工作的战略策略方针。这些比西方国际关系理论站得更高、看得更远、更深刻反映事物的本质，因此也更加科学。

西方国际关系理论中的现实主义学派认为，由于国际社会处于无政府状态，组成国际社会的主权国家毫无例外地都在追求权力，国家间关系实质上是一种特殊的权力的关系，国际政治即是权力之争；各国在对外目标上追求和维护自身的利益，因此冲突与斗争是国际关系的最基本特征，一国在国际上享有的权力越大，所获的利益也就越大，反之亦然；权力与利益是影响对外政策的核心因素，在决策过程中权力与利益的重要性超过道义和理想的重要性。① 从这一理论出发，美国进攻性现实主义理论的代表人物、芝加哥大学教授约翰·米尔斯海默（John J. Mearsheimer）甚至认为，中美两国之间将发生“激烈而危险的安全竞争，这种竞争类似于美苏在冷战期间的那种对抗”。② 但这种理论已越来越不适应冷战结束以来、特别是“9·11”事件以来世界形势的发展。一个国家固然要将本国国家利益作为对外政策的核心因素，但在经济全球化使得各国越来越相互依存的情况下，国家之间的利益关系并不一定是“零和”模式，即不一定是一方得益，另一方就一定受损。

---

① 倪世雄等著：《当代西方国际关系理论》，复旦大学出版社，2001 年第 1 版，第 32 页。

② ［美］约翰·米尔斯海默：《大国政治的悲剧》，王义桅、唐小松译，上海人民出版社，2003 年第 1 版，第 39 页。

而是越来越多地出现“一荣俱荣，一损俱损”的局面。

西方国际关系理论中的理想主义学派认为，世界各国之间虽然有矛盾和冲突，但是，冲突和矛盾不是不可避免的；国家利益在国际关系中是可以互相和谐一致的，而这种利益和谐的最显著表现就是避免战争和寻求和平；应该用集体安全代替均势，建立国际机构，来保卫世界和平；在道义和民主的基础上建立“公正的”国际关系。[①] 这种理论被现实主义学派批判为对国际问题的看法过于理想化，是空想主义。

20 世纪 60 年代以来，西方国际关系理论中还出现了相互依存理论。进入 80 年代以后，相互依存理论的研究在国际政治与经济的结合上、在国际安全与国际制度关系上又有了新的发展。相互依存理论认为：国家所面临的许多问题趋于全球化，能源、人口、环境、粮食、裁军、发展等问题已成为全球性问题，单靠个别国家的努力已无法解决；各国再也不能闭关锁国，越来越多的国家实行对外开放政策，缓和与开放占据国际关系的主导地位；随着缓和形势的发展，国际合作的趋势逐步超过国际冲突的趋势；武力在解决国际争端上的作用日益减弱；谈判逐步取代冷战，均势逐步取代遏制；主张在国际体系中以平等关系取代等级制；相互依存的趋势将对国家主权和民族利益起溶解作用，推动全人类利益的形成，最终将成为通向未来没有国界的世界国家的“中途站”。[②] 该学派的代表人物罗伯特·基欧汉（Robert O. Keohane）和约瑟夫·奈（Joseph S. Nye）还总结出相互依存不只是相互交往、相互依存不只是互利、相互依存不一定导致合作等三大结论。他们将不对称相互依存视为权力的一种来源，并创造了敏感性相互依存和脆弱性相互依存这两个概念来解释权力是如何产生于不对称相互依存的。[③]

---

① 倪世雄等著：《当代西方国际关系理论》，复旦大学出版社，2001 年第 1 版，第 34—35 页。

② 倪世雄等著：《当代西方国际关系理论》，复旦大学出版社，2001 年第 1 版，第 338 页。

③ ［美］罗伯特·基欧汉（Robert O. Keohane）和约瑟夫·奈（Joseph S. Nye）：《权力与相互依赖（第 3 版）》，门洪华译，北京大学出版社，2002 年第 1 版，第 284—285 页。

中国新的对外战略理念在一些重要问题上克服了这种相互依存论的不足之处：

第一，这种相互依存论虽然也提出全球性问题和建立世界秩序的任务，但实际上是主张在不改变国际关系旧秩序的前提下，解决共同面临的全球性问题。而中国新的对外战略理念则明确提出推动国际经济政治秩序向公正合理方向发展的任务。

第二，这种相互依存论虽然在理论上也说国家之间是平等关系，但实际上仍将美国作为“船老大”。而中国新的对外战略理念则明确主张，无论是维护世界和平，还是促进共同发展，都要在国际事务中提倡和贯彻民主原则，推进国际关系民主化。

第三，这种相互依存论虽然提出要注意发展中国家的作用，强调相互依存，但实际上仍然坚持发展中国家对发达国家的依附关系。而中国新的对外战略理念则明确主张，保障各国享有平等参与国际事务的权力，保障各国享有平等的发展权力特别是广大发展中国家的发展权力，保障各个民族和各种文明共同发展的权力。

（二）争取实现共同安全和共同繁荣

冷战结束后，根据国际形势的新发展，从维护国家利益与全人类共同利益相结合这一新的利益观出发，中国一直在提倡树立以互信、互利、平等、协作为核心的新安全观，主张通过对话增进相互信任、通过合作促进共同安全。

对发达国家，中国将以各国人民的根本利益为重，不计较社会制度和意识形态的差异，在和平共处五项原则基础上，扩大共同利益的汇合点，妥善解决分歧，改善和发展关系。

对周边国家，中国将坚持“与邻为善，以邻为伴”，相互信任，共同维护安全，通过对话和合作解决争端和分歧。同时，发展区域合作，不断加强睦邻友好。中国积极促进亚洲的发展振兴与和平稳定。中国亚洲政策的目标是和平、安全、合作、繁荣。为促进合作发展，实现亚洲共赢，中国将与各国相互尊重，平等相待，努力营造和平共处的地区政治环境；与各国深化合作，共同发展，努力营造亚洲国家普遍繁荣的地区发展环境；与各国增进互信，密切配合，努力营造持久稳定的地区安全环境；将与各国相互学习，加强交流，努力营造更加多姿多彩的地区人文环境。①

（三）继续积极推进与世界各国全方位、多领域、深层次的经济合作

坚持面向世界开放与合作是实现中国发展的必由之路。中国的振兴和发展离不开世界，世界的进步和发展也离不开中国。中国的发展应兼容并蓄，海纳百川，积极吸收人类一切优秀的文明成果，借鉴先进的发展经验。

中国经济已经成为世界经济的重要组成部分，中国的进出口贸易发展迅速，对世界经济发挥着越来越大的作用。中国经济持续快速健康发展，不仅给中国人民带来福祉，也使世界人民从中受益。

21 世纪头 20 年是中国全面建设小康社会的发展阶段。全国人民将坚定不移地以经济建设为中心，推动国民经济以更大规模向更高水平迈进，统筹兼顾，促进经济社会全面、协调、可持续发展。中国政府将坚定不移地全面推进改革，完善社会主义市场经济体系，不断为经济社会注入新的活力。中国政府也将坚定不移地扩大对外开放，继续认真履行加入世界贸易组织（WTO）时的承诺，进一步开放市场，发展与世界各国的经济合作与贸易；继续改善投资环境，为世界各国企业家来华投资兴业创造良好条件，同时大力实施“走出去”战略，鼓励中国企业跨出国门投资。

与世界各国发展经济合作，既符合中国国家利益，也符合全人类的共同利益。与发达国家的贸易和发达国家对中国的投资，仍然是促进中国经济发展的一个重要方面。中国将一如既往，重视和促进这些贸易和投资。

进一步加强同广大发展中国家的团结与合作，是中国长期执行、坚定不

① 中国国务院总理温家宝 2003 年 11 月 2 日在博鳌亚洲论坛 2003 年会的演讲“把握机遇 迎接挑战 实现共赢”，《人民日报》2003 年 11 月 3 日，第 1 版。

移的方针。近年来，中国在这方面作出了重大努力，包括建立中非合作论坛等。

中国经济的迅猛发展也使中国对资源，特别是能源的需求大量增加。美国《世界政策》杂志援引专家们的预测，中国的石油进口量现在已达每天160万桶，到2015年将达到每天700万桶，相当于沙特目前石油产量的3/4。在这种情况下，中国能源战略的基本内容是：坚持节约优先、立足国内、多元发展、保护环境，加强国际互利合作，努力构筑稳定、经济、清洁的能源供应体系。[①] 根据这一战略，中国需要使自己的石油来源多元化。而一些发展中国家是主要石油生产国，而世界石油市场又主要控制在"欧佩克"和少数发达国家手中。因此在这方面，中国既需要加强与发展中国家的合作，又需要发展与发达国家的合作。

随着区域经济一体化趋势愈加明显，中国将更加重视东亚区域经济一体化的发展，特别是东盟10国与中、日、韩的"10＋3"进程和东盟10国与中国的"10＋1"进程。

加强合作，促进发展，实现共赢，是亚洲崛起的必由之路，也是亚洲人民的根本利益所在。现在，亚洲的发展既面临着新的机遇，也面临新的挑战。维护和平与稳定是实现亚洲共赢的根本前提。没有和平环境，没有稳定的社会局面，就谈不上发展，就会丧失机遇。中国和亚洲各国应从发展大局出发，做到相互尊重、求同存异、和睦相处。促进发展和繁荣是实现亚洲共赢的重要基础。中国和亚洲各国应发挥各自优势，相互开放市场，在竞争中取长补短，在合作中共同发展。

加强区域合作与交流是实现亚洲共赢的有效途径。近年来，在亚洲国家共同努力下，多种形式的合作日益加强，一个互利、健康、开放的合作局面正在形成。中国和亚洲各国应立足于现有合作机制，探索新的合作方式，扩大合作领域，不断提高合作水平。按照形式多样、互惠互利、循序渐进的原则，深化区域和次区域合作。

---

① 中国国家主席胡锦涛2006年7月17日出席在圣彼得堡举行的八国集团同发展中国家对话会议时的书面讲话，《人民日报》2006年7月18日，第1版。

第六节 树立合作与共同安全的新安全观

党的十六大报告指出："树立互信、互利、平等和协作的新安全观。"①这是顺应世界历史潮流，在国际安全方面展现的重要新理念。这种新安全观是与冷战思维根本对立的，将在逐渐战胜冷战思维和强权政治理论中显示它强大的生命力。新安全观是"三个代表"重要思想和"建设和谐世界"重要思想的组成部分，也将是中国和平兴起的安全保证。当前世界上传统安全观、冷战思维还很强烈，只有用新安全观去战胜它们，才能保证中国的和平兴起。

一、在新时代维护安全需要有新观念

在冷战时期，美国和苏联两个超级大国长期进行激烈的军事对抗、军备竞赛和争夺世界霸权。作为其严重后果之一，美苏庞大的核武库甚至发展到足以毁灭人类好几次的程度，成为悬在世界人民头上的"达摩克利斯剑"，危及人类的安全和生存。与此相适应，在国际安全领域，特别是超级大国形成了一整套完整的冷战思维。这些冷战思维是以地缘政治、均势战略、"零和"游戏规则、反共意识形态等作为理论基础的。

冷战结束后，国际形势发生重大变化。和平与发展成为当今时代的主题。维护和平，促进发展，是各国人民的共同愿望，也是不可阻挡的历史潮流。世界多极化和经济全球化趋势的发展，给世界和平与发展带来了机遇和有利条件。在这种情况下，国际社会有必要抛弃过时的冷战思维，在国际安全领域接受新的观念。

---

① 江泽民：《在中国共产党第十六次全国代表大会上的报告》，载《中国共产党第十六次全国代表大会文件汇编》，人民出版社，2002年版，第46页。

近年来，针对冷战思维和强权政治心态的存在，中国以与时俱进的精神，主张维护安全需要有新观念，一直在提倡树立以“互信、互利、平等、协作”为核心的新安全观，主张通过对话增进相互信任、通过合作促进共同安全。这种新安全观是对和平共处五项原则的发展，它应该成为构建21世纪互信、互利、平等、相互尊重的新型全球安全架构的理论基础。

第一，互信是以诚为本、以信为先，各国应摈弃冷战思维和强权政治，超越意识形态和社会制度异同，互不猜疑，互不敌视，经常就各自的安全防务政策进行对话，并相互通报各自的重大行动，通过建立各种信任和安全措施，积极构建区域安全合作与对话机制，增加相互信任。

第二，互利是指各国应顺应全球化发展的客观趋势，在维护本国利益的同时，互相尊重对方的安全利益，在实现自身安全利益的同时，也为对方安全创造条件，将全球安全构筑在共同利益基础上，实现共同安全。

第三，平等是指坚持无论国家大小强弱，都是国际社会平等一员的原则，国与国之间应相互尊重，平等相待，互不干涉内政，共同推动国际关系的民主化。

第四，协作是指各国应就共同关心的安全问题进行广泛深入的合作，以有效应对全球安全的挑战，消除隐患，以和平方式解决争议，防止战争和冲突的发生，实现普遍和持久的安全。

新安全观的宗旨是超越差异和分歧，通过对话增进互信，通过谈判解决争端，通过合作促进安全。

冷战结束以来，随着世界多极化和经济全球化趋势的发展，已经有一些国家在相互关系和国际关系中努力实行新安全观。例如，在国际多边关系中，可以看到一些有利于新安全观的新变化。

二、新安全观在与冷战思维斗争中发展

新安全观是中国特色对外战略新理念的重要组成部分之一。它是与冷战思维决裂的产物，并在与冷战思维和强权政治碰撞中发展。由于美国成为当前世界上惟一的超级大国，国际战略力量对比严重失衡，也由于观念的滞后效应，现在国际关系领域冷战思维仍然存在，而且出现了一些新的强权政治

理论，如新保守主义和进攻性现实主义的理论。

根据新保守主义和进攻性现实主义的理论，布什政府在推行对外政策中显示出单边主义和均势政策两个特点。单边主义就是追求美国在国际事务中的行动自由，即美国为了自己的国家利益，拒绝多边束缚，可以不顾国际机制和国际条约，甚至不顾绝大多数国家的反对，一意孤行地推行美国自己的政策。例如，布什政府宣布退出关于限制全球温室气体排放的《京都议定书》、坚持部署导弹防御系统、拒绝签署经过国际社会7年艰苦谈判达成的关于加强核查机制的《禁止生物武器公约》议定书、暗示要退出《全面禁止核试验条约》并考虑重新进行核试验、在没有联合国安理会授权的情况下发动伊拉克战争等等。实际上，单边主义也是霸权主义的一种表现。

与在冷战时期寻求借重中国来从全球角度抗衡苏联的均势政策不同，美国当前的均势政策是侧重于防止在欧亚大陆出现能够挑战美国领导地位的潜在威胁，为此准备将美国自己作为一种在世界一些重要地区起“独一无二的、最终起平衡作用的力量”。有些美国学者将18至19世纪的英国奉为榜样，认为“英国在这两个多世纪中一直是欧洲起平衡作用的力量，总是加入比较弱小的联盟来反对比较强大的联盟，以便创造均势”①。他们甚至鼓吹：“将通过支持中国周边地区的一些较小国家（和地区）（从韩国到台湾，甚至到越南）的办法来抵消中国在力量上所占的优势。”②

美国一些新保守主义者甚至鼓吹建立“美国霸权下的世界和平”或“仁慈霸权”。从理论和实际两方面来看，美国霸权下的国际体系将不可能有真正的和平，因为作为霸权国家的美国在缺少制衡其霸权的力量的情况下，将可以经常使用武力打击违反其意志或认为有损其利益的中小国家。

如果按这些冷战思维和新的强权政治理论行事，国际关系中各方互动的模式基本上是“零和”模式，即一方得益意味着另一方受损，或两方关系的

---

① Charles Crosummer, *Bushism: ABM, Kyoto Protocol and U.S. New unilateralism*, *Banner Weekly*, June 4, 2001, p.25.

② Charles Crosummer, *Bushism: ABM, Kyoto Protocol and U.S. New unilateralism*, *Banner Weekly*, June 4, 2001, p.25.

接近意味着第三方利益的受损。但在和平与发展成为时代主题的新形势下，这种“零和”模式将越来越行不通。

从现实情况看，大国之间由于既有很多共同利益又有许多矛盾，因此形成既合作又竞争关系的可能性最大。如果中美都能用新安全观处理相互关系，就能建立建设性合作关系。如果世界各国都能用新安全观处理相互关系，就能创造和平与发展居于主导的世界。

即使是在现代地缘均势政策曾盛行的欧洲，近年来也出现了一些新的安全关系互动模式，如国际机制、地缘经济、合作共赢等。这表明冷战思维逐渐减少和新的安全观念更多发挥作用，是历史的必然趋势，虽然需要很长的时间。

三、新安全观应作为国际关系的基本准则之一

新安全观是适应新时代的新理念，有着新的形式和内容。当前国际体系进入由无政府状态下的国际均势体系向以相互依存状态为主要特征的新的国际体系转变的过渡阶段，将促使各国调整对外战略，以适应这种转变。

近年来，国际风云变幻，发生了一系列影响深远的重要事件，强烈冲击着现行的国际秩序，改变着国际格局。安全的内涵和外延不断扩大。影响世界和平与发展的不确定因素在增加，传统和非传统安全威胁相互交织，不仅由领土、资源和民族矛盾引发的武装冲突等传统安全问题仍然存在，而且恐怖主义、国际犯罪、贩毒、环境污染、非典型性肺炎、艾滋病、禽流感等非传统安全问题日益突出。如何应对这些挑战，切实维护世界和平，促进共同发展，为各国人民营造一个稳定和谐的家园，是我们必须认真思考和切实解决的重大课题。各方共同安全利益上升，多边合作成为必由之路，维护安全的观念和手段需要更新。

当今世界，在强权政治仍存在、冷战思维还很强烈的情况下，应在进一步对新安全观进行充实和发展的基础上，提倡将其作为国际关系的新的基本准则之一，并探索以此对强权政治和冷战思维进行斗争的新途径。

各国在安全上应加强互信、增强合作、维护和平。中国1996年就根据时代潮流和亚太地区特点，率先主张应共同培育一种新型的安全观念，其后

又明确提出新安全观的核心应是互信、互利、平等、协作。[1] 各国应当努力通过对话和合作和平解决争端。中国主张国际关系民主化，世界上的事情应由各国平等协商。各国应坚持走多边主义道路，发挥联合国及其安理会在维护国际和平和安全方面的重要作用。中国根据新安全观积极推动上海合作组织的建立和发展，并参加了世界贸易组织（WTO）。这些表明中国在适应时代转变中处于领先地位。

中国贯彻“与邻为善、以邻为伴”的方针，以“睦邻、安邻、富邻”作为周边外交的思路，以“和平、安全、合作、繁荣”作为亚洲政策目标，积极推动睦邻友好和区域合作。[2]

中国在亚太地区的安全目标是，维护国家主权和领土完整，维护地区和平与稳定，推动地区安全对话与合作。[3] 目前中国对地区安全的认识在不断深化，中国的安全观念更加开放，安全政策更加透明，参与的安全合作更加广泛。中国认为，综合安全是当前安全问题的基本特征，合作安全是维护国际安全的有效途径，共同安全是维护东亚安全的最终目标。[4]

现在，亚太地区各国致力于经济发展和社会稳定，互利合作不断深化，谋求共同安全与发展的意识上升。大国间的共同利益大于分歧，协调与合作逐渐增强。维护稳定，促进合作是亚太地区形势的主流。这是与中国和亚太地区其他国家践行新的安全观念的共同努力分不开的。

中国的发展离不开亚太地区的和平与稳定，也是亚太地区繁荣与进步的有机组成部分。中国有必要坚定贯彻“与邻为善、以邻为伴”的睦邻外交思想，与亚太各国携手营造健康、稳定的地区安全环境，为亚太地区的和平与

---

① 中国代表团2002年7月31日向东盟地区论坛提交的文件：《中国关于新安全观的立场文件》，《人民日报》2002年8月2日，第3版。

② 中国外交部部长李肇星2003年12月接受《人民日报》年终专访：《开创新局面 树立新形象》，《人民日报》2003年12月15日，第7版。

③ 时任中国外交部副部长王毅2003年12月14日在清华大学国际问题研究所主办的东亚安全合作研讨会上的讲话，《人民日报》2003年12月16日，第4版。

④ 时任中国外交部副部长王毅2003年12月14日在清华大学国际问题研究所主办的东亚安全合作研讨会上的讲话，《人民日报》2003年12月16日，第4版。

发展做出更大贡献。

总体来说，应该坚持用互信、互利、平等、协作的新安全观指导中国外交和对外战略，努力实现综合安全、合作安全和共同安全。应该努力探索坚持新安全观的途径，用新安全观取代冷战思维。只有这样，才能保证中国的和平兴起，使中国国际战略更好地为“努力营造长期稳定、安全可靠的国际和平环境”服务。

第七节　坚持和发展和平、合作、进步、公正的文化价值观

中国是一个有着五千年文明历史和热爱和平传统的国家。中华民族自古就有以诚为本、以和为贵、以信为先的优良传统。我国先秦思想家就提出了“亲仁善邻，国之宝也”的思想，反映了自古以来中国人民就希望天下太平、同各国人民友好相处。

中华人民共和国成立后，在处理国际关系时始终遵循这一价值观。当前和今后一个历史时期，中国对外政策的宗旨将始终是维护世界和平、促进共同发展。和平、合作、进步、公正的文化价值观是中国国际战略新理念的精髓。

在此基础上，中国坚持多元共存与竞争的文化价值观。以这样的价值观看待国际上不同文化和不同社会制度的存在，学习吸收人类一切文明成果，根据中国国情为我所用；同时又提升中国的优秀文化，提供给世界。

中国应进一步提炼和提升中华文化和平、和谐与合作的优秀价值观，用现代手段和方式包装与传播，树立中国的国际新形象。这样才能使中国的兴起易于为其他国家和国际社会所接受。

一、中华文化和平、和谐与合作的优秀价值观

重视和追求事物的和谐、和平、和合、均衡和稳定，是中华优秀传统文

化中的人文精神和价值理想的精华。

（一）爱好和平的优良传统

中国人民自古以来以来就有爱好和平的优良传统。这种优良传统深深植根于中国源远流长、博大精深的文化之中。

其一，“天下大同”的天下主义。中国历史上的西周实行分封制，对中华民族大家庭的形成和中华文化的发展有重要影响。当时，虽有“国”的区别，但“国”不是国家的“国”，而是“方国”或“诸侯国”的“国”。这些“国”虽有相对的独立性，但都统一于周天子的属下。因此，此时既有“国”的意识，但此意识又统辖在“天下”这一总的概念之下。而且，“‘天下’这一概念在周代，也是有二重性的，一是指周天子的天下，二是指普天下意义之天下。更为重要的是，在当时的历史环境中，这二者又密不可分。这样一种‘国’和‘天下’的观念，直接导致了一种‘天下主义’的产生”[①]。当时的人们，特别是在“士”这一阶层，大多数有“天下主义”的观念。他们既把自己看作是某一国的人，但又将自己看作天下的人。秦汉以后，“天下主义”的观念又被扩大应用到周边的各民族。“四海之内，皆兄弟也”，倡导世界范围内的“人和”理念。“天下主义”的最亮点之一，是“天下大同”的观念。《礼记·礼运》提出：“大道之行也，天下为公。”虽然后人将其中的“公”发展为空想社会主义思想，但总体上是有利于社会进步的。其中的“天下”概念还是有两重性，一是指全中国，二是指全世界。

“天下主义”表现了中国“海纳百川、有容乃大”的胸怀，也成为中国人民爱好和平的文化根基之一。因为从“天下主义”的观念出发，在历史上中国并没有先入为主、把版图以外的民族作为敌人的观念，这样就没有主动侵略的动机，而是以和平精神相待。同时，由于古代中国人从“文野之辨”或“夷夏之辨”来看待与版图以外民族的关系，希望对周边民族进行文明教化，而不是用武力迫其臣服。正如曹操的诗句：“周公吐哺，天下归心。”

其二，“中庸”的伦理思想。“中庸”的伦理思想是认为应在两个极端间

---

① 启良：《中国文明史》，花城出版社，2001年版，第1版，第355页。

取其中项，即“和必中节”，强调处理事情不偏不倚、无过无不及，认为这是最高的道德标准。《论语·雍也》说：“中庸之为德也，其至矣乎!”

在古代中国，“中和”也是最被提倡的一个理念。阴阳思想的最高境界是阴和阳的中和。在阴阳思想中，所谓“中”，既不是阴，也不是阳，应该无形的东西。无形的“中”，成形的时候表现出来的就是“和”。

“和为贵”、“中庸”之道是化解国家、民族、宗教矛盾的一种好方法。它是在承认差异与矛盾的前提下，用“中庸”之道来防止冲突激化，并化解冲突，使双方达到协调与均衡。

其三，亲仁善邻观念。中华民族自古以来，就一直具有睦邻思想，希望与版图以外的民族或国家和睦相处。特别是汉民族主政时期，较少主动对外用兵。这实际上是“天下大同”理想的应用，对邻邦采取和平精神。

（二）兼容与尚德的优秀价值观

中国自古代起，一直有兼容与尚德的优秀价值观。中国文化中一贯强调“厚德载物”的兼容精神，倡导“兼相爱，交相利”，这种互爱互利的原则不仅用于处理人与人之间的关系，也用于处理国与国之间关系以及一切国际关系。

中国传统的美德包括仁、义、礼、智、信，倡导“仁爱”及“忠恕”之道，主张“己所不欲，勿施于人”、“己欲立而立人，己欲达而达人”。林语堂先生说：“中国人的美德是静的美德，主宽主柔，主知足常乐，主和平敦厚。”[①] 这些道德准则不仅规范人与人之间的关系，而且应用于处理与其他民族和国家的关系。

中国古代的思想家提倡“尚德”的思想。这种思想表现在军事上，就是主张用非军事手段来解决争端、慎重对待战争和战略上后发制人。中国具有“知兵非好战”的战略文化。从古代起，中国人民就一直强调防御而不是进攻。当古代中国人创造最早的文字时，他们使用两个象形字来组成“武”

① 林语堂：《论中外的国民性》，载《中国文化之特质》，台湾“教育部”文化局编印，1969 年 11 月 12 日出版，第 100 页。

字。一个字是“止”，另一个字是“戈”。其中暗含的意思是，战争作为一种工具应该被抛弃，使用武力只有在制止暴力时才是正当的。

万里长城代表了中华文化重守非攻的精神。长城是防守的工具，也是中华民族坚决抵抗外来侵略的象征。它实际上又代表了一条界线，即中国绝不越界去侵略别人。

特别是自从明朝起，中国一直集中于维护已有的领土，而不是扩张土地。在15世纪前期，甚至早于西方的“地理大发现”，中国伟大的探险家和航海家郑和率领当时世界上最大的船队向西进行了7次航行。这些航行最远到达非洲东海岸和红海的出口，使郑和访问了30多个国家和地区。与西方殖民者占领他们发现的土地不同，这只船队不用武力征服发现的土地。这不是一次掠夺财富的航行，也不是一次占领海外殖民地的航行。正像明朝皇帝圣旨中所说，郑和的任务是传达友好和亲善，促进中国与其他亚洲和非洲国家之间的经济和文化交流。在几千年的历史进程中，爱和平，重防御，求统一，促进民族团结，共御外侮，始终是中国国防观念的主题。

（三）和谐均衡的秩序观

中华民族古代文化在倡导兼容与尚德的优秀价值观的同时，还强调将其制度化。《礼记·中庸》说：“致中和，天地位焉，万物育焉。”即只有达到和谐，才能正天地、育万物。将这种论断应用于社会，更提出了“礼之用，和为贵”的思想。这种贵和的思想，要求各种角色举措得当、相互协调、有机结合，重在和谐统一。中华民族先辈们还将这种和谐均衡的秩序观应用于民族关系和国际社会。中国古代在东亚地区创造的“封贡”体系，实际上是这种秩序观的国际实践。虽然这种体系不可避免地带有那个时代的局限性。

二、继承和光大多元共存与竞争的文化价值观

世界是丰富多彩的。世界的多样性是人类文明的基本特征，也是当今世界充满生机和活力的重要条件。各国独具特色的历史文化和优秀传统都是人类文明的组成部分。每个民族、每种文化都有自己的长处和优势，应相互尊重，取长补短，共同进步。

中国古代文化的“和合”理念强调世界多样性的辩证统一。《礼记·中庸》倡导“和而不流”，就是说“和”也是有原则性的，与人相和而不随波逐流或同流合污。这也就是“和而不同”，其实质是追求对立的统一。

从这一思想出发，中国坚持多元共存与竞争的文化价值观。以这样的价值观看待国际上不同文化和不同社会制度的存在，学习吸收人类一切文明成果，根据中国国情为我所用；同时又提升中国的优秀文化，提供给世界。

在改革开放和现代化建设的进程中，中国更加重视借鉴人类文明的有益成果，愿同各国人民加强文化交流，共同促进人类文化的发展繁荣。

中国在国际关系方面的文化价值观的核心是和平、合作、进步、公正。这代表了人类社会发展的潮流，也是中国先进文化在国际关系中的体现。中国以此作为衡量国内外一切事物的标准。中国独立自主的和平外交政策就是这一文化价值观的延伸和体现。中国是维护亚太地区与世界和平的一支重要力量，是一个致力于世界和平与发展、支持公正与正义、发挥建设性作用的负责任大国。

当前，中国在制定和执行对外战略时坚持和平、和谐、合作、多元共存与竞争的优秀价值观。中国共产党十六大提出了“加强睦邻友好，坚持与邻为善、以邻为伴，加强区域合作”的方针。① 2003 年 10 月 7 日，温家宝总理强调：“积极促进亚洲的发展振兴与和平稳定，是中国的既定方针。‘睦邻’、‘安邻’和‘富邻’是中国实现自身发展战略的重要组成部分。”②

“睦邻”就是继承和发扬中华民族亲仁善邻、以和为贵的哲学思想，在与周边国家和睦相处的原则下，共筑本地区稳定和谐的国家关系结构。

“安邻”就是积极维护本地区的和平与稳定，坚持通过对话合作增进互信，通过和平谈判解决分歧，为亚洲的发展营造和平安定的地区环境。

---

① 江泽民：《在中国共产党第十六次全国代表大会上的报告》，载《中国共产党第十六次全国代表大会文件汇编》，人民出版社，2002 年版，第 47 页。

② 温家宝总理 2003 年 10 月 7 日在印尼巴厘岛举行的首届东盟商业与投资峰会上的讲话，《人民日报》2003 年 10 月 8 日，第 1 和 7 版。

“富邻”就是加强与邻国的互利合作，深化区域与次区域合作，积极推进地区经济一体化，与亚洲各国实现共同发展。①

冷战结束后，美国学者亨廷顿提出“文明冲突论”，认为不同宗教、不同文明之间的冲突将代替冷战期间存在的不同意识形态之间的冲突。有人也举“9·11”恐怖袭击事件为例。实际上这一事件并不代表基督教文明与伊斯兰教文明之间的冲突。而西方某些国家对穆斯林民族采取不公正的做法，是使伊斯兰原教旨主义中的极端思潮能够鼓动少数穆斯林采取恐怖主义行动的重要原因。它们之间缺乏相互了解和相互信任是导致出现这种状态的根本因素。这表明，进入21世纪以后，人类文化之间的交流，已经显得异乎寻常的重要。文化交流已经成为人类促进相互理解、消除冲突与仇恨、加强互利与发展的重要手段。

世界上各种文明、不同社会制度和发展模式应彼此尊重，在竞争比较中取长补短，在求同存异中共同发展。例如，民主是全人类共同的追求，各国都应切实保障人民的民主权利。改革开放20多年来，中国坚定不移推进政治体制改革，大力促进社会主义民主政治建设，取得了一些进展。今后我们将根据中国的国情积极稳妥地推进政治体制改革，完善民主制度，加强法制建设，建设社会主义政治文明。

中国坚持和光大多元共存与竞争的文化价值观，有利于促进各种文明之间的共生共存和相互交流，从而在竞争比较中取长补短，在求同存异中共同发展。历史充分表明一些有远见的西方政治家，例如法国总统希拉克，也主张不同文化互相承认、互相尊重、互相促进，不应该把西方的文明强加于人。②

为加强文化交流，各国在政治上应当相互尊重、求同存异、扩大共识。只要坚持平等相待、相互理解，尊重对方的国情和实际，不同社会制度的国家之间完全可以开展友好合作，不断扩大共同利益。

---

① 温家宝总理2003年10月7日在印尼巴厘岛举行的首届东盟商业与投资峰会上的讲话，《人民日报》2003年10月8日，第1和7版。

② 江穗春：《希拉克：从不停步的政治家》，载《中国评论》，2003年10月号，第83页。

从世界大趋势来看，各种不同文明、不同文化之间的携手共存、共同发展将是不可避免的。历史充分表明，加强各种文明的交流，有利于激发整个人类的创新活力，有利于推动世界科技进步和生产力发展。世界各领域的文明，如物质文明、精神文明、政治文明、科技文明等，是各国人民共同创造的，是人类创造力的集中体现，也是世界各民族智慧和多种文化交汇共生的结果。

在当今时代，我们应当有一种全球意识，充分认识到我们世界是一个整体，大家都生活在一个“地球村”里，面临共同的问题，有着共同的利益，各种不同文明、不同文化之间应该相互对话、相互交流、相互理解。

同时，我们应当认识到，虽然人类创造的各种文明都在某种程度上体现了人类的共同价值，但这些文明都是在特定的地理环境和历史条件下产生和发展的，因此具有各自的特殊性。这些文明能够历经数千年流传到现在，表明它们都有各自的优点，都对人类文明作出了贡献，并无高下优劣之分，都有平等的权利和地位参加文明间对话。

在文明间对话时，应当提倡宽容精神，承认和容许不同文明间的差异，求同存异，暂时搁置分歧，或通过对话去缩小和解决分歧，避免因分歧和矛盾加剧导致冲突，努力寻求彼此之间的共同点。

三、树立中国的国际新形象

中国伟大的文化是中国政治、经济复兴的最强大和坚实的基础。中国应该将现代化与优秀传统文化相结合，创造出无愧于新时代的伟大新文化。中国应进一步提炼和提升中华文化和平、和谐与合作的优秀价值观，用现代手段和方式包装与传播，树立中国的国际新形象。这样才能使中国的和平崛起易于为其他国家和国际社会所接受。

树立中国的国际新形象，实际上是运用软国力的重要方面。综合国力包括硬国力和软国力及其对国际关系的影响力。软国力是相对于硬国力而言，是综合国力的重要组成部分。美国著名战略学者小约瑟夫·奈认为：“硬国力来自于一个国家的军事和经济实力。软国力是一个国家的文化、理想和政策所形成的吸引力。”[①] 他还把软国力概括为导向力、吸引力和效仿力，是一种具有同化（co-optive）能力的实力。这种具有同化能力的实力的获得是“一个国家思想的吸引力或者是确立某种程度上能体现别国意愿的政治导向的能力”，“这种左右他人意愿的能力与文化、意识形态以及社会制度等无形力量密切相关”，“一个国家文化的全球普及性和它主宰国际行为规范而建立有利于自己的准则与制度的能力，都是它重要的来源”。[②] 因此，他认为，无形力量的强弱可以从国家凝聚力、文化全球普及性、在国际机构中的作用等方面进行评估。

现代西方学者对国家实力基本要素的分析为人们研究一国实力提供了最初的理论基础。其观点可分为三个学派：

其一，定性分析学派。主要代表人物是雷蒙·阿隆和汉斯·摩根索。雷蒙·阿隆把国家实力归结为三大基本要素：A. 所占据的地理空间；B. 资源（包括物质和人力）；C. 集体行动能力，涉及到军事组织、社会结构和质量等。汉斯·摩根索则认为国家实力的构成主要取决于9大要素：地理、自然资源、工业能力、军备状况、人口、民族特性、国民士气、外交质量和政府质量。

其二，定量分析学派，又称为行为主义学派。该学派认为用定性分析的方法没有把国家实力中的各种因素进行分解、量化，而没有量化的概念便不准确、不科学。其主要代表人物是卡尔·多伊奇和史蒂文·布拉姆斯。卡尔·多伊奇在他的《国际关系分析》一书中提出了“权力份量”的观点，并用这种观点研究国家力量。史蒂文·布拉姆斯依据交往关系对权利及影响力进行了测量。

其三，定性与定量分析相结合学派。其主要代表人物是美国乔治敦大学的克莱因。他把力量要素分析与定量分析结合起来，提出了著名的对国家实力综合计量的公式，又称“克莱因公式”：$P_{p}=(C+E+M)\times(S+W)$，

① [美] 哈佛大学肯尼迪政治学院院长小约瑟夫·奈：《美国为什么应该重返世界》，载法国《费加罗报》2003年9月24日。

② [美] 哈佛大学肯尼迪政治学院院长小约瑟夫·奈：《美国定能领导世界吗?》，何小东等译，军事谊文出版社，1992年第1版，第25、26、145页。

即：国家实力＝［（人口＋领土）＋经济能力＋军事能力］×（战略意图＋贯彻国家战略的意志）。

但西方这三派中的许多学者对文化在软国力中的地位重视不够。中国学者黄硕风把综合国力概括为：一个国家生存和发展所拥有的、包括物质力量和精神力量在内的全部实力及国际影响力，精神力量也可称软力量，它包括心理、智力形态的软要素，这些软要素决定物质形态（硬国力）的有效发挥程度。软力量包括政治力、文教力、外交力和协同力。①

邓小平理论、“三个代表”重要思想和科学发展观对凝聚中华民族的意志力和创造力，充分调动中国的软国力，从而迅速和有效地发展和运用中国的硬国力具有极为重要的意义。改革开放以来，中国的国际形象已经有了很大的改善。这一方面是由于中国实行了正确的国家发展战略和对外政策，在国际上发挥负责任大国的作用。另一方面，是由于中国国内物质文明、政治文明和精神文明的发展。

今后，中国应在此基础上，努力发挥中华优秀文化的长处，进一步提升中国和平、民主、负责任大国的新形象。

林语堂先生曾比较中西文化的长短，认为：“中华民族与西方国家比较，为进取不足，保守有余，勇毅有为之精神不足，而动心耐性之工夫甚深。中国人的美德为静，主宽主柔，主知足常乐，主和平敦厚；西洋人的美德为动，主争主夺，主希望乐观，主进取不懈。”② 中国应该扬其所长，改其所短，与世界上各个民族和各种文明和谐相处，相互学习，相互借鉴，相得益彰，在竞争比较中取长补短，在求同存异中共同发展。这需要与时俱进，勇于创新的精神。中华文化的先哲们是有这种精神的。商朝的文字记载中就有：“苟日新，日日新，又日新。”③《尚书》也提倡：“物唯

---

① 黄硕风：《综合国力论》中国社会科学出版社，1992 年版，第 102、164、165 页。

② 林语堂：《论中外的国民性》，载《中国文化之特质》，台湾“教育部”文化局编印，1969 年 11 月 12 日出版，第 98 页。

③ 乔一凡：《中国文化之大体》，载《中国文化之特质》，台湾“教育部”文化局编印，1969 年 11 月 12 日出版，第 222 页。

求新。”

而且，随着经济全球化和区域一体化趋势的迅猛发展，各国之间相互依存增加，共同利益上升。国际关系民主化和发展模式多样化潮流的发展，又使各国之间的相互了解和相互信任更加重要。在这种情况下，中华优秀传统文化精华中重视和追求事物的和谐、和平、和合、均衡和稳定的人文精神和价值理想，以及“海纳百川、有容乃大”的胸怀，尤其显示出为世界的和平与发展所需要。法国总统希拉克坚信中国文化将促使中国成为未来世界一流强国，一流世界领导人也由此产生。[①] 世界各国也更加关注中国文化，因为中国传统优秀文化正在与现代化相结合，形成21世纪的中国先进文化。这种文化不仅是属于中国的，也是属于全世界的。它将促使中国走向世界，也将使世界更了解中国。

随着我国全面参与国际体系进程的深入发展，中国将进一步开放，整个社会与其他国家社会各方面的交往将大大增加。在这种情况下，我国应落实“总体外交”思想，实现内政外交协调发展，用国内改革开放的新进展来推动外交工作的深入，用外交工作的新局面来促进改革开放的进一步发展。同时，我国应充分发挥“民间外交”的潜力，广交朋友，多交朋友，针对重点国家、重点方向，做深入细致扎实的工作。

我国也应进一步让世界了解中国，使中国的正面形象为世界各国更多的人所接受。为此，必须改善和加强对外对内宣传工作，充分发挥国内主流学者的作用，鼓励他们多出精品型的专著和有说服力的专业文章，促使他们发挥影响进入西方主流媒体。另一方面，由于国内舆论对外交的影响越来越大，我国应发挥主流学者对国内舆论的引导作用，并进而加强对国内公众关于国际问题的教育。

① 郑若麟：《巴黎昨天刮起“中国风”》，载《文汇报》2003年10月7日，第4版。

第八节　共同繁荣的发展观是中国国际战略新理念的动力

中国发展观的核心是共同繁荣。共同繁荣指中国不光努力实现本国的发展，而且寻求世界各国的共同富裕。世界多极化和经济全球化趋势的发展，给世界和平与发展带来了机遇和有利条件。新的世界大战在可预见的时期内打不起来。争取较长时期的和平国际环境和良好周边环境是可以实现的。正是根据对国际形势的这种判断，党的十六大提出21世纪头20年是一个必须紧紧抓住并且可以大有作为的重要战略机遇期的论断。根据十六大精神，我国将利用这一重要战略机遇期，全面建设更高水平的小康社会。同时，中国外交政策的宗旨，是维护世界和平，促进共同发展和共同繁荣。

一、世界各国共同发展是人类社会进步的必然，但争取共同繁荣仍然任重道远

新科技革命潮流、经济全球化潮流和知识经济潮流的迅猛发展，使世界各国越来越紧密地联系在一起。通过对话与合作，建立一个互利、共赢的世界，是摆在我们面前现实而又紧迫的重大课题。

在经济全球化趋势深入发展的今天，任何国家要实现经济发展的目标，都要采取有效措施开展国际经济技术交流与合作，积极参与国际分工，既为本国发展引入资金、知识、技术和管理经验，又为其他国家的发展提供具有比较优势的产品和技术，实现互利互补、共同发展。

要实现各国的共同发展和共同繁荣，仍然需要国际社会长期艰苦的努力。为了实现全人类共同繁荣的目标，当前世界各国都应该在下述几方面进行努力：

（一）促进南北对话，努力推动改善南北关系

发达国家应该从全人类发展的角度来认识南北关系，支持发展中国家振兴民族经济。邓小平同志指出，第三世界的贫穷是新、老殖民主义的剥削与掠夺造成的。发达国家依仗其高科技的领先优势和对国际金融机构的操纵权，利用他们占主导地位的国际经济旧秩序，通过不公正、不合理的经济、金融和贸易活动，从第三世界国家牟取暴利，致使第三世界国家债台高筑，面临严重的经济困难。当前，随着经济全球化趋势的发展，各国相互依存关系加深。如果占世界绝大多数的第三世界国家得不到发展，发达国家的发展也会受到限制。它们的资源供应、商品市场、资金出路就会成为问题。

而且，世界的持久和平与发展，不可能建立在南北鸿沟拉大、大批发展中国家更加贫困化的基础之上。因此加强南北对话与合作，有利于发展中国家，也有利于发达国家；有利于全球经济发展，也有利于世界的和平与稳定。在这方面，发达国家负有特殊的责任。[①] 发达国家应当进一步扩大本国的内需，调整本国的经济结构，同时承担起对发展中国家的责任，尽可能向发展中国家开放更多的市场，赋予发展中国家更多的发展机会。与此同时，发展中国家也应该致力于本国社会经济的稳定，促进自身发展。通过双方的努力来消除世界经济发展不平衡问题，推动国际经济秩序向公正合理方向发展。

江泽民同志指出：“经济全球化是社会生产力发展的客观要求和必然结果，有利于生产要素在全球范围内的优化配制，有利于各国各地区加强经济技术合作，也有利于世界经济的发展。同时，经济全球化是在不公正不合理的国际经济旧秩序没有根本改变的情况下发生和发展的，西方发达国家力图主导经济全球化。对发展中国家来说，经济全球化是一个难得的历史机遇，

---

① 中国外交部编写组：《邓小平外交思想学习纲要》，北京·世界知识出版社，2000 年第 1 版，第 88—89 页。

也是一个巨大的挑战。”[①] 中国主张，各国“经济上应相互促进，共同发展，而不应造成贫富悬殊”[②]。

近年来，南北对话与合作有了一定的发展。例如，亚欧会议的创立具有深刻的现实意义和长远的战略意义，成为亚洲国家（除日本外都是发展中国家）与欧洲国家（都是发达国家）对话与合作的重要渠道。经济合作是亚欧合作的基础和支柱。而且，亚欧会议的宗旨是建立亚欧新型伙伴关系，维护和促进亚欧和世界的稳定与繁荣。亚欧国家在国际和地区事务中的磋商与协调，符合两大洲和其他地区人民的利益。亚洲国家与欧洲国家的对话与合作是南北对话与合作的重要组成部分之一。

（二）大力加强南南合作

南南合作是国际关系中的一个重要问题，是历史发展的方向。邓小平同志认为，第三世界国家要巩固国家独立，发展民族经济，仅仅依靠南北对话与合作是不行的。还必须加强第三世界国家之间的团结与合作，开展南南合作。[③]

南南合作的有利条件包括：1. 发展中国家经济基础相近，又面临着共同挑战，根本利益是一致的。2. 穷国帮助穷国，南南合作有坚实的政治基础。3. 发展中国家资源丰富，能互通有无，相互交流，相互学习，相互合作，可以解决许多问题，前景是很好的。

邓小平同志主张，为了加强相互关系，为更好地开展南南合作创造条件，第三世界国家要加强团结，通过协商和谈判，妥善解决由于历史遗留下

---

① 中共中央宣传部：《“三个代表”重要思想学习纲要》，北京·学习出版社，2003年第1版，第93页。

② 江泽民：《全面建设小康社会，开创新局面中国特色社会主义事业新局面——在中国共产党第十六次全国代表大会上的报告》，载《中国共产党第十六次全国代表大会文件汇编》，人民出版社，2002年版，第46页。

③ 中国外交部编写组：《邓小平外交思想学习纲要》，北京·世界知识出版社，2000年第1版，第89页。

来的边界、领土等争端和民族、宗教等原因引起的一些矛盾和纷争。①

党的十六大报告提出："我们将继续增强同第三世界国家的团结和合作，增进相互理解和信任，加强相互帮助和支持，拓宽合作领域，提高合作效果。"②

近年来，南南合作有相当大的进展。中国与东盟合作就是一个例子。

二、中国的发展有利于世界的繁荣

中国是最大的发展中国家，正处于并将长期处于社会主义初级阶段，现在中国达到的小康还是低水平的、不全面的和发展很不平衡的。中国要在21世纪头20年，集中力量，基本实现工业化，大力推进信息化，全面建设惠及十几亿人口的更高水平的小康社会。此后，再继续奋斗几十年，到21世纪中叶基本实现现代化，把我国建成富强民主文明的社会主义国家。这一任务是艰巨的，也是经过全国人民的共同奋斗有可能实现的。

改革开放以来，中国取得了巨大的发展。中国解决了十几亿人的温饱问题，这本身就是对全人类的贡献。因为如果中国处于贫困或动乱之中，是不符合其他国家利益的。中国的发展是有利于世界繁荣的，也是有利于其他国家和全人类利益的。中国市场广阔，劳动力资源丰富，社会政治稳定，发展势头强劲。中国的发展将给各国带来发展机遇和实际利益。

首先，中国的发展不仅将改善中国人民的生活，而且正在逐渐成为全球经济中的一个大市场。而且，随着中国经济的迅速发展，中国的市场将进一步扩大。美国政府官员认为，随着中国进口的增加，中国已成为东南亚地区

① 中国外交部编写组：《邓小平外交思想学习纲要》，北京·世界知识出版社，2000年第1版，第89页。

② 江泽民：《全面建设小康社会，开创新局面中国特色社会主义事业新局面——在中国共产党第十六次全国代表大会上的报告》，载《中国共产党第十六次全国代表大会文件汇编》，人民出版社，2002年版，第47页。

和世界上最重要的发展动力之一。[①]

第二，中国将努力实现可持续、协调、稳定发展。中国以加入世贸组织为契机，以科学发展观为指导，正确处理好经济全球化与可持续发展的关系，进一步积极参与国际合作，保障国家经济安全和生态环境安全。

第三，中国在建设精神文明和物质文明的同时，将建设社会主义政治文明。“发展社会主义民主政治，建设社会主义政治文明。是全面建设小康社会的重要目标”，“继续积极稳妥地推进政治体制改革，扩大社会主义民主，健全社会主义法制”。[②] 中国“发展社会主义民主政治，最根本的是要把坚持党的领导、人民当家作主和依法治国有机结合起来”[③]。中国政治文明的发展，不仅将造福中国人民，而且将是对人类文明的新贡献。

第四，中国是维护世界和平的一支重要力量。中国的发展需要一个长期的国际和平环境特别是良好的周边环境。中国奉行独立自主的和平外交政策，主张从中国人民和世界人民的根本利益出发来处理国际事务，通过协商和平解决国家间的纠纷和争端，反对诉诸武力或以武力相威胁，反对霸权主义和强权政治，同所有国家发展友好合作关系。中国永远是维护世界和平和地区稳定的重要力量。即使中国将来强大了，也决不走对外侵略扩张的道路。中国对其他所有国家都不是威胁，而是机遇。

---

① 美国国务院负责东亚及太平洋事务的助理国务卿帮办兰德尔·施里弗（Randall G. Schriver）2003年3月19日在美国参议院外交委员会举行的听证会上发言，题目是“中国崛起的影响和结果”（The Effects and Consequences of an Emerging China），http://thomas. loc. gov。

② 江泽民：《全面建设小康社会，开创新局面中国特色社会主义事业新局面——在中国共产党第十六次全国代表大会上的报告》，载《中国共产党第十六次全国代表大会文件汇编》，人民出版社，2002年版，第36页。

③ 江泽民：《全面建设小康社会，开创新局面中国特色社会主义事业新局面——在中国共产党第十六次全国代表大会上的报告》，载《中国共产党第十六次全国代表大会文件汇编》，人民出版社，2002年版，第37页。

第九节　推动国际政治经济秩序向公正合理方向发展

20世纪80年代后期，邓小平就提出建立公正合理的国际政治经济新秩序。党的十六大报告指出："我们主张建立公正合理的国际政治经济新秩序。"① 国务院新闻办公室2005年12月发表的《中国的和平发展道路》白皮书中指出："中国推动国际政治经济秩序向公正合理的方向发展，促进国际关系民主化。"② 推动国际政治经济秩序向公正合理方向发展是中国国际战略新理念的重要内容之一。

一、推动国际政治经济秩序向公正合理方向发展的必要性

现有的国际政治经济秩序是长期历史演变的产物，既有合理的因素，也具有很多不公正、不合理、不平等的因素。

从国际政治秩序来说，近现代国际政治秩序发源于16、17世纪，以《威斯特伐利亚和约》（the Treaties of Westphalia）的签订为标志。该和约确立了欧洲的国际法，确定了民族国家主权平等和不干涉原则。但当时的欧洲国家只将主权平等和不干涉原则适用于欧洲的"基度教文明国家"。至于

① 江泽民：《全面建设小康社会，开创新局面中国特色社会主义事业新局面——在中国共产党第十六次全国代表大会上的报告》，载《中国共产党第十六次全国代表大会文件汇编》，人民出版社，2002年版，第46页。

② 中国国务院新闻办公室：《中国的和平发展道路》白皮书（2005年12月），《人民日报》，《国际形势年鉴2006》，上海国际问题研究所编，上海世纪出版股份有限公司、上海辞书出版社，2006年6月第1版，第545页。

非欧洲国家，欧洲列强并不认为它们拥有主权，而是凭借坚船利炮对它们进行瓜分。这使这种国际秩序从一开始就充斥着不公正、不合理的因素。

这种国际政治秩序中的不公正、不合理因素，引起帝国主义列强争夺霸权和争夺殖民地，导致了惨绝人寰的两次世界大战。第二次世界大战结束后，联合国使欧洲的国际法转化为全球性的普遍国际法。1945 年制定的《联合国宪章》重申了主权平等原则并将其具体化，载入了在国际领域中构成主权国家适当行为的 9 条基本原则。这 9 条基本原则是：国家主权平等、国家领土完整和政治独立、民族具有平等权和自决权、不干涉他国内部事务、和平解决国家间争端、不威胁使用或实际使用武力、认真履行国际义务、与他国合作、尊重人权和基本自由。[①] 但是，在长达 40 多年的冷战时期，《联合国宪章》规定的这些基本原则并没有得到应有的执行。美国和苏联两个超级大国为了保持和争夺霸权，不仅进行激烈的相互对抗，而且干涉其他国家主权，甚至进行武装入侵。由于霸权主义和强权政治的存在，联合国也受到严重伤害。两个超级大国将否决权作为争夺的工具，使联合国实际上变成只是一个国际论坛，并无真正的决策权。

冷战结束后，美国成为唯一的超级大国，国际战略力量对比严重失衡。超级大国凭借其政治、经济、军事优势，推行强权政治和霸权主义，干涉他国内政，甚至对一些看不顺眼的中小国家发动“先发制人”的打击。实行单边主义外交政策，对联合国能利用则利用，不能利用时则绕过。美国不经联合国安理会授权发动伊拉克战争就是一个例子。可以说，国际政治旧秩序的特征之一是强权政治和霸权主义。

从国际经济秩序来说，在殖民主义和帝国主义时期，殖民主义和帝国主义国家对殖民地和半殖民地国家和人民进行残酷奴役和肆无忌惮的剥削与掠夺。第二次世界大战结束后，亚、非、拉殖民地和半殖民地国家先后获得独立。但发达国家利用各方面的优势，控制广大发展中国家的命脉，继续从发展中国家获得有利于自己的不平等经济收入。二战后，国际上成立了一些世

---

① 见“The Declaratory Tradition in Modern International Law”, in Terry Nardin and David Marpel, ed., *Traditions of International Ethics*, (New York: Cambridge University Press, 1992), pp. 44—45。

界性经济组织和机构，如世界银行、国际货币基金组织、世界贸易组织（原关税与贸易总协定组织）等。这些组织和机构一般由美国等西方国家主导。而且，近年来经济全球化趋势的负面效应对发展中国家，特别是最不发达国家影响最大。

现在全球经济发展不平衡的问题越来越突出，南北矛盾、贫富差距成为世界经济继续前进的一个重大挑战。造成这种现象的主要原因之一，是当前世界经济秩序的不合理。发展中国家经济上受制于发达国家，致使与发达国家的经济差距越来越大，许多发展中国家在世界经济中日益边缘化。不少发展中国家贸易条件恶化，资金严重短缺，经济发展停滞，面临严峻的经济困难。

早在1974年4月，邓小平同志在联合国大会第六次特别会议上发言时代表中国政府表示，“热烈赞同并坚决支持”第三世界国家提出的关于建立国际经济新秩序的正义主张。[①]

20世纪80年代后期，国际局势总体上由紧张趋向缓和，由对抗转向对话，冷战走向结束。要和平、求合作、促发展逐渐成为时代的主流。但霸权主义、强权政治依然存在，干涉他国内政的情况时有发生。在对国际形势发展趋势审时度势的基础上，邓小平同志提出了应该建立国际政治经济新秩序的命题。

邓小平同志强调要以和平共处五项原则为基础建立国际政治经济新秩序。他指出：“霸权主义、集团政治用什么来改变？看来，万隆国际会议决定的和平共处五项原则有强大的生命力。”他对研究国际问题的国际友人说：建议你们考虑一下建立国际社会新秩序以和平共处五项原则为准则，也可再将它补充、发展。本着这种精神，国与国之间，这部分与那部分之间，洲与洲之间就可以建立一种协调的国际关系。霸权主义、强权政治已遭到各国人民的反对，是完全行不通的，而和平共处五项原则提出40多年来，经受住了历史的考验。遵守它，各国关系就能够和睦，相互之间的分歧就可以妥善解决。和平共处五项原则既包括指导国家政治关系的原则，也包含指导国家

---

① 中国外交部编写组：《邓小平外交思想学习纲要》，北京·世界知识出版社，2000年第1版，第10、91页。

经济关系的原则，全面、简洁、实际、可行，得到了世界各国的认同。完全可以作为指导国家关系、建立国际政治经济新秩序的基本准则。①

党的十六大报告不仅再次强调建立国际政治经济新秩序的主张，而且对建立国际政治经济新秩序的设想做了进一步阐述。江泽民同志指出："我们主张在互相尊重主权和领土完整、互不侵犯、互不干涉内政、和平共处等原则的基础上，建立和平、稳定、公正、合理的国际新秩序。"② 江泽民同志提出，建立国际政治经济新秩序，要从当今世界的实际情况出发，反映世界各国人民的普遍愿望和共同利益，体现历史发展和时代进步的要求。应该保障各国享有主权平等和内政不受干涉的权利，保障各国享有平等参与国际事务的权利，保障各国享有平等的发展权利特别是广大发展中国家的发展权利，保障各个民族和各种文明共同发展的权利。③ 国际新秩序观包含着政治、经济、文化、安全和机制等几个方面的内涵。具体来说：

在政治上，各国应相互尊重、共同协商，而不应把自己的意志强加于人。要做到这些，就必须遵守和平共处五项原则。因为它实际上包含了《联合国宪章》载入的在国际领域中构成主权国家适当行为的9条基本原则中的绝大多数内容。邓小平同志指出，过去搞的无论是超级大国的霸权主义，还是区域性的霸权主义，现在都应该停止，要努力在世界上建立一种新型的国家关系。各国的事务由各国人民自己来管，各国人民有权自行根据本国国情，独立自主地选择和决定自己的社会、经济制度和发展道路，国家之间应该相互尊重、互不干涉内政。国家不分大小、强弱、贫富，都应当作为国际社会的平等成员参与国际事务。④ 各国情况千差万别，存在分歧是难免的。

---

① 中国外交部编写组：《邓小平外交思想学习纲要》，北京·世界知识出版社，2000年第1版，第93—94页。

② 中共中央宣传部：《"三个代表"重要思想学习纲要》，北京·学习出版社，2003年第1版，第94页。

③ 中共中央宣传部：《"三个代表"重要思想学习纲要》，北京·学习出版社，2003年第1版，第93—94页。

④ 中国外交部编写组：《邓小平外交思想学习纲要》，北京·世界知识出版社，2000年第1版，第92页。

各方应该增进政治互信，深化互利合作。既不断扩大共同利益的汇合点，又妥善处理彼此的差异和关切。我们应当推动国际关系民主化，各国应相互平等，彼此尊重，以对话解决争端，以合作共迎挑战。

在经济上，应相互促进，相互合作，共同发展，而不应造成贫富悬殊。建立国际经济新秩序的关键，是要改革不公正不合理的国际经济关系。世界各国应该在平等的基础上参与国际经济事务，在平等互利的基础上加强和扩大经济、科技、文化的交流与合作，促进共同发展与共同繁荣。国际贸易应当建立在平等互利、互通有无的基础上。应通过对话逐步建立起平等合作的南北关系，反对经济贸易中的不平等现象和各种歧视性政策与作法，更不允许动辄对别国进行经济制裁。① 当前，世界各国的相互依存日益加深。无论是促进全球经济增长，还是消除贫困、保护环境，都需要各国人民在相互尊重、平等互利的基础上，通过对话、协商与合作来解决有关问题。

在文化上，应相互借鉴，共同繁荣，而不应排斥其他民族的文化。应当维护世界文明的多样性，各种文明都是人类智慧的结晶，借鉴和交流应是不同文明间关系的主流。

在安全上，应相互信任，共同维护，树立互信、互利、平等和协作的新安全观，通过对话和合作解决争端，而不应诉诸武力或以武力相威胁。反对各种形式的霸权主义和强权政治。中国永远不称霸，永远不搞扩张。邓小平同志指出，国际事务，不能由一个或几个大国垄断，各国都不应该谋求霸权、推行强权政治。国与国之间要倡导以新的思路、新的方式来解决分歧和争端，通过求同存异、平等对话来解决意识形态和价值观念等方面的分歧，不应诉诸武力或以武力相威胁。② 历史告诉我们，以军事联盟为基础、以加强军备为手段的旧安全观，无助于保障国际安全，更不能营造世界的持久和平。和平共处五项原则以及其他公认的国际关系准则，是维护和平的政治基础；互利合作、共同繁荣，是维护和平的经济保障；平等对话、协商和谈

---

① 中国外交部编写组：《邓小平外交思想学习纲要》，北京·世界知识出版社，2000 年第 1 版，第 93 页。

② 中国外交部编写组：《邓小平外交思想学习纲要》，北京·世界知识出版社，2000 年第 1 版，第 92—93 页。

判，是解决争端、维护和平的正确途径。各国的安全是相互依存的，再强大的国家，离开国际合作也难以有真正的安全。①

近年来，中国主张维护安全需要有新观念，一直在提倡树立以互信、互利、平等、协作为核心，以通过对话增进相互信任、通过合作促进共同安全为宗旨的新安全观。② 第一，互信是指大国间应超越意识形态和社会制度异同，摈弃冷战思维和强权政治心态，通过建立各种信任和安全措施，增加相互信任，做到互不敌视、互不猜疑。第二，互利是指大国应顺应全球化发展的客观趋势，在维护本国利益的同时，互相尊重对方的安全利益，在实现自身安全利益的同时，为对方安全创造条件，实现共同安全。第三，平等是指国家间应相互尊重，平等相待，不干涉别国内政，推动国际关系的民主化。第四，协作是指大国应就共同关心的安全问题进行广泛深入的合作，消除隐患，以和平方式解决争议，防止战争和冲突的发生。总起来说，新安全观的理论基础应是合作安全、综合安全、协调安全和共同安全。

在机制上，应坚持和加强联合国这一最广泛国际组织的作用，保护主权国家的合法权益，防止国际社会的强势成员搞强权政治。现在的国际政治经济秩序既有合理成分，也有不合理成分，应该加以区分。冷战结束以来，世界大多数国家希望建立一个反映世界多极化和国际关系民主化趋势、以联合国为中心、以国际法为基础的世界秩序，并希望用联合国牵制美国的单边主义和战争政策。但美国依仗其“一超独大”的优势，在能够利用联合国等多边机制时就加以利用；而在觉得联合国等多边机制碍手碍脚时，就企图一脚踢开。

应当促进国际关系法制化，各国遵守公认法理，承担国际义务。当前，多边主义已成为国际社会的普遍诉求。联合国作为一个拥有 191 个成员国的政府间组织，应该成为各国参与全球化管理，推动国际关系民主化和法制化，维护共同利益的舞台。国际社会应当加强联合国作用，维护安

① 中共中央宣传部：《“三个代表”重要思想学习纲要》，北京·学习出版社，2003 年第 1 版，第 94—95 页。

② 时任中国外交部长唐家璇：“在五十七届联合大会一般性辩论上的讲话”，纽约，2002 年 9 月 13 日，《人民日报》2002 年 9 月 16 日第 7 版。

理会权威，支持联合国在国际事务中发挥核心作用。这是实践多边主义的关键。

二、积极推动国际经济秩序向公正合理方向发展

要根本改变对发展中国家不公正、不合理的国际经济关系，关键是要积极推动国际经济秩序向公正合理方向发展。国际经济秩序必须适应经济全球化的潮流，促进经济全球化的积极影响，防止和避免经济全球化的负面影响。

公正合理的国际经济秩序应该具有下述特征：

1. 各国之间应相互促进、共同发展。经济全球化使各国经济高度融合、错综交织、互相影响，发达国家与发展中国家在经济上的共同利益上升。各国的经济政策，特别是主要发达国家的经济政策，对世界经济的影响越来越大。在这种情况下，各国，特别是主要发达国家的经济政策，不能以损人利己为目的，而应争取在经济利益上与其他国家“双赢”或“共赢”，使国际社会都从经济全球化中获益。国际社会应该努力合作，特别是发达国家还应该采取切实措施，缩小发达国家与发展中国家之间的贫富差别，防止贫富悬殊进一步扩大，帮助贫穷国家脱离贫困。

2. 建立有利于各国平等互利、共同繁荣的国际制度。公正合理的国际经济新秩序必须由公正合理的国际制度来保证。这种新的国际制度应该消除发达国家对发展中国家的歧视和剥削，使发展中国家可以在平等互利基础上发展与发达国家的经贸关系。这种新的国际制度还必须有利于帮助和鼓励发展中国家加快发展步伐，使国际社会实现共同繁荣。

3. 建立国际金融市场的风险预警、防范和应对机制。国际金融市场一旦发生危机，对世界经济将是灾难性的。而且，由于发展中国家经济机制发展还不够健全，更容易受到金融投机和其他原因所引发的金融危机的打击。因此，有必要建立各种金融风险预警、防范和应对机制。在出现金融危机前，能及时预报和防范。在发生金融危机时，各国可以通过这种机制，合作

应对和解决金融危机。

三、在融入世界体系中用和平方式改革国际秩序

国际政治经济秩序公正合理的标准，是它必须对世界各国来说都有公正性和合理性。新提出的东西，并不一定都是公正、合理的，如美国布什政府提出的“先发制人”战略。以前提出的东西，并不一定是不公正、不合理的。例如，已历时近60年的《联合国宪章》中的许多基本原则和规定，仍是公正、合理的，有很强生命力的。

用和平方式改革现有国际秩序、促使其向公正合理方向发展是中国对外战略的目标。在当前条件下，不可能脱离现有秩序建立新秩序，也不可能另搞一套秩序。只有首先融入世界体系，积极参与世界上的主要国际组织和国际多边机制，在它们的改善与创新中发挥作用，才能用和平改革的方式促使国际政治经济秩序向公正合理方向发展。

在国际体系进入向新体系转变的过渡阶段，中国应该在国际体系中发挥积极的和建设性的作用。中国已经是国际体系的参与者、维护者和建设者。中国参加了100多个政府间国际组织，签署了近300个国际条约。我国应更多地加入现有国际机制。我国还应在恰当的时机和适宜的环境，根据与时俱进的精神，采取积极主动的行动，创建多种新的国际机制。例如，中国与俄罗斯、中亚国家建立的“上海合作组织”，成为加强和发展它们之间在安全和经济方面合作的有效机制。

四、中国在国际体系中发挥负责任大国作用

中国如何正确地给自己在国际上定位，是一个关系到中国的国际地位与作用和国家发展战略能否实现的重大问题，也是一个关系到建立怎么样的国际政治经济新秩序，以及如何建立国际政治经济新秩序的重大问题。中华人民共和国成立以来，我国曾多次根据国际形势的发展变化调整自己在国际上

的定位，从“世界社会主义阵营的一员”到“中国属于第三世界”，再到“发展中大国”等。

近年来，中国经济持续稳定增长。如果能保持经济发展的这种趋势，到21世纪中叶，中国将基本实现现代化，建成富强民主文明的社会主义国家，成为世界强国之一。在这一和平兴起过程中，随着中国实力的增长，世界上一些国家对中国“威胁”的担心也会增加，美国少数反华势力借口“中国威胁论”加大对中国制约的力度。因此，正确地为中国在国际上定位，具有极大的重要性。将中国明确定位为“一个致力于世界和平与发展、支持公正与正义、发挥建设性作用的负责任的大国”符合中国的国家利益，符合和平与发展的时代主题和适应经济全球化、世界多极化潮流，有利于我国赢得长期的和平国际环境，有助于消除“中国威胁论”。同时，也应继续将中国定位为“具有世界影响、主要在周边地区发挥作用的发展中国家”。

（一）做负责任的大国符合中国的国家利益

中国根本的国家利益是在本世纪内实现三大目标：实现现代化、实现国家的最终统一、维护世界和平。要实现这三大目标，中国都必需作为一个负责任的国家发挥作用。20多年来中国经济的迅速发展，是执行改革开放政策的结果。中国加入世界贸易组织（WTO），标志着中国的改革开放进入了一个新阶段，改革开放的法治化和机制化将得到进一步的发展。中国在国际上作为一个负责任的大国，有助于为国内改革开放的进一步深化创造良好的外部环境。

中国在国际上作为一个负责任的大国，有助于消除一些国家对中国统一的疑虑，减少美国用台湾问题牵制中国的战略迫切感，也有利于保持国际社会承认“一个中国”的框架；有助于进一步提高中国的国际威望和影响力，运用合作、斗争等各种手段，维护地区和世界和平；有利于保持一个长期的和平国际环境，特别是稳定的周边地区。因此是符合中国国家发展战略和对外政策目标的。

（二）做负责任的大国符合和平与发展的时代主题

自从20世纪80年代，特别是冷战结束以来，和平与发展成为时代的主题。中国将这两大趋势看作它对外政策的理论基础。中国将自己定位为一个负责任的国家，有助于根据和平与发展的趋势来制定和执行对外政策，并尽最大努力来推动这两大趋势的进一步深化。

世界多极化的潮流在曲折中向前发展。中国在国际上作为一个负责任的大国，有助于促进多极化和国际关系民主化潮流的发展，并成为未来多极化世界中的一极。

一个负责任的大国在国际社会中作用的大小主要取决于它的实力、目标、意愿、影响力和贡献力。中国作为负责任的大国在国际上应尽的责任包括：

首先，在国际社会发挥的作用不仅应根据自身的国家利益，而且要有利于地区与世界的和平、发展、稳定和繁荣。

其次，积极参加国际政治、经济、安全合作机制并认真地履行它所承担的国际义务，为地区和世界的和平与发展作贡献。

再次，参与制定国际规则，争取以这种方式推动国际政治经济秩序向公正合理方向发展。

使中国继续作为一个负责任的大国需要一些必要条件：

其一，中国对国际安全环境和国际机制有充分的信心。如果中国认为，国际安全环境稳定，她没有面临严重的军事威胁，中国将继续执行改革开放的路线和独立自主的和平外交政策。其结果是，中国将更深地融入国际社会和世界机制中去。成为一个负责任大国有利于中国的国家利益。

其二，其他国家应该帮助中国参与国际机制。积极帮助中国加入国际经济、政治和安全机制有利于其他国家、特别是大国和邻国的利益。

在当今世界上，有越来越多的国家认识到，对中国实行遏制政策不会得到其他国家的支持，一个贫穷和动乱的中国不符合其他国家、特别是亚洲国家的利益。这些国家还认识到，鼓励中国融入国际社会的政策符合所有其他国家的利益。

其三，建立和保持亚太地区的战略平衡。中国位于亚太地区，特别关注该地区的和平与稳定。在冷战后时期，中美日三边关系的平衡是保持亚太地区稳定与和平的最重要因素。这三国中的任何一国都不应该试图控制另一国。它们之间，特别是中美之间和中日之间应该增加安全对话与交流，以便建立相互合作和相互得益的“三赢”关系。

其四，适当处理台湾问题，并最终实现中国大陆与台湾的和平统一。台湾问题是中国的内政。中国对台湾的政策是“和平统一、一国两制”。但中国不能承诺不使用武力，因为中国是将这作为防止台湾独立和外国干涉台湾的最后手段。因此，中国不承诺不使用武力实际上是台湾问题和平解决的保证。从根本上说，实现中国大陆与台湾和平统一有利于地区稳定和国际和平，从而是符合所有国家利益的，也将有助于中国在国际上发挥负责任大国的作用。

影响中国国际作用的国内因素包括：

1. 中国国家发展战略和国家安全战略。中国国家发展战略的长期目标是使中国“到21世纪中叶时基本实现现代化，建成富强民主文明的社会主义国家”。[①] 为了实现这一目标，中国将继续执行改革开放政策，并需要一个长期的和平国际环境，特别是稳定的周边地区。这意味着，中国将不做任何可能会严重破坏现有国际经济和政治体系的事情，除非中国的关键国家利益受到威胁。即使中国能按计划达到这个目标，因为她人口众多、经济发展非常不平衡，所以她将继续长期集中精力于内部事务。同时，中国越繁荣，她将越愿意与其他国家合作。

中国国家安全战略的概念是在中国国务院新闻办公室发表的《2004年中国的国防》白皮书中第一次正式提出的。中国国家安全战略可以定义为是对维护国家安全的举措进行带全局性的筹划和指导。中国的军事战略是中国国家安全战略的重要组成部分之一，并应该为实现中国国家安全战略的目标做出贡献。

2. 中国独立自主的和平外交政策。中国长期以来实行独立自主的和平外交政策。中国对外政策的目标是努力实现长期的和平国际环境，因为这是中国保持长期经济和社会发展的必要条件。中国现在的对外政策有两个显著的特点：和平与独立自主。“和平”表明中国从是否有利于国际与地区和平

---

① 时任中国共产党总书记江泽民1997年9月12日在中国共产党第15次全国代表大会上的报告，载中共中央文献研究室编：《十一届三中全会以来党的历次全国代表大会中央全会重要文件选编》，北京·中央文献出版社，1997年版，第409页。

与稳定的角度，而不是从是否能获取军事优势的角度来制定对外政策。“独立自主”表明中国根据自己的国家利益和世界各国人民的利益制定对外政策。继续在和平共处五项原则的基础上发展与世界各国、包括与发达国家的合作，是中国独立自主的和平外交政策的核心。

3. 中国防御性的国防政策和积极防御的军事战略方针。中国奉行防御性的国防政策。中国的国防是国家生存与发展的安全保障。加强国防和军队现代化建设，维护国家安全统一，确保全面建设小康社会的顺利进行，是中国国防的主要任务。中国的国防政策以国家的根本利益为出发点，服务和服从于国家的发展战略和安全战略。[①]

中华人民共和国成立以来，中国的军事战略方针一直是积极防御。但在不同时期，积极防御军事战略方针的内容有所不同，而且根据形势的变化，在不断发展之中。积极防御军事战略方针是从革命战争年代毛泽东的积极防御战略思想发展演变过来的。积极防御战略思想是毛泽东军事思想的重要组成部分之一。毛泽东积极防御战略思想有两个基本特征：一个是自卫性和防御性。强调实行战略上的“后发制人”，主张“在防御形势之下战胜敌人”。其基本的原则，就是“人不犯我，我不犯人，人若犯我，我必犯人”。[②] 另一个是积极性。即把战争作为一个整体看待，主张在战略防御的形式下，积极主动地同敌人斗争，能动地夺取战争的胜利。其主要表现就是防御、进攻的有机结合和内线、外线的灵活运用。这里既包括战略内线防御时的战役战斗外线进攻，也包括适时将战略上的内线防御导向战略上的外线进攻，使整个战争的发展过程成为一个有机的整体，从宏观上统一进行筹划与指导。

中华人民共和国成立后，我国军事战略进行过几次大的调整。尽管每次调整的背景不同，内容不一样，对战略方针的表述不尽一致，但都没有离开积极防御这个总的大纲。中国实行积极防御军事战略，在战略上坚持防御、自卫和后发制人的原则。

为适应世界军事领域的深刻变革和国家发展战略的要求，1993 年，中

---

① 中国国务院新闻办公室：《2004 年中国的国防》白皮书，第二章（国防政策），http：//jczs. sina. com. cn/2004－12－27。

② 《毛泽东选集》，人民出版社，1964 年版，第 580 页。

央军委制定了新时期积极防御军事战略方针，在战略指导上实行重大调整，把军事斗争准备的基点由应付一般条件下的局部战争转到打赢现代技术特别是高技术条件下的局部战争上来。这是积极防御战略思想的重大发展，也是军队建设指导思想战略性转变的深化。

这一方针立足于打赢现代技术特别是高技术条件下的局部战争。这是综合考虑到了海湾战争等显示出来的世界新军事变革的趋势，以及威胁中国国家安全的各种因素，着眼于做好最复杂和最困难情况下的防卫作战准备。

这一方针又注重遏制战争的爆发。根据中国国家发展战略和国家安全战略，中国军队将灵活运用各种军事手段，与政治、经济、外交等斗争密切配合，改善中国的战略环境，减少不安全和不稳定因素，努力遏制局部战争和武装冲突的爆发，使国家能用好和延长重要战略机遇期。

这一方针坚持和发展人民战争思想。如果有人把战争强加在中国头上，中国将实行现代条件下的人民战争。这种战争的目的，是为了维护最广大人民群众的利益，即为人民而战，而且坚决依靠人民群众去进行战争。中国将坚持依靠人民群众加强国防建设，增强全民国防观念，实行精干的常备军与强大的后备力量相结合的武装力量体制。中国军队将坚持灵活机动的战略战术，创造现代条件下人民群众参战的新战法，发挥人民战争的整体威力。

1985 年，中国政府决定单方面裁减军队员额 100 万，至 1990 年实际裁军 103.9 万人。1997 年中国政府宣布再裁军 50 万人，至 2000 年已完成。2003 年 9 月，中国政府决定，在已裁军 150 万人的基础上，2005 年前再裁减军队员额 20 万，军队总规模将保持 230 万人。

中国的军费开支在十多年中保持在一个相当低的水平。在过去几年中，中国每年的军费开支只占中国国内生产总值（GDP）的约 1.1%—1.3%的水平。而且，中国已经公开宣布，永远不做超级大国。因此，中国决不会对其他国家构成威胁。

4. 中国安全概念的变化。自从冷战结束以来，中国根据新的国际形势、本身的国家利益和各国人民对和平与发展的追求，大大改变了自己的安全概念。中国主张："要争取持久和平，必须摈弃冷战思维，培育新型的安全观念，寻求维护和平的新方式。”[1]

其一，由强调军事安全转向强调综合安全。在冷战时期，面临着一个或两个超级大国的军事威胁，中国不得不将主要注意力放在军事安全上。冷战结束后，中国认为，虽然地缘政治和意识形态因素不可忽视，“军事因素在国家安全中仍占有重要地位”，但“经济安全在国家安全中的地位日益突出”。[2] 同时，传统安全威胁与非传统安全威胁相互交织，恐怖主义危害上升。因此，中国现在强调各国政府相互进行协调以共同对付这些挑战。

其二，在冷战时期，“零和游戏”的概念在国际政治中起最重要的作用。在冷战结束后，中国接受了“安全是相互的”观念。因此，中国反对任何国家在其他国家不安全的基础上建立自己的绝对安全，她自己也不会这样做。

其三，自从冷战结束以来，中国一直强调对话与合作，寻求通过和平手段解决国家之间的分歧与争端。同时，中国已经逐渐接受了多边安全对话与合作的概念。她积极参加地区和次地区安全对话与合作，并在其中发挥重要作用。

其四，近年来，中国在亚太地区建立信任措施方面处于领先地位。中国传统的军事思想中没有任何关于军事领域实行透明的论述。但自从冷战结束以来，中国已经逐渐接受了透明度的概念。特别是当中国对与其他国家的关系和国际安全环境感到更有信心时，她在军备控制事务和增加透明度方面愿意采取更主动和更积极的措施。她已经与俄罗斯以及几个中亚国家签署了在边境地区建立信任措施和裁军的协定。中国还与美国和日本分别签署了关于建立“热线”的协定。

5. 中国民主与法治的发展。自从 20 世纪 80 年代初期以来，随着经济改革和开放的发展，中国在公民自由、民主和法治方面已经取得很大进展。

---

① 中国国务院新闻办公室：《中国的国防》白皮书，北京，1998 年 7 月，载上海国际问题研究所《国际形势年鉴》，上海教育出版社，1999 年 12 月第 1 版，第 384 页。

② 中国国务院新闻办公室：《中国的国防》白皮书，北京，1998 年 7 月，载上海国际问题研究所《国际形势年鉴》，上海教育出版社，1999 年 12 月第 1 版，第 382—383 页。

在中国建立民主和法治已经成为中国宪法的一个重要组成部分。[①] 在中国的大多数乡村里，农民有权利选举村的领导人。在中国沿海地区的某些乡镇还开始进行居民选举镇领导人的试点。同时，全国人民代表大会和各级人民代表大会在制定法律和监督政府官员方面正发挥越来越重要的作用。虽然中国在实现民主和法治的道路上还有很多事情要做，但将继续一步一步地朝那个方向走，终将成为一个中国特色的民主和法治国家。

6. 中国在融入国际机制方面的发展。近年来，中国在参与国际经济和政治机制方面取得很大进展。自从 20 世纪 80 年代中期以来，中国已经将它经济中的很大一部分融入世界经济。现在中国的对外贸易已占到国内生产总值（GDP）的 41%左右。中国积极参与亚太经济合作组织（APEC）的进程，并已根据作出的承诺在 2000 年将它的平均关税降至 15%。[②] 中国在作出了长期和巨大的努力后，已加入世界贸易组织（WTO）。同时，中国已参加防扩散领域的所有国际条约和相关国际组织，包括《不扩散核武器条约》(NPT)、《禁止化学武器公约》(CWC)、《禁止生物武器公约》(BWC) 等。中国也签署了《禁止核试验条约》(CTBT)，并承诺遵守《导弹及其技术控制制度》(MTCR) 的指针和参数。根据这些国际承诺，中国政府采取了一系列措施控制核、化学、生物武器和弹道导弹技术和物质的出口。同时，中国在防止大规模杀伤性武器扩散方面与其他国家进行了合作。中国并与其他国家和有关部门多国出口控制机制积极开展交流与合作，积极参与国际社会解决有关防扩散问题的外交努力。

从拥有核武器的第一天起，中国就承诺将全面禁止和彻底销毁世界上的一切核武器作为核裁军的最终目标。这成为中国未来参与国际核裁军进程的

---

① 参见《中华人民共和国宪法修正案》，1999 年 3 月 15 日中华人民共和国第九届全国人民代表大会第二次全体会议通过，载《中华人民共和国国务院公报》1999 年第 10 号，第 341 页。

② 《亚太经济合作组织成员自由贸易计划要点》，亚太经济合作组织部长级会议 1996 年 11 月 22 日通过，见伍贻康、任艺主编：《亚太经济合作进程与中国的对策》，上海市经济科学研究院、上海社会科学院世界经济研究所，1997 年 6 月第 1 次印刷，第 360 页。

基础。

中国越深入地参与国际经济机制和国际政治机制，她就会越愿意在国际社会起负责任的作用。

总的来说，中国作为负责任的大国，应该而且一定会对推动国际政治经济秩序向公正合理方向发展作出自己应有的贡献。

中国古代《周易》一书认为，一个伟大事物或人物的兴起需要经过“潜龙勿用，见（现）龙在田，终日乾乾，或跃在渊，飞龙在天，亢龙有悔”等六个阶段，[①] 中国走和平发展道路的对外战略可以借鉴这一思想。第一阶段“潜龙勿用”相当于韬光养晦。第二阶段“见（现）龙在田”表明在有了一定发展后可以在国际上有所作为，但必须脚踏实地。中国对外战略现在处于从第一阶段向第二阶段转变过程中。第三阶段“终日乾乾”表示必须自强不息、奋发有为。然后才会有第四阶段由量的积累在某种有利时机发生质的飞跃。第五阶段“飞龙在天”表明事业发展非常顺利，有了较大实力。第六阶段“亢龙有悔”表示在事业发展到顶峰时，要特别注意谦虚谨慎，永不称霸。

第十节　中国走和平发展道路对国际体系的影响

实现中华民族的伟大复兴，把我国“建设成富强、民主、文明、和谐的现代化国家”[②] 是中国人民在21世纪的战略目标。实现这一目标的进程也将是中国在国际上和平兴起的过程。中国兴起必将是长期和艰巨的，并将对国际体系产生极其深刻的影响。

---

① 《五经宝典》，北京燕山出版社，1996年10月，第1版，第3页。

② 中华人民共和国国务院新闻办公室：《中国的和平发展道路》（白皮书，2005年12月），《国际形势年鉴2006》，上海国际问题研究所编，上海世纪出版股份有限公司、上海辞书出版社，2006年6月第1版，第545页。

实现和平发展和中华民族伟大复兴是中国人民的真诚愿望，也是中国无数志士仁人100多年来前赴后继、牺牲奋斗的不懈追求。自20世纪70年代末实行改革开放以来，中国成功地走上了一条与本国国情和时代特征相适应的和平发展道路。

改革开放的中国，正象一轮朝阳喷薄而出，冉冉升起。中国正在和平兴起，这已是一个举世瞩目的事实。

许多西方人一提到中国的兴起，就会想起拿破仑把中国比喻为“睡狮”的名言。中国在1840年后的100多年间曾经落后挨打，饱受列强的欺辱。但中华民族这样一个有着五千年未曾间断的光辉文明史的伟大民族，是不可能永久昏睡下去的。中华人民共和国的成立，使中国人民站了起来。改革开放的春风，再一次唤醒了中国人民被压抑已久的建设积极性和创造性。中国的前进步伐，使世界为之注目。

现在越来越多的人认识到中国和平发展对世界的重大意义：一个13亿人口的大国，正在摆脱贫困和落后，向全面建成小康社会迈进，同时坚持和平与合作的外交路线，这本身就是对世界和平与发展的重大贡献。

但是，也有极少数不了解或根本不愿意了解中国实际情况的人，发表了各种“中国威胁论”，为此甚至不惜搬出陈词滥调的“黄祸论”。但事实胜于一切雄辩。作为一个负责任的大国，中国的发展给亚洲乃至整个世界的发展带来了重要机遇，促进了亚洲的和平与稳定，为亚太地区的各种区域合作注入了新的动力。另一方面，还有极少数人鼓吹“中国崩溃论”，但这些论调在事实面前同样显得那么无力。

中国的和平兴起，有三层主要含义：

第一，和平兴起指中国兴起的本身是和平的。中国的发展，正逢其时。和平与发展为主题的时代，为中国的和平兴起，提供了难得的重要战略机遇期。中国要充分利用国际形势和周边安全环境相对稳定的大好时机，努力发展和壮大自己。中国的兴起不会妨碍任何人，也不会威胁任何人。

第二，和平兴起指中国将采用和平的方法兴起。中国的发展将把基点主要放在自己的力量上，独立自主、自力更生，依靠广阔的国内市场、充足的劳动力资源和雄厚的资金积累，以及改革带来的机制创新。同时，中国又坚持对外开放的政策，在平等互利的基础上，同世界上一切友好国家发展经贸关系。

第三，和平兴起指中国的兴起将有利于世界和平。中国的发展是世界和平力量的发展。中国将以自己的发展，维护世界和平。中国现在不称霸，将来即使强大了也永远不会称霸。

现在越来越多的人已经认识到中国和平发展对其他国家、对世界是机遇，而不是威胁。

中国和平发展对国际体系的影响将主要表现在：

一、有助于实现与各国的互利共赢和共同发展

中国的发展离不开世界，世界的繁荣也需要中国。中国坚持实行互利共赢的对外开放战略，在平等、互利、互惠的基础上同世界各国发展经贸关系，不断努力在更大范围、更广领域和更高层次上参与国际经贸合作和科技合作，积极推动经济全球化向有利于各国共同繁荣的方向发展，为全球经济发展和贸易持续增长作出重要贡献。这顺应了经济全球化的发展趋势和各国人民的共同愿望，既符合本国利益，又能促进共同发展。

中国积极参与国际多边贸易体制。自2001年12月正式加入世界贸易组织以来，中国严格信守承诺，逐步降低关税。2005年平均关税水平已由2001年的15%下降到9.9%，并取消了大多数非关税措施。在银行、保险、证券、分销等服务贸易领域加快了开放步伐，在世界贸易组织分类的160多个服务贸易的部门中，中国已经开放了100多个，占62.5%，已接近发达国家水平。同时，中国清理并修订了约3000部国内法律、法规和部门规章，涉外经济法律体系不断完善，贸易政策的透明度不断增强，为开展国际经贸合作和科技合作创造更加良好条件。

自2001年加入世界贸易组织至2005年，中国平均每年进口近5000亿美元的商品，为相关国家和地区创造约1000万个就业机会。事实表明，中国经济的发展，不仅造福中国人民，而且为世界各国提供了日益广阔的市场和更多的投资机会。中国已经成为亚洲经济的火车头之一，并成为亚太地区和世界经济的重要推动力量。

二、有助于国际和区域经济与安全合作机制的发展和完善

冷战结束后，特别是“9·11”事件后，国际社会面临构建适应全球化时代的国际机制的重大问题。中国积极维护联合国的权威，支持通过改革联合国加强其能力与作用，建立一个有效力、效率和公平的集体安全机制，使其成为全球化时代国际机制的核心。而且，中国已经参加了绝大多数国际多边军控和防扩散机制，并在其中发挥积极和建设性作用。同时，中国积极参加区域经济和安全合作机制。

中国积极参与国际和区域经济与安全合作机制的发展和完善，有利于国际和区域的和平、稳定与繁荣。

三、有利于实现持久和平、共同繁荣的和谐世界

中国建设“和谐世界”、“和谐地区”和“和谐社会”的新理念代表了和平、发展、合作的时代潮流，反映了全世界人民的共同愿望。

而且，中国提出了如何实现和谐世界的一系列主张。中国认为，和谐世界应该是民主的世界、和睦的世界、公正的世界、包容的世界。① 中国主张，提倡和推进多边主义，坚持从各国人民的共同利益出发，努力扩大利益的交汇点，在沟通中增强了解，在了解中加强合作，在合作中实现共赢。中国主张坚持和睦互信，实现共同安全；坚持公正互利、实现共同发展；坚持包容开放，实现文明对话。

为了贯彻这些新理念和新主张，中国高举和平发展合作的旗帜。上海合作组织是中国践行上述主张的重要国际机制之一。上海合作组织有助于中国

① 中华人民共和国国务院新闻办公室：《中国的和平发展道路》（白皮书），《人民日报》2005年12月23日，第3版。

的和平发展，有利于中亚区域的稳定与繁荣。而这些新理念如能得以实行，将有助于上合组织所在地区成为持久和平、共同繁荣的和谐地区。

中国和平发展必将是长期和艰巨的。中国不会挑战现存国际体系中占主导地位的国家，也不会企图颠覆现存国际体系，而会推动国际政治经济秩序向更加公正合理方向发展。因此中国对国际体系的影响将是积极和建设性的。如果中国能够实现和平兴起，将有利于维护世界和平，促进共同发展，从而对实现持久和平、共同繁荣的和谐世界作出重要贡献。

参考文献

一、中文参考文献

陈启懋主编：《跨世纪的世界格局大转换》，上海教育出版社，1996 年 12 月第 1 版。

楚树龙著：《冷战后中美关系的走向》，中国社会科学出版社，2001 年第 1 版。

丛凤辉主编：《邓小平国际战略思想》，当代世界出版社，1996 年 5 月第 1 版。

《邓小平文选》（第 1—3 卷），人民出版社，1993 年版。

邓鹏等著：《剪不断　理还乱：美国外交与美中关系》，中国社会科学出版社，2000 年第 1 版。

段炳麟等著：《世界当代史》，北京师范大学出版社，1994 年第 1 版。

上海科学院世界经济与政治研究院编：《国际体系与中国的软力量》（国际关系研究第二辑），时事出版社，2006 年版。

孙关洪、胡雨春主编：《政治学》，复旦大学出版社，2002 年版。

高金钿主编：《邓小平国际战略思想研究》，国防大学出版社，1992 年 10 月第 1 版。

宫力主编：《邓小平的外交思想与实践》，黑龙江教育出版社，1996 年第 1 版。

郭树勇、郑桂芬主编：《马克思主义国际关系思想》，军事谊文出版社，2004 年版。

郭树勇著：《大国成长的逻辑：西方大国崛起的国际政治社会学分析》，北京大学出版社，2006 年版。

郭树勇著：《建构主义与国际政治》，长征出版社，2001 年版。

何方：《论和平与发展时代》，世界知识出版社，2001 年第 1 版。

胡鞍钢著：《中国大战略》，浙江人民出版社，2003 年第 1 版。

胡元梓等主编：《全球化与中国》，中央编译出版社，1998 年第 1 版。

黄仁伟、刘杰著：《国家主权新论》，时事出版社，2004 年版。

黄仁伟著：《中国崛起的时间和空间》，上海社会科学院出版社，2002 年第 1 版。

《建国以来毛泽东文稿》，中央文献出版社，1992 年版。

金应忠、倪世雄：《国际关系理论比较研究》，中国社会科学出版社，1992 年 6 月第 1 版。

金应忠、倪世雄著：《国际关系理论比较研究》（修订本），中国社会科学出版社，2003 年版。

金重远等著：《世界现当代史》，复旦大学出版社，2004 年第 1 版。

倪世雄等著：《当代西方国际关系理论》，复旦大学出版社，2001 年版。

梁守德主编：《面向 21 世纪的中国国际战略》，中国社会科学出版社，1998 年第 1 版。

《列宁选集》（第 2 卷），人民出版社，1972 年第 2 版。

刘杰著：《秩序重构——经济全球化时代的国际机制》，高等教育出版社、上海社会科学院出版社，1999 年版。

刘鸣：《国际体系：历史演进与理论的解读》，中共中央党校出版社，2006 年版。

马克思：《政治经济学批判序言》，《马克思恩格斯选集》第 2 卷。

马克思和恩格斯：《共产党宣言》，《马克思恩格斯选集》（第一卷），北京·人民出版社，1972 年第 1 版。

马嫚：《区域主义与发展中国家》，中国社会科学出版社，2002 年版。

《毛泽东外交文选》，世界知识出版社与中央文献出版社，1994 年版。

潘振强主编：《国际裁军与军备控制》，国防大学出版社，1996年版。

潘忠岐：《世界秩序：结构、机制与模式》，上海人民出版社，2004年版。

齐思和主编：《世界通史》（上古部分），人民出版社，1962年第1版。

启良著：《中国文明史》，花城出版社，2001年第1版。

钱穆著：《中国文化导论》，上海三联书店，1988年第1版。

钱其琛著：《外交十记》，世界知识出版社，2003年第1版。

秦亚青：《霸权体系与国际冲突—美国在国际武装冲突中的支持行为(1945—1988)》，上海人民出版社，1999年版。

任晓等著：《中美日三边关系》，浙江人民出版社，2002年第1版。

石源华、胡礼忠主编：《东亚汉文化圈与中国关系》，中国社会科学出版社，2005年版。

苏格著：《美国对华政策与台湾问题》，世界知识出版社，1998年6月第1版。

唐永胜、郭新宁著：《角逐亚太》，江苏人民出版社，1999年3月第1版。

王缉思主编：《高处不胜寒——冷战后美国的全球战略和世界地位》，世界知识出版社，1999年12月第1版。

王绳祖主编：《国际关系史（十七世纪中叶——一九四五年）》，法律出版社，1986年第1版。

王绳祖主编：《国际关系史》（十卷本），北京·世界知识出版社，1995年第1版。

王逸舟著：《当代国际政治析论》，上海人民出版社，1995年第1版。

王逸舟著：《西方国际政治学：历史与理论》，上海人民出版社，1998年第1版。

王正毅：《边缘地带发展论：世界体系与东南亚的发展》，上海人民出版社，1997年版。

王正毅：《世界体系论与中国》，商务印书馆，2000年版。

韦正翔著：《国际政治中的强权与道德》，河北大学出版社，2001年第1版。

吴心伯著：《太平洋上不太平—后冷战时代的美国亚太安全战略》，复旦大学出版社，2006 年第 1 版。

武桂馥主编：《美国全球战略调整》，国防大学出版社，1996 年 5 月第 1 版。

夏立平、江西元著：《中国和平崛起》，中国社会科学出版社，2004 年第 1 版。

夏立平著：《亚太地区军备控制与安全》，上海人民出版社，2002 年第 1 版。

肖佳灵等主编：《大国外交》，时事出版社，2003 年第 1 版。

熊玠：《无政府状态与世界秩序》，浙江人民出版社，2001 年版。

许嘉：《权力与国际政治》，长征出版社，2001 年版。

阎学通：《中国与亚太安全》，时事出版社，1999 年 1 月第 1 版。

阎学通著：《中国国家利益分析》，天津人民出版社，1997 年第 1 版。

杨洁勉、赵念渝等著：《国际恐怖主义与当代国际关系》，贵州人民出版社，2002 年第 1 版。

杨洁勉等著：《国际合作反恐——超越地缘政治的思考》，时事出版社，2003 年第 1 版。

杨洁勉著：《后冷战时期的中美关系——外交政策比较研究》，上海人民出版社，2000 年 11 月第 1 版。

杨洁勉著：《后冷战时期的中美关系——危机管理的理论与实践》，上海人民出版社，2004 年 4 月第 1 版。

杨毅主编：《全球战略稳定论》，国防大学出版社，2004 年版。

叶江著：《大变局—全球化、冷战与当代国际政治经济关系》，上海三联书店，2004 年版。

叶自成著：《新中国外交思想：从毛泽东到邓小平》，北京大学出版社，2001 年第 1 版。

叶自成著：《中国大战略：中国成为世界大国的主要问题及战略选择》，中国社会科学出版社，2003 年第 1 版。

叶自成著：《中国大战略：中国成为世界大国的主要问题及战略选择》，中国社会科学出版社，2003 年第 1 版。

易杰雄主编：《世界十大思想家》，安徽人民出版社，1990 年第 1 版。

尹希成等著：《全球问题与中国》，湖北教育出版社，1997 年 4 月第 1 版。

余伟民："'强大国家'与'先进国家'——关于大国崛起两重含义的辨析"，载上海市社会科学联合会编《当代中国：发展、安全、价值》（中卷），上海人民出版社，2005 年第 1 版，第 367—371 页。

余伟民：《世界当代史》，高等教育出版社，2001 年第 1 版。

俞可平：《权利政治与公益政治》，中国社会科学文献出版社，2000 年版。

俞新天著：《机会与限制—发展中国家现代化的条件比较》，上海社会科学院出版社，1998 年版。

俞正梁等著：《全球化时代的国际关系》，复旦大学出版社，2000 年第 1 版。

张海冰著：《欧洲一体化制度研究》，上海社会科学院出版社，2005 年版。

张蕴岭主编：《21 世纪：世界格局与大国关系》，中国社会科学文献出版社，2001 年版。

张蕴岭主编：《伙伴还是对手——调整中的中美日俄关系》，中国社会科学文献出版社，2001 年版。

中国国际关系学会主编：《国际关系史》（第十一卷），世界知识出版社，2004 年第 1 版。

周一良等主编：《世界通史》（近代部分）（上、下册），人民出版社，1962 年第 1 版。

周一良主编：《世界通史》（中古部分），人民出版社，1962 年第 1 版。

朱成虎主编：《中美关系的发展变化及其趋势》，江苏人民出版社，1998 年 2 月第 1 版。

朱宁等著：《变乱中的文明——霸权终结与秩序重建（公元 1000—2000 年）》，中国人民大学出版社，2000 年第 1 版。

资中筠主编：《国际政治理论探索在中国》，上海人民出版社，1998 年第 1 版。

资中筠主编：《战后美国外交史》，世界知识出版社，1994年版。

［美］罗伯特·阿特：《美国大战略》，郭树勇译，北京大学出版社，2005年第1版。

［美］爱德华·麦克诺尔·伯恩斯和菲利浦·李·拉尔夫：《世界文明史》，商务印书馆，1990年第1版。

［美］兹比格纽·布热津斯基著：《大棋局：美国的首要地位及其地缘战略》，中国国际问题研究所译，上海人民出版社，1998年2月第1版。

［美］兹比格纽·布热津斯基著：《大选择：美国站在十字路口》，王振西主译，新华出版社，2005年1月第1版。

［美］恩斯特—奥托·岑皮尔：《变革中的世界政治：东西方冲突结束后的国际体系》，华东师范大学出版社，2000年版。

［巴西］特奥托尼奥·多斯桑托斯：《帝国主义与依附》，社会科学文献出版社，1999年第1版。

［美］罗伯特·基欧汉、约瑟夫·奈著：《权力与相互依赖（第3版）》，门洪华译，北京大学出版社，1998年2月第1版。

［美］罗伯特·基欧汉：《霸权之后——世界政治经济中的合作与纷争》，苏长和等译，上海人民出版社，2001年第1版。

［美］罗伯特·吉尔平：《国际关系政治经济学》，经济科学出版社，1989年10月第1版。

［挪威］托布约尔·克努成：《国际关系理论史导论》，余万里、何宗强译，天津人民出版社，2005年第1版。

［美］保罗·肯尼迪：《大国的兴衰》，陈景彪等译，北京·国际文化出版公司，2006年版。

［美］查尔斯·库普乾：《美国时代的终结—美国外交政策与21世纪地缘政治》，潘忠岐译，上海世纪出版集团，2004年第1版。

［美］杰里尔·罗赛蒂：《美国对外政策的政治学》，世界知识出版社，1997年1月第1版。

［美］莉萨·马丁和贝思·西蒙斯：《国际制度》，黄仁伟、蔡鹏鸿译，上海人民出版社，2006年第1版。

［美］哈拉尔德·米勒著：《文明的共存—对塞缪尔·亨廷顿“文明冲突

论”的批判》，新华出版社，2002 年版。

［美］约翰·米尔斯海默：《大国政治的悲剧》，王义桅、唐小松译，上海人民出版社，2003 年第 1 版。

［美］汉斯·摩根索：《国家间政治——寻求权力与和平的斗争》，徐昕等译，中国人民公安大学出版社，1990 年版。

［美］约瑟夫·奈、约翰·唐纳胡主编：《全球化世界的治理》，王勇等译，世界知识出版社，2003 年 10 月第 1 版。

［美］约瑟夫·奈著：《美国霸权的困惑—为什么美国不能独断专行》，郑治国等译，世界知识出版社，2002 年 6 月第 1 版。

［美］美国高盛公司吉姆·奥奈尔等：《全球经济报告第 134 期：BRICs 国家有多稳固?》，2005 年 12 月 1 日，http：//www. gs. com/hkchina/insight/research/。

［美］美国高盛公司吉姆·奥奈尔等：《全球经济报告第 99 期：与 BRICs 一起梦想》，2003 年 12 月 1 日，http：//www. gs. com/hkchina/insight/research/。

［日］山本吉宣主编：《国际政治理论》，上海三联书店，1993 年第 1 版。

［美］伊曼纽尔·沃勒斯坦：《现代世界体系》（第 1—4 卷），尤来寅等译，高等教育出版社，1998 年第 1 版。

［美］布兰德利·沃麦克：“可持续的领导权：来自 968—1885 年中越关系的经验教训”，宋鸥译，载《史学集刊》，2004 年第 1 期。

［日］星野昭吉：《变动中的世界政治——当代国际关系理论沉思录》，刘小林等译，新华出版社，1999 年第 1 版。

［美］阿拉斯泰尔·伊恩·约翰斯顿、罗伯特·罗斯主编：《与中国接触—应对一个崛起的大国》，新华出版社，2001 年版。

［日］猪口邦子：《战争与和平》，刘岳译，经济日报出版社，1991 年第 1 版。

二、英文参考文献

Aggarwal, Vinod K. and Urata, Shujiro ed., “*Bilateral Trade Agree-*

ments in the Asia-Pacific: Origins, Evolution, and Implication", Routledge, New York and London, 2006.

Bennett, A. L., "*International Organization: Principles and Issue*", (5th *edition*), Prentice Hall, 1991.

Binnendijk, Hans, edited, "*Transforming America's Military*", National Defense University Press, Washington D. C., 2002.

Blackwill, Robert D. and Dibb, Paul, "*America's Asian Alliances*", the MIT Press, Cambridge, Massachusetts, London, England, 2000.

Blank, Stephen J., "*East Asia in Crisis: the Security Implications of the Collapse of Economic Institutions*", published by the Strategic Studies Institute, the U. S. Army War College, February 5, 1999.

Booth, Kenneth and M. Zalewicki (eds.), "International Theory-Positivism and Beyond", Cambridge State Press, 1996.

Booth, Kenneth and Steve Swith (eds.), "International Relations Theory Today", Cambridge University Press, 1995.

Brown, Seyom, "*International Relations in a Changing Global System: Toward a Theory of World Polity*", Westview Press, 2nd ed., 1992.

Bull, Hedley, "The Anarchical Society: *A Study of Order in World Politics*", MacMillan, 1995.

Cox, Robert W. (ed.), "*The New Realism: Perspectives on Multilateralism and World Order*", United Nations University Press, 1997.

Boren, David L. and Perkins, Edward J., "*Preparing America's Foreign Policy for the 21st Century*", University of Oklahoma Press, Norman, 1999.

Deutsch, Karl W., ed., "*Political Community and the North Atlantic Area*", Princeton University Press, 1957.

Dougherty, James and Pfaltzgraff, Robert, Jr., "*Contending Theories of International Relations: A Comprehensive Survey*", Longman, Fourth ed., 1997.

Fawcett, Louise and Hurrell, Andrew (eds.), "*Regionalism in World*

Politics: *Regional Organization and International Order*", Oxford University Press, 1995.

Friden, Jeffrey and Lake, David (ed.), *IPE*, "*Perspectives on Global Power and Welth*", St. Martin's Press, 1987.

Friedman, Thomas, "*The Lexus and the Oliver Tree*: *Understanding Globalization*", Farrar Straus Giroux, 1999.

Fukuyama, Francis, "*The End of History and the Last Man*", Free Press, 1992.

General Goodpaster, Andrew J. (USA, Ret.), "*An American Legacy*: *Building a Nuclear-Weapon-Free World*", the Final Report of the Steering Committee, Project on Eliminating Weapons of Mass Destruction, published by the Henry L. Stimson Center, DC, USA, March 1997.

Gilpin, Robert, "*War and Change in World Politics*", Cambridge University Press, 1981.

Goodby, James E. and Feiveson, Harold, "*Ending the Threat of Nuclear Attack*", published by the Institute for International Studies, Stanford University, CA, USA, May 1997.

Halliday, Fred, "*Rethinking International Relations*", MacMillan, 1994.

Hettne, Bjorn and A. Inota, "*The New Regionalism*: *Implications for Global Development and International Security*", UNU/WIDER, Helsinki, 1994.

Hoffmann, Stanley, "*Primacy or World Order-American Foreign Policy Since the Cold War*", McGraw-Hall Book Company, 1980.

Huntington, Samuel, "*The Clash of Civilizations and the Remaking of the World Order*", Simon and Schuster, 1997.

Jansen, Marius B., "*China in the Tokugawa World*", Harvard University Press, Cambridge, 1992.

Kant, Immanuel, "*Perpetual Peace*: *A Philosophical Sketch*", Indianapolis, IN.: Bobbs-Merrill Educational Publishing, 1957.

Kaplan, Morton, "*System and Process of International Politics*", John

Wiley and Sons, Inc. Publishers, 1957.

Katzeastein, Peter and Keohane, Robert and Krasner, Stephen, "*Exploration and Contestation in the Study of World Politics*", The MIT Press, 1999.

Katzenstein, Peter J., "*The Culture of National Security*", Columbia University Press, 1996.

Kennedy, Paul and Danks, Catherine J., "*Globalization and National Identities: Crisis or Opportunity*?" Palgrave, 2001.

Keohane, Robert and Nye, Joseph, "*Power and Interdependence: World Politics in Transition*", Little Brown, 2000 (3rd).

Keohane, Robert, "*After Hegemony: Cooperation and Discord in the World Political Economy*", Princeton University Press, 1987.

Keohane, Robert, "*Neorealism and Its Critics*", Cambridge University Press, 1986.

Krasner, Stephen (ed.), "*International Regimes*", Cornell University Press, 1983.

Krepon, Michael ed., "*Chinese Perspectives on Confidence-building Measures*", Report No. 23, the Henry L. Stimson Center, Washington, DC, May 1997.

Lawton, Thomas C.; James N. Rosenau; Amy C. Verdun, Ed., "*Strange Power: Shaping the Parameters of International Relations and International Political Economy*", Ashgate, 2000.

MacClelland, Charles, "*Theory and the International System*", MacMillan, 1996.

Mittelman, James (ed.), "*Globalization: Critical Reflections*", Lynne Reinner Publishers, 1996.

Moher, Mark, "*The Nuclear Disarmament Agenda and the Future of the NPT*", the Nonproliferation Review, Fall 1999, Volume 6, Number 4, Center for Nonproliferation Studies, Monterey Institute of International Studies, CA., USA.

Nye, Joseph S., Jr., "*International Regionalism: Readings*", Little Brown and Company, 1968.

Papayoanou, Paul A., "*Power Ties: Economic Interdependence, Balancing, and War*", the University of Michigan Press, 1999.

Spero, Joan and Hart, Jeffrey, "*The Politics of International Economic Relations*", St. Martin's Press, 1997.

The Commission on America's National Interests, "*America's National Interests*", July 2000.

The White House, "*The National Security Strategy of the United States of America*", September 2002.

Truman, Edwin, "*A Strategy for IMF Reform, Institute for International Economics*", Washington DC, January 2006.

US Defense Department Reports to Congress, "*Annual Report on the Military Power of the People's Republic of China*", 2005.

Waheguru Pal Singh Sidhu and Jing-dong Yuan, "*China and India Cooperation and Conflict?*" Lynne Rienner Publishers, Boulder, London, 2003.

Waltz, Kenneth, "*Theory of International Politics*", McGraw Hill Publishing Company, 1979.

Yoichi Funabashi, "*Alliance Adrift*", published by Council on Foreign Relations, New York, 1999.

后 记

中国在走向世界，深刻理解她正在融入和发挥作用的这个国际体系，具有极大的现实意义和深远的历史意义。国际体系又是一个理论问题，我们这一代人肩负着构建中国特色国际体系论和国际秩序观的重任。我希望本书能在这方面作出一点微薄的贡献。

经济全球化趋势和新科技革命的迅猛发展，大大加深了各国之间在经济和安全方面相互依存的程度。一批发展中国家的兴起，正在改变西方国家独霸国际体系的历史，世界经济和政治的重心正在开始由大西洋两岸向环太平洋转移。国际战略力量对比正在发生深刻变化，世界各主要国家正在调整战略。区域经济和安全合作趋势方兴未艾，成为多极化趋势的重要表现和全球治理的有力依托。非传统安全威胁增多，人类居住的"地球村"面临更多共同的挑战。非国家行为体在国际体系中的作用上升，对世界安全与繁荣构成双重影响。

一个大国的命运总是与国际体系紧密相连。国家文化先进、开放兼容、国力强盛，就能在国际体系中处于有利地位；反之，就会被边缘化。

改革开放 30 年，中国像一轮朝阳喷薄而出，冉冉升起，成为国际舞台一颗崭露头角的新星。当前，中国与世界的关系正发生历史性的变化。中国与世界的联系从未像今天这样紧密。中国的发展直接影响着世界，世界的变化也迅速影响着中国。同时，中国在当代国际体系中的作用也在发生根本性的变化。

对国际体系及中国在其中应发挥的作用进行较为系统的研究，很长时间以来一直是我的主要学术追求之一。从2003年起，我开始主持国家社会科学基金项目“当代国际关系体系转变与构建大国战略稳定框架”，在这方面的研究中迈出实质性的步伐。本书是该国家社科基金项目的最终研究成果。

本书其中的一部分也是我博士论文的研究成果。我非常高兴能在华东师范大学历史系主任余伟民教授指导下完成我的博士论文。这使我在关于国际体系的研究中上了一个新的台阶。余伟民教授学术造诣高深，思想深邃，从他那里我获益良多，终身受用。

在本书撰写过程中，我得到上海国际问题研究所同仁们的许多支持与协助。中国国际战略研究基金会学术评审委员会副主任张沱生和基金会副秘书长刘惜戈为本书得以顺利出版给予了很大帮助。在此表达我深深的谢意。

我衷心感谢我父母亲对我学习和工作一贯的支持，他们已近耄耋之年，仍分担了我许多杂事，使我能集中精力完成本书的写作。我也感谢我妻子和女儿对我工作的理解和支持。

夏立平

2008年元月于沪静远斋